Curt Riess
Prozesse
die unsere Welt bewegten

Im Angedenken an meinen großen Freund
AXEL SPRINGER
der mir die Idee zu dieser Arbeit gab.

Curt Riess

Prozesse
die unsere Welt bewegten

Bechtermünz Verlag

Lizenzausgabe mit Genehmigung
des Droste Verlag GmbH, Düsseldorf für
Bechtermünz Verlag im
Weltbild Verlag GmbH, Augsburg 1997
© 1992 by Droste Verlag GmbH, Düsseldorf
Umschlaggestaltung: Helmut Schwanen
unter Verwendung zeitgenössischer Fotos
Gesamtherstellung: Clausen & Bosse, Leck
Printed in Germany
ISBN 3-86047-652-1

Inhalt

Voruntersuchung	7
Sokrates 399 v. Chr.	10
Jesus 30 oder 33	29
Die Jungfrau von Orléans 1431	43
Der Fall Maria Stuart 1587	66
Sündenbock Jud Süß 1737	88
Der Panama-Skandal 1892	117
Die Affäre Dreyfus 1894	140
Die »Ermordung« des Oscar Wilde 1895	173
Der Hauptmann von Köpenick 1906	193
Der raffinierte Dr. Crippen 1910	222
Mata Hari – Nie geklärter Fall 1917	239
Frauenliebling Landru 1921	266
Sacco und Vanzetti 1921	297
Angeklagter Adolf Hitler 1924	318
Al Capones Morde wurden nicht verhandelt 1931	357
Der Reichstagsbrand 1933	380
Die Entführung des Lindbergh-Babys 1935	414
Die Säuberungen von Moskau 1938	449
Vor dem »Volksgerichtshof«: Liquidierung des Widerstandes 1944	479
Nürnberg 1945	505
Der Verrat des Atombombengeheimnisses 1951	543
Eichmann-Prozeß 1961	570

Voruntersuchung

Thomas Mann fragte mich einmal – das war in den dreißiger Jahren, als er schon im amerikanischen Exil lebte, über den Prozeß um das Lindbergh-Baby aus. Und zwar während des Prozesses gegen den angeblichen Entführer und Mörder des ersten Sohnes von Charles Lindbergh, dem berühmten Ozeanüberflieger. Der Mann wurde, obwohl er bis zuletzt alles ableugnete, aufgrund von Indizien verurteilt und hingerichtet. Ich hatte damals, zu Beginn der dreißiger Jahre, über den Prozeß laufend an die auflagenstärkste französische Zeitung »Paris-Soir« berichtet. Thomas Mann wollte alle nur denkbaren Details wissen, was mich schließlich zu der Frage motivierte: »Haben Sie die Absicht, darüber ein Buch zu schreiben?«

Und er antwortete: »Nein, wohl kaum. Aber die Idee ist nicht einmal schlecht. Prozesse haben es in sich.« Ich erinnere mich noch genau dieser Worte. »Man könnte eine Weltgeschichte in Form von berühmten Prozessen schreiben. Ich glaube, das würde sogar eine sehr fesselnde Weltgeschichte werden.«

Er spann den Faden weiter. Was schließlich sei ein Prozeß? »Er ist, worum immer es gehen mag, vor allem einmal eine Explosion... es kommt etwas in konzentrierter Form ans Tageslicht, was sich vorher angeblich abgespielt hat und was zu dieser Explosion früher oder später hätte führen müssen.« Er dachte wohl nicht so sehr an die Geschichte des einen oder anderen Prozesses, sondern an die Bloßlegung der inneren Motivierung einer Tat oder Untat oder des Verbrechens oder was sonst immer zu dem Prozeß geführt haben mochte.

Übrigens hat kein Geringerer als Friedrich Dürrenmatt darauf hingewiesen, daß die meisten Prozesse etwas wie Dramatik besitzen. Er hat die Dramen Schillers mit Gerichtsverhandlungen verglichen: »Die Personen sind gegeben, ihre Rollen verteilt: der Richter, der Staatsanwalt, der Angeklagte, der Verteidiger. Jeder besitzt seine bestimmten Funktionen innerhalb der Handlungen...«

Aber zurück zu den Erwägungen von Thomas Mann: Warum eigentlich keine Weltgeschichte in Form von Prozessen? Daß man sie schreiben könnte, beweist nicht mehr und nicht weniger, als daß Prozesse, wenn schon nicht der Ausdruck ihrer Zeit, so doch ein Ausdruck dieser Zeit – einer von vielen – also typisch für diese Zeit sind. Wobei es gleichgültig bleibt, ob das Land, in dem sie sich abspielen, arm oder reich ist, was auch für die mitwirkenden Personen gilt, von denen viele gar nicht in dem einen oder anderen Prozeß auftreten, sondern nur Objekte von Überlegungen sind. Prozesse haben in jedem nur denkbaren Land, in jedem nur denkbaren Milieu gespielt... wobei es erst in zweiter Linie wichtig ist, wo das Recht lag und wo das Unrecht, ob eine Untat, die begangen zu haben einer oder vielleicht auch eine Clique beschuldigt wird, nun wirklich von ihm oder ihr begangen worden oder nur angeblich begangen worden ist.

Ich habe diese Unterhaltung mit Thomas Mann nie vergessen, wiewohl auch andere meiner zahlreichen Gespräche mit ihm in den dreißiger und vierziger Jahren. Aber erst spät in den sechziger Jahren kam ich mit dem großen Verleger Axel Springer, der interessiert war an Thomas Mann, den er persönlich nie kennengelernt hatte, auf diese Unterhaltung. Er schien lange zu überlegen und sagte dann in etwa, warum nicht ich ein Buch über Prozesse schreibe.

Es wurde schließlich eine Art Auftrag. So enstand das vorliegende Buch. Es handelt sich in jedem der einzelnen Kapitel um einen Prozeß, es sei unterstrichen, um einen sogenannten repräsentativen Prozeß. Jeder einzelne von ihnen war nur in einer bestimmten Zeit, in einem bestimmten Land, in einem bestimmten Milieu möglich. Jeder ist typisch für diese Zeit, dieses Land, dieses Milieu. Ob es sich nun um den Prozeß des Sokrates im alten Griechenland handelt oder um die Tänzerin Mata Hari, den Prozeß der Jungfrau von Orléans oder den Prozeß des jungen, schwer hysterischen Adolf Hitler. Aufgabe des Autors: Sichtung des historischen Materials und statistische Abgrenzung des jeweiligen Tatortes (Land, Milieu) und der Zeit.

Aber ich greife vor. Den Lesern sei ans Herz gelegt: »Lassen Sie sich überraschen!«

Jedenfalls wurde ich, der Autor, bei den Recherchen, die notwendig waren, um diese Berichte herzustellen, immer wieder überrascht. Da glaubt man, eine Geschichte zu kennen, und wenn man dann ein bißchen Quellenstudium betrieben hat, merkt man, daß man so gut wie nichts von der Sache gewußt hat. Alles, was man gewußt hat, sind ein paar Namen – aber um mit Shakespeare zu sprechen: »What's a name?«

Sokrates
399 v. Chr.

Ein warmer Frühlingsmorgen in Athen, im Jahre 399 vor unserer Zeitrechnung. Der Prozeß gegen den Philosophen und Lehrer Sokrates soll beginnen. Der Ort: einer der größeren Plätze der Stadt. Solche Weitläufigkeit ist bei Gerichtsverhandlungen notwendig, denn es müssen bei keiner weniger als 501 Geschworene zur Stelle sein. Von den 30 000 Bewohnern des Stadtstaates melden sich für gewöhnlich Jahr für Jahr etwa 6000 freiwillig als potentielle Geschworene – erstaunlich, wenn man bedenkt, daß sie dafür pro Tag weniger erhalten als ein gewöhnlicher Arbeiter. Und das bewirkt wiederum, daß die meisten nicht besonders gescheit sind, geschweige denn, daß sie eine Vorbildung in juristischen Dingen besitzen.

Mindestens 501 Geschworene sind also notwendig, um das Verfahren legal zu machen, und manchmal sind es mehr als tausend. Zu dem Verfahren gegen Sokrates sind die vorschriftsmäßigen 501 erschienen, nur Männer natürlich, die auf hölzernen Bänken Platz nehmen, getrennt durch ein ebenfalls hölzernes Geländer von den noch zahlreicheren Neugierigen.

Ein hoher Beamter der Stadt namens Meletos offeriert den Göttern ein Weihrauchopfer und bittet um ihr Wohlwollen. Sodann spricht er den Eid, den sämtliche Geschworenen unisono nachsprechen müssen. Dann wird eine Wasseruhr in Gang gesetzt, mit deren Hilfe dafür gesorgt wird, daß keiner von denen, die sich zu Wort melden, zu lange redet, denn das Verfahren muß am Abend beendet sein.

Im übrigen hat der Beamte eigentlich nichts zu tun, schon gar nicht den Richter zu spielen, denn das Votum der Geschworenen entscheidet bei diesen griechischen Prozessen, was immer zu entscheiden ist. Sodann reden die drei Ankläger Meletos, Anytos und Lykon – auch sie sind nicht vom Amt bestellt, sondern haben sich eben gemeldet – nicht allzu zeitraubend, denn sie haben bereits alles Wissenswerte niedergeschrieben und den amtlichen Stellen eingereicht und werden es jetzt nur noch zusammenfassen. Zeugen der Anklage gibt es nicht, denn es gibt ja keinen amtlichen Ankläger, jeder kann Ankläger oder Verteidiger sein. Sokrates könnte Zeugen beibringen, wenn er wollte, aber das hat er von vornherein abgelehnt. Es kann kein Zweifel darüber bestehen, daß er weder von dem Gericht noch von den Angeklagten viel hält. Er läßt dies die Zuhörer auch deutlich spüren.

Wofür steht nun eigentlich Sokrates vor Gericht?

Es gibt zwei Hauptanklagepunkte:

Erstens Gotteslästerung, begangen durch philosophische Untersuchungen von heiligen Mythen und Dogmen und durch den Versuch, neue Götter einzuführen; und zweitens Verführung der Jugend durch Demagogie und den Versuch, sie in Verachtung aller staatlichen Werte, die für ihre Eltern noch Geltung haben, aufzuziehen.

Sokrates, um diese Zeit 69 Jahre alt, sieht nicht aus wie ein gefährlicher Mann und wirkt schon gar nicht wie ein Held, obwohl er ohne Zweifel ein Held ist, allein dadurch, daß er sich diesen lebensgefährlichen Anklagen stellt, obwohl er doch so leicht hätte fliehen können. Er ist nicht einmal mittelgroß, hat das Gesicht eines Satyrs, eine breite eingedrückte Nase, dicke Lippen, einen Bart und einen Bauch. Er ist barfuß wie immer, und seine Bekleidung muß als schäbig bezeichnet werden.

Schon die ersten Minuten der Verhandlung zeigen, daß er sich allein dadurch, daß er wenig gebildeten Geschworenen gegenübertreten muß, im Nachteil befindet. Was wissen diese Leute schon von Philosophie, von seiner Philosophie, um die es ja schließlich letzten Endes geht? Werden sie in der Lage sein, seinen Ausführungen, seiner Verteidigungsrede zu folgen? Er bezweifelt es, und schon aus diesem Grunde muß er von Anfang an beschlossen haben, sich dabei nicht zu überanstrengen.

Es genügt nicht, aufzuzeichnen, worum es in diesem Prozeß geht, der wird nur verständlich aus der Zeit heraus. Es gibt da gewisse Hintergründe, eigentlich vor allem politische Hintergründe.

Sicher hat der Prozeß damit zu tun, daß sich zu dieser Zeit Athen außenpolitisch in einer mißlichen Lage befindet. Man hat einen Krieg verloren, das an sich ja eher kleine Land mit einer geringen Bevölkerungsanzahl hat wieder einmal, immer wieder einmal einen Krieg gegen Sparta verloren. Deshalb sucht man wie immer und überall in solchen Zeiten nach einem Sündenbock. Sokrates, der nur sehr indirekt mit Politik zu tun hat, könnte einer werden.

Eine athenische Enklave im spartanisch beherrschten Sizilien hat das Mutterland gegen angebliche Übergriffe einer spartanischen Kolonie um Hilfe gebeten. Daraus hat sich der Krieg mit Sparta ergeben – Sparta, das ebenfalls sehr klein und dessen Bevölkerung nicht sehr zahlreich ist, das aber vor allem besser gerüstet ist und über ein Heer verfügt, das sich einer eisernen Disziplin erfreut. Die Niederlage hat sich Athen selbst zuzuschreiben. Man hat den blutjungen, schönen Alkibiades nach Sizilien geschickt, trotz seiner nicht einmal 25 Jahre schon ein militärisches Genie, ihn aber, kaum daß er in Sizilien gelandet ist, wieder zurückberufen, angeblich, weil er vor seiner Abreise in Athen durch Verstümmelung von Götterbildern die Götter beleidigt habe. Alkibiades gibt das Kommando ab, kehrt aber nicht nach Athen zurück, sondern setzt sich nach Sparta ab. Es kommt denn auch unter seinem unfähigen Nachfolger zu einer totalen Niederlage von Athens Armee, die dabei fast gänzlich aufgerieben wird.

So geschehen in den Jahren 414–413.

In Sparta weiß man Alkibiades besser zu schätzen und setzt ihn als Befehlshaber der Armee ein. Sparta verbündet sich mit Persien. Übrigens, um es gleich hier zu sagen, Alkibiades wird nicht sehr lange in Sparta verweilen. Es werden viele Intrigen gegen ihn gestartet, nicht zuletzt weil er sich in wohl ungeziemender Weise für die Königin interessiert und, schlimmer noch, sie sich für ihn. Er flieht nach Persien, wo er eine Art Ratgeber des dortigen Herrschers Tissaphernes wird und es meisterhaft versteht, von diesem Posten aus Sparta gegen Athen und Athen gegen Sparta aufzuhetzen, wohlgemerkt im Interesse Persiens. Nicht lange danach wird er wieder nach Athen zurückgerufen, nicht zuletzt auf den Rat von Sokrates und der von ihm beeinflußten Männer, und spielt wieder eine Rolle, um später abermals in die Verbannung geschickt zu werden.

In Athen, wo es nach dem verlorenen Krieg nicht gerade zum besten steht, ist inzwischen ein gewisser Kritias, der während des Krieges mit den Spartanern gegen seine Vaterstadt kämpfte, an die Macht gelangt, und zwar im Jahre 404, als einer der sogenannten 30 Tyrannen – das Wort »Tyrann« hat im Griechischen nicht den so schrecklichen Sinn wie im Deutschen, es ist eher ein Synonym für »Chef«. Aber immerhin, die dreißig führen ein recht blutiges Regiment, es geht unter Kritias geradezu recht anarchisch in Athen zu. Es gibt Hungersnot und natürlich ständige Kriegsgefahr.

Die Regierung der dreißig ist ganz deutlich gegen Sokrates eingestellt. Nicht, daß sie ihn, wie sie es in anderen Fällen tut, zur Flucht zwingt, oder gar umbringen lassen will. Aber irgendein Spitzel hat Sokrates sagen gehört, ein Viehtreiber solle sich nicht rühmen, daß seine Herde kleiner wird. Und das ist natürlich auf Kritias und seine Parteigänger gemünzt. Man droht Sokrates mit dem Verbot, sich mit Jünglingen zu unterhalten – seine Art oder überhaupt die Art im damaligen Athen, zu lehren –, und will ihn auch irgendwie kompromittieren, unter anderem dadurch, daß er an der Verhaftung eines reichen Mannes namens Leon von Salamis teilnehmen soll, was er aber, im Gegensatz zu anderen, ablehnt.

Immerhin, Sokrates lebt in jenen Tagen gefährlich.

Aber die dreißig können sich nicht lange halten. Noch im Jahre 404 werden sie gestürzt, und zwar durch einen reichen Geschäftsmann und Politiker namens Anytos, der etwa 40 Jahre alt ist. Anytos war ursprünglich Sokrates gegenüber

Bildnis des Sokrates, der 399 v. Chr. mit dem Giftbecher hingerichtet wurde. Sokrates ist mit Platon und Aristoteles zusammen der bedeutendste Philosoph der Antike.
(Bild: zeitgenössische Quelle)

freundlich gesinnt, eine Zeitlang geradezu freundschaftlich. Aber jetzt, da er an die Macht gekommen ist, ändert er seine Einstellung zu dem Philosophen. Denn er wird in immer stärkerem Maße reaktionär. Er bezieht gegen alle Neuerungen Stellung, vor allem gegen diejenigen, die Mythen und Götter der Vorfahren verhöhnen, denn auf solche ›Lästerer‹ führt er die Niederlagen Athens zurück. Und das sind natürlich die Professoren, die Neues lehren wollen – Neues in vieler, wenn nicht in jeder Beziehung –, und er beobachtet sie, wie sie nach seiner Ansicht die Jugend in den Wandelgängen oder Sälen, in denen gelehrt wird, »vergiften«.

Sokrates repräsentiert also genau das Gegenteil von dem, was dieser Anytos für richtig und notwendig hält. Denn er vertritt das »Neue«, macht sich gelegentlich über die Götter lustig, untersucht die Mythen darauf, ob man sie als Realität ansehen könne oder dürfe, und das alles teilt er der Jugend mit, die er dergestalt »verführt«. Keine geringe Rolle spielt dabei auch, daß Sokrates einen starken Einfluß auf den Sohn des Anytos ausübt, der sich gar nicht so entwickelt, wie der Vater es gern möchte.

Nun würde das alles nicht so wichtig sein, wäre Sokrates so populär wie er weise ist. Aber Weise sind ja selten populär, und er ist es nicht einmal unter seinen Kollegen und den anderen Professoren und Lehrern der Stadt. Er nimmt kein Geld von seinen Schülern, da er nicht unvermögend ist, weil er einiges Geld als Fabrikant von Grabsteinen und Götterbildern verdient, angeblich mit Hilfe eines einzigen Sklaven. So verärgert er nicht nur die anderen Professoren, die Geld mit ihren Vorträgen verdienen, sondern auch die Hersteller von Götterbildern, die, vielleicht nicht einmal zu Unrecht, empört darauf hinweisen, daß die Stadt mit Steuergeldern Büsten der Götter bei einem Gottlosen kauft; denn daß Sokrates ein Atheist ist, hat er nie verheimlicht.

Was ist er sonst noch? Ein Bürger, verheiratet mit einer Frau, über deren zänkischen Charakter man sich in der ganzen

Stadt mokiert, Vater mehrerer Kinder, der sich trotzdem für hübsche junge Tänzerinnen interessiert.

Warum hat er Xanthippe geheiratet?

»Ich wußte: Wenn ich mit ihr leben kann, kann ich mit allen leben!«

Er hat eine Mission, und er glaubt an sie. Er will die Menschen besser machen, indem er sie weise macht. Die Basis seiner Lehre: »Wenn es darauf ankommt, ein gutes und gerechtes Leben zu führen, muß man das durch vernünftiges Denken über sich selbst tun. Wir müssen lernen, uns selbst nicht zu täuschen, und dazu sind philosophische Gespräche vonnöten.«

Am Anfang seiner philosophischen Gespräche steht immer die Einsicht, daß wir über uns selbst nichts Genaues wissen – nach dem später oft zitierten Motto: »Ich weiß, daß ich nichts weiß!«

Sokrates hat niemals niedergeschrieben, was er glaubte und was er lehrte, er hat immer nur darüber gesprochen. Wir wissen nur durch seine Schüler von ihm und seinen Lehren, wie übrigens auch von seinem Prozeß. Er hat zahlreiche Schüler gelehrt, die prominent wurden, darunter Plato und auch Alkibiades, der ihm, guten Quellen zufolge, wohl einmal anbot, mit ihm zu schlafen, was Sokrates abgelehnt haben soll.

Als Anytos auf einen Prozeß gegen Sokrates drängt, nimmt vorläufig niemand diesen Prozeß allzu ernst, auch Anytos selbst nicht. Man rechnet vielfach damit, daß es zu einem Freispruch kommen oder daß Sokrates sich dem Prozeß durch eine Flucht ins Ausland entziehen wird. Aber gerade das lehnt er ab. Er hat keine Lust, seinen Gegnern diesen Gefallen zu erweisen.

Sokrates wäre bereit, eine Geldstrafe zu zahlen, wenn man ihn ungeschoren ließe. Er bietet 30 Minae, das ist ungefähr der Gegenwert von heute 15000 Mark, etwa die Mitgift eines kleinen Bürgermädchens im damaligen Griechenland, also gar nicht einmal so wenig. Aber diese Offerte des Sokrates kommt erst gegen Ende seiner großen Rede, und er bringt sie gewissermaßen mit Augenzwinkern vor: »Ich will von mir selbst nicht sagen, daß ich irgend etwas Schlimmes verdiene. Warum sollte ich? Weil ich vor dem Tod Angst habe? Warum soll ich, der nicht weiß, ob der Tod etwas Gutes oder etwas Schlechtes ist, etwas Schlechtes für mich vorschlagen?«

Aber als Sokrates schließlich eine Geldstrafe in die Debatte wirft, hat er schon längst die Sympathie der Massen, wenn er sie je besessen hat, eingebüßt. Nicht zuletzt, weil er bereit ist zu sterben, etwas für die Masse ganz Undenkbares. »Wenn wir voraussetzen, daß der Tod alles Bewußtsein auslöscht und ein Schlaf ist wie der Schlaf von einem, der durch Träume nicht gestört wird, dann ist der Tod ein unaussprechlicher Gewinn... denn die Ewigkeit ist eine einzige Nacht. Aber wenn der Tod eine Reise anderswohin ist, wo sich, wie die Leute sagen, alle treffen, was könnte, meine Freunde und Richter, besser sein als das? In der Tat, wenn der Pilger in der Unterwelt eintrifft, ist er dem Zugriff der Justiz in dieser Welt entronnen und findet wahre Richter, die dort ihres Amtes walten... Diese Pilgerfahrt ist also wert, unternommen zu werden. Nein, ... wenn das so ist, dann laßt mich sterben und nochmals sterben...«

Insgesamt spricht Sokrates während der Verhandlung dreimal. Und seine in jeder Beziehung große Verteidigungsrede ist so souverän, wie wohl seither nie wieder eine vor Gericht gehalten worden ist. Denn er verteidigt sich nicht. Er klagt seine Ankläger an.

»Wie ihr, o Athener, von meinen Anklägern beeindruckt worden seid, kann ich nicht sagen, aber ich weiß, daß sie mich fast vergessen ließen, wer ich war, so überzeugend haben sie gesprochen, und doch haben sie kein einziges wahres Wort gesagt...

Ich beginne mit dem Beginn. Die Frage: Welche Tatsachen haben Anlaß gegeben, mich zu beleidigen? Ich will antworten mit den Worten und der Feststellung des Aristophanes: ›Sokrates ist ein übler Bursche und eine seltsame Person. Er hält Umschau nach Dingen unter der Erde und hoch im Himmel, und er läßt das Schlechte als das Bessere erscheinen, und das alles lehrt er andere...‹

Die einfache Wahrheit ist, daß ich mit solchen Lehren nichts zu tun habe. Viele, die bezeugen können, wie wahr das ist, sind hier anwesend... Ebensowenig Grund, wie die Behauptung, daß ich ein Lehrer bin und dafür Geld nehme, enthalten die anderen Anklagen...

Ich wage zu sagen, o Athener, daß jemand unter euch antworten wird: ›Ja, Sokrates, aber welchen Ursprung haben nun die Anklagen, die gegen dich vorgebracht werden? Irgend etwas Merkwürdiges mußt du doch getan haben? Alle diese Gründe und all dies Geschwätz würde niemals aufgekommen sein, wenn du wie andere Männer wärst. Sag uns, aus welchem Grunde ist dieses Gerede über dich aufgekommen? Wir wollen nicht hastig über dich richten...‹

Ich verweise euch auf einen Zeugen, der Glauben erwecken darf, und das ist der Gott von Delphi, der meine Weisheit bezeugen wird, falls ich Weisheit besitze, und auch wie diese Weisheit beschaffen sein mag. Ihr alle müßt Chairophon kennen, er war mein Freund und auch der eure. Nun, Chairophon war, wie ihr wißt, ein Draufgänger, und er ging nach Delphi und fragte das Orakel kühn..., ob es da irgend jemanden gäbe, der weiser wäre als ich, und die Prophetin Pythia antwortete, es gäbe keinen Weiseren als mich. Chairophon ist jetzt tot, aber sein Bruder befindet sich unter euch, und er wird euch die Wahrheit meiner Wort bestätigen.

Warum sage ich das? Weil ich versuchen will, euch zu erklären, aus welchem Grunde ich einen so schlechten Namen habe. Als ich jene Antwort der Pythia erhielt, sagte ich zu mir selbst: Was kann der Gott Apollo meinen? Wie erklärt sich dieses Rätsel? Denn ich weiß, ich besitze keine Weisheit, keine kleine und keine große. Was kann der Gott also meinen, wenn er sagt, daß ich der weiseste aller Menschen bin? Er ist Gott, er kann nicht lügen. Nach langem Nachdenken kam ich auf eine Methode, nach der man diese Frage untersuchen konnte. Wenn ich nur einen Menschen finden würde, der weiser ist als ich, dann könnte ich zu dem Gott gehen und diese Widerlegung vorbringen. Ich würde ihm sagen: ›Da ist einer, der weiser ist als ich. Aber du sagtest doch, ich sei der Weiseste!‹

Also ging ich zu einem, der im Rufe stand, weise zu sein, und beobachtete ihn. Seinen Namen brauche ich nicht zu nennen, er war Politiker, den ich mir zur Befragung vornahm. Und das Ergebnis war folgendes: Als ich mit ihm gesprochen hatte, konnte ich nicht nur feststellen, daß er nicht wirklich weise war, obwohl ihn viele für weise hielten und er selbst sich für weise hält. Ich versuchte, ihm auseinanderzusetzen, daß er sich zwar für weise halte, aber nicht wirklich weise sei. Und die Folge davon war, daß er mich zu hassen begann, und dieses Gefühl wurde von all denen geteilt, die damals dabei waren und mich hörten...

Dann ging ich zu einem anderen, der noch weiser zu sein behauptete, und meine Erfahrung war genau die gleiche. Ich schuf mir einen neuen Feind und viele andere dazu.

Dann ging ich von einem zum anderen, aber ich wußte wohl, daß ich mir Feindschaften zuzog, und das bedauerte und fürchtete ich. Ich handelte ja aus einer Notwendigkeit heraus. Das Wort des Gottes, dachte ich, sollte als erstes bedacht werden. Ich sagte zu mir selbst, ich würde zu all denen gehen, die etwas zu wissen scheinen, und so würde ich herausfinden, was das Orakel wirklich besagen wollte. Und ich schwöre euch, o Athener, denn ich muß euch die Wahrheit sagen, das Resultat meiner Mission war immer nur: Alle Männer von bedeutendem Ruf waren in Wirklichkeit die törichtesten, und diejenigen, die weniger geschätzt wurden, waren weiser und besser...

Nach den Politikern ging ich zu den Poeten jeglicher Gattung. Ich zeigte ihnen ausführliche Passagen, die sie selbst geschrieben hatten, und fragte, was die nun bedeuten mochten, in der Hoffnung, daß ich von ihnen etwas lernen würde. Werdet ihr mir glauben? Ich schäme mich fast, die Wahrheit zu gestehen. Ich verließ sie in der Überzeugung, daß ich ihnen überlegen sei, aus dem gleichen Grunde, wie ich den Politikern überlegen bin.

Schließlich ging ich zu Handwerkern. Ich weiß sehr wohl, daß ich nichts weiß und daß sie viel Nützliches wissen. Ich war also nicht im Irrtum, denn sie wußten vieles, was ich nicht wußte, und so waren sie wirklich weiser als ich. Aber selbst die guten Handwerker begingen denselben Irrtum wie die Poeten, sie meinten, weil sie nun gute Handwerker waren, würden sie alles mögliche von Bedeutung wissen, und dieser Irrtum stellte ihre Weisheit in den Schatten, und deshalb fragte ich schließlich mich selbst, ob ich lieber so sein wollte, wie ich war, der ich doch nicht ihre Kenntnisse besaß, oder ob ich lieber wie sie wäre, und die Antwort war, mir selbst und dem Orakel gegenüber, daß ich besser daran war, so wie ich war.

Diese Fragerei brachte es mit sich, daß ich mir viele Feinde machte, die schlimmsten und gefährlichsten, und daß dies Anlaß zu vielen Verleumdungen wurde. Nun, man nennt mich weise, aber die Wahrheit ist, o Männer von Athen, daß nur der Gott weise ist, und er zeichnet Sokrates nicht besonders aus, wenn er sagt, o meine Athener, derjenige ist der weiseste, der wie Sokrates weiß, daß seine Weisheit nichts wert ist. So gehe ich durch die Welt und gehorche dem Gott und suche irgend jemanden, der mir weise erscheint. Damit bin ich sehr beschäftigt, und ich habe keine Zeit, mich für die Angelegenheiten anderer zu interessieren oder für meine eigenen, und so lebe ich in äußerster Armut...

Jetzt noch etwas anderes. Junge Leute aus reichen Häusern, die nichts anderes zu tun haben, kommen zu mir, sie tun es freiwillig. Sie möchten einer Prüfung unterzogen werden, und sie ahmen mich dann nach und prüfen andere. So gibt es viele, die glauben, viel zu wissen, dabei aber wenig oder gar nichts wissen, und dann sind diejenigen, die von ihnen geprüft werden, nicht mit ihnen böse, sondern mit mir: ›Dieser verdammte Sokrates‹, sagen sie, ›dieser lasterhafte Verführer der Jugend!‹ Dann, wenn jemand sie fragt, warum, was Schlimmes praktiziert oder lehrt er? wissen sie es nicht, sie können es nicht sagen, aber das setzt sie nicht in Verlegenheit, sie wiederholen die alten Vorwürfe, die gegen alle Philosophen und ihre Lehren vorgebracht werden, weil über das gesprochen wird, was in den Wolken vor sich geht oder unterhalb der Erde, weil sie keine

Götter kennen... Denn sie wollen nicht eingestehen, daß ihre Behauptung, etwas zu wissen, sich als nichtig erwiesen hat – und das ist die Wahrheit. Es gibt ihrer viele, und sie sind voller Ehrgeiz und Energie, und sie befinden sich in Kampfstellung, und ihre Reden sind überzeugend, und sie haben eure Ohren mit ihren lauten Verleumdungen gefüllt. Das ist der Grund, warum meine drei Ankläger Meletos, Antyos und Lykon mich belangen. Meletos, der mit mir über die Poeten streitet, Anytos über die Handwerker und Politiker und Lykon wegen der Lehrer. Wie ich schon zu Anfang sagte, kann ich nicht hoffen, mich von diesen Verleumdungen reinzuwaschen.«

Trotzdem bittet Sokrates Meletos zum Kreuzverhör:
Frage: »Du glaubst, daß man die Jugend bessern kann?«
Antwort: »Ja, das tue ich.«
Frage: »Wer erzieht die Jugend zum Besseren?«
Antwort: »Die Gesetze.«
Frage: »Aber das meine ich gar nicht. Wer ist der Mann, der die Gesetze kennt?«
Antwort: »Es sind die Richter, Sokrates, die hier im Gericht sitzen.«
Frage: »Meint Meletos, sie vermögen die Jugend zu bessern?«
Antwort: »Sicher könnten sie das.«
Frage: »Alle oder nur einer?«
Antwort: »Alle.«
Frage: »Bei der Göttin Hera, das sind erfreuliche Neuigkeiten! Es gibt also viele Jugendverbesserer. Und was die Zuhörer angeht, helfen sie auch mit, zu bessern?«
Antwort: »Ja, das tun sie.«
Frage: »Und die Senatoren?«
Antwort: »Ja, auch die Senatoren.«
Frage: »Dann bessert also jeder Athener die Jugend, mit Ausnahme von mir. Ist es das, was du behauptest?«
Antwort: »Ja, es ist das, was ich bestätige.«
Frage: »Ich möchte noch gerne wissen, Meletos, warum es so sicher ist, daß ich die Jugend korrumpiere. Ich nehme an, daß du meinst, so ersehe ich aus der Anklage, daß ich sie lehre, die

Götter nicht anzuerkennen, die der Staat anerkannt hat, sondern andere Götter anstelle von ihnen.«

Antwort: »Ja, das erkläre ich mit Nachdruck.«

Frage: »Dann, bei den Göttern, Meletos, von wem reden wir eigentlich? Setze mir und dem Gerichtshof einfach und klar auseinander, was du meinst. Ich verstehe immer noch nicht, ob du erklärst, daß ich andere lehre, irgendwelche Götter anzuerkennen, daß ich also an die Götter glaube oder daß ich völlig gottlos bin, was du übrigens nicht behauptest. Du sagst ja nur, daß es sich nicht um dieselben Götter handelt, die der Staat anerkennt – die Anklage lautet also auf andere Götter, oder meinst du, daß ich gottlos bin, ein Lehrer der Gottlosigkeit?«

Antwort: »Ich meine das letztere, daß du völlig gottlos bist.«

Frage: »Kann einer an geistige und göttliche Instanzen glauben und nicht an böse Geister und Halbgötter?«

Antwort: »Das kann er nicht.«

Frage: »Ich bin glücklich, daß ich diese Antworten erhalten habe. Aber dann sagst du in der Anklage, daß ich an göttliche und geistige Instanzen ebenfalls glaube. Das hast du jedenfalls beschworen. Und wenn ich an göttliche Wesen glaube, wie kann ich dann nicht an Geister und Halbgötter glauben? Muß ich es nicht? Ich muß es sicherlich. Und dein Schweigen gibt mir recht. Aber was sind Geister und Halbgötter? Sind sie Götter oder sind sie Söhne von Halbgöttern?«

Antwort: »Sicher sind sie es.«

Frage: »Das ist, was ich das spaßigste Rätsel nenne, das du dir ausgedacht hast. Die Halbgötter und Geister sind Götter. Du hast zuerst gesagt, daß ich nicht an Götter glaube. Jetzt sagst du wieder, ich glaube an Götter. Das heißt, ich glaube an Halbgötter... Du hast das in die Anklage eingebracht, weil du nichts hast, dessen du mich wirklich anklagen könntest. Aber niemand, der auch nur das Geringste davon versteht, wird sich überzeugen lassen, daß dieselben Menschen, die an göttliche und übermenschliche Dinge glauben, nicht glauben, daß es Götter und Halbgötter gibt...

Ich habe genug gesagt, um der Anklage des Meletos zu begegnen: eine ausführlichere Verteidigung ist unnötig, aber ich weiß nur zu gut, daß viele von euch Feinde sind, die ich mir selbst geschaffen habe, und daß es an meinen negativen Nachforschungen liegt, wenn ich verurteilt werde – und nicht an Meletos, auch nicht an Anytos, der den Tod so vieler guter Männer verursacht hat und sicher noch verursachen wird. Es besteht keine Gefahr, daß ich der letzte von ihnen bin.

Irgend jemand wird sagen: Sokrates! Schämst du dich nicht deiner Lehre, die dir vermutlich ein so unzeitiges Ende bringt? Ihm werde ich ruhig antworten: ›Du irrst dich. Einer, der etwas taugt, wird nicht über die Möglichkeit des Lebens und Sterbens nachdenken, er wird lediglich darüber nachdenken, ob er etwas Richtiges oder Falsches tut, ob er sich als ein guter oder schlechter Mensch erweist.‹

Todesangst wird nur von angeblich Weisen, nicht von wirklich Weisen empfunden, nur von denen, die nichts wissen. Niemand weiß, ob der Tod, den ängstliche Menschen als das größte Übel ansehen, nicht das Beste ist, was ihm zustoßen kann... Ich glaube, daß ich mich in dieser Beziehung von meinen Mitmenschen im allgemeinen unterscheide und weiser bin als sie: während ich wenig von der Welt da unten weiß, glaube ich wenigstens nicht, etwas über sie zu wissen, aber ich weiß, daß Ungerechtigkeit und Gefolgeverweigerung einem Besseren gegenüber, ob es nun ein Gott ist oder ein Mensch, böse ist und unehrenhaft, und ich werde etwas Gutes niemals fürchten oder zu vermeiden suchen, und deshalb... wenn ihr mir sagt, ›Sokrates, diesmal wollen wir uns nicht nach Anytos richten, und du sollst frei sein, freilich nur unter der Bedingung, daß du niemals Fragen stellst und kritische Überlegungen anstellst, und daß du, wenn wir dich dabei ertappen, sterben sollst‹. Wenn das die Bedingung wäre, unter der ich freikäme, würde ich antworten:

›Männer von Athen, ich ehre und liebe euch, aber ich werde eher Gott gehorchen als euch... Ich werde niemals aufhören, Philosophie zu praktizieren und zu lehren oder jeden zu ermahnen, den ich ermahnen muß, und ihm nach meiner Art zu sagen: Du, mein Freund, ein Bürger dieser großen und mächtigen und weisen Stadt Athen, schämst du dich nicht, Geld und Ehre und Anerkennung aufzuhäufen und dich so wenig um Weisheit und Wahrheit und das Heil deiner Seele zu kümmern?‹ Und dann, wenn derjenige, zu dem ich so spreche, antwortet: ›Ich kümmere mich um das Heil meiner Seele!‹, lasse ich ihn nicht einfach stehen und gehe weiter, sondern ich frage und prüfe ihn... Und wenn ich glaube, daß er keine Tugend besitzt, sondern nur sagt, daß er sie besitzt, mache ich ihm Vorwürfe, das Wichtigste zu vernachlässigen und das weniger Bedeutende zu überschätzen. Ich werde diese selben Worte jedem gegenüber, dem ich begegne, wiederholen, Alten und Jungen, Bürgern und Fremdlingen, aber natürlich vor allem den Bürgern, denn sie sind meine Brüder. Denn hört, das ist der Befehl des Gottes: Ich glaube, daß nichts Besseres in diesem Staat sich je begeben hat als mein Dienst an Gott. Ich tue nichts, als herumgehen und euch zu überzeugen, nicht an dies und das zu denken, sondern zuerst und hauptsächlich an euer Seelenheil. Ich sage euch, zuerst kommt nicht Geld, sondern umgekehrt, zuerst kommt die Tugend und dann erst das Geld und alles andere, was ein Mensch besitzt, sowohl öffentlich als auch privat. Das ist meine Lehre, und wenn sie die Jugend verdirbt, bin ich ein bösartiger Mensch. Und wenn man sagt, das lehre ich nicht, dann sagt man die Unwahrheit. Darum, o Männer von Athen, sage ich, tut, was Anytos von euch wünscht, oder tut es nicht, und sprecht mich frei oder nicht...

Und jetzt, o Athener, werde ich nicht für meine Person sprechen, wie ihr denken möchtet, sondern um euretwillen, in der Hoffnung, daß ihr euch nicht gegen den Gott versündigt, indem ihr mich verurteilt, denn ich bin sein Geschenk an euch. Denn wenn ihr mich tötet, werdet ihr so leicht keinen Nachfolger finden... Ihr werdet keinen anderen als mich finden, und deshalb solltet ihr mich verschonen...

Ihr mögt erstaunt sein, daß ich umhergehe und anderen Rat erteile, wie sie ihre Angelegenheiten zu ordnen haben, aber nichts unternehme, um dem Staat Ratschläge zu geben. Ich will euch sagen, warum. Man hat mich an vielen Plätzen oder Orten sprechen gehört über ein Orakel oder Zeichen, das die Göttlichkeit mir gegeben hat... Dieses Zeichen, eine Art Stimme, kam zu mir zuerst, als ich noch ein Kind war. Es verbietet mir manches, aber es befiehlt mir nicht, etwas zu tun, was ich nicht tun will. Dies ist der Grund dafür, daß ich kein Politiker geworden bin. Und mit Recht, wie ich glaube. Denn ich bin sicher, o Männer von Athen, daß, wäre ich Politiker geworden, ich schon längst erledigt wäre und weder euch noch mir noch etwas Gutes antun könnte. Derjenige, der für das Recht kämpft, selbst nur für kurze Zeit, kann es nur privat tun, aber nicht öffentlich...

Nun, o Athener, dieses und ähnliches ist die Verteidigung, die ich euch bieten kann. Doch noch ein Wort. Vielleicht ist da irgend jemand, der sich durch mich gekränkt fühlt, wenn er sich daran erinnert, daß er bei ähnlicher oder vielleicht weniger ernsthafter Gelegenheit die Richter bat und mit vielen Tränen beschwor, daß er vor Gericht auf seine Kinder zeigte, was ein bewegendes Schauspiel war, und auch seine Verwandten und Freunde, während ich, der ich mich wohl in Lebensgefahr befinde, nichts dergleichen tue. Ein solcher Mann mag den Kontrast spüren, und er mag deshalb gegen mich sein und gegen mich stimmen. Nun, wenn sich ein solcher Mann unter euch befindet – wohlgemerkt, ich sage nicht, daß das der Fall ist –, möchte ich ihm einfach antworten: ›Mein Freund, ich bin ein Mann und wie andere Männer eine Kreatur aus Fleisch und Blut und nicht ein ‚steinerner Wald', wie Homer es ausdrückt; ich habe Familie, o Athener, und Söhne, drei Söhne, einer ist schon bald ein Mann, die anderen sind noch jung, und ich bringe sie doch nicht hierher, um meinen Freispruch zu erbitten‹ Und warum nicht? Nicht aus Eigenliebe verlange ich euren Respekt. Ob ich Angst vor dem Tod habe oder nicht, ist eine andere Frage, die ich hier nicht erörtern will. In bezug auf die Meinungen der Allgemeinheit glaube ich, es würde mir schaden, und auch euch und auch dem ganzen Staat. Jemand, der so alt geworden ist wie ich und der sich einen Namen für seine Weisheit errungen hat, sollte sich nicht erniedrigen. Aber ob nun diese Meinung über mich berechtigt ist oder nicht, jedenfalls hat die Welt entschieden, daß ich in einigen Beziehungen den anderen überlegen bin. Und wenn die unter euch, von denen man sagt, sie zeichneten sich durch Weisheit und Mut aus und andere Tugenden, sich dergestalt klein machen würden – wie schamlos wäre doch ihr Verhalten!

Ich habe Männer gesehen, die, wenn sie verurteilt wurden, sich auf seltsame Weise verhielten: Sie glaubten, sie würden etwas Entsetzliches erleiden, wenn sie stürben, und sie würden unsterblich sein, wenn man ihnen nur erlaubte, weiterzuleben, und ich glaube, solche Menschen sind keine Ehre für einen Staat...

Also bittet mich nicht, daß ich etwas tue, was ich für unehrenhaft halte und gottlos und falsch, besonders jetzt, wo ich wegen Gottlosigkeit vor Gericht stehe. Denn wenn, o Männer von Athen, ich durch Überredungskunst euch dazu bringen könnte, würde ich euch wieder lehren, an keine Götter zu glauben, und würde mich selbst wieder verdammen. Aber so ist es nicht. Es ist ganz anders. Ich glaube, daß es Götter gibt, in einem höheren Sinne als meine Ankläger an sie glauben. Und euch und dem Gott übergebe ich meine Sache, und ihr sollt entscheiden, wie es für euch am besten ist und auch für mich.«

Der Spruch lautet auf schuldig. Aber welche Strafe soll Sokrates erhalten? Nach den Statuten ist er berechtigt, sich selbst an der Diskussion darüber zu beteiligen. So äußert er sich noch einmal, sozusagen mit einer Abschiedskundgebung, wie sie nur Sokrates formulieren kann und wie sie seither wohl niemals wieder irgendwo erfolgt ist.

In dieser letzten Rede kennt die Ironie des Sokrates kaum noch Grenzen. Er schlägt sogar vor, daß man ihn, anstelle zu bestrafen, öffentlich und ehrenvoll auf Staatskosten speisen lassen sollte, und zwar im Prytaneion, wo nur Ehrenbürgern Mahlzeiten verabreicht werden – und da muß er eigentlich schon wissen, daß er nicht heil davonkommen wird.

Und so wird er denn auch, wie von ihm nicht anders erwartet, schuldig gesprochen, und zwar dadurch, daß die 501 Geschworenen ihre Fingernägel in eine kleine Wachstafel eindrücken, und zwar nicht auf der Seite, wo die lange Liste der Bestrafungen aufgeführt ist, die man Sokrates möglicherweise angedeihen lassen könnte, sondern auf der anderen Seite, die lediglich der Todesstrafe vorbehalten ist. Aber keineswegs einstimmig. Nur eine Mehrheit von acht Bürgern votiert für den Tod statt für andere Strafen. Die Begründung des Todesurteils: Verführung der Jugend, Einführung neuer Götter.

Sokrates scheint eher befriedigt zu sein. Er hat ja mehrmals betont und sein Leben lang gesagt, daß er keine Angst vor dem Tod hat. Vorläufig wird die Vollstreckung des Todesurteils – er soll einen Becher mit Schierlingssaft austrinken – für kurze Zeit verschoben.

Es gäbe also noch eine Frist zur Flucht für ihn. Freunde, die in sein Haus eilen, beschwören ihn, zu fliehen. Übrigens scheinen auch die Behörden oder zumindest einige Beamte damit zu rechnen, daß er sich so der Strafe entziehen wird. Aber das würde allem widersprechen, was Sokrates gedacht und gelehrt hat.

Seit dem Morgen nach der Verurteilung herrscht geradezu Gedränge in seinem Haus. Alle seine Freunde und Schüler wollen ihn noch einmal sehen. Man spricht über den Tod, über die Seele, so wird es Plato später schildern. So naht unversehens der Abend. Einer seiner Schüler, Kriton, will wissen, wie Sokrates begraben zu werden wünscht. »Wie ihr wollt«, entgegnet Sokrates lächelnd.

Er will keine Reden mehr halten, er hat ja schon so viele gehalten, erst gestern vor Gericht.

»Begrabt mich, wie ihr wollt. Sorgt nur dafür, daß ihr mich festhaltet und daß ich euch nicht davonlaufe.«

Dann geht er in den nächsten Raum, wo er ein Bad nimmt, um es den Frauen zu ersparen, seine Leiche später waschen zu müssen.

Später...

Der Schierlingsbecher. Er trinkt ihn ziemlich rasch aus. Das

Gift tut bald seine Wirkung. Erst sterben seine Füße ab, dann die Beine. Die Gefühllosigkeit zieht in den Leib hinauf, bald spürt er nichts mehr.

Die meisten, die bei ihm geblieben sind, beginnen zu weinen.

Sokrates bleibt gefaßt. Er sagt, wenn die Starre das Herz befalle, dann sei wohl alles zu Ende. Seine letzten Worte: »O Kriton, wir sind Asklepsios einen Hahn schuldig. Entrichtet das Opfer, versäumt es nicht.« Es handelt sich um den Gott der Heilkunde.

Auf die Frage, ob etwas für ihn selbst zu tun wäre, antwortet er nicht mehr. Wenige Minuten später brechen seine Augen. Kriton schließt sie und auch den leicht geöffneten Mund.

Sokrates ist gestorben, ein Opfer für die Idee der Wahrheit.

Jesus
30 oder 33

Jesus weiß oder ahnt zumindest, daß ihm Schlimmes bevorsteht: seine Verhaftung. Er hat es schon während des letzten Abendmahls geäußert, er wisse, daß der Oberpriester oder überhaupt die Priesterschaft ihn festnehmen lassen will, daß sie es schon im Tempel oder vor dem Tempel getan haben würden, wenn ihnen nicht daran läge, unnötiges Aufsehen zu vermeiden.

Jetzt, beim Abendessen, das später als das »Letzte Abendmahl« in die Geschichte eingehen wird, teilt er den Jüngern, die viel Lobendes über ihn gesagt haben, rundheraus mit, daß er in dieser Nacht in die Hände seiner Gegner fallen wird und daß sie, die »treuen« Jünger, ihn verraten werden. Er bricht früh auf, geht in der Dunkelheit auf den Ölberg, immer begleitet von ihnen – nur Judas hat sich entfernt –, macht Rast auf einer Liegenschaft, die Gethsemane genannt wird, bittet die Jünger, wach zu bleiben, und entfernt sich von ihnen. Er wirft sich zu Boden und betet: »Vater, wenn du willst, so lasse diesen Kelch an mir vorübergehen! Doch nicht wie ich will, sondern wie du...«

Als er wieder zu den Jüngern zurückkehrt, sieht er, daß sie eingeschlafen sind. Er weckt sie. »Steht auf und betet, daß ich nicht in Versuchung komme. Der Geist ist willig, aber das Fleisch ist schwach...«

Gilt das nicht auch für ihn? Könnte er nicht die Flucht versuchen jetzt in der Dunkelheit? Und außerhalb von Jerusalem verborgen leben? Das Fleisch ist schwach. Aber er weiß oder glaubt zu wissen, Gott fordere von ihm, daß er sich der Prüfung stellt, die er ihm auferlegt hat.

Nun nahen die Schergen mit Schwertern und Stöcken: die Tempelwache, aber auch eine römische Kohorte ist dabei. Der Jünger Judas ist bei ihnen, er küßt Jesus, damit jene in der Dunkelheit wissen, wer von den Anwesenden Jesus ist. Die anderen Jünger versuchen Widerstand, aber Jesus ermahnt sie, ruhig zu bleiben. Und dann bringen ihn die Schergen, begleitet von einigen Hohepriestern und ihrem Anhang, nach Jerusalem zurück.

Jerusalem... Es ist noch gar nicht so lange her, daß Jesus dort eingezogen ist: nur eine Woche vor dem Passahfest. Er kam, von seinen Jüngern begleitet, denen er anvertraut hatte, aber eben nur ihnen, er sei der Messias, auf den man schon lange warte. Jerusalem erwartet ihn keineswegs. Die Stadt füllt sich mit unzähligen Juden aus der Provinz, die alljährlich das Passahfest dort verbringen, das ist gewissermaßen die jüdische Saison, zu der sich alle Welt einfindet, die es sich leisten kann. Aber auch die Armen und Ärmsten kommen, um Jerusalem wenigstens einmal zu sehen. Jerusalem! Da liegt es in all seiner Pracht innerhalb der Stadtmauern mit seinem unbeschreiblich schönen Tempel, aus weißem Marmor erbaut, mit Verzierungen aus purem Gold, mit seinen Säulen und Kolonnaden, mit seinen Vorhöfen, der, wie Flavius Josephus sagen wird, glitzert »wie ein schneebedeckter Berg«, umgeben von öffentlichen Gebäuden, unter denen die Festung Antonia, die auf einem Felsen errichtet ist, und mit ihren mächtigen Türmen von 35 Meter Höhe besonders auffallen muß. Selbst Herodes Antipas, der junge König von Galiläa, der sonst in seiner Hauptstadt Tiberias residiert, ist gekommen.

Jesus geht trotz seiner fast zwei Meter Größe und seinen höchst eindringlichen dunklen Augen in der Masse der Menschen unter, die nach Jerusalem kommen oder gekommen sind. Er bleibt von den meisten unbemerkt, wohl aber weiß die Priesterschaft schon, daß er erschienen ist, ja, sie wußte es bereits, als er im Anzug war. Man hat ja schon in den einschlägigen Kreisen einiges über ihn gehört. Wenn die Priester ahnen würden, was sich in den nächsten Tagen abspielen wird, hätte man ihn vielleicht gleich festgenommen. Aber noch weiß man nicht recht, was er vorhat, nicht einmal, in welcher Eigenschaft er sich eigentlich zu präsentieren gedenkt. Als Messias, als Ankündiger Gottes? Man wird abwarten, wenn auch nicht zu lange.

Und in der Tat gibt sich Jesus vorläufig milde, er bleibt ausgesprochen inaktiv. Wie das Gesetz es vorschreibt, geht er zum Tempel, gelangt zuerst einmal in den äußeren Hof, aber da schon wird er stutzig. Dieser Hof ist voller Kälber und Schafe, auch Tauben befinden sich dort in kleinen Käfigen, all das steht zum Verkauf; Geldwechsler, die in verschiedenen Sprachen ihre verschiedenen Münzen anbieten, machen ziemlichen Lärm.

Nun, das alles ist erklärlich, wenn auch vielleicht nicht ganz entschuldbar. Die Kälber, die Schafe sollen ja unter Umständen als Opfer geschlachtet werden, den Tauben kommt eine ähnliche pseudoreligiöse Rolle zu. Die Geldwechsler? Nun ja, es kommen ja viele Fremde, und die Tempelsteuer darf nur in reiner jüdischer Münze bezahlt werden.

Doch Jesus findet diesen Trubel vor dem Heiligtum empörend. Vorläufig bleibt er noch ruhig, aber am nächsten Tag ist er nicht mehr der ›milde Jesus‹, er wirft die Tische der Geldwechsler um, die Stühle, auf denen die Verkäufer der Tauben sitzen, treibt sie und die Hüter der Schafe fort. Das erregt kein geringes Aufsehen, und viele, die bisher gar nicht wußten, daß es diesen Jesus gibt, und die auch noch nicht verstehen, was er will, geschweige denn wer er ist, erklären sich mit ihm einverstanden.

Wer ist er denn? Er erklärt es jetzt und in den nächsten Tagen, denn er beginnt ohne Zögern im Tempel zu lehren. Dazu hat er eigentlich gar kein Recht, niemand hat ihn dazu ermächtigt, aber solche Formalitäten kümmern ihn nicht. Nun sagt er ihnen, wer er ist, nämlich der ersehnte Messias, und schon das bedeutet, daß niemand Hand an ihn legen dürfe.

Die Priester, die ja den Tempel verwalten, werden nervös. Daß sich einer als lang erwarteter Messias ausgibt, ist schon ein starkes Stück. Sie fragen ihn, ob er denn wisse, daß er gegen des

Kaisers – des Cäsars – Verbot handle. Tut er das? Hat er nicht vor kurzem die später so berühmten Worte gesprochen: »Gebt dem Cäsar, was des Cäsars ist, und Gott, was Gottes ist.«

Noch ist er ruhig, aber er bleibt es nicht lange. Er beginnt gegen diejenigen zu wettern, die die Tempelpolitik machen, nicht so sehr gegen die Zeloten, die ja auch Gegner der Tempelherren sind, mehr gegen die Pharisäer und Sadduzäer, die vorläufig eher milde gegen ihn gestimmt sind, bis er die prophetischen, aber vorläufig höchst unziemlichen Worte ausruft: »Seht ihr diese großen Baulichkeiten? Von ihnen wird nicht ein Stein auf dem anderen bleiben!«

Das geht den Priestern nun doch wohl ein wenig zu weit. Und sie geben das Signal, daß der Synhedrium, die oberste Behörde in jüdischen Angelegenheiten, sich versammle, um gegen den Fremden vorzugehen. Der Synhedrium wird von Priestern, von sogenannten Älteren, von Schreibern und von Mitgliedern bekannter Familien gebildet, die alle vom Hohepriester dazu bestimmt worden sind. Er hat sich nur mit religiösen Verbrechen zu befassen. Dem zu Verurteilenden muß also Blasphemie, Ketzerei oder Zauberei nachgewiesen werden. In solchen Fällen kann der Synhedrium das Todesurteil fällen, allerdings erst nachdem unzählige Formalitäten beachtet worden sind. Und dieses Urteil bedarf der Bestätigung durch den römischen Bevollmächtigten, in diesem Fall eines Mannes namens Pontius Pilatus.

Der eigentliche Prozeß Jesu beginnt aber erst, nachdem er vorgeführt worden ist.

Zuerst scheint nicht alles zum besten für die Ankläger zu stehen. Das Gesetz fordert, daß zwei Zeugen aufgetrieben werden, die das »Verbrechen« bestätigen können. Aber es werden keine zwei Zeugen gefunden. Natürlich gäbe es massenhaft Zeugen für das, was Jesus alles im Vorhof des Tempels angestellt hat, aber das ist keine Zauberei, keine Blasphemie, keine Ketzerei. Der Tempel selbst ist ja nicht zu Schaden gekommen, alles hat sich in einem der Vorhöfe abgespielt. Ein Geständnis seinerseits ist also nicht vonnöten.

Albrecht Dürers Holzschnitt »Ecce Homo« aus der Großen Passion von 1498/99 zeigt die Zurschaustellung Jesu. Der Originalholzschnitt hat das Format 391 × 282 mm.

Aber schließlich finden sich doch zwei Zeugen, die behaupten, Jesus habe gesagt, er werde den Tempel zerstören und ihn ›ohne Hände‹ in drei Tagen wieder aufbauen. Das hat er natürlich nicht so gesagt, eigentlich stimmt das alles nicht ganz, und als Blasphemie kann man es auch kaum bezeichnen.

Der Hohepriester Kaiphas fragt ihn schließlich: »Bist du der Messias?« Das ist eine entscheidende Frage. Wenn Jesus sie verneint, wird man ihn auslachen, er wird keine Rolle mehr spielen. Er antwortet ganz ruhig: »Ich bin es.«

Jetzt hat der Hohepriester, was er braucht. Er zerreißt sein Gewand – eine symbolische Geste, in Wirklichkeit reißt er es nur ein Stück ein – und verlangt, daß seine Kollegen das gleiche tun. Denn nun, so befindet er, habe Jesus Blasphemie begangen. Aber das finden die anderen nicht, vorläufig jedenfalls nicht. Blasphemie, das ist eine Beleidigung Gottes. Daß einer behauptet, er sei der Messias, stellt noch lange keine Blasphemie dar, auch nicht, was Jesus hinzugefügt hat, nämlich daß man den Menschensohn zur rechten Hand Gottes sitzen sehen werde. Blasphemie ist erst, wenn man Gott bei dem Namen nennt, den er Moses anvertraut hat: Jahve. Aber genau das hat Jesus nicht getan, er hat immer nur von Gott als dem »Allmächtigen« oder dem »Benedeiten« gesprochen. Die Priester sind zwar mit Kaiphas darüber einig, daß Jesus den Tod verdiene, denn er könne gar nicht der Messias sein, er sei also ein Betrüger und Verführer, aber sie bringen es nicht über sich, ihn zum Tod zu verurteilen.

Also kein juristisches Urteil. Wäre es anders, müßte man sich von Pontius Pilatus nur die Bestätigung holen, der sie ohne Zweifel geben würde, und Jesus wäre nach jüdischem Gesetz umgebracht worden, entweder durch Steinigung, Erdrosselung, Enthauptung oder durch Verbrennung.

Nun muß man sich also an Pontius Pilatus wenden, was erst am folgenden Morgen geschehen kann.

Nach der Verhandlung wird Jesus abgeführt, die Wachen verhüllen sein Gesicht, schlagen ihn und sagen: »Weissage, wer es war, der dich schlug!« Sie glauben nicht, daß er so etwas sagen kann, weil sie überhaupt nicht an Übermenschliches glauben.

Am nächsten Morgen nochmalige Versammlung bei dem Hohepriester, und nun auf zu Pontius Pilatus.

Um die Geschichte Jesu, um das Phänomen Jesus überhaupt zu verstehen, muß man ihn aus seiner Zeit heraus sehen und aus der damaligen Situation der Juden.

Judäa ist schon seit einiger Zeit kein freies Land mehr, sondern eine römische Provinz. Aber die Juden, im Gegensatz zu vielen anderen unterjochten Völkern, assimilieren sich nicht, ja sie widerstehen ihrer Assimilierung mit größter Leidenschaft. Das hat natürlich mit ihrer Religion zu tun, damit, daß sie es ablehnen, an die Götter der Nichtjuden zu glauben, weil sie nur an einen einzigen Gott glauben. Der hat ihnen ja versprochen, daß eines Tages ein Messias kommen wird, um sie zu befreien; nicht unbedingt vom römischen Joch, das hat, als dieses Versprechen von Gott gegeben wurde, noch gar nicht existiert, sondern überhaupt von jeder Fremdherrschaft.

Im Augenblick ist diese Fremdherrschaft freilich recht grausam. Das ist vor allem das problematische Verdienst des Herodes, Statthalter oder auch König von Judäa, zwei Jahre nach Jesu Geburt mit 64 Jahren gestorben; eines Mannes, der mit den Römern kollaborierte, die großen Bauten von Jerusalem, vor allem den neuen Tempel errichtete, aber sonst von einer Härte war, die kaum ihresgleichen fand. So ließ er zum Beispiel seine Frau Mariamne umbringen und auch andere Verwandte und engste Freunde.

Angeblich erschreckt ihn die Geburt eines ihm völlig unbekannten männlichen Kindes aus einer ihm völlig unbekannten Familie – so besagt eine Legende, die erst hundert Jahre später entstehen oder unter die Leute kommen würde. Es handelt sich um die Familie des Tischlers Joseph aus der Stadt Nazareth in der Provinz Galiläa, der kurz zuvor nach Bethlehem aufgebrochen ist, weil eine Volkszählung für das ganze Land bevorsteht und eine Einschätzung für die künftige Besteuerung. Es wird

Herodes angeblich zugetragen, daß drei Könige aus dem Morgenland auf Grund eines durch ihre astrologischen Anstalten gesehenen Wahrzeichens am Himmel nach Bethlehem aufgebrochen sind, um dem Neugeborenen ihre Huldigungen darzubringen, denn er sei, siehe Zeichen des Himmels, der künftige König der Juden.

Herodes versteht die Sache mit dem Himmelszeichen nicht, es gibt ja in Judäa, wohl auch in Jerusalem, keine Astrologen, die da Bescheid wüßten. Aber er hört von den Königen aus dem Morgenland und gibt einen Befehl, der an Grausamkeit alles überbietet, was er bis jetzt befohlen hat: Jeder Erstgeborene einer jüdischen Familie – er nimmt an, daß es sich um einen Erstgeborenen handelt, was vermutlich nicht einmal zutrifft – solle sofort umgebracht werden. Er hofft, dadurch das Gerücht im jüdischen Volk, das Ende der römischen Herrschaft sei nunmehr eine gottbeschlossene Sache, der künftige jüdische König sei bereits geboren, im Keim zu ersticken.

Joseph flieht nach Ägypten also auch, um dem unfaßbaren Mordbefehl des Herodes zu entgehen. Die kleine Familie, bestehend aus Joseph, seiner Frau Maria und dem Sohn, der eigentlich gar nicht Jesus heißt, sondern Josua, vergrößert sich. Jesus erhält Brüder, Jakob, Jossi (eigentlich Joseph), Juda und Simon; auch Töchter werden geboren, deren Namen man vergessen wird. Möglicherweise hieß zumindest eine von ihnen Mirjam.

Erst als Herodes gestorben ist, also zwei Jahre nach Jesu Geburt, kehrt Joseph mit seiner Familie, angeblich auf Rat und Wunsch eines Engels, der ihm im Traum erschienen ist, von Ägypten in das Land Israel zurück, weil Jesus jetzt nicht mehr gefährdet ist.

So wächst Jesus als guter Jude heran. Er weiß und lernt eine Menge über seine Religion, er ist fromm, er ist und bleibt sein Leben lang gesetzestreu. Nun geht er umher und spricht mit den Leuten und predigt ihnen auch. Er hat zwar keine Examina bestanden, keine Kurse gemacht, ist kein Schriftgelehrter im engsten Sinne des Wortes, aber man redet ihn als Rabbi an, was damals soviel bedeutete wie Lehrer, und wenn er es auch gelegentlich zurückweist, so läßt er es sich meistens doch gefallen. Der entscheidende Unterschied zwischen ihm und anderen Schriftgelehrten oder Rabbinern: Er predigt nicht Haß, er predigt Liebe, und er predigt auch, immer im Gegensatz zu den anderen, daß man der Obrigkeit gehorche, nicht sie bekämpfe. »Gebt dem Cäsar, was des Cäsars ist...«

Früh hat er von Johannes dem Täufer gehört, der die Juden dazu ermahnt, gerecht gegeneinander zu sein und fromm gegenüber Gott. Die Taufe soll die Menschen, die innerlich unrein sind, von innen her säubern, durch ein Bad würden ihre Sünden getilgt. Jedenfalls eilt Jesus zu Johannes und unterzieht sich der Taufe. Johannes wird übrigens später – er ist ja ›gefährlich‹ – von Herodes Antipas, dem Sohn des Herodes, der die Regierung übernommen hat, verhaftet und schließlich, nicht zuletzt weil er immer den kommenden Erlöser prophezeit, enthauptet.

Ob nun Jesus der kommende Erlöser ist? Er lehrt. Er zieht umher und lehrt. Er tut das subjektiv mit vollem Recht, denn er glaubt, bei der Taufe eine Stimme gehört zu haben, die ihm sagte, er sei erwählt. Also kann er natürlich nicht mehr zu seinem bisherigen Familienleben zurückkehren. Die Zahl derer, die an ihn glauben, vergrößert sich schnell, wenn man bedenkt, wie schwierig die Verständigung von einem Ort zum anderen damals im Lande Judäa ist. Er beweist auch Mut. Er schmäht vor den zusammenströmenden Zuhörern, immer anderen, immer neuen, den Herodes Antipas, er hält Strafpredigten gegen ihn. Entscheidend: Er nimmt einige spektakuläre Heilungen vor, man spricht von diesen Heilkünsten und übertreibt sie vermutlich, aber immerhin, er kann einem Mann, dessen Hand abgestorben ist, wieder den Gebrauch dieser Hand zurückgeben, er kann andere sehend machen, und dies alles nur, weil er an ihren Glauben appelliert und weil sie glauben. Heute, im 20. Jahrhundert, würde man diese Heilungen psychologisch erklären. Damals ist man noch nicht so weit. Man nimmt Heilungen als Heilungen, staunt und ist überzeugt davon, in Jesus den

Messias, den Erlöser erblickt oder gar kennengelernt zu haben; obwohl, und es ist wichtig, dies zu unterstreichen, er sich selbst nicht oder noch nicht als Messias deklariert hat.

Zu seiner Familie kehrt er nie mehr zurück, Vater und Mutter Maria, eigentlich Mirjam, spielen in seinem Leben und auch in Zukunft keine Rolle mehr, auch seine Brüder und Schwestern nicht. Seinen Jüngern, das heißt denjenigen, die ihm von Ort zu Ort folgen, predigt er, man müsse »um des Reiches Gottes willen« seine Familie verlassen. Wer das täte, erhielte mehr in jener Welt, als er in dieser verliere, nämlich ewiges Leben. Wörtlich heißt es: »Wenn einer zu mir kommt und haßt nicht seinen Vater, Mutter, Weib, Kinder, Brüder und Schwestern, kann er nicht mein Jünger sein.« Was in der Urfassung der Bibel, im Hebräischen, nicht ganz so hart klingt. Jedenfalls verweist er einen Jünger, der ihn bittet, ihn zu beurlauben, er wolle seinen Vater begraben: »Laßt die Toten ihre Toten begraben!«

In diesem Punkt kennt er keine Kompromisse. Denn er fühlt sich wohl nicht mehr ganz von dieser Welt. Er fühlt sich als der, der auch als Erlöser kommen sollte, als »Sohn Davids«.

Und als er beschließt, mit seinen Jüngern das Passahfest in Jerusalem zu verbringen, sagt er ihnen etwas, das eigentlich darauf schließen läßt, daß er schon alles ahnt, was kommen wird. Seine Worte nämlich sind: »Es geht nicht an, daß ein Prophet nicht in Jerusalem stirbt.«

Noch wissen wenige, daß er ein Prophet ist oder gar der Messias. Und sicher keiner in Jerusalem. Obwohl ganz Jerusalem, ja, das gesamte Volk auf diesen Messias wartet.

Natürlich gibt es auch solche, die nicht an diesen Messias glauben. Etwa die Sadduzäer, weil in den fünf Büchern Moses kein Messias erwähnt ist. Aber die Pharisäer, im wesentlichen Kleinbürger, die überhaupt nicht an Politik interessiert sind, glauben an den Messias, ebenso wie die ungleich radikaleren Zeloten, und ebenso wie die ähnlich eingestellten Essener stellen sie das Publikum für Jesus, wenn er sehr bald im Tempel zu predigen beginnt.

Was nun die Priester angeht, die ohne Zweifel Schlüsselstellungen einnehmen und das Volk beherrschen: sie reden natürlich auch vom Messias, aber erwarten sie ihn so sehnlich oder erwarten sie ihn gerade jetzt? Er würde doch ihre Machtpositionen in Frage stellen. Das würden sie freilich nie zugeben. Warum sollten sie auch?

Es ist wohl schon eine Weile so. Und das hat sich auch nicht mit dem Eintreffen Jesu in Jerusalem geändert. Wer ist er denn? Er hat kaum zwei, allerhöchstens drei Jahre gepredigt. Nun ist er von Galiläa nach Jerusalem gekommen, auf Umwegen übrigens, da ihm die judenfeindlichen Samaritaner den Durchzug nicht gestatteten. So hat er den Jordan an einer alten Furt überschritten, ist nach Jericho gelangt, hat dort übernachtet und schließlich die letzten 37 Kilometer nach Jerusalem hinter sich gebracht und steht jetzt vor ihnen, ist abgeurteilt und doch nicht abgeurteilt worden.

Und nun, am Morgen darauf, steht er vor Pontius Pilatus.

Der Prokurator oder Landpfleger ahnt dunkel, was da auf ihn zukommt. Ihm ist bei der Sache denkbar unwohl. Natürlich ist er prinzipiell gegen einen, der sich als Messias ausgibt, gleichgültig ob er nun der Messias ist oder nicht. Überhaupt, diese Juden! Sie haben ihm so viele Schwierigkeiten bereitet und bereiten ihm fast täglich neue. Er hat ja schließlich den Auftrag von Rom, Ruhe und Ordnung im Land zu bewahren. Und das will er auch, aber es bedeutet eben, daß er oft sehr streng oder, sagen wir ruhig, grausam gegen sie vorgehen muß und kein Erbarmen kennen darf. Er hat wenig Achtung vor dem menschlichen Leben und schon gar keine vor dem Leben eines Juden. Die Sache sieht also nicht sehr gut aus für Jesus, als er nun vor Pilatus steht. Der mustert ihn mit Mißtrauen, aber irgend etwas sagt ihm, daß er hier wohl keinen kurzen Prozeß machen darf. Er fragt Jesus, ob er, wie der Hohepriester ihm versichert hat, der Messias sei oder gar behaupte, der König der Juden zu sein.

Was soll Jesus antworten? Er könnte verneinen – aber damit wäre es mit der Mission, an die er glaubt, zu Ende. Er wäre eine lächerliche Figur. So antwortet er: »Du sagst es!«

Das kann alles oder nichts bedeuten. Aber wie Jesus wohl vermutet, bedeutet es für Pontius Pilatus eine Bestätigung. Trotzdem zögert der Römer. Er wird sich die Sache überlegen, er schickt Jesus erst einmal in die Festung Antonia. In diesem römischen Gefängnis schmachten um die gleiche Zeit mehrere jüdische Gefangene, mindestens drei. Einer heißt Barabbas, offenbar ein Terrorist, der einen Mord auf dem Gewissen hat.

Pilatus müßte ihn kreuzigen lassen. Aber da wird es sicher Unannehmlichkeiten geben. Die Stadt, insbesondere die Touristen, die in die Stadt gekommen sind, die Pilger werden eine solche Hinrichtung nicht einfach hinnehmen. Es könnte sogar, auch die Priester weisen Pontius Pilatus darauf hin, zum offenen Aufruhr kommen.

Wenn man den Barabbas am Leben ließe, wäre das alles zu verhindern. Was tun? Der Hohepriester rät ihm, Barabbas freizulassen.

»Und was soll ich gegen den sogenannten König der Juden unternehmen?«

»Kreuzige ihn!«

Pontius Pilatus will nicht so recht. Spürt er, daß Jesus nicht irgend jemand ist? Nicht, daß er Mitleid mit ihm oder irgendeinem Menschen hätte. Und es stimmt schon gar nicht, was er später sagen wird, nämlich, er wasche seine Hände rein von diesem Mord an Jesus. Das klingt so gar nicht nach ihm, und wenn er es überhaupt gesagt hat, dann in einem ganz anderen und höchsten realen Sinn.

Aber vermutlich hat er es gar nicht gesagt. Er will nur Jesus nicht kreuzigen lassen, er will ihn lieber geißeln lassen, und dann soll er freikommen.

Aber der Hohepriester besteht darauf, daß Jesus gekreuzigt werde. Er ist viel zu gefährlich, um am Leben gelassen zu werden. Das müsse doch Pontius Pilatus einsehen. Er müsse ihn kreuzigen lassen, die Kreuzigung sei doch schließlich nach römischem Gesetz die Strafe für einen politischen Verbrecher.

Also überläßt Pontius Pilatus dem Hohepriester seine Beute.

Der hat es nun, und mit Recht, sehr eilig. Passah steht vor der Tür, und an einem Feiertag oder auch an einem Sabbat – und in vierundzwanzig Stunden bricht der Sabbat an – darf nicht gekreuzigt werden. Wenn man wartet, bis die Woche des Passahfestes vorbei ist... Wer weiß, was dann kommt?

Also zuerst einmal Geißelung. Nachdem man Jesus die Kleider vom Leib gerissen hat, Geißelung, bis das Fleisch in blutigen Fetzen herunterhängt. Dabei machen die römischen Soldaten, die es nicht besser wissen oder wissen können, ihre Scherzchen, nachdem sie die Kleidung Jesu bereits unter sich verteilt haben.

Dann auf nach Golgotha, wo das Kreuz aufgestellt werden soll. Unterwegs Juden, denen Jesus leid tut. Einer gibt ihm Wein zu trinken, in den Myrrhe geschüttet worden ist, damit er die Schmerzen weniger spüre. Ein anderer trägt ihm wenigstens ein paar Meter weit das Kreuz, unter dem er zusammenzubrechen droht.

Dann die Kreuzigung. Abermals Verspottung durch die römischen Soldaten, die ihm einen mit Essig getränkten Schwamm zum Munde führen. Andere, die gleichfalls gekreuzigt werden, schmähen Jesus.

Jesus bewahrt eine erstaunliche und übermenschliche Gelassenheit. Er bittet noch für seine Peiniger: »Vater, verzeih ihnen, sie wissen nicht, was sie tun!«

Die Qual dauert mehrere Stunden. Dann der letzte Atemzug. Gerade noch rechtzeitig, daß die Sabbatruhe nicht durch die Vollstreckung eines Todesurteils gestört werde.

Der Hohepriester dürfte einen Seufzer der Erleichterung ausgestoßen haben. Vermutlich ist er der Ansicht, daß man nun nichts mehr von Jesus hören wird. Das dürfte auch die Meinung der anderen Priester sein. Und was Pontius Pilatus angeht, so ist die ganze Geschichte für ihn nur eine Episode gewesen. Eines von vielen bedauerlichen Todesurteilen, die er hat vollstrecken lassen müssen. Jesus – eine Akte, die geschlossen sein dürfte. Und, so erzählt man sich später, als ihn jemand ein paar Jahre später nach Jesus fragt – Pontius Pilatus ist dann nicht mehr in Jerusalem, sondern bereits, wegen Alters pensioniert, in einem römischen Badeort –, kann er sich überhaupt nicht mehr an Jesus erinnern.

Die Jungfrau von Orléans
1431

Der Prozeß gegen Jeanne d'Arc, später allgemein die »Jungfrau« genannt, im deutschen Sprachgebiet seit Erscheinen des Dramas von Schiller die »Jungfrau von Orléans«, beginnt am 23. Januar 1431, nachdem sie bereits ein halbes Jahr vorher, am 23. Mai 1430, gefangengenommen worden ist. Ort des Verfahrens, zumindest während der ersten Sitzung: die sogenannte Chapelle Royale, ein weiter hoher Raum, durch Spitzbogenfenster nur mäßig erhellt, im Erzbischöflichen Palais, meist für die weltlichen Veranstaltungen der Bischöfe von Rouen benutzt, wie etwa Neujahrsempfänge, Ehrungen oder Festmähler.

Rouen ist in jener Zeit die Hauptstadt der »Vereinigten Königreiche« England und Frankreich, wobei Frankreich nur den weitaus kleineren Teil der Kombination bildet.

Bisher ist Jeanne nicht gerade schlecht behandelt worden. Sie war Gefangene im Schloß Margny, dann in der Burg von Beaulieu, eine Zeitlang bei der Tante des Grafen von Beaulieu im Schlosse Beaurevoir. Erst nach dem Tod dieser Dame und einem Fluchtversuch – sie sprang aus dem Obergeschoß eines Turms, ohne sich ernstlich zu verletzen – wurde sie unter englische militärische Bewachung gestellt, die allerdings recht streng ist, und schließlich nach Rouen verbracht. Einer der Gründe dafür ist, daß die Engländer den Franzosen in dieser ganzen Angelegenheit nicht recht trauen.

Der Umfang des Gerichts ist in jedem Sinne außerordentlich. Außer dem Bischof Pierre Cauchon von Beauvais und dem Großinquisitor von Frankreich sind nicht weniger als 71 Personen anwesend, Geistliche, Juristen, übrigens fast alle von

Cauchon ausgesucht, nachdem er sie auf ihre »Verläßlichkeit« genauestens überprüft hat. Trotzdem ist das Verfahren alles andere als juristisch haltbar. So wird der Angeklagten entgegen den Bestimmungen der Inquisitoren jeder Anwalt verweigert. Sie muß sich selbst verteidigen, ob sie das nun vermag oder nicht.

Das Besondere an dieser Angeklagten ist, daß sie in Männerkleidung erscheint. Dies wird übrigens einen der Anklagepunkte des Prozesses bilden. Sie erklärt ihre Bekleidung damit, daß sie wochen- oder gar monatelang mit englischen Soldaten zusammen hätte leben und auch schlafen müssen, und die hätten sie des öfteren belästigt.

Auf Männerkleidung bei Frauen steht laut Inquisition die Folter. Gefoltert wird Jeanne aber nicht. Man spricht nur gelegentlich von der Möglichkeit einer Folterung.

Aber im Grunde genommen geht es auch gar nicht um Jeanne. Es geht um England und Frankreich, will sagen um Engländer und Franzosen. Den letzteren ist allein das religiöse Moment von Bedeutung – zumindest lassen ihre Vertreter im Gerichtssaal das immer wieder hören. Den Engländern geht es um Politik. Nach allem, was im letzten Jahr vorgefallen ist, können sie schon aus politischen Gründen nicht dulden, daß Jeanne ungeschoren oder nur milde bestraft davonkomme. Sie muß weg – eben, um die Unbesiegbarkeit der Engländer unter Beweis zu stellen. Es handelt sich, kurz und gut, um nichts anderes als einen Schauprozeß. Einen Prozeß für die Weltöffentlichkeit, soweit es damals schon eine Welt gibt, die überhaupt von einem solchen Prozeß Kenntnis nimmt.

Um das alles zu verstehen, um überhaupt das Phänomen dieser Jungfrau zu begreifen, muß man die damalige Situation in Westeuropa kennen.

1328 ist das seit dem 10. Jahrhundert regierende Königshaus Capet im direkten Mannesstamm ausgestorben. Durch Kreuz- und Querheiraten des europäischen Hochadels war König Eduard III. mit dem letzten echten Capet Karl IV. näher verwandt als Philipp II. aus dem Stamme Valois, den die Großen Frankreichs vorzogen. Infolgedessen besetzten die Engländer weite Teile Frankreichs. Im 14. und auch im frühen 15. Jahrhundert galt nicht London, sondern Rouen als die eigentliche »Hauptstadt« Englands.

Und Frankreich ist zusammengeschrumpft. Im 15. Jahrhundert besteht es im wesentlichen nur noch aus Paris und Umgebung. Osfrankreich ist größtenteils deutsch, Lothringen – übrigens bis ins 18. Jahrhundert hinein – souverän; Avignon eine kirchliche, Orange eine deutsche Enklave, die Bretagne ein völlig unabhängiger Staat und, wie gesagt, der Norden und auch der Südwesten bis teilweise ins 16. Jahrhundert hinein England zugehörig. Und dieser Zustand scheint sich schon im 14. Jahrhundert, in dem die Geschichte Jeannes spielt, um so weniger zu verändern, als Frankreich, oder das restliche Frankreich, nicht einmal über einen König verfügt, sondern nur über einen Dauphin Karl, also einen Kronprinzen, der noch gar nicht gekrönt ist, ein Sohn Karls VI., der wahnsinnig war. Aber die Engländer haben ihn sozusagen enterbt.

Die Engländer hausen nicht gerade freundlich auf dem »französischen« Kontinent. Sie sengen und brennen. Wo immer sie erscheinen, treiben sie das Vieh fort, verwüsten die Felder, in den Städten beschlagnahmen sie die Häuser der Reichen.

Auch die Familie d'Arc, trotz des Adelsprädikats gewöhnliche Bauern in Domrémy im Herzogtum Bar, einem Lehensstaat Frankreichs, weiß ein Lied davon zu singen. Brüder des jungen Mädchens kommen des öfteren arg angeschlagen oder zerschlagen nach Hause zurück. Ihr selbst hat man schon des öfteren das Vieh oder jedenfalls Bestandteile der Herde fortgetrieben. Sie hat sich – was blieb ihr, was blieb den Nachbarn anderes übrig? – darein gefügt. Sie ist keine Heldin, jedenfalls noch nicht, und sie sieht auch nicht nach einer Heldin aus. Sie ist eher klein, zumindest nach heutigen Begriffen, recht gut proportioniert, lebhaft, aber bescheiden. Sie besitzt ein regelmäßiges Gesicht, wenn man nach den Bildern gehen darf, die von ihr existieren, eine nicht zu hohe Stirn, eine starke, etwas

»kecke« Nase, ein rundes volles Kinn, sehr große und sprechende Augen. Und sie trägt natürlich, wie die jungen Mädchen der Umgebung, Rock und Kittel oder Bluse, von Männerkleidung keine Rede.

1425, sie ist also dreizehn, kurz nach einem Überfall englischer Marodeure, ändert sich alles sozusagen schlagartig für sie. Sie hört, während sie das Vieh weidet, Stimmen. Sie hat Erscheinungen. Es erscheinen ihr in einem »Feenbaum«, wie sie später immer wieder sagen wird, der heilige Michael, die heilige Katharina und die heilige Margarethe. Sie erscheinen, legitimieren sich und verschwinden wieder. Und letzten Endes raten sie Jeanne oder vielmehr befehlen ihr, »im Namen Gottes« Frankreich zu retten.

Was immer man von Jeanne später berichten wird, sie weiß ohne Zweifel noch nichts von Politik und ist auch durchaus nicht das, was man eine Patriotin nennen könnte. Nichts liegt ihr ferner, als Frankreich zu »befreien« oder gar zu »retten«. Sie weiß nicht einmal genau, was unter Frankreich zu verstehen ist. Sie ist bisher nie über die Felder ihres Vaters hinausgekommen.

Aber sie glaubt den Erscheinungen aufs Wort. Als man ihr – später, vor Gericht – vorhält, daß die Erzengel es gar nicht so gut mit ihr gemeint haben können, sonst wäre sie nicht in Gefangenschaft geraten, wird sie antworten: »Ich denke, es hat unserm Herrn gefallen, daß ich im Interesse meines eigenen Wohlergehens gefangengenommen wurde.«

Sie wird sich nie davon abbringen lassen, daß die Erscheinungen gottgesandt waren, daß sie sie damals geküßt hat, allerdings nur ihre Füße, daß sie gut gerochen haben, und immer wieder, daß sie Französisch gesprochen haben. Und eine andere Sprache hätte sie ja wohl auch nicht verstanden.

Ursprünglich, das heißt, als sie zum ersten Mal diese Erscheinungen hatte, war sie heftig erschrocken. Als die drei Heiligen sie öfter besuchten, nahm sie das als selbstverständlich hin. Und auch das, was sie sagten oder befahlen, nämlich: »Gott hat dich auserwählt, zum Dauphin zu gehen und sein Königreich wiederherzustellen!« Sie empfing auch bestimmte Direktiven – von dem Heiligen allerdings erst ganz zuletzt – nämlich, daß sie Orléans, damals von drei Seiten von den Engländern belagert und in Gefahr, ganz eingeschlossen zu werden, befreien solle und daß sie für die Krönung des Dauphins in Reims Sorge zu tragen hätte.

Das Erstaunliche daran: Viele Jahre lang sind ihr die Heiligen erschienen, ohne daß sie irgend etwas unternimmt oder gar mit jemandem darüber spricht. Insbesondere fürchtet sie den Zorn des Vaters, wenn sie ihm gesteht, was ihr zugestoßen ist. Sie hat noch nie auf einem Pferd gesessen. Sie weiß auch nichts von Waffen, sie ist völlig unpolitisch, ja unpatriotisch, sie würde gar nicht genau wissen, was Politik eigentlich bedeutet. Aber da die Stimmen immer dringlicher werden, entscheidet sie sich dafür, ihren Auftrag auszuführen. Heute würde man von Trance sprechen oder von den Taten einer Nachtwandlerin.

Für alle gewöhnlichen Sterblichen – und das ist Jeanne – ist es nicht ganz leicht, zum Dauphin zu gelangen. Sie schafft es spielend. Es ist, als seien alle diejenigen, an die sie sich wendet, ebenso verzaubert wie sie selbst. Zuerst einmal geht sie, auf Befehl der Stimmen, zu Robert de Baudricour, einem Landedelmann, der in dem nahen Vaucouleurs residiert und der anfangs gar nicht von ihrer Sendung überzeugt, von ihr selbst allerdings sofort beeindruckt ist. Er gibt ihr ein Pferd und Reiter, die sie begleiten sollen. Sie ist mehrere Tage unterwegs – insgesamt reitet sie ungefähr 350 Meilen, bis sie nach Chinon kommt, einer starken Festung im Loire-Gebiet, wo der Dauphin residiert, besser: sich verschanzt hat, denn er muß ja immer damit rechnen, daß die Engländer versuchen, ihn in ihre Hand zu bekommen. Der Dauphin ist das Mißtrauen in Person – am Anfang auch Jeanne gegenüber –, und er schickt sie zuerst einmal nach Poitiers, einer Art Hauptstadt dessen, was von Frankreich noch übriggeblieben ist. Allerdings ist er, als er sie losreiten läßt, überzeugt davon, daß sie von Gott gesandt ist. Angeblich hat sie ihm etwas gesagt, was nur er wissen konnte –

Die Verbrennung der Johanna von Orléans am 30. Mai 1431 in Rouen zeigt diese Miniatur aus der Pariser Handschrift der »Vigiles de Charles VII. von 1484.
(Bild: zeitgenössische Quelle)

er und Gott. Immerhin, soll man in Poitiers feststellen, ob diese Jungfrau eine Jungfrau ist. Dies geschieht durch einige Damen des Hofes, auf welche Weise, ist nicht überliefert. Auch hier in Poitiers beeindruckt sie diejenigen, die mit ihr zusammenkommen, aufs stärkste, und wenn auch nicht alle überzugt sind, daß sie wirklich das vollbringen kann, was zu tun sie vorhat und von dessen Gelingen sie völlig überzeugt ist – die Stimmen! die Stimmen! –, so meint man doch, es könne nicht schaden, sie »einzusetzen«.

Sie erhält also einen weißen Panzer und eine Spezialflagge und wird zu den Truppen geschickt. Sie verlangt auch einen bestimmten Degen, und sie weiß sogar, wo er sich befindet: einen Degen, der einst Karl Martell, dem Retter Europas vor den Arabern, damals schon seit 700 Jahren tot, gehört hatte, der hinter dem Altar der Kirche von St. Cathérine in Fierbois begraben worden ist. Als sie das erklärt, schütteln alle die Köpfe. Aber richtig, das Schwert befindet sich genau an der Stelle, die sie beschrieben hat. Das erhöht natürlich ihr Prestige gewaltig.

Also auf nach Orléans! Dort erwartet man täglich, daß die Engländer den Ring um die Stadt schließen, so daß ein Nachschub aus Frankreich nicht mehr möglich sein wird. Und dann wird sich die Stadt, eine baldige Folge der Aushungerung, ergeben müssen. Das wäre das Ende des Krieges.

Als Jeanne vor Orléans ankommt, am 29. April 1429, wird die Stadt bereits seit sechs Monaten von drei Seiten belagert. Um diese Zeit haben noch die Franzosen innerhalb Orléans mehr Truppen als die Engländer, die vor den Toren stehen. Aber sie sind demoralisiert, sie wagen nicht mehr so recht anzugreifen um die Engländer zu vertreiben.

Es wäre nun falsch zu sagen, wie später oft geschrieben wurde, daß Jeanne die Truppen nach Orléans führt und von dort aus gegen die Engländer. Sie hat, wenn man es genau nimmt, überhaupt keine militärische Funktion. Sie ist, wie man heute sagen würde, ein Mittel der psychologischen Kriegsführung. Sie gibt den Franzosen neuen Mut, sie flößt den Engländern, die nicht weniger als die Franzosen an ihre übermenschlichen Kräfte glauben, Schrecken ein. Natürlich gibt es auch in den Reihen der Engländer solche, die das Ganze für puren Unfug halten, aber sie sind in der Minderzahl und ihre Möglichkeiten, die anderen zum Widerstand zu bewegen oder gar zu Angriffen, schwinden.

Was noch vor Tagen als ein Wunder angesehen worden wäre, vollzieht sich. Die Engländer, obwohl in viel stärkerer Position, geben innerhalb von vier Tagen die Belagerung von Orléans auf, und ihre Verluste sind beträchtlich.

Dabei ist Jeanne gar nicht so unverletzlich, wie man sich zuflüstert. Ein Pfeil hat sie getroffen, nur wenige Zentimeter über ihrer linken Brust. Aber trotzdem kehrt sie schon nach wenigen Stunden wieder zur Schlacht zurück.

Orléans ist also befreit. Und die Franzosen können weitere Siege verbuchen, sie nehmen Tausende von Engländern gefangen, auch führende Militärs, und sie könnten vermutlich bis Paris vordringen.

Aber das geschieht nicht. Denn Jeanne erklärt immer wieder, daß der Dauphin erst gekrönt werden müsse, und zwar in Reims.

Der Dauphin ist gar nicht so versessen darauf, sich aus der Sicherheit seiner Festung nach Reims zu begeben, aber auch das bringt sie fertig. Am 17. Juli 1429, nicht einmal fünf Monate nachdem sie Domrémy verlassen hat, ist sie Zeugin der Krönung des Dauphins durch den Erzbischof von Reims zum König von Frankreich.

Danach neue Siege, unter anderem bei Beauvais und Compiègne. Vor den Mauern von Paris freilich werden die Franzosen wieder geschlagen. Jeanne wird wiederum verwundet, diesmal schwer, würde aber den Kampf fortsetzen, wenn der König sie nicht nach St. Dénis zurückriefe – und natürlich muß sie ihm gehorchen. Sie und ihre Familie werden in den erblichen Adelsstand erhoben.

Bei Compiègne neues Gefecht gegen die mit den Engländern verbündeten Burgunder. Am 23. Mai 1430. Sie muß gegen eine Übermacht kämpfen, will sich in die Stadt zurückziehen, aber in diesem Augenblick, sie ist nur wenige Meter vor der Mauer, wird die Zugbrücke hochgezogen und sie sitzt in der Falle. Ein Bogenschütze unter dem Kommando von Johann von Luxemburg, eines Vasallen Burgunds, das mit England verbündet ist, reißt sie vom Pferd. Nach anderen Quellen wird ihr Pferd getötet und sie selbst vom Herzog von Vendôme in Gefangenschaft genommen.

Jedenfalls: Sie ist gefangen.

Aus zeitgenössischen Quellen: »Und die von den Burgundischen Parteien und den Engländern waren fröhlicher, als hätten sie fünfhundert Ritter gefangen, denn sie hatten vor keinem Hauptmann oder Feldherrn solche Angst und Furcht, wie sie sie bis heute stets vor dieser Jungfrau hatten.« Herzog Philipp stößt ein »Freudengeschrei« aus und läßt durch Eilboten den Ruhm dieser Gefangennahme verbreiten. Am nächsten Morgen schon weiß ganz Paris von dem Ereignis.

Nun ist die Gefangennahme selbst prominenter Personen in dieser Zeit kein allzu großes Malheur. Sie bedeutet unter Umständen nicht einmal lange Haft, geschweige denn eine lebenslängliche oder gar den Tod. Sie bedeutet nur eine Basis für Verhandlungen. Der Herzog von Burgund ist durchaus bereit, gegen ein entsprechendes Lösegeld die Jungfrau dem Dauphin zurückzuschicken, aber der Dauphin zeigt sich seltsamerweise gar nicht interessiert. Vielleicht um den Preis zu drücken. Vielleicht, wer weiß, ist er eben nur undankbar.

Aber um so interessierter sind zwei andere Parteien: die Kirche und England. Die Kirche stellt ein Auslieferungsgesuch, das heißt, es wird von der Pariser Universität Sorbonne im Namen der Inquisition gestellt. Der Großinquisitor persönlich indessen ist nicht so interessiert. Er sieht Komplikationen für die Kirche voraus, wenn man Jeanne vor ein Gericht stellen würde. Er schickt dann schließlich nur einen Prozeßberichterstatter, und der läßt sich wiederum durch Cauchon vertreten.

Die andere interessierte Partei ist England. Man möchte dort einen politischen Prozeß führen. Aber einen politischen Prozeß gegen ein neunzehnjähriges Mädchen? Damit würde man doch der Lächerlichkeit anheimfallen! Nein, die Kirche muß die Kohlen aus dem Feuer holen. Jeanne muß unmöglich gemacht werden, und zwar dadurch, daß sie als Werkzeug des Teufels entlarvt wird, der die Engländer vom Kontinent vertreiben will. Sechs Monate lang verhandelt man, bevor man sich einigen kann. Dann stellt man Jeanne in Rouen vor Gericht.

Ihr höchster Richter, sozusagen der Leiter der Verhandlung, ist Pierre Cauchon, Bischof von Beauvais, den ja der Großinquisitor als seinen Stellvertreter bestellt hat. Cauchon hat ein besonderes Hühnchen mit Jeanne zu rupfen. Er ist kein junger Mann mehr, schon sechzig, und hat eben dank der Aktivitäten der Jungfrau sein Bistum fluchtartig verlassen müssen. Angeblich, aber das ist keineswegs sicher, wird er auch von den Engländern bezahlt. Vielleicht schon seit längerer Zeit, vermutlich seitdem der Prozeß gegen Jeanne vor der Tür steht. Jedenfalls geben ihm die Engländer das Recht, in Rouen zu residieren, und machen ihn auch zum Inhaber des damals vakanten Bischofssitzes der Stadt.

Der erste Beisitzer ist Jean Beaupère, der Rektor der Universität von Paris, ein hochgelehrter Mann, aber weit weniger leidenschaftlich bei der Sache als Cauchon.

Im Januar 1431 überreicht Cauchon den Doktoren und Rechtskundigen, die sich auf seine Einladung hin nach Rouen begeben haben, die Artikel der Anklage gegen die Jungfrau. Eine Woche später, in Anwesenheit des gesamten Gerichts, darunter sechzehn Doktoren des Rechts und sechs Lizenziaten, erfolgt die Stellungnahme der Ankläger. Da wird Jeanne »ausgedachter Lügen, leichtfertigen Glaubens an unwahrscheinliche Dinge, abergläubischer Weisungen, Ärgernis erregender und antireligiöser Taten, manch freventlicher, anmaßender Aussagen voller Prahlerei, der Lästerung Gottes und der Heiligen, des Mangels an Ehrerbietigkeit den Eltern gegenüber, der Abgötterei, einer kirchenspalterischen Haltung... und der Ketzerei« beschuldigt.

Vom Krieg, von der Befreiung von Orléans, von ihren Siegen kein Wort. Es handelt sich ja um einen geistlichen Prozeß. Allerdings wird ein Brief des Königs von England verlesen über die Auslieferung Jeannes sowie einer des Kapitels von Rouen, in dem Cauchon das Recht, dort zu residieren, beglaubigt wird, weil er sonst als inkompetent abgelehnt werden könnte.

Jeanne wird von einem Gerichtsdiener vorgeführt. Cauchon fordert sie auf, unter Eid zu erklären, daß sie auf alle Fragen der Wahrheit gemäß antworten werde.

Sie weigert sich, den Eid zu leisten: es könne ja sein, daß man Fragen an sie stellt, die sie nicht zu beantworten imstande sei. Sie gibt Auskunft über ihre Herkunft, nicht aber über die Erscheinungen. Und sie erklärt, sie würde das auch nicht tun, wenn man sie köpfe. Warum? Die Stimmen hätten es ihr verboten.

Sie leistet schließlich ihren Eid nur unter diesen Vorbehalten. Kurzes Verhör über Person und Herkunft. Dabei fällt allen Anwesenden auf, daß Jeanne keineswegs einen eingeschüchterten Eindruck macht. Im Gegenteil, sie verlangt, daß Cauchon ihr vor allem Weiteren die Beichte abnehme. Das ist für Cauchon peinlich. Täte er es, könnte er sie nachher schwerlich verurteilen, da sie ja von Sünden frei wäre. Weigert er sich, so entzieht er sich seinen priesterlichen Pflichten. Er entgeht dem Dilemma, indem er von anderem zu reden beginnt. Aber immer wieder zeigt sich, daß Jeanne nicht einzuschüchtern ist.

Am folgenden Tag das zweite Verhör. Diesmal durch Jean Beaupère; er wird übrigens auch später gelegentlich die Befragungen und Verhandlungen leiten. Immer wieder versucht er, das Geheimnis der Stimmen und der Erscheinungen kennenzulernen. Jeanne läßt ihn wissen, daß es da nichts zu erklären gebe.

Und warum trage sie Männertracht? Das sei doch unüblich und ungehörig.

Vergeblich die Bemühungen, etwas aus ihr herauszubekommen, wo er einhaken könnte. Vergeblich seine Versuche, sie zu verwirren. Beaupère findet keine Anhaltspunkte für die im Raum schwebende Vermutung, sie sei mit dem Teufel im Bund, kurz, eine Ketzerin.

Das gilt auch für die nächsten Vernehmungen am 24. und 26. Februar 1431. Wieder kein Erfolg.

Die Stimmen! Immer wieder die Stimmen! Es müsse doch eine natürliche Erklärung für sie geben! Bewiesen sie nicht, daß Jeanne im Bunde mit dem Satan ist? Dessen Anwesenheit, dessen Machenschaften wären eine »natürliche« Erklärung der Stimmen und der Erscheinungen.

Ob sie sich im Stande der Gnade glaube? Sie antwortet: »Wenn ich es nicht bin, so möge mich Gott in den Stand der Gnade setzen, und wenn ich es bin, so halte mich Gott in ihm. Ich wäre das kläglichste aller Wesen, wenn ich wüßte, daß ich mich nicht in der Gnade Gottes befände.«

Allgemeine Betroffenheit.

In der fünften öffentlichen Sitzung, am 1. März, ist von einem Brief die Rede, den Graf Armagnac an Jeanne geschrieben hatte. Darin bat er sie um Rat, welchem der drei Päpste, die es im Augenblick gab, er Gehorsam schulde. Ihre Antwort könne man als Ketzerei nehmen. Denn sie habe kundgetan, daß sie den wahren Papst erkennen könne. Also fühle sie sich nicht an die Autorität der Kirche gebunden?

Ja, Jeanne ist sicher, viel sicherer als ihre Richter. So befürchtet sie unter anderem, die Franzosen würden über sie siegen. Das erkläre auch, warum die Heiligen zu ihr Französisch gesprochen hätten. Sie ständen eben nicht auf der Seite der Engländer!

Am 5. März findet die sechste und letzte öffentliche Sitzung statt. Wiederum ist Jean Beaupère der Vorsitzende. Vergeblich versucht er, Jeanne das Geständnis abzuringen, sie habe während des Krieges Zauberkünste angewandt. Er greift sie auch wegen ihrer Männerkleidung an und natürlich immer wieder wegen der Stimmen.

Damit ist der erste Teil des Verhörs beendet. Cauchon befiehlt, die Mitglieder des Tribunals sollten sich mit den Gelehrten die Protokolle durchsehen, wozu eine Woche benötigt wird. Resultat: Jeanne soll in ihrem Gefängnis erneut befragt werden. Das soll Jean de la Fontaine tun, der dem engeren Tribunal angehört, ein Mitglied der Pariser Universität, besonders bewandert im kanonischen Recht. Mit nur wenigen Beisitzern führt er elf Sonderverhöre durch.

Es geht immer, immer wieder um das gleiche: um die Stimmen, um die Zeichen, die die Erscheinungen gegeben haben sollen, um die Männerkleidung. Aber bei alledem kommt nichts heraus. Jeanne bleibt bei dem, was sie gesagt hat, sie wankt und weicht nicht. Sie macht einen durchaus unbefangenen und offenen Eindruck, ihr äußerstes Zugeständnis ist die Erklärung, ein Engel habe dem König Karl VII. mitgeteilt, daß er sein Reich mit Gottes Hilfe zurückerlangen werde, wenn er sie mit seinen Soldaten ziehen lasse, um die Engländer aus Orléans zu verjagen, um sich schließlich in Reims zum König krönen zu lassen. Man darf annehmen, daß dies von Jeanne erfunden worden ist, um endlich, endlich Ruhe zu bekommen.

Immer wieder kommen die Ankläger auf ihre Männerkleider zurück, auf ihre kurzgeschnittenen Haare – alles Indizien des Ketzertums. Nach inquisitorischem Recht, besser nach inquisitorischer Praxis.

Jeanne kann nur immer wiederholen, sie trage Männerkleidung auf Befehl Gottes, in seinem Dienst. Sie fühle sich dadurch nicht seelisch belastet und sie habe nicht das Gefühl, damit gegen die Kirche zu handeln. Wenn sie erst einmal durchgeführt habe, wozu sie von Gott bestellt war, würde sie wieder Frauenkleider anziehen.

Die Richter, die langsam ungeduldig werden, wollen von ihr wissen: »Wenn Ihr etwas getan hättet, was gegen den Glauben ist, wolltet Ihr Euch dem Entscheid unserer heiligen Mutter, der Kirche, unterwerfen, der Ihr Euch anheimstellen müßt?«

Die Situation wird für Jeanne kompliziert. Wenn sie ablehnt, wird sie als Ketzerin verurteilt. Wenn sie akzeptiert, stellt sie damit alles, was sie bisher gesagt hat, in Frage. Sie weicht aus.

Am 17. März wird die Frage erneut an sie gerichtet. Sie erwidert tapfer: »Ich bin im Namen Gottes, der Jungfrau Maria und aller Heiligen des Paradieses und der siegenden Kirche in der Höhe zum König von Frankreich gekommen und auf ihren Befehl. Und sollte ich zur Hinrichtung geführt werden müssen, so wende ich mich an die Hochwürdigen Herren der Kirche, sie mögen mir die Gnade erweisen und mir ein Frauenhemd und eine Kopfbedeckung auf mein Haupt gewähren.«

Jeanne ist also nicht von ihrem Glauben abzubringen, daß sie eine Sendung hat. Damit ist eigentlich ihr Schicksal bereits entschieden.

Am 24. März liest man ihr die Protokolle ihrer Verhöre vor. Am nächsten Tag wird noch einmal versucht, Jeanne zum Ablegen der Männertracht zu bewegen. Aber dazu ist sie nicht bereit, nicht einmal nach dem Versprechen Cauchons, daß sie zu Ostern kommunizieren dürfe. Sie sagt: »Erlaubt mir doch, die Messe in Männerkleidern zu hören! Das Kleid belastet meine Seele nicht, und, daß ich es trage sagt nichts gegen die Kirche.«

Damit endet die Serie der Verhöre in der Zelle der Jungfrau. Und auch der sogenannte kirchliche Prozeß. Es beginnt, was die Chroniken später als den »gewöhnlichen Prozeß« bezeichnen werden.

Neue Gerichtssitzung am 26. März 1431. Leiter des Verfahrens ist Jean d'Estivet. Auf den ersten Blick läuft eigentlich alles so weiter, wie es bisher gelaufen ist. Es geht wiederum um die gleichen Fragen, auf die Jeanne die Antwort verweigert hat. Wenn sie sie wieder verweigern würde, wäre sie schuldig.

Die Sitzungen finden nicht mehr im Gefängnis, sondern in einem Raum des Schlosses statt. Vierzig Beisitzer sind zugegen, alles Abgeordnete der Pariser Universität Sorbonne. In der Anklageschrift heißt es: »...damit durch euch als Richter Jeanne, gemeinhin die Jungfrau genannt, schuldig erklärt werde, als Hexe und Zauberin, Wahrsagerin und falsche Prophetin, die böse Geister beschwört und mit ihnen im Bunde ist, als abergläubisch, die Schwarze Kunst betreibend, die Angelegenheiten unseres katholischen Glaubens falsch denkend, schismatische Artikel vertretend, an ›Unam sanctam‹ sowie an vielen anderen Glaubensartikeln zweifelnd, als Lästerin Gottes und seiner Heiligen, Ärgernis erregend, aufsässig, den Frieden störend und ihn verhindernd, als Kriegshetzerin, die grausam nach Menschenblut dürstet und zu seinem Vergießen anspornt, die Ehrbarkeit und Schicklichkeit ihres Geschlechts verletzend und unehrerbietig und unpassend Kleid und Beruf der Krieger annehmend, weswegen sie vor Gott und den Menschen verabscheuungswürdig ist, als Verächterin göttlicher und natürlicher Ordnung, wie der kirchlichen Disziplin, als Verführerin von Volk und Fürsten zur Schmähung Gottes, die es zuläßt, daß man sie verehrt und anbetet und ihre Hände und Gewänder zum Kusse darbietet, die sich göttliche Verehrung und göttlichen Kult anmaßt, als ketzerisch oder wenigstens der Ketzerei äußerst verdächtig, weswegen sie rechtsgültig bestraft und gebessert werden soll.«

Zurückweisung des Inhalts der siebzig Artikel durch Jeanne. Nachverhör am 31. März, Karsamstag, in dem die Angeklagte noch einmal zum Punkt der Unterwerfung ihrer Worte und Taten unter das Urteil der Kirche befragt werden soll. Wiederum, und völlig unüblich, Anwesenheit sämtlicher Universitätsmitglieder.

Wiederum weicht Jeanne aus, nicht aber zurück. Auf die Frage, ob sie denn nicht glaube, dem Papst, den Kardinälen, den Erzbischöfen und Bischöfen und anderen Kirchenfürsten sich unterwerfen zu müssen, ist die Antwort: »Ja, aber zuerst muß ich Gott gehorchen.«

5. April: Cauchon überreicht den anderen, die sich noch in Rouen aufhalten, zwölf Artikel, den Auszug jener ursprünglichen siebzig. Genau eine Woche später beschließt das Tribunal, eine Reihe von »heilsamen Ermahnungen«, sogenannte »exhorationes caritativae« an Jeanne zu richten mit dem Ziel, sie auf den Weg der Wahrheit und zum Bekenntnis des rechten Glaubens zurückzuführen. Das Verfahren geht immer wieder um dieselben Dinge, erhält immer wieder die gleichen Antworten. Darüber erkrankt Jeanne. Man nimmt Rücksicht auf sie, läßt sie in ihrer Zelle, besucht sie freilich dort und dringt immer wieder auf sie ein, wenn sie sich der Kirche nicht unterwerfe,

wäre sie eine Heidin, die Kirche müsse sie dann im Stich lassen. Keine Wirkung. Jeanne steht auf dem Standpunkt, daß sie eine gute Christin ist, und sie ist bereit, als gute Christin zu sterben.

Am 1. Mai abermalige Vorführung vor den Richter. Man teilt ihr mit, sie würde gefoltert werden, falls sie nicht auf die vorgebrachten Punkte wahrheitsgemäß antworte. Man läßt sie auch die Folterwerkzeuge sehen.

Das schüchtert Jeanne keineswegs ein.»Wahrhaftig, wenn die mir die Glieder auseinanderreißen und die Seele vom Leibe trennen, ich werde euch trotzdem nichts anderes sagen. Ich weiß auch recht gut, wer der Lehrmeister für alle meine Taten war. Der Teufel hatte niemals Macht über mich.«

Man verzichtet auf die Folterung, wohl in der Annahme, es würde doch dabei nichts herauskommen, und nun schon in der aufkeimenden Furcht, eine Märtyrerin zu schaffen, eine Furcht, die allerdings nur einige der Richter ergreift, keineswegs Cauchon.

Aber auch der ist ratlos. Am nächsten Tag versammelt er zwölf Beisitzer in seiner Wohnung. Wie soll es weitergehen? Wie stellen sie sich die Fortsetzung des Prozesses vor? Abermals kommt es zu der Frage der Folterung. Die Mehrheit ist nicht dafür,»Jeanne auf die Folter zu legen«. Nur drei der Anwesenden erklären sich für die Anwendung der Folter.

19. Mai. In der Erzbischöflichen Hauskapelle wird beschlossen:»Da Jeanne nicht freiwillig zur Einheit des katholischen Glaubens zurückkehrt und ihrem Irrtum nicht nach dem Urteil des Richters öffentlich abschwören und entsprechende Genugtuung leisten will, so ist sie dem Urteil der weltlichen Richter zu überlassen und verdient die Strafe für solche Missetat zu empfangen.«

Solche Gutachten spielen bei der Urteilsfindung eine wesentliche Rolle, wenn nicht die entscheidende. Wenn auch der Urteilsspruch vorläufig zurückgestellt wird, um nochmals die Meinung der Universität Paris einzuholen. Kurz, die Sorbonne ist letzten Endes entscheidend. Sie soll die letzte Verantwortung für die Verurteilung Jeannes tragen.

Und sie ist auch bereit dazu.

Am 23. Mai, es ist ein Mittwoch, wird Jeanne neuerlich vorgeladen. Wiederum eine Mahnrede, diesmal von einem Vertreter der Universität namens Pierre Maurice. Jeanne bleibt bis zuletzt fest: »Was meine Worte und Taten angeht, von denen ich im Prozeß gesprochen habe, so berufe ich mich darauf und will sie aufrechterhalten.«

Donnerstag, 24. Mai, Versammlung sämtlicher Richter und vieler Beisitzer, auch der Vertreter der Universität Sorbonne, soweit sie noch in Rouen weilen, auf dem öffentlichen Platz des Friedhofs der Abtei Saint Quen für Schaulustige. Magister Guilleaume Erart hält eine Predigt mit dem Thema des 15. Kapitels des Johannes-Evangeliums: »Der Rebzweig kann von sich aus keine Früchte tragen, wenn er nicht am Rebstock bleibt.« Der Rebstock – das ist natürlich die Mutter Kirche, von Christus gepflanzt – Jeanne aber dagegen hat sich von diesem Rebstock getrennt und kehrt auch nicht zurück.

Und dann verkündet Cauchon das Urteil: die Übergabe Jeannes an die weltliche Macht – also England. Das bedeutet den Tod.

Und nun geschieht, was während des ganzen Verfahrens nicht geschehen ist: Jeanne unterbricht. Jetzt erklärt sie, sie sei bereit, sich an alles zu halten, was die Richter verlangen. Als man ihr sagt, das bedeute, daß sie auch den Erscheinungen und Offenbarungen nicht glauben dürfe und ihre diesbezüglichen Behauptungen nicht aufrechterhalten könne, erklärt Jeanne, sie werde sich ganz der Kirche und ihren Richtern überlassen. Daraufhin wird eine Abschwörungsformel verlesen. Sie wiederholt und unterzeichnet sie.

Also Widerruf. Eine Erklärung für diesen plötzlichen Wandel ist nie gefunden worden. Zu vermuten steht, daß sie durch die Strapazen, die sich über Monate erstreckt hatten, völlig entkräftet ist. Sie geht sogar so weit, nun Frauenkleider anzulegen, und wiederholt immer wieder, sie sei ja willens, sich in jeder Beziehung der Kirche zu unterwerfen.

Hat es mit diesen Überlieferungen seine Richtigkeit? Immerhin, es sind zwei verschiedene Abschwörungsformeln überliefert. Ist Jeanne vielleicht getäuscht worden? Wohl kaum. Die Kirche hat gesiegt – so scheint es.

Und die Engländer? Sie sind außer sich. Sie haben der Kirche Jeanne, besser den »Fall«, übergeben in der Hoffnung, ja in der Annahme, daß Jeanne auf den Scheiterhaufen muß. Die französische Geistlichkeit, sogar Cauchon, stehen auf dem Standpunkt, nach diesem Reuebekenntnis müsse sie zur Buße zugelassen werden. Das ist, zumindest was Cauchon angeht, immerhin erstaunlich, da er ja den Engländern sehr nahe steht – zu nahe für einen gerechten, das heißt unparteiischen Richter. Und jetzt diese Sorge um das Seelenheil Jeannes, die den Engländern völlig unverständlich, schlimmer noch, aber durchaus verständlich, völlig gleichgültig sein muß!

Einer der Engländer nennt Cauchon einen Verräter. Der entgegnet mit einer für einen Bischof unziemlichen Heftigkeit, der Engländer sei ein Lügner. Vielleicht hat er selbst nicht mit diesem Ausgang des Prozesses gerechnet – es wird ja auch nicht das Ende sein. Er hat auf jeden Fall zwei Urteile vorbereitet, eines für den Fall, daß Jeanne trotzig bleiben, das andere für den Fall, daß sie bereuen würde. Und er ist jetzt der festen Überzeugung, die Reue sei echt und auch endgültig, und er bleibt auch dabei, als »einige der Engländer in ihrer Entrüstung ihre Schwerter ziehen, um gegen den Bischof und die Doktoren, die vom Schloß zurückkommen, loszuschlagen«.

Cauchon verliest also das Urteil, das er für den Fall der Reue und des Widerrufs vorbereitet hat. Er erklärt, Jeanne sei in die Arme der Kirche zurückgekehrt, und daher müsse sie vom Kirchenbann losgesprochen werden. »Weil sie ja doch gegen Gott und die Heilige Kirche freventlich sich vergangen hat, verurteilen wir sie unter Vorbehalt einer Begnadigung und Strafermäßigung zwecks Ausübung heilsamer Buße zu ewigem Kerker bei Brot des Schmerzes und Wasser der Traurigkeit, damit sie das Begangene beweine und das Beweinte in Zukunft nicht mehr begehe« – eine Formel, wie sie bei solchen Urteilen meist angewandt wird.

Das ist vom inquisitorischen Standpunkt aus ein Freispruch und bedeutet gleichzeitig eine Kirchenstrafe, die härteste, die denkbar ist, abgesehen vom Tod durch Verbrennen oder Enthauptung.

Und die Engländer? Da Jeanne im weltlichen Gefängnis bleibt, haben sie immer noch die Gewalt über sie. Sie hatten schon während des Prozesses versucht, so wird jedenfalls berichtet, Jeanne irgendwie vom Leben zum Tod zu befördern, aber das ist nie gelungen. Nun, es könnte immer noch gelingen. Cauchon hat zwar das Urteil gesprochen, ist aber letzten Endes den Engländern gegenüber machtlos. So machtlos, daß er, als Jean Beaupère in seinem Auftrag einen oder zwei Tage nach dem Widerruf zu Jeanne gehen will, um ihr zuzureden und sie weiter zu ermahnen, ihren neuen Vorsätzen treu zu bleiben, er nicht zu ihr gelangen kann, weil der Gefängniswärter angeblich nicht zu finden ist. Engländer, die herumstehen, beschimpfen ihn aufs heftigste. Das geht so weit, daß die Geistlichen schließlich davonlaufen, ohne mit Jeanne gesprochen zu haben. Auch die höchstgestellten Engländer machen nicht den geringsten Hehl aus ihrer Empörung.

Und dann geschieht in diesem Prozeß, in dem soviel Merkwürdiges und fast Unerklärliches geschehen ist, abermals etwas Unerklärliches.

Am Sonntag, dem 27. Mai 1431, erfährt Cauchon, daß Jeanne wieder Männerkleidung angelegt hat. Sie ist also rückfällig geworden! Freilich, vielleicht nicht ganz freiwillig. Die englischen Wachen hätten ihr, behauptet sie, die Frauenkleider weggenommen und sie in einen Sack gesteckt und ihr einen anderen Sack gereicht, in dem Männerkleider waren, und von ihr verlangt, sie solle sie anziehen. Sie habe sich zuerst geweigert: »Ihr wißt, daß es mir verboten ist, ich werde sie keinesfalls tragen!« Aber obwohl sie bittet und fleht, bekommt sie die Frauenkleider nicht zurück.

Das ist eine Version. Die andere sagt, sie habe Männerkleider angelegt, um die Zudringlichkeit der Wachen zu bremsen und unmöglich zu machen, und diese Version wird von vielen Zeugen oder angeblichen Zeugen bestätigt. Wie dem auch sei, sie ist rückfällig geworden unter dem Druck und dem Verlangen der Engländer.

Cauchon eilt am folgenden Tag zu Jeanne in Begleitung des Vizeinquisitors und einiger Beisitzer und muß nun von ihr hören: »Ich habe die Männerkleider aus freien Stücken angelegt. Ich habe sie angezogen, weil es angemessener und anständiger ist, Männerkleider zu tragen, da ich doch gezwungen bin, mit Männern zusammenzusein.«

In dem Prozeß, der nun wieder folgen muß, wird sie gefragt: »Du hast doch versprochen und geschworen, nie wieder Männerkleider zu tragen.«

»Ich habe niemals die Absicht gehabt, das zu beschwören.«

»Warum hast du wieder Männerkleider getragen?«

»Weil es besser und anständiger ist, eines Mannes Kleidung zu tragen, wenn man unter Männern ist, als ein Frauenkleid. Ich trage wieder Männerkleidung, weil man das Versprechen, das man mir gegeben hat, nicht gehalten hat, nämlich daß ich zur Messe zugelassen und von dem Fesseln befreit würde.«

»Hast du nicht geschworen und versprochen, Männerkleider nicht mehr zu tragen?«

»Ich würde lieber sterben, als in Fesseln leben.«

»Hast du seit dem Tag des Widerrufs noch einmal die Stimmen gehört?«

»Ja, ich habe sie gehört.« Und sie sagt dann noch, was die Stimmen ihr mitgeteilt haben, und, abermals ermahnt:

»Ich wollte nicht die Stimmen abschwören, ich wollte die Erscheinungen nicht leugnen. Für mich sind sie immer noch die heilige Katharina, die heilige Margarethe und der heilige Michael. Was ich gesagt habe, geschah aus Angst vor dem Feuer. Ich habe nichts abgeleugnet, was nicht der Wahrheit entspricht. Ich würde lieber ein für allemal sterben, als noch länger die Qual des Gefängnisses auszuhalten. Ich habe nichts gegen Gott oder den Glauben getan, gleichgültig, was immer abzuschwören man mich gezwungen hat. Den genauen Wortlaut habe ich überhaupt nicht verstanden. Ich wollte mich nur nach dem richten, was Gott gefällig ist. Wenn die Richter es wollen, will ich gern wieder Frauenkleider anlegen – aber mehr kann ich nicht tun.«

Sie weiß, was sie erwartet. Sie hat es ja schon gesagt, daß sie auf das Schlimmste vorbereitet ist: den Tod durch das Feuer. Und das nach diesen vielen Wochen und Monaten, in denen hohe und höchste Geistliche versucht haben, sie dazu zu bewegen, alles abzuschwören.

Also ein neuer Prozeß oder besser, eine Wiederaufnahme des bereits beendigten Prozesses. Jeanne hat das Schlimmste getan, was in den Augen der Kirche überhaupt getan werden kann. Sie ist eine Gottlose, die wieder in die Gottlosigkeit zurückgefallen ist. Cauchon, eben noch bereit, das walten zu lassen, was er Milde nennt, was die katholische Kirche jener Tage Milde nennt, hat nun keine Wahl mehr. Er muß sie zum Tod verurteilen, besser: verurteilen lassen. Für Rückfällige gibt es nach den Vorschriften keine andere Möglichkeit. Auf Rückfall in Heidentum und Ketzerei steht allein die Todesstrafe.

Jeanne hört ihr endgültiges Urteil – es bleibt wirklich das endgültige, wenigstens zu ihren Lebzeiten – auf dem Alten Marktplatz in Rouen, auf einem Schafott stehend, an. Der Verdammungsspruch: »Mit diesem Urteil erklären Wir, die Wir über Euch zu richten haben, daß Ihr wie ein brandiges Glied aus der Einheit der Kirche ausgestoßen und von ihrem Leibe weggerissen werdet, damit Ihr die anderen Glieder nicht ansteckt – und daß Ihr dem weltlichen Arm ausgeliefert werdet.«

Diese Auslieferung – an die Engländer – bedeutet den Feuertod. Die Engländer haben letzten Endes also doch recht behalten, haben durchgesetzt, was sie sehnlichst wünschten, seitdem die Jungfrau auf der Bildfläche erschienen ist.

Es geht nun alles sehr schnell. Der Priester Jean Massieu, der Jeanne bis zuletzt beisteht, berichtet: »Noch während Jeanne ihre Andacht verrichtete, drängten die Engländer – selbst deren Hauptleute – zur Eile und sagten mir, der ich auf der

Estrade Jeanne nach Kräften tröstete: ›Wie, Priester, sollen wir hier noch zu Mittag essen?‹ Sie hatten es so eilig, daß sie ihr nicht einmal ihre Verdammung zum Scheiterhaufen verkündeten, sondern sie einfach zum Scheiterhaufen schickten.«

Für sie ist damit die Sache endgültig erledigt.

Freilich, sie ist nicht erledigt. Jeannes Prophezeiung wird sich erfüllen. Die Engländer haben in Frankreich kein Glück mehr. Innerhalb weniger Jahre verlieren sie fast das gesamte französische Terrain. 1435 schließt Burgund einen Separatfrieden mit Karl VII., ein Jahr später wird Paris frei und empfängt den König aufs Festlichste.

Der König, als Dauphin ein eher schwieriger und unentschlossener Herr, wird ein erstaunlich guter König. 1449, als die Briten auch Rouen verlassen haben, erinnert er sich endlich der Jungfrau. Er würde sie gern rehabilitieren. Aber das dauert noch eine Weile. Am 7. Juli 1456 ist es dann so weit. Die Rehabilitation Jeannes erfolgt vor einem Forum, geleitet von dem Erzbischof von Reims, in jenem Palast des Erzbischofs von Rouen, wo sie einst verurteilt worden ist: »Wir... erklären, daß das damalige Verfahren und die Verurteilung voller Betrug, voller Meineide, Bösartigkeit, Widersprüchen und faktischen Irrtümern war und falsch ausgelegten Gesetzen, und zusammen mit dem Widerruf der Jungfrau, mit ihrer Exekution und dem was folgte, null und nichtig erklärt werden muß, ohne Wert und Folgen...«

Das ist, obwohl es noch ein wenig dauert, der Anfang vom Ende der Inquisition in Frankreich. Viele Kirchenfürsten ahnen es, aber keiner weiß es.

In den nächsten fünfhundert Jahren wird immer wieder versucht, den Papst in Rom dazu zu bringen, Jeanne heilig zu sprechen. Dies geschieht erst 1920. Die Heiligsprechung ist auch ein Ausweg aus dem Dilemma für alle diejenigen, die nicht unbedingt und ohne gewisse Zweifel alles glauben, was die katholische Kirche vorschreibt, jetzt das Phänomen Jeanne d'Arc erklärlich zu finden. Denn sie ist und bleibt ein Phänomen. Was immer sie gehört und gesehen haben mag, bevor sie zur Rettung Frankreichs aufbrach, sie hat diese Rettung Frankreichs aus der damals fast aussichtslosen Situation bewirkt. Ihre Prophezeiung, Orléans werde entsetzt werden, hat sich erfüllt. Ihre Prophezeiung, daß die Briten Frankreich würden räumen müssen, hat sich erfüllt. Die unendliche Kraft, mit der sie Monat für Monat den Geisteskräften hoher und höchster Geistlicher widerstand, die sie befähigte, schließlich bewußt in den Tod zu gehen, ist kaum zu begreifen. Es sei denn, sie ist eine Heilige gewesen.

Um die Zeit der Heiligsprechung gibt es schon viele Statuen der Jungfrau, die in allen größeren Städten Frankreichs aufgestellt sind. Sie bleibt unvergessen.

Unvergessen auch von den Engländern von heute, die als Touristen fleißig die Altstadt von Rouen besuchen, wo sie gut essen und sich auf französisch amüsieren können. Rouen liegt ja auch so viel näher als Paris. Und dort gibt es neben dem Denkmal Jeannes an der Stelle ihres Todes auch ein Restaurant, das sich ›Au Grill Anglais‹ nennt. Man soll dort, so wird allgemein berichtet, besonders gut speisen.

Der Fall Maria Stuart
1587

Zeit: 14. August 1587. Ort: die große Halle des Schlosses Fotheringhay. Sie ist feierlich geschmückt. An den Wänden zwischen den hohen gotischen, buntverglasten Fenstern hängen kostbare Tapisserien. Auf einer Seite ein Thronhimmel und darunter ein Sessel, für, wie jeder weiß, Königin Elisabeth von England, die jedoch nicht erscheinen wird. Genau gegenüber diesem symbolischen Thron ein relativ einfacher Stuhl für Maria Stuart.

Ihre ersten Worte, als sie, wie immer in den letzten Jahren in strenges Schwarz gekleidet, hereingeführt wird:»Ich bin Königin von Schottland und Königin von Frankreich, ich müßte auf dem Thronsessel dort oben sitzen.« Sie nimmt wie vorgesehen trotzdem Platz, ihr Blick schweift in die Runde. Sie sagt mit deutlicher Verachtung in der Stimme:»Wieviele Rechtsgelehrte hier versammelt sind! Und doch ist kein einziger für mich da.«

Die Rechtsgelehrten verdienen nicht unbedingt diesen Namen. Die großen Herren, die zu beiden Seiten des Thronsessels Platz genommen haben, bilden eine von Elisabeth ernannte Kommission aus hohen und höchsten Beamten. Da ist der Kanzler, aber auch der Erzbischof von Canterbury, die Earls von Oxford, Shrewsbury, Kent etc., insgesamt mehr als zwei Dutzend Herren: das Gericht in diesem sonderbarsten, man darf wohl sagen jedes Rechts und aller Gerechtigkeit spottenden Prozeß', der nun folgen soll. Denn die Angeklagte, Maria Stuart, ermangelt nicht nur eines Verteidigers, sie hat auch keinen Einblick in die Papiere erhalten, die Basis des Prozesses.

In den englischen Geschichtsbüchern wird man später nichts

von Rechtsbruch oder Rechtlosigkeit lesen. In den französischen, spanischen, kurz in all denen, die aus katholischen Ländern stammen, um so mehr und sehr Bitteres.

Kurz, für diesen Prozeß gilt, was eigentlich für das gesamte Leben Maria Stuarts gilt: man kann es so sehen oder auch so. Es kommt ganz darauf an, von welchem Blickpunkt. Man kann sich auf den Standpunkt stellen, daß sie, die keine Engländerin ist, sondern Schottin, also Ausländerin, eigentlich nur auf der Durchreise in andere Länder nach England kam und widerrechtlich festgehalten wurde. Man kann freilich auch behaupten, und dafür gibt es genug Beweise, daß sie, die nie ihre Rechtsansprüche auf den englischen Thron, zumindest auf das Recht der Nachfolge, aufgab, gegen Königin Elisabeth konspirierte und einiges unternommen hat mit dem Ziel, sie ermorden zu lassen. Dies ist ja auch der etwas fadenscheinige Grund, denn es ist sehr wenig in dieser Beziehung erwiesen worden, auch für den vom Parlament schnell beschlossenen »Act for the Security of Her Majesty's Royal Person«, mit dessen Hilfe eben alles möglich wird. So auch dieser Prozeß.

Weniger auf Drängen Elisabeths als ihrer Ratgeber. Sie selbst ist, wie ihr ganzes Leben lang, immer wieder im Zweifel. Sollte sie Maria nicht vielleicht besser laufen und in das ihr befreundete Frankreich oder Holland reisen lassen? Was zweifellos für den Nachruhm der englischen Königin besser gewesen wäre als dieser problematische Prozeß. Aber sie zog es vor, am 6. August einen Brief zu unterschreiben, in dem sie Maria Stuart mitteilt, sie befinde sich zwar unter ihrem Schutz, aber auch im Bereich ihrer Rechtsprechung, was Maria bereits aus dem Gefängnis – in England war sie eigentlich immer im Gefängnis – aufs Heftigste bestritt. Eine Kämpferin bis zum Letzten. Das ist typisch für Maria Stuart.

Aber nur für eine Seite von ihr.

Wer nun eigentlich ist Maria Stuart, die »ganze« rätselhafte Maria Stuart?

Ein ungewöhnliche Person schon bei ihrer Geburt am 8. Dezember 1542, will sagen sechs Tage danach. Da wird sie nämlich bereits Königin von Schottland, weil ihr Vater James V. plötzlich das Zeitliche segnet und seine älteren Söhne schon vor ihm gestorben sind. Königin von Schottland – das ist im Augenblick keine beneidenswerte Position, das Land ist nicht nur verarmt, es befindet sich in der Hand sich ständig bereichernder Adeliger, die wenig Loyalität für das Königshaus zeigen.

Außerhalb Schottlands zeigt man mehr Interesse für sie. Sowohl der König von Spanien, der freilich zu lange zögert, es zu beweisen, als auch Heinrich II. von Frankreich möchten sie zur Schwiegertochter. Der Franzose siegt; mit fünfeinhalb Jahren wird sie nach Frankreich verbracht, und schon gilt sie als die Verlobte des viereinhalb Jahre alten kränklichen Kronprinzen.

Vorläufig spielen die Kinder miteinander, Maria lernt freilich Sprachen, nicht nur Latein, sondern auch Griechisch, Italienisch, Englisch, Spanisch und natürlich Französisch. Sie wird eine junge Dame von Welt.

Am 24. April 1558 Hochzeit der Kinder im festlich gestimmten Paris. Im selben Jahr stirbt Maria, die Königin von England, und ihre Stiefschwester Elisabeth besteigt den Thron, obwohl es manche Zweifel an ihrer Erbberechtigung gibt. Schon da sie aus Heinrich VIII. Ehe mit Anna Boleyn stammt, die von ihrem Mann verstoßen und hingerichtet wurde.

Im Juli 1559, ein knappes Jahr nach der Hochzeit Maria Stuarts, stirbt ihr Schwiegervater Heinrich II. an den Folgen einer Verletzung, die er sich bei einem Turnier zugezogen hat. Nun ist sie also mit 17 Jahren Königin von Frankreich. Nicht für lange, denn im September 1560 stirbt plötzlich auch ihr Gemahl, der König von Frankreich, vermutlich an Blutvergiftung. Sie ist mit achtzehn Jahren Witwe und keine Königin mehr.

Also Rückkehr nach Schottland. Nach schwerem Abschied von Frankreich, das so zivilisiert, so prächtig ist, verglichen mit dem kargen, düsteren Heimatland. Maria möchte gern durch England reisen, und eigentlich müßte ihr Elisabeth ganz selbstverständlich die Durchreiseerlaubnis erteilen. Sie tut es aber nicht, es sei denn, Maria verzichte auf die Erbfolge in England. Das ist ein bißchen schäbig. Maria fährt trotzdem, allerdings nicht durch England, sondern auf dem Seeweg nach Schottland, obwohl zahlreiche englische Schiffe im Kanal patrouillieren, um sie daran zu hindern.

Die Ankunft in Leith am 19. August 1561 ist eine herbe Enttäuschung. Leith ist kaum mehr als ein Dorf, das zudem überhaupt nicht auf ihren Empfang vorbereitet ist. Im nahen Edinburgh gibt es dann so etwas wie ein Begrüßungsfest, aber Maria darf in diesem Zusammenhang gar nicht an Paris denken.

Dabei ist das Volk eher für sie. Gegen sie ist freilich der Adel, nicht zuletzt weil er dafür Schmiergelder aus London erhält. Maria richtet sich in ihrem Schloß Holyrood französisch ein, schmückt die Wände mit Tapisserien, die Böden mit Teppichen. Es gibt viele Gemälde und viel Porzellan. Sie sucht und findet Freunde. Einer davon ist der französische Dichter Chastelard, der sie von Paris ins schottische Exil begleitet hat. Er verliebt sich in sie, versteckt sich in den Zimmern der Königin, wird bei der ersten Entdeckung getadelt, bei der zweiten verhaftet und, damit kein falscher Verdacht auf Maria falle, auf offenem Marktplatz enthauptet.

Der erste von vielen Männern, die für Maria sterben müssen.

Dazwischen immer wieder neue Verhandlungen mit Elisabeth um den sogenannten Vertrag von Edinburgh, der das Nachfolgerecht Marias sichern würde und den Elisabeth nicht unterschreiben will. Elisabeth ist immer ein bißchen in der Defensive, sie hat Angst, Maria könnte sich ja wieder verheiraten, etwa mit einem König vom Kontinent. Was dann? Sie sucht einen Ausweg aus diesem Dilemma, indem sie Maria einen ihrer Günstlinge – er ist wohl kaum ihr Geliebter – vorschlägt, Robert Dudley, einen ungewöhnlich gut aussehenden Mann, den sie, um ihn Maria schmackhafter zu machen, zum Grafen von Leicester ernennt.

Maria empört: »Dieser Herr ist ja nicht einmal von königlichem Blut!« Viel mehr interessiert sie ein junger Bursche, der irgendwie an den Hof von Edinburgh gekommen ist, ein gewis-

*Die Enthauptung der schottischen Königin Maria Stuart im Jahre 1587.
(Bild: zeitgenössische Quelle)*

ser Henry Darnley, der sogar königliches Blut in den Adern hat. Er ist ein Urenkel Heinrichs II. durch seine Mutter, hat jedoch sonst nicht viel aufzuweisen. Ein hübscher, großer, blonder Junge mit herrlichen blauen Augen, aber eher dümmlich. Maria verliebt sich in ihn, und was niemand für möglich gehalten hat: am 19. Juli 1565 heiratet sie ihn in der Hauskapelle von Holyrood, sehr gegen den Willen von Elisabeth, die noch in letzter Minute zu intervenieren versucht. Auch gegen den Willen von Marias Stiefbruder Murray, der sogar an der Spitze der Protestierenden einen Aufstand wagt, der freilich niedergeschlagen wird, so daß er erst einmal nach England fliehen muß.

Darnley ist also Gatte der Königin, aber keineswegs König. Er wird anfangs sehr von ihr verwöhnt, während er sie, wie man munkelt, brutal mißhandelt, bis sie genug davon hat und ihn schließlich, als er sie geschwängert hat, gar nicht mehr an sich heranläßt. Darnley schmollt.

Ein anderer tritt an seine Stelle: der Gesandte von Savoyen, ein gewisser Marchese Roveta, hat einen Besuch in Schottland gemacht und einen jungen dunkelhäutigen Piemonteser namens David Rizzio mitgebracht, der schön singen und Orgel spielen kann und an dem Maria nun Gefallen findet. Er ist gewandter und gescheiter als ihr Mann. Bald steht er ihr sehr nahe, wird aber wohl kaum ihr Geliebter, sonst würde sie sich hüten, ihn vor aller Welt so bevorzugt zu behandeln.

Immerhin ist es zu viel für die ständig mißtrauischen und neidischen Adeligen, die einen Aufstand planen, nicht zuletzt um Rizzio zu beseitigen. Auch der unglückselige Darnley macht da mit, wohl mehr geschoben als schiebend.

Am 9. März 1566, während eines Abendessens im Turm des Schlosses, den Maria bewohnt, stürzt er herein, über eine geheime Treppe übrigens, und nicht nur er, sondern auch einige verschworene Lords. Rizzio wird von Marias Seite gerissen, die Treppe hinuntergeschleift und erdolcht. Das heißt, er stirbt an nicht weniger als fünfzig Dolchstößen, bevor man ihn aus einem Fenster in den Hof wirft.

Dies alles kann Maria nicht verhindern, denn ihr Mann hält sie eisern fest. Aber wohl schon in diesen Augenblicken ist sie entschlossen, Rizzio zu rächen oder vielleicht mehr noch ihre eigene Autorität zu beweisen. Aber noch ist sie selbst im Schloß gefangen. Und wenn es nach den Lords ginge, würde sie es auch bleiben.

Aber sie umgarnt ihren Mann, den Dümmling, der mit ihr zusammen entflieht und ihr die Namen der andere Verschwörer preisgibt.

Sie quartieren sich in dem Schloß des Lords Seton in Dunbar ein, wo zweihundert Reiter sie verteidigen würden, wozu es freilich nicht kommt, denn die Verschwörer, die zu spät die Flucht entdeckt haben, wissen, daß sie verspielt haben, und versuchen, sich wieder mit Maria zu einigen.

19. Juni 1566. Ein Knabe wird geboren. Kanonendonner bestätigt die Geburt. Maria hegt die Besorgnis, man könnte das Kind als von Rizzio gezeugt ansehen und es später nicht anerkennen, aber diese Sorge ist überflüssig. Viel ernster zu nehmen ist, daß Elisabeth, als sie die Nachricht von der Geburt

erhält, einen Ball brüsk abbricht, den sie im Schloß Greenwich gegeben hat, mit den Worten: »Die Königin von Schottland hat einem Sohn das Leben geschenkt, ich aber bin nichts als ein abgestorbener Ast!«
Überliefert.

Maria ist nun schon Anfang zwanzig, aber wahre Liebe hat sie noch nicht kennengelernt. Ihr erster Mann war bestenfalls ein Spielkamerad, dazu immer kränklich. Der zweite Mann ist allenfalls einer, in den man sich vorübergehend verliebt, nicht aber einer, den man liebt. Rizzio war wohl so wichtig auch nicht.

Doch da ist in ihrer Umgebung ein Mann, ein großer, schwerer Mann, bärenstark, dominierend, Liebling der Frauen, mit denen er viele Abenteuer gehabt hat, auch in anderen Ländern; zu reich, um sich bereichern zu wollen. Es ist James Hepburn, Earl of Bothwell. Dieser Bothwell erklärt sich sofort bereit, die Königin, die ja immer ein bißchen durch dauernde Verschwörungen gefährdet ist, zu beschützen. Er wird ihr Ratgeber. Er organisiert die Truppen so, daß alle Macht in seine Hände zu liegen kommt.

Und Maria? Sie ist hingerissen von ihm. Das ist ein Mann!

Schlimm für Darnley. Der wird jetzt so schlecht behandelt, daß er droht, das Land zu verlassen, was Maria peinlich wäre, denn wer weiß, was er in England ausplaudern würde. Darnley geht dann doch nicht fort. Wie aber kann sie ihren Mann loswerden? Scheidung kommt aus vielen Gründen nicht in Frage, schon deshalb nicht, weil sie Katholikin ist. Umbringen lassen möchte sie ihn eigentlich auch nicht, das wäre wohl auch schwierig nach dem Fall Rizzio.

Aber die Leidenschaft für Bothwell wird stärker als sie selbst. Dieser wuchtige, wilde Mann hat sie gewissermaßen überrannt. Wenn sie ihn nicht sieht, leidet sie Qualen, schreibt ihm Briefe, Liebesbriefe, die sehr eindeutig sind – später werden diese Briefe gefunden werden – und zu ihrem Untergang beitragen als sogenannte »Kassettenbriefe«.

Natürlich schläft sie mit ihm. Bothwell ist kein Mann, der eine schöne Frau unberührt lassen könnte, besonders nicht, wenn sie ihn liebt. Vielleicht hat er gar nicht darauf gewartet, daß sie sich ihm hingibt, sondern sie vergewaltigt. Das alles und viel mehr flüstert man sich am Hof und in den Burgen der Adeligen zu.

Man braucht auch gar nicht zu flüstern, denn sie selbst verliert jeden Stolz, jedes Gefühl für die eigene Würde. Sie gibt sich dem geliebten Mann gewissermaßen schon durch Blicke, durch Worte hin. Wenn er nicht bei ihr ist oder sie befürchten muß, er sei bei einer anderen, leidet sie Höllenqualen, irrt durch ihre Gemächer, stöhnt: »Ich möchte tot sein!« Ironie der Geschichte: gerade in jener Zeit hat sie ein Edikt unterzeichnet, das Ehebruch und jede andere Form »unerlaubter Lust« mit dem Tod bestraft.

Aber das Schlimmste: alles spricht dafür, daß Bothwell Maria durchaus nicht so »heftig« liebt, wie sie geliebt werden will und wie sie ihn liebt. Er hat sie genommen, wie er viele Frauen genommen hat, er könnte auch ohne sie leben, was man von ihr nicht sagen kann. Er hat allenfalls einen Wunsch: wenn er schon die Königin besitzt, warum sollte er nicht König sein? Dazu müßte man freilich zuerst Darnley beseitigen. Aber wie?

Bothwell spricht ganz offen von der Notwendigkeit dieses Mordes, und auch Maria sieht ihn, mag sie es später auch noch so heftig bestreiten – als unabwendbar an. Denn sie ist wieder schwanger, und diesmal von Bothwell.

Darnley freilich ist mißtrauisch geworden. Er kommt gar nicht mehr nach Holyrood, auch nicht in die Schlösser der Lords, die ihm nicht so wohlgesinnt sind, seit er sie verraten hat, sondern quartiert sich bei seinem Vater, dem Earl of Lennox, ein, der in Glasgow lebt, direkt am Hafen, so daß er sich im schlimmsten aller Fälle auf ein Schiff retten könnte. Der Aufenthalt in Glasgow verlängert sich durch den Umstand, daß er – ausgerechnet – an Pocken erkrankt.

Trotzdem ist Maria Stuart entschlossen, ihn zurückzuholen. Am 22. Januar 1567 reist sie nach Glasgow, erzwingt sich den Weg zu ihrem Gemahl, ist ihm gegenüber die Liebenswürdigkeit und Besorgtheit selbst, umgarnt ihn, kriegt ihn wieder herum, bringt ihn dazu, nach Edinburgh zurückzukehren, und zwar in einer Ambulanz, die sie gleich mitgebracht hat. Das müßte ihn eigentlich mißtrauisch machen, es macht sogar die Familie mißtrauisch, aber er läßt sich verfrachten.

Wohin? Nicht in das Schloß Holyrood, nicht in den bischöflichen Palast, nicht in ein anderes der großen Häuser, die der Königin zur Verfügung stehen, sondern in ein unscheinbares, vom Weg abgelegenes Haus in Kirk o'Field, das nur auf einem schmalen Pfad zu erreichen ist. Warum wohl? Sie erklärt, dort könne sie ihn besser pflegen. Am 10. Februar soll er nach Holyrood überführt werden. Am 9. Februar gibt sie noch ein Bankett und zieht sich erst um Mitternacht in ihre Gemächer zurück.

Am frühen Morgen ertönt ein furchtbares Donnern. Es ist so, als hätte man fünfundzwanzig Kanonen gleichzeitig abgefeuert, wie es in einem zeitgenössischen Bericht heißt. Wenige Sekunden später sieht man verdächtige Gestalten aus der Richtung von Kirk o'Field davonlaufen.

Was ist geschehen? Man hat das Haus dort in die Luft gesprengt. Bewaffnete, die nach Kirk o'Field entsandt werden, finden nur noch die Leichen Darnleys und seines Pagen im Garten, wohin sie die Gewalt der Explosion geschleudert hat. Ist Darnley, bevor das Haus in die Luft gesprengt wurde, erdrosselt oder erstochen worden? Die Leiche ist zu entstellt, um das feststellen zu können.

Aber selbstverständlich gerät die Königin in Verdacht, da ihre Hand im Spiel gehabt zu haben oder zumindestens dabei mitgewirkt zu haben. Sie protestiert nicht einmal gegen entsprechende Anspielungen. Schließlich läßt sie das Gerücht verbreiten, das Attentat habe auch ihr gegolten, denn wer wußte schon, daß sie in dieser Nacht nicht bei ihrem Mann sein würde? Schließlich unterschreibt sie: »Die Königin weiß nicht, wer die Urheber dieses Verbrechens sind, aber sie verläßt sich auf die Mühe und den Eifer ihres Rates, dies auszuforschen, und beabsichtigt dann, ihnen eine Strafe zu erteilen, die als Beispiel für alle Zeiten dienen wird!«

Und das bei so vielen Mitwissern! Auf diesen Schwindel fällt niemand herein.

Bothwell aber ist nun der eigentliche Herr des Landes. Er ist es auch, der mit der Untersuchung gegen die unbekannten Mörder betraut wird. Grotesk, da doch allgemein er als der Täter gilt. In den Straßen von Edinburgh wird auch sein Bild verteilt mit der Unterschrift: »Dies ist der Mörder des Königs!«

Empörung nicht nur im Inland, sondern auch im Vatikan und an allen katholischen Höfen. Lediglich Elisabeth stellt sich hinter Maria. Der Grund ist keineswegs Sympathie, sondern die Furcht, die Idee des absoluten Königtums könne gefährdet werden, wenn Maria öffentlich angeklagt würde. Sie schreibt einen langen diesbezüglichen Brief an Maria, die ihn achtlos zur Seite legt.

Bothwell aber wird angeklagt und einstimmig durch die Lords freigesprochen. Das Parlament geht noch einen Schritt weiter. Die Königin, so heißt es, solle ihn heiraten. Sie nimmt natürlich diese Empfehlung an; sie ist ja schließlich schwanger.

Eine Zeitlang läßt Bothwell, um sie zu schützen, sogar die Nachricht verbreiten, er habe sie vergewaltigt. Aber dann, als der Adel sehr nervös reagiert und der Königin verbietet, ihren Sohn nur von Bothwell begleitet zu besuchen – aus Angst, daß sie entführt werde – wird die Vergewaltigungs-Mär widerrufen.

15. Mai 1567. Hochzeit, nachdem Bothwell in aller Eile geschieden worden ist. Keine glanzvolle, obwohl er noch in letzter Minute zum Herzog von Orkney ernannt worden ist. Nur wenige der geladenen Gäste erscheinen, die meisten Lords haben sich entschuldigen lassen. Gespannte Atmosphäre. Man glaubt allgemein, es werde früher oder später zu einem Bürgerkrieg kommen.

Nun bewaffnet Bothwell seine Truppen, und Maria verkauft ihren Schmuck oder zumindest einen Teil davon, um ihm das nötige Geld dafür geben zu können. Bothwell verläßt Holyrood und nistet sich in der Festung von Borthwick ein. Das ist am 10. Juli. Am 12. Juli stößt Maria zu ihm. Indessen stürmen die Lords gen Edinburgh. Eine Schlacht entbrennt bei Carberry Hill, nur sechs Meilen von der Stadt entfernt. Eigentlich ist es gar keine richtige Schlacht, denn die Soldaten Bothwells laufen ihm davon, und die Lords unter Führung des Stiefbruders der Königin, Murray, lassen ihn vorläufig laufen. Für sie ist nur wichtig, daß Maria sich entschließt, Bothwell zu verlassen. Es kommt zu einer Abschiedsszene vor hunderten von Zeugen. Die Liebenden umarmen sich. Dann reitet Bothwell davon. Er wird Maria nicht mehr wiedersehen.

Und Maria? Das gemeine Volk in Edinburgh und in anderen Städten äußert sich empört und mit Abscheu über sie. Rufe wie »Verbrennt die Hure! Verbrennt die Gattenmörderin! werden immer häufiger und stärker.

Die Lords müssen schließlich etwas tun. Sie verbringen Maria in das Haus des Profoß. Sie ist zwar dem Namen nach noch keine Gefangene, in der Realität aber wohl doch. Man findet auch, daß sie dort nicht sicher genug ist, und schickt sie auf das Schloß Lochleven, das auf einer Insel inmitten eines Sees liegt, also sozusagen unzugänglich.

Nur zu gern würden die Lords sich mit ihr einigen. Da geschieht etwa Außerordentliches. Bothwell hat heimlich einen Diener nach Edinburgh zurückgeschickt, um aus dem dortigen Schloß eine zurückgelassene und versteckte Kassette zu holen und zu ihm zu bringen. Der Mann wird verraten, gefaßt, gefoltert, und gibt das Versteck der Kassette preis. Sie wird gefunden und den Lords ausgeliefert. Diese Kassette enthält nicht nur die Briefe der Lords an Bothwell, deren Veröffentlichung sie kompromittieren würde und die alsbald verschwinden, sondern auch die glühenden und leidenschaftlichen Liebesbriefe Maria Stuarts, auch ihre hingebungsvollen Sonette, die an Bothwell gerichtet sind.

Einiges davon sickert durch. Das Volk, das heißt der Mann auf der Straße, ist moralisch empört. Um so mehr, als aus den Briefen hervorgeht, was man freilich schon gemunkelt hat und erst später in »Erfahrung bringen wird«, daß Maria von der Ermordung ihres Mannes wußte, ja sogar dabei mitspielte. Dies alles wird sozusagen gerichtsnotorisch, als die Briefe wenigstens in Auszügen im schottischen Parlament verlesen werden.

Es naht die Stunde der Geburt. Eine Frühgeburt, tote Zwillinge. Davon wird kaum gesprochen, allenfalls geflüstert. Die kleinen Leichen verschwinden.

Aber Bothwell weiß nun definitiv, daß er sich in Schottland nicht halten kann. Er flüchtet auf die Orkney-Inseln, die ihm ja theoretisch gehören, seitdem er den neuen Titel erhalten hat. Er gelangt, dorthin verfolgt, auf einem winzigen Schiff aufs freie Meer, kentert in einem Sturm und erreicht schließlich Norwegen. Dort wird er wenig später trotz geborgter Kleidung von einer Dänin erkannt, die er einmal dazu überredete, mit ihm zu schlafen, nachdem er ihr versprochen hatte, sie zu heiraten. Sie lockt ihn in ihr Haus, versperrt es, und aus diesem Gefängnis kommt er nicht mehr heraus.

Er stirbt als armer Privatmann in Dänemark im Jahre 1578.

Maria hat sich inzwischen einen jungen Lord, William Douglas, gefügig gemacht, der für sie einen Fluchtplan entwickelt. Er will sie als Wäscherin verkleidet – jede Woche rudert eine Wäscherin vom Festland zum Schloß – in einem Boot von der Insel wegbringen. Sie wird aber erkannt und muß ins Schloß zurück.

Neuer Versuch durch den blutjungen Lord William Douglas, einen Bruder der katholischen Herrin des Schlosses, der die Schlüssel entwendet, die für gewöhnlich beim Schloßverwalter liegen, während der eine Mahlzeit einnimmt. Maria flieht zusammen mit dem Jungen, der das Tor von außen versperrt und alle Boote, die am Ufer liegen, losbindet, so daß dem Boot, das sie selbst besteigen, niemand folgen kann. Drüben warten Pferde von Anhängern Marias.

Blitzschnell spricht es sich herum, daß sie wieder frei ist. Mehr als sechstausend Mann strömen zu ihrem Beistand zusammen. Es kommt zu einer Schlacht mit den Lords. Dabei erweist sich, daß Maria zwar die Übermacht hat, die Lords aber über die disziplinierteren Truppen verfügen. Die Schlacht bei Langside währt nur kurz, eine knappe Dreiviertelstunde, dann weiß

Maria: alles ist verloren. Von den ihren sind bereits dreihundert Mann gefallen. Die anderen fliehen. Auch sie flüchtet nun. Alle paar Stunden wechselt sie das Pferd. Drei Tage und drei Nächte ist sie so unterwegs, nimmt sich kaum Zeit für eine hastige Mahlzeit, geschweige denn zu einem Schlummer. Am dritten Tag erreicht sie die Abtei Dundrennan. Hier endet Schottland.

Maria muß wählen. Sie könnte nach Frankreich hinüber, nach Spanien oder nach England. Sie entscheidet sich – aus späterer Sicht kann man nur sagen: unbegreiflicherweise – für England.

Sie schreibt einen Brief an Elisabeth:

»Du wirst, teuerste Schwester, wohl in Kenntnis eines großen Teils meiner unglücklichen Umstände sein. Aber die, welche mich heute veranlassen, Dir zu schreiben, haben sich so kürzlich ergeben, daß sie Dein Ohr noch nicht erreichen konnten. Ich muß Dich daher so knapp wie ich kann verständigen, daß einige meiner Untertanen, denen ich am meisten vertraute und die ich zu den höchsten Ehrenstellen erhoben hatte, die Waffen gegen mich gerichtet und mich in der unwürdigsten Weise behandelt haben. Auf unerwartete Weise hat der allmächtige Lenker aller Dinge mich aus der grausamen Gefangenschaft befreit, der ich unterworfen war. Ich habe seitdem eine Schlacht verloren, in der die meisten von denen, die mir Treue bewahrt haben, gefallen sind. Ich bin nun, aus meinem Königreich getrieben, in solche Bedrängnis geraten, daß ich außer auf Gott keine Hoffnung habe, als auf Deine Hilfe. Ich bitte Dich darum, teuerste Schwester, daß ich vor Dich geführt werde, damit ich Dir meine Angelegenheit anvertraue. Gleichzeitig bitte ich Gott, Dir allen himmlischen Segen und mir Geduld und Trost zu schenken, den ich vor allem durch Dich zu erlangen hoffe und flehe. Um Dich daran zu erinnern, daß ich ein Recht habe, auf England zu vertrauen, sende ich an dessen Königin dieses Juwel, dieses Zeichen ihrer verheißenden Freundschaft und Hilfe. Deine Dich liebende Schwester...«

Sie zieht einen Ring vom Finger und versiegelt den Brief.

Am 16. Mai besteigt Maria Stuart ein kleines Fischerboot,

überquert den Golf von Solway und landet nahe der kleinen Hafenstadt Carlisle. Sie ist in England.

Maria Stuart ist fünfundzwanzig Jahre alt und, obwohl sie das jetzt noch nicht weiß, eine Gefangene für den Rest ihres Lebens.

Elisabeth tut, wie so oft, vorläufig gar nichts. Weit davon entfernt, sich zu freuen, daß sich Maria jetzt in ihrer Hand befindet, sieht sie nur Schwierigkeiten. Darf sie, kann sie die weiterziehen lassen, die sich ja immer noch als Anwärterin auf den englischen Thron sieht? Darf sie die Ausländerin in England festhalten? Jedenfalls ist sie entschlossen, Maria Stuart vorläufig nicht zu empfangen, obwohl diese in einem zweiten Brief schreibt: »Ich bitte Sie, mich so rasch wie möglich zu sich holen zu lassen, denn ich befinde mich in einem Zustand, der nicht nur für eine Königin, sondern für jede Edeldame jämmerlich wäre... Sie werden das selbst sehen, wenn, wie ich hoffe, Sie Mitleid mit meinem unermeßlichen Mißgeschick haben werden.«

Und in der Tat: Elisabeth wäre schließlich bereit zu einem solchen Empfang. Aber im Kronrat wird sie von ihren Beratern überstimmt, besser: überredet, davon Abstand zu nehmen. Insbesondere William Cecil Lord Burleigh, Staatskanzler, aber auch Sir Francis Walsingham, Polizeiminister, erheben alle nur denkbaren Einwände gegen einen Empfang Marias in London, der einer Anerkennung ihrer Ansprüche auf den englischen Thron gleichkäme.

Es ist nicht schwer, Elisabeth ihr Vorhaben auszureden. Sie flüchtet sich abermals in die Zweideutigkeit – eine historische Schuld, von der sie nie loskommen wird: Maria Stuart nicht empfangen, getröstet, gestützt zu haben, ihr aber auch nicht erlaubt zu haben, das Land zu verlassen.

Und Lord Cecil und die anderen sind entschlossen, wenn auch dafür gar keine Berechtigung vorliegt, die Berechtigung zu schaffen.

Vorläufig schickt man einige Männer nach Carlisle, um Ma-

ria dort mit Prunk abzuholen und sie in ein Schloß zu verbringen. Denn das Gefängnis Marias ist keineswegs ein Gefängnis, sondern ein Schloß, und auch die späteren Gefängnisse, in die sie verbracht wird, sind immer Schlösser. Sie hat weitgehende Freiheiten. Sie darf reiten, sie kann jagen, sie hat ihr eigenes Sekretariat, sie kann sogar Briefe mit dem Ausland austauschen, sie hat eigentlich alles, was sie will, nur nicht die Möglichkeit, sich mit Elisabeth zu verständigen. Die verschanzt sich dahinter, daß zuerst jeder Verdacht, der sich mit dem Namen der Stuart verbindet, ausgeräumt werden muß, bevor sie Maria mit ihrer königlichen Anwesenheit beehren kann. »Scheint es Ihnen seltsam, daß ich Ihnen nicht gestatte, mich zu sehen? Ich bitte, versetzen Sie sich in meine Lage. Wenn Sie von allem Verdacht freigesprochen sein werden, werde ich Sie mit allen Ehren empfangen, bis dahin kann ich es nicht.«
Und das ist endgültig.

Wie könnte sich Maria von den Anschuldigungen, die, wir wissen es, durchaus nicht alle unberechtigt sind, reinigen? Wohl in einem Prozeß, der einer Untersuchung folgen würde. Aber genau das erwägt Maria nicht. Nicht aus Angst vor dem, was dabei herauskommen könnte, sondern weil sie es als Königin nicht gestatten kann, daß irgend jemand, irgendein Gremium, irgendein Gericht über sie urteilt. Das einzige Gericht wäre das von Gleichgestellten, in diesem Fall also Elisabeth, und nur Elisabeth.

So geht es wochenlang hin und her. Schließlich macht Maria einen entscheidenden Fehler. Sie erklärt sich mit einer Untersuchung einverstanden – man bedenke! – einer Untersuchung ihres Lebens, ihrer Vergangenheit. Daß diese Untersuchung, besser: das Verfahren, noch besser: der Prozeß höchst parteiisch geführt werden wird, ist von Anfang an klar. Worum handelt es sich denn? Es handelt sich um Klagen Maria Stuarts gegen die schottischen Lords, die gegen sie aufgestanden sind, die Klagen der schottischen Lords gegen Maria Stuart, die sich, wie sie behaupten, als der Regierung unfähig und unwürdig erwiesen habe. Sie dürfen persönlich erscheinen, sie dürfen ihre

Akten und andere Beweismittel mitbringen. Aber Maria Stuart ist zu diesem Verfahren nicht zugelassen, sie darf sich nur durch zwei Vertrauensmänner vertreten lassen.

Elisabeth, die Maria Stuart nicht empfangen hat, empfängt deren Stiefbruder Murray, den Anführer der protestantischen schottischen Lords. Da diese mindestens ebenso schuldig sind wie Maria selbst und sie das weiß – denn sie weiß zum Beispiel, wer an der Ermordung Darnleys mitgewirkt hat, wer die entsprechenden Urkunden unterzeichnet hat, weiß es durch Bothwell – kommt es schließlich dazu, daß die rebellischen Lords, vertreten durch Murray, davon absehen, sie anzuklagen, sondern nur Bothwell, der in einem anderen Land leben mag.

Entscheidend und eigentlich vernichtend für Maria Stuart ist die Vorlage der sogenannten »Kassettenbriefe«.

Aber wie immer findet sich ein Mann, der für sie in die Bresche springt. Diesmal ist es Thomas Howard Duke of Norfolk, der höchste Adelige Englands, der bereit wäre, sie zu heiraten. Natürlich rät er ihr dringend ab, auf die schottische Krone zu verzichten – denn er hofft ja, durch sie König von Schottland zu werden. Wenn man bedenkt, daß eben dieser Norfolk sich noch vor wenigen Tagen über die Ehebrecherin Maria Stuart entrüstet hat, so begreift man, mit welch schmutzigen Karten hier gespielt wird. Übrigens zeigt sich Maria Stuart wenig interessiert an Norfolk, und der kehrt wieder in das Heer ihrer Feinde und Denunzianten zurück.

Man sieht, der große Prozeß gegen Maria Stuart ist schon angelaufen, lange bevor er begonnen hat. Und was weiter? Maria wird, weit davon entfernt, reingewaschen zu werden, aufs äußerste kompromittiert.

Und nun? Darf sich Maria nun weiter einer relativen Freiheit in der Gefangenschaft erfreuen? Darf sie weiterhin ihr Gesinde, ihre Sekretäre, ihre Pferde behalten? Darf sie weiter in Schlössern wie dem von Chetsworth und dem von Sheffield, dann dem von Wingfield wohnen? Ja und nein. Sie wird nun allerdings scharf überwacht, ihre Briefe werden aufmerksam gelesen, wozu es nötig ist, sie zuerst zu dechiffrieren, ebenso wie die Antworten, die von draußen an sie gelangen. Trotzdem bleibt sie erstaunlich gut informiert über das, was auf der Welt vor sich geht, was durchaus nicht immer nach dem Geschmack Elisabeths ist. Und es berührt Maria wenig, daß ihr Sohn, der in Schottland als James VI. heranwächst, sich längst mit Elisabeth geeinigt hat, von ihr Geld bezieht sowie, und das ist wichtig, das Versprechen erhalten hat, ihr Nachfolger zu werden.

Trotz aller äußerlichen Macht fühlt sich Elisabeth bedroht, solange neben ihr in England eine zweite Königin lebt, da die katholischen Höfe auf dem Kontinent Marias Sache ergreifen und sie damit rechnen muß, daß sie eines Tages von religiösen Fanatikern aus der Welt geschafft wird. »The matter must come to an end« heißt es an ihrem Hof, und wenn sie selbst auch diese Worte nicht gebraucht, so bedeuten sie doch nichts anderes, als daß Maria aus der Welt geschafft werden muß, bevor sie es fertigbringt, daß Elisabeth aus der Welt geschafft wird.

So entsteht auch der bereits erwähnte »Act for the Security of Her Majesty's Royal Person«.

Immer wieder wird die Überwachung Maris verschärft und verstärkt.

1585. Sie ist inzwischen dreiundvierzig Jahre alt geworden, und wenn auch nicht mehr jung, schon gar nicht nach den damaligen Begriffen, so doch immer noch eine schöne Frau.

Und endlich, endlich, endlich finden die Schergen Spuren einer Verschwörung, die zwar nicht von Maria, wohl aber für Maria angezettelt worden ist zum Zwecke ihrer Befreiung, vor allem aber zur Ermordung Elisabeths. Es handelt sich um die Konspiration von vier katholischen Edelleuten, die leicht in den Palast, ja, in die unmittelbare Nähe der Königin gelangen können. Wie weit das Ganze von dem Polizeiminister Walsingham inszeniert worden ist, respektive in welchem Maße er seine Hand im Spiel hat, mag dahingestellt bleiben. Es ist nie geklärt worden.

Aber vorläufig hat Maria selbst noch nichts mit dem Komplott zu tun. Irgendwie muß sie in die Sache verstrickt werden.

Es muß so aussehen, als wünsche sie die Ermordung ihrer Rivalin oder billige zumindest diese Tat.

Das alles gelingt bis zu einem gewissen Maß.

Weiß Elisabeth von dem, was sich da hinter den Kulissen abspielt? Sie dürfte es wohl nicht wissen, aber doch wohl ahnen. Sie könnte das Komplott stoppen, aber sie tut es nicht. Und so geht der entscheidende Brief Marias, in dem sie ihre Zustimmung zur Ermordung Elisabeths gibt, am 7. Juli 1586 ab.

Maria weiß: falls Elisabeth umgebracht werden sollte, befände sie selbst sich in äußerster Gefahr. Sie verlangt also, daß sie vorher befreit werden müsse. »Dann muß man also sechs Edelleute ans Werk schicken und Auftrag geben, daß nach Erledigung des Unternehmens ich sofort von hier weggeschafft werde... ehe mein Richter davon verständigt ist.«

Aber zu all dem ist es viel zu spät. Man kommt den Edelleuten, die Elisabeth ermorden sollen, sehr schnell auf die Spur. Man sperrt die Straßen und die Häfen, und ewig können die Täter, die es noch gar nicht sind, sich nicht verstecken. Sie werden gefaßt.

Elisabeth könnte Maria nun vor Gericht stellen. Aber würde das nicht vor der Welt bedeuten, daß eben auch Könige vor Gericht gestellt werden können? Und will sie nicht gerade das vermeiden? Ja, wenn Maria um Gnade bitten würde! Aber Maria denkt nicht daran.

So bleibt Elisabeth nichts anderes übrig, als einen Adelsgerichtshof einzuberufen, der über Maria verhandeln soll.

Und dieser Prozeß, beginnend am 14. Oktober 1586 in der festlich geschmückten Halle des Schlosses Fotheringhay, dem letzten Gefängnis Maria Stuarts, ist kein Prozeß, er ist eine Farce. Die Zeugen dafür, daß Maria Stuart vielleicht – vielleicht – die Ermordung Elisabeths geplant hat, treten nicht mehr auf. Man hat sie schon vorher hingerichtet. Die Belastungsdokumente, eben jener berühmte Brief und andere Briefe, werden nicht in Originalen vorgelegt, sondern in Kopien.

Maria Stuart protestiert: »Wie kann ich sicher sein, daß man nicht meine Chiffrezeichen gefälscht hat, um mich zum Tode verurteilen zu lassen?«

Hier würde jeder Rechtsanwalt für seine Klientin protestieren. Nur: Maria Stuart hat man ja keinen Anwalt bewilligt. Sie ist ganz allein. Da sie nicht weiß, was gegen sie vorgetragen werden kann, bestreitet sie alles, was man ihr vorwirft, auch das, was leicht zu beweisen ist. Aber selbst wenn sie viel geschickter argumentieren würde, wäre alles umsonst.

Als die Richter schließlich am 28. Oktober in der »Star Chamber« von Westminster ein Urteil fällen sollen, bringt nur einer den Mut auf, außer der Reihe zu tanzen. Die anderen halten es für erwiesen, daß Maria Stuart den Tod der Königin Elisabeth nicht nur wollte, sondern auch alles getan hat, um ihn herbeizuführen. Also schuldig. Und bei diesem Schuldspruch gibt es nur eine Strafe: den Tod.

Elisabeth müßte das Todesurteil nicht bestätigen. Sie könnte Gnade walten lassen. Sie schwankt. Aber wieder ist ihre Umgebung entschlossen, Maria endgültig aus dem Weg zu räumen. Denn, und dies ist das entscheidende Argument, ob Maria schuldig ist oder nicht: solange sie lebt, schwebt Elisabeth in Gefahr.

Dagegen wiegt es nicht schwer, daß das Ausland protestiert, daß Proteste aus Frankreich, aus Holland, aus Spanien, ja sogar aus Schottland kommen. James VI. droht sogar, seine Verbindung zu England zu lösen. Aber Elisabeth spürt, das ist alles nicht so ernst gemeint.

Nur eine einzige scheint geradezu befriedigt: Maria. Sie hat die unendlich lange Gefangenschaft satt, sie ist des ewigen Kampfes müde. Von denen, die ihr wohlgesinnt sind, aufgefordert, gegen das Todesurteil Protest einzulegen oder um Gnade zu bitten, wendet sie sich mit folgenden Worten an Elisabeth: »Madame, ich danke Gott von ganzem Herzen, daß es ihm gefallen hat, durch Ihre Maßnahme der langjährigen Pilgerschaft meines Lebens ein Ende zu bereiten. Ich bitte Sie nicht darum, daß sie verlängert werde, ich habe zuviel Zeit gehabt, um die

Bitterkeit des Lebens zu erfahren...« Sie bittet dann, daß man ihrer Dienerschaft erlaube, ihren Körper in geweihter Erde zu bestatten. Am liebsten in Frankreich, wo die Gebeine ihrer Mutter ruhen. Sie bittet weiterhin, daß man ihrer Dienerschaft keine Unannehmlichkeiten bereite, sondern sie gehen lasse, wohin sie wolle. Die letzten Worte: »Dann werde ich sterben, wie ich gelebt habe. Ihre wohlgeneigte Schwester und Gefangene, Maria, Königin.«

Was bleibt Elisabeth anderes übrig, als das Todesurteil zu unterzeichnen? Aber Unterzeichnung und Vollstreckung sind zweierlei. Schließlich gibt sie das Dokument zusammen mit anderen, ebenfalls von ihr unterschriebenen, so ganz nebenbei ihrem zweiten Sekretär William Davison zur Erledigung. Und hofft trotzdem, daß noch irgend etwas dazwischenkommen möge. Sie gerät außer sich, als sie erfährt, daß Davison das unterschriebene Todesurteil weitergegeben hat; sie behauptet, er habe seine Befugnisse überschritten; er fällt in Ungnade.

Elisabeth ist in diesen Tagen nur noch ein Nervenbündel. Anders Maria, die, als sie die Nachricht durch den sie betreuenden Lord Shrewsbury erhält, daß sie auf dem Schafott sterben soll, antwortet: »Gelobt sei Gott für die Nachricht, die Sie mir überbringen. Ich hätte keine bessere empfangen können, da sie mir das Ende meiner Leiden ankündigt und die Gnade, die Gott mir erweist, für die Ehre seines Namens und seiner Kirche, der römisch-katholischen, zu sterben.«

Sie bittet allerdings um eine Frist, um zu beichten und Briefe zu schreiben, was ihr aber abgeschlagen wird.

Der letzte Tag naht, der 8. Februar 1587.

Sie hat die Nacht durchgearbeitet, sie hat sehr sorgfältig das Kleid ausgesucht, das sie zur Exekution tragen wird, ihre Dienerinnen beschenkt, sie getröstet, ihre letzten Briefe geschrieben.

Um 6 Uhr morgens läßt sie sich von ihren Dienerinnen ankleiden, um 8 Uhr klopft es an die Tür. Die Lords warten. Die Dienerinnen weinen. Sie muß sie nochmals trösten. Zu ihrem Haushofmeister Melvil sagt sie: »Melde nur der Königin von

England, daß ich getreu meiner Religion gestorben bin, eine wahre Katholikin, eine wahre Schottin, eine wahre Prinzessin. Möge Gott jenen verzeihen, die mein Ende verlangt haben. Und sage meinem Sohn, daß ich nie etwas getan habe, was ihm hätte Schaden bringen können, und nie ein Hoheitsrecht preisgegeben habe.«

Sie wird in den Saal gebracht, in dem sie hingerichtet werden soll. Sie weigert sich, sich von einem reformierten Geistlichen trösten zu lassen.

Sie küßt das Kruzifix und sagt: »So wie Deine Arme, Jesus Christus, hier auf dem Kreuz ausgebreitet sind, so empfange auch mich mit diesen Deinen mitleidigen Armen und vergib mir meine Sünden. Amen.«

Der Henker erweist sich als ungeschickt. Der erste Schlag des Beils landet auf dem Unterhaupt. Röcheln, Stöhnen. Der zweite Schlag trifft tief in den Nacken, läßt das Blut aufspritzen. Aber erst der dritte trennt das Haupt vom Rumpf. Der Henker greift nach dem Haupt, will es aufheben, erfaßt aber nur die Perücke. Unter ihr erscheint der Kopf einer alten Frau mit eisgrauem Haar.

Eine seltsame Bewegung unter dem Kleid der Königin. Blutüberströmt springt ein kleiner Hund hervor. Er bellt wütend und will nicht von der Leiche weichen. Er springt alle an, die ihn ergreifen wollen. Er verteidigt seine Herrin über den Tod hinaus.

Was die Getreuen Elisabeths mehr oder weniger erwartet haben, folgt gleichsam automatisch. Sie distanziert sich empört von dem, was geschehen ist. Diejenigen, die da mitgemacht haben, nicht zuletzt Cecil und Shrewsbury, bekommen es zu spüren. Davison wird sogar vorübergehend verhaftet und soll 10000 Pfund Strafe zahlen, was er natürlich gar nicht kann, wird diskret wieder freigelassen, bleibt aber vom Hof verbannt. Seine Karriere ist endgültig zu Ende.

Elisabeth freilich lebt weiter. Sie ist siebzig, als sie schließlich, schon sehr gebrechlich, den Kampf ums Leben aufgibt. Sie schleppt sich von Zimmer zu Zimmer, als wolle sie irgendwo

Rettung finden, aber dann ist es vorbei. Der Tag: 24. März 1603.

Der schottische König wird sofort benachrichtigt. Er ergreift als englischer König James I. das Ruder. Kaum ist er in London eingezogen, da läßt er die Leiche seiner Mutter, die man irgendwo lieblos eingescharrt hatte, in die Westminster Abbey überführen. Sie wird nicht weit vom Grabe Elisabeths bestattet.

Sündenbock Jud Süß
1737

Der Prozeß gegen den Juden Süß Oppenheimer, der mit seinen ersten Untersuchungen noch im März 1737 auf der Festung Hohenasperg unweit von Stuttgart begonnen hat, wird sich bis Mitte Januar 1738 hinziehen, obwohl eigentlich jeder weiß, wie er ausgehen wird, weil er nur so und nicht anders ausgehen darf. Jeder mit Ausnahme des Angeklagten, der, obwohl viel gescheiter als seine Ankläger, nicht glauben will, was ja eigentlich auf der Hand liegt und was er – darauf wird noch zurückgekommen werden – bevor es so weit ist, mit Sicherheit annehmen zu dürfen glaubt; und er hat sich ja auch in diesem Sinne mehr als einmal verlauten lassen.

Er sieht im übrigen durchaus nicht so aus, wie man sich einen ›bösen‹ Juden vorstellt und wie er in Karikaturen, von denen es bereits zu seinen Lebzeiten eine Menge gibt, immer wieder dargestellt wird. Er ist groß, schlank, hat eine schöne hohe Stirn, stolz aufgeworfene Lippen, seine Nase ist fein geschnitten, eine wie man damals sagt, typisch griechische Nase, eine breite Stirn, dunkelbraune Augen, die ständig in Bewegung zu sein scheinen – man nennt das damals »fliegende Augen«. Man könnte ihn für einen Edelmann halten oder einen hochgestellten Bürger.

Er spricht auch – unter anderen – reines Deutsch, da ist keine Spur von jüdischem Akzent, dem sogenannten Mauscheln. Er zieht sich elegant an, auch hier, vor Gericht. Kurz, ein Herr.

Es ist auch erstaunlich, wieviel an Unrat er über sich ergehen läßt, ohne seine Selbstbeherrschung zu verlieren, und daß er vor allem niemals gesteht.

Was sollte er auch gestehen? Er hat ja nichts von dem, was

man ihm vorwirft und was, selbst wenn er es begangen hätte, wohl kaum ein Verbrechen genannt zu werden verdiente, wirklich begangen.

Als es allzu schlimm wird, als man ihn vorübergehend auf Wasser und Brot setzt und gewisse Quälereien, die bald zu Torturen anwachsen, beginnen, spielt er mit der Idee eines Selbstmords. Aber wie sich umbringen? Er besitzt kein Messer, nichts, woran er sich aufhängen könnte. Er hat einmal gehört, und damals gab es solche Schauermärchen, daß Fingernägel, wenn sie lang genug gewachsen sind, und das sind die seinen, Gift enthalten. Er beißt sie ab und verschluckt sie. Natürlich geschieht daraufhin nichts. Dann wieder versucht er Hungerstreik. Vier Tage lang ißt er nichts, aber dann hat er doch nicht die Energie, die Sache zu Ende zu bringen.

Dies alles besorgt den Kommandanten von Hohenasperg, den Major Glaser, mehr als die angeblichen Verbrechen des Angeklagten. Denn er wünscht, den Juden Süß »lebendig zum Galgen bringen zu können«.

Der eigentlichen Verhandlung geht also eine Untersuchung voraus, die aber schon Verhandlung ist. Im Untersuchungsgericht sitzt eine Reihe von Bürgern, insgesamt acht, darunter einige Freiherren, die eigentlich nichts untersuchen, sondern sich nur anhören, was gegen den Juden vorgebracht wird.

Einen Verteidiger kann sich Süß Oppenheimer nicht wählen, denn keiner, den er wählen würde, wäre bereit, eine so unpopuläre Sache wie die seine zu vertreten. So bestellt man denn, um die Form zu wahren, amtlicherseits den Hofgerichtsadvokaten Michael Andreas Mögling aus Tübingen. Der muß eine Verteidigungsschrift abfassen, und zwar nicht etwa zusammen mit dem Angeklagten, sondern im nahen Stuttgart, wofür er ein »Tagegeld von drei Reichstalern und Logisgeld« erhält, für damalige Zeiten eine recht ansehnliche Entlohnung, wenn man etwa bedenkt, daß ein Eimer alten Weins 40 Gulden, ein Pfund Ochsenfleisch 5 Kreuzer, Rind-, Schwein- und Hammelfleisch sogar nur 4 Kreuzer das Pfund kosten.

Natürlich werden die Beträge aus dem Vermögen von Süß

genommen, der, dies nebenbei, seine Verteidigungsschrift nie zu Gesicht bekommen wird. Gewiß, dieser Mögling ist kein schlechter Kerl, er hat sich auch Mühe gegeben, aber er durfte zum Beispiel nicht einmal, wie es sonst üblich ist, mit seinem Klienten schriftlich oder mündlich in Verbindung treten. Seine Briefe wurden manchmal Tage oder Wochen zurückgehalten oder überhaupt nicht zugestellt. Zutritt zu Süß hatte der Verteidiger nur selten, Einblick in wichtige Aktenstücke überhaupt nicht. Das Inquisitionsgericht verweigert ihm dies ebenso wie die Zustellung der Protokolle der einzelnen Verhöre von Süß, und das ohne weitere Begründung. Darüber beklagt er sich, und zwar am 11. November 1737, dem Tag, an dem er die Verteidigungsschrift überreicht. Was natürlich gar nichts nützt. Die Verteidigung bleibt eine Formalität. Übrigens eine der wenigen, an die man sich hält.

Und was wird Süß vorgeworfen? Daß er Karl Alexander, dem Herzog von Württemberg, nicht nur ein schlechter Ratgeber gewesen sei, sondern daß er es verstanden habe, diejenigen Räte, die es ehrlich mit ihm und dem Lande meinten, so oder so zu entfernen, um an ihre Stelle solche in die Nähe des Herzogs zu lancieren, die ihm hörig waren oder zumindest das taten, was er von ihnen verlangte. Daß er eine Reihe von Spitzeln unterhielt, die ihn darüber informierten, was die Landschaft – das Parlament – beschloß, auch wenn es in geheimen Ausschüssen geschah, daß er dem Herzog davon Mitteilung machte, daß er selbst oder der Herzog danach entsprechende Maßregeln ergreifen konnten; aber, wichtiger, daß er die Abneigung des Herzogs gegen die Landschaft, die ja nach der Verfassung eigentlich regierte oder doch zumindest mitregierte, immer stärker schürte.

Entscheidend natürlich die Frage des Geldes. Es wird von der Untersuchungskommission festgestellt oder zumindest behauptet, der Jude habe sich ungeheure Mengen Geldes illegal verschafft. Nun, Geld hat er verdient, aber illegal? Gewiß, er hatte die Münze gepachtet, aber die Pacht hatte er erst erhalten, nachdem vorher »alle Kaufleute, Christen und Juden in der Welt« angeschrieben worden waren, »eh man sie ihm gegeben; es hat keiner so viel wie er offeriert«.

Der Verdienst an der Pacht – für den Herzog, aber auch für ihn selbst – bestand natürlich darin, daß das Metall, das für die verschiedenen Münzen verwendet wurde, nicht so viel wert war wie die Münzen selbst. Und das galt für alle Münzensorten. Aber ohne Zweifel hat man dergleichen an vielen, wenn nicht allen deutschen Fürstenhöfen getrieben, und es kam auch bei der Untersuchung heraus – man wußte das eigentlich schon vorher – daß die im Auftrag von Süß hergestellten Münzen besser, das heißt wertvoller und daher auch gefragter waren als die meisten anderen deutschen Münzen. Der Herzog verdiente gut dabei, wenn er auch gelegentlich zu Oppenheimer sagte: »Du, Spitzbub, hast mehr Profit an meiner Münze als ich selbst!«

Das war wohl mehr im Spaß gemeint. Im Ernst konnte sich der Herzog wohl gar nicht vorstellen, daß irgend jemand es wagen würde, ihn zu hintergehen, und Süß war ja sein Vertrauter.

Nein, die Gewinne, die Süß einsteckte, hielten sich durchaus in den damals üblichen Grenzen, sie waren gewissermaßen gesetzlich. Und wenn sie nicht gesetzlich gewesen wären – hätte das allein genügt, um ihn zum Tode zu verurteilen?

Ein anderer Vorwurf war, daß er mit Ämtern und Stellen gehandelt habe. Nun ja, auch das war damals so üblich, selbst in Württemberg, schon zur Zeit des Vorgängers von Karl Alexander, und damals in noch viel stärkerem Maße. Die Neuerung, die Süß Oppenheimer einführte – was übrigens die Untersuchungskommission nie feststellte – war, daß er eine große Anzahl neuer Stellen und Titel schuf, und die mußten dann von den Interessenten hoch bezahlt werden. Denn es gab immer eine Unzahl von Leuten, die dies und jenes gerne geworden wären, und das galt auch für die kleinen und kleinsten Ämter, die irgendwann einmal, spätestens im Todesfall, frei wurden. Darüber wurde dann auf Veranlassung von Süß Oppenheimer eine Art Versteigerung abgehalten. Es kam gar nicht darauf an, wer am besten für die Stellung geeignet war, sondern

Auf dem Schinderkarren wird Jud Süß Oppenheimer zur Hinrichtung geführt, wo er in einem besonderen Käfig hingerichtet wurde.
(Bild: Historia-Photo)

wer am meisten zahlte. Das galt für den Schultheiß, den Dorfrichter, sogar für den Bademeister und für eine Unzahl von anderen Stellen, deren es immer mehr wurden.

Ein anderer Vorwurf: die Einführung des Gratialamtes. Das war eine Stelle, die Geschenke entgegennahm – für die herzogliche Schatulle bestimmt. Es handelte sich, wohlgemerkt, um freiwillige Geschenke, die der Herzog, der stets über seine Verhältnisse lebte und regierte, notwendig brauchte. Aber sie waren nur auf dem Papier freiwillig, in Wirklichkeit wurden sie mehr oder weniger deutlich gefordert. Dies war die Aufgabe des am 15. Oktober 1736 eingeführten Gratial- und Fiskalamtes. Daß der Jude Süß Oppenheimer an diesem Amt direkt oder indirekt etwas verdient habe, wurde nicht nachgewiesen, nicht einmal nachzuweisen versucht. Es floß nur so in die Untersuchung mit ein.

Indirekt verdiente er freilich daran. Denn er verrechnete die eingegangenen Gelder des Gratialamts meist in Edelsteinen, an denen der Herzog einen außerordentlichen Bedarf hatte. Da rechnete er wohl ein bißchen zu sehr zu seinen eigenen Gunsten ab.

Weiter: es wurden auf ausdrücklichen Wunsch des Herzogs von dem Juden Lotterien veranstaltet. Er wollte erst gar nicht, ließ sich aber durch eine Abgabe von 3000 Gulden dazu bewegen. Dafür durfte er den Reinertrag der Lotterien, bei denen Geld und Gegenstände von mehr oder weniger Wert ausgelost wurden, einstecken. Er tat es.

Aber dies alles sind nur Nebenverdienste für Süß. Auch der sogenannte »Judengroschen«, das heißt der Groschen, der für jeden von Süß Oppenheimer vorgeschossenen Gulden – und die Kassen waren ja beständig leer und brauchten Geld – eingesteckt wurde. Übrigens nicht nur von ihm. Auch trieb er Handel mit Juwelen, Gold, Araberpferden, Silber, fremden Weinen, kurz mit allem, was wertvoll war. Betrog er dabei den Zoll? Die Steuer? Bei der Untersuchung kam heraus, daß der Zoll niemals von ihm Abgaben verlangt und daher auch keine bekommen hatte; nach einiger Zeit kam heraus, daß darüber Klagen laut wurden, und über die Umgehung der Steuer, da ihm ein fürstliches Patent ausgestellt worden war, das ihn von derartigen Abgaben befreite.

Sein Haupteinkommen bezog Süß Oppenheimer aber doch wohl durch den Handel mit Edelsteinen. Nach späterer Schätzung soll er allein an solchen Kostbarkeiten 200000 Gulden verdient haben – damals ein enormes Vermögen.

Natürlich ist das alles nur möglich, weil er bei dem Herzog hoch angesehen ist. Aber das dauert nicht ewig. Langsam, aber sicher spürt er: der Herzog wird mißtrauisch, der Herzog wird seiner überdrüssig, er steht nicht mehr in Gnade. Das hat sicher mit den dubiosen Geschäften zu tun, die Oppenheimer mit dem Herzog macht, vor allem Geschäfte in Edelsteinen, die er ihm verkauft. Zum Bespiel einen, den er für 6000 Gulden erworben hat, für 10000 Gulden verkauft. Vielleicht ist das ein Fehler Oppenheimers, vermutlich der einzige, den er gemacht hat.

Als er spürt, daß der Herzog ihm nicht mehr so unbedingt vertraut wie in den Jahren zuvor, spielt er mit dem Gedanken, Stuttgart zu verlassen und sich in Frankfurt oder Metz anzusiedeln, wo er zumindest nicht mehr vor dem Herzog oder der

Rache der ihm übel gesinnten Höflinge zittern müßte. Aber der Herzog selbst wünscht, daß Süß im Lande bleibe, ja, der Herzog würde ihn sogar daran hindern, die Stadt, das heißt das Land zu verlassen, wenn er es trotzdem versuchte. Dafür ist der Herzog bereit, ihm eine Absolution zu erteilen, und das führt er auch mit einer Akte durch, die er am 12. Februar 1737 unterschreibt und die in dem sogenantenn »Großen fortschrittlichen Anzeiger von Neuigkeiten sowohl allhier als auf dem Lande« veröffentlicht wird.

Aber der Herzog spielt kein ehrliches Spiel mit Süß. Seinem Hofkanzler Scheffer sagt er, er brauche den Juden jetzt noch, er wolle aber »in Bälde ihn so fassen, daß sich jedermann darüber verwundern« werde.

Auch dies wird in der Untersuchung noch einmal erwähnt, wenn auch nur kurz.

Und Süß Oppenheimer erträgt dies alles vor seinen »Richtern« mit außerordentlicher Gelassenheit. Abgesehen von Anfällen von Verzweiflung, während derer er sich das Leben zu nehmen versucht oder zumindest mit dem Gedanken spielt – ganz so ernst wird es ihm wohl nicht gewesen sein – gibt er sich als über der Situation stehend, als der Herr, der er in Wirklichkeit ist, ganz im Gegensatz zu denen, die ihn vernehmen.

Die werden, je länger die Sache dauert, um so nervöser: können sie wirklich irgend etwas herausbekommen, das den Juden an den Galgen bringt? Der Untersuchungsrichter wird gewechselt. Einige weitere Richter werden in die Untersuchungskommission eingeschleust, namentlich ein junger Mann namens Goetz, Sohn der Geheimrätin Goetz und Bruder der schönen Mamsell Goetz. Das hat einen besonderen Grund. Der Herzog war nämlich begierig darauf gewesen, mit der Geheimrätin ins Bett zu gehen, und natürlich auch mit dem jungen schönen Geschöpf. Und Süß hatte dabei seine Hand im Spiel, das heißt, er sorgte dafür, daß die beiden Damen, die wohl gar nicht so abgeneigt waren, dem Herzog zur Verfügung standen; nicht aber, bevor er sie selbst »vorgeschmaust« hatte, wogegen von ihrer Seite wohl auch nichts einzuwenden war. Aber der Sohn und

Bruder findet das natürlich empörend und würde, obwohl ja kein Verbrechen vorliegt, da die Damen kaum Widerstand leisteten, den Juden freudig an den Galgen bringen.

Es ist übrigens gar nicht so leicht gewesen, Süss Oppenheimer die diesbezüglichen Geständnisse abzuringen. Er hat sich wochenlang geweigert, ein Wort über all die Damen zu äußern, mit denen er in Verbindung stand. Es hat sehr »robusten« Zuredens bedurft, um ihn in diesem Punkt geständig zu machen. Er hat eben, wie die nachfolgenden Chroniken auch feststellten, mehr Charakter als seine Richter, die sich zu allem Überfluß noch an ihm bereichern.

Denn dies ist das Geheimnis der langen Dauer der Untersuchung, bei der ja so wenig oder eigentlich gar nichts Strafbares herauskommt: daß die Richter, daß überhaupt alle, die in Stuttgart das Sagen haben, versuchen, möglichst große Bissen aus dem Vermögen Süss Oppenheimers herauszureißen und zu verschlingen. Er finanziert nicht nur seine Verteidigung, er finanziert nicht nur die Untersuchung respektive den Prozeß, er finanziert auch seine Richter und diejenigen, die sie eingesetzt haben.

Er blutet für alle.

Wer ist nun eigentlich dieser Jud Süss, wie ihn der Volksmund nennt, der Süss Openheimer heißt?

Er wird 1698, im März oder April, zu Heidelberg geboren. Seine Mutter Michaele ist die Tochter des Rabbi Salomon aus Frankfurt, der auch als Chasan, das heißt Vorsänger und Vorbeter, wirkt, eines angesehenen Mannes also. Sie kann nicht nur vorzüglich singen, sondern ist vor allem ein außerordentlich schönes Mädchen mit einer unwahrscheinlich weißen Haut. Freilich, nicht nur die Judenheit Frankfurts, die ganze Stadt munkelt das eine oder andere über ihre Art zu leben. Sie scheint es nicht allzu genau zu nehmen, und der Vater kann froh sein, daß er sie bald an den Rabbi Isascher Süsskind Oppenheimer verheiraten kann.

Auch der singt. Im Gegensatz zu seinem Schwiegervater

singt er aber nicht nur in der Synagoge oder fast überhaupt nicht dort, sondern mit einer Truppe zusammen auf Gastspielreisen, die er hier und dort gibt, so daß er große Teile des Jahres, manchmal auch ein ganzes Jahr, von seiner jungen Frau getrennt lebt.

Und so ist es mehr als wahrscheinlich, daß er nicht der Vater des ihm einmal bei Rückkehr nach einer längeren Reise als sein Sohn präsentierten Joseph Süß ist, sondern es ist vermutlich Freiherr Georg Eberhard von Heydersdorff – so vermutete man damals, später tauchten Zweifel auf.

Dieser besonders gut aussehende Mann, einmal Feldmarschallieutnenant und Kommenthur des Deutschordens zu Heilbronn, tut in jeden Tagen in Heidelberg Dienst, verliert aber später Stellung und Rang und Ansehen, weil er Heidelberg kampflos Ludwig XIV. übergibt.

Möglich, daß auch er nicht der Vater des Joseph Süß ist, sondern ein jüdischer Kaufmann aus Heidelberg; Michaele nimmt es wohl nicht so genau.

Der junge Süß hat keine Schwester, wie später vielfach behauptet wird, sondern einen Bruder, der Karriere am Darmstädter Hof macht. Er verträgt sich mit ihm nicht und führt später sogar Prozesse mit ihm. Er selbst ist vorerst das, was man einen ungeratenen Sohn nennt, zwar sehr beliebt bei den Nachbarn der Eltern, denen er aber nur selten folgt, so daß einer der Nachbarn meint, er habe das Zeug zum größten Spitzbuben der Welt. Andere glauben, er werde es weit bringen. Eine Wahrsagerin behauptet das eine sowie das andere: er werde es weit bringen und schmählich enden. Das alles wird erst später gesagt und geschrieben, es mag auch vieles davon erfunden sein.

Jedenfalls riß der Junge in früher Jugend aus dem Elternhaus aus. Nicht um zu studieren, wie die Eltern das gern gesehen hätten; er hatte durchaus Verstand genug, um ein gelehrter Rabbi zu werden, aber nicht die geringste Neigung dazu. Er verdingte sich als Angestellter in vielen Geschäftshäusern in vielen Städten und vielen Ländern, lernte alles, was über den Gang von Geschäften dieser und jener Art, auch über Tabakmonopole und Lotterien zu lernen war. Er wurde schon in unverhältmäßig jungen Jahren ein vorzüglicher Geschäftsmann, sprach und schrieb fehlerlos ein halbes Dutzend Sprachen, machte in Wien, Amsterdam, Prag von sich reden, tauchte in Bayern angeblich als Barbiergeselle auf und in Tübingen als Student, dachte aber nie daran, ein Studium zu beenden. Er wollte auf Höheres hinaus, will sagen auf Lukrativeres, auf eine Existenz, die viel Geld einbrachte, aber auch amüsant war.

Sehr früh ausgeprägt seine außerordentliche Sinnlichkeit, er brauchte Frauen, und sie fielen ihm zu. Denn er gefiel ihnen und wollte nichts umsonst. Er verdiente zwar schon in jungen Jahren viel Geld, aber er warf es mit vollen Händen wieder hinaus. Er liebte es, sich Ringe mit Brillanten anzustecken oder brillantgezierte Halsnadeln zu verwenden, er liebte es, gut zu essen – nein, das Beste vom Besten.

Übrigens: man sieht ihm den Juden nicht an. Er könnte natürlich seinen Namen ändern, und niemand würde unter einem neutralen Namen in ihm einen Juden oder Judensprößling oder Halbjuden vermuten. Aber das kommt ihm niemals in den Sinn. Es scheint fast, als sei er stolz darauf, Jude zu sein. Dies wird sein Schicksal.

Oder ist es die Begegnung mit Karl Alexander im Jahre 1732? Die findet im Sommer statt, zu Beginn der Badezeit, der Ort ist das damals fashionable Wildbad. Die Vorstellung erfolgt durch einen Geschäftsfreund Oppenheimers, einen gewissen Isak Simon Landauer, der Geschäfte am württembergischen Hof hat.

Karl Alexander ist damals noch keineswegs Herzog und hat nicht die geringsten Aussichten, es zu werden. Er ist ein verhältnismäßig junger, vorzüglich aussehender Mann, Militär in fremden Diensten. Ihm gefällt Oppenheimer auf Anhieb. Er schlägt ihm vor, in seine Dienste zu treten. Oppenheimer ist bereit dazu, Kriegsfaktor und Schatullenverwalter zu werden. Auch die Prinzessin mag den jungen Juden und nimmt ihn ebenfalls in ihre Dienste – als Agenten, was immer darunter damals verstanden wird.

Der Prinz ist umso entzückter, als Oppenheimer bereit ist, ihm 3000 Gulden vorzuschießen auf seine Einkünfte, die er als Kaiserlicher Feldmarschall in Wien bezieht wie auch als württembergischer Prinz. Er ist auch willens, diese Einkünfte zu verwalten und mehr Geld aus ihnen zu machen, als bisher geschehen ist.

Die beiden schließen einen Bund – wie es aussieht und wie es sich später auch erweisen wird, fürs Leben. Auch dies, und dies vor allem ist das Schicksal Oppenheimers.

Wer ist nun eigentlich dieser Karl Alexander, vorläufig noch nicht Herzog? Der Herzog heißt Eberhard Ludwig und ist nicht sehr populär im Lande Württemberg, obwohl er verfassungsgemäß regiert – Württemberg gehört zu den wenigen Ländern, die sich einer Verfassung rühmen dürfen, wo die Landschaft, sprich: das Parlament, eine entscheidende Rolle spielt.

Er braucht sehr viel Geld für sich und seine Favoritin, die Frau von Gräveniz, so daß die Staatskassen stets leer sind. Und es gibt auch einen Kronprinzen, den Erbprinzen, wie man das in Württemberg nennt. Aber der ist ein kranker junger Mann, der sein ganzes Leben lang dahinsiecht. Und wenn beide stürben, aber erst dann wäre Karl Alexander an der Reihe. Als er nun hört, das Jahr ist 1729, daß der Prinz nicht mehr lange leben wird – er wird noch zwei Jahre leben – übergibt er bestimmte Briefe, in denen er für den Fall des Todes des Prinzen und seines Vaters die Herrschaft in Württemberg für sich in Anspruch nimmt, Vertrauensmännern in Stuttgart, schickt einen weiteren Brief, in dem er diesen seinen Anspruch bestätigt, am 28. November 1729 von Belgrad aus, wo er gerade Krieg führt, an den Ständischen Ausschuß zu Stuttgart.

Gegen ihn spricht eigentlich nur, daß er katholisch ist – er ist es geworden, weil er in Österreich sonst nicht hätte Militärkarriere machen können, und daß manche, eigentlich nur wenige, fürchten, daß er sich als Despot entpuppen würde.

Als der Erbprinz dann stirbt und der regierende Fürst im Oktober 1733 das Zeitliche segnet, ist seine Stunde gekommen.

Viele erhoffen sich vieles von dem neuen Herrscher, der unter dem Jubel der Bevölkerung in Stuttgart einzieht. Ein schöner Mann, ein liebenswerter Mann, einer, der sicher gerecht regieren wird! Daß er schon annähernd fünfzig Jahre alt ist, fällt nicht ins Gewicht. Schon eher, daß er eigentlich niemals in Württemberg gelebt hat, es sei denn als Kind, daß er schon mit elf Jahren in fremde Kriege zog und in Wien lebte oder dort, wo gerade Krieg geführt wurde. Er hat kaum eine Beziehung zu den Menschen, die ihn so feiern. Aber das, was er sagt, ist so recht nach ihren Herzen: »Ich will selbst regieren«, erklärt er einer Abordnung Stuttgarter Bürger, »ich will das eingeschlichene Unheil nicht dulden, ich will alle Unordnungen bessern, ich will mein Volk hören und ihm helfen. Mache ich einen Fehler, kein Mensch ist ja ohne Fehler, so will ich ihn verbessern; ich will es nicht für eine Ehre halten, zu beharren in dem, was als fehlerhaft erkannt ist.«

Schöne Worte, und die Stuttgarter haben zumindest vorläufig nicht den mindesten Anlaß, daran zu zweifeln, daß er meint, was er sagt. Was freilich nur wenige wissen, ist, daß er gar nichts Besonderes versprochen hat, sondern eigentlich nur das, was selbstverständlich ist. Was er nicht so recht weiß, ist, daß es in Württemberg gewisse demokratische Vorrechte gibt; es gibt, im Gegensatz zu Wien etwa, wo er sich auskennt, eine Verfassung, die den Bürgern gewisse Rechte einräumt, und daß es nicht Gutmütigkeit oder Gnade ist, wenn er gerecht regiert, sondern selbstverständlich.

Süß Oppenheimer zieht mit ihm zusammen in Stuttgart ein. Und dies ist entscheidend: Prinz Karl Alexander hatte ihn angestellt, aber er ist kein Angestellter des Herzogs. Er wird nie ein Beamter werden, er wird stets ein Privatmann bleiben. Es ist auch wichtig und eigentlich juristisch entscheidend für den späteren Prozeß, daß er, weil eben nicht beamtet, keine Verantwortung trägt für das, was geschieht oder nicht geschieht. Nach relativ kurzer Zeit wird er zwar von Karl Alexander zum »Geheimen Finanzrat« ernannt, aber auch das ist nur ein Titel und zieht nichts an Verantwortungen nach sich.

Seine Funktion ist, Vorschläge zu machen oder Befehle des Herzogs auszuführen. Nicht mehr, nicht weniger. Im Verlauf der Jahre, in denen er am Stuttgarter Hof weilt, werden der Herzog oder seine Ratgeber immer wieder versuchen, ihn das eine oder andere Dokument unterschreiben oder mit unterschreiben zu lassen. Jedesmal weist er dies zurück. Es ist, als ahne er, daß das einmal wichtig werden würde, daß es ihm eigentlich das Leben retten müßte, wenn es für ihn zu gegebener Zeit so etwas wie eine Lebensrettung überhaupt noch gäbe.

Er ist und bleibt Ausländer. Er hat den Verfassungseid nicht geschworen und wird ihn nie schwören. Er bleibt auch in den Zeiten, in denen er Württemberg mehr oder weniger beherrscht, ein Außenseiter. Und er verspürt niemals den Wunsch, das zu ändern. An Titeln liegt ihm wenig, an Ämtern nichts. Er ist trotz seiner außerordentlichen Intelligenz, seines schillenden Wesens im Grunde genommen eigentlich einer, der nichts oder doch nur wenig ändern will. So wie es ist, ist es ihm gerade recht.

Anders der Herzog. Er steht unter starkem Einfluß derer, mit denen und für die er ein Leben lang gekämpft hat: der Österreicher und dadurch der Katholiken. Also auch der Bayern, vor allem des Fürstbischofs von Würzburg und Bamberg, Friedrich Karl, Graf von Schönborn. Die Katholiken drängen und intrigieren. Sie sind oft in Stuttgart und, eher erstaunlich, sie steigen fast immer bei dem Juden ab. Sie halten dort auch geheime Konferenzen ab, während sie tafeln oder nachher. Die sind so geheim, daß nicht einmal die Diener anwesend sein dürfen.

Was wird dabei besprochen? Im wesentlichen der Umsturz.

Jawohl, dies geht Hand in Hand: die Rückkehr zum Katholizismus, der Staatsstreich, das heißt, das Land soll seiner demokratischen Rechte beraubt werden, der Herzog soll und wird eine absolute Herrschaft führen. Also Umgehung und später völlige Ausschaltung der Landschaft sowie aller demokratisch gewählten Institutionen.

Da hat nun auch Joseph Süß Oppenheimer seine Hand im

Spiel, wenn auch freilich nur beratend. Nach einem von ihm mitersonnenen Plan beruft der Herzog anstelle des ordentlichen Landtags in das Ständehaus nach Stuttgart einen Ausschußtag nach Ludwigsburg. Dieser Ersatzlandtag soll denn auch im Ludwigsburger Schloß tagen, sozusagen unter seinen Augen. Überflüssig zu bemerken, daß die Abgeordneten des Landtags von Anfang an eine gewisse Opposition bilden, vor allem auch, was die Einberufung stets neuer Truppen angeht – Karl Alexander ist schließlich in erster Linie Soldat und will stets irgendwo für irgend etwas oder gegen etwas kämpfen.

Am 31. Mai 1736 beschließt das Ersatzparlament nun die Einberufung beziehungsweise Aufstellung von 13000 Mann zu Fuß und zu Pferd, dazu eine doppelte Jahressteuer und das Dreißigste von allen Früchten »solange die bedenklichen Zeiten dauern und das Land es vermöge«.

Da es nicht genug Kasernen für die neuen Soldaten gibt, werden sie in Bürgerhäusern einquartiert. Also neue Härten für die Bürger und Bauern.

Am Rande: Natürlich gibt es gar keine bedenklichen Zeiten oder es gäbe zumindest keine, wenn der Herzog keine Kriege führen und eben das Land wieder katholisch machen wollte.

Später, aber nicht allzu lange danach, wird der römisch-katholische Gottesdienst in der Schloßkirche in Ludwigsburg eingeführt, nachdem die dazu nötigen Geräte und Meßgewänder aus dem Vermögen des evangelischen Kirchengutes angeschafft waren. Noch vorher hatte man für die Soldaten durch katholische Priester Messen lesen lassen. Man? Natürlich der Herzog. Aber ihm ist, immer wieder muß das unterstrichen werden, der Katholizismus nur ein Mittel, die Gunst Österreichs und aller katholischen Länder zu erwerben respektive zu erhalten.

Ernsthaft interessiert ist er nur am Umsturz. Von dem munkelt man schon längere Zeit. Das Volk ist entschlossen, einen solchen Umsturz, die Umwandlung des demokratischen in ein absolutes Regime, nicht zu dulden. Waffen aus dem Zeughaus werden unter der Hand an verläßliche Bürger verteilt, Schrot-

und Kugelbüchsen werden »zur Erhaltung des evangelischen Glaubens« an Zunftgenossen in der Freistadt Esslingen ausgegeben. Nach außen hin freilich wird gar nicht von Verfassung oder Demokratie gesprochen, sondern nur davon, daß der Herzog, der inzwischen an Popularität stark eingebüßt hat, das Land katholisch machen wolle. Und je klarer das wird, desto mehr sinkt seine Popularität.

Kann man schon davon sprechen, daß seine Untertanen ihn hassen? Vielleicht ist es noch nicht so weit, aber immerhin, zumindest er selbst wird immer mißtrauischer. Der einst so liebenswerte und herzliche Prinz wird mißtrauisch. Irgend jemand meint, er solle sich vorsehen, vielleicht werde man ihn vergiften. Er glaubt es und läßt darauf achtgeben, »daß in der Küche nichts Unrechtes vorgehen könne...« Ein Symptom. Eines von vielen...

Sein ständiges Bedürfnis nach Geld macht den Herzog auch nicht populärer. Und er zwingt Süß Oppenheimer, nach immer neuen Geldquellen Ausschau zu halten und sie zu erschließen. Es gibt bald nichts mehr, auf das nicht Steuer zu entrichten wäre. Die Salz-, Leder-, Wein- und Tabakmonopole, die Staatslotterie, das Monopol auf Kaffeehäuser, die Errichtung einer staatlichen Porzellan- und Seidenfabrik, die Gebührenmarken für Amtshandlungen der Verwaltungs- und freiwilligen Gerichtsbarkeit, auch die Ausstellung von Pässen, Erbscheinen und dergleichen sind damals etwas Unerhörtes, werden übrigens später nach des Herzogs Tod beibehalten, und werden hundertfünfzig oder zweihundert Jahre später etwas ganz Selbstverständliches sein, nicht nur in Württemberg.

Aber sie machen nicht nur den Herzog, sie machen auch Süß höchst unpopulär, der, überflüssig es zu sagen, immer mit dem Makel behaftet ist, ein Jude zu sein. Natürlich gibt es Räte, besonders die, die schon unter dem vorigen Herzog tätig waren, die vor so unerhörten Neuerungen warnen. Und sie warnen eben auch vor Süß. Sie intrigieren gegen ihn, und er, der gescheiter und stärker ist als sie, sorgt dafür, daß sie stetig an Einfluß verlieren oder gar ihrer Ämter beraubt werden.

Was man ihm besonders übelnimmt ist, daß er dem Herzog raten muß – und der läßt sich zu allem raten, was Geld einbringt – die Stellungen von Beamten auszuschreiben, das heißt, nicht demjenigen eine Stellung zuzuschanzen, der am geeignetsten dafür ist, sondern dem, der am meisten Geld dafür bietet. Und nicht nur Beamte müssen Geld entrichten, alle müssen es, die es können, reiche oder wohlhabende Bürger, die gar nichts wollen, als daß man sie in Ruhe ihren Geschäften nachgehen läßt. Schließlich gibt es nichts mehr, was nicht besteuert ist, das Kaminfegen, das Ausüben einzelner Gewerbe, der Verkauf von Spezereien und vieles andere wird für hohe Summen verpachtet.

Die Schuld von Joseph Süß Oppenheimer? Sicher hat er manches geraten, von manchem vielleicht auch abgeraten. Aber durchgeführt hat er alles dies nicht. Das tun die Beamten. Sie allein sind die Verantwortlichen und, wenn man will, die Schuldigen.

Die Beamten, insbesondere die kleinen Beamten, treten aber nach außen hin gar nicht so sehr in Erscheinung. Das tut Süß Oppenheimer umso mehr. Er lebt ungemein aufwendig. Sein Haus ist ein Palais, seine Dienerschaft ist zahlreich, es gibt fast täglich größere Diners und genug Bälle mit, wie Zeitgenossen sagen, »verschwenderischer Pracht«. Die Räume des Hauses sind voller Blumen, einige von ihnen eigens für Damenbesuche reserviert, sie enthalten Glasbehälter mit funkelndem Geschmeide, als befinde man sich in einem Juwelierladen. Und es geht die Sage, daß Damen, die sich hierher verirren, sich ein Geschenk aussuchen dürfen. Die Einladungen hierher oder auch zu Bällen sind sehr begehrt. Jedermann, auch diejenigen, die hinter vorgehaltener Hand über den Juden lästern, sind nur zu glücklich, hier erscheinen zu dürfen.

Und was die Damen angeht – es werden Süß Dutzende von Affären nachgesagt. Mag sein, daß der Volksmund da etwas übertreibt, mag sein, daß viele Damen, die von ihm ignoriert oder überhaupt nicht gekannt werden, behaupten, etwas mit ihm gehabt zu haben. Er ist ja auch ein schöner Mann, stets aufs Eleganteste gekleidet, mit schweren, meist seidenen Röcken und Beinkleidern, mit goldenen Tressen verziert, vom Schmuck gar nicht zu reden.

Er ist eigentlich wunschlos glücklich. Oder hat doch nur einen Wunsch: er würde gern geadelt werden, aber nicht, wie vor dem Untersuchungsrichter behauptet wird, weil er eine bestimmte Stellung haben will, die man nur als Adeliger bekommen kann, sondern weil er eine bestimmte Dame heiraten will, die einen Bürgerlichen nicht nehmen würde. Die Sache zerschlägt sich dann, nicht zuletzt, weil Karl Alexander dagegen ist. »Warum will Er denn heiraten? Man erlaubt ihm ja, Mätressen zu halten!«

Aber trotz allem will Süß Oppenheimer adelig werden, und der Herzog schreibt am 24. November 1735 an einen Geheimrat Keller nach Wien, er solle beim Kaiser das Gesuch um Erhebung von Süß Oppenheimer in den Adelsstand unterstützen. Auch Süß schreibt an einige Freunde nach Wien. In dem Brief nach Wien hat der Herzog sich besonders lobend über seinen Ratgeber geäußert. Er spricht sogar von seinem »Genie«. Trotzdem fühlt Oppenheimer, daß er nicht mehr so akzeptiert wird wie früher.

Geadelt wird der Jude jedenfalls nicht.

Das Land Württemberg steht kurz vor dem Umsturz, will sagen vor dem Staatsstreich seines Herzogs. Im nahen Ausland, besonders in Bayern, sind Truppen mobilisiert worden, die im Falle der Fälle für ihn einschreiten sollen. Die allgemeine Nervosität, vor allem in der Hauptstadt Württembergs, Stuttgart, hat ihren Höhepunkt erreicht. Überall geheime Treffen von Bürgern, die irgend etwas unternehmen wollen – sie wissen bloß nicht so recht, was.

12. März 1737. Der Herzog bricht, gewissermaßen ostentativ, nach dem nahen Ludwigsburg auf. Dort hält er einen großen, in jeder Beziehung glänzenden Ball ab. Während der Ball anläuft und die Gemüter der meisten beschäftigt, zieht er sich gelegentlich in andere Räumlichkeiten zurück, um Konferenzen abzuhalten.

Die Stadt füllt sich mit fremden Truppen, auch mit Wagen, in denen sich Würzburger Munition befindet. In den meisten Wohnungen der Stadt warten fremde Soldaten.

Ein Unwetter zieht herauf. Starker Regen. Windstöße reißen Fenster und Türen auf und lassen die Scheiben klirren. Am Abend dann der Ball, dessentwegen der Herzog angeblich nach Ludwigsburg gekommen ist. Es wird viel getanzt und getrunken, und man hat überhaupt nicht das Gefühl, als ob irgend etwas nicht in Ordnung sei. Als der Herzog den Ball verläßt, trifft er auf eine Deputation der Landschaft, bestehend aus vier älteren Männern, die ihm noch einmal ins Gewissen reden. Wohlgemerkt, es geht immer um den Katholizismus; von dem Umsturz will niemand reden oder niemand etwas ahnen.

Es gibt einen ernsthaften Auftritt zwischen der Deputation und dem Herzog. Erst jetzt, so heißt es jedenfalls später, ist von Umsturz die Rede, und die Abgesandten beschwören den Herzog, von dem Umsturzvorhaben abzulassen. Ein Brief, den er geschrieben hat und der aufgefangen worden ist, wird dabei erwähnt, was ihn sehr ärgert. Aber schließlich hat er ja einen Eid auf die Verfassung geschworen.

Der Herzog antwortet mit dröhnender Stimme, man hört draußen Worte wie »Ketzer, Mörder, Hochverräter!«. Man hört, wie er mit dem Fuß aufstampft. Die Deputation aus Stuttgart kommt mit verschreckten Gesichtern aus dem Zimmer, eilt zu ihren Wagen und fährt ab. Von neuem kommt stürmischer Wind auf, ein Spiegel fällt von der Wand und zerbricht. Ein übles Vorzeichen. In der Ferne läutet eine Feuerglocke.

Den Herzog ficht das alles nicht an. Er ist bester Stimmung. Er will eine Dame empfangen, die Sängerin Therese, die am Ball teilgenommen und ihm ein Rendezvous versprochen hat. Er eilt in seine Gemächer und zieht sich um. Um in Form zu sein, nimmt er ein Aphrodisiakum zu sich, sogenannte »Spanische Fliegen«. Aber der Kammerdiener Neuffer hat es wohl zu gut gemeint und hat ihm eine größere Portion vorbereitet als sonst, vielleicht sogar eine doppelte. Kaum hat sich der Kammerdiener entfernt, da spürt der Herzog, daß irgend etwas nicht in Ordnung ist. Er ruft nach dem Diener, erhält aber keine Antwort. Das Unwohlsein wird stärker. Der Herzog bekommt keine Luft mehr. Er reißt ein Fenster auf und ruft um Hilfe. Er ruft nach seinem Pater Kaspar. Keine Antwort. Nach einigen Minuten kommt Neuffer zurück. Er findet den Herzog mit entstelltem Gesicht halb auf dem Boden liegend. Mit Hilfe zweier anderer Diener, die er mobilisiert, hebt man den schweren Mann vom Boden auf und setzt in in einen Sessel. Er scheint unfähig, zu sprechen. Er röchelt. Neuffer, in solchen Sachen geschult, läßt ihn zur Ader. Das Blut fließt. Der Herzog bringt mit Mühe ein paar verständliche Worte heraus. Die Diener hören: »Jesus, was wird aus mir! Ich muß sterben!« Er macht einen Versuch aufzustehen, fällt wieder zurück. Er hat aufgehört zu atmen. Offenbar ein Schlaganfall.

»Der Herzog ist tot!« rufen die Diener, stürzen aus dem Schlafzimmer, laufen die Gänge hinunter, immer wieder mit dem Ruf: »Der Herzog ist tot!«

Im Augenblick weiß es das ganze Schloß. Im Augenblick werden unzählige Türen geöffnet, unzählige Menschen quellen heraus, laufen hierhin und dorthin, wissen selbst nicht, wohin oder warum. Einer öffnet eine Tür zum Ballsaal. »Der Herzog ist tot!« schreit er, die Musik übertönend, die nach wenigen Takten abbricht. Dann in die Stille hinein: »Ein Schlagfluß hat seiner Durchlaucht ein Ende gemacht!«

Inzwischen bringen einige Getreue den Herzog auf sein Bett. Die rechte Hand ist krampfhaft geballt auf seinem Hals, als bekomme er keinen Atem mehr. Das Gesicht ist schrecklich entstellt, die Haut dunkel und doch irgendwie bleich, und aufgedunsen. Die Augen sind aufgerissen und weit herausgedrückt, als hätten sie etwas Schreckliches gesehen. Übrigens ist er noch ganz angezogen, im kurzen Jägerüberrock, gelber Hose und Schuhen, offenbar das rechte Kostüm für Stelldichein und Staatsstreich. Die Tür ist offen, unaufhörlich stürzen Diener und Höflinge herein.

Andere in den Gängen reden aufeinander ein: »Ist doch ein so guter Herr gewesen... Ein so leutseliger Herr...«

Um zehn Uhr nachts erreicht die Botschaft Stuttgart. Ein reitender Bote hat sie gebracht. Im Nu weiß die ganze Stadt davon. Bis dahin war Stuttgart ruhig gewesen, gefährlich oder gespenstisch ruhig, nirgends mehr brannte Licht, alle saßen im Dunkeln, sie erwarteten ja den Umsturz, niemand hatte ein Auge zugetan oder auch nur versucht, sich schlafen zu legen. Nun erhellen sich die Fenster, man stürzt aus den Häusern, man umarmt sich, man betet, man fühlt sich gerettet.

Dann kommt wieder eine Meldung, es sei alles gar nicht wahr, der Herzog sei am Leben, und still schleichen die Bürger in ihre Häuser zurück, und es wird wieder dunkel.

Am nächsten Morgen weiß man, und diesmal weiß man es endgültig, daß der Herzog tot ist. Dieser Tag wird für die Stuttgarter zum Festtag.

Joseph Süß Oppenheimer wußte eigentlich immer, daß er mit dem Herzog stehen und fallen würde. Lange vor jener Nacht hat er einmal einem Vertrauten mitgeteilt, daß er, falls er den Herzog zu einem Tor hinaus abreisen sähe, zum anderen Tor ins Ausland flüchten würde. Er war noch gestern bei dem Herzog in Ludwigsburg, er hätte ohne weiteres von dort aus ins Ausland flüchten können, niemand hätte in diesem Augenblick von seinem Tun Kenntnis genommen, geschweige denn ihn festgenommen. Aber er zögert. Ja, er fährt sogar mit einem anderen hohen Beamten, dem General von Röder, im Wagen nach Stuttgart zurück, um der Herzogin das traurige Ereignis mitzuteilen. Auch von dort aus könnte er vermutlich noch fliehen. Aber er läßt sich Zeit. Es dauert eine Weile, bis er das Schloß verläßt, und da wird er von einem Offizier der Leibwache festgenommen. Ironie des Schicksals! Die Verhaftung geht auf eine Order des Herzogs zurück, der – Adel verpflichtet – die Verhaftung des Oppenheimer angeordnet hat, die in dem Augenblick erfolgen sollte, als er nach Ludwigsburg fuhr, die aber nicht erfolgen konnte, weil Oppenheimer ja mitreiste.

Er wird zuerst einmal in seine Wohnung gebracht und dort bewacht. Noch ist Süß Oppenheimer überzeugt davon, daß die

Herzogin den Haftbefehl wieder aufheben wird, sie ist ja schließlich seine Freundin.

Aber die Landschaft ist sein Feind. Sie greift zu. Einige derer, die man gern dingfest machen würde, haben bereits das Weite gesucht. Auch Süß versucht es jetzt, aber nur halbherzig und zu spät. Er entwischt den Wächtern und erreicht seinen Wagen, der auf ihn wartet. Zwar wird seine Flucht erst eine Stunde später entdeckt, aber die Nachricht verbreitet sich wie ein Lauffeuer durch die Stadt. Der Kommandant des Reitercorps, auch ein Röder, aber nur ein Major, und fünf Statthalter jagen ihm nach, holen seinen Wagen auf der Kornwestheimer Höhe ein und nehmen ihn fest. Später werden die Stuttgarter darauf den Reim machen: »Da sprach der Herr von Röder: Halt, oder stirb entweder!«

Oppenheimer versucht zu bluffen. Er droht den anderen, er werde sie an den Galgen bringen, wenn sie ihn nicht sofort losließen. Aber einer der Stadthalter ruft: »Eure Judasherrschaft ist zu Ende, und der Galgen Euch gewisser als uns!«

Er muß in die Stadt zurück. Als der Wagen mit ihm durchs Tor fährt, jubelt die Menge. Man reißt ihn aus der Kutsche, er wird schlimm mißhandelt, ohne daß die Wachen einschreiten. Man würde ihn steinigen, wenn nicht Stadtgrenadiere zu seinem Schutz herbeieilten. Er wird zuerst zum Herrenhaus gebracht, das auf dem Markt steht, und nur wenige Tage später, am 19. März, auf die Festung Hohenneuffen. Dort werden seine Bewacher verschiedentlich ausgewechselt, da man befürchtet, daß Süß Oppenheimer sich durch Bestechung doch noch freikaufen würde. Er hat ja Geld und Edelsteine in seine Kleider eingenäht und ist bereit, sie zu opfern, wenn man ihn laufen ließe. Schließlich wird er, um seiner ganz sicher zu sein, auf die Festung Hohenasperg transportiert.

Und nun steht er vor Gericht, genau genommen vor der Untersuchungskommission, die alles andere als unparteiisch ist und für die er schon, bevor die ersten Worte gefallen sind, schuldig ist. Seine angeblichen Missetaten bestehen aus Vorschriften, die der Herzog erlassen hat, für die allenfalls seine Beamten verantwortlich wären, nicht aber Oppenheimer. Seine Affären mit Damen, die er leugnet – er weigert sich bis ganz zuletzt, Namen zu nennen – lassen ihn vielleicht in keinem günstigen Licht erscheinen, sind aber schließlich nicht strafbar.

Er kann wiederholen so oft er will: »Ich habe alles nur getan auf den ausdrücklichen, sowohl mündlichen als auch schriftlichen Befehl des Herzogs«, worüber seine Papiere, vor allem aber der herzogliche Kammerdiener Neuffer, den besten Aufschluß geben könnten. Es nutzt nichts. Weiterhin aus den Akten der Verhöre: Alles, was er dem Herzog unterbreitet habe, sei nach Recht und Brauch durch die verfassungsmäßigen gesetzlichen Kollegien oder Deputationen gelaufen; von diesen sei es für praktikabel befunden und hernach vom Herzog angenommen worden. Der Titel ›Finanzienrath‹ sei ein bloßer Titel ohne Mittel (will sagen Bezahlung). Die Interessen seines Herrn seien für ihn das allein Bestimmende gewesen, er habe nicht gewußt, daß er gegen Recht und Gesetz des Landes verstoße, da die beeidigten Räte des Fürsten jedesmal erklärt hätten, dieses und jenes stehe der Landesobservanz nicht entgegen. So wahr ihn Gott richten werde, er habe sich in seinen Aktionen sicher geschätzt. Gegen die Verfassung und die Landschaft sich in etwas einzulassen, habe er stets von sich gewiesen. Übrigens, wenn er auch da und dort gegen die Ordnungen des Landes sich verfehlt habe, schütze ihn sein vom Herzog ihm zugestelltes Absolutorium, doch sei er erbötig zu ersetzen, was durch ihn im Fiskalat und Gratialat jemand an Schaden zugefügt worden sei. Bereits sei er seit vierundzwanzig Wochen im Arrest, zum Teil geschlossen; er hoffe daher, der herzogliche Administrator werde für ihn die Gnade haben, dem er sich zu Füßen lege...

Es nützt nichts. Es wird ihm alles zur Last gelegt, was er auf Befehl oder zumindest mit Einverständnis des Herzogs unternommen hat. Man braucht, um die Unzufriedenen zufriedenzustellen, einen Sündenbock. Hier ist er.

Und so wird am 13. Januar 1738 schließlich ein Urteil gesprochen, das diesen Namen kaum verdient:

»...dem Angeklagten der Strang, als eine Strafe, welche gewissermaßen die Mitte halte zwischen der gegen Majestätsverbrecher üblichen Viertheilung, zwischen der gegen Falschmünzer zu verhängenden Strafe des Lebendigverbranntwerdens und zwischen der ehrenhaften Hinrichtung durch das Schwert umso eher zuerkannt worden, als ohnedies solches bei verschiedenen, dem Angeklagten zuschulden kommenden Verbrechen die gewöhnliche ist. Dabei ist zwar eine Stimme von dem Votum der anderen Richter abgegangen darin, daß diese das Verbrechen des Hochverraths wohl der Sache nach erachtet. Vornehmlich habe ein verpflichteter Diener sowohl, als ein eingesessenes Staatsmitglied die Pflicht, die Grundlagen des Staates nicht zu labefaktieren (schwächen); überdies könne ein vorübergehend Untergebener auch das Verbrechen des Hochverraths begehen. Und es sei nicht billig, daß ein solcher als bevorrechtet angesehen werde vor einem Landeskind. Überhaupt seien alle darin einig, daß auch ein solcher Ausländer als ein Feind, gegen welchen Alles erlaubt sei, auf's Schärfste zu bestrafen sei. Demgemäß sei vorausgesetzt worden, daß dieses Verbrechens alle diejenigen sich schuldig machen, welche die Verfassungsform eines Landes nicht eben umstürzen, sondern nur erschüttern und schädigen, die Ruhe und Sicherheit des Staates in bedenkliche Umstände setzen, somit hin die Majestät nicht nur in subjecto, sondern auch in objecto lädiren. Der Inquisit habe 1. gegen die Person des Fürsten sich auf's Höchste verschuldet, da er öffentlich gesagt: Serenissimus thue und müsse thun, was er wolle, und derselbe habe in der Münze nichts zu befehlen: Er sei Herr. Derselbe habe sich auf das Unverschämteste gegen den Herzog aufgeführt; ihm Entschließungen wider dessen Willen und Verwarnen mittelst der leichtfertigsten Kunstgriffe abgepreßt; fürstliche Dekreta kassirt und redressirt; schriftliche und mündliche Befehle eigenmächtig ausgegeben; dabei Regalien usurpirt, Geld- und Landesverweisungsstrafen diktirt, Strafen und Arrestationen erlassen, an die Juden Freipatente ausgegeben, Konfiskationen nachgelassen und eine jüdische Garküche privilegirt; aller Kassen und

Gelder sind bemeistert, damit Serenissimus ihm jeder Zeit in die Hände sehen mußten; auch wegen seines gegen des Herzogs Absicht getriebenen, schändlichen Wuchers mit Gerechtigkeit und Gnade sowohl, als wegen seiner Münzexcesse, dem Respekt vor dem Fürsten nicht geringen Nachtheil zugefügt. Das alles qualificire sich zum Majestätsverbrechen.«

»Sodann habe er 2. bei Serenissimus alle getreuen Minister, Räthe und die ganze Nation, als ob sie lauter Passionen und Nebenabsichten gegen sein Interesse hegten, in Ungnaden und Mißtrauen gesetzt und die Art ihres Verfahrens als einen alten Schlendrian verdächtig gemacht, alle pflichtmäßigen Vorstellungen zurückgetrieben und abgestellt, den fürstlichen Geheimrath durch das von ihm angegebene Kabinet, die fürstliche Regierung durch das unabhängige Fiskalatamt, die fürstliche Kammer durch sein Finanzwesen und seine Hofkasse – fast ganz außer Wirkung gesetzt, Räthe und Beamte äußerst bedroht und verachtet, Beschlüsse der Kollegien rückgängig gemacht, Berichte erfordert und Entscheidungen darauf gegeben. Alles an sich gezogen und in der größten Konfusion traktirt, eine ganz neue Art, Erschleichungen durch Verbergung oder Entstellung der Wahrheit zu erlangen, eingeführt; letztlich ein ihm anhangendes Ministerium formirt und seine Bedienten und Anhänger mit großen Besoldungen versehen und allein zu den wichtigsten Sachen gezogen, dabei aber ebenmäßig von denselben einen absoluten und blinden Gehorsam prätendirt, und die ganze Kanzlei in einen anderen Model zu gießen, auch alle Landeskinder zu verdrängen getrachtet.«

»Hauptsächlich aber hat Inquisit 3. gegen die Landschaft, und zwar um der gemachten Vorstellungen willen, überhaupt sich höchst blutdürstig und recht feindlich erklärt, er hat dieselbe bei dem Fürsten angeschwärzt, und ist mit deren Abschaffung umgegangen; er hat derselben und den Gemeinden die Freiheit des Redens und des Beschließens zu nehmen gesucht durch die beabsichtigte Setzung eines Landschaftskanzlers und durch das Dekret, die Abstimmungen der Einzelnen, welche gegen die fürstlichen Vorlagen fallen, an das Kabinett einzusenden; die Grundlagen der Landesverfassung verletzt, das mit der Landschaft ein unzertrennliches Ganzes bildende Kirchengut wider dessen auf bestätigte Verträge begründete Bestimmung äußerst mißbraucht und beraubt; die Landesordnung in Ansehen der Pupillenordnung und der Juden abändern gemacht; mittelst seiner Projekte, insonderheit der Kaminsteuer, des Umgeldes, der Stempelpapiere, der Salzverpacht und etc., etc....«

»...der Angeklagte 4. an den Gemeinden und Unterthanen sich gröblich vergriffen hat. Er hat an den Gemeinden sich vergriffen durch Auseinanderreißung und Zerstückelung der Ämter, durch Beschränkung ihres Ernennungsrechts, durch Entziehung des Salzhandels, durch Aufbürdung eines Schußgeldes von Wildpret und durch Einziehung ihrer hälftigen Rechnungsrestituenda, welche er auch in seine Fiskalatvergliche einbedungen, ungeachtet sie die Kommissionskosten bezahlen müssen, durch Aufdringung der Intelligenzzettel, durch Einführung des Umgelds, durch Einziehung der Weg- und Brückengelder, durch vorgehabte Hinwegnahme der Kapitalien und wirkliche Beraubung des Stiftungsvermögens der Gemeinden, auch durch die in Folge seiner Projekte gemachten großen Unkosten.«

»An den Unterthanen hat er sich vergriffen durch die Erklärung, daß er ›alle Unterthanen zu Leibeigenen machen wolle, und daß alles, was sie haben, des Herrn sei‹...«

»Zumal die Particuliers, die Besoldeten, Diener, Stadtschreiber, Wirthe, Kleemeister u. s. w. hat er noch besonders geschätzt, wodurch abermals ein Majestätsverbrechen um so mehr begangen worden, als die Umwerfung der Gemeindeverfassung der einzelnen Städte, die Vermehrung des fürstlichen Einkommens auf unehrenhaften Wegen, der Verkauf von Ämtern und Diensten und dergleichen entsetzliche Erpressungen unter die Staatsverbrechen desto billiger zu rechnen sind, je offenbarer aus dem natürlichen Staatszweck geordneter Gemeinwesen fließet, daß in jedem Staatswesen, sogar in einem absolut-monarchischen, es leichtbegreiflich ein Grundgesetz ist, daß unangetastet bleiben muß den Unterthanen ihre Freiheit und die Verfügung über ihr Eigentum; übrigens auf dergleichen Verbrechen unstreitig die Todesstrafe gesetzt ist.«

In der letzten Sitzung wird vom Untersuchungsgericht einstimmig beschlossen, daß die in sämtlichen Abstimmungen vorgekommenen Entscheidungsgründe in eine gemeinschaftliche Deduktion zusammenzutragen sind.

Der Angeklagte darf der Verlesung dieses Urteils nicht beiwohnen. Er wird vorläufig nicht einmal davon in Kenntnis gesetzt. Unterdessen sendet man das Urteil sowie das gesamte Aktenmaterial an die Juristische Fakultät der Universität Tübingen zur Begutachtung. Der berühmteste und wohl auch bedeutendste Jurist des Landes, der spätere Universitätskanzler Harpprecht, arbeitet sich durch die Papiere durch und erklärt in seinem Gutachten, »auf Grund der bestehenden Gesetze des deutschen Reichs und des Landes Württemberg könne man den Angeklagten zum Tode nicht verurtheilen, man solle ihm seinen Raub, soweit er erwiesen ist, abnehmen und ihn aus dem Herzogthum verbannen«.

Man denkt gar nicht daran, dem Rat des Juristen zu folgen, der sich weder durch seine persönliche Abscheu vor den Untaten des Oppenheimer, noch durch den Judenhaß der Zeit beeinflussen läßt. Und noch gar durch die kochende Volksseele, die den Tod des Juden »in schmählichster Form« fordert. Vorerst, so erklärt Harpprecht, müßten die Räte und Minister angeklagt und verurteilt werden, dann erst Süß. Erst diejenigen, die den Verfassungseid und den Amtseid geschworen hatten, nicht aber einer, der kein Staatsamt innehatte, Ausländer und Jude sei. Die einzige Untat, die, wenigstens einem alten Gesetz nach, noch mit dem Tode zu bestrafen sei, der geschlechtliche Umgang mit Christinnen, sei nicht einmal in dem Gerichtsurteil erwähnt worden.

Diesem Gesetz entsprechend müßten ja auch die betreffenden Christinnen hingerichtet werden.

Darüber wird also von dem sogenannten Gericht hinweggegangen. Der Vormund des noch unmündigen Herzogs, der das Urteil mit den zynischen Worten unterstreicht:

»Dies ist ein seltenes Ereignis, daß ein Jude für Christenschelmen die Zeche bezahlt.«

Wenige Tage später, am 29. Januar 1738, erfährt Süß, daß er am nächsten Morgen Hohenasperg verlassen wird und sich zur Fahrt nach Stuttgart bereithalten soll. Noch immer weiß er nicht, was über ihn beschlossen worden ist. Er nimmt sogar an, er werde am nächsten Tag freikommen – man hat ja wirklich nichts gegen ihn finden können. Freudig erregt wählt er einen seiner prächtigsten Anzüge. Der Kommandant Major Glaser schreibt später: »Der Jude hat sein bestes Kleid, den roten Frack mit Goldstickerei und Goldbordüren, zur Reise nach Stuttgart angezogen.«

So fährt Süß im offenen Wagen unter starker Bewachung in Stuttgart ein, wo ihn das Volk mit Hohn und Spott überschüttet, wo er auch ein bißchen mißhandelt wird, bis die Wachen mit gezogenem Säbel dagegen einschreiten.

Erst am 31. Januar, zwei Tage später, wird er vor das Richterkollegium geführt, und erst hier erfährt er, daß er sterben soll, und zwar am 4. Tage des Februar. Bisher hat er Haltung bewahrt, jetzt bricht er zusammen. Er wirft sich auf die Knie und bittet um Gnade. Vergeblich, natürlich. Dann faßt er sich wieder, steht auf, gebärdet sich »wie ein Rasender und ließ viele böse Worte von sich fließen«. Er stößt auch zahlreiche Flüche aus und ruft die ewige Gerechtigkeit Gottes auf diejenigen herab, die ihn verurteilt haben.

In die Haft zurückgekehrt, verlangt er nach zwei Geistlichen, einem katholischen und einem evangelischen, und das Erscheinen des Beichtvaters des verstorbenen Herzogs Karl Alexander, des Paters Kaspar – hofft er mit Hilfe dieser Geistlichen den Regenten, den Vormund des noch jugendlichen Herzogs, umzustimmen? Er begreift schnell, daß das vergeblich wäre. Auf ihre Bekehrungsversuche erklärt er, er habe nicht die Absicht, sich zum Christentum bekehren zu lassen, er habe nur durch ihre Vermittlung eine Audienz beim Regenten zu erwirken gehofft. Er sagt wörtlich: »Die Religion ändern ist Sache für einen freien Menschen und steht gar übel an einem Gefangenen.« Damit entläßt er die Männer der Kirche.

Auch späteren Bekehrungsversuchen gegenüber bleibt er taub. Dagegen bittet er, ein Rabbiner möge kommen. Aber es erscheint nur ein Jude, der konvertiert hat. Indessen erscheinen Juden bei Süß, die aus Frankfurt oder Fürth angereist gekommen sind. Sie versuchen ihn auszulösen, beträchtliche Summen werden von ihnen geboten, aber man geht darauf nicht ein. Man braucht eben einen Sündenbock.

Am Morgen des 4. Februar 1738 wird Oppenheimer in Handfesseln zum Rathaus geführt. Tausende warten darauf, ihn hängen zu sehen. Erst hier erfährt er, daß er hängen soll. Er wird wütend, stößt um sich, als man ihm den Strick um den Leib legt, verflucht alle. Man bringt ihn in seine Zelle im Herrenhaus zurück, ziemlich schnell, um diesem Schauspiel ein Ende zu machen.

Abermaliger Versuch des Stadtvikars Hoffmann, ihn zu bekehren. Der Verurteilte bittet fußfällig, ihn mit solchen Bekehrungsversuchen zu verschonen. Als Entgelt dafür werde er der Stuttgarter Geistlichkeit 2000 Gulden testamentarisch verschreiben. Er werde als Märtyrer für seine Religion sterben. Dann, schon nach zwei Stunden, wird er abermals auf den Richtplatz geführt. Er wirkt jetzt wie ein alter Mann. Sein Gesicht ist aufgedunsen, die ersten Spuren eines Bartes – das Haar ist über Nacht weiß geworden – bedecken sein Kinn. Aber das Feuer in seinen Augen ist noch nicht erloschen.

Die Malefikantenglocke läutet. Er wird auf den Schinderkarren gesetzt, neben ihm nimmt der Scharfrichter Platz, der ihn an einem Strick festhält. So fahren sie durch die Stadt, zur Tunzenhofer Steige, wo der Galgen aufgestellt ist.

Süß sagt ein jüdisches Gebet laut auf. Als er den Galgen sieht, sackt er zusammen, hat sich aber schnell wieder in der Gewalt, wehrt sich sogar, als der Henker und seine Helfer ihn zum Galgen schleppen, bis sie ihn in einen Käfig einsperren, der zum Galgen hinaufgezogen wird.

Warum der Käfig? Weil Süß gespottet hat: »Wenn sie mich auch hängen, so können sie mich doch nicht höher hängen, als der Galgen ist!« Eben dies beabsichtigt man zu tun, nachdem er aufgehängt und ins Jenseits gegangen ist.

Der Stadtvikar blickt ihm nach. Er betet nicht für ihn, sondern als echter Christ, der er ist, flucht er: »So fahre denn hin, Du verruchte Seele, zur Hölle!«

In der darauffolgenden Nacht verschwindet die Leiche des Joseph Süß Oppenheimer aus dem Käfig. Juden aus Fürth, die ihn nicht hatten lebend loskaufen können, haben ihn herausgeholt, um ihn anderswo zu bestatten. Eine andere Leiche wird in dem Käfig verstaut – wessen Leiche, ist nicht überliefert.

Der Panama-Skandal
1892

Der erste der drei großen Panama-Prozesse – natürlich gab es hunderte, wenn nicht tausende von Prozessen am Rande der Affäre Panama, angestrengt, wenn auch zuerst erfolglos, von einem Teil, wenn nicht hunderttausenden von Geschädigten – der erste Prozeß also sollte am 25. November 1892 beginnen. Aber so außerordentlich war die Verwirrung, die Bestürzung, die allgemeine Hysterie, daß dies auf die Justizbehörden übergegriffen hatte.

Zu diesem Termin erschien keiner der Angeklagten, keiner ihrer Anwälte, auch die Staatsanwaltschaft nicht, lediglich das Gericht und einige Sekretäre der Verteidiger, die auch sogleich, und aus gutem Grund, einen Vertagungsantrag stellen.

So beginnt dieser erste und vielleicht wichtigste Prozeß verbindlich erst am 10. Januar 1893. Punkt zwölf Uhr meldet der Gerichtsvollzieher: »Der Gerichtshof!« Fünf Männer in schwarzen Roben, Richter des ersten Senats des Appellationsgerichts sind erschienen; normalerweise tragen sie bei solchen Gelegenheiten die rote Robe.

Präsident des Gerichtshofs ist Maître Périvier, ein kleiner, dicker, gemütlicher Mann, der niemals, auch in den dramatischsten Momenten nicht, die Geduld verliert und immer liebenswürdig bleibt. Erst gegen Ende des Prozesses wird er gelegentlich etwas energischer, aber eigentlich nie den Angeklagten gegenüber, sondern nur bei der Vernehmung von Zeugen.

Von den Angeklagten ist nicht erschienen die eigentliche Hauptperson, Ferdinand de Lesseps. Er ist schon weit über achtzig und weiß wohl gar nicht mehr so recht, was um ihn vorgeht. Man hat ihn auch – schonenderweise wohl – nichts von dem Prozeß wissen lassen. Erschienen aber ist sein Sohn Charles de Lesseps, einer der Direktoren der Panama-Gesellschaft, für Propaganda zuständig; mittelgroß, ein bißchen dicklich, Bartträger, glatzköpfig. Er erscheint in einem hochgeschlossenen Gehrock. Er, der gerade aus dem Untersuchungsgefängnis kommt, darf sich hier frei bewegen und in den Korridoren Freunde und Bekannte begrüßen. Er wirkt bei aller Verbindlichkeit ernst, er zweifelt nicht einen Augenblick daran, daß er nicht ungeschoren davonkommen wird.

Mit ihm angeklagt sind andere Direktoren der Panama-Gesellschaft, wie etwa Fontane und Baron Cottu sowie, und das ist schon eine Sensation, der Großindustrie Alexandre Gustave Eiffel, Erbauer des nach ihm benannten gerade erst vollendeten Eiffel-Turms in Paris, der einzige, der nicht in die Untersuchungshaft mußte. Ein eleganter Herr. Auf dem Revers seines Mantels trägt er die Offiziers-Rosette der Ehrenlegion. Ein sehr selbstsicherer Herr, der ja auch im eigenen Wagen vorgefahren ist und sich mit einem Lächeln niederläßt, das besagen könnte, daß er nicht so recht an die Ernsthaftigkeit des beginnenden Prozesses glaubt. Immerhin, er hat von der Panama-Gesellschaft 33 Millionen kassiert, und niemand weiß so recht, wofür. Aber was sind in der Panama-Affäre denn schon 33 Millionen?

Er und die anderen Angeklagten sitzen nicht auf der Anklagebank, sondern in bequemen Sesseln, die man vor die Anklagebank gestellt hat.

Berühmte Verteidiger sind für sie aufgeboten worden, darunter de Bâtonnier Waldeck-Rosseau, der einmal Innenminister und später Ministerpräsident werden soll, und zwar in den aufgeregten Zeiten der Dreyfusaffäre.

Ein hochelegantes Publikum, das diesen Prozeß als ein gesellschaftliches Ereignis, als Sensation betrachtet.

Die Anklage gegen die zehn, die da in ihren Sesseln sitzen, lautet auf Betrug, Untreue, Vorspiegelung falscher Tatsachen, aktive und passive Bestechung. Kurz, es handelt sich um einen Korruptionsprozeß.

Die Angeklagten hoffen, daß es erst gar nicht zum Prozeß

kommen wird, denn allsogleich stellen ihre Anwälte Verjährungsanträge. Die Sache ist doch schon so alt, sie ist doch schon verjährt!

Das Gericht lehnt diese Anträge ab.

Die einzigen, die sich vorläufig aufregen, sind die Belastungszeugen, die viel Geld, manchmal ihr gesamtes Geld, verloren haben und schon in Wut geraten, wenn sie nur die Angeklagten erblicken und auch sehen müssen, daß die gar nicht zur Kenntnis zu nehmen scheinen, was sie angerichtet haben. Der Präsident ermahnt sie immer wieder zur Mäßigung – die Belastungszeugen, sonst niemanden.

Vertagungsanträge – und der Richter ist bereit zu vertagen – auf den 8. März mittags um zwölf. Wieder starker Andrang des Publikums. Der Vorsitzende des Gerichtshofs, der aus drei Richtern besteht, ist jetzt Präsident Piat-Desjardin, ehemals Abgeordneter der Kammer.

Verhör des Angeklagten Charles de Lesseps, der heute weniger lebhaft wirkt als beim letzten Termin. Er wird sehr ausschweifend. Als der Präsident ihm das vorwirft, erhält er zur Antwort: »Ich habe ja Zeit genug, Herr Präsident...«

Seine Verteidigung läuft auf die Behauptung hinaus, er habe stets unter Zwang gehandelt und nicht anders handeln können, wenn er das große Panama-Unternehmen retten wollte, also habe er keine Bestechungen begangen, wie man ihm vorwirft. Er sei vielmehr erpreßt worden und hätte den Erpressungen nachgegeben.

Er verneint die Frage, ob er auch Parlamentarier geschmiert habe. Gewisse Gerüchte, die im Parlament aufgekommen waren, entbehrten jeglichen Wahrheitsgehalts. Einige Zahlen fallen, keine geringfügigen. Es geht um Beträge von 600000 Francs, von 800000 Francs, die er habe zahlen müssen.

Als er auf die »Unterredungen« zu sprechen kommt, die er mit gewissen Parlamentariern geführt hatte, macht sich einige Unruhe bemerkbar. Der Präsident muß sogar drohen, den Saal räumen zu lassen.

Zeugen, Zeugen, Zeugen, die eigentlich nur bestätigen, was

ganz Paris, halb Frankreich, halb Europa längst weiß, nämlich daß die Panama-Affäre stinkt.

Die Plädoyers der Verteidiger nehmen mehrere Tage in Anspruch, damals etwas Ungewöhnliches. Wenn man ihnen glauben darf, waren die Angeklagten alle nur von dem einen Motiv besessen, nämlich daß der Panama-Kanal fertiggestellt würde. Das Urteil wird schließlich am 13. Februar 1893 verkündet. Vater und Sohn de Lesseps werden wegen Betrugs und Vertrauensbruchs zu je fünf Jahren Gefängnis verurteilt sowie zu 3000 Francs Geldstrafe. Die drei mitangeklagten Direktoren kommen mit zwei Jahren davon.

Allgemeine Bestürzung. Das hat niemand erwartet. Die Rechtsanwälte gehen natürlich in die Berufung. Zwecklos übrigens.

Was die Massen oder jedenfalls einen großen Teil der französischen Bevölkerung so peinlich berührt, ist, daß man den großen alten Lesseps verurteilt hat. De Lesseps! Ein nationaler Held! Eine historische Figur, auch jetzt schon, während seiner letzten Lebensjahre, dessen Ruhm – zumindest nach der Ansicht vieler – kein Gericht etwas anhaben kann.

Aber er weiß ja nichts von dem Prozeß in diesen Tagen. Er sitzt in seinem Schloß, ein kleines Äffchen, sein Lieblingstier, das er seit vielen Jahren stets um sich hat, auf der Schulter. Er ist kaum noch ansprechbar, bis er verlischt.

Lesseps... Lesseps...

1805 in Versailles geboren, ursprünglich im diplomatischen Dienst in Portugal, in Tunis, in Alexandria, im Jahre 1849, also noch relativ jung, scheidet er aus dem Dienst aus. Der älteste Sohn Charles soll wie er Diplomat werden, ist aber daran ebensowenig interessiert, wie der Vater es war.

Lesseps hat tausend Ideen, was er nun mit seinem Leben, seiner Energie, seiner Intelligenz anfangen könnte. Er sieht meist weiter als andere, viel weiter sogar. Zum Beispiel begreift er früh die Notwendigkeit, eine Seeverbindung zwischen dem Mittelmeer und dem Roten Meer zu schaffen. An letzte-

Ferdinand de Lesseps (1805–1894) war der Initiator des Panamakanal-Projektes. 1889 mußte der Bau eingestellt werden. Beim nachfolgenden Prozeß wurde die unseriöse Geschäftspolitik der Baugesellschaft verhandelt.
(Foto: Keystone)

rem liegt das Städtchen Suez, und so wird der Kanal also Suez-Kanal heißen. Zur Verwirklichung dieses Projekts gründet Lesseps 1858 die Suez-Gesellschaft, und am 25. April 1859 kann er selbst den ersten Spatenstich tun.

Es gibt Schwierigkeiten, vor allem deshalb, weil das Unternehmen nicht genügend finanziert worden ist. Er wendet sich schließlich an Kaiser Napoleon III., der sofort bereit ist, das Projekt zu unterstützen. Aber trotz der Geldspritze durch französische Banken, mehr oder weniger auf Geheiß Napoleons III., bleiben drei Finanzschwierigkeiten. Die Kosten, die ursprünglich auf 160 Millionen Francs geschätzt wurden, steigen ständig und werden schließlich 432 Millionen Francs betragen.

18. Mai 1869. Das letzte Stück Land ist durchstochen, der Kanal ist Tatsache geworden.

Es folgt eine festliche Einweihung mit vielen Fürsten und Prinzen und Prominenten aus allen Ländern. Unter den Gästen befindet sich der österreichische Kaiser Franz Josef, der Kronprinz von Preußen, die Kaiserin von Frankreich. Nur zu der geplanten Festuraufführung im Opernhaus von Kairo kommt es nicht. Dafür war bei Giuseppe Verdi eine Oper bestellt worden – »Aida« – aber die wurde nicht rechtzeitig fertig.

Der Augenblick der Einweihung ist auch der Augenblick, in dem Lesseps auf der Höhe seines Ruhmes steht. Die Leistung, den Kanal geschaffen zu haben, ist um so größer, wenn man bedenkt, daß Lesseps weder Ingenieur ist, noch irgend etwas von den tausend Problemen versteht, die ein solcher Bau mit sich bringen mußte. Er kann nur reden, das hat er als Diplomat lernen müssen, und er redet unermüdlich. Und er ist, wohl nicht der letzte Grund seines Erfolges, eine Persönlichkeit, deren Charme man sich nur schwer zu entziehen vermag. Und vor allem verfügt er über eine starke Präsenz.

Er sieht übrigens den Kanal weniger als eine ägyptische als eine französische Angelegenheit. Aber schließlich, Hauptbesitzer ist eben Ägypten oder genaugenommen der Vizekönig von Ägypten. Der läßt sich seine hohe Beteiligung von mehr als 50% von dem englischen Premier Disraeli abkaufen – das Geld dafür ist durch Lyonel Rothschild aufgetrieben worden. Es handelt sich um 4 Millionen Pfund, also mehr als 80 Millionen Francs, und damit wird der Suez-Kanal bis nach dem zweiten Weltkrieg unter englischer Kontrolle stehen und für die Verwaltung des britischen Kolonialreichs – man denke nur an Indien – von außerordentlicher Bedeutung sein.

Lesseps, nun schon über siebzig, hört vage von Projekten, deren es in jener Zeit viele gibt, einen Kanal zu bauen, der den Stillen Ozean mit dem Atlantischen Ozean verbinden würde, und zwar nicht nur für Passagier- oder Frachtdampfer, sondern, wohl wichtiger, auch für Kriegsschiffe, insbesondere die der Vereinigten Staaten.

Diese Idee des Panama-Kanals wird für Lesseps, nachdem er es einmal im mittleren Osten geschafft hat, zur fixen Idee.

Zahlen haben ihn immer fasziniert. Die Strecke London–San Francisco war damals nur durch Umfahrung des Kaps der Guten Hoffnung zurückzulegen, die insgesamt 6800 Seemeilen beträgt; ein Kanal mitten durch ein mittelamerikanisches Land würde die Fahrt auf 3300 Seemeilen reduzieren. New York–San Francisco würde nicht mehr 6400 Seemeilen beanspruchen, sondern allenfalls 1700. Die Idee des Panama-Kanals, von dem man noch nicht wußte, wo er Mittelamerika durchqueren könnte oder sollte, und daher auch noch nicht, wie der Kanal heißen würde, ließ Lesseps nicht mehr los, obwohl diese Idee gar nicht so neu war.

Am 18. Mai 1878 gelingt es dem von ihm gegründeten oder jedenfalls mitgegründeten Konsortium, vom Staate Columbien das Recht zu erwerben, einen Kanal zu bauen – die Konzession läuft 99 Jahre. Bedingung für die Erteilung der Konzession: zwölf Jahre, nachdem eine zu diesem Zweck bestehende Aktiengesellschaft gegründet worden ist, muß der Kanal fertig sein. Wenn nicht, würde die Konzession erlöschen und alles, was bis dahin in den Bau investiert worden war, auch die Gebäude, die errichtet werden mußten, würde an Columbien zurückfallen.

19. Mai 1879. Lesseps beruft einen internationalen Kongreß nach Paris ein. Zweck ist, die Frage zu klären, ob ein Kanal in der columbianischen Provinz Panama überhaupt möglich sei und ob es nicht besser wäre, ihn durch Nicaragua zu bauen. Dort müßte man allerdings einen Schleusenkanal bauen. Der würde etwa 700 Millionen Francs, die Arbeit in Panama 612 Millionen Francs kosten; für Unvorhergesehenes müßten 25% Mehrkosten einkalkuliert werden, Banken und Verwaltung würden weitere 38 Millionen verschlucken, die Zinsen während der zwölfjährigen Bauzeit etwa 241 Millionen, Unterhaltungskosten während dieser Zeit 130 Millionen Francs. Also

insgesamt etwa 1174 Millionen. Gewiß, viel Geld, gibt Lesseps zu. Aber mehr Geld, viel mehr, würde hereinkommen, wenn der Kanal erst einmal in Funktion sei.

Nur in einem Punkt läßt er nicht mit sich reden. Er will einen schleusenlosen Kanal mit einer Breite von 23 Meter und 50 oder 60 Meter Tiefe und eine Länge von 75 Kilometern.

August 1879 erste Versuche. Zwecks Finanzierung muß eine Aktiengesellschaft mit 400 Millionen Francs ins Leben gerufen werden. Es werden vorläufig aber nicht 400, sondern nur 30 Millionen gezeichnet. Dies ist der erste ernsthafte Rückschlag. Aber so schnell läßt sich Lesseps nicht beirren. Der Suez-Kanal hat ja auch mehr gekostet, als ursprünglich veranschlagt worden war!

Noch im Januar 1880 erster Spatenstich durch Lesseps persönlich. Bei dieser Gelegenheit verkündet er Zahlen, die wesentlich unter den vom internationalen Kongreß errechneten liegen und von denen er selbst weiß, daß sie falsch sind. Zum Beispiel, daß der gesamte Kanal, alles mit eingerechnet, nur 600 Millionen Francs kosten würde.

Handicaps stellen sich in großer Zahl ein. Das schlimmste Handicap ist vielleicht das Gelbe Fieber, das unzählige Menschen dahinrafft, insbesondere die, denen schon das sehr heiße Klima zu schaffen macht. Am Gelben Fieber werden von den 21 000 Franzosen, die nach Panama aufgebrochen sind, um dort ihr Glück zu machen, im Laufe der nächsten Jahre 16 000 sterben.

Lesseps bleibt optimistisch. Er baut in Paris ein Riesenpalais, das Palais der Panama-Gesellschaft. Er wird Präsident der Gesellschaft, dann gibt es noch eine Anzahl von Direktoren, unter anderen sein ältester Sohn Charles, fünf Vizepräsidenten, darunter ebenfalls Charles, einen Generalsekretär, einen Aufsichtsrat von 18–24 Mitgliedern, der allein 53 000 Francs kassiert.

Aber gerade das Palais und die Großspurigkeit, die Lesseps auf allen repräsentativen Gebieten an den Tag legt, macht den Mann von der Straße neugierig. Er wird schließlich zu der

Überzeugung gebracht, daß er etwas versäumen würde, vielleicht die Chance seines Lebens, ein reicher Mann zu werden, wenn er nicht Aktien der Gesellschaft erwerben würde. Dabei hilft auch die Presse mit. Die bekommt laufend einen Teil des Panama-Geldes für die riesenhaften Inserate, die die Gesellschaft placiert. Und vielleicht – das wird später gemunkelt werden, aber mit Sicherheit nur in gewissen Fällen festzustellen sein – gibt sich die Presse auch nicht so unparteiisch, schon wegen der Inserate. Einige Journalisten, vielleicht sogar ziemlich viele, sind geschmiert worden.

Boom. Jetzt reißt man sich die Aktien aus den Händen, nicht nur in Frankreich, sondern auf der ganzen Welt. An der New Yorker Börse steigt die Aktie von ursprünglich 80 Dollar auf 100, 120, 150, schließlich auf 250 Dollar!

Und dabei haben die Bauarbeiten noch nicht einmal begonnen. Daß die Aktien so hoch steigen, bedeutet übrigens keineswegs einen Gewinn für die Gesellschaft. Sie muß ja dauernd Aktien kaufen, um unvorhergesehene Unkosten zu bestreiten. Etwa eine Eisenbahnlinie aufkaufen, die vom Staate Columbien das Recht erhalten hat, als einziges Verkehrsmittel im Gebiet von Panama quer durch das Land zu fahren. Das allein kostet 300 Millionen Francs.

Weitere Ausgaben: in Colon, der Hauptstadt Columbiens, baut die Panama-Gesellschaft ein Hotel, das über eine Million kostet, ein Direktionsgebäude wird ebenfalls errichtet, Wohnungen für Ingenieure werden gemietet oder ganze Häuser gekauft, ferner Wohnungen für 2000 Arbeiter erstellt und, man weiß selbst nicht warum, Luxuspferde für die Ingenieure gekauft. Das bedeutet wiederum, daß man Stallungen bauen oder erwerben muß. Hochstimmung in Colon, erinnert an die Zeit des Goldrausches in Alaska.

Dabei ist das erste Viertel des Geldes, das gezeichnet worden ist, schon verbraucht; neues Kapital muß aufgetrieben werden.

Ein weiteres Handicap: Vorarbeiten ergeben, daß nicht wie vorgesehen 75 Millionen Kubikmeter Erde ausgeräumt werden müssen, sondern 120 Millionen. Abermals Mehrkosten. Und bald, aber das weiß das breite Publikum natürlich nicht, sind 710 Millionen Francs ausgegeben worden, auch das zweite Viertel des gezeichneten Geldes ist verbraucht worden. Es bleibt ja noch die zweite Hälfte...

Eine Art Lotterie wird ausgeschrieben, um weiteres Geld hereinzubekommen.

28. Mai 1885. Lesseps, der erst vor ein paar Jahren erklärt hatte, der ganze Kanal werde alles in allem nur 600 Millionen kosten, schreibt, als sei nichts selbstverständlicher, an den zuständigen Minister in Paris, er benötige weitere 600 Millionen Francs und bittet um die Genehmigung zu einer entsprechenden Anleihe.

Spätestens in diesem Augenblick müßte alle Welt mißtrauisch werden. Nachdem er über 700 Millionen bereits ausgegeben hatte für einen Kanal, der insgesamt nur 600 Millionen kosten sollte, will er noch einmal 600 Millionen? Die ganze Sache würde sich ja so auf 1,2 Milliarden stellen – was seinerzeit bei dem Internationalen Kongreß richtig geschätzt wurde, was aber Lesseps immer wieder leidenschaftlich bestritt.

Werden hier nicht schon die Grenzen dessen, was man tun darf, überschritten oder doch zumindest gestreift?

Die Presse ist nach wie vor für den Panama-Kanal und streckt ohne Zögern große Beträge dafür ein, daß sie für den Bau wirbt und jetzt auch dafür, daß neue Gelder aufgebracht werden.

Die Regierung in Paris will nichts von alledem wissen. Es ist nicht schwer für sie festzustellen – in der Tat, jeder könnte das feststellen – daß es mit der Panama-Gesellschaft nicht mehr so gut bestellt ist und daß es bald, schon Ende 1887, Schwierigkeiten machen wird, die Zinsen für das bereits verbaute Kapital aufzubringen. Das allein müßte schon den Staatsanwalt auf den Plan rufen.

Die Direktoren der Panama-Gesellschaft verlangen, als die Regierung sich sperrt, neue Gesetze, die gewisse Finanzierungspraktiken möglich machen würden.

Und Lesseps versteigt sich einmal mehr zu der Behauptung, der Panama-Kanal werde in Kürze fertiggestellt sein, spätestens im Jahre 1890.

Aber die Arbeiten gehen nur langsam voran. Die glühende Sonne, die verdorrte Landschaft, die schreckliche Krankheit. Immer wieder kommt es vor, daß Arbeiter ihr Werkzeug einfach hinwerfen und Panama verlassen. Bohrmaschinen stehen still, andere Maschinen verrosten, es ist schwer und manchmal unmöglich, neue Arbeiter zu finden. Gewiß, die Einheimischen sind bereit zu arbeiten, aber sie haben keineswegs das Niveau eines gelernten Arbeiters oder überhaupt eines Arbeiters aus Europa oder Nordamerika.

Die Kammer in Paris beginnt sich für den Fall Panama zu interessieren. Ja, Panama ist schon ein »Fall« geworden, man rechnet hinter den Kulissen mit weiteren Kosten von mindestens einer Milliarde, fast das Doppelte von dem, was Lesseps als notwendig erklärt hatte. Manches sickert doch durch.

Die Gefahr, daß unbequeme Enthüllungen bevorstehen, rückt immer näher. Natürlich will niemand gegen Lesseps vorgehen, er ist ja schließlich eine Art nationales Denkmal. Aber immer häufiger melden sich kleine Sparer, die ihr Geld in Panama investiert haben und mutmaßen, daß sie vielleicht nicht ganz so reich werden, wie sie sich eingebildet haben, oder sogar noch Geld verlieren.

Es wird dem Direktorium klar, daß es nicht genügt, die Presse so oder so zu bestechen. Man muß auch Abgeordnete auf die Seite des Unternehmens bringen – das heißt, man muß auch sie bestechen! Aber das dauert seine Zeit. Anfangs sind wohl überhaupt keine Parlamentarier bestochen worden.

Und so kann die Regierung beschließen, eine Untersuchungskommission einzusetzen. Die reist nach Panama und kommt zu dem Ergebnis, daß man den Kanal nicht für weitere 700 Millionen bauen kann, schon gar nicht in den von Lesseps genannten fünf Jahren.

30. Juli 1886. Die Bilanz der Panama-Gesellschaft, die veröffentlicht werden muß, liest sich katastrophal. Drei Viertel des

Aktienkapitals sind verbraucht, Anleihen von 600 Millionen Francs sind verbraucht, und der Kanal ist noch längst nicht gebaut.

Ja, es ergeben sich weitere Schwierigkeiten. Der Felsen von Culebra, den Lesseps abtragen lassen wollte, um keine Tunnels und Schleusen zu benötigen, bietet unvorhergesehenen Widerstand. Den Kanal um ihn herumzubauen, würde bedeuten, das Flüßchen Chagres auch umleiten zu müssen. Aber dieses Flüßchen nimmt in der Regenzeit die Dimensionen eines reißenden Stromes an.

1. April 1888. Generalversammlung. Lesseps verspricht, daß der Schleusenkanal (auf dem man sich mehr oder weniger heimlich umgestellt hat) spätestens 1890 eröffnet werden wird. Und daß um diese Zeit die größten Schiffe mit 150 m Länge und 8 m Tiefgang von einem Ozean zum anderen gelangen könnten.

Allerdings benötige er sofort eine Anleihe von 161 Millionen. Die Bedingungen, so verspricht er, so versprechen seine Stellvertreter, sollen besonders günstig ausfallen.

Aber es werden nur 35 Millionen gezeichnet. Der Kredit der Gesellschaft ist nicht mehr groß genug, gar nicht davon zu sprechen, daß er nicht mehr annähernd so groß ist, wie er einmal war. Die Kommission der französischen Regierung muß auch feststellen: »Man hat 1 Milliarde gepumpt und für 400 Millionen Arbeit geleistet, und wenn der Kanal fertiggestellt werden soll, sind noch 2 Milliarden notwendig!«

Die Prämienanleihe wird, wie vorhergesehen, ein Mißerfolg, obwohl die Presse enorm geschmiert worden ist, sei es durch Inserate, sei es durch geheime gute Gaben. Die Presse hat auch die Propagandatrommel gerührt, aber eben vergeblich.

Neue Generalversammlung am 1. August 1888. Man braucht zu den 1,3 Milliarden, die man schon kassiert hat, noch weiteres Geld. Zu diesem Zweck wird ein ›Verein der Aktionäre und Obligationsinhaber der Panama-Gesellschaft‹ gegründet. Vater und Sohn Lesseps unternehmen Propagandareisen quer durchs Land. Der Alte ist meist zu schwach, um auch nur zu sprechen, der Sohn redet um so mehr. Aber das hilft auch nichts.

Und so ist der Krach da. Die große Panama-Gesellschaft muß sich als zahlungsunfähig erklären.

Nicht wenige Fachleute haben das vorausgesehen. Trotzdem: eine ungeheure Sensation. Erst jetzt begreifen die kleinen Sparer: wenn sich nicht ein Wunder ereignet, ist ihr Geld verloren.

Ein Aufschrei der Empörung geht durch das ganze Land.

Die Frage, die alle bewegt: Wohin ist das Geld verschwunden? Wer hat es eingesteckt?

Man sucht die Schuldigen.

Die Banken werden beschuldigt, ungebührlich viel Geld eingesteckt zu haben. Gewiß, sie haben Geld verdient, aber nicht annähernd so viel, wie man allgemein vermutet.

Die Presse hat Geld eingesteckt. Vermutlich mehr, als man vermutet hat. Es werden jetzt nicht mehr als 700 Zeitungen bekannt, die beachtliche Beträge kassiert haben, und keineswegs nur für Inserate. Bestechung? Bestechung! Hinzu kommen Verwaltungskosten, die unverständlich hoch sind. Zwischen 1881 und 1889 sind auf der Landenge von Panama allein 85 Millionen Francs und dann in Paris jährlich noch etwa 2 Millionen ausgegeben worden, insgesamt sogar mehr als 100 Millionen.

Also: Zinsen für Anteilscheine, Verwaltung, Aufbringungskosten des Geldes haben 460 Millionen verschlungen. Die Unternehmen, die unter Vertrag genommen worden sind, um bestimmte Arbeiten zu verrichten, haben auch unverhältnismäßig viel Geld erhalten. Da spielt Alexandre Gustave Eiffel, der berühmte Ingenieur, eine nicht eben erfreuliche Rolle.

Kurz und nicht so gut: es stellt sich heraus, daß nur die Hälfte des Geldes für Bauarbeiten verwandt worden ist.

Panik in ganz Frankreich. Selbstmorde vieler ruinierter Sparer.

Die Regierung stellt einen provisorischen Verwalter für die Panama-Gesellschaft ein, der umfangreiche Vollmachten erhält. Das ist am 14. Dezember 1888.

Eine neue, sozusagen eine Nachfolge-Gesellschaft wird gegründet; mit dem alleinigen Zweck, mehr Geld aufzutreiben. Auf der anderen Seite erklärt das Landgericht die erste und vorläufig einzige Panama-Gesellschaft für aufgelöst und spricht die Liquidation aus.

Der Liquidator beruft eine Studienkommission ein. Die besteht aus französischen und ausländischen Ingenieuren. Fünf ihrer Mitglieder reisen nach Panama. Sie kommen am 3. März 1890 zurück. Ihr Urteil: der Kanal kann in acht Jahren fertiggestellt werden, natürlich mit Schleusen von 8 bis 11 m Gefälle. Die zusätzlichen Arbeiten würden sich auf rund 600 Millionen – genau 580 Millionen – Francs belaufen.

Aber wenn Geld aufgetrieben werden soll, müssen zuerst die Schulden der alten Gesellschaft bezahlt werden. Es gilt also, nicht 600 Millionen, sondern 900 Millionen herbeizuschaffen.

Dem steht der Wert der bisher ausgeführten Arbeiten gegenüber und das Material, das sich in der Kanalzone befindet: rund 450 Millionen an Werten.

Wohlgemerkt, von den 900 Millionen werden nicht die Zinsen der Anteilscheine gezahlt werden können. Die machen alleine 90 Millionen im Jahr aus. Ein Skandal – nur ein Finanzskandal? Ist es nicht auch ein krimineller Skandal? Wer ist denn alles bestochen worden? Presseleute, gewiß. Aber wohl auch Abgeordnete der Kammer.

Am 15. Dezember 1888 hat die Panama-Gesellschaft also ihre Zahlungen eingestellt. Alles Geld, das sie bisher vereinnahmt hat, ist verloren. Die Öffentlichkeit verlangt, daß sofort etwas geschehe. Aber es ist nicht einmal ratsam, die Gesellschaft aufzulösen. Damit wäre automatisch die Konzession, die von Columbien erteilt worden ist, verloren, und es ist mehr als fraglich, ob man eine neue bekommen kann.

Noch im Verlauf des Dezembers 1888 und auch im Januar des folgenden Jahres laufen eine Unzahl von Strafanzeigen bei den verschiedensten Staatsanwälten ein. Strafanzeigen gegen den alten Lesseps, gegen den jungen Lesseps, gegen andere Verwaltungsbeamte, gegen immer mehr Leute.

Die Staatsanwaltschaften aber schweigen das ganze Jahr 1889 hindurch. Aus dem Publikum heraus werden spontan Komitees gebildet, um etwas gegen die »Schuldigen« zu unternehmen. Und alles muß schnell gehen, denn Bestechung würde drei Jahre nach der Tat verjähren. Und man will doch den Schuldigen an den Kragen!

Der Justizminister hat am 21. Juni 1890 eine Erklärung von der Tribüne der Kammer aus abgegeben, nach der die Generalstaatsanwaltschaft eigentlich sofort handeln müßte, nämlich Leute verhören oder unter Anklage stellen, vor allem natürlich Parlamentarier. Ein Jahr später aber ist noch nichts geschehen. Das Justizministerium moniert. Jetzt kommen die Dinge langsam in Fluß. Ein Verhör des alten Lesseps ist nur eine Formsache. Nach wenigen Fragen wird er wieder entlassen, ist aber so beleidigt darüber, daß man ihn überhaupt verhört hat, daß er sich zu Bett legt und einen Monat lang mit niemandem spricht.

Am 5. Januar 1892 faßt die Kammer dann den Entschluß, und zwar einstimmig, daß energische und sofortige Maßnahmen gegen die ergriffen werden sollten, denen irgendeine Verantwortlichkeit in der Panama-Affäre zufällt.

Der Generalstaatsanwalt ist entsetzt über das, was er entdecken muß. Er spricht von einem »moralischen Bankrott« und fertigt bis zum September 1892 eine längere Anklageschrift aus. Er erhebt den Vorwurf gegen vorläufig noch unbekannte Abgeordnete, die im Laufe des Jahres 1880 und wohl auch später ihre Stimme der Panama-Gesellschaft »verkauft« haben.

In einem Artikel in der Zeitung »Libre Parole« wird behauptet, Mitglieder aller Parteien seien bestochen worden. Einzelheiten werden veröffentlicht. Die Namen der Personen, durch deren Hände das Geld geflossen ist – allerdings nur die Namen derer, an die ausgezahlt worden ist.

Der junge Lesseps eilt zum Staatsanwalt. »Ist es Ihnen nicht möglich, alles abzublasen?« Der Generalstaatsanwalt bleibt kühl, eher abweisend.

Und doch ist er nicht unbeeindruckt. Am 5. November liefert er einen neuen Bericht, nur noch ein Viertel so lang wie sein ursprünglicher, in dem er nicht mehr die strafrechtliche, sondern nur noch die zivilrechtliche Untersuchung verlangt, denn für das Strafrecht sei der Nachweis der betrügerischen Absicht nötig, und der sei sehr schwer zu führen. Meint der Staatsanwalt.

Erstaunlicherweise zeigen sich jetzt in der breiten Öffentlichkeit gewisse Sympathien für den alten Lesseps. Der große alte Mann! Aber immer deutlicher wird, daß es sich doch um strafrechtliche Fragen handelt, nicht nur um zivilrechtliche. Kurz, die Affäre Panama wird eine politische Affäre.

Wird der Untersuchungsrichter Prinet daran gehindert, den gesamten Korruptionsskandal aufzudecken und die Namen der bestochenen Parlamentarier ausfindig zu machen? Man will einen sehr reichen älteren Herrn vernehmen, einen Baron de Reinach – die Eltern stammen aus Frankfurt – einen Mann mit vielen Verbindungen, der sein Geschäft eigentlich nur so nebenher betreibt und sich hauptsächlich für Ballett und Balletteusen interessiert. Aber siehe da, er ist in den Süden verreist. Man hört, er werde erst in drei Wochen wieder zurück sein. Er kommt früher, als er erfahren muß, daß man ihn in die Untersuchung einbezogen hat und daß man nach einer Liste fahndet, die er besitzt und auf der sich 104 Namen von Bestochenen befinden. Zurück in Paris versucht er, seine Beziehungen spielen zu lassen. Er fleht seine Freunde an, ihm aus der Patsche zu helfen. Vergeblich. Man läßt ihn in der Patsche sitzen.

Völlig entmutigt nimmt er sich schließlich das Leben. Ob er es sich freiwillig genommen oder ob man ihn zu diesem Schritt gedrängt hat – wer weiß? Vermutlich ist er durch eine Überdosis Schlafmittel umgekommen. Er wird in aller Eile bestattet. Mit verdächtiger Eile. Hat er etwas gewußt? Diese Frage wird noch jahrelang gestellt und niemals beantwortet werden. Und so kommt es dazu – später, viel später im Verlauf des großen politischen Skandals, – daß man die Leiche exhumiert. Aber man findet keine Giftspuren.

Die Hauptverhandlung gegen die auf jeden Fall kompromittierten Direktoren der Gesellschaft soll am 24. November des Jahres 1892 stattfinden. Noch am 19. November hat das Kabinett vergeblich versucht, die Erhebung der Anklage zu verhindern. Die Regierung wird in diesem Fall durch die Kammer überstimmt. Immerhin, die Zahlungseinstellung der Gesellschaft hat nicht weniger als 580 Aktionäre bewogen, zu klagen. Das kann man nicht einfach ignorieren. Und so kommt es denn zur Gerichtsverhandlung.

Aber noch vorher tauchen plötzlich 26 Schecks auf, und zwar bei einer Privatbank. Der Inhaber behauptet, er habe die Scheckbücher leider vernichtet. Von den 26 Schecks sind die meisten auf Mitglieder der Kammer oder auf Senatoren ausgeschrieben, die niedrigsten auf 25 000 Francs, einige auf sehr viel höhere Beträge, 500 000 Francs, ja 600 000 Francs. Reinach hat sogar einige Millionen, freilich um sie weiter zu verteilen.

Es tauchen dann doch die Scheckbücher auf mit handschriftlichen Notizen des beklagenswerten de Reinach.

Debatten in der Kammer. Angebliche Enthüllungen, die sich nicht als Enthüllungen erweisen.

Und die Untersuchungskommission? Die besitzt nicht die notwendigen Vollmachten! Sie kann niemanden zwingen, vor ihr zu erscheinen, und so ziehen die meisten vor, es nicht zu tun. Die Untersuchungskommission möchte weitergehendere Vollmachten, um auch Hausdurchsuchungen durchführen zu können. Die Kammer zögert, solche Vollmachten auszustellen. Es geht hoch her in diesen Tagen in der Kammer. Bei einer der Debatten bekommt einer der Abgeordneten einen Tobsuchtsanfall und muß in eine Klinik gebracht werden.

Soll die Immunität der Abgeordneten, die sich als belastet erweisen – nicht in einem Strafverfahren, sondern vorläufig durch die Untersuchungskommission oder vor ihr, aufgehoben werden?

Man hebt sie auf.

Ein neuer, ein zweiter Panama-Prozeß wird notwendig. Diesmal geht es um die korrumpierten Mitglieder der Kammer, die Senatoren, um alle diejenigen, denen man nachweisen kann, daß sie Geld bekommen haben, und von denen die meisten behaupten, sie hätten es nur gewissermaßen zum Weitergeben erhalten.

Einzig der ehemalige Abgeordnete und vorübergehend zur Zeit der Blüte der Panama-Gesellschaft amtierende Innenminister Baihaut, dem man nachweisen konnte, daß er das Geld wirklich genommen und für sich verbraucht hat, gesteht und wird verurteilt.

Zur Zeit des zweiten Panama-Prozesses im Dezember 1897 interessiert sich die Öffentlichkeit nicht mehr so sehr für die Übeltäter in der Kammer. Auch sie leugnen, irgendeine Schuld auf sich geladen zu haben.

Der Parlamentarier Sans-Leroy, der ebenfalls angeklagt ist, erklärt, das sei überhaupt nur geschehen, weil er eben nicht mehr Parlamentarier »und daher nicht mehr zu fürchten« sei. Und weiter: »Ich will nicht als Sündenbock für andere dienen.« Aber wer die anderen sind, sagt er vorläufig nicht.

Sans-Leroy hat sich auf den Prozeß gut vorbereitet. Er hat zahlreiche Dokumente mitgebracht, die man im Augenblick gar nicht überprüfen kann, und behauptet, alles Geld, das er erhalten habe, sei die »Rückerstattung der Mitgift meiner Frau«.

Der Sachverständige Flory wird verhört. Er erklärt: »Von den 1435 Millionen, die von der Panama-Gesellschaft vereinnahmt worden sind, sind nur 585 Millionen für den Bau des Panama-Kanals verwendet worden.«

Andere Abgeordnete, Rondeleux, Salis, Felix Faure (der spätere Präsident) und Chantagrel schildern den Skandal in der Kammer, als die Panama-Affäre vor fünf Jahren zur Affäre wurde, also 1888.

Auch der Abgeordnete Floquet, einmal Präsident der Kammer, ein jetzt durch die Affäre kompromittierter Mann, der unter dem Verdacht steht, 300000 Francs zur Finanzierung seines Wahlkampfs erhalten zu haben, gibt sich empört. »Glauben Sie, daß meine Regierung es notwendig gehabt hätte, die

Hand einem Herrn von Lesseps hinzuhalten, um ein Almosen von 300 000 Francs zu erhalten?«

Sogar der gefürchtete Chef der radikalen Partei in der Kammer, George Clemenceau, wird als Zeuge vernommen. Er ist ebenfalls irgendwie in die Sache verwickelt, aber nachzuweisen ist ihm nichts, außer daß er das eine oder andere über Bestechungsgelder gewußt hat oder gewußt haben könnte.

Aber da das Gericht nicht mehr unter dem Druck der öffentlichen Meinung handeln muß, werden schließlich alle freigesprochen. Die Parlamentarier, die kompromittiert waren, die Journalisten, die Geld genommen haben – alles, alle, eben bis auf Baihaut.

Dessen Vernehmung war fast eine Tragödie. Immer wieder erklärte er mit bewegter, dem Schluchzen naher Stimme: »Ich bin schuldig, ich gestehe es offen ein, mein Bekenntnis soll vollständig sein, und ich finde keine Worte, um meine Reue und meinen Schmerz auszudrücken. Seit zwei Monaten bin ich in meiner Zelle eingesperrt, allein mit meinem Gewissen, und ich kann selbst nicht verstehen, wieso ich zu Fall gekommen bin. Fünfzehn Jahre lang habe ich Frankreich und der Republik treu gedient. Ein einziges Mal, in einem Anfall von geistiger Verwirrung, habe ich in unerklärlicher Weise meine Vergangenheit vergessen, meine Ehre aufs Spiel gesetzt, meine Zukunft und die Menschen, die mir teuer sind, preisgegeben...«

Im übrigen stellt er fest, daß er gestanden habe, bevor er wissen konnte, daß die Staatsanwaltschaft schon Beweise gegen ihn in der Hand hatte.

Dies ist die erste große Sensation des Prozesses.

Weiterhin heftigste Debatten in der Kammer, die diese oder jene Gerüchte zur Basis haben. Jeder beschuldigt jeden. Immer mehr Persönlichkeiten von Rang und Namen sehen sich kompromittiert.

Jetzt werden auch ausländische Diplomaten aufgegriffen, deren Namen nolens volens in die Affäre hineingezogen werden, und die empört reagieren. Die Regierung muß sich dann immer wieder entschuldigen. Natürlich muß auch die ausländische Presse herhalten, die ja wirklich zum Teil bestochen worden ist, freilich nicht annähernd in dem Ausmaß wie die französische.

Wie hoch sich die Wellen der Hysterie türmen, geht aus einer kleinen Zeitungsnotiz hervor: die Bewohner der Rue de Panama in Paris hätten sich zusammengeschlossen und von ihrem Bürgermeister verlangt, daß ihre Straße umbenannt wird.

Die Konzession verfällt, wird aber von columbianischer Seite aus vorläufig verlängert.

Schon vor dem zweiten Prozeß ist Ferdinand de Lesseps gestorben, immerhin 89jährig, von dem man in den letzten Jahren überhaupt nichts mehr gehört hat. Charles de Lesseps ist nach Verbüßung seiner Strafe nach England ausgewandert und nach dem Tod des Vaters zurückgekehrt. Und er bleibt dann auch in Frankreich, nachdem man sich über gewisse Fragen verständigt hat. Er bleibt bis zuletzt im Aufsichtsrat der Panama-Gesellschaft.

Die Panama-Gesellschaft freilich ist auch tot. Und niemand glaubt mehr, daß sie wieder auferstehen wird. Nur einer: der Franzose Philippe Bounau-Varilla. In ihm wird der Wunsch, den Panama-Kanal wieder auferstehen zu lassen, will sagen, ihn fertigzustellen, zur fixen Idee. Er versteht auch etwas von seiner Sache. Er ist ja schließlich Ingenieur, und er hat vorübergehend am Panama-Kanal-Projekt mitgearbeitet. Inzwischen ist er Journalist geworden und hat Beziehungen zu bedeutenden Persönlichkeiten in allen europäischen Ländern, insbesondere auch in den Vereinigten Staaten, geknüpft. Dort fordern ihn einige Freunde, die er in Paris kennengelernt hat, auf, Vorträge in Sachen Panama-Kanal zu halten. Aber der ist doch tot! Nun, das muß ja nicht immer so bleiben.

Dafür will Philippe Bounau-Varilla sorgen.

Dazu ist viel Aufklärungsarbeit notwendig, denn die meisten, die Geld geben könnten, insbesondere die Banken, winken ab. »Panama ist der größte Schwindel des 19. Jahrhunderts«, meinen sie.

Aber wie soll man den Panama-Kanal bauen? Dazu wäre eine neue Gesellschaft notwendig!

Dann müsse man eben eine neue Gesellschaft gründen, erklärt der Franzose. Aber die zweite Panama-Gesellschaft, die nach dem Bankrott der ersten in Frankreich gegründet worden ist, will 109 Millionen Dollar dafür haben, daß sie überhaupt die Erlaubnis dazu erteilt.

Bounau arbeitet rund um die Uhr. Er fährt überall herum und macht Propaganda. In New York und Washington und San Francisco, in Paris, Zürich, Rom und Berlin. Er reist sogar nach Rußland, wo er den Finanzminister dazubringen kann, mit dem Zaren über Panama zu reden. Daraus ergibt sich freilich nichts; auch in Deutschland hat Bounau-Varilla wenig Erfolg.

Dann geschieht etwas, was ihm hilft. Der US-Kreuzer »Oregon«, der in San Francisco vor Anker liegt, benötigt, um in den spanisch-amerikanischen Krieg einzugreifen, also nach Kuba zu fahren, 90 Tage. Das ist weiter nicht schlimm, weil es sich um einen letzten Endes nicht so wichtigen Krieg handelt. Aber die Notwendigkeit, Flottenteile von einem Ozean in den anderen zu befördern, ohne gleich drei Monate dazu zu benötigen, prägt sich allen ein.

Allerdings ist man in Amerika, wenn man sich schon für den Kanalbau interessiert, dafür, ihn in Nicaragua zu bauen. Aber dort ist der Vulkan Mont Pelée ausgebrochen und zerstört die Stadt Saint Pière. Dummerweise hatte Nicaragua kurz zuvor Briefmarken herausgegeben, die den rauchenden Mont Pelée zeigten. Nun kauft der emsige Bounau-Varilla eine große Menge dieser Briefmarken auf und sendet sie an 90 Senatoren in Washington.

Darüber wird auch in den Zeitungen geschrieben. Seither ist niemand mehr für Nicaragua.

Aber es ist nicht leicht, Colombien wieder für dieses Kanalprojekt zu interessieren. Man will nicht wieder Enttäuschungen erleben wie das erste Mal. Bounau-Varilla wird in Washington tätig und in der Provinz Panama, und erreicht schließlich, daß dort eine Revolution ausbricht. Es ist eine kleine, eine Operettenrevolution, die leicht zu unterdrücken wäre, hätte Bounau nicht den Offizier, der von der columbianischen Hauptstadt Colon Truppen heranführen soll, bestochen, so daß die Truppen einfach nicht kommen. Die Revolution ist eine Angelegenheit von wenigen Stunden. Alle fallen sich in die Arme, sie sind ja nun »frei«.

Wie Bounau das im einzelnen fertiggebracht hat, ist eine Geschichte für sich.

Lediglich einige unabhängige New Yorker Zeitungen meutern und meinen, da habe viel Geld den Besitzer gewechselt. Es geht insbesondere um 40 Millionen Dollar, die angeblich die französische Gesellschaft erhalten sollte, aber wohl nicht erhalten hat. Die »New York World«, eine in jenen Tagen sehr einflußreiche Zeitung, klagt den Präsidenten Theodore Roosevelt an, der die Unabhängigkeit Panamas verblüffend schnell und auch verdächtig schnell anerkannt hat, seine Hand im Spiel gehabt zu haben. Er klagt nun seinerseits gegen die »New York World«, die aber dann schließlich – auch das ist eine lange Geschichte – nach einem dritten Panama-Prozeß freigesprochen wird. Der Besitzer, der berühmte Verleger Joseph Pulitzer, setzt die Angriffe gegen Roosevelt fort. Den erbitterten Roosevelt greift Pulitzer noch an, als er schon gar nicht mehr Präsident ist. Dafür ist für ihn jede Gelegenheit recht. Und Pulitzers Presse behauptet immer wieder, daß die Revolution von Panama eine Angelegenheit der Wall Street war und dergleichen mehr. Vergebens.

Am 1. August 1914 beginnt der Krieg auf dem auropäischen Kontinent, der bald zum Weltkrieg wird. Am 8. August fährt der erste amerikanische Dampfer, die »Christobal«, probeweise durch den Panama-Kanal, der so, nachdem es jahrelang still um ihn gewesen war, wieder auf die Titelseiten der Zeitungen kommt. Am 15. August fährt die »Ancon«, die der Panama-Eisenbahngesellschaft gehört, als offizielles Regierungsschiff von Christobal ab. Die Durchfahrt durch den Kanal dauert genau 9 Stunden und 40 Minuten. Begeisterter Empfang der 200 Passagiere, aber vor allem eben des Schiffes, durch am Pier von Balboa versammelte 3000 Schaulustige. Jubel: »Das ist das größte Ereignis der Geschichte!«

Vielleicht etwas übertrieben. Aber im Augenblick, wo die Bedeutung des Panama-Kanals sich erwiesen hat, ist die Welt durchaus in der Stimmung, seine Vollendung zu feiern. Der Weltkrieg, in dem er nur gegen Ende eine gewisse Rolle spielt, nämlich, als amerikanische Truppen via Panama-Kanal nach Europa befördert werden, ist das Thema des Tages. Und bleibt viele Jahre lang das einzige Thema.

Die Affäre Dreyfus
1894

Die Hauptverhandlung in dem Prozeß gegen Capitaine Alfred Dreyfus vor dem – französischen – Kriegsgericht findet am 9. Dezember 1894 statt. Ort der Handlung: ein düsterer Sitzungsraum im Gebäude des Militärgefängnisses Cherche-Midi in Paris. Leiter der Verhandlung: Oberst Maurel. Beisitzer: zwei Oberstleutnante, zwei Majore, ein Hauptmann. Vertreter der Anklage: Major Besson d'Ormeschville. Vertreter des Angeklagten: der bekannte Anwalt Maître Demange. Erster Beschluß des Gerichts, gegen den dieser Verteidiger vergeblich protestiert: unter Ausschluß der Öffentlichkeit zu verhandeln, »im Interesse der nationalen Verteidigung«.

Als Vertreter des Kriegsministeriums erscheint Oberst Picquart.

Hauptpunkt der Anklage ist, daß Capitaine Dreyfus eine sogenannte Aktennotiz, im Prozeß und den zahllosen Berichten über diesen Fall stets »Bordereau« genannt, verfaßt habe, eben jenes Bordereau, das unter höchst geheimnisvollen Umständen gefunden worden ist, nämlich von einer Putzfrau im Dienste der französischen Spionage im Briefkorb des deutschen Militärattachés Max von Schwartzkoppen.

Eine ungeheuerliche Beschuldigung.

Man sollte meinen, Dreyfus lasse tiefste Erregung und Empörung spüren – er erklärte ja immer wieder, daß er unschuldig sei. Nichts davon. Er ist kühl, ruhig gefaßt und das auf geradezu unheimliche Weise.

Erster und wichtiger Zeuge ist Major Henry aus dem Deuxième Bureau, in dem die Spionage angesiedelt ist. Er verliert keine Zeit, sondern ruft sofort, auf Dreyfus deutend: »Dort sitzt der Schuldige! Ich bin dessen gewiß und beschwöre es!« Später wird sich erweisen, daß er dessen gar nicht so gewiß sein konnte.

Sonst gibt es wenig Dramatisches über diesen Prozeß zu melden. Der bereits bekannte Schriftsachverständige Alphonse Bertillon stellt fest, die Handschrift auf dem Bordereau sei ohne Zweifel die von Dreyfus. Ein anderer Sachverständiger, der freilich nicht geladen wird, hatte das Gegenteil behauptet. Bertillon redet endlos, niemand hört ihm mehr zu.

Außer Bertillon und dem Ausruf von Henry gibt es eigentlich keine »Beweise«. Der Verteidiger hat es daher einfach, auf Freispruch zu plädieren. Und der Ausgang läge auf der Hand.

Aber da geschieht etwas, von dem vorläufig nur wenige wissen und das doch entscheidend sein wird. Nach Abschluß der Beweisaufnahme hat Major du Paty de Clam auf Befehl des Verteidigungsministers dem Präsidenten des Gerichtshofs einen versiegelten Briefumschlag überreicht, in dem sich einige Dokumente befinden, die von Bedeutung für den Ausgang des Prozesses sein könnten. Diese Umgehung der Verteidigung daher ist natürlich höchst ungesetzlich. In dem Umschlag befindet sich unter anderem ein Brief, unterschrieben von einer gewissen Alexandrine, wo es unter anderem heißt: »Beigelegt habe ich zwölf Meßtischblätter... die diese Canaille D. mir für Sie übergeben hat. Ich habe ihm gesagt, Sie hätten nicht die Absicht, die Beziehungen wieder aufzunehmen. Er meinte, es habe Mißverständnisse gegeben und er würde sein Möglichstes tun, um Sie zufriedenzustellen. Er sagt, daß er es sich in den Kopf gesetzt habe, aber daß Sie verärgert seien. Ich habe ihm erwidert, daß er verrückt sei, und daß ich nicht glaube, daß Sie zu ihm wieder Beziehungen aufnehmen möchten. Tun Sie, was Sie wollen... Ich bin sehr in Eile...«

Ist »D.« Dreyfus? Auf jeden Fall soll mit der Vorlage des Schreibens dieser Eindruck erweckt werden. Später stellt sich heraus, daß der Brief, der mit dem Eingangsstempel März 1894 versehen ist, in Wirklichkeit ein oder zwei Jahre früher geschrieben worden war und sich auf einen gewissen Dubois bezog, der in der kartographischen Abteilung des Kriegsministeriums beschäftigt war und an die Militärattachés fremder Mächte Meßtischblätter für 10 Francs pro Stück verkaufte.

Ferner liegt in dem Briefumschlag ein chiffriertes Telegramm, vom italienischen Militärattaché Oberst Banizzardi an seinen Generalstabschef in Rom gerichtet: »Falls Capitaine Dreyfus keine Beziehungen dort gehabt hat, wäre es gut, den Botschafter zu beauftragen, ein offizielles Dementi zu veröffentlichen, um Pressekommentare zu vermeiden.« (Italien war damals offiziell mit Deutschland verbündet.) Dechiffriert lautete der Text: »Capitaine Dreyfus ist festgenommen, der Kriegsminister hat den Beweis für seine Beziehungen mit Deutschland; offizielles Dementi, unser Emissär benachrichtigt.«

Das Gericht schluckt das alles. Infolgedessen wird Dreyfus nicht freigesprochen, sondern am Abend des 22. Dezember 1894 nach einstündiger Beratung einstimmig des Landesverrats für schuldig erklärt und zu lebenslänglicher Deportation an einen befestigten Ort und zur Degradierung verurteilt.

Eine härtere Bestrafung ist nicht möglich. Die Gesetze verbieten die Todesstrafe, was ein Teil der Presse, zum Beispiel »Le Temps«, lebhaft bedauert. Und bald, schon zwei Tage später, wird vom Kriegsminister ein Gesetzentwurf eingebracht, um diesem Übelstand zu steuern.

Was aber das geheime Dossier angeht, so wird es, ohne den Gerichtsakten beigefügt zu werden, durch Major du Paty de Clam in das Kriegsministerium zurückgeschickt, und der Kriegsminister befiehlt, es den Akten des Ministeriums einzuverleiben. Nicht den Prozeßakten, denn dann würde ja der Kassationshof, den Dreyfus vermutlich anrufen wird, davon Kenntnis erhalten – und was dann?

Fast allgemein ist man in Militärkreisen der Ansicht, daß Dreyfus wirklich schuldig ist. Nur wenige nicht, darunter der später so bekannte Maréchal Lyautey; er meint in einem Schreiben aus Indochina: »Es scheint sich da um eine Pression der sogenannten öffentlichen Meinung oder besser der Straße, der Plebs, zu handeln. Man brüllt ohne Kenntnis des Falles: Bringt ihn um, diesen Juden! Und das geschieht, weil Dreyfus Jude ist, und weil heutzutage der Antisemitismus am Zuge ist. Genau wie man vor hundert Jahren geschrien hat: Die Aristokraten an die Laternen...!«

Der Einspruch des Verurteilten wird noch am 31. Dezember 1894 einstimmig zurückgewiesen. Das Urteil ist also rechtskräftig geworden. Major du Paty de Clam begibt sich ins Militärgefängnis Cherche-Midi und macht einen letzten Versuch, Dreyfus zum Geständnis zu bewegen. Aber Dreyfus bleibt stur. Er habe nichts zu gestehen, er sei unschuldig.

Nun muß der Verurteilte degradiert werden. Die Degradierung – ein Schauspiel größten Ausmaßes – findet am 5. Januar 1895 statt, und zwar im Hof der École Militaire in Paris vor vielen hundert, wenn nicht tausend Zuschauern. Der Hauptmann Lebrun-Renault von der Republikanischen Garde muß den Verurteilten gefesselt in einem Wagen in die Kriegsschule überführen. Eine Schwadron der Garde Républicaine begleitet den Wagen.

Nachher heißt es, bei dieser Gelegenheit habe Dreyfus ein Geständnis abgelegt, wobei er versucht habe, die Bedeutung der Dokumente, die er dem deutschen Militärattaché übergeben habe, herunterzuspielen. So jedenfalls erzählt es Lebrun-Renault einigen Kameraden, die im Hof warten. Journalisten hören es und veröffentlichen es. Aber hier handelt es sich um glatte Lügen des Hauptmanns.

Es ist kalt. Trotzdem wankt und weicht niemand. Im Hof der École Militaire sind 4000 Mann angetreten, auf der Terrasse werden die Kriegsschüler postiert, damit sie auch einmal etwas zu sehen bekommen. Um neun Uhr hebt General Darras seinen Degen. Auf dieses Zeichen hin präsentiert die Infanterie das Gewehr, die von der Kavallerie und der Artillerie ziehen ihre Degen. Als Dreyfus in den Hof geführt wird, ertönt dumpfer Trommelwirbel. Wahrlich, ein Spektakel.

Nun muß Dreyfus auf den General zugehen. Er tut das, wie die Berichte versichern, »mit festem Schritt und in strammer Haltung, ganz nach Vorschrift«. Ein Justizbeamter liest das Ur-

Am 4. Januar 1895 wurde Hauptmann Dreyfus wegen Landesverrats aus dem französischen Heer ausgestoßen. Das Bild zeigt seine Degradierung: Dreyfus mußte seinen Säbel abgeben, und dieser wird zerbrochen.
(Bild: Zeitgenössische Quelle)

teil vor. Dreyfus hört in strenger militärischer Haltung zu. Darauf der General mit lauter Stimme: »Dreyfus, Sie sind unwürdig, Waffen zu tragen. Im Namen des französischen Volkes degradieren wir Sie!«

Und Dreyfus: »Soldaten! Ich bin unschuldig! Ich schwöre es bei dem Haupte meiner Frau und meiner Kinder! Es lebe Frankreich!«

Ein Korporal reißt ihm die Achselstücke herunter, dann die Tressen, die Knöpfe, den roten Generalstabsstreifen. Dann zerbricht er über dem Knie den Degen des Verurteilten.

Dies alles nimmt Dreyfus gelassen hin, anscheinend ohne innere Bewegung. Er muß jetzt an den Truppenteilen vorbeidefilieren. Man rechnet damit, daß irgend jemand den Säbel erhebt, um ihn zusammenzuschlagen. Aber nichts dergleichen geschieht. Es ertönen nur Stimmen aus dem ›Volk‹: »Hängt ihn auf! An den Galgen mit ihm!« Antisemitische Schimpfworte werden laut.

Dreyfus bleibt noch immer ruhig. Er wiederholt nur monoton so laut er kann: »Ich bin unschuldig! Es lebe Frankreich!«

Nach zehn Minuten ist alles vorüber. Als er zu dem Gefängniswagen zurückgeführt wird, ruft er einigen Offizieren zu: »In drei Jahren spätestens bin ich rehabilitiert! Ich vertraue auf Gott!«

Zeugen sind der Ansicht, seine Ruhe beweise seine Schuld; ein Unschuldiger hätte revoltiert, hätte geschluchzt, hätte protestiert. Protestiert hat Dreyfus ja, aber doch eigentlich eher in gemäßigter Form.

Dabei – aber dies alles wird er erst später erzählen – befindet er sich in ungeheurer Bewegung und fürchtet, wahnsinnig werden zu müssen.

Am 17. Januar 1895 wird er mit der Eisenbahn nach La Rochelle gebracht, wo eine Menschenmenge auf ihn wartet und ihn mit Stöcken traktiert. Am 21. Januar per Schiff nach Guyana, wo er am 13. April eintrifft. Laut Schiffsarzt bewahrt er auch auf der Überfahrt die Fassung, nur einmal sitzt er hemmungslos schluchzend auf einem Hocker. Aber das dauert nur ein paar Minuten. Von Guyana geht es zur sogenannten Teufelsinsel, wo eine besondere Hütte für ihn reserviert ist, inmitten eines kleinen umzäunten Gartens. Er darf mit niemandem sprechen, er darf von niemandem angeredet werden, er steht Tag und Nacht unter Bewachung. Es scheint, das sei das Letzte, was man von Alfred Dreyfus hören wird.

Wer ist nun dieser Dreyfus? Er entstammt einer wohlhabenden jüdischen Familie. Der Vater und auch wohl schon der Großvater hat in Mühlhausen im Elsaß eine Weberei besessen. Als das

Elsaß nach dem Krieg 1870/71 an Deutschland überging, zog die Familie, der Vater war übrigens inzwischen gestorben, nach Paris; nur ein Bruder Mathieu blieb zurück, um weiterhin die Geschäfte zu leiten. Alfred, geboren am 10. Oktober 1859 in Mühlhausen, war entschlossen, Soldat zu werden, besuchte die École Polytechnique, wurde Leutnant im XIV.-Artillerieregiment; das war 1880. Zwei Jahre später wurde er Oberleutnant und heiratete ein reiches Mädchen. Das Paar hatte zwei Kinder, und da genügend Geld vorhanden war, lebte man eigentlich recht angenehm. Er besuchte dann die École Supériere de Guerre, die man absolvieren muß, wenn man in den Generalstab will, und das wollte er. Bei den Prüfungen zwei Jahre später wurde er Dritter, man mußte ihn also wohl oder übel in den Generalstab nehmen. Wohl oder übel – denn viele waren gegen ihn eingestellt, weil er Jude war, und Juden gehörten nach ihrer Meinung nicht in den französischen Generalstab.

Sein Eintritt dort: 1. Januar 1893. Er arbeitete fleißig, korrekt, gewissenhaft, man war mit ihm zufrieden.

Und dann beginnen im Kriegsministerium Gerüchte umherzuschwirren, die deutsche Spionage sei bestens orientiert über alles, was im französischen Generalstab vor sich gehe; Genaueres weiß niemand. Aber im September findet die erwähnte Putzfrau, Madame Bastian, in dem Papierkorb des Militärattachés von Schwartzkoppen ein zerrissenes Bordereau, das sie einem leitenden Mann des Nachrichtenbüros, Major Henry, übergibt, den sie gelegentlich in regelmäßigen Abständen in einer kleinen Kirche oder auf einem stillen Friedhof trifft.

Und Major Henry, es ist der 23. September 1894, findet die zerrissenen Stücke, die er zusammenfügt, sehr interessant: offenbar die Mitteilungen eines deutschen Spitzels über das, was er in der französischen Armee, vor allem im Generalstab, herausbekommen hat. Es handelt sich dort um eine Notiz über die hydraulische Presse des 12 cm-Geschützes, die Art und Weise, wie sie sich bewährt hat, um eine Notiz über die Deckungstruppen; eine Notiz über eine Veränderung bei Artillerieformationen; eine weitere Notiz, die sich auf Madagaskar bezieht; den Entwurf einer Schießvorschrift für die Feldartillerie, die aus dem März des gleichen Jahres stammt.

Es heißt da: »Dieses letzte Dokument ist äußerst schwer zu beschaffen, und ich werde es nur ganz wenige Tage zur Verfügung haben. Der Minister hat davon nur eine bestimmte Anzahl an das Corps gesandt, und das Corps ist dafür verantwortlich. Jeder Offizier, der es erhält, muß sein Exemplar nach dem Manöver zurückgeben. Bitte wollen Sie daraus entnehmen, was Sie interessiert, und es mir dann wieder zuleiten... Ich reise jetzt ins Manöver ab...«

Geschrieben ist das Ganze auf dünnem kariertem Papier, wie es im Generalstab verwandt wird. Kein Datum, keine Unterschrift.

Im Kriegsministerium ist man über diesen Fund außer sich. Ein Verräter mitten im Herzen der Landesverteidigung! Oberst Sandherr, der Chef des militärischen Nachrichtendienstes, informiert seine Vorgesetzten, diese den Kriegsminister, General Mercier, und der ordnet sofortige Untersuchung an.

Es muß sich nach Lage der Dinge um jemanden aus dem französischen Generalstab handeln. Vermutlich keinen Artillerieoffizier, denn der würde an gewissen Stellen anders formulieren. Und um einen, der ins Manöver mitgenommen worden ist.

Es dauert eigentlich nicht lange, bis man auf Alfred Dreyfus verfällt, den einzigen Juden im Generalstab. Das hat mit dem Antisemitismus unter den höheren Offizieren zu tun, und der ist wiederum eine Folge des Zusammenbruchs einiger Banken, die sich – aber nur zum Teil – im Besitz von Juden befanden. Das Schlagwort von den Machenschaften der jüdischen Großfinanz geht in ganz Frankreich um, erstaunlicherweise weniger in den konservativen Kreisen als bei der Linken. Viele sagen, die Republik werde erst lebensfähig sein, wenn man Rothschild ins Gefängnis geworfen habe.

Daß man auf Dreyfus als möglichen Täter so schnell kommt, ist also vor allem solchen Vorurteilen zuzuschreiben. Zwei Offiziere, die mit Recherchen beauftragt sind, glauben auch, eine

Ähnlichkeit zwischen seiner Handschrift und der auf dem Bordereau zu entdecken. Der Wunsch, etwas gegen Dreyfus zu finden, hat sicher auch etwas damit zu tun, daß er so tüchtig ist und schon mit dreißig zum Capitaine aufrückte.

10. Oktober: Der Präsident der Republik, Casimir-Perrier, wird informiert und berät mit einigen Ministern, ob gegen Dreyfus ein Strafverfahren eingeleitet werden solle: wohlgemerkt, man hat eigentlich nichts Stichhaltiges gegen ihn. Freilich, der Kriegsminister ist von seiner Schuld überzeugt und dringt auf eine militärgerichtliche Untersuchung. Besonders da, wie schon gesagt, einer der beiden beauftragten Schriftsachverständigen der Ansicht ist, es handle sich in dem Bordereau um die Schrift von Dreyfus.

13. Oktober: Verhaftung im Kriegsministerium. Dreyfus ist dorthin zu einer Rücksprache gerufen worden. Er sollte nach dem Diktat des Majors du Paty de Clam einige Worte niederschreiben – Sätze aus dem Bordereau.

»Sie zittern ja!«

»Ich habe kalte Finger!«

Dann kommt die Beschuldigung des Landesverrats und die Verhaftung. Man hat auch gleich einen Revolver zur Hand, damit der Schuldige der Armee die Schande des Prozesses erspare.

Dreyfus: »Ich will meine Unschuld beweisen und werde mich also nicht erschießen.«

Verhör bis kurz vor Mitternacht. Einlieferung in das Militärgefängnis Cherche-Midi. Auch dort kein Geständnis.

Durchsuchung seiner Wohnung, auch der Wohnung seines Schwiegervaters. Resultat: negativ. Vor allen Dingen findet man kein Papier wie das, auf dem das Bordereau geschrieben wurde.

Elf Monate lang weiß Dreyfus überhaupt nicht, warum er verhaftet worden ist. Man will ihn zu einem Geständnis bringen – aber zu welchem Geständnis? Er wiederholt nur immer wieder, er sei unschuldig.

Er macht solchen Eindruck, daß der die Untersuchung führende Offizier dem Chef des Großen Generalstabs mitteilt, es sei vielleicht doch besser, die Verfolgung von Dreyfus einzustellen. Jedenfalls werde er kein Geständnis ablegen, das scheint schon jetzt sicher. Dies und alles, was mit dem »Fall« zusammenhängt, wird geheimgehalten – besser, man versucht es geheimzuhalten.

Aber das eine oder andere sickert durch, und die Presse greift es auf. Die meisten Zeitungen stellen sich zumindest vorerst einmal auf den Standpunkt, Dreyfus sei der Spionage schuldig, man versuche aber, die Sache zu unterdrücken. Unter Führung des Organs der Antisemiten, »Libre Parole«, dessen Chefredakteur wahrscheinlich durch Major Henry informiert worden ist, beginnt nun ein zäher Kampf gegen Dreyfus, der um so fanatischer wird, je mehr die zuständigen Kreise die Sache herunterzuspielen versuchen. So läßt man zum Beispiel törichterweise publizieren, Dreyfus befinde sich auf einer Reise. Und das benutzt »Libre Parole« zu der Behauptung, »ganz Israel sei im Begriff, die Sache zu vertuschen«. Das Blatt fragt rhetorisch: »Stimmt es, daß vor kurzem auf Befehl der Militärbehörden eine sehr wichtige Verhaftung durchgeführt worden ist? Der Betroffene soll der Spionage beschuldigt worden sein. Wenn das stimmt – warum bewahren die Militärbehörden absolutes Stillschweigen? Eine Antwort wäre erwünscht.«

Andere Zeitungen stimmen bei. Allgemein wird verbreitet, Dreyfus – der Name wird bereits genannt – habe gestanden.

So muß das Ministerium schließlich die Verhaftung zugeben. Es spricht allerdings lediglich von »ernstzunehmenden Vermutungen« und von einer »vorläufigen Festnahme«. Noch wird der Name Dreyfus vom Ministerium nicht genannt. Immerhin, schon dieses Communiqué bedeutet eine Sensation.

Kabinettssitzung am 1. November. Die gerichtliche Verfolgung von Dreyfus wird auf Verlangen des Kriegsministers beschlossen. Der behauptet, es lägen sichere Beweise gegen ihn vor, was eine glatte Lüge ist. Der Einzige, der sich wehrt, ist der Außenminister, der Komplikationen mit Deutschland voraussieht. Immerhin, man müßte zugeben, daß man in den Papierkörben der Deutschen Botschaft gekramt hat. Trotzdem wird von der Regierung beschlossen, ein Verfahren gegen Alfred Dreyfus wegen Landesverrats einzuleiten.

Die Presse nimmt das mit Genugtuung zur Kenntnis. Und hier beginnt sich etwas Seltsames abzuzeichnen. Diejenigen, die fanatisch für eine Verfolgung des Hauptmanns sind, finden sich zwar in den politisch extrem rechtsgerichteten Offizierskreisen – aber weniger bei den Rechten schlechthin als bei den Linken. Immerhin gratuliert Jean Jaurès, Führer der Sozialisten, dem Kriegsminister. Er ist damals noch Antisemit, wenig später wird er sich wandeln.

Der Untersuchungsrichter, Major d'Ormeschville, kann auch nicht mehr herauskriegen, als er schon vorher wußte, es sei denn über das Privatleben von Dreyfus. Der lebt auf großem Fuß und verbraucht viel mehr Geld als er verdient. Aber man weiß ja: die Familie Dreyfus ist sehr reich. Nun gut, Dreyfus hat einige Frauenaffären gehabt. Die Behauptung, daß er Unsummen im Spiel verloren habe, stellt sich bald als irrig heraus. Der Dreyfus, der »regelmäßig« Pariser Spielclubs besucht hat, ist nicht mit dem Hauptmann identisch. Überhaupt, es gibt nicht einen, es gibt verschiedene Herren Dreyfus, die sich dieses »Verbrechens« schuldig gemacht haben könnten.

Obwohl also nicht ein einziger wirklicher Beweis gegen Alfred Dreyfus vorliegt, abgesehen von dem strittigen und auch viele Jahre lang bestrittenen Urteil des Schriftsachverständigen Alphonse Bertillon, kommt es zu der Hauptverhandlung, von der bereits gesprochen wurde.

Obwohl Dreyfus jetzt auf der Teufelsinsel sitzt, obwohl alles dafür spricht, daß die Affäre schnell vergessen werden wird, wird sie keineswegs vergessen. Im Schußfeld stehen jetzt der deutsche Botschafter Graf von Münster und sein Militärattaché Max von Schwartzkoppen, die verdächtigt werden, der Spionage gegen Frankreich Vorschub geleistet zu haben. Das geht so weit, daß Münster um eine Audienz bei dem Präsidenten der französischen Republik nachsucht und beteuert, er habe keinerlei Kontakt mit Dreyfus gehabt, und das gelte für das gesamte Botschaftspersonal. Aber da die diesbezüglichen Angriffe nicht nachlassen, veröffentlicht die Botschaft, was höchst ungewöhnlich ist, ein Dementi: »Wir erklären erneut und in der förmlichsten Weise, daß alle diese Behauptungen nichts als Erfindungen sind. Die deutsche Botschaft hat zu keiner Zeit irgendeine Beziehung zu Hauptmann Dreyfus gehabt, weder mittelbar noch unmittelbar. Kein einziges von ihm herrührendes Dokument ist aus der deutschen Botschaft gestohlen worden...«

Etwa um die gleiche Zeit tritt ein neuer Mann auf, der für die Affäre Dreyfus von entscheidendster Bedeutung werden wird, ein gewisser Oberst Picquart, der am 1. Juli 1895 den Obersten Sandherr als Leiter des Nachrichtendienstes im französischen Generalstab ablöst. Ein ungewöhnlich gut aussehender Mann, übrigens wie Dreyfus aus dem Elsaß stammend, verfügt er über hohe Intelligenz und Gewissenhaftigkeit; er macht sich Gedanken darüber, was wohl Alfred Dreyfus, der es ja in keiner Beziehung nötig hatte, zum Verrat bewogen oder getrieben haben könnte. Sein Vorgänger Sandherr läßt ihn beim Abschied wissen, daß General Boisdeffre, Chef des Generalstabs, ihm mitgeteilt habe, falls man in der Affäre noch zusätzliches Beweismaterial benötigte, solle man sich an Major Henry wenden. Der wisse, wo sich ein Dossier befinde, das man den Richtern hinter dem Rücken der Verteidigung in das Beratungszimmer gebracht habe.

Picquart ist entsetzt. Er hat von der Sache zwar schon andeutungsweise gehört, aber nicht an diese Gerüchte geglaubt. Jetzt wird er mißtrauisch. Er ist kaum ein Jahr in seiner neuen Stellung, als ihm im März 1896 ein Dokument in die Hände gerät. Es handelt sich um einen Rohrpostbrief, später während des Verfahrens der »petit bleu« genannt. Er war wenige Tage zuvor von Oberstleutnant von Schwartzkoppen an den französischen Major Walsin-Esterhazy geschrieben worden oder, um genau zu sein, von einer Dame, die Schwartzkoppen gut kannte und der er Briefe diktierte. Aber der Brief war, kaum aufgegeben, bereits umgeleitet worden, die Briefmarke noch nicht einmal abgestempelt. Irgend jemand hatte ihn dann zerrissen, so daß der Eindruck entstehen sollte, er käme wiederum aus einem Papierkorb, vermutlich wiederum aus einem der deutschen Botschaft gehörenden. Eines war damit erwiesen: die beiden Offiziere standen in Verbindung miteinander.

Der Inhalt dieses Briefes:

»Ich erwarte vor allem eine genauere Erklärung als diejenige, die Sie mir unlängst über die schwebende Frage zukommen ließen. Ich bitte Sie daher, sie mir schriftlich zu geben, um entscheiden zu können, ob ich meine Beziehung zum Hause R. fortsetzen kann oder nicht.«

Der Brief war gezeichnet mit einem großen C. Der Fund und die Schlüsse, die man aus dem »petit bleu« ziehen mußte, besser, hätte ziehen müssen, waren geeignet, die ganze Affäre Dreyfus in ein neues Licht zu setzen. Es stand also ein Franzose mit Schwartzkoppen in Verbindung, aber Dreyfus konnte es nicht sein, der konnte keine Rohrpostbriefe mehr schreiben, er saß ja auf der Teufelsinsel.

Walsin-Esterhazy? Picquart stellt fest, daß es einem Major Walsin-Esterhazy gibt, einer ungarischen Adelsfamilie entstammend, der Leutnant in der Fremdenlegion war und schließlich nach dem Krieg 1870/71, den er mitgemacht hatte, in die französische Armee übernommen wurde. Gegen ihn spricht, daß er sich ständig in Geldverlegenheit befindet, daß er einen Lebenswandel führt, der nicht mit seiner Löhnung in Einklang zu bringen ist, und daß er mit Personen verkehrt, mit denen man eigentlich nicht verkehrt. Zu seinen Gunsten spricht seine Freundschaft mit Major Henry vom Deuxième Bureau.

Wie Picquart nach sofort eingeleiteten Recherchen feststellen muß, hat sich Walsin-Esterhazy in den letzten Jahren geradezu auffällig bemüht, in den Besitz vertraulicher Mitteilungen zu gelangen, auch aus dem Gebiet der Artillerie. Ferner wird festgestellt, daß er sich mehrmals auf Kriegsschulen abkommandieren ließ, bei Vorgesetzten und Kameraden vertrauliche Dokumente entlieh und sie erst nach zahlreichen Mahnungen zurückgab, daß er die ihm unterstellten Soldaten dauernd damit beschäftigte, für ihn Urkunden zu kopieren, und daß er durch Vermittlung gewisser Gönner versucht, in das Kriegsministerium versetzt zu werden.

Das alles erfährt Picquart bald, mit Ausnahme der Tatsache, daß Esterhazy mit Henry befreundet ist. Diesem, der ja gewissermaßen sein Adjutant ist, erzählt er von seinem Mißtrauen. Henry läßt Esterhazy warnen, der dann ziemlich plötzlich mit seinen Besuchen auf der Deutschen Botschaft aufhört.

Weiter. Im Juli 1896, also nur wenige Wochen nach dem »Fund« des »petit bleu«, erfährt Picquart durch den französischen Militärattaché in Berlin, der wiederum dort deutsche Agenten beschäftigt, daß der deutsche Generalstab im Pariser Offizierscorps über einen Spion verfüge, einen Infanteriemajor, zwischen 40 und 50 Jahre alt. Der liefert nicht immer gutes Material, aber zuletzt immerhin interessantes, und zwar aus der Schießschule in Châlons.

Das kann nur Esterhazy sein. Denn das berühmte Bordereau hatte ja Angaben über die Artillerie enthalten. Wiederum wird der Schriftsachverständige Bertillon herangezogen. Er sieht sich zwei Briefe Esterhazys an und erklärt nun, seine Schrift sei identisch mit der Schrift aus dem Bordereau.

Womit eigentlich bewiesen sein dürfte, daß Esterhazy nicht ganz unschuldig ist.

Dies erklärt Picquart auch am 1. September 1896 in einem Abschlußbericht an General Boisdeffre, Chef des Generalstabs, unter Beifügung des geheimen Dossieres, das im Dreyfus-Prozeß hinter den Kulissen eine so fatale Rolle gespielt hat. Der General ist zunächst einmal verärgert. Er glaubt den Befehl gegeben zu haben, das Dossier zu vernichten. Und Picquart erhält alsbald den Befehl, das Bordereau in die Akte Dreyfus zurückzulegen und sich bei den Ermittlungen gegen Major Esterhazy allein auf den »petit bleu« zu beschränken. Picquart muß sich sagen, daß man höhererseits offensichtlich nicht wünsche, daß die »Affäre« aufgeklärt wird. Dies teilt er seinem besten Freund, dem Rechtsanwalt Louis Leblois, mit.

Da erscheint in der Presse die Mitteilung, Dreyfus sei von der Teufelsinsel geflohen. Dabei handelt es sich um eine Fälschung. Und der Urheber dieser Nachricht ist der Bruder Mathieu Dreyfus, der damit die öffentliche Meinung von neuem mit der »Affäre« beschäftigen will. Dies gelingt bis zu einem gewissen Grad. Auch wird die Sache mit dem Dossier bekannt, das ohne Kenntnis der Verteidiger von Dreyfus oder von Dreyfus selbst dem Gericht vorgelegt wurde. Dies wird zwar vorläufig nur angedeutet, aber am 9. September unverhohlen in der Zeitung »L'Éclair« behauptet.

General Alphonse vom Kriegsministerium läßt Oberst Picquart kommen: »Sorgen Sie dafür, daß dieser Jude auf der Teufelsinsel bleibt!« Dies kann natürlich nur den einen Sinn haben, daß Picquart alles verhindern soll, was sich für Dreyfus günstig auswirken könnte.

Picquart läßt sich so leicht nicht einschüchtern. In welche Situation käme man denn, fragt er, falls sich herausstellen sollte, daß Dreyfus unschuldig sei. Der General gibt eine salomonische Antwort: »Wenn Sie den Mund halten, wird sich das niemals herausstellen.«

Picquart: »Mein General, was Sie soeben gesagt haben, ist ungeheuerlich. Auf keinen Fall werde ich das Geheimnis mit ins Grab nehmen.« Und er fordert auf Grund des vorliegenden Materials die Verhaftung Esterhazys. Der General lehnt ab.

Mathieu Dreyfus bleibt weiterhin tätig. Am 6. November 1896 veröffentlicht er in Brüssel eine 24 Seiten umfassende Denkschrift mit dem Titel »Ein Justizirrtum. Die Wahrheit über den Fall Dreyfus.« Diese Denkschrift geht allen Pariser Journalisten von Bedeutung und zahlreichen anderen prominenten Persönlichkeiten zu, ja, man kann sie sogar in französischen Buchhandlungen kaufen.

Im Kriegsministerium ist man einer Panik nahe. Denn jetzt ist schon von einer Revision, von einer Wiederaufnahme die Rede. Es heißt in dem Pamphlet unter anderem: »Noch ist es Zeit, die Sache wieder aufzunehmen. Man möge nicht sagen, daß man die Gerechtigkeit vergessen habe, weil ein Jude im

Mittelpunkt stand... Capitaine Dreyfus ist unschuldig, man hat seine Verurteilung durch illegale Mittel erreicht. Ich fordere die Wiederaufnahme des Prozesses, und hinfort wird man nicht mehr unter Ausschluß der Öffentlichkeit verhandeln können, sondern sie im Angesicht des ganzen Landes... Neue Beweismittel werden zur Verhandlung beigebracht werden, und sie dürften juristisch für die Aufhebung des Urteils genügen.«

Den Kernpunkt dieser Ausführungen bildet natürlich das Dossier, von dessen Existenz die Verteidigung nichts geahnt hat und dessen Inhalt sie noch immer nicht kennt. Mathieu Dreyfus weiß davon durch einen Freund des Präsidenten Felix Faure seit vielen Monaten, hat aber bisher geschwiegen, weil er kein Dementi herausfordern wollte. Jetzt ist er entschlossen, zuzuschlagen. Am 10. November, nur vier Tage nach Erscheinen der Denkschrift, veröffentlicht »Le Matin« ein Faksimile des Bordereaus. Wie man dazu gekommen ist? Einer der Schriftsachverständigen hat es photographiert. Das war zwar unerlaubt, aber jetzt ist es Tatsache.

Ungeheures Aufsehen. Wie erfuhren Mathieu und sein Ghost-Writer, ein gewisser Bernard Lazare, von der Existenz des Bordereaus? Wer anders als Oberst Picquart kann ihm die Photographien zugespielt haben?

Nun, was geschehen ist, kann nicht mehr ungeschehen gemacht werden. Eine Debatte im Parlament ist zu erwarten. Wie kann sich das Militärgericht gegen die dann ohne Zweifel auftauchenden Behauptungen, Dreyfus sei unschuldig, schützen? Jetzt glaubt Major Henry handeln zu müssen. Er begeht eine Fälschung. Er nimmt sich zwei Briefe des italienischen Militärattachés Panizzardi vor, die jene Putzfrau Bastian aus der deutschen Botschaft entwendet hat, und stellt aus ihnen eine dritte »Urkunde« zusammen, die allem Anschein nach von Panizzardi verfaßt sein muß. Der Inhalt: »Mein lieber Freund, ich habe gelesen, daß ein Deputierter wegen Dreyfus intervenieren will. Wenn man in Rom neue Erklärungen fordert, werde ich sagen, ich hätte niemals Beziehungen zu diesem Juden gehabt. Das ist klar. Falls man Sie fragt, äußern Sie sich ebenso, denn es darf niemals jemand erfahren, was da im Zusammenhang mit ihm geschehen ist.« Unterschrieben: Alexandrine.

Hier wird also Dreyfus zum ersten Mal mit Namen genannt. General Boisdeffre, der auf eine Intervention im Parlament wartet und sich auf jeden Fall vorbereiten will, läßt sich noch einmal die Akten kommen und ›entdeckt‹ dieses neue Schreiben, das man übrigens Picquart, obwohl er ja der Vorgesetzte Henrys ist, gar nicht erst gezeigt hat. Infolgedessen kann der General mit gutem Gewissen vor die Kammer treten. Alles, was Dreyfus angehe, sei in bester Ordnung, die Ermittlungen korrekt durchgeführt, das Urteil so vollstreckt, wie es vollstreckt werden mußte. Er verlangt von den Abgeordneten, sich aus Patriotismus nicht an der Debatte zu beteiligen. Es gelingt ihm, die Stimmung so zu beeinflussen, daß einer der Abgeordneten am 18. November sogar verlangt, man solle gegen den Schriftsteller Lazare vorgehen, weil er durch Verbreitung von Geheimurkunden die Ehre der französischen Offiziere angegriffen habe.

Aber im Kriegsministerium weiß man: solange Oberst Picquart an seinem Schreibtisch sitzt, ist die Gefahr nicht gebannt. Also muß er fort. Er ist ja auch nicht sehr populär, eben weil er so korrekt ist. Er wird am 16. November in die Provinz versetzt und dann nach Nordafrika, und zwar in ein Gebiet mit geradezu gesundheitsschädlichem Klima. Viele glauben, sie werden ihn nie wiedersehen, er werde erkranken und sterben.

Und Major Henry fälscht weitere Urkunden, jetzt, um Picquard in ein übles Licht zu rücken. Der wird von einem treuen Untergebenen davon unterrichtet und wendet sich an seinen Freund, den Rechtsanwalt Leblois, der sich seinerseits an den bekannten und geschätzten Senator Scheurer-Kaestner wendet. Der soll die Regierung in Kenntnis setzen.

Von all dem weiß Henry nichts. Auch nichts davon, daß von den Papieren, mit denen er seine Fälschungen beging, längst Photographien vorhanden sind. Henry weiß aber, daß Esterhazy in Gefahr schwebt. Er läßt ihn anonym warnen, er sei im Begriff, in einen Skandal verwickelt zu werden. Oberst Picquart habe dafür gesorgt, daß die Familie Dreyfus wichtige Papiere erhalte oder erhalten habe.

Und die Familie Dreyfus? Mathieu läßt nicht locker. Am 14. November 1896 schreibt er an den Kriegsminister:

»Die einzige Grundlage für die Anklage, die 1894 gegen meinen unglücklichen Bruder erhoben wurde, ist ein nicht unterzeichnetes, nicht datiertes Handschreiben. Aus ihm ergibt sich, daß vertrauliche militärische Dokumente an einen Agenten einer feindlichen Macht geliefert worden sind.

Ich habe die Ehre, Ihnen mitzuteilen, daß der Verfasser des Dokuments der Graf Walsin-Esterhazy ist, Major der Infanterie, wegen zeitweiliger Unpäßlichkeit im vergangenen Frühjahr zur Disposition gestellt. Die Handschrift von Major Walsin-Esterhazy ist mit derjenigen auf der Urkunde identisch. Nichts leichter für Sie, als sich eine Schriftprobe von diesem Offizier zu beschaffen.

Im übrigen bin ich bereit, Ihnen mitzuteilen, wo Sie Briefe von ihm finden können, Briefe von unbestreitbarer Echtheit und mit einem Datum, das vor der Verhaftung meines Bruders liegt.

Ich habe keinen Zweifel, Herr Minister, daß Sie rasch der Gerechtigkeit Genüge tun werden, nachdem Sie den Urheber des Verrats kennen, für den mein Bruder verurteilt worden ist.«

Der Minister muß nun wohl, ob er will oder nicht, eine neue Untersuchung anordnen. Untersuchungsführer wird General de Pellieux, der Mathieu Dreyfus, den Senator Kaestner, den Rechtsanwalt Leblois und den Major Esterhazy verhört. Auch Picquart, aber dieser keineswegs als vollgültigen Zeugen, eher als einen, der in Verdacht steht und demnächst vielleicht angeklagt werden wird. Denn Esterhazy hat ihn öffentlich beschuldigt, den »petit bleu« gefälscht zu haben. Man führt bei Picquart sogar eine Hausdurchsuchung durch, findet aber nichts.

Der Ministerpräsident Méline bleibt eisern: »Eine Affäre Dreyfus – die gibt es nicht!« Er findet, Major Esterhazy könne keinen Landesverrat begangen haben, er sei zwar nicht ohne

Fehler, aber kein Verräter. Trotzdem wird am 4. Dezember 1897 ein Verfahren gegen ihn eingeleitet, wozu er selbst seine Einwilligung gibt. Er ist seiner Sache sehr sicher.

Der Führer dieser Untersuchung, ein Major Bavary, ist von Esterhazys Unschuld überzeugt, und so wird er schon am 1. Januar 1898 wieder außer Verfolgung gesetzt und Oberst Picquart wird, wenn auch freilich indirekt, in der Verkündung der Verlautbarung als verdächtigt bezeichnet.

Trotzdem wird Esterhazy unter Anklage gestellt und am 10. Januar sogar festgenommen. In dem anhängigen Verfahren wollen Mathieu Dreyfus und auch Madame Dreyfus als Nebenkläger zugelassen werden, was aber nicht gestattet wird, denn es handelt sich ja um ein Militärgericht und sie sind nur Zivilisten.

Das Hauptverfahren, nur teilweise öffentlich geführt, ergibt, daß gegen Esterhazy überhaupt nichts vorliege, daß aber Oberst Picquart vermutlich der wahre Schuldige sei. Esterhazy wird nach einer Beratung von genau fünf Minuten freigesprochen. Einstimmig. Vor dem Militärgefängnis von Cherche-Midi wartet eine beträchtliche Menschenmenge, um ihm begeistert Beifall zu spenden.

Oberst Picquart aber wird schließlich verhaftet – am 13. Januar 1898.

Einen Tag später kommt die große Wende. Es erscheint in der Tageszeitung »L'Aurore« ein Artikel des Schriftstellers Emile Zola, der ganz Frankreich auf den Kopf stellt.

Ein Wort über Emile Zola: er ist in jenen Jahren bereits der weitaus populärste Romancier Frankreichs und vielleicht Europas. Dabei sind seine Romane alles andere als nur unterhaltend, sie sind gesellschaftskritisch, sie enthüllen Mißstände, sie sind zumindest unbequem und, wie seine Kritiker behaupten, oft unsittlich. Immerhin, er wird in mindestens 25 Sprachen übersetzt, er wird in St. Petersburg genauso eifrig gelesen wie in Berlin, in London genauso wie in Rom oder New York. Er verdient zehnmal so viel wie er verbrauchen kann, um so mehr als er ein zwar gutbürgerliches, aber letztlich doch bescheidenes Leben führt. Und ein ruhiges, denn die bösen Kritiken streifen ihn nicht einmal. Und da kommt der Fall Dreyfus auf ihn zu.

Das heißt, der kommt gar nicht auf ihn zu, er erfährt durch diesen und jenen von diesem und jenem und beschäftigt sich mit der Affäre. Und je mehr er sich mit ihr beschäftigt, um so deutlicher wird es ihm: der Mann ist völlig unschuldig. Und: »Ich muß sprechen!« Er wird später sagen: »Wenn ich geschwiegen hätte, wäre es mir unmöglich gewesen, nachts zu schlafen.«

Die Zeitung, in der er seinen Artikel veröffentlicht, wird von Georges Chlémenceau geleitet. Der ist Abgeordneter, Anwalt und ein glühender Dreyfusianer. Er hat Zola seine Zeitung zur Verfügung gestellt. Es gibt übrigens noch andere prominente Dreyfusianer, viele Intellektuelle sind es und illustre Mitglieder der französischen Gesellschaft. Unter den Intelektuellen wäre vor allem der Schriftsteller Anatole France zu nennen, auch sein Schüler oder besser Protége, der blutjunge Marcel Proust, der freilich noch keinerlei Einfluß besitzt.

Der Artikel Zolas ist ein offener Brief an den Präsidenten der Republik Frankreich, mit dem Titel »J'accuse – Ich klage an!«

In diesem offenen Brief legt Zola die Dinge dar, wie sie sich in Wirklichkeit abgespielt haben. Und er klagt eine ganze Menge Leute und hochgestellte Persönlichkeiten an, die Generäle, die Militärs, die zuständigen Minister. Unglaublich viele Prominente werden, wenn man es von ihrer Seite aus sieht, beleidigt, gekränkt. Und was kommen muß, kommt. Ministerpräsident Méline leitet gegen Zola ein Strafverfahren ein. Das mußte nicht nur kommen, das wollte Zola, das beabsichtigte er mit seinem offenen Brief. Der Fall Dreyfus soll endlich ins Rampenlicht der Öffentlichkeit gerückt werden. Und das wird er mit diesem einen Artikel, mit diesem offenen Brief. Es werden an diesem Tag und an den folgenden nicht weniger als 300000 Exemplare der »Aurore« verkauft. Der

Artikel Zolas geht von Hand zu Hand. Er ist, je nachdem, populärer oder verhaßter denn je.

Am 7. Februar 1898 wird Zola dann zusammen mit dem verantwortlichen Redakteur der »Aurore«, Perreux, unter Anklage gestellt. Listigerweise begnügt man sich damit, nur gewisse Teile des Artikels zu beanstanden, vor allem diejenigen, die mit dem Freispruch zu tun haben. Protest Zolas gegen diese »Verstümmelung seiner Gedanken«. Aber die Regierung will verhüten, daß der Fall Dreyfus vor Gericht wieder zur Sprache kommt.

Hauptverhandlung am 13. Februar 1898. Ungeheuer gespannte Atmosphäre, um so mehr als Offiziere einen großen Teil der Besuchertribünen füllen, die jedes Wort Zolas oder seiner Anwälte mit Hohngelächter begleiten, zahlreiche Einwände in den Saal rufen, ohne daß der Richter sie je zur Ordnung mahnt. Und die anderen, die Zivilisten, sind wiederum für die Offiziere, die beim Betreten und Verlassen des Gerichtssaals geradezu gefeiert werden.

Zentrale Figur des Verfahrens ist Maître Labori, der Zola neben Georges Chlémenceau vertritt. Labori ist ein Staranwalt, freilich auch ein hemmungsloser, einer, der unausgesetzt die andere Seite herausfordert. Aber wenn er von der anderen Seite, vor allem von Major Henry, angegriffen wird, begnügt sich der Präsident des Gerichts mit lahmen Bemerkungen wie: »Es scheint, die Herren sind nicht ganz im Einklang miteinander!«

Verschiedene Male meldet sich Oberst Picquart zu Wort, vor allem um zu erklären, daß Fälschungen vorliegen, so der Brief, den angeblich der italienische Militärattaché an den Deutschen geschrieben haben soll und der, weil ihn General Pellieux erwähnt, in die Debatte geraten ist.

Picquart sagt auch: »Es gibt noch mehr solche Schriftstücke, bei denen es angebracht wäre, ihre Echtheit festzustellen. Eine dieser Urkunden ist im Ministerium in einem ganz bestimmten Augenblick aufgetaucht, nämlich als Major Esterhazy so etwas für seine Verteidigung benötigte, weil man ihm vorwarf, der

Verfasser des Bordereaus zu sein. Nun, dieses Schriftstück ist im rechten Augenblick aufgetaucht, aber man hat es mir niemals gezeigt und mir auch nicht gesagt, woher es kam. Ich behaupte, auch dieses Schriftstück ist eine Fälschung.«

Das Gericht wird nervös, das Publikum ist es schon längst. Der Präsident des Gerichts erfüllt ein Übersoll, indem er jede Frage des Verteidigers zurückweist, die irgendwie mit der Affäre Dreyfus zu tun haben könnte. Es handle sich ja nicht um einen Fall Dreyfus, sondern um einen Fall Esterhazy.

Maître Demange, der Verteidiger von Capitaine Dreyfus, erklärt, das Urteil gegen Dreyfus sei nicht legal zustande gekommen. Er wird von Labori befragt, ob es richtig sei, daß ein Mitglied des Kriegsgerichts ihn ins Bild gesetzt habe. Die Antwort ist: »Tatsächlich, es ist so!«

Bewegung im Publikum. Aufregung innerhalb der gesamten französischen Presse. Diejenigen, die eine Wiederaufnahme des Verfahrens gegen Dreyfus verlangen, fühlen sich gestärkt.

Was nichts daran ändert, daß der laufende Prozeß am 28. Februar nach fünfzehntägiger Verhandlung mit der Verurteilung Zolas zu einem Jahr Gefängnis, des Angeklagten Perreux zu vier Monaten Gefängnis endet. Außerdem müssen beide noch je 2000 Francs Buße zahlen.

Ungerecht? Gewiß. Aber auch ein Glück. Wie einer der Verteidiger, Chlémenceau, später sagen wird, hätte im Falle eines Freispruchs Zolas er selbst und auch Labori das Gerichtsgebäude kaum lebend verlassen können.

Nun kommt es zu erstaunlichen Ausbrüchen des sogenannten Volkszorns. In den großen französischen Städten, vor allem in Paris, werden jüdische Läden gestürmt, verwüstet und, natürlich, ausgeraubt. In Algerien werden Synagogen zerstört. Es scheint, als habe es nie schlimmer um die Sache von Dreyfus ausgesehen. Und die des einzigen Ehrlichen unter den Offizieren, die in den Fall verwickelt sind, des Oberst Picquart. Er muß sich mit Major Henry duellieren, wobei allerdings nichts herauskommt. Schlimmer, er wird am 26. Februar 1898 wegen

»schwerer Fehler im Dienst« aus der Armee entlassen, und sein Freund, der Rechtsanwalt Leblois aus dem Kommunaldienst der Stadt Paris. Der Chemiker Professor Grimaux, Mitglied der Akademie der Wissenschaften, wird in den Ruhestand versetzt, weil er zugunsten Zolas ausgesagt hatte. Auf der anderen Seite: der Schriftsachverständige Lemercier-Picard erhängt sich. Und wer ist dieser Mann? Ein Freund des Major Henry, der wohl an seiner Urkundenfälschung beteiligt war.

Trotz allem hebt im Juni der Kassationshof das Urteil des Schwurgerichts gegen Zola vom 28. Februar 1898 auf. Neue Verhandlung am 18. Juli vor dem Schwurgericht in Versailles. Wiederum wird Zola verurteilt, wiederum zu einem Jahr Gefängnis und 3000 Francs Geldstrafe. Auf dringendes Anraten seiner Freunde reist Zola noch am gleichen Abend nach Calais und setzt von dort nach England über. Es ist wichtiger, daß er in Freiheit bleibt, um an dem Fall Dreyfus weiterzuarbeiten – und nicht zuletzt an dem Roman, den er gerade unter den Fingern hat. Folge: ein Gerichtsvollzieher pfändet sein Mobiliar und es wird versteigert. Man bedenke: der populärste Romancier Frankreichs; aber im Augenblick – freilich nur im Augenblick – ist noch das Militär mächtiger als die Feder.

Was Zola immerhin erreicht hat, ist die völlige Spaltung Frankreichs in zwei Lager. Dieser Riß geht sogar durch Familien. Man ist entweder für oder gegen Dreyfus; das Bürgertum, die Presse ist gegen Dreyfus, der überwiegende Teil der Intellektuellen für ihn, und die Dreyfusianer gewinnen mit jedem Tag an Boden.

Neue Interpretation in der Kammer bezüglich der Affäre Dreyfus. Zwar behauptet der eben ernannte Kriegsminister Cavaignac, die Schuld von Dreyfus sei erwiesen, und er, der Minister, sei entschlossen, keinem Druck nachzugeben. Um diese seine Haltung zu unterstreichen, liest er den Abgeordneten aus dem geheimen Dossier vor, und siehe da, zwei von den drei Akten, die er vorliest, erweisen sich als Fälschungen. Trotzdem wird ihm das Vertrauen der Kammer ausgesprochen und man läßt seine Rede durch Plakate überall öffentlich anschlagen.

Oberst Picquart ergreift die Gelegenheit. Bisher hat er über die geheimen Dokumente nicht sprechen dürfen, jetzt, da der Kriegsminister sie in der Kammer vorgelesen hat, darf er es. Er teilt dem Ministerpräsidenten mit, »daß ich in der Lage bin, vor jeder zuständigen Justizbehörde den Beweis zu führen, daß die beiden Schriftstücke, die das Datum von 1894 tragen, nichts mit Dreyfus zu tun haben, und daß die Urkunde, die das Datum von 1896 trägt, ganz offenbar eine Fälschung ist... Offenbar ist der gute Glaube des Herrn Kriegsministers mißbraucht worden...«

Daraufhin stellt der Kriegsminister Strafanzeige gegen Picquart, weil er unbefugt Urkunden verbreitet habe, die geheimzuhalten waren. Sofortige Eröffnung des Verfahrens. Picquart wird vom Untersuchungsrichter verhaftet und in ein Gefängnis eingeliefert, wo sich auch Major Esterhazy auf Picquarts Anzeige hin befindet. Gegen ihn wird schließlich Anklage wegen Urkundenfälschung und Verwendung falscher Urkunden erhoben, obwohl der Staatsanwalt die Einstellung des Verfahrens beantragt hat. Die Eröffnung des Verfahrens wird dann freilich abgelehnt und Esterhazy in Freiheit gesetzt, desgleichen seine mitangeklagte und mitverhaftete Freundin.

Am 13. August desselben Jahres findet ein Hauptmann, der vom Kriegsminister mit der Überprüfung aller Akten im Falle Dreyfus beauftragt worden ist, heraus, daß es sich bei dem Schreiben des oder der Alexandrine, der einzigen Urkunde, in der der Name Dreyfus vorkommt, um eine Fälschung handeln muß. Also hat der Kriegsminister seinen Bericht an die Kammer auf eine Fälschung gestützt. Wer kann sie begangen haben? Kein anderer als Oberst Henry.

Fahndung nach ihm, der sich gerade auf eine Urlaubsreise begeben hat. Beschluß des Untersuchungsausschusses, Esterhazy aus der Armee zu entfernen, da man Briefe bei ihm gefunden hat, die ihn untauglich für weiteren Dienst erscheinen lassen. Unter anderen den an seine Freundin, in dem es heißt:»Ich bin restlos davon überzeugt, daß das französische Volk nicht die

Patronen wert ist, um es umzubringen. Und wenn man am Abend zu mir käme, um mir zu sagen, daß ich morgen getötet werden würde, weil ich als Ulanenhauptmann einen Franzosen niedergesäbelt habe, wäre ich restlos glücklich... Paris im Handstreich zu nehmen und hunderttausend betrunkene Soldaten zur Plünderung zu überlassen, das wäre ein Freudenfest, von dem ich träumen könnte.«

Oberst Henry, Ende August nach Paris zurückgekehrt, legt vor Minister Calvaignac ein volles Geständnis ab. Ja, er hat die Fälschungen begangen, »im höheren Interesse der Armee«. In ein Fort eingeliefert, begeht er dort noch in der gleichen Nacht Selbstmord, indem er sich mit seinem Rasiermesser die Kehle durchschneidet.

General Boisdeffre, Chef des Generalstabs, erklärt in einem Brief an den Kriegsminister, er sei in seinem Vertrauen durch Oberst Henry schwer getäuscht worden. »Unter diesen Umständen habe ich die Ehre, Herr Minister, Sie zu bitten, mich von meinen Funktionen entheben zu wollen.«

Der Skandal ist da. Auch der Kriegsminister Cavaignac muß gehen, allerdings unfreiwillig, weil er bis zuletzt gegen eine Wiederaufnahme des Verfahrens war, die jetzt gar nicht mehr umgangen werden kann.

Madame Dreyfus verlangt jetzt offiziell diese Wiederaufnahme.

Aber es wird weitergelogen. Dem Justizminister Sarrien, der wissen will, ob sich in dem fraglichen Dossier gefälschtes Material befunden haben könnte, antwortet der neuernannte Kriegsminister Zurlinden in negativem Sinn, obwohl er es besser weiß, wenn auch freilich ein Beweis für die Fälschung nicht anzutreten ist. Die hat General Mercier vernichten lassen. Aber der Kriegsminister muß doch den »Irrtum« zugeben.

Das geschieht am 24. April 1898. Esterhazy fühlt den Boden unter seinen Füßen wanken. Über Nacht setzt er sich nach England ab, zusammen mit seiner Freundin. Immer wieder wird die Frage aufgerollt werden, warum man diesen so vielfach belasteten, dubiosen Offizier zwar festgenommen, aber doch wieder freigelassen habe. Die Frage wird nie beantwortet werden. Aber die Wahrscheinlichkeit spricht dafür, daß er nicht nur gegen Frankreich, sondern auch für Frankreich spionierte, also ein sogenannter Doppelspion war, den man schon deswegen nicht festhalten konnte, weil er sonst geredet hätte – er wußte zuviel. Und vielleicht hat das sogenannte Bordereau, das von der Putzfrau in der deutschen Botschaft gefunden wurde, in Wirklichkeit gar kein echtes Material enthalten, sondern nur sogenanntes Spielmaterial, das ihm und seinen französischen Auftraggebern zu diesem Zweck übergeben wurde.

Auch das alles wird nie geklärt werden.

Dafür hält man den Obersten, inzwischen Oberst a. D., Picquart nach wie vor fest. Bei seiner Vernehmung erklärt er vor versammeltem Publikum: »Ich werde heute abend vermutlich ins Cherche-Midi kommen. Und wahrscheinlich werde ich nie wieder ein Wort öffentlich sagen dürfen. Aber man soll Bescheid wissen, daß, wenn man in meiner Zelle die Schlinge von Lemercier-Picquart oder das Rasiermesser von Henry findet, es sich um einen Mord handelt. Ich beabsichtige nicht, mich umzubringen. Ich werde hocherhobenen Hauptes vor die Ankläger treten... Das ist alles, was ich zu sagen habe.«

Dem Antrag auf Wiederaufnahme des Verfahrens in Sachen Dreyfus wird endlich stattgegeben. Sturm der Entrüstung in Paris und auch in anderen Städten Frankreichs. Rücktritt des neuernannten Kriegsministers, des Generals Zurlinden, aus Protest gegen die Wiederaufnahme, weil sie die »Ehre der Armee« verletze. Innerhalb von sechs Wochen sind also drei Kriegsminister zurückgetreten. Schließlich tritt die ganze Regierung zurück.

27. Oktober 1898. Die Verhandlung vor dem Kassationshof wird eröffnet. Drei Tage später erklärt die Kammer die Wiederaufnahme für zulässig und ordnet weitere Untersuchungen an. Jetzt wird Dreyfus telegraphisch von der Wende der Dinge unterrichtet. Ein in Guyana stationierter Richter soll ihn vernehmen.

Man bedenke: in all diesen Jahren war Dreyfus von der Welt völlig abgeschnitten. Er wußte nicht, ob seine Frau und sein Bruder überhaupt noch lebten, geschweige denn, ob noch jemand von ihm redete. Aber in all diesen Jahren – und das spricht für seine Disziplin und für seine eisernen Nerven – hat er nicht einen Augenblick daran gezweifelt, daß er zu seinem Recht kommen wird. Auch jetzt kann er nur nicken, als hätte er das alles vorausgesehen.

Am 29. Mai 1899 erklärt der Präsident Ballot-Baupré des Kassationshofs abschließend: »Nach einer gründlichen Prüfung habe ich für meinen Teil die Überzeugung gewonnen, daß das Bordereau nicht von Dreyfus stammt, sondern von Esterhazy geschrieben worden ist.« Am 3. Juni 1899 kommt es dann zur Entscheidung der beiden Kammern des Kassationshofs, also von insgesamt 50 Richtern. Sie erfolgt einstimmig. Anullierung des Urteils vom 22. Dezember 1894, hauptsächlich, weil sich das Billet Alexandrine – immer wieder muß wiederholt werden: das einzige Aktenstück, in dem der Name Dreyfus genannt wird – als Fälschung erwiesen hat. Das sei »eine neue Tatsache«, die eine Wiederaufnahme des Verfahrens rechtfertige. Auch die Behauptung, Dreyfus habe das Bordereau geschrieben, sei nicht beweisbar und überhaupt nichts, was an Akten vorlag oder noch vorliege, sei stichhaltig. Also sei die Unschuld des Verurteilten erwiesen. Das Urteil gegen ihn müsse kassiert werden, und eine neue Verhandlung müsse im Militärgericht in Rennes stattfinden. Gegen General Mercier wird vom Justizminister Anzeige erstattet wegen »Verbrechens, begangen in Ausübung seiner Funktionen«. Am 2. Juli 1899 wird Oberstleutnant du Paty de Clam wegen Fälschung und Weiterleitung gefälschter Urkunden verhaftet und ins Militärgefängnis Cherche-Midi eingeliefert. Am 13. Juli schließlich wird das Verfahren gegen Oberst a. d. Picquart eingestellt. Er hat 330 Tage in Haft gesessen, jetzt hat er seine Freiheit wieder und auch seinen Rang.

Telegraphische Verfügung nach Guyana: Capitaine Dreyfus sei aus der Haft zu entlassen. Er erhalte seinen einstigen

Dienstgrad wieder, denn er sei jetzt nichts weiter als ein Angeklagter, dessen Schuld erst, wenn überhaupt, bewiesen werden müsse.

Dreyfus hat noch die Kraft, seine Uniform wieder anzuziehen. Dann bricht er zusammen. Es ist, als begreife er erst jetzt, wie außerordentlich die Turbulenz war, die er, wenn auch unschuldigerweise, verursacht hat.

Das Schiff, das ihn nach Frankreich bringt, trifft am 30. Juni im Hafen von Quiberon ein, von wo er sofort nach Rennes gebracht wird.

Zweite Hauptverhandlung in Sachen Dreyfus am 7. August 1899 vor dem Militärgericht in Rennes, das sich in der Aula des städtischen Gymnasiums installiert hat.

Sie wird fünf Wochen dauern, vom 7. August bis 8. September, denn der ganze Fall muß noch einmal von Anfang an durchexerziert werden, als hätte es nie Belastungs- oder Entlastungszeugnisse gegeben. Endlose Debatten zwischen Ankläger Major Carrière und den Verteidigern. Die Belastungszeugen – Staatsmänner, Generalstabsoffiziere, Diplomaten, Polizisten – erweisen sich als unbelehrbar. Daß der Kassationshof bekanntgegeben hat, das Bordereau stamme nicht von Dreyfus, scheint ihnen völlig unbekannt zu sein, sie glauben noch immer an die Schuld von Dreyfus oder behaupten es jedenfalls.

Und auch im Lande gibt es immer noch hunderttausende Menschen, wenn nicht Millionen, die von der Schuld Dreyfus' überzeugt sind.

Maître Labori, der Hauptverteidiger von Dreyfus, ist großartig, befindet sich aber in ständiger Erregung, sagt manches, was auch durchaus gutwillige Zeugen gegen ihn, das heißt gegen Dreyfus, einnimmt. So stark wird die Erregung gegen Maître Labori, daß er einmal beim Verlassen des Gerichtsgebäudes von einem unbekannten jungen Mann angeschossen wird. Die Verletzung ist geringfügig, aber sie macht es ihm unmöglich, die Verteidigung fortzusetzen.

Und Dreyfus selbst?

Er ist die Ruhe selbst. Er macht den Eindruck, als ginge ihn das alles, was hier verhandelt wird, überhaupt nichts an.

Der neue Verteidiger, Maître Demange, macht auf das Gericht und auf die Zuschauerschaft einen besseren Eindruck als Labori, weil er eben sehr viel ruhiger und vernünftiger agiert. Labori indessen arbeitet auch hinter den Kulissen weiter für Dreyfus. Er schickt dem deutschen Kaiser ein Telegramm, in dem er ihn »respektvoll bittet«, den Oberst von Schwartzkoppen zu ermächtigen, in Rennes auszusagen – ein Telegramm, das natürlich keiner Antwort gewürdigt wird oder gewürdigt werden kann. Der Botschafter Graf von Münster hat ja vor längerer Zeit dem französischen Außenminister und auch dem damaligen Präsidenten Casimir-Perrier gegenüber erklärt, seine Botschaft habe niemals direkt oder indirekt in Verbindung zu Dreyfus gestanden.

Immerhin gibt jetzt, am 24. Januar 1898, der Staatssekretär des Äußeren von Bülow vor dem deutschen Reichstag eine ähnliche Erklärung ab.

Als die Hauptverhandlung am 9. September zu Ende geht, nimmt man allgemein an, der Staatsanwalt werde in seinem Plädoyer auf Freispruch plädieren. Statt dessen muß die Zuhörerschaft hören: »Mein Gewissen, das zu Beginn der Verhandlung auf Unschuld mit sich ins reine gekommen zu sein schien, hat sich Schritt für Schritt dem gegenteiligen Urteil zugewandt, und so erkläre ich auf Ehre und Gewissen: Dreyfus ist schuldig!«

Die Öffentlichkeit ist erschüttert.

Die Verteidiger müssen nun noch einmal ganz von vorn anfangen. Labori, immer noch nicht ganz gesund, will nun doch wieder plädieren, verzichtet aber schließlich darauf. Demange hält statt seiner eine sehr leidenschaftliche Rede, die einem Richter sogar Tränen abzwingt.

Aber das Urteil lautet, man kann es kaum fassen, »schuldig«, diesmal allerdings nur mit fünf gegen zwei Stimmen. Da Dreyfus – man höre und staune – mildernde Umstände zugebilligt werden, wird er nur zu zehn Jahren Gefängnis und zu Deportation verurteilt. Die Richter empfehlen dem Verurteilten allerdings ein Gesuch um Begnadigung.

Sensation in der Öffentlichkeit. Stürmische Proteste der Linken, die immer noch gegen Dreyfus ist. War alles umsonst? Die französische Regierung hatte gehofft, daß ein Freispruch erfolgen und damit die Sache aus der Welt geschafft werden würde. Irgendwie muß die Sache doch einmal erledigt werden! Kurzerhand begnadigt man Dreyfus also, nachdem er versprochen hat, keine Rechtsmittel mehr in Anspruch zu nehmen. Und auch die anderen, die mit ihm zusammen angeklagt oder gar verurteilt waren, wie Zola. Picquart erhält seine Freiheit wieder.

Das bedeutet für die Anhänger von Dreyfus eine neue und nicht unschwierige Situation. Zola und Chlémenceau wären bereit, den Kampf weiterzuführen, die Angehörigen und Freunde von Dreyfus ebenfalls. Aber Dreyfus ist nun wohl endgültig seelisch fertig und will nur noch Ruhe.

Jetzt wird er, der ja nicht ahnen konnte, was während seiner Verbannung auf der Teufelsinsel sich alles ereignet hat, darauf aufmerksam gemacht, was zum Beispiel Zola für ihn getan hat. Also stattet er Zola einen Dankesbesuch ab. Dieser Besuch fällt denkbar frostig aus. Zola sagt später, Dreyfus sei ihm gar nicht sympathisch gewesen, und fügt hinzu, wohl mehr im Scherz, wenn er ihn früher schon gekannt hätte, würde er vielleicht nichts für ihn unternommen haben. Dies ist nun wirklich nicht so, aber er hat sich eben Dreyfus, für den er so viel aufs Spiel gesetzt hat, etwas anders vorgestellt. Vor allem entschlossener. Er sagt ihm auch ganz offen, er sei ziemlich entsetzt darüber, daß er sich habe begnadigen lassen.

Dies sieht Dreyfus als Rat an. Er setzt sich mit Labori in Verbindung, und der findet, daß, Gnade hin, Gnade her, der Fall noch einmal aufgenommen werden müsse. Ein Vorwand dafür findet sich bald.

Am 26. November 1900 fordert Dreyfus von dem damaligen Ministerpräsidenten Waldeck-Rousseau die Wiederaufnahme des Verfahrens: »Meine Unschuld ist vollkommen. Und um die juristische Anerkennung dieser Unschuld durch eine Wiederaufnahme des Verfahrens werde ich bis zu meinem letzten Atemzug kämpfen... Ich wahre das Recht aller Menschen, ihre Ehre zu verteidigen und die Wahrheit proklamieren zu lassen. Ich habe infolgedessen auch das Recht, Herr Präsident, von Ihnen eine Untersuchung zu fordern. Ich bitte Sie darum...«

An dieser Stelle auszuführen, welcher juristischen Tricks er sich auf Anraten von Labori und vielleicht auch von Zola bedient, ist unmöglich. Aber die Wiederaufnahme des Verfahrens wird schließlich von dem Sozialisten Jean Jaurès in Bewegung gesetzt. Der weist am 6. April 1903 in der Kammer darauf hin, daß maßgebliche Stellen darum bemüht sind, die Wahrheit zu unterdrücken, nämlich, daß Dreyfus unschuldig ist. Zu dieser Überzeugung hat er sich durchgerungen. Er liest der Kammer den uns bereits bekannten Brief des Generals Pellieux vor, den er vor einigen Jahren dem Kriegsminister geschrieben hat: »Betrogen von Leuten ohne Ehre, kann ich nicht mehr hoffen, das Vertrauen meiner Untergebenen zu besitzen, ohne das kein Vertrauensverhältnis möglich ist. Da ich das Vertrauen in diejenigen meiner Vorgesetzten verloren habe, die mich mit Fälschungen haben arbeiten lassen, habe ich die Ehre, Sie zu bitten, mich aus Altersgründen in den Ruhestand versetzen zu lassen.«

Dieser Brief, nicht allgemein bekannt, wirkt jetzt mit der Kraft einer Explosion auf die Öffentlichkeit. Um so mehr, als ein Abgeordneter, ein gewisser Brisson, der einmal in der Regierung saß, der Kammer erklärt, daß er von diesem Brief damals gar nichts erfahren habe, daß man ihn also sogar der Regierung unterschlagen hat. Auch der einstige Kriegsminister Cavaignac will von dem Brief nichts gewußt haben. Es stellt sich heraus, daß der Brief vom damaligen Kriegsminister General Zurlinden zurückgehalten wurde. Diese Entdeckung bildet den Anlaß, das Kriegsministerium gewissermaßen einer Hausdurchsuchung zu unterziehen. Dabei stellt sich unter anderem heraus, daß der Brief des Oberstleutnants von Schwartzkoppen, der die Worte »die Canaille D.« enthielt, aus dem Jahr 1892 stammt, also zu einer Zeit geschrieben wurde, in der sich Dreyfus noch gar nicht im Generalstab befunden hat. Er konnte also unmöglich mit diesem »D.« gemeint sein. Man findet ebenfalls Urkunden, von denen im laufenden Verfahren behauptet wurde, Dreyfus hätte sie verschwinden lassen. Kurz, man kommt Fälschungen größten Stils auf die Spur.

Schließlich wird ein Telegramm entdeckt, das Guérin nach der Degradierung von Dreyfus an General Sauße gesandt hat. Darin ist von einem Geständnis mit keinem Wort die Rede. Das Telegramm lautet: »Dreyfus hat seine Unschuld beteuert und ausgerufen: Es lebe Frankreich! Und von Capitaine Lebrun-Renault, von dem behauptet wurde, er habe von Dreyfus ein Geständnis erhalten, liegt nur eine kurze Meldung von dem betreffenden Tag vor: Nichts zu berichten!«

Die Regierung muß sich also von neuem mit dem Fall Dreyfus beschäftigen, der jetzt wieder ein »Fall« geworden ist. Und am 25. September 1903 wird der Generalstaatsanwalt beim Kassationshof mit den Akten erneut bedacht. Die beiden Strafkammern beschließen am 5. März 1904 – man hat sich also Zeit gelassen – die Wiederaufnahme erneut zu genehmigen.

Die neue Untersuchung erstreckt sich über die Zeit vom 5. März bis zum 19. November 1904, also ganze sieben Monate. Man kann nicht behaupten, daß es ihr an Gründlichkeit mangelt. Der Generalstaatsanwalt legt seine Stellungnahme am 9. März 1905 vor. Die Vorbereitung der Entscheidung der beiden Strafkammern dauert ein weiteres Jahr. Der mit der Aufgabe betraute Richter legt seinen Bericht im Mai 1906 vor. Im Juni 1906 tritt dann das Gericht endlich zur Schlußverhandlung zusammen. Nach dem Bericht des Appellations-Gerichtsrats Moras ergreift der Generalstaatsanwalt das Wort zu einem Plädoyer, das nicht weniger als acht Sitzungstage dauern wird. Der Verteidiger von Dreyfus, diesmal nicht Labori, benötigt drei Tage für sein Plädoyer. In ihm wird auch gesagt, daß Dreyfus auf jede Entschädigung verzichte, aber auf seiner Rehabilitation beharre, die im »Journal Officiel« veröffentlicht werden müsse.

Am 12. Juni 1906 Verkündigung des Urteils. Das Urteil des

Kriegsgerichts von Rennes wird aufgehoben, und zwar ohne Verweisung an ein anderes Gericht. Also Freispruch. In der Begründung, die vierzig Seiten umfaßt, wird ausgeführt, daß sich die Anschuldigungen gegen Dreyfus in nichts aufgelöst hätten. Seine Unschuld stehe nun endgültig fest, was ausdrücklich bestätigt wird. Das Urteil von Rennes sei fehlerhaft und irrig gewesen. Das Urteil soll in Paris und in Rennes durch Plakate bekanntgegeben werden, ebenfalls im »Journal Officiel« und in fünf Zeitungen, die Dreyfus auswählen darf. Er wird ermächtigt, auf Staatskosten Anzeigen in fünfzig Zeitungen aufzugeben, in denen auf das Urteil hingewiesen wird.

Nach sieben Jahren also Freiheit und Rehabilitation. Die Kammer beschließt mit 442 gegen 32 Stimmen, Dreyfus wieder in die Armee aufzunehmen. Er wird zum Bataillonschef befördert. Außerdem erhält er das Kreuz der Ehrenlegion. Oberst Picquart wird zum Brigadegeneral befördert, sein Freund Leblois wird Bürgermeister von Paris.

Zola hat diesen letzten Akt nicht mehr erlebt. Er ist einige Jahre zuvor an einer Vergiftung gestorben – durch Kohlenoxydgas, das einem schadhaften in seinem Schlafzimmer aufgestellten Ofen entströmte. Möglich, aber unwahrscheinlich, daß es sich hier um ein Attentat gehandelt hat.

Dreyfus ist noch einige Jahre Offizier, wird dann pensioniert und lebt noch mitten in den Zweiten Weltkrieg hinein, ziemlich zurückgezogen. Ein oder zwei Jahre vor ihm stirbt, völlig vergessen und in Armut, der ehemalige Oberst Esterhazy im Londoner Exil.

Die »Ermordung« des Oscar Wilde 1895

Der erste Prozeß um Oscar Wilde beginnt am 3. April 1895 im Old Bailey – nicht in dem groß angelegten Gebäude, das später als Kriminalgericht fungieren wird, sondern in einem kleinen, eher düsteren Gerichtssaal, der bald überfüllt ist – von Mitgliedern der Londoner Gesellschaft. Denn es handelt sich, vorläufig noch, um ein quasi gesellschaftliches Ereignis.

So zumindest empfinden es die Neugierigen, die gekommen sind. In diesem Prozeß ist Oscar Wilde weder Kläger noch Angeklagter, er ist »nur« Zeuge. Wenige Tage später wird er freilich schon Angeklagter sein und mehr oder weniger verurteilt.

Es klagt der Staatsanwalt, das heißt die Öffentlichkeit, gegen den Marquis John Douglas Queensberry wegen Verleumdung und Beleidigung Oscar Wildes. Es geht da um die in jener Zeit höchst knifflige Frage, ob Oscar Wilde mit dem Sohn des Marquis, dem blutjungen schönen Lord Alfred Douglas, in näheren, das heißt in homosexuellen Beziehungen gestanden hat oder noch steht.

Der Marquis wird vertreten durch Edward Carson, damals schon einer der bedeutendsten Strafverteidiger des Landes; Oscar Wilde von Sir Edward Clarke, ebenfalls ein prominenter Anwalt. Der hat gezögert, als Wilde ihn bat, ihn zu vertreten, aber zugestimmt, als Wilde ihm ehrenwörtlich versicherte, an der ganzen Geschichte sei überhaupt nichts. Ähnliche Beteuerungen auch seitens des jungen Lords, der Wilde zu dem Anwalt begleitet hatte.

Oscar Wilde ist einer der letzten, die im Gerichtssaal erscheinen, wieder begleitet von dem jungen Lord, und sich mit Mühe seinen Weg durch die Zuschauer bahnt, die, da sie keinen Sitzplatz mehr gefunden haben, sich in den Gängen drängen. Er ist, wie ja immer, makellos gekleidet in einem modischen Frack, mit einer Blume im Knopfloch, in der Hand einen Hut aus Samt. Er ist elegant, als befinde er sich, wie so oft schon in diesen Jahren, auf dem Weg zu einer Gesellschaft. Er scheint glänzender Laune, er spricht animiert mit allen denen, die er kennt, lächelt ihnen zu, zeigt nicht die geringste Nervosität.

Einer der ersten Zeugen für die Anklage ist ein gewisser Sidney Wright, Portier im Albemarle-Club, dem Oscar Wilde und auch seine Frau angehören, und der bezeugt, daß eines Abends – am 18. Februar – Queensberry nach Wilde gefragt, und als er erfahren habe, daß dieser nicht anwesend sei, ihm eine Karte ausgehändigt habe, die er Wilde übergeben sollte. Er habe sich die Karte angesehen, aber ihren Inhalt nicht verstanden. Er steckte sie in einen Umschlag, und als Wilde zehn Tage später kam, übergab er sie ihm. Die Worte, die der Mann nicht verstanden hatte, lauteten: »Oscar Wilde posing as Sodomite« – als Homosexueller posierend.

Es ist keineswegs das erste Mal, daß der Marquis versucht hat, Wilde zu beleidigen. Er hat von Anfang an etwas gegen den Verkehr seines Sohnes, mit dem er wiederum kaum verkehrt, mit dem Schriftsteller. Zwar ließ er sich vorübergehend von dem Sohn an den Tisch Oscar Wildes im Café Royal bitten und erklärte nachher, Wilde sei ein reizender Mensch: »Ich wundere mich nicht, daß du von ihm so angetan bist!«

Aber das dauerte nicht lange. Erneut verlangte er den Abbruch der Beziehungen. Als dieser nicht erfolgte, sperrte er die Wechsel seines Sohnes. Darauf einige beleidigende Briefe des Vaters an den Sohn, in dem er diesen als »miserable Kreatur« und sich selbst als »angewiderter sogenannter Vater« bezeichnet. Und besuchte er, von einem Berufsboxer begleitet, Wilde in seinem Haus, so herrschte er ihn an, ließ sich aber schließlich von ihm hinauswerfen. Auf die Frage Wildes, ob er denn ernsthaft glaube, sein Sohn und er hätten »unanständige Beziehungen«, sagte er, er behaupte nicht, daß es sich so verhalte, »aber

Sie sehen danach aus und Sie posieren entsprechend, und das ist ebenso schlimm.«

Dann ließ er den Sohn wissen, daß er ihn, falls er ihn noch einmal mit Oscar Wilde in irgendeinem Restaurant treffe, verprügeln werde – worauf der Sohn dem Vater jeweils mitteilte, in welches Restaurant er abends mit Wilde gehen werde. Bei der Uraufführung des Lustspiels von Wilde »The Importance of Being Earnest«, in der deutschen Übersetzung »Bunbury«, wollte er einen öffentlichen Skandal verursachen, aber die Kasse weigerte sich, ihm den bestellten Parkettsitz auszuhändigen, und auch in die Logen oder Ränge kam er nicht hinein. Dabei hatte er ein Bündel Gemüse mitgebracht, das er Wilde, wenn er nach Ende des Stückes wie üblich auf der Bühne erscheinen würde, ins Gesicht zu schleudern gedachte. Der Marquis hätte auch gern den Klageweg beschritten, aber wen sollte er verklagen und weswegen?

Dabei ist er nun keineswegs das, was man gemeinhin einen Gentleman nennen würde, obwohl einem der ältesten Adelsgeschlechter des Landes entstammend. Er ist schwerreich, verschwendet aber ungeheuer viel Geld mit allen möglichen Damen, mißhandelt seine Frau, die aber alles hinnimmt, bis er eines Tages mit einer Freundin ins Haus kommt und ihr zumutet, zu dritt zusammenzuleben. Da zieht sie aus und klagt auf Scheidung.

Er hat fünf Kinder, um die er sich überhaupt nicht kümmert und die er monate- oder auch jahrelang nicht zu Gesicht bekommt. Er ist eigentlich nur am Boxen interessiert, stellt auch die berühmten, heute noch gültigen Boxregeln für Amateure auf, interessiert auch an Reiten und Jagen und natürlich an Pferden. Er scheut sich nie, in der Öffentlichkeit Skandale zu provozieren, ist immer dabei, irgend jemanden »mit der Reitpeitsche zu züchtigen«. Einmal fährt er sogar dem damaligen Außenminister nach Bad Homburg nach, um es zu tun, tut es aber dann doch nicht. Er hat den denkbar schlechtesten Leumund. Die Londoner Gesellschaft ist insgeheim froh, daß er nun doch wohl einen Denkzettel erhalten wird.

Und Oscar Wilde?
Der Richter: »Sie sind Dramatiker und Autor?«
»Ich glaube, daß ich in dieser Kapazität bekannt bin.«
»Antworten Sie bitte nur auf die Fragen.«
Oscar Wilde ist damals vielleicht der populärste, sicher der bekannteste Schriftsteller, freilich auch ein nicht unumstrittener Mann in London. Als Sohn des berühmten Augenspezialisten Sir William Wilde in einem irischen Städtchen aufgewachsen, erhält er ein Stipendium für das Trinity-College in Dublin, bewährt sich dort als hervorragender Schüler und wird, wiederum mit einem Stipendium, nach Oxford geschickt, wo er sich als hervorragender Student schnell allgemeiner Popularität bei Lehrern und Schülern erfreut. Besonders interessiert ist er an griechischer Kunst, an griechischer Literatur. Er beginnt auch selbst zu schreiben und vor allem zu dichten und man nimmt allgemein an, daß er sich sehr bald als großer Dichter durchsetzen wird.

Nach Beendigung von Oxford und einer Reise nach Griechenland, die er mit Hilfe einer kleinen Erbschaft gemacht hat, die ihm der Vater hinterließ, nimmt er seinen Wohnsitz in London. Vorläufig hat er keinerlei Einkommen, aber das ist ihm nicht sehr wichtig. Er schreibt gelegentlich ein Gedicht oder auch eine kleine Novelle oder einen Essay. Und bald erregen seine Arbeiten ein gewisses Aufsehen, und er wird in Häuser von prominenten Mitgliedern der Gesellschaft eingeladen. Er gefällt enorm, nicht nur durch sein Aussehen – er ist fast schön zu nennen – er kleidet sich extravagant, meist in Samt und Seide, tritt oft in Kniehosen auf, die damals schon längst aus der Mode sind; das Entscheidende aber ist sein Charme, sein Witz, seine geradezu fabulöse Fähigkeit zu unterhalten, zu amüsieren. Sein erster und übrigens einziger Roman »Das Bildnis des Dorian Gray« hat sowohl als Vorabdruck in einer bekannten Zeitschrift als auch in Buchform einen geradezu überdimensionalen Erfolg. Er verdient viel Geld, könnte großartig davon leben, kommt aber merkwürdigerweise nie aus den Schulden heraus. Er schreibt dann einige Lustspiele, und alle sind außerordentliche Erfolge. Trotzdem weiterhin Schulden. Daran ist wohl sein – übrigens durchaus nicht geheimgehaltener – Verkehr mit jungen Leuten schuld, die er stets aufs Eleganteste traktiert, mit denen er Wochenenden in Paris oder sonstwo verbringt, wie zum Beispiel im Fall Lord Douglas, für den er ein Haus an der Themse mietet.

Natürlich gibt die Tatsache, daß er junge Männer, ja sogar noch Studenten, bevorzugt behandelt, zu allerlei Redereien Anlaß. Aber Genaues weiß niemand und will wohl auch niemand wissen. Gewiß, es mehrt sich im Laufe der Jahre die Anzahl von Häusern, in denen man ihn nicht mehr empfängt. Aber die Häuser, in denen man ihn mit offenen Armen willkommen heißt, sind weit in der Überzahl.

Wilde kommt aus seinen finanziellen Schwierigkeiten schließlich dadurch heraus, daß er eine junge Dame der besten Gesellschaft heiratet, die über ein ansehnliches Vermögen verfügt, und die ihm zwei Söhne schenkt.

Was nun die Machenschaften des Marquis Queensberry angeht, so hat er lange gezögert, überhaupt einen Fall aus der Geschichte und den Geschichten zu machen. Alle seine Freunde haben ihn beschworen, die Aktionen des Marquis zu ignorieren. Aber der junge Lord, der seinen Vater haßt und ihm eins auswischen will, hat ihn dazu gebracht, nun doch gerichtlich vorzugehen. Sein Anwalt, der in dem Prozeß später keine Rolle mehr spielen wird, hat ihm versichert, an der ganzen Sache sei nichts, und sich bereit erklärt, seine Vertretung zu übernehmen, die nach englischem Recht vor allem darin besteht, daß er einem Barrister, einem Mann, der vor Gericht erscheinen darf, in diesem Fall Sir Edward Clarke, die Sache überweist. Auch Clarke zweifelt nicht daran, daß Wilde seinen Prozeß, der rein prozessual ja nicht der seine ist, haushoch gewinnen wird. Schließlich hat der Marquis ja seinen Sohn nicht mit Wilde im Bett ertappt, wohl die einzige Möglichkeit für ihn zu beweisen, was er immer wieder angedeutet und in Clubs und in Gesellschaft ausgesprochen hat.

Der Lebemann und Dandy Oscar Wilde war einer der bekanntesten Dichter des Fin de Siècle. Er wurde 1895 wegen seiner Homosexualität vor Gericht gestellt und zu einer Gefängnisstrafe verurteilt.
(Foto: Heinz Röhnert)

Was nun Edward Carson angeht, der den Marquis verteidigen soll, so hegt auch er Zweifel. Kann man irgendeinen Beweis für das – für damalige Zeiten in England – Unaussprechliche zu bringen versuchen? Mit einem sogenannten Geständnis Wildes oder des Lord Douglas ist ja nicht zu rechnen. Aber vielleicht stimmt, was man in gewissen gesellschaftlichen Kreisen Londons hinter vorgehaltener Hand flüstert? Vielleicht ist Oscar Wilde wirklich so – oder unter anderem auch so. Man müßte ihn beobachten lassen, man müßte über ihn recherchieren. Er setzt eine Reihe von Detektiven an, die in London und Paris fündig zu werden versuchen, aber doch nichts herauskriegen, außer daß Oscar Wilde und Alfred Douglas eben sehr oft in Hotels abgestiegen sind, in Paris oder in anderen Städten, aber immer in getrennten Zimmern. Daß sie in Restaurants zusammen gesessen hatten – nun, das ist nicht strafbar.

Und dann, als die Detektive schon zurückgepfiffen werden sollen, geschieht etwas, das mit einem Schlag die Lage völlig verändert. Einer der Detektive hat in einem Londoner Laden etwas zu tun, der als eine Deckadresse für Dirnen gilt und infolgedessen von der Sittenpolizei überwacht wird. Mit einer der dort gerade anwesenden »Damen« kommt eine Unterhaltung zustande und der Detektiv muß hören, die Prostituierte sei keineswegs zufrieden mit dem Geschäftsgang, denn sie hätte Konkurrenz, und dafür sorge kein anderer als ein gewisser Oscar Wilde. Der finanziere Jungens.

Der Detektiv will mehr wissen. Die Frau verweist ihn auf ein Haus in einem übrigens wenig belebten Teil von London. Dort werde er Beweise genug finden, wenn er sie benötige. Der Detektiv geht in das Haus in der Little College Street hinter der Westminster Abbey, wird auf sein Klopfen an der Wohnungstür von der Haushälterin eingelassen, einer älteren Frau, die verhindern will, daß er sich umsieht. Der Detektiv tut es trotzdem, findet einen Briefkasten mit den Namen und Adressen einer Anzahl Jugendlicher, aber auch junger Männer aus den unteren Schichten der Gesellschaft, und Notizen, die einige dieser Jungens mit Oscar Wilde in Verbindung bringen. Diese Adressen werden dem Anwalt des Marquis Queensberry zugeleitet, der die Spuren verfolgt und so junge Männer findet, die bereit wären oder vielleicht auch nicht, aber jedenfalls genötigt werden könnten, gegen Wilde auszusagen.

Und die Kenntnis dieser Namen und die Möglichkeit, daß Aussagen gemacht werden können, machen dem Anwalt des Marquis und ihm selbst neuen Mut.

Die jungen Leute werden zum Termin geladen, nicht in den Gerichtssaal, sondern in einem anderen Raum. Sie lachen, sie rauchen, aber der Anwalt will vermeiden, daß sie mit der Außenwelt in Verbindung treten und daß Wilde so erfahren könnte, welchen Risiken er sich aussetzt.

Wilde ahnt wirklich vorläufig noch nichts. Er glaubt, daß der Marquis allenfalls seine Bücher – insbesondere den »Dorian Gray« – als Beweismaterial für seine abartigen Neigungen heranziehen wird. Dorian Gray selbst wird zwar in dem Roman als ein junger Mann geschildert, der ein Mädchen liebt, das ihn wiederliebt, und daran zugrunde geht – aber die Atmosphäre des Werkes ist durchaus nicht das, was man normal nennen würde. Die Wohnung des Dorian Gray zum Beispiel ist voller seltener Teppiche, ungewöhnlicher Seidentapisserien, Tischen aus dem Orient, Messgewändern, die als Schmuck dienen. Die Räume sind parfümiert, wirken irgendwie erotisch.

Aber das alles kommt gar nicht zur Sprache. Vorläufig geht es nur um die Freundschaft von Wilde mit Lord Alfred Douglas. Ein gewisser Wood, ein eher mieses Subjekt, hat in abgelegten Kleidern, die ihm Lord Alfred Douglas schenkte, gewisse Briefe von Wilde gefunden und ihm gegenüber erklärt, er würde sie zurückgeben, verlange aber dafür 15 Pfund. Die er auch bekam. Aber den wichtigsten der Briefe hat Wood zurückbehalten, um eine weitere Erpressung zu ermöglichen, zu der es auch gekommen war. Und Wilde hatte den großen Fehler begangen, Wood nicht wegen Erpressung anzuzeigen.

Der nun dem Gericht vorgelegte Brief lautet:

»Mein einzig geliebter Junge – Dein Sonett ist entzückend, und es ist ein Wunder, daß Deine roten Rosenblattlippen nicht weniger für die Musik der Dichtung als für berauschende Küsse gemeint sind. Deine zartvergoldete Seele wandert zwischen Leidenschaft und Poesie hin und her. In griechischen Tagen warst Du Hyazinthos, den Apoll so unbeschreiblich liebte. Warum bist Du allein in London, und wann gehst Du nach Salisbury? Geh' dorthin und kühle Deine Hände im grauen Zwielicht der Gotik und komme hierher, wann immer Du magst. Es ist ein lieblicher Platz, aber nur Du fehlst. Doch geh' erst nach Salisbury. Stets in unsterblicher Liebe

Dein Oscar.«

Wildes Anwalt versucht das, was Durchschnittsmenschen als anstößig empfinden könnten, zu erklären: »Die Worte dieses

Briefes, meine Herren, mögen denjenigen extravagant erscheinen, die gewohnt sind, kommerzielle Korrespondenz zu führen... Mr. Wilde aber ist ein Dichter, und der Brief wird von ihm als Sonett in Prosa angesehen.«

Ach, dies ist nicht das einzige Prosa-Sonett. Ein anderes, geschrieben auf dem Briefpapier des Savoyhotels:

»Liebster aller Jungen, Dein Brief war köstlich, er wirkte wie roter und gelber Wein auf mich; aber ich bin traurig und ganz aus dem Gleise. Bosi, Du darfst mir keine Szenen machen. Sie töten mich, sie zerstören die Lieblichkeit des Lebens. Ich sehe Dich in Deiner griechischen Schönheit und Anmut auch noch von Leidenschaft entstellt. Ich kann nicht hören, daß Deine feingeschwungenen Lippen mir freudige Dinge sagen... Ich muß Dich bald sehen. Du bist das göttliche Wesen, dessen ich bedarf, das Wesen voller Anmut und Schönheit... Soll ich nach Salisbury kommen? Meine Wochenrechnung hier beträgt 49 Pfund. Ich habe auch ein neues Wohnzimmer bekommen. Warum bist Du nicht hier, mein wundervoller Junge? Ich fürchte, daß ich fort muß – kein Geld, keinen Kredit, und ein bleischweres Herz.

Der Deinige, Oscar.«

Der gegnerische Anwalt will wissen: »Ist das ein gewöhnlicher Brief?«

Und Wilde, noch immer sehr selbstsicher: »Alles, was ich schreibe, ist außergewöhnlich. Und ich tue nicht so, als ob ich gewöhnlich wäre!«

»Ist dies die Art, in der ein Mann einem anderen Briefe schreibt?«

»Es war der zärtliche Ausdruck meiner großen Bewunderung für Lord Alfred Douglas. Es war nicht, wie der andere Brief, ein Prosa-Gedicht.«

Noch ist Oscar Wilde in Form. Er hält den kaum begonnenen Prozeß für schon gewonnen. Er wird auch nicht unsicher, als der gegnerische Anwalt andeutet, es gebe da gewisse Jungens zweifelhafter Natur, und ihre Namen seien dem Gericht bekannt.

Trotzdem wird es nun unangenehm, als die jungen Männer im einzelnen beschrieben werden.

»Wußten Sie, daß einer von diesen jungen Männern Kammerdiener, ein anderer Kutscher eines Gentleman war?«

»Ich wußte es nicht, aber wenn ich es gewußt hätte, ich hätte mich nicht darum gekümmert. Ich mochte sie gern.«

»Was für ein Vergnügen war es, sich mit Kammerdienern und Kutschern zu unterhalten?«

»Das Vergnügen, mit Menschen zusammenzukommen, die jung, heiter, glücklich, ohne Sorgen und frei sind. Ich mache mir nichts aus den Empfindsamen und den Alten.«

»Gab es bei den Zusammenkünften Champagner? Viel Champagner?«

»Welcher Gentleman wird seine Gäste knapp halten?«

Im Gerichtssaal wird gelacht. Wohl zum letztenmal. Der gegnerische Anwalt darf immerhin bemerken: »Welcher Gentleman würde seinen Kammerdiener und seinen Kutscher knapp halten?«

Protest Wildes, Protest seines Anwalts gegen diese rhetorische Frage.

Immer neue Namen werden genannt. In jedem der Fälle erklärt Wilde, es habe sich um harmlose Beziehungen gehandelt.

Und dann macht er einen entscheidenden Fehler. Der gegnerische Anwalt wirft den Namen eines Jungen namens Granger in die Debatte. Er war ein Bediener in dem Appartment, das Lord Alfred Douglas in Oxford bewohnte. Hat Wilde ihn je geküßt? »Um Gottes Willen, nein! Er war sehr häßlich. Er war ganz ungewöhnlich häßlich!«

Carson lächelt sardonisch. Er will wissen, ob das der Grund dafür gewesen sei, daß Wilde ihn nicht geküßt habe. Er wiederholt unzählige Male: »Warum, warum, warum haben Sie das gesagt?«

Wilde versucht, die Bedeutung dieser Bemerkung herunterzuspielen, aber er weiß, es ist zu spät. Er hat etwas ausgesprochen, was er nicht hätte aussprechen dürfen.

Ein oder zwei Berichterstatter werden später behaupten,

Wilde sei eigentlich schon in diesem Augenblick ein geschlagener Mann gewesen.

Das vielleicht nicht. Aber man merkt, daß er nicht mehr so siegessicher ist, wie er es zuvor war. Die ständigen Fragen, die jungen Männer betreffend, gehen ihm auf die Nerven. Und nun muß er zu seinem Schrecken – er erschrickt wirklich – erleben, daß diese jungen Leute plötzlich vor Gericht erscheinen. Wildes Anwalt begreift sofort, daß es jetzt bitter ernst wird. Wenn Wilde wirklich etwas mit diesen Burschen zu tun hatte! Freilich, das Schlimmste wäre, das weiß Wilde, das weiß der Anwalt, wenn besagter Wood aufträte. Aber das ist wohl kaum denkbar, denn Wilde hat ihm vor einiger Zeit Geld gegeben, damit er nach Amerika verschwinde. Er ist auch nach Amerika gefahren.

Doch nun erklärt der gegnerische Anwalt, auch Wood sei greifbar. Er warte im Vorzimmer. Man hat ihn also eigens zu diesem Prozeß aus Amerika zurückkommen lassen.

Das bedeutet höchste Gefahr, denn dieser gewerbsmäßige Erpresser weiß viel mehr als die anderen. Auch hat er möglicherweise noch Briefe in Reserve.

Carson spürt, daß er das Spiel gewonnen hat. Er hat es als wahrscheinlich erscheinen lassen, daß Wilde sich widernatürlich betätigt hat – so nennt man das damals noch – und er geht zum Angriff über. Er stellt fest, daß mit Ausnahme von Lord Alfred Douglas Wilde offenbar nur Freunde aus niedrigen Ständen gehabt habe. Diese Freundschaften seien alle von erschreckender Ähnlichkeit. Er habe die Jungens nicht nur zu Dinners eingeladen, sondern auch beschenkt. Oft mit silbernen Zigarettenetuis und ähnlichen milden Gaben. Ironisch meint er: »Es mag ein sehr nobler und edelmütiger Instinkt manche Leute dazu bewegen, alle sozialen Schranken niederzureißen. Wenn Mr. Wilde es aber für wünschenswert gehalten hätte, diesen jungen Menschen zu helfen – war es von Nutzen für sie, daß ein großer Schriftsteller sie zu einem Dinner mitnahm und sie mit bestem Champagner traktierte?«

Und an das Gericht gewandt: »Wenn Sie erst gewisse Beweise kennenlernen, werden Sie sich wundern! Nicht nur, daß Gerüchte Lord Queensberrys Ohren erreichten, sondern daß ein Mann wie Wilde jahrelang in der Gesellschaft geduldet werden konnte.«

Die letzten Worte hat Clarke gar nicht mehr gehört, er hat den Saal verlassen, um sich – mit wem wohl? – zu beraten. Jetzt kehrt er zurück, geht auf Carson zu, und eine geflüsterte Unterhaltung beginnt. Und wo ist Wilde? Er ist nicht mehr im Saal. Ist er geflohen? Nein, er ist nicht geflohen. Er erscheint wieder und ist auf geflüstertes Zureden seines Anwalts bereit, die Klage gegen den Marquis zurückzuziehen. Aber das ist aus irgendwelchen rechtlichen Gründen nicht mehr möglich. Carson will es auch gar nicht. Er verlangt Freispruch des Marquis. Schließlich habe er seine Äußerungen auch im öffentlichen Interesse gemacht.

Der Richter stimmt zu. Die Geschworenen entscheiden in diesem Sinne.

»Betrachten Sie die ganze Rechtfertigung als bewiesen?« fragt der Gerichtsschreiber.

»Ja!« antwortet der Obmann der Geschworenen.

»Lautet Ihr Spruch also auf nicht schuldig?«

»Ja!«

Lauter Beifall im Gerichtssaal, vom Vorsitzenden gerügt. Und ungeheurer Beifall draußen vor dem Gerichtsgebäude, wo sich eine ansehnliche Menschenmenge versammelt hat. Ganz besondere Begeisterung zeigen einige Damen zweifelhaften Rufs, die gekommen sind, um zu hören, welches Schicksal ihr »Konkurrent« erleiden würde. Sie sind mehr als zufrieden.

Und bald werden sie noch zufriedener sein.

Wilde fährt nicht nach Hause. Er hat, genaugenommen, gar kein Zuhause mehr, er hat sich vor einiger Zeit von seiner Frau getrennt und ist in das Cadogan-Hotel in der Sloane Street gezogen. Dahin begibt er sich nun also, und dort treffen ihn einige seiner Freunde, und alle raten ihm, so schnell wie möglich das Land zu verlassen. Im gleichen Sinne äußert sich auch sein Anwalt.

Es ist üblich, daß die Protokolle einer solchen Gerichtsverhandlung sogleich der Staatsanwaltschaft zugänglich gemacht werden, und das ist auch durch die Anwälte des Marquis geschehen. Der Innenminister Mr. Asquith, in dessen Haus Wilde noch vor kurzem ein gerngesehener Gast war, hat dafür die Spitzen der Justizbehörden zu sich berufen.

Vergeblich fährt Clarke zu den Behörden und schlägt ihnen vor, die Sache doch ihr Bewenden haben zu lassen. Wilde sei schon bestraft genug.

Die Behörden stehen aber auf dem Standpunkt, sie müßten einen Haftbefehl erlassen. Einige Jahre später wird Lord Alfred Douglas einmal schreiben, es seien da politische Motive mit im Spiel gewesen, was möglich, aber unwahrscheinlich sein dürfte.

Das alles weiß man noch nicht in Wildes Hotel, man weiß nur, daß eine solche Entwicklung möglich und sogar wahrscheinlich ist, und das ist auch der Grund, warum alle dafür plädieren, daß er sofort verschwindet. Auch die Frau Wildes läßt ihm bestellen, sie nehme an, daß er sofort nach Frankreich gehen werde.

Und die Behörden? Was die Polizei angeht, die jetzt eigentlich eingreifen müßte, so zieht sie alles in die Länge. Kein Zweifel, auch den Behörden wäre es lieb, wenn sie Wilde nicht mehr verhaften könnten, weil er bereits geflohen ist.

Er aber ist wie gelähmt, ein gebrochener Mann, zu keinem Entschluß mehr fähig, um so mehr als er unmäßig trinkt und sich in einer Art Trance befindet. Vergebens mahnen die Freunde: »Fahr zum Bahnhof, nimm den Zug nach Dover!«, den er noch sehr gut erreichen könnte. Er ist nicht dazu imstande, er kann sich zu nichts mehr aufraffen, allenfalls dazu, einen kleinen Koffer zu packen. Immer wieder murmelt er: »Es ist zu spät, der Zug ist abgefahren.« Das meint er wohl auch in übertragenem Sinn. Er hält zumindest in diesen Stunden alles für verloren.

Und so sitzt er immer noch mit seinen Freunden im Hotelzimmer und trinkt und wartet geradezu darauf, daß der Schlag fällt. Um sechs Uhr dreißig abends klopft es an der Tür. Es erscheinen zwei Polizisten mit einem Haftbefehl »auf Grund des Verdachts, unsittliche Akte begangen zu haben«.

»Wohin wird man mich bringen?«

Er wird nach Scotland Yard gebracht und dann in die Untersuchungshaft nach Bow Street. »Kann ich Kaution stellen?«

»Ich glaube nicht, daß das möglich ist«, sagt einer der Polizisten. »Aber das muß der Haftrichter entscheiden.«

Wilde geht mit, geduldig wie ein Lamm, nachdem er seinen Freund Robert Ross gebeten hat, aus seinem Haus ein paar Kleinigkeiten zu holen, Wäsche und Kleidungsstücke, und sie in die Bow Street zu bringen. Aber Ross darf sie ihm nicht übergeben und Douglas, der vorspricht, um Kaution anzubieten, wird ebenfalls nicht vorgelassen. Übrigens bringt er nicht etwa das Geld für die Kaution. Er will nur versuchen es aufzutreiben, indem er bei den Theatern vorspricht, die Wildes Stücke gespielt haben oder noch spielen, und bei seinen Verlagen. Vergeblich.

Neuer Prozeß – der erste hat drei Tage gedauert – am 26. April 1895; und er wird fünf Tage dauern. Und diesmal ist Oscar Wilde kein Zeuge der Anklage mehr, sondern der Angeklagte. Die Anklage wird durch die Barrister Charles Frederick, Arthur Gill und Horace Avory vertreten; die Verteidigung liegt wieder in den Händen von Sir Edward Clarke, der zwei Londoner Anwälte zugezogen hat.

Auf der Anklagebank sitzt ein völlig veränderter Oscar Wilde. Da ist nichts mehr von der Selbstsicherheit geblieben, die er bisher an den Tag gelegt hat. Wirre Haare. Ein von Zweifeln zerstörtes Gesicht. Er weiß, was ihn erwartet.

Die anderen wissen es auch. Die Presse, die früher so begeistert für Wilde eingetreten ist und seine Lustspiele nicht genug rühmen konnte, wenn sie auch den »Dorian Gray« zum Teil nicht gerade freundlich begrüßt hatte, ist jetzt einmütig gegen ihn. In ihren Augen ist er bereits verurteilt. Überhaupt, die ganze Stadt ist gegen ihn. Die Theater haben seine Stücke abgesetzt, die bis dahin vor vollen, wenn nicht ausverkauften Häusern liefen. Die Buchhandlungen haben seine Werke aus den Schaufenstern geholt. Leute, denen er Geld schuldet – zum Teil handelt es sich um laufende Rechnungen und keine dieser Rechnungen ist sehr hoch – verklagen ihn. Sie fürchten, und nicht einmal zu Unrecht, daß sie unter solchen Umständen überhaupt nicht zu ihrem Geld kommen würden. Etwas später findet eine Versteigerung seiner Habe statt, besser gesagt eine Verschleuderung, wegen etwa 1000 Pfund Schulden, von denen die meisten Gerichtskosten sind. Bei dieser Versteigerung wird auch viel gestohlen, unter anderem wertvolle Manuskripte.

Der Name Oscar ist ein Schimpfname geworden, den man Männern nachruft, deren Haare etwas zu lang sind und die eine Blume im Knopfloch tragen. Die Söhne Wildes, neun und zehn Jahre alt, müssen aus der Schule genommen werden, die Schulleitung verlangt es: sie könnten ihre Mitschüler »anstecken«. Und der Marquis Queensberry triumphiert. Es sei ihm recht, sagt er nun nachträglich, wenn Wilde das Land verlasse. Aber wenn er seinen Sohn mitnehme, werde er ihm folgen und ihn erschießen, wo immer er ihn finde.

Man könnte wirklich glauben, Wilde habe das schlimmste Verbrechen begangen, das man begehen könne. Und doch existiert das Gesetz, auf das die Anklage sich stützt, erst seit rund zehn Jahren. Zwar ist Homosexualität in England schon vorher strafbar gewesen, sie wurde aber erst neuerdings so hart bestraft. Man konnte dafür bis zu zwei Jahre ins Zuchthaus wandern.

Es werden Zeugen vernommen, von denen einige leugnen, andere zugeben, in intimen Beziehungen zu Wilde gestanden zu haben. Ein Masseur, der im Savoy-Hotel arbeitet, schwört, Wilde mit einem Jugendlichen im Bett gesehen zu haben; ein Zimmermädchen, von dem sich allerdings später herausstellt, daß sie sehr kurzsichtig ist, will im gleichen Hotel zu anderer Zeit den Zustand des Bettes beanstandungswürdig gefunden haben, in dem Wilde mit einem Jungen geschlafen hat.

Der Prozeß könnte nicht besser für die Anklage laufen.

Ein Lichtblick wird für Wilde der vierte Tag, als er im Kreuzverhör nach dem Inhalt einiger seiner Veröffentlichungen befragt wird, insbesondere nach dem Sinn des Satzes »Liebe, die ihren Namen nicht aussprechen darf«. Wilde gibt eine Erklärung ab, die allen Respekt abfordern muß. Er sagt, es handele sich bei dieser Liebe um die eines älteren zu einem jüngeren Mann, wie etwa zwischen David und Jonathan, wie zwischen Plato und seinen Schülern, Liebe wie die in den Sonetten Michelangelos und Shakespeares besungene. Wilde holt aus, behauptet, diese Liebe bilde die Grundlage bedeutender Kunstwerke »wie auch jene Briefe von mir«. Sie wird in diesem Jahrhundert mißverstanden, so sehr mißverstanden, daß sie beschrieben werden kann als die Liebe, die ihren Namen nicht aussprechen darf, und deretwegen auch ich mich hier befinde. Sie ist schön, sie ist zärtlich, sie ist die edelste Form der Zuneigung. Es ist nichts Unnatürliches an ihr. Sie ist intellektuell, und sie existiert öfter zwischen einem älteren und einem jüngeren Mann, wenn der ältere Mann Intellekt besitzt und der jüngere von Hoffnung auf Schönheit des Lebens beseelt ist. Daß es so sein könnte, versteht die Welt nicht. Sie höhnt darüber und stellt mitunter jemanden deswegen an den Pranger.«

Als Wilde geendet hat, erhält er laute Bravorufe aus dem Zuschauerraum. Man klatscht, einige zischen allerdings auch.

Kein Zweifel, Wilde wird in diesem Augenblick so ernst wie bisher in seinem ganzen Prozeß noch nicht. Es geht ihm gar nicht mehr um sich selbst, um das eigene Schicksal, es geht ihm um ein Prinzip.

Am fünften Tag, nachdem alle Zeugen vernommen, alle Aussagen gemacht, alle Kreuzverhöre erledigt sind, gibt Richter Charles das vorgeschriebene Resümee. Er bemüht sich, sehr genau zu sein, fair zu Oscar Wilde und auch zu dem anderen Angeklagten, einem gewissen Taylor, der aber in unserem Zusammenhang überhaupt keine Rolle spielt. Sein Verfahren wird auch abgetrennt.

Doch die Jury kann sich auch dreieinhalb Stunden nicht

einigen. In gewissen Punkten spricht sie Wilde frei. Der Rest, siebzehn Punkte, bleibt, vorläufig jedenfalls, bestritten.

Am nächsten Morgen bringen die Zeitungen einen genauen Bericht über das, was eigentlich geheim in dem Zimmer vorgegangen ist, in dem die Jury getagt hat. Es kommen Details zur Sprache, die grausam zu nennen eine Untertreibung wäre. Und das, obwohl ja noch gar nichts entschieden ist.

Noch könnte die Regierung eingreifen. Es ist allerdings der letzte Augenblick, in dem sie es tun könnte, aber sie hätte jedes Recht dazu. Die Regierung aber entscheidet sich, nichts zu tun.

Indessen haben Freunde Wildes dafür gesorgt, daß er jetzt endlich vorübergehend freikommt, nach Stellung einer Kaution, natürlich. Lord Douglas hat sich übrigens an der Aufbringung dieser Summe nicht beteiligt, weil er, wie man annehmen muß, wohl einfach nicht über die nötigen Mittel verfügt und diejenigen, die er gebeten hatte, etwas für Wilde zu tun, abgelehnt haben.

Wilde ist in Freiheit – aber wie sieht es um ihn aus? Er geht in ein Hotel und muß sein Zimmer nach wenigen Stunden wieder räumen. Dazu fordert ihn der Manager auf, der von Rowdies im Dienste des Marquis bedroht worden ist. So geht es ihm in einer ganzen Reihe von Hotels. Schließlich muß er sich dazu entschließen, seinen Bruder Willie aufzusuchen, der ein Haus in der Oakly Street, Chelsea, bewohnt. Der nimmt ihn ungern auf und läßt ihn deutlich spüren, was er von ihm hält.

Wilde bricht zusammen.

Er könnte fliehen. Jetzt noch, gerade jetzt. Eine Kaution stellen bedeutet ja nur, eine Summe als Pfand zu hinterlegen, die verfällt, wenn man sich zum nächsten Verfahren nicht einstellt. Kaution stellen bedeutet nicht, daß man sich nicht vom Fleck rühren darf. Das Gericht läßt ihn sogar wissen, man würde es nicht als einen Vorstoß betrachten, wenn er verreise, etwa auch ins Ausland.

Sein bester Freund Robert Ross hat die Flucht organisiert. Er hat einen Mann gefunden, den Besitzer einer Dampfyacht, und als der hört, daß es darum geht, Oscar Wilde nach Frankreich zu bringen, stellt er diese Yacht umsonst zur Verfügung. Ross hat eine Kutsche organisiert, die bereitsteht, Wilde irgendwohin an der Küste zu bringen, wo er ungesehen das Schiff besteigen kann. Das alles versucht er ihm klarzumachen.

Aber es ist hoffnungslos. Wilde ist gebrochen, Wilde ist fertig, er wagt kaum noch, das Haus seines Bruders zu verlassen, der ihm in einer mißverstandenen Rechtlichkeit immer wieder versichert, er habe die Pflicht, sich dem Gericht von neuem zu stellen.

Aber was hat Wilde noch zu verlieren? Nach Ansicht eines Freundes würde ihm Richter Charles, der in dem letzten Prozeß präsidiert hat, allenfalls drei Monate Gefängnis zudiktiert haben. Aber jetzt ist ein neuer Richter am Werk, als das dritte Verfahren am 20. Mai 1895 anläuft. Der ehrenwerte Richter Mr. Wills hegt weniger humane Absichten.

Im Verlauf dieses Prozesses bittet ein Verteidiger Wildes das Gericht, einen Mann von seiner geistigen Bedeutung nicht auf das Zeugnis notorischer Erpresser wie Wood und eines gewissen Parker zu verurteilen. »Wenn Erpresser in einem solchen Fall gegen den Angeklagten Gehör finden«, so Sir Edward Clarke, »werden berufsmäßige Erpresser noch größere Übel sein als bisher.« Und: »Dieser Prozeß entwickelt sich zu einer Art Garantie der Straflosigkeit für alle Erpresser in London.«

Erstaunlich, wie milde die Entgegnungen der Gegenanwälte auf so starken Tobak sind. Die Frage der Anwälte Wildes – gegen seinen Willen gestellt – warum Lord Alfred Douglas nicht mit auf der Anklagebank sitze, wird erst gar nicht einer Antwort für würdig befunden. Trotzdem wird diese Frage noch einmal während des Schlußvortrags des Richters von dem Obmann der Geschworenen gestellt.

Erstaunlich die außerordentliche Kraft, mit der Clarke Wilde verteidigt, dem »gemeine Handlungen« nicht zuzutrauen seien, dazu stehe er zu hoch. Sie macht wenig Eindruck auf den Richter.

Die Beratung der Geschworenen dauert diesmal nur knapp

zwei Stunden. Dann teilt der Obmann mit, daß Oscar Wilde für schuldig befunden sei.

Der Richter verurteilt Wilde zu der zulässigen Höchststrafe von zwei Jahren Zwangsarbeit im Zuchthaus. Er kann nicht umhin, seiner Empörung Ausdruck zu verleihen: »Menschen, die so etwas tun können, müssen jeden Schamgefühls bar sein, und man darf nicht hoffen, irgendeine Wirkung auf sie ausüben zu können. Es ist der schlimmste Fall, den ich je abgeurteilt habe... Daß Sie, Wilde, der Mittelpunkt eines Kreises von Korruption der abscheulichsten Art unter jungen Männern gewesen sind, kann gleichfalls nicht bezweifelt werden. Unter diesen Umständen kann man erwarten, daß ich die strengste Strafe verhänge, die das Gesetz zuläßt.«

Der schlimmste Fall...? Und Mord? Raubmord?

Als der Richter zu Ende ist, meldet sich noch einmal Wilde. »May I say anything?« Nein, er darf nichts mehr sagen. Seine Frage wird nicht einmal beantwortet.

Draußen vor dem Gericht Freudenorgien der jetzt zahlreich anwesenden Prostituierten, die nun endlich ihren »Konkurrenten« hinter Schloß und Riegel wissen, und natürlich der Freunde des Marquis Queensberry.

Wilde wird eingesperrt, und wohl unter den abscheulichsten Bedingungen. Als man ihn ins Zuchthaus von Reading bringt, glauben viele, er würde die nächsten Wochen oder allenfalls Monate nicht überleben. Selbst die Wärter haben Mitleid mit ihm, sie spüren mehr instinktiv als verstandesmäßig, daß, wie einer es ausdrückt, »ein solcher Gentleman einfach nicht hierher gehört«. Aber die Wärter können nichts für ihn tun. Auch verschiedene Interventionen von außen, an denen sich Ross und vor allem auch G. B. Shaw beteiligen, zeigen nur geringen Effekt. Immerhin setzt Ross durch, daß Wilde nach einigen Monaten im Zuchthaus wenigstens lesen und schreiben darf.

Als Oscar Wilde schließlich nach zwei Jahren aus dem Zuchthaus kommt und sofort nach Frankreich geht, wirkt er eigentlich gesünder als früher. Er hat abgenommen, da er ja im Gefängnis kein Champagner bekam und auch keine Gänseleber.

Die Freunde sind optimistisch, als er sich in einem kleinen Gasthof an der Küste Frankreichs niederläßt. Sie bleiben es auch, als er vorübergehend nach Italien fährt, wo ihn Lord Alfred Douglas erwartet, der freilich annimmt, von ihm wieder ernährt zu werden, während Wilde, der ja keinen Penny besitzt und nur von dem lebt, was seine Frau ihm monatlich überweisen läßt, dazu ganz außerstande ist. Und die Frau sperrt ihm sogar vorübergehend die Rente, die nur für den Fall ausgesetzt war, daß er nicht mehr mit Lord Alfred Douglas verkehre. Später läßt sie sich wieder überreden, weiterzuzahlen.

Aber Wilde ist doch ein gebrochener Mann. Er kann nur noch essen und trinken, was er unmäßig tut. Er wird dicker, er wirkt aufgeschwemmt, man kann ihn kaum noch erkennen. Und das schlimmste: er schreibt keine Zeile mehr. Obwohl ihn Freunde bestürmen, irgend etwas zu schreiben, jedes Stück von ihm würde sofort aufgeführt werden, das lassen die Londoner Theaterdirektoren wissen, bringt er es einfach nicht mehr fertig, sich an einen Schreibtisch zu setzen. Schließlich ist er nicht einmal mehr in der Lage, spazierenzugehen. Er liegt im Bett eines zweitklassigen Pariser Hotels und verkommt ziemlich schnell. Er lebt schließlich nur noch von Absinth, sein Körper bricht in des Wortes wahrster Bedeutung auseinander. Er stirbt unter den entsetzlichsten Begleiterscheinungen – die Laken des Bettes, in dem er seine letzten Tage verbringt, müssen immer wieder erneuert und schließlich alle verbrannt werden.

Tod am 30. November 1900. Er ist für ihn und für die wenigen Freunde, die ihm bis zuletzt treu geblieben sind, eine Erlösung. Ärztlicher Befund: Tertiäre Syphilis. Aber nicht daran ist Wilde gestorben, er ist an dem Prozeß gestorben. Er ist von seinem Richter nicht verurteilt, sondern ermordet worden.

Der Hauptmann von Köpenick
1906

Der Vormittag des 30. November 1906 ist naßkalt und windig, ein unangenehmes Wetter. Zumindest in Berlin, wo um neun Uhr der Prozeß gegen den Schuhmacher Wilhelm Voigt beginnen soll. Trotzdem haben sich schon in früher Morgenstunde einige hundert Menschen vor dem Kriminalgerichtsgebäude angesammelt in der Hoffnung, hineinzukommen und dem Prozeß beiwohnen zu können. Nur wenige haben vom Vorsitzenden des Präsidialbüros Einlaßkarten erhalten, der Raum ist beschränkt, vor allem Offiziere, Ministerialbeamte, Staatsanwälte, Richter und natürlich – aber dazu brauchten sie keine besonderen Einlaßkarten – die Vertreter der Presse. Das sogenannte Volk kommt nicht einmal bis zu den verschiedenen Portalen des Gebäudes, denn davor sind Gerichtsdiener aufgestellt, und die werden durch Schutzleute noch verstärkt.

Es geht also alles mit preußischer Ordentlichkeit zu.

Woher dieses Interesse? Handelt es sich nicht um einen nur eher unwichtigen Fall eines kleinen Handwerkers, der, so die Meinung der meisten Juristen, allenfalls mit ein paar Jahren Zuchthaus erledigt werden dürfte? O nein! Es handelt sich um einen Fall, von dem sogar Seine Majestät der Kaiser Notiz genommen hat, dem allgemein solche Lappalien erspart bleiben und zu dem er, anstatt moralisch entrüstet zu sein, lachend äußerte: »Sowas macht uns keiner nach!« Nämlich uns Deutschen...

Man bedenke: Seine Majestät fanden den Schildbürgerstreich des Schuhmachers nicht verwerflich, sondern eher ergötzlich! Er spricht doch eher für den Respekt, den das Militär überall in Deutschland genießt.

Der Andrang und die Schwierigkeiten, die in den Saal eintretenden Personen zu plazieren, kostet ein wenig mehr Zeit als vorgesehen. Dann, um 9 Uhr 30, beginnt die Verhandlung in der Dritten Strafkammer des Landgerichts II unter dem Vorsitz des Landgerichtsdirektors Dietz. Die Anklage vertritt der Erste Staatsanwalt Wagner. Die Verteidigung führen die Rechtsanwälte Dr. Schwindt und Bahn.

Unter großer Spannung des Publikums wird der Angeklagte Schuhmacher Wilhelm Voigt aus dem Untersuchungsgefängnis in den Saal geleitet. Voigt sieht etwas blaß aus, zeigt jedoch sonst ein sehr lebhaftes Wesen und betritt mit schnellem Schritt die Anklagebank, um sich sofort an die vorderste Ecke zu stellen, an der die Angeklagten zu stehen pflegen.

Vorsitzender: »Sind Sie der Schuhmacher Wilhelm Voigt?«
Angeklagter: »Jawohl.«

Der Vorsitzende ordnet nunmehr den Aufruf der Zeugen an. Als die neun Soldaten des 4. Garderegiments und des Garde-Füsilier-Regiments in kriegsmäßiger Ausrüstung in dem Saal erscheinen, erregen sie unter dem Auditorium allgemeine Heiterkeit.

Landgerichtsdirektor Dietz ermahnt in einer längeren Ansprache die erschienenen Zeugen, die reine Wahrheit zu sagen. In diesen Saal gehöre eine Sensation nicht hinein, denn hier komme nur dasjenige in Frage, was die Zeugen mit eigenen Augen gesehen und mit ihren Ohren gehört haben. Auch sollte man sich durch nichts beeinflussen lassen, weder durch das, was über diesen Fall geschrieben worden ist, noch durch die öffentliche Meinung. Die reine, nackte Wahrheit über die Dinge, die sich zugetragen haben, müsse hier bekundet werden, nichts verschwiegen und nichts hinzugesetzt werden.

Es folgt die Vernehmung des Angeklagten über seine persönlichen Verhältnisse. Er gibt auf Befragen an, daß er am 13. Februar 1849 zu Tilsit geboren sei. Er ist Witwer, Vater von vier Kindern, die in Böhmen wohnen. Soldat ist er nie gewesen. Der Angeklagte ist siebenmal vorbestraft und zwar: vom Kreisgericht Tilsit am 12. Juni 1863 wegen Diebstahls mit vierzehn Tagen Gefängnis; von demselben Gericht am 9. September 1864 wegen Diebstahls mit drei Monaten Gefängnis; von demselben Gericht am 11. September 1865 wegen Diebstahls im Rückfalle mit neun Monaten Gefängnis und einem Jahr Ehrverlust; von dem Schwurgericht zu Prenzlau am 13. April 1867 wegen Urkundenfälschung mit zehn Jahren Zuchthaus und 1500 Talern Geldstrafe oder noch zwei Jahren Zuchthaus, vom Landgericht zu Posen am 5. Juli 1889 wegen schweren Diebstahls mit einem Jahr Gefängnis; von demselben Gericht wegen Urkundenfälschung mit einem Monat Gefängnis; vom Landgericht zu Gnesen am 12. Februar 1891 wegen schweren Diebstahls im Rückfalle mit 15 Jahren Zuchthaus, Ehrverlust auf 10 Jahre und Zulässigkeit der Polizeiaufsicht.

Nach dem verlesenen Eröffnungsbeschluß wird Voigt angeklagt: Durch ein und dieselbe Handlung zu Plötzensee und Köpenick, und auf dem Wege dahin von Plötzensee nach Köpenick am 16. Oktober 1906.

1. unbefugt eine Uniform getragen,
2. unbefugt sich mit Ausübung eines öffentlichen Amtes befaßt,
3. vorsätzlich und widerrechtlich den Bürgermeister Langerhans, den Stadtkassenrendanten von Wiltberg und den Oberstadtsekretär Rosenkranz eingesperrt und auf andere Weise des Gebrauchs der persönlichen Freiheit beraubt,
4. in der Absicht, sich einen rechtswidrigen Vermögensvorteil zu beschaffen, das Vermögen der Stadthaupt-Kasse zu Köpenick dadurch um 3557,47 Mark baren Geldes geschädigt zu haben, daß er durch Vorspiegelung falscher Tatsachen einen Irrtum erregte,
5. in rechtswidriger Absicht eine solche Privaturkunde, welche zum Beweise von Rechten oder Rechtsverhältnissen von Erheblichkeit ist, nämlich eine Quittung, fälschlich angefertigt und von derselben zum Zweck einer Täuschung Gebrauch gemacht zu haben und zwar in der Absicht, sich einen Vermögensvorteil zu verschaffen.

Hierauf beginnt das Verhör des Angeklagten.

Präsident: »Angeklagter, was haben Sie für eine Schulbildung genossen?«

Angeklagter: »Ich habe zuerst die dreiklassige Stadtschule in Tilsit besucht und kam dann auf die Realschule, wo ich einige Klassen durchmachte. Dann lernte ich das Schuhmacher-Handwerk bei meinem Vater und ging später auf die Wanderschaft. Meine Jugend habe ich vielfach bei den Leuten des Litthauischen Dragoner-Regiments verbracht. Unsere Wohnung lag der Kaserne gegenüber, und ich verbrachte dort viele Stunden. Mein Vater hatte auch neben der Kaserne Ländereien. Ich kann sagen, daß ich den Kavallerie-Dienst genauso verstand, wie jeder Kavallerist, inklusive des Reitens. Ich war ein ausgezeichneter Reiter.«

Präsident: »Sie sind sehr bald auf die schiefe Ebene gekommen. Zunächst sind Sie wegen Bettelns bestraft?«

Angeklagter: »Das war auf der Wanderschaft.«

Präsident: »Wo sind Sie auf der Wanderschaft gewesen?«

Angeklagter: »In Königsberg, Stettin und Berlin.«

Präsident: »Es kommen aber sehr bald die schweren Taten. 1867 wegen Urkundenfälschung zehn Jahre Zuchthaus!«

Angeklagter: »Herr Präsident, ich war damals in sehr ungünstigen Verhältnissen nach Berlin gekommen und besaß nur einen Anzug. Ich fand bald Stellung in der Alexandrinenstraße, aber meine Mitgesellen hänselten mich wegen meiner Dürftigkeit. Da bekam ich eine Postanweisung über 1 Taler, die nach damaliger Sitte mir zugestellt wurde und für die ich dann das Geld von der Post abholen mußte. Da kam mir der Gedanke, daß es doch leicht wäre, mehr Geld zu bekommen, wenn man vor die Eins einfach eine Zwei setzte und den Text auch in ›Einundzwanzig‹ umänderte. Das tat ich und bekam auch die 21 Taler ausgezahlt. Das war mehr eine jugendliche Neugierde als verbrecherisches Streben.«

Präsident: »Sie haben dann dieses Manöver wiederholt. Sie haben in zehn Fällen Postanweisungen an sich selbst nach den verschiedensten Städten gesandt, haben sie in der geschilderten Weise gefälscht und sind deshalb zu zehn Jahren Zuchthaus und 1500 Talern Geldstrafe oder noch zwei Jahren Zuchthaus verurteilt worden. Die Geldstrafe haben Sie nicht bezahlt und haben deshalb zwölf Jahre Zuchthaus abgesessen. Sie wurden dann am 5. Juli 1889 von der Strafkammer in Posen wegen Diebstahls zu einem Jahr Gefängnis verurteilt...«

»Angeklagter, wir kommen nun zu Ihrer Hauptbestrafung. Sie sind am 12. Februar 1891 von dem Landgericht Gnesen wegen schweren Diebstahls im Rückfalle zu 15 Jahren Zuchthaus und 10 Jahren Ehrverlust verurteilt worden. Wann haben Sie diese Strafe verbüßt?«

Angeklagter: »Am 12. Februar des Jahres bin ich aus der Strafanstalt entlassen worden.«

Präsident: »Sie stehen also jetzt noch unter Polizeiaufsicht und sind Ihnen auch die bürgerlichen Ehrenrechte aberkannt.«

Angeklagter: »Jawohl, unter Polizeiaufsicht habe ich die jetzige Tat verübt.«

Präsident: »Die Strafe von 15 Jahren Zuchthaus ist die höchste, die nach dem Gesetz erkannt werden kann. Was hatten Sie damals begangen? Wir haben um so größeres Interesse daran, weil Sie sich so energisch gegen diese Bestrafung gewehrt haben.«

Angeklagter: »Im Gefängnis zu Wongrowitz, wo ich die einjährige Gefängnisstrafe verbüßte, wurde ich mit dem jetzt als Zeugen erscheinenden Arbeiter Kallenberg bekannt. Dieser war Kalfaktor gewesen und hatte häufig Zutritt zu den Räumen des Gerichtsgebäudes. Kallenberg redete mir zu, mit ihm einen Einbruch in die Gerichtskasse zu unternehmen. Ich war anfänglich nicht damit einverstanden. Als Kallenberg auch das Brechwerkzeug besorgte, willigte ich ein. In geistiger Beziehung ist es ein Werk des Kallenberg gewesen. Wir fuhren abends von Posen nach Wongrowitz und brachen dann in das Gerichtsgebäude ein. Als wir gerade beim Erbrechen eines Geldkastens waren, merkte ich, daß wir entdeckt waren. Trotzdem wir beide bewaffnet waren, hatte ich die Geistesgegenwart verloren, die ich später in Köpenick gezeigt habe. Wenn nur ein Schuß abgegeben worden wäre, hätten wir noch

Der Hauptmann von Köpenick, der Schuster Wilhelm Voigt, wurde wegen seines tolldreisten Streichs weltberühmt. Als Sehenswürdigkeit reiste er später durch deutsche und ausländische Städte.
(Foto: Verlagsarchiv)

rechtzeitig flüchten können. Wir sind dann aus der Kasse heraus gleich in das Gefängnis abgeführt worden. Ich räumte sofort alles ein, gestand auch meine Vorstrafen ein, in der Hoffnung, eine milde Strafe zu erhalten.«

Präsident: »Warum kämpften Sie denn so energisch gegen die später erkannte Strafe?«

Angeklagter: »Ich habe mich über die spätere Behandlung furchtbar geärgert. Im Gefängnis wurde mir mitgeteilt, es fehlten an der Kasse 400 Mark. Ich fand es als eine große Ungerechtigkeit, daß irgendwelche Unregelmäßigkeiten uns aufgebürdet wurden, die vielleicht von den Kassenbeamten selbst begangen worden waren. Auch meine goldene Uhr, die ich dem Oberaufseher bei meiner Einlieferung übergeben hatte, habe ich nicht in meinem Sachverzeichnis aufgeführt gefunden. Auf meine Beschwerde wurde eine Haussuchung vorgenommen, bei der man die Uhr in einem nur von Beamten benutzten Klosett wiederfand. Noch schlimmer war meine Behandlung in der Gerichtsverhandlung. In einer halben Stunde war ich zu 15 Jahren Zuchthaus verurteilt. Dieses Urteil war ein Attentat auf die Strafprozeßordnung. Trotzdem mehrere Zeugen geladen waren, wurde keiner von ihnen vernommen. Gleich nach der Verurteilung meldete ich mich bei dem Gerichtsschreiber. Dieser kam erst nach neun Tagen, anstatt innerhalb der einen Woche, in der das Urteil Rechtskraft erlangte. Ich mußte deshalb die Strafe antreten.«

Präsident: »Es ist richtig, von den sechs damals geladenen Zeugen ist keiner vernommen worden. Das Urteil ist tatsächlich anfechtbar gewesen.«

Angeklagter: »Was kam mir ja auch nur darauf an, die Höhe der Strafe anzufechten.«

Präsident: »Glauben Sie denn, daß Sie eine mildere Strafe erwerben konnten, wo es sich um eine so überaus schwere Tat handelte? Sie haben die Ziegel aus der Wand herausgebrochen, mehrere Vorlegeschlösser und Geldkästen gesprengt. Bei Ihnen ist ein geladener Revolver, ein Terzerol, Brechstangen, ein Päckchen Pulver, Zündhütchen, Bohrer, feine Sägen gefunden worden, also ein sehr gewaltiges Rüstzeug.«

Angeklagter: »Ich gebe ja zu, daß die Sache sehr schwer ist, aber mich empörte in der Hauptsache die Behandlung vor Gericht, und daß man durch uns versuchte, die fehlenden Gelder zu verschleiern. Als ich die Strafe in Rawitsch antrat, war ich in den ersten Tagen wie tot und hatte mit der Außenwelt völlig abgeschlossen. Später habe ich Eingaben an die Minister und die Kaiser gerichtet, die sämtlich abgelehnt wurden.«

Der Angeklagte schildert nun, wie jeder Mensch, mit dem er in Berührung kam, sich über die Höhe der Strafe gewundert habe.

»Als meine sämtlichen Eingaben an die Richter abgelehnt wurden, dachte ich mir, wenn du mal entlassen wirst, dann rächst du dich an den Richtern persönlich. Denken Sie sich, Herr Präsident, fünfzehn lange Jahre saß ich im Zuchthause, von der Außenwelt abgeschlossen, ein toter Mann, zu dem nicht einmal ein Liebeszeichen von Verwandten gelangte. Als die Zeit meiner Entlassung herannahte, faßte ich allmählich wieder Hoffnung. Was dann? Diese Frage trat nunmehr an mich heran. Von seiten der neu eingelieferten Gefangenen wurde mir außerdem mitgeteilt, daß es mit der Polizeiaufsicht jetzt besonders scharf genommen werde und daß man einfach ausgewiesen würde. Obwohl ich bald einsah, daß mein Fortkommen fast unmöglich war, bin ich nicht verzagt.«

Voigt hat nicht aufgegeben, obwohl das vor Gericht Geäußerte nicht mehr und nicht weniger besagt, als daß die zahlreichen Haftstrafen oft wegen Lappalien verhängt wurden, die ein Vierteljahrhundert später wohl kaum schärfer als durch einen Verweis geahndet werden würden.

Bestand sein ganzes Leben denn nur aus Gefängnis und Zuchthaus? Will denn kein Land, keine Stadt, keine Gemeinde ihn bei sich dulden? Hat er denn nirgends eine geregelte Arbeit bekommen? Er müßte einen Paß oder irgendwelche Papiere haben, die er aber nur erhalten würde, wenn er geregelte Ar-

beit vorweisen könnte, und die könnte er nur vorweisen, wenn er Papiere hätte.
 Einen Paß! Ein Königreich für einen Paß!
 Weiter in der Vernehmung des Wilhelm Voigt:
 »Ich wollte ins Ausland gehen, um wieder als anständiger Mensch mein Brot essen zu können. Ich wollte nach Böhmen gehen, um dort in einem Industriebezirk Arbeit zu suchen, da ich in den Strafanstalten fast 25 Jahre im Maschinenbetrieb gearbeitet hatte. Um ins Ausland zu kommen, brauchte ich einen Paß, und um den drehte sich alles. Ich schrieb nach Rawitsch, von dort wurde ich an meinen Geburtsort Tilsit gewiesen und von hier wiederum nach meinem letzten Aufenthaltsort Posen. Von keiner Stelle bekam ich jedoch einen Paß, den ich mir so sehnlichst wünschte. Ich war schließlich ganz trostlos und wendete mich in der Verzweiflung an die Direktion der Strafanstalt in Rawitsch um eine Fürsorge, damit ich in der Welt weiterkäme...«
 Präsident: »Was haben Sie nun nachdem angefangen?«
 Angeklagter: »Ich wendete mich an Pastor Renner, der sich meiner auch annahm und für mich eine Annonce einsetzen ließ. Auf diese hin erhielt ich bei dem Hofschuhmachermeister Hilbrecht in Wismar Arbeit. Als mir der Hausvater im Zuchthaus meine Papiere übergab, faßte ich den Entschluß, alles, was hinter mir lag, abzuschütteln und ein neuer Mensch zu werden. Ich steckte deshalb meine sämtlichen Papiere in den Ofen. Wenn es jemand gibt, der vom Freiheitsdrang getrieben, wirklich ehrlich Arbeit leisten und als anständiger Mensch leben will, so bin ich es gewesen.«
 Präsident: »Sie erhielten bei Ihrer Entlassung aus dem Zuchthaus einen Arbeitsverdienst von 227 Mark und einigen Pfennigen ausgezahlt. Dies genügte doch, um Ihnen ins Leben wieder hineinzuhelfen. Übrigens haben Sie den Auslandspaß nur deshalb nicht erhalten, weil Sie sich nicht an die richtige Stelle gewendet hatten. Bei Ihrem bewegten Leben war allerdings die zuständige Behörde sehr schwer festzustellen.«
 Auf weiteres Befragen erklärt der Angeklagte: »Ich war bei

Herrn Hilbrecht in Wismar vom 23. Februar bis 21. Mai beschäftigt. Ich wurde dort nicht als Verbrecher behandelt, der aus dem Zuchthaus kommt, sondern wie ein Kind, das zur Familie gehört. Ich habe Zutritt zu dem Ladengeschäft gehabt, der Mann hatte immer große Geldsummen im Hause, ich war stundenlang allein und habe das in mich gesetzte Vertrauen in keiner Weise mißbraucht. Ich habe dort im Familienzimmer gewohnt, am Familientisch gegessen, hatte in Wismar meinen Kirchenstuhl und habe mich so gehalten, daß ich auch keine Spur von Schmutz auf mich lud. Ich besuchte mit den Kindern Theater und Konzerte und hatte also ein Leben dort, wie ich es mir besser gar nicht denken konnte.«

Präsident: »Und warum sind Sie aus Wismar weggegangen?«

Angeklagter: »Ich wurde plötzlich auf die Polizei geladen und mir wurde gesagt, ich sei aus Wismar und den Mecklenburgischen Landen ausgewiesen. Das traf mich wie der Schlag einer Axt auf den Kopf.«

Präsident: »Angeklagter, Wismar ist eine kleine ruhige Stadt; sie erfährt plötzlich, daß sie einen neuen Mitbürger erhalten, der zwölf und fünfzehn Jahre im Zuchthaus gesessen, und da macht Wismar von seinem ihm zustehenden Recht der Ausweisung Gebrauch. Das ist die Konsequenz Ihrer Straftaten.«

Der Angeklagte erzählt dann ausführlich weiter, wie er einmal nach Tilsit gefahren ist, um seinen Vater aufzusuchen, wie er diesen zum zweiten Male verheiratet fand, wie er denn in Marienburg, Graudenz und anderswo vergeblich Beschäftigung gesucht und dann am Pfingstheiligabend völlig ratlos in Berlin angekommen sei. Er sei nach dem Johannestisch gegangen, wo er wußte, daß solche Leute wie er untergebracht wurden, und trug den Herren seine Lage vor. Zu seiner Schwester zu gehen, habe er sich geschämt, er habe sie etwa 34 Jahre nicht gesehen und schämte sich, ihr sein ganzes Leben zu enthüllen. Er sei nach Potsdam gefahren und habe um Arbeit nachgesucht. Er ging nach dem Bahnhofe, um vielleicht Kies auszuschachten. Er habe Arbeit durch Kohlenschippen gefunden, damit 3,50 Mark täglich verdient, aber seine alten und morschen Knochen hätten dies nicht ausgehalten. Er sei dann nach Berlin gefahren, habe bei seiner Schwester Unterkommen gefunden und bei einer Schuhfabrik in der Breslauer Straße gute Arbeit erhalten. Er habe bis zu 34 Mark die Woche verdient.

Präsident: »Sie hatten sich ja wohl in dieser Zeit auch verlobt?«

Angeklagter: »Ja.«

Präsident: »Warum haben Sie diese gute Stelle verlassen?«

Angeklagter: »Ich wurde wieder aus dem Polizeibezirk Berlin ausgewiesen und stand nun wieder ratlos da. Ich blieb zunächst unangemeldet in Berlin und noch eine Zeitlang in meiner Arbeit, dann mußte ich aber doch weg, denn alles, was ich mir in sechzehn Jahren erspart hatte, also mein ganzes Vermögen von 400 Mark stand auf dem Spiel, wenn ich mit der Polizei irgendwie in Konflikt käme. Ich hatte mehrere Offerten nach außerhalb, hatte aber kein anderes Stückchen Papier zu meiner Legitimation als die Ausweisung, und überall hätte ich aufs neue die ganze Litanei meines traurigen Lebens erzählen müssen. Nun sagte ich mir: Die Polizeibehörde läßt dich im Stich, nun versuchst du es mit der Militärbehörde.«

Und so kommt er schließlich auf mehr als originelle Weise – nach Köpenick.

Präsident: »Wann faßten Sie den Plan zu Ihrem militärischen Zuge?«

Angeklagter: »Um einen Plan, bei dem Köpenick in Frage kam, handelte es sich überhaupt nicht. Die Möglichkeit, die Waffe, das heißt die Benutzung des Militärs zu gebrauchen, kannte ich schon seit 30 Jahren.«

Präsident: »Der Zeuge Kallenberg, der mit Ihnen seinerzeit 15 Jahre im Zuchthaus gesessen, hat die Behörde auf Ihre Spur gebracht, indem er mitteilte, daß Sie im Zuchthause erzählt hätten, Sie würden in einer Hauptmannsuniform an der Spitze einer militärischen Abteilung einen Raubzug unternehmen.«

Angeklagter: »In dieser Weise habe ich mich nicht geäußert.«

Präsident: »Wollen Sie wirklich dabei bleiben, daß die Aufbietung des ganzen großen Apparats nur den Zweck hatte, daß Sie sich ein Paßformular verschaffen wollten?«

Angeklagter: »Jawohl, darauf will ich leben und sterben!«

Präsident: »Angeklagter Voigt! Sie werden wohl am Schlusse der Verhandlung den Antrag auf mildernde Umstände stellen. Sie wissen aus Ihrer Erfahrung, daß es von großer Bedeutung ist, ob der Angeklagte ein volles Geständnis ablegt. Ihre Behauptung ist unmöglich ernst zu nehmen. Sie haben ein hochgefährliches Spiel getrieben, und das soll alles um des Paßformulars wegen geschehen sein? Wie kamen Sie überhaupt auf den Gedanken, einen solchen Coup gerade in Köpenick auszuführen?«

Angeklagter: »Ob es in Bernau, Köpenick oder Oranienburg war, war mir ganz gleich. Es war eine reine Zufälligkeit, daß ich nach Köpenick ging.«

Am 8. Oktober kaufte Voigt bei dem Trödler Remlinger in Potsdam einen grauen Offiziersmantel und einen Überrock, zwei Tage danach eine Feldbinde. Einen von ihm gewünschten Helm mit Gardestern und Adler fand er nicht vor. Nach abermals zwei Tagen kaufte er bei Remlinger eine Militärhose und bei dem Fabrikanten Fink in Potsdam ein Paar Anschlußsporen. Einen Degen mit Koppel kaufte er in einem Berliner Geschäft, welches in der Linien- oder Hamburger Straße gelegen war, und am 12. Oktober erstand er eine Militärmütze bei dem Fabrikanten Rückart in Berlin.

Präsident: »Wo bewahrten Sie die Sachen auf?«

Angeklagter: »Ich gab sie beim Bahnhof Beusselstraße zur Aufbewahrung.«

Präsident: »Nun erzählen Sie uns die Vorgänge vom 15. bzw. 16. Oktober.«

Angeklagter: »Ich holte am 15. abends die Uniformstücke vom Bahnhof Beusselstraße ab, zog mich in der Jungfernheide um, ging zu Fuß nach dem Bahnhof Warschauer Brücke und fuhr nach Köpenick.«

Präsident: »In Köpenick betraten Sie in der Verkleidung als

Offizier in aller Frühe das Schanklokal von Augustin, Grünstraße 14?«

Angeklagter: »Ja, ich trank dort eine Tasse Kaffee.«

Präsident: »Nach etwa 20 Minuten sollen Sie sich entfernt haben und die Kietzer Straße zur Rosenstraße hinuntergegangen sein.«

Angeklagter: »Ja, das ist richtig. Am 16. Oktober begab ich mich nach Plötzensee zu einer Zeit, als die Ablösung der Schwimmanstalts- und Schießstandswache in Plötzensee nahe bevorstand. Die Wache bestand außer dem Gefreiten aus drei Mann des Gardefüsilierregiments. Ich rief den Gefreiten an, befahl ihm, kehrt zu machen und die vom 4. Garderegiment zu Fuß gestellte Schießstandswache herbeizuholen. Der Gefreite leistete dem Befehl Folge. Die Schießstandswache bestand aus sechs Mann unter einem Gefreiten.«

Die Darstellung des Angeklagten über seinen Zug nach Köpenick und sein Auftreten im dortigen Rathause stimmt ... Er macht den Gefreiten Klapdohr zum Abteilungsführer der vereinigten Wachen und erklärte den beiden Gefreiten, daß er auf allerhöchsten Befehl komme und sie nach dem Bahnhof Putlitzstraße marschieren müßten. Auf dem Bahnhof löste er für die Soldaten Fahrkarten 3. Klasse und gab dem Gefreiten Muche zwei Mark zur Besorgung von Getränken für die Mannschaften.

In Rummelsburg, so erzählt er, tranken die Mannschaften Bier. Er habe seine Anweisungen nicht etwa in barschem Kommandotone erteilt, sondern in gewöhnlichem Gesprächston ... Da sei ihm eine wirklich einmal in Köpenick vorgekommene Geschichte eingefallen, wo man einen Gendarm einmal von der Brücke ins Wasser geworfen hatte, und das bewog ihn, in Köpenick selbst sehr vorsichtig zu sein. Nach seiner festen Absicht sollte die ganze Sache in Köpenick so ausgeführt werden, daß aus dem ganzen Abenteuer den Soldaten nichts Böses passieren könne.

Auch in seiner Darstellung über die Besetzung des Rathauses und seine Begegnung daselbst mit dem Bürgermeister

Langerhans, dem Stadtobersekretär Rosenkranz und Stadtkassenrendant v. Wiltberg befinden sich kaum Abweichungen von den bisher bekanntgewordenen Daten. Der Gefreite Muche hatte den Auftrag erhalten, dafür zu sorgen, daß die im Rathause befindlichen Leute in ihren Zimmern blieben, jeder Verkehr derselben miteinander und auf den Korridoren sei zu verhindern, wenn jemand etwas Dringendes hätte, so müßte ihn ein Posten begleiten. Der Angeklagte begab sich zunächst zu dem Obersekretär Rosenkranz, ließ dessen Amtszimmer durch zwei Soldaten mit aufgepflanztem Seitengewehr bewachen und erklärte ihm »Im Namen Seiner Majestät, Sie sind verhaftet!« Auch dabei will er nicht sehr pathetisch gesprochen haben.

Präsident: »Aber Sie haben doch vorher sehr bestimmt gesprochen?«

Angeklagter: »Das liegt doch in der Natur der Sache!« (Heiterkeit)

Nach seiner Darstellung habe er auch dem Bürgermeister Langerhans gesagt: »Im Namen Seiner Majestät, Sie sind verhaftet!«

2. Tag, 1. Dezember 1906.

In der Fortsetzung der gestrigen Verhandlung meinte der Angeklagte bei Darstellung der Vorgänge in Köpenick, der Bürgermeister sei in einem Zustand gewesen, daß er unfähig gewesen sei, etwas zu tun, was ihm doch eigentlich als Oberhaupt einer Stadt...

Präsident (unterbrechend): »Voigt, lassen sie doch diese Ausführungen!«

Angeklagter: »Der Bürgermeister war ganz niedergeschmettert!«

Präsident: »Na ja, wenn Sie auch nicht echt waren, was der Bürgermeister nicht wissen konnte, so waren doch die Soldaten echt.«

Der Bürgermeister, so erzählt der Angeklagte unter anderem weiter, sei noch mit allerlei Anträgen an ihn herangetreten. Zunächst wollte er seine Frau Gemahlin sprechen, das sei ihm auch gestattet worden... Dann habe der Bürgermeister gewünscht, daß er mit seinem Stellvertreter sprechen könne, habe aber von Voigt die Antwort erhalten: »Die Verwaltung der Stadt habe ich übernommen, ich werde für Ihre Vertretung sorgen, ich bleibe bis neun Uhr hier.«

Die Frau Bürgermeister hatte an demselben Abend noch Abendgesellschaft und sprach den Wunsch aus, sie abbestellen zu können. Dies hat ihr der Angeklagte »gestattet«. Der Bürgermeister habe, so erzählt der Angeklagter weiter, wiederholt gefragt, weshalb die Verhaftung erfolge, ob vielleicht der Landrat oder vielleicht das Bezirkskommando dahinter stecke. Daraus habe er entnommen, daß der Bürgermeister Reserveleutnant sei, und deshalb zu ihm gesagt: »Sehen Sie, Sie können ganz ruhig sein, gerade bei Ihnen ist es angemessen erschienen, Sie sind nicht durch einen Leutnant, sondern durch einen Hauptmann zu verhaften.«

Richtig sei es, daß außer den Soldaten auch die Gendarmen und ein Oberwachtmeister seinen Befehlen durchaus gehorcht hätten. Auf seine Anordnung haben sie draußen auf der Straße die Ordnung aufrechterhalten.

In eingehender Darstellung gibt der Angeklagte dann ein Bild von den Vorgängen in dem Kassenzimmer. Erst als ein junger Mann, der in das Rathaus hinein wollte, zur Legitimation seinen vom Landratsamt ausgestellten Paß zeigte, sei ihm plötzlich zum Bewußtsein gekommen, daß seine ganze Aktion unnütz gewesen, da er in dem Rathaus gar keine Paßformulare vorfinden könne. Da sei er ganz gebrochen gewesen.

Also ist die ganze Aktion eigentlich vergeblich gewesen!

Er verlangt schließlich das Geld, das sich in der Kasse befindet – er ignoriert die zwei Millionen, die der Rendant von Wiltberg ihm aushändigen will, er ist ja schließlich ein Hauptmann, quittiert über 3557,47 Mark, befiehlt seiner Truppe, noch eine halbe Stunde Wache zu halten und dann in ihre Kasernen zurückzugehen, sorgt dafür, daß der Bürgermeister nebst Frau und auch der Rendant von Wiltberg, der die Kasse unter sich hat, zur Neuen Wache nach Berlin gefahren werden, und verschwindet.

Und bleibt verschwunden.

Auf der Neuen Wache weiß man nicht recht, was man mit dem Bürgermeister von Köpenick anfangen soll und dem bald nach ihm eintreffenden Rendanten von Wiltberg, und man fragt bei der Berliner Kommandantur an. Dort ist, Zufall, Prinz Joachim, jüngster Sohn des Kaisers, an diesem Tage eingesetzt. Er fährt zusammen mit dem Generaladjutanten Graf Moltke zur Neuen Wache. Es dauert nicht lange, bis die beiden herausbekommen, daß es sich bei den Verhaftungen um einen üblen Scherz handelt. Man hat immerhin den ersten Mann Köpenicks festgenommen, es sind immerhin fast 4000 Mark verschwunden. Ganz offensichtlich hat es sich nicht um einen echten Hauptmann gehandelt, wie sich durch einige Nachfragen in den entsprechenden Regimentern leicht festellen läßt.

Aber wer ist der falsche Hauptmann?

Zuerst gibt es keinerlei Spuren. Dann findet man den Degen, den er bei sich führte. Wichtiger ist vielleicht die Beschreibung durch diejenigen, die ihn gesehen haben und die in den Zeitungen abgedruckt und in den Ämtern ausgehängt wird. Der Mann sei 45 bis 50 Jahre alt, vielleicht älter, seine ungefähre Größe: 1,70 bis 1,80 m. Er ist schlank, wenn nicht geradezu hager, hat einen grauen herunterhängenden Schnurrbart, den er allerdings inzwischen abrasiert haben mag; das Gesicht ist breit, eingefallen, die Backenknochen stehen vor, und so weiter, und so weiter.

Die Kleidung: eine Infanterieuniform, Mütze, Paletot mit Hauptmannsabzeichen vom ersten Garderegiment zu Fuß, lange Hosen, Zugstiefel, weiße Handschuhe, Feldbinde.

Da der Degen in der Toilette des Bahnhofs Rixdorf gefunden worden ist, wird angenommen, daß der »Hauptmann« sich dort umgezogen hat und daß er die Uniform in einen Karton verpackt hat, denselben Karton, den er bei der Gepäckaufbewahrungsstelle zurückgelassen hat und der vermutlich seine Zivilkleidung enthielt.

Die Behörden erhalten Hunderte von Hinweisen, von denen die meisten zu nichts führen. Ein österreichischer Hochstapler, der als Erster in Verdacht gerät, weil seine Handschrift der des »Hauptmanns« ähnelt, und der einem Freund eine Ansichtspostkarte geschickt hat, auf der die Neue Wache abgebildet ist, kann seine Unschuld beweisen.

2000 Mark Belohnung werden vom Regierungspräsidenten von Potsdam, 500 Mark vom Köpenicker Magistrat ausgesetzt.

Der Besitzer eines Berliner Konfektionsgeschäfts meldet sich. An dem Tag, an dem der Coup von Köpenick gelandet worden ist – am 16. Oktober also – hat ein älterer Offizier bei ihm in der Friedrichstraße einen schwarzen Anzug gekauft, sowie einen zweiten Anzug und einen Hut, und hat mit einer 1000-Mark-Note bezahlt. Er sei sehr in Eile gewesen, habe den Karton mit den Anzügen in eine wartende Droschke verfrachtet und sei losgefahren.

Der Mann, so meint der Besitzer des Konfektionsgeschäfts, könne durchaus der in den Zeitungen beschriebene »Hauptmann« gewesen sein. Ähnliches erklärt der Verkäufer eines Schuhgeschäfts, in dem am selben Abend noch Zivilstiefel erstanden worden sind – auch von einem Offizier.

Die Uniform wird am folgenden Tag gefunden – auf dem Tempelhofer Feld, in jener Zeit noch ein Exerzierplatz.

Entscheidender ist der Tip, den die Polizei von einem Mann erhält, der einmal mit Wilhelm Voigt zusammen im Gefängnis gesessen hat. Der weiß zu vermelden, Voigt habe ihm einmal gesagt, wenn er wieder herauskäme, würde er »ein Ding mit dem Militär drehen«. Nach der Beschreibung glaubt er seinen alten Kumpan wiederzuerkennen.

Wilhelm Voigt... Wo ist er angemeldet? In der Koppstraße, wo auch seine Schwester Berta gemeldet ist? Oder im Nachbarhaus, in dem eine Frau Frima wohnt, von der die Polizei erfahren hat, sie sei Voigts Verlobte? Aber Voigt wohnt nicht bei seiner Schwester. Sie kann der Polizei allerdings seine jetzige Adresse mitteilen: Lange Straße 22, wo er bei einem Zeitungshändler in Untermiete sein soll. Am 26. Oktober – die ganze

Suche hat also nur wenige Tage in Anspruch genommen – besetzt die Polizei schon am frühen Morgen die Ausgänge des Hauses, einige Polizisten werden sogar auf dem Dach postiert – dem Mann sei ja alles zuzutrauen. Dann dringen sie in das Mansardenzimmer ein und fordern Voigt, der gerade in völliger Ruhe frühstückt, mit vorgehaltener Pistole auf, sich zu ergeben.

Der tut es herzlich gern, möchte nur noch sein Frühstück beenden, wogegen nichts einzuwenden ist. Dann nimmt ihn die Polizei mit, zusammen mit den beiden neuen Anzügen sowie 2000 Mark, dem Rest der Beute von Köpenick.

Man bringt ihn zum Polizeipräsidium am Alexanderplatz. Dort wird er gar nicht so behandelt, wie er erwartet hat, sondern eher jovial, freundlich. Seine Majestät hat ja gelacht! Seine Majestät war von dem Schildbürgerstreich entzückt, weil er bewies, daß in Deutschland noch Respekt vor der Uniform herrsche. »Sowas macht uns keiner nach!« hatte er gesagt. Und eben gelacht.

Auch am Alexanderplatz lacht man, während Voigt bei einer halben Flasche Portwein, die man ihm spendiert hat, die Geschichte seines Auftritts in Köpenick noch einmal erzählt. Die Kommissare sind allerdings fassungslos darüber, wie gutgläubig man in Köpenick gewesen ist, insbesondere der Bürgermeister und seine Beamten. Sie hätten doch wohl einen Haftbefehl verlangen müssen!

Voigt: »Meinen Sie, daß ich mich erst auf eine lange Auseinandersetzung eingelassen hätte? Ich hätte einfach zu den Soldaten gesagt: ›Packen sie die Kerls am Genick und führen Sie sie ab!‹ – und Sie hätten mal sehen sollen, wie schnell die rausgeflogen wären!«

Auch die Presse geht sehr nachsichtig mit Voigt um. Er wird nicht als Betrüger oder gar als Hochstapler hingestellt, sondern als »liebenswertester aller Gauner«.

Im Augenblick sieht die Sache gar nicht so schlimm für Voigt aus. Viel unangenehmer ist die Sache für Herrn Langerhans, den Bürgermeister, der sich vor seiner Stadtversammlung gegen den Vorwurf verteidigen muß, daß er zu gutgläubig gewesen war. »Ich sah die Soldaten, und die Soldaten waren echt. Ich sah, daß sie allen Anordnungen des Mannes, der militärisch ruhig und bestimmt war, unbedingt Folge leisteten. Da ich aus meinem Zimmer ja gar nicht mehr herauskam, ahnte ich keineswegs, daß er der Stadtkasse einen Besuch abstattete. Welche Anzeichen für das Vorliegen eines Gaunerstreichs sollte ich da empfinden?«

Zurück zum Gericht.
Zur Tatfrage nimmt Erster Staatsanwalt Wagner das Wort: »Es ist nicht meine Aufgabe, den Hauptmann von Köpenick, der von der Öffentlichkeit über Gebühr gefeiert worden ist, heute hier auch noch in ein glänzendes Licht zu stellen und diesen alten Verbrecher zu verherrlichen. Aber ich muß ihm das Zeugnis ausstellen, daß er die von ihm einmal übernommene Rolle vorzüglich durchgeführt hat. Wieviel er dabei schlauer Berechnung und wieviel er dem Zufall zu danken hatte, will ich dahingestellt sein lassen. Er hat sich nicht nur als Offizier verkleidet und dabei wohl nicht ohne Absicht die Uniform eines nicht in Berlin stehenden Regiments gewählt, sondern auch die Qualität eines militärischen Führers nachgeahmt und dabei einen erstaunlichen Wagemut an den Tag gelegt. Sein Plan gelang ihm glänzend, und er beobachtete streng die dienstlichen Formen. Man muß wirklich staunen, wie kühn und konsequent der Angeklagte die Rolle sowohl in der Anlage wie auch in den Einzelheiten durchgeführt und wie er sich in alle nicht vorauszusehenden Zufälligkeiten hineingeschickt hat. Daß er dies fertigbrachte, obwohl er nur ein Schuhmacher ist, der die Hälfte seines Lebens hinter den Mauern des Gefängnisses und Zuchthauses zugebracht hat, das hat ihm vielleicht in der Öffentlichkeit Sympathie und Bewunderung eingebracht. Diese ist mit Rücksicht auf seine Person nicht angebracht, wegen der Geschicklichkeit, mit der der Gaunerstreich ausgeführt wurde, aber begreiflich. Wenn aber der Angeklagte seine Rolle so trefflich gespielt hat, so kann man seinen Opfern doch keinen

Vorwurf daraus machen, daß sie sich haben täuschen lassen. Es ist ihnen mit dem falschen Hauptmann ebenso gegangen wie den Soldaten und vielen anderen Personen, die ihn sämtlich für echt gehalten haben. Es kommt doch auch in Betracht die grenzenlose Erregung, in die diese Herren durch die Erklärung des Angeklagten, daß er sie im Namen Seiner Majestät verhafte, versetzt sein mußten, sowie die hilflose Lage, in die sie durch ihre Freiheitsberaubung und die Absperrung des Rathauses versetzt wurden, schließlich der moralische Druck, den zehn preußische Gardisten mit aufgepflanztem Seitengewehr ausüben. Der Bürgermeister hatte ja auch keine Ahnung, daß es auf die Kasse abgesehen war, und so hat er sich verständlicherweise der Gewalt gefügt. Der Angeklagte hat seine Absicht, die Hüter der Stadtkasse zu Köpenick zu täuschen, vielleicht über sein Erwarten hinaus erreicht, und er hat durch diese Täuschung den Rendanten veranlaßt, ihm das Ziel seiner Wünsche, die Kassenschlüssel, herauszugeben.«

Der Staatsanwalt setzt in längeren juristischen Darlegungen auseinander, daß neben den in der Anklage verzeichneten geringeren Delikten Betrug und Fälschung einer Privaturkunde vorliegen.

»Der Hauptmann von Köpenick hat nicht nur der weiten Welt Rätsel, sondern auch der hohen Justiz eine harte Nuß zum Knacken gegeben. Wenn man die Frage der Erpressung und der Täuschung erwägt, so kommt man zu dem Schluß, daß halb das eine und das andere vorliegt. ›Halb zog er ihn, halb sank er hin‹, kann man auch mit Bezug auf den Rendanten anwenden, denn dies entspreche wohl der Seelenstimmung desselben. Man kann die Erpressung ausschalten, wenn man sich einmal auf den Standpunkt des Angeklagten stellt. Er, der so viele Paragraphen des Strafgesetzbuches schon verletzt, hätte sich vielleicht gar nicht gescheut, auch zu stehlen und zu erpressen, er sah ja aber, wie der Hase lief, daß jeder an seine Mission glaubte, er hatte dies also gar nicht nötig.«

Der Staatsanwalt vertritt die Ansicht, daß räuberische Erpressung nicht angenommen werden könne. »Was die Strafbemessung betrifft«, so schließt er, »so halte ich die Ausrede des Angeklagten, daß es ihm nur auf einen Paß angekommen sei, nicht für sehr glücklich. Es scheint, als ob er mit dem Soldatenrock auch das Soldatenglück ausgezogen habe. Noch unglücklicher ist die Interpretation, die er der Unterschrift unter der Quittung geben will. Es ist Pflicht, diesen alten Gewohnheitsverbrecher so lange wie möglich unschädlich zu machen, und gerade sein Fall liefert den Beweis dafür, daß die Polizeiaufsicht, so hart sie für den Einzelnen sein mag, im Interesse der Allgemeinheit notwendig ist. Wie entlassene Gefangene zu behandeln sind, ist ja seit langer Zeit Gegenstand der Erwägung der berufenen Organe. Der Angeklagte ist ja nicht als gebrochener Mann aus dem Zuchthaus gekommen, sondern er hat rasch Gelegenheit zum Arbeiten und Verdienen gefunden, ist dann aber wieder ganz plötzlich dem verbrecherischen Triebe gefolgt und hat alles an seinen abenteuerlichen Plan gesetzt. Einem solchen Manne gegenüber gilt es nur zu sühnen und zu sichern. Zu sühnen ist sehr viel. Es handelt sich um einen kühnen Eingriff in die militärische Kommandogewalt und einen dreisten Angriff auf die Köpenicker Gemeindeverwaltung, um eine arge Störung der staatlichen Ordnung. Ich beantrage gegen den Angeklagten fünf Jahre Zuchthaus, Verlust der bürgerlichen Ehrenrechte und Einziehung der Uniform.«

Als erster Verteidiger ergreift Rechtsanwalt Dr. Schwindt das Wort zum Plädoyer:

»Ein ganz außerordentliches Aufsehen hat das Schicksal der Beamten in dem Rathaus zu Köpenick nicht nur innerhalb des Deutschen Reiches, sondern auch weit über die Grenzen hinaus erregt. Im schroffsten Gegensatz zu dieser kolossalen Sensation steht die ruhige, sachliche und streng juristische Behandlung, welche die Sache hier in diesem Saale gefunden hat. Nichts von dem, was sich draußen in der Welt abgewickelt hat, durfte der Sache bis hier in den Gerichtssaal folgen, nur eins ist von draußen her gefolgt, nämlich ein Gefühl eines gewissen menschlichen Mitfühlens und Mitleids mit dem Angeklagten. Selbst die Herren, denen der Angeschuldigte in Köpenick so übel mitgespielt hat, können heute in edler Verzeihung dem Angeklagten nicht mehr zürnen. Wenn wir als Verteidiger gewisse Vorhaltungen an diese Herren machten, so geschah dies nur, um den Sachverhalt aufzuklären. Gerade in dieser Sache ist es Pflicht des Verteidigers, sich in streng juristischen und sachlichen Grenzen zu halten.«

Trotzdem dürfe man sich darüber nicht den Kopf zerbrechen, ob Betrug oder Erpressung vorliege. Der Verteidiger kommt nach nochmaliger Erörterung der einzelnen Vorfälle zu der Ansicht, daß die Handlungsweise des Angeklagten nur die Tatbestandsmerkmale des Betrugsparagraphen 263 StGB enthalte und nicht die des Erpressungsparagraphen. Nicht der Ausdruck Räuberhauptmann erscheine hier am Platze, sondern die vom Staatsanwalt gebrauchte Bezeichnung »Gaunerstückchen«, und dies sei gleichbedeutend mit Betrug. Die Angabe des Angeklagten, er habe es anfänglich gar nicht auf die Stadtkasse abgesehen gehabt, erscheine sogar glaubhaft. Ihm sei ja auch in fast überraschender Weise das Geld von den Gemeindebeamten förmlich in den Schoß gelegt worden. Erst dann wird der Angeklagte wohl auf den Gedanken gekommen sein, sich statt der Reisepapiere, die er sich zuerst verschaffen wollte, nunmehr das Reisegeld zu verschaffen.

Der Verteidiger geht dann noch mit wenigen Worten auf die Höhe der gegen Voigt zu verhängenden Strafe ein. Hierbei müsse in erster Linie berücksichtigt werden, daß der Angeklagte nach Verbüßung jener fünfzehnjährigen Zuchthausstrafe tatsächlich als gebesserter Mensch in die Freiheit zurückgekehrt sei. Er habe arbeiten wollen und auch gearbeitet, und war nach schwerer Tat zur Arbeit zurückgekehrt, hat gesühnt. Voigt habe von vier Uhr morgens bis abends neun Uhr still und ruhig gearbeitet, kein Lokal besucht, nichts für sich selbst gebraucht. Auf dem Wege der Rückkehr in die anständige Gesellschaft sei ihm plötzlich wie ein Blitz aus heiterem Himmel die Ausweisung gekommen. An und für sich stehe ja der Polizei dieses Recht zu, man müsse dabei aber so human verfahren, daß man arbeitswillig und in der Besserung begriffene Leute damit verschone und nur Bummler und Arbeitsscheue, die eventuell einer Gemeinde zur Last fallen würden, ausweise.

»Dieses Herausreißen aus dem warmen Nest, das die christliche Nächstenliebe eines Pastors gebaut hatte, ist das Verderben des Voigt geworden, der damals hinausschrie in die Welt: Ihr gönnt mir armen, alten Mann nirgends ein Plätzchen, wo ich meine müden Knochen ausruhen kann. Der Angeklagte hat sich gegen die Menschheit durch seine Taten vergangen, aber die Menschheit hat sich durch jenes Umherhetzen, durch jene Ausweisungen furchtbar gerächt an ihm!«

Der Verteidiger spricht die Bitte aus, dem alten, zermürbten Mann, der schon am Rande des Grabes steht, die Freiheit wiederzugeben, da er anders beurteilt werden müsse, als wenn es sich um einen jungen, kräftigen Mann handle, und schließt mit den Worten: »Gönnen Sie ihm, daß er noch einmal die goldene Freiheit wiedererlangt. Gönnen Sie ihm, daß er noch einmal als reuiger Sünder die Gefängnismauern verläßt und vielleicht doch noch in einem stillen Winkel in der ehrlichen Arbeit seine Befriedigung finden wird und seinen Lebensabend beschließen kann.«

Rechtsanwalt Bahn: »Nach meiner Ansicht ist die Sache nicht vorwiegend aus juristischen Gesichtspunkten, sondern aus dem Herzen heraus zu beurteilen. Mir ist unter Angeklagten kaum jemals eine Figur untergelaufen, die von solcher Tragik heimgesucht wurde und so sehr das Mitleid verdiente wie der Angeklagte Voigt. Der Staatsanwalt nennt ihn einen alten Verbrecher, man muß aber in diesem Fall tiefer hineinsteigen in das Seelenleben des Angeklagten, sowie in die Tiefen der Strafvollstreckung und der Ausweisungspolitik. Voigt ist ein Opfer der Verhältnisse geworden, ein Opfer höherer Gewalt, die ihn wieder auf die Bahn des Verbrechens gedrängt hat. In seiner Jugend hat er es schlecht gehabt im Vaterhause, er kam ohne genügende Reife in die Großstadt, er machte als siebzehnjähriger Mensch die von ihm geschilderten Fälschungen der Postanweisungen und erhielt dafür die furchtbare Strafe von zehn Jahren Zuchthaus, die heute wohl in ganz Preußen kein Gerichtshof einem so jungen Menschen auferlegen würde. Noch furchtbarer und der Straftat kaum angemessen war die 15jährige Zuchthausstrafe, die ihm zuerkannt wurde, nachdem er sich zehn Jahre lang straflos geführt hatte. Der gute Kern, der in ihm steckt, wurde dadurch vergiftet, um so mehr als er sah, daß ihm die Möglichkeit entzogen wurde, jemals wieder einen anständigen Lebensweg zu beschreiten. Seine Denkungsart spiegelt sich in einem von ihm selbst geschriebenen Lebenslauf wider, der geradezu erschütternd ist und unter anderem das schöne Zitat enthält: ›Wer will in die Fremde wandern, der muß mit der Liebsten gehn, es jubeln und lachen die andern und lassen den Fremdling stehn!‹ Die fünfzehn Jahre Zuchthaus erschienen ihm um so drakonischer, als ja keinerlei Schaden entstanden war. Der Angeklagte ist zweifellos der Polizei zum Opfer gefallen, sein Zug nach Köpenick ist auf die Ausweisung zurückzuführen. Hätte man den Angeklagten bei dem Meister Hilbrecht in Wismar gelassen, so wäre es nicht zu der Tat von Köpenick gekommen und er säße wohl noch heute ruhig auf seinem Schusterschemel und strebte einem friedlichen Lebensabend entgegen.«

In juristischer Beziehung steht der Verteidiger auf dem Standpunkt, daß räuberische Erpressung vorliege und die Sache vor das Schwurgericht gehöre. Wenn das Gericht anderer Ansicht sei, so sollte es eine milde Strafe aussprechen. Das staatliche Ansehen sei durch den Schuster Voigt nicht geschädigt worden. Er habe nicht den Militarismus herabgesetzt, sondern gezeigt, wie unerschütterlich der militärische Gehorsam ist. Er sei ein genialer Schauspieler, über dessen Durchführung seiner Rolle das Publikum gelacht habe.

Das Urteil:

»Im Namen des Königs!

In der Strafsache gegen den Schuhmacher Friedrich Wilhelm Voigt, zu Berlin in Haft, geboren am 13. Februar zu Tilsit, evangelisch, wegen Betruges, Urkundenfälschung usw. hat die dritte Strafkammer des Königlichen Landgerichts II in Berlin in der Sitzung vom 1. Dezember 1906 für Recht erkannt:

Der Angeklagte ist des unbefugten Tragens einer Uniform, des Vergehens wider die öffentliche Ordnung, der Freiheitsberaubung, des Betruges und der schweren Urkundenfälschung, alles verübt im rechtlichen Zusammenhange, schuldig und wird derselbe zu einer Gefängnisstrafe von vier Jahren verurteilt.
Er trägt die Kosten des Verfahrens.
Die von dem Angeklagten bei der Straftat getragenen militärischen Ausrüstungsgegenstände werden eingezogen.«

Die »Berliner Illustrirte Zeitung« schreibt in ihrer nächsten Nummer: »Wenn Wilhelm Voigt... freigesprochen worden wäre – die Volksmenge, die draußen des Urteilsspruchs harrte, hätte ihn im Triumph davongeführt, denn viele Sympathien hat er durch seinen Geniestreich und seine ruhige und bescheidene Haltung vor Gericht errungen.«
Nun ja, er ist nicht freigesprochen worden. Aber es folgt sofort die Frage, ob er die Strafe annehme. Natürlich nimmt er sie an, er hat ja fast alle Strafen, die jemals über ihn verhängt worden waren, angenommen. Der Landgerichtsdirektor Dietz drückt ihm daraufhin die Hand, wohl etwas ganz Außergewöhnliches, und spricht: »Lieber Herr Voigt, Gottes Segen über Sie, mögen Sie die Strafe, die das Gericht über Sie verhängen mußte, gesund überstehen.«
Auch das Gefängnis ist ganz anders als sonst. Er ist dort der Held des Tages und wird es noch lange bleiben. Er erhält unzählige Briefe, die seiner Tat applaudieren, viele enthalten Geld, manche auch Heiratsversprechen, manche allerdings entpuppen sich als Bettelbriefe, denn man hält ihn jetzt für einen reichen Mann, was er natürlich nicht ist. Allerdings hat er sich in der Untersuchungshaft so viel Geld zusammensparen können, daß er zwei Anwälte bezahlen konnte, die beide nicht ganz billig waren. Einer von ihnen erhält den Brief einer Schriftstellerin, die sehr wohlhabend ist – ihr Mann gehört zu den Mitbesitzern des Warenhauses Wertheim –, in dem sie erklärt, sie wolle dem »Hauptmann«, solange er im Gefängnis sitze, 50 Mark pro Monat zahlen, und wenn er erst einmal her-

auskomme, 100 Mark. Damit er keine Sorgen mehr habe, und damit er keine dummen Streiche mehr begehen müsse...

Übrigens kommt er schon nach zwanzig Monaten wieder aus dem Gefängnis. Achtundzwanzig Monate werden ihm geschenkt – eine Gnade des Kaisers, der sich ja so über ihn amüsiert hat.

Und von dem Augenblick an, da er das Gefängnis mit einem Karton in der Hand verläßt, ist er sozusagen eine Figur des öffentlichen Interesses – wieder. Er kann keinen Schritt tun, ohne angestarrt oder angesprochen zu werden, ohne daß man mit ihm oder über ihn lacht und ihm die Hand schüttelt. Er wird photographiert und sogar gefilmt, damals noch eine Novität. Er wird interviewt. Er ist nach der Haft genauso populär wie in den Tagen vor der Haft.

Das Erste, was er tut, ist, dem Kaiser einen ellenlangen Dankesbrief zu schreiben, der mit den Worten beginnt: »Allergroßmächtigster! Allerdurchlauchtigster! Allergnädigster Kaiser, König und Herr! Majestät! Ew. Allergnädigster Majestät Huld und Gnade haben mir in unverhoffter Güte ein Geschenk gemacht...« Und so weiter.

Ein Theaterstück ist schon über ihn geschrieben worden, eine Posse, die er sich ansieht. Der Veranstalter schlägt ihm vor, allabendlich bei der Aufführung zu erscheinen, aber die Polizei schreitet sofort ein – es sind ja erst fünf Tage seit seiner Entlassung vergangen: er darf nicht in den Zuschauerraum, lediglich in den Schankraum des Etablissements und, wie die Polizei unterstreicht, sein Aufenthalt darf nicht »zu einer Schaustellung ausarten«. Aber die Polizei kann nicht verhindern, daß Tausende ihn sehen wollen und nur zu diesem Zweck ins Theater kommen.

Kurz darauf fährt er nach Hamburg, um eine Schwester zu besuchen. Ein gewisser John Freund, der den Gasthof »Alter Schützenhof« in Barmbek bei Hamburg besitzt, lädt ihn ein, bei ihm abzusteigen. Und als dies geschieht, gibt er eine Zeitungsannonce auf, in der zu lesen steht, der Hauptmann von Köpenick sei im »Alten Schützenhof« vormittags von elfeinhalb bis eineinhalb Uhr beim Frühschoppenkonzert zu sehen, auch nachmittags von drei Uhr an beim Großen Gartenkonzert, sowie abends bei Ball und Großem Brillantfeuerwerk. Das alles zu sehen, und vor allem den »Hauptmann« selbst, koste nur 60 Pfennig.

Die Polizei verhört ihn. »Es ist nicht meine Absicht, mich zur Schau zu stellen!« Aber er läßt sich photographieren; Karten mit seinem Photo werden für 30 Pfennig verkauft und finden reißend Absatz, um so mehr, als er sein Autogramm dazugibt. Er verdient zehn Pfennig von den dreißig.

Wegen dieses Postkartenverkaufs wird er verurteilt »wegen Vergehens nach § 25 des Gesetzes vom 3. Juli 1876«, und zwar zu einer Geldstrafe von 288 Mark, die er jetzt sozusagen mit der linken Hand bezahlen kann. Aber die Postkarten werden weiterhin verkauft – bald mit polizeilicher Erlaubnis, die dazu extra eingeholt wird, von ihm selbst oder seinen Managern – jawohl, er hat schon Manager.

Eine Zeitlang tritt er zusammen mit dem Gefreiten Klapdohr, einem der Soldaten, die damals in Köpenick unfreiwillig-freiwillig mitwirkten, in verschiedenen Varietés auf. Sein kurzer Auftritt heißt: »Der Hauptmann und sein Gefreiter.«

So ziehen die beiden durch alle größeren Städte Deutschlands, erscheinen in Varietés, in Sälen von Gastwirtschaften, auf Jahrmärkten. Voigt beantwortet alle an ihn gestellten Fragen, wenn man ihm ein Bier bezahlt, läßt auch zum unendlichen Vergnügen seines Publikums ein paar Kommandos erschallen.

Es geht ihm jetzt gut und er ist nicht annähernd mehr so hager wie vor seiner Verhaftung, wie auf den Postkarten mit seinem Bild, mögen sie ihn nun in Zivil zeigen oder in Uniform. Ein soignierter, nicht mehr junger Herr mit einem Schnurrbart, wie ihn der Kaiser trägt, und der in Deutschland »Es-ist-erreicht-Schnurrbart« genannt wird.

Die Polizei bereitet ihm keine Schwierigkeiten mehr. Im Gegenteil, der Innenminister läßt wisssen, daß »gegen eine möglichst milde Handhabung der Polizeiaufsicht« – unter der er bis zum Februar 1911 steht – »im vorliegenden Fall keine Bedenken bestehen und insbesondere dem Voigt durch Aufenthaltsbescheinigungen keinerlei Schwierigkeiten zu bereiten sind.«

Voigt geht auch ins Ausland, einmal nach Belgien, einmal nach Holland, aber dort will man ihn nicht haben, dort lacht man nicht über ihn, sondern schiebt ihn wieder ab. Auch in Frankreich ist man nicht begeistert von diesem Demonstranten der Macht der preußischen Offiziersuniform, in der er seine Auftritte vollzieht. Anders ist es in Amerika, vor allem in Yorkville, dem deutschen Viertel New Yorks, und überall dort, wo viele Deutsche wohnen. Dort tritt er in Uniform auf, schnarrt Befehle, es werden dazu preußische Militärmärsche gespielt – vielen dieser frischgebackenen Amerikaner schlagen die Herzen höher, wenn er erscheint, sie fühlen sich wieder wie in der alten Heimat.

Aber die US-Behörden finden, der Unfug müsse ein Ende haben. Er muß zurück nach Europa. Dort schreibt er – oder läßt es schreiben – ein Büchlein »Wie ich Hauptmann von Köpenick wurde. Mein Lebensbild.« Er zeichnet als Verfasser mit »Wilhelm Voigt, Hauptmann von Köpenick«. Es sind nur 153 Seiten; es erzählt die Geschichte noch einmal und findet reißenden Absatz. Bemerkenswert die Liebe zum preußischen Militär, die Voigt immer wieder zum Ausdruck bringt. »Ich war ein besonderer Verehrer des Militärs« heißt es an einer Stelle.

Erregung zeigt er nur – in dem Buch –, wenn er auf seine Kritiker zu sprechen kommt, die meinen, er hätte die falsche Uniform getragen oder – o Verbrechen! – nur eine Mütze und keinen Helm. »Ich hielt es der Sachlage nach nicht für nötig, viele Stunden lang einen Helm auf dem Kopf zu tragen zu einer Diensthandlung, die ich viel bequemer in einer Mütze ausführen konnte und wollte.«

Außerdem ist dem Buch zu entnehmen, daß er kein Geld mitnehmen wollte. Man habe es ihm förmlich aufgedrängt. Er sei überhaupt nur gekommen, um einen Paß zu ergattern, aber er wurde so von dem Rendanten »gedrängt«, dem er nur befohlen habe, einen Kassenabschluß zu machen, nicht aber, ihm Geld auszuhändigen. Er sei überhaupt nur ins Rathaus gekommen, um einen Paß zu ergattern, und das sei ihm mißlungen, weil es in Köpenick keine Pässe gab.

»Wäre ich nach Köpenick nur des Geldes wegen gegangen, so hätte ich doch wirklich ganz einfältig gehandelt, wenn ich mit 3557,- Mark davongezogen wäre und zwei Millionen Mark hätte liegen lassen. Der Einwurf, daß diese zwei Millionen in Staatspapieren bestanden, ist mir gegenüber ganz hinfällig, denn selbst gestohlene Wertpapiere lassen sich in den Nachbarstaaten mit Leichtigkeit zu ihrem annähernd reellen Wert umsetzen...«

Das Buch verkauft sich also glänzend, aber der Versuch, eine Wirtschaft in Berlin zu kaufen, mißlingt. Die Polizei sagt nicht gerade nein, aber sie winkt ab.

Indessen kann er sich 1912 in Luxemburg für immer niederlassen und dort ein Haus in der Rue Neuperg Nr. 5 erwerben. Er macht kaum noch Tourneen, er tritt nicht mehr auf, er geht nur noch spazieren, spielt Billard oder Skat. Meist trägt er einen Offiziersmantel.

Am 4. Januar 1922 stirbt er einen eher leichten Tod, er schläft so hinüber. Er ist zwar erst dreiundsiebzig Jahre alt, aber die vielen Gefängnisjahre haben wohl doppelt gezählt. Eine Zeitlang bleibt die Grabstätte auf dem Liebfrauenhof verwaist und verwahrlost, dann findet sich ein deutsches Zirkusunternehmen, das in Luxemburg Station gemacht hat und ihm einen würdigen Grabstein spendiert. Eine schwarze Marmorplatte mit goldener Inschrift.

Der raffinierte Doktor Crippen
1910

Der Prozeß gegen Hawley Harvey Crippen beginnt am 18. Oktober 1910 – es ist ein naßkalter Tag in London, der Himmel verhangen, und so wird es auch die nächsten Tage bleiben – im unheilschwangeren düsteren Old Bailey, Londons Central Criminal Court. Der Richter, Lord Alverston, ist Lord Chief Justice of England, ein mittelgroßer, etwas behäbiger Mann, mit einem eher nachdenklichen Gesicht. Er trägt, wie auch der Staatsanwalt und seine Vertreter sowie die Rechtsanwälte und ihre Mitarbeiter, eine gepuderte Perücke, eine schwarze Robe, die fast bis zum Boden reicht, und hochhackige Schnallenschuhe.

Es hat sich viel Publikum eingefunden, denn der Fall Crippen geistert seit einigen Wochen, ja, Monaten durch die Presse. Es sind viele Damen und Herren der sogenannten Gesellschaft anwesend, alle angezogen wie zu einer größeren Festlichkeit, die Damen mit übergroßen Hüten und in Pelzmänteln, die Herren im schwarzen Sakko mit gestreiften Hosen und schwarzen Krawatten, die Regenschirme nicht zu vergessen. Trotzdem oder gerade deshalb wirkt der Gerichtssaal mit seiner dunklen Holztäfelung und seinen hohen altmodischen Fenstern recht deprimierend. Es ist so dunkel, daß man auch tagsüber die Gaslampen brennen lassen muß.

Der Gerichtsschreiber: »Hawley Harvey Crippen, Sie sind angeklagt des vorbedachten Mordes an Cora Crippen am 1. Februar 1910. Sind Sie schuldig oder nicht schuldig?«

Crippen: »Nicht schuldig, My Lord.«

Crippen bleibt einen Augenblick stehen, dann setzt er sich wieder in den mit halbhohen hölzernen Stangen umgebenen

Sitz des Angeklagten, das sogenannte Dock. Für das große Publikum ist er eine Enttäuschung. Kein verruchter oder gar Angst gebietender Verbrecher, dieser Crippen, sondern ein kleiner, zierlicher Mann, mit einem eher nichtssagenden Gesicht, mit dunkelbraunem Haar, das ihm schon ausgeht und infolgedessen die Stirn recht hoch erscheinen läßt, mit einem ebenfalls braunen kleinen Schnurrbart, mit Augen, von denen die Gerichtsreporter schreiben werden, daß sie durch einen hindurchsehen, hinter einer goldgerahmten Brille – kurz, ein Mann, von dem man glauben möchte, daß er keiner Fliege etwas zuleide tun kann, der eher gutmütig wirkt. Und das Verfahren wird ergeben, daß er auch gutmütig war, sowohl seiner Frau gegenüber, die freilich seit längerer Zeit »verschwunden« ist, geduldig Geld für sie ausgab, obwohl er dieses Geld nicht leicht verdiente. Einer, der glücklich war, wenn er andere, das heißt die Frau, die Freundin, in ein Lokal führen konnte, der zufrieden war, wenn seine Gäste – auch Freunde und deren Frauen – sich amüsierten, selbst aber meist schwieg, kaum je trank, und dann nur leichtes Bier, und nie rauchte.

Er wird auch während des gesamten, für ihn doch wohl dramatischen und tragischen Prozessses kaum je sein Gesicht verändern. Es bleibt völlig unbeweglich wie das eines Mannes, der davon überzeugt ist, daß alles schon gut gehen wird. Was kann ihm, der ja unschuldig ist, geschehen?

Dabei ist er schon, lange bevor der Prozeß beginnt, verurteilt. Nicht vom Richter, nicht von einem Gericht, nicht von Geschworenen, sondern von der Presse, vor allem von der Londoner Presse, aber auch von der in ganz England; vor allem auch der amerikanischen und, mit Maßen, von der französischen und deutschen. Keine Zeitung hat ein gutes Wort für ihn, er gilt allen als Missetäter par excellence und wird als Tier in Menschengestalt dargestellt.

Der Staatsanwalt erhebt sich und trägt die Anklage vor. Er sieht nicht so aus, wie man sich einen gestrengen Staatsanwalt – und das ist er – vorstellt. Dieser R. D. Muir hat ein eher gutmütiges Gesicht, blaue Augen, die etwas Kindliches besitzen, einen Mund, der gern lacht. Aber heute und in den kommenden Tagen wird er kaum lächeln. Und es gibt ja auch nichts zu lachen.

In seiner Eröffnungsansprache klagt also Mr. Muir Crippen an, seine inzwischen 34jährige Ehefrau mit Gift umgebracht, anschließend zerstückelt, die Stücke größtenteils beseitigt und einen Teil ihres Körpers zusammen mit einem alten Handtuch und dem Oberteil seines Schlafanzugs im Keller des von ihm gemieteten Hauses im Hilldrop Crescent, London, vergraben zu haben.

Anschließend hätte er seine Geliebte Ethel Le Neve in seiner Wohnung aufgenommen und bis zum Sommer 1910 mit ihr zusammen gelebt. Während dieser Zeit habe er Freunden gegenüber behauptet, seine Frau wäre seiner Geschäfte wegen Anfang 1910 – seit dieser Zeit hatte niemand sie mehr gesehen – in die USA gereist, sei an Bord des Dampfers an einer Lungenentzündung erkrankt und daran kurz nach der Ankunft gestorben. Er hat sogar eine Todesanzeige veröffentlicht, offenbar, um die Freunde der Familie, die etwas erstaunt über die plötzliche Abreise der Dame waren, zu beruhigen. Die Frau, die sich gern – wir werden noch sehen, warum – »Belle Elmore« nannte, kommt bei dieser Schilderung durch den Staatsanwalt gut weg. Sie sei eine liebenswürdige Dame gewesen, die gern Freundschaften schloß, lebenslustig war und bereit, für die anderen etwas zu tun.

Einen knappen Monat nach dem Verschwinden der »Belle Elmore« sei Crippen ebenfalls verreist, wie er einigen Freunden, die als Zeugen geladen worden sind, mitteilte – nach Frankreich, von wo er schlechte Nachrichten erhalten habe.

Einer Freundin seiner Frau, einer Frau Martinetti, die Genaueres wissen wollte, sagte er ausweichend: »Ich brauche ein bißchen Luftveränderung!« In Wahrheit aber sei er mit Ethel Le Neve verreist, und zwar nach Dieppe, um dort Ostern mit ihr zu verbringen. Um Mrs. Martinetti zu beruhigen, habe er ihr kurz vor der Abreise vom Londoner Victoria-Bahnhof ein Telegramm geschickt, er habe soeben erfahren, seine Frau sei in Kalifornien letzte Nacht gestorben, genauer um 6 Uhr morgens; also am 23. März. Das besagte dann auch die bereits erwähnte Todesanzeige.

Die Freundinnen seiner Frau waren damit nicht zufriedengestellt. Sie wollten Näheres erfahren, vor allem auch, unter welchem Namen seine Frau gereist sei. Als Belle Elmore? Als Mrs. Crippen? Auf welchem Schiff? Kurz, man habe ihn in Schwierigkeiten gebracht, aber er selbst habe dabei nie die Fassung verloren.

Der Staatsanwalt geht in seiner Eröffnungsrede sehr in Detaile, natürlich um die Geschworenen zu beeindrucken. Und er wiederholt immer wieder: »Was ist aus Belle Elmore geworden? Von wem stammen die Leichenteile, die man im Keller gefunden hat? Wenn die Leiche oder deren Reste die Belle Elmores waren, welche Erklärungen gibt es denn dafür, daß man sie so verstümmelt im Keller gefunden hat?«

Der Staatsanwalt weiß auf diese Fragen keine Antwort, aber es ist klar, welche Antworten er den Geschworenen suggerieren will. Nämlich, daß Crippen seine Frau umgebracht habe, und zwar, um mit Ethel Le Neve, die er liebt, zusammenleben zu können. Er wäre lieber mit ihr verheiratet gewesen als mit seiner Frau Cora, und es besteht kein Zweifel, daß er, wenn alles nach seinen Wünschen verlaufen wäre, sie geheiratet hätte.

Wer ist dieser Crippen? Er ist 1862 in Coldwater im Staat Michigan unweit von Chicago zur Welt gekommen, wo sein Vater einen kleinen Laden für Haushaltsgegenstände besaß. Er kam zum erstenmal 1883, also mit 21 Jahren, nach England und nannte sich bereits Doktor. Wenn man ihm glauben durfte – aber durfte man das? –, so hatte er im heimatlichen Amerika studiert, und zwar an der California University im Staate Michigan, sowie im Hospital College von Cleveland im Staate Ohio. In London arbeitete er an verschiedenen Kliniken, war dann wieder nach Amerika zurückgefahren, diesmal nach New York, wo er 1885 ein Diplom als Ohren- und Augen-

Foto aus dem Prozeß gegen Dr. Crippen. Der Mörder war mit dem Schiff geflohen. Die drahtlose Telegraphie machte es möglich, daß er vor der Überschreitung der kanadischen Grenze verhaftet werden konnte.
(Foto: Historia-Photo)

spezialist erwarb. Dann praktizierte er drei Jahre lang in Detroit, ebenfalls drei Jahre in Santiago, eine kürzere Zeit in Salt Lake City, auch in New York, St. Louis, Philadelphia und Toronto.

Ein weitgereister Herr! Insgesamt dauerten diese Reisen und Studien an verschiedenen Universitäten einschließlich der Zeiten der Praxis bis 1896. 1887 hatte er in Santiago geheiratet. Seine erste Frau hieß Charlotte Bell, sie gebar ihm einen Sohn. Das war in Los Angeles. Die Frau starb dann bald, entweder 1890 oder 1891, und zwar in Salt Lake City. Drei Jahre später machte er in New York die Bekanntschaft eines hübschen Mädchens von siebzehn Jahren namens Cora Turner. Er verliebte sich in sie. Und obwohl sie damals in wilder Ehe mit einem anderen Mann lebte, heiratete er sie und nahm sie mit nach St. Louis, wo er als Augenarzt praktizierte.

Dann fand er heraus, daß seine Frau gar nicht so hieß, sondern – erstaunlicherweise – Kunigunde Mackamotzki; sie war die Tochter eines Russen oder Polen, und ihre Mutter stammte aus Deutschland. Ein hübsches Mädchen also, vielleicht mehr als hübsch, mit großen dunklen Augen, kohlrabenschwarzem Haar, sie trug reichlich farbige Kleider. Sie sang auch. Sie hatte eine hübsche, doch viel zu kleine Stimme, um öffentlich aufzutreten, aber das durfte ihr niemand sagen, das wollte sie nicht wissen. Sie war überzeugt, nach entsprechendem Gesangsunterricht, würde sie bald in der Lage sein, in Theatern oder wenigstens in Varietés zu singen.

Crippen war damit einverstanden und zahlte. Die ersten Stunden nahm Cora 1899. Damals lebten die beiden in Philadelphia, das heißt, sie lebte nur theoretisch dort, meist blieb sie in New York, weil ihr Gesanglehrer dort lebte. Sie war damals ganz sicher, daß sie eines Tages eine große Sängerin werden würde, und Crippen gab ihr recht. Sie blieb in New York, bis sie im Jahre 1900 mit ihrem Mann nach London kam, er als Manager einer amerikanischen Firma, die Reklame für Patentmedizin machte. Genaugenommen traf sie erst vier Monate nach ihm ein, nunmehr allerdings befürchtend, es werde vielleicht nicht für die große Oper reichen. Aber für das Varieté natürlich! In England würde sie in dieser Beziehung leichter etwas erreichen als in den Vereinigten Staaten. Sie engagierte Agenten. Die Agenten waren überzeugt davon, daß sie eine große Zukunft habe, aber es kam nie etwas anderes dabei heraus, als daß die Agenten Geld einsteckten.

Damals taufte sich Cora Crippen in »Belle Elmore« um, kaufte eine Unzahl von aufwendigen Kleidern, und Crippen tat, was er immer tat: er zahlte.

Sie spürte wohl bald, daß es auch für Londoner Varietés nicht langte. Sie hätte ein kleines Engagement an einem kleinen Varieté, möglicherweise sogar in der Provinz, angenommen, aber auch dazu kam es nicht. Sie hatte wohl wirklich kein Talent für die Bühne.

Als quasi Ersatz befreundete sie sich mit Damen, die in Varietés auftraten oder deren Männer es taten oder die überhaupt irgend etwas mit Varietés zu tun hatten. Man traf sich in kleinen Restaurants, man aß gut und trank gut, besonders das letztere. Cora wurde, wenn auch nichts anderes, so doch bald sehr beliebt. Sie hielt es für selbstverständlich, daß man sie mochte. Das galt auch für einige Männer. Crippen war gut genug dazu, sie auszustaffieren und sie anzuhimmeln, aber sie wollte wohl auch von anderen Männern angebetet werden. Es sollte nie erwiesen werden, ob sie mit anderen Männern in nähere Beziehungen trat, das wollte ja im Grunde genommen auch niemand wissen, und Crippen schon gar nicht, aber es sprach doch viel dafür. Crippen wußte, daß sie gelegentlich mit anderen Männern ausging oder spazierenfuhr, und fand das auch ganz in Ordnung, denn er war der Überzeugung, daß seine Frau etwas Besonderes sei.

Freilich, Dankbarkeit war Coras Stärke nicht. Sie machte ihm häufig Szenen, zeigte sich launisch und zänkisch, kurz, gab sich schwierig. Sie hatte regelrechte Ausbrüche, die er geduldig hinnahm. Da sie es einfach nicht aushielt, allein oder mit ihrem Mann allein zu sein, schlug sie ihm vor, sogenannte »paying guests«, das heißt Leute ins Haus aufzunehmen, die für ihr Zimmer oder auch für Kost und Logis eine Kleinigkeit entrichteten. Dabei war es ihr nicht um Geld, sondern nur darum zu tun, Gesellschaft zu haben, Gesellschaft um jeden Preis.

Auf die Dauer konnte das nicht so weitergehen. Selbst ein so geduldiger Mann wie Crippen konnte unter solchen Umständen nicht glücklich sein – um so mehr, als der Haushalt, dem seine Frau vorstand, durchaus nicht musterhaft geführt wurde. Nie wurde richtig aufgeräumt, nie wurde abgespült, bevor das gesamte Geschirr benützt war, überall in der Wohnung lagen Kleidungsstücke herum. Es war alles andere als gemütlich für ihn.

Sein Auge fiel auf seine Sekretärin, die junge Ethel Le Neve, ein Mädchen, das nichts von sich hermachte, das durchaus zufrieden war, als gute Arbeitskraft im Büro beschäftigt zu sein.

Sie war ein bißchen größer als er, aber sie war zierlich, sie hatte, was er oft rühmte, eine »weiße Haut«, hellbraunes, fast blondes Haar; ein Mädchen, das nie ein lautes Wort sprach, ein Mädchen, das quasi Tag für Tag um Entschuldigung dafür bat, daß es überhaupt da war: eben ganz anders als Belle Elmore.

Ursprünglich hatte Crippen sie gar nicht beachtet. Dann fiel ihm auf, wieviel ruhiger es im Büro zuging, als bei ihm zu Hause. Dann verliebte er sich in Ethel. Irgendwann wurde sie seine Geliebte. Liebte sie ihn eigentlich? Oder hielt sie es nur für selbstverständlich, daß man sich seinem Chef hingibt, wenn er es verlangt? Vielleicht betete sie Crippen an, der ja ein gescheiter Mann war, und hielt das für Liebe.

Bei ihm war es sicher Liebe. Und der verzweifelte Versuch, sich, wenigstens was das Intime anging, von seiner Frau zu lösen. Es kam dann ja auch heraus – erst während des Prozesses allerdings – daß er von dem Tag an, als Ethel seine Freundin wurde, mit seiner Frau nicht mehr zu Bett ging. Damals mußte er schon den Wunsch gehabt haben, sich von seiner Frau für immer zu trennen. Aber wie?

Cora wäre nicht einmal abgeneigt gewesen, sich scheiden zu lassen, hätte dann aber wohl alles, was an Geld und Wertgegenständen da war, nicht zuletzt ihre Juwelen und Pelze, mitgenommen. Er hätte Alimente zahlen müssen, die nicht zu knapp ausgefallen wären. Kurz, er hätte wieder von vorn anfangen müssen.

Faßte er schon damals den Plan, Cora umzubringen? Das sollte niemals herauskommen, weil auch niemals einwandfrei bewiesen wurde, daß er sie überhaupt umgebracht hatte. Möglichkeiten dazu besaß er sicher. Als Arzt, oder wenn er diesen Beruf auch nicht in London ausübte, als einer, der Medizin studiert hatte, kannte er sich in Medikamenten aus und natürlich auch in Giften, die in kleinen Mengen vielleicht als Medizin wirkten, aber in größeren Mengen verabreicht, tödlich wirken konnten.

Später wurde immer wieder gesagt und geschrieben, daß er eine Wandlung durchgemacht habe. Er sei bis dahin ein ruhiger, geduldiger Mann gewesen, der vieles einsteckte. Und nun wurde er zum Verbrecher.

Wenn er überhaupt Verbrecher wurde.

Dies, versteht sich, ist alles nur Vermutung, Hypothese, und von ihm selbst bis zuletzt bestritten.

Wenn, es sei wiederholt, wenn er wirklich einen Mord beging, so tat er das keinesfalls spontan, keinesfalls, weil ihn Leidenschaft dazu hinriß, gleichgültig, ob es leidenschaftlicher Haß gegen die bisher von ihm so geliebte Frau war oder Liebe zu Ethel. Jedenfalls, wenn er getötet hatte, dann hatte er mit größter Sorgfalt gemordet. Und an alles gedacht.

Wenn man hier der Theorie des Staatsanwalts folgt, denn bewiesen wurde nichts, dann brachte er seine Frau mit einem Pflanzengift um, das er sich als Arzt leicht beschaffen konnte, mit Hyoscin-Cyanid. Dann zerlegte er die Leiche mit einer Geschicklichkeit, die nur ein gelernter Chirurg besitzt. Er verbrannte Teile der Leiche in der Küche und nahm angeblich den Kopf mit auf die Reise und warf ihn während der Überfahrt nach Dieppe ins Meer. Einen Teil vergrub er im Fußboden des Kellerraums.

Nun konnte er glücklich mit Ethel leben. Er lud sie ein, zu ihm zu ziehen, und das tat sie auch. Freilich, das junge Glück dauerte nicht allzu lang.

Die Freundinnen der Toten, von deren Tod sie ja nichts wußten, waren zuerst erstaunt, dann wurden sie unruhig. Einige waren überzeugt davon, daß es ein Testament Coras gab, durch das sie selbst das eine oder andere geerbt hätten. Aber schon gar nicht diese Miss Le Neve, von deren Existenz Cora zwar gewußt haben mochte. Und sicher hätte sie etwas dagegen einzuwenden gehabt, daß Miss Le Neve sozusagen in ihrem Bett schlief oder auch nur in ihrer Wohnung lebte.

Nein, das hätte Cora nie gutgeheißen, wäre sie noch am Leben gewesen. Und wer sagte ihnen denn, daß sie tot war? Dafür gab es ja keinen Beweis! Dafür gab es nur das Wort ihres Mannes, der jetzt mit einer anderen lebte. Am 30. Juni ging ein gewisser Nash, der einige Zeit als Pensionär bei den Crippens gewohnt hatte, von den Freundinnen Coras aufgestachelt, zu Scotland Yard und gab dort zu Protokoll er finde es merkwürdig, daß Mrs. Crippen verschwunden sei. Bei der Polizei fand man das gar nicht so merkwürdig, dergleichen kam ja oft vor und klärte sich meistens von selbst auf. Aber Scotland Yard war bereit, dem Haus der Crippens einen Besuch abzustatten. Immerhin dauerte es eine Woche, bis Inspektor Dew in Gesellschaft von Sergeant Mitchell in das Haus in Hilldrop Crescent fuhr. Aber sie fanden niemanden in der Wohnung. Sie suchten Crippen in seinem Büro auf. Er erzählte ihnen die ganze Geschichte – das heißt, er erzählte eine völlig andere Geschichte. Seine Frau sei gar nicht tot, sie habe ihn verlassen, er wisse selbst nicht mit wem, wolle aber jeden Skandal vermeiden und habe die Geschichte ihrer Reise nach Kalifornien, ihrer Krankheit und ihres Todes erfunden. Er war bereit, ein entsprechendes »Statement« zu unterschreiben, was auch geschah, und ging dann mit den Beamten in sein Haus, wo er ihnen die Erlaubnis gab, eine Suche zu veranstalten, obwohl sie nicht recht wußten, was sie suchten. Jedenfalls durchsuchten sie das ganze Haus. Alles schien in Ordnung.

Das war am 8. Juli. Und das war das Ende der Untersuchung durch Scotland Yard.

Dann geschah irgend etwas. Was geschah, ist später nie klar geworden. Hatte Crippen die Nerven verloren? Wohl kaum. Eher schon Miss Le Neve, obwohl dies später, beim Gerichtsverfahren, das gegen sie eröffnet werden sollte, durchaus nicht der Fall zu sein schien. Denkbar wäre es trotzdem.

Wie dem auch sei, beide waren durch das Auftreten von Scotland Yard ein wenig nervös geworden und ängstlich, und möglicherweise begann Ethel zu zweifeln, ob sie das alles durchstehen könnte. Wußte sie denn überhaupt, was geschehen war? Vielleicht ahnte sie es nur. Jedenfalls beschloß er – sei es, daß er es für sie tat, sei es, daß er es für richtig hielt –, London zu verlassen. Und zwar sehr plötzlich. Dabei war die

Gefahr vorbei, Scotland Yard wollte nichts mehr von ihnen, schon gar nichts von Ethel.

Aber das konnten sie beide nicht wissen. Und so entschloß sich Crippen also zur Flucht. Er brachte seine geschäftlichen Angelegenheiten in Ordnung, er nahm sich die Zeit, an Bekannte Briefe zu schreiben, in denen er erklärte, warum er so plötzlich habe abreisen müssen, und reiste mit ihr zusammen nach Rotterdam, von dort nach Antwerpen, dann schifften sie sich auf einem kleinen Schiff nach Quebec ein, der SS »Montrose«. Die stach am 20. Juli in See.

Scotland Yard wußte nichts davon. Aus Gründen, die später nicht mehr erörtert wurden, faßte aber Inspektor Dew den Entschluß, nochmals in Crippens Büro vorzusprechen. Es ging nur um einige unwesentliche Fragen. Dort erfuhr er, daß Crippen nicht mehr in London, nicht mehr in England sei, und das ließ ihn mißtrauisch werden. Er fuhr noch einmal zum Haus in Hilldrop Crescent und veranstaltete eine zweite genauere Durchsuchung. Er durchsuchte jedes einzelne Zimmer, er ließ im Garten umgraben, er stieg in den Kohlenkeller hinunter und probierte die Kacheln des Fußbodens mit einem Fuß aus. Aber er fand nichts. Vorläufig jedenfalls nichts.

Er kam am folgenden Tag wieder und dann am übernächsten Tag, am 13. Juli. Diesmal bemerkte er, daß einige Kacheln des Fußbodens etwas lose waren. Er nahm sie mit einem Spaten heraus und begann zu graben, und er fand etwas, was er zuerst für den Kadaver eines Tieres hielt, was sich bei näherem Betrachten aber als Menschenfleisch herausstellen sollte.

So entschloß sich Scotland Yard am 16. Juli, einen Steckbrief zu erlassen, in dem Crippen und Miss Le Neve gesucht wurden. Die beiden waren nicht mehr im Lande. Sie befanden sich bereits in Antwerpen, wovon Inspektor Dew nichts wissen konnte, während sie andererseits von seiner schrecklichen Entdeckung nichts erfuhren.

Der Steckbrief mit genauer Beschreibung der beiden erreichte Antwerpen, bevor die SS »Montrose« ihren Anker lichtete. Der Kapitän las ihn sogar, dachte sich aber nichts dabei.

Erst zwei Tage später begriff er, daß ein Passagier namens Robinson durchaus Crippen sein könnte und sein Sohn, Master Robinson, das gesuchte Mädchen. Ein Mann mit seiner Geliebten in einer Kabine? Auch wenn gar kein Mordverdacht bestanden hätte, von dem der Kapitän vorläufig nichts wußte – er kannte ja nicht die Gründe, warum nach den beiden gefahndet wurde –, war das nicht in Ordnung. Der Kapitän wußte nur, daß nach den beiden gefahndet wurde und auch, daß die »Daily Mail« eine Belohnung für ihre Ergreifung ausgesetzt hatte.

Und der Zufall wollte es, wahrhaftig ein seltsamer und für Scotland Yard glücklicher Zufall, daß das kleine Schiff zu den ersten gehörte, die mit dem Festland durch drahtlose Telegraphie in Verbindung treten konnten. Oder das Festland mit dem Schiff. Denn der Italiener Marconi hatte seine epochemachende Erfindung erst 1896 gemacht, und er hatte erst vor wenigen Tagen den Nobelpreis dafür erhalten. Und so telegraphierte denn der Kapitän an Scotland Yard, er sei fast sicher, daß die gesuchten Personen sich auf seinem Schiff befänden.

Und er nahm sie in Haft. Wie er später aussagte, seien ihm die beiden gleich verdächtig vorgekommen, weil der angebliche junge Sohn des Mr. Crippen offenbar eine Frau war. Da er, wie alle in jener Zeit, immer noch viktorianisch dachte und fühlte, obgleich Königin Viktoria nicht mehr lebte, fand er, daß hier ein Tabu gebrochen wurde, daß hier, noch dazu auf seinem Schiff, etwas vor sich ging, das nicht hätte vor sich gehen dürfen! Weil eben ein Mann mit einer Frau, mit der er nicht verheiratet war ... So scheiterte Crippen nicht zuletzt an den Moralbegriffen seiner Zeit, die er verletzt hatte. Ein Vergehen, das in den Augen vieler seiner Zeitgenossen, besonders der englischen, schlimmer war als das Verbrechen, dessen er beschuldigt wurde.

Scotland Yard funkte zurück, der Kapitän solle die beiden einsperren, was er auch tat, und zwar in zwei getrennten Kabinen. Sie durften in Quebec nicht an Land gehen. Sie durften auch ihre Kabinen nicht verlassen. Der Scotland-Yard-Inspektor, der ein schnelleres Schiff nach New York und von dort die Bahn nach Kanada genommen hatte, kam als Lotse getarnt an

Bord. Die Kanadier erhoben keine Einwände, als er die beiden – immer in getrennten Kabinen – nach England zurückholte. Erst in Liverpool, wo das Schiff für einige Stunden ankerte, wurden sie von Bord gelassen.

Das alles steht natürlich in den nächsten Tagen in allen englischen Zeitungen und auch in den großen Zeitungen anderer Länder. Die Verhaftung der beiden, von der man noch gar nicht weiß, ob sie zu Recht erfolgt ist, erscheint gerechtfertigt. Durch völlig neue Methoden der Identifizierung des schrecklichen Fundes, durch neuartige Analysen, die in Polizeilaboratorien vorgenommen werden, wird es möglich; und vor allem eben durch die drahtlose Telegraphie, die sozusagen damit bewiesen hat, wie wichtig sie ist.

Das alles trägt nun am ersten Tag des Verfahrens der Staatsanwalt Mr. Muir im Gericht vor. Und in der Tat, die Geschworenen sperren Mund und Nase auf. Dergleichen hat man noch nie gehört! Das ganze Old Bailey gerät in Erregung. Selbst der ruhige Richter kann die seine nicht verbergen. Nur einer bleibt völlig ungerührt, und das ist Crippen. Er ist während der Tage, als er auf den Prozeß gewartet hat, während der Wochen der Untersuchungshaft völlig gleichgültig geblieben, hat sich nie beklagt, hat alles hingenommen und für sich nichts verlangt, nur für die Frau, die er liebt und die er nicht mehr gesehen hat, seit er auf dem Schiff von ihr getrennt worden ist. Auch sie sitzt in Untersuchungshaft, aber ihr Prozeß wird getrennt von dem seinen vor sich gehen.

Und nun ruft der Staatsanwalt R. W. Muir seine Belastungszeugen auf. Nun gilt es, die Sachverständigen, nicht weniger als sechzehn, zu vernehmen, auch die geschwätzige Mrs. C. Martinetti, die über das, was sie inzwischen in den Zeitungen gelesen hat, ganz außer sich ist. Und am zweiten Tag, an dem noch sechs Belastungszeugen vernommen werden, den Inspektor Dew, den nichts aus der Fassung zu bringen vermag. Am dritten Tag werden weitere elf Belastungszeugen vernommen.

Alle helfen mit, wissentlich oder unwissentlich, die Maschen des Netzes um Crippen enger und enger werden zu lassen, so daß ein Entkommen wohl kaum noch möglich ist.

Crippen scheint es zu wissen, und trotzdem verliert er nie die Fassung. Er widerspricht nie, zeigt keinerlei Empörung darüber, was über ihn zusammengelogen wird, springt niemals spontan auf, bezichtigt keinen der Zeugen der Lüge oder der Verdrehung. Er zeigt nur geringes Interesse an dem, was im Gericht vor sich geht, so als würde hier ein Fall behandelt, der ihn gar nichts angeht.

Jetzt erhebt sich der Verteidiger A. A. Toben, ein lang aufgeschossener Mann mit blondem Haar, gutaussehend, man könnte ihn für einen Schauspieler halten. Ach, er hat es nicht leicht! Er stellt fest, daß Dr. Crippen – er nennt ihn Doktor – als sein eigener Zeuge vieles richtigstellen werde, daß die medizinischen Sachverständigen ihr Urteil über den Leichenfund abgeben würden, das im Widerspruch zu dem steht, was die vom Staatsanwalt zitierten Sachverständigen ausgesagt haben. Er geht energisch mit der Presse ins Gericht, die seinen Mandanten bereits verurteilt habe, bevor die Geschworenen ein Wort erfahren konnten. Er spricht von dem ausgezeichneten Ruf, den Dr. Crippen genieße, wo immer man ihn kenne. Er warnt die Geschworenen, dem, was der Staatsanwalt und seine Zeugen vorgebracht haben, nicht allzuviel Glauben beizumessen, es könne durchaus sein, daß es mit den Behauptungen des Angeklagten seine Richtigkeit habe. Er, der Verteidiger, sei jedenfalls fest davon überzeugt. Er unterstreicht, daß Crippen mit größter Bereitwilligkeit alle Fragen beantwortet hätte, die Inspektor Dew ihm gestellt hat. Er kommt immer wieder auf den Leichenfund zurück, der nicht so eindeutig sei, wie die Anklage es hinstelle. Er wolle keine langen Reden halten, er verlasse sich darauf, daß die Geschworenen wüßten, was sie zu tun hätten, und alles vermeiden würden, einen Unschuldigen zu verurteilen.

Der Verteidiger kann nicht viele Zeugen benennen. Es ist nur Crippen, der für sich selbst aussagt, dann noch einige Gelehrte, Chemiker und Ärzte, die sich zu dem Leichenfund äußern. Die sind eben anderer Ansicht als die Zeugen der Anklage. Was beweist, daß man auch anderer Ansicht sein kann. Auf die Geschworenen scheint das wenig Eindruck zu machen.

Der Richter Lord Alverston gibt noch ein Resümee am fünften Tag des Prozesses, am 23. Oktober. Man muß sagen, es ist ein faires Resümee, in dem er den Geschworenen noch einmal alles, was für den Angeklagten und was gegen den Angeklagten spricht, vor Augen führt. Im übrigen ein sehr ausführliches Resümee, das durch eine kurze Pause unterbrochen wird. Der Richter weist ausdrücklich darauf hin, daß Crippen nur verurteilt werden könne, wenn die Geschworenen von seiner Schuld überzeugt seien, und daß auch im Zweifelsfalle der Angeklagte freigesprochen werden müsse. Falls aber die Geschworenen davon überzeugt seien, daß er sich schuldig gemacht habe, müßten sie ihre Pflicht tun.

Um 14 Uhr 15 ziehen sich die Geschworenen zurück. Um 14 Uhr 42 sind sie wieder zur Stelle.

Der Gerichtsschreiber: »Meine Herren, haben Sie Ihr Urteil gefällt?«

Der Vormann der Geschworenen: »Wir haben es gefällt.«

Der Gerichtsschreiber: »Finden Sie den Angeklagten schuldig oder nicht schuldig?«

»Wir halten den Gefangenen des vorgefaßten Mordes für schuldig.«

»Ist dieses Verdikt einstimmig gewesen?«

»Ja.«

Der Gerichtsschreiber wendet sich an Crippen. »Untersuchungsgefangener, Sie sind hiermit des absichtlichen Mordes schuldig gesprochen worden. Haben Sie noch irgend etwas zu sagen, warum das Gericht Sie nicht gemäß dem Gesetz zum Tod verurteilen sollte?«

Crippen: »Ich bin unschuldig!«

»Haben Sie sonst noch etwas zu sagen?«

»Ich bin unschuldig!«

Der Richter läßt nun den Saaldiener um Ruhe bitten, obwohl es schon ganz still im Saal geworden ist. Der Lord Chief of Justice macht es kurz. Er wiederholt, was nach Ansicht der Geschworenen und auch nach der seinen Crippen verbrochen habe, und fährt fort: »Ich muß jetzt das Urteil des Gerichts verkünden, und das ist, daß Sie von hier aus in ein Gefängnis gebracht werden und von dort zu der Stelle, an der das Urteil vollzogen wird, daß Sie dort am Hals aufgehängt werden bis Sie tot sind, daß Ihr Körper in der Umgebung des Gefängnisses begraben werden wird, in das Sie nach Ihrer Verurteilung gebracht werden. Möge Gott Ihrer Seele Gnade schenken.«

Der Kaplan sagt: »Amen.«

Der Gefangene wird abgeführt, der Richter dankt den Geschworenen und entläßt sie.

Die Presse ist bis zuletzt am Ball geblieben. Kapitän Kendall hat sich schon am 31. Juli, dem Tag der Vehaftung Crippens und seiner Freundin, vom »Daily Mail« interviewen lassen und genaue Aussagen über den Gefangenen Crippen gemacht.

Crippen wird in der gleichen Zeitung am 20. November, also rund vier Wochen nach seiner Verurteilung, noch einmal zu Wort kommen. Er bekräftigt von neuen seine Unschuld, aber, was ihm offenbar wichtiger ist, auch die völlige Unschuld seiner Geliebten. Er muß also den betreffenden Artikel im Gefängnis geschrieben haben, oder, noch wahrscheinlicher, dem »Daily Mail« gestattet haben, ihn zu schreiben. Jedenfalls ist die Ruhe, mit der dieser Artikel abgefaßt worden ist, außerordentlich erstaunlich, wenn auch freilich nicht erstaunlich für einen Mann wie Crippen, der in all diesen Wochen und Monaten eiserne Ruhe an den Tag gelegt hat und sie auch jetzt – »sehr nahe der Stunde meines Todes« – völlig bewahrt.

Er schreibt auch noch einen Brief an Ethel Le Neve, und zwar erst zwei Tage später, am 22. November. Einen sehr langen Brief, in dem er ihr für alles dankt, was sie für ihn getan hat und was sie für ihn gewesen ist, und daß er mit einem Wiedersehen mit ihr im Jenseits rechnet. Und wieder ist es der »Daily Mail«, um diese Zeit die weitaus größte Zeitung Londons, der diesen Brief abdruckt mit Ausnahme des Endes. Sie teilt mit, Crippen habe es zur Bedingung für die Veröffentlichung gemacht, daß dieses Ende nicht gedruckt werde, denn es sei nur für seine Freundin bestimmt.

Um diese Zeit ist übrigens Ethel Le Neve bereits wieder auf freiem Fuß. Ihr Prozeß hat am 25. Oktober begonnen und an demselben Tag geendet. Mit einem Freispruch, was selbstverständlich ist, denn niemand hat ihr nachweisen können, daß sie von der Ermordung von Mrs. Crippen gewußt oder gar an ihr mitgewirkt habe.

H. H. Crippen wird am 23. November zur frühen Morgenstunde gehängt. Und erstaunlicherweise wird man von ihm, zumindest in den nächsten Wochen und Monaten, nicht mehr reden, jedenfalls nicht in den Zeitungen. In juristischen Blättern, insbesondere in Büchern, die später geschrieben werden und sich mit dem Fall befassen, bleibt Crippen ein ungelöster Fall. Mag sein, daß er ein kleiner Gauner war oder ein Verbrecher oder gar ein Mörder. Aber ist es bewiesen worden? In der Tat, es handelt sich bei dem Prozeß Crippens um eine Verurteilung zum Tode auf Grund von Indizien, allerdings sehr starken Indizien. Der erste Fall in der Geschichte der modernen Rechtsprechung, wo auf Indizien hin die Todesstrafe ausgesprochen und verhängt worden ist.

Also ein Justizmord? Das ist, so meinen spätere Kommentatoren, durchaus möglich, wenn auch wenig wahrscheinlich. Immerhin häufen sich im Verlaufe der nächsten zehn, zwanzig, fünfzig, siebzig Jahre – der Prozeß wird immer mal wieder aufgerollt werden, und sei es auch nur in juristischen Zeitschriften oder Sachbüchern – die Meinungen der meisten Juristen dahingehend, daß Crippen schon wenige Jahre später kaum noch zum Tod verurteilt worden wäre, und ein halbes Jahrhundert später überhaupt nicht. Wie dem auch sei: Der Fall Crippen ist ungelöst und wird auch ungelöst bleiben.

Mata Hari – Nie geklärter Fall 1917

Der Prozeß gegen Mata Hari beginnt am 24. Juli 1917, kurz nach Mittag, genau um 13 Uhr, im Geschworenengericht, einem Gebäude in der Innenstadt von Paris. Es handelt sich um ein Militärgericht, um ein Kriegsgericht, denn es herrscht ja Krieg, ein Weltkrieg, später Weltkrieg I genannt, aber in jenen Tagen glaubt man – und dieser Glaube ist allgemein, er geht über die Grenzen Frankreichs hinweg nach England, nach Deutschland, nach Österreich-Ungarn, auf den Balkan –, daß es der letzte Krieg sein wird, ein in seiner Schrecklichkeit angeblich unüberbietbarer Krieg, ein Krieg, um weitere Kriege zu verhindern.

Das Gebäude ist weitläufig, auch der Saal, in dem das Gericht tagt, ist sehr geräumig, aber nur in den letzten Reihen sitzen die wenigen zugelassenen Zuhörer, wohl nur Militär und hohe Beamte. Erstaunlich, wenn man bedenkt, daß es hier um das Schicksal einer Frau geht, die seit Jahren im grellen Scheinwerferlicht der Öffentlichkeit gestanden hat, auch in Paris, besonders in Paris, und nicht nur, weil sie in großen Varietés auftrat, sondern auch, und wohl vor allem, weil sie in der großen Welt – in der Gesellschaft – eine unübersehbare Rolle spielte. Aber man hat diesen Prozeß ja keineswegs publik gemacht, im Gegenteil, es fand sich darüber nicht eine einzige Zeile in der Presse. Wer gekommen ist, hat durch persönliche Beziehungen davon erfahren, daß der Prozeß stattfindet und wo er stattfindet.

Übrigens: Auch diese wenigen Zuhörer, vielleicht hundertfünfzig an der Zahl, werden nicht lange bleiben. Die Geschworenen entscheiden sehr bald auf Antrag des Staatsanwalts, daß die Sicherheit des Landes in Gefahr gerate, wenn das Verfahren öffentlich stattfinde: Staatsgeheimnisse würden unter Umständen enthüllt werden müssen.

Also Ausschluß der Öffentlichkeit und Räumung des Saales. Nun ist er völlig leer, mit Ausnahme des Gerichts natürlich, und wirkt schon aus diesem Grunde irgendwie düster und bedrohlich; und natürlich auch, weil nur wenige Lampen brennen und sämtliche Männer, mit Ausnahme des Anwalts, Uniform tragen. Mata Hari ist die einzige Frau.

Da ist zuerst einmal der Präsident, der Oberstleutnant Albert Ernest Somprou, ehemals Kommandeur der Garde Républicaine, ein ergrauter Herr, wirklich ein Herr, der, auch wenn er Zivil trüge, den Soldaten nicht verleugnen könnte. Da ist der Staatsanwalt Leutnant Mornet, so Mitte Dreißig, mit einem rotangelaufenen Gesicht, das von einem ziemlich langen Schnurrbart geziert wird.

Da ist Hauptmann Ladoux, ein fülliger Mann mit breitem Gesicht. Genaugenommen gehört er dem Gericht nicht an, er ist eher das, was man den Untersuchungsrichter nennen könnte. Sein Beruf ist der eines der leitenden Männer im sogenannten Deuxième Bureau, der Spionage- und Antispionageabteilung des Kriegsministeriums. Er ist der erste der anwesenden Männer, der mit Mata Hari in Verbindung trat oder sie mit ihm. Er hat versucht, sie für die französische Sache als Spionin anzuwerben, und er hat sie schließlich verhaftet. Man wird immer wieder auf die Unterhaltung zwischen ihm und Mata Hari zurückgreifen. Daher hat der Gerichtspräsident es also für notwendig erachtet, ihn hierher zu bitten, um einzelne Punkte zu klären oder unter Umständen gegen die Angeklagte auszusagen, je nachdem.

Da ist schließlich ihr Anwalt, Maître Clunet, der weitaus Älteste im Raum, schon fünfundsiebzig, mittelgroß, mollig, weißhaarig, mit einem Gesicht, das viel jünger wirkt als seine Jahre. Er ist zweifellos nicht so sehr an dem »Fall« Mata Hari interessiert, sondern an ihr selbst, und im Verlaufe der Verhandlung wird herauskommen, was übrigens nie ein Geheimnis gewesen ist, nämlich daß er einmal sehr in Mata Hari verliebt war, daß er vielleicht zu der ja keineswegs kleinen Anzahl von Männern gehört, mit denen sie ins Bett ging, und daß er vermutlich immer noch in sie verliebt ist.

Da ist schließlich die Jury, sieben Mann, höhere Offiziere, nur ein Leutnant.

Man hat später gesagt, daß der Prozeß vielleicht gar nicht stattgefunden habe, oder wenn, dann anders ausgegangen wäre, hätte er nicht in diesen Tagen und in einer besonderen Atmosphäre stattgefunden. Ja, es wird sogar behauptet, daß er vielleicht überhaupt nicht stattgefunden hätte, wenn eben die Verhältnisse anders gewesen wären.

Der Hintergrund dieses Prozesses: Der Krieg steht denkbar schlecht für die Entente. Nicht nur, daß er, fast seit Beginn, in Frankreich ausgetragen wird, dessen gute Hälfte von der deutschen Armee besetzt worden ist, sondern auch, daß alle Versuche, die Deutschen zurückzutreiben, und eben auch der letzte, möglicherweise entscheidende, im April und Mai just dieses Jahres 1917, mißlungen sind.

Die Verluste der Franzosen und Engländer waren enorm. Der kalte Winter zuvor hatte schon die Moral der Bevölkerung auf eine harte Probe gestellt. Verschiedene Streiks und Revolten im Hinterland hatten ansteckend auf die Armee gewirkt. Überall in Frankreich, besonders in Paris, haben sich Banden formiert. Sie singen die Internationale, sie ziehen mit roten Fahnen ausgestattet durch die Straßen. Es gibt immer neue Streiks, Gehorsamsverweigerungen in der Armee, Kriegsgerichte, Todesurteile. Verlegung der Regierung von Paris, die als »bedroht« angesehen werden muß, nach Bordeaux. Der Kriegsminister, später Premierminister Paul Painlevé wird von dieser Zeit sagen: »Es kam ein Tag, an dem es zwischen der Front bei Soissons und Paris nur noch zwei Regimenter gab, auf die wir uns verlassen konnten...«

Ungeheure Verlust der Entente, vor allem der Engländer auch auf den verschiedenen Meeren. Der uneingeschränkte U-Boot-Krieg der Deutschen fordert grausame Opfer. Nach Ansicht vieler Historiker sucht man also nach einem Sündenbock. Mata Hari wäre für diese Rolle durchaus geeignet, nur müßte man, um ihr, wenn auch nur zum Teil, die Schuld an den furchtbaren Niederlagen zuschieben zu können, das Verfahren öffentlich führen. Daß dies nicht geschehen ist, daß man nie die Absicht hatte, dies zu erlauben, läßt die Theorie des Sündenbocks als unglaubhaft erscheinen, wenn freilich auch nicht als unmöglich. Vielleicht wäre es richtiger zu sagen – vieles in diesem Fall wird sich nie erweisen, das heißt, was an den Anschuldigungen stimmt und was nicht –, daß der französischen Regierung der Fall Mata Hari gelegen kam.

Gleich zu Beginn des Verfahrens, kaum daß die Geschworenen Platz genommen haben, erscheint sie, gerufen von dem Gerichtsschreiber Leutnant Mornet und von dessen Adjutanten Leutnant Rivière hereingeführt. Sie hat einen kurzen Weg hinter sich, von der Zelle, nahe bei der Conciergerie, die nur durch einen Hof von dem Justizpalast getrennt wird. Und trotz des düsteren Lichts, das eigentlich ein Gesicht älter macht, und obwohl sie keineswegs mehr jung ist, darf sie noch immer als eine aufregend schöne Frau gelten, keine klassische Schönheit, dazu ist das Kinn zu hart, die Backenknochen stehen ein wenig zu weit vor, aber dies alles läßt sie nur noch interessanter erscheinen. Und dann sind da ihre wahrhaft einmaligen Augen, ihre einmalige Figur, sie ist sehr, sehr schlank und doch fraulich.

Sie trägt ein blaues Kleid mit einem erstaunlich tiefen Ausschnitt und einen ziemlich kühnen, riesigen dreieckigen Hut, wie es die letzte Mode vorschreibt.

Keine Handschellen. Man könnte glauben, daß sie zum Besuch in einem Salon erscheint, und doch kommt sie aus einer Gefängniszelle. Aber wenn man sie ansieht, muß man überzeugt davon sein, daß sie nicht glaubt, ja, nicht einmal in Erwägung zieht, in diese Zelle zurückkehren zu müssen. Es wird sich alles aufklären...

Ein Satz, der durch die Verhandlungen wie ein Leitmotiv geht...

Apropos Gefängniszelle: Da gibt es ein Gerücht in Paris,

Margarethe Zelle, besser bekannt als Mata Hari. Die Tänzerin wurde 1917 in Paris unter Spionageverdacht für die Deutschen verhaftet, als Spionin verurteilt und erschossen.
(Foto: Keystone)

aber es gibt so viele Gerüchte in dieser Zeit in Paris, daß man sie gewaltsam aus der Gefängniszelle befreien werde. Wer?

Hochgestellte Persönlichkeiten, die befürchten müssen, von ihr kompromittiert zu werden? Oder gar die Deutschen? In jenen Tagen hält man alles für möglich, auch daß die Deutschen inmitten von Paris Agenten zur Verfügung haben, die zu einem solchen Coup bereit wären... Die Militärs, die zu Gericht sitzen, haben von diesen Gerüchten wohl gehört und sie verständlicherweise nicht ernst genommen. Ob Mata Hari selbst davon gehört hat? Ob sie diesbezüglich Hoffnungen hegt? Niemand weiß es, niemand wird es je wissen, niemand ahnt ja auch nur, was in ihrem Kopf vorgeht, niemand wird es je genau wissen, auch nicht der alte Anwalt, der sie jetzt vor Gericht in die Arme schließt und ihr Mut zuflüstert.

Leutnant Mornet müßte gar nicht mehr formell Anklage erheben – es weiß sowieso jeder, um was es geht: um Spionage, um Hochverrat. Und den Geschworenen werden vom Gerichtspräsidenten acht Fragen vorgelegt:

Ob sich Mata Hari im Dezember 1915 nach Paris begeben habe, um dort Dokumente zu erhalten, die von Interesse für die Deutschen oder andere Feinde waren?

Ob sie während der ersten sechs Monate des Jahres 1916 von dem neutralen Holland aus Informationen an Deutschland oder ein anderes feindliches Land, und zwar durch Mithilfe des deutschen Konsuls Kramer geliefert habe, die gewisse Operationen der französischen Armee enthüllten und die Sicherheit von gewissen Orten, Posten oder Etablissements gefährdeten?

Ob sie im Mai 1916 und überhaupt während des gesamten Krieges Beziehungen zu Deutschland unterhalten habe oder zu sonst einem feindlichen Land, eben durch den bereits erwähnten Kramer, um dem Feind seine Aufgabe zu erleichtern?

Ob sie nach Paris, das sich im Belagerungszustand befand, 1916 oder sonstwann während des Krieges gekommen sei, um dort Dokumente in Empfang zu nehmen, die Deutschland und anderen Feinden dienlich sein würden?

Ob sie im Mai 1916 oder jedenfalls während des Krieges in Paris Unterhaltungen mit Deutschen hatte oder einem Feind, um die Aufgabe Deutschlands zu erleichtern?

Ob sie in Madrid im Dezember 1916 oder jedenfalls während des Krieges Unterhaltungen mit Deutschland führte, einer feindlichen Macht, und zwar durch den Militärattaché von Kalle, um die Aufgaben des Feindes zu erleichtern?

Ob sie, falls schuldig unter den oben angegebenen Umständen, an Deutschland oder eine feindliche Macht in der Person des besagten von Kalle Dokumente ausgeliefert habe, von denen anzunehmen war, daß sie die Operationen der französischen Armee gefährden könnten... Speziell Informationen über Innenpolitik, über die Offensive im Frühjahr 1916, ob sie dabei unsichtbare Tinte benützt habe...?

Ob sie, falls schuldig, in Paris, im Januar 1917 oder jedenfalls während des Krieges, Beziehungen zu Deutschland hatte, einer feindlichen Macht, um die Aufgaben Deutschlands oder anderer Feindstaaten zu erleichtern...?

Kurz, ob sie Spionage betrieben hat?

Und nun wird also Mata Hari vernommen. Vom Staatsanwalt, und dann von ihrem Anwalt.

Mata Hari hat sich während ihrer Karriere, also in einem Zeitraum von ungefähr zehn Jahren, stets als Exotin ausgegeben, wobei sie behauptete, sie käme aus dem Süden Indiens, von der Küste von Malabar, aus der heiligen Stadt von Jaffnapatam, und ihre Familie entstamme der heiligen Kaste der Brahmanen. Sie sei in der unterirdischen Halle des Gottes Schiva aufgewachsen, habe Tag für Tag die rituellen Tänze gelernt und habe sich in den herrlichen Gärten ergangen, habe Girlanden aus Jasmin geflochten, um die Altäre der Götter zu dekorieren. Sie habe, natürlich, die Tempeltänze gelernt, und sie hätte wohl ihr Leben dort zugebracht, wenn nicht ein junger bildschöner englischer Offizier, der sie einmal bei einem solchen Tanz gesehen und sich in sie verliebt hatte, sie schlicht entführt und geheiratet hätte.

Sie gebar auch einen Sohn, Norman, den eine fanatische Dienerin – den Grund dafür gab sie nie an – vergiftete und die sie daraufhin, sie war eben eine Inderin, erdrosselte. So einfach war das »damals« in Indien...

Von alldem stimmt kein Wort, und das weiß natürlich das Gericht seit langem. Und sie weiß, daß sie ihre Biographie gar nicht mehr zur Kenntnis der Offiziere bringen müßte. Aber sie wird gefragt, und sie antwortet. Noch während sie spricht, wird es dunkel in den Straßen von Paris, die Beleuchtung muß eingeschaltet werden, und um 19 Uhr vertagt der Präsident die Sitzung auf den nächsten Morgen.

Was Mata Hari erzählt?

Sie ist in der kleinen holländischen Stadt Leeuwarden am 17. August 1876 geboren, also jetzt fast auf den Tag einundvierzig Jahre alt. Ihre orientalische Abstammung ist pure Phantasie, und wenn sie ein wenig orientalisch aussieht, so mag das damit zu tun haben, daß einer der Vorfahren des Vaters ein Jude war. Aber der lebte vor langer Zeit. Den hat sie nicht mehr gekannt, gar nicht mehr kennen können.

Der Vater hieß Adam Zelle. Er hatte ein nicht schlecht gehendes Geschäft, möglicherweise auch nur einen Laden, jedenfalls konnte er seine Familie anständig ernähren. Mata Hari wurde Margarethe Gertrude Zelle getauft. Die Mutter entstammte übrigens einer besseren holländischen Familie. Und sie war wohl verantwortlich dafür, daß das Kind bald etwas verrückten Ideen nachhing. Hauptsächlich Ideen darüber, wozu sie, die schon in der Schule wegen ihrer Schönheit auffiel, berechtigt zu sein glaubte. Da das junge Mädchen sich etwas exzentrisch gebärdete, wurde es in eine katholische Klosterschule gesteckt. Sie war vierzehn, als sie dort eintrat, und achtzehn, als sie die Klosterschule verließ.

Vermutlich hätte sie irgendeinen braven holländischen Bürger kennengelernt und ihn geheiratet. Aber sie lernt den holländischen Offizier schottischer Herkunft John MacLeod kennen, einem tollen Burschen, oder jedenfalls ist er einmal ein toller Bursche gewesen. Jetzt sieht der etwas dickliche Offizier noch immer gut aus, und damals findet sie ihn herrlich, besonders seinen Ehrfurcht gebietenden Schnurrbart und auch seine funkelnde Offiziersuniform. Die Uniformen werden Zeit ihres

Lebens Bedeutung für sie haben, vielleicht sogar Schicksal für sie werden.

Obwohl er schon vierzig ist, damals ein reifes, ein sehr reifes Alter, und sie knapp zwanzig, heiraten sie und verleben einen herrlichen Wonnemond in Wiesbaden. Dann gehen sie nach Indonesien, damals Niederländisch-Indien genannt, wo er einen Posten bei der holländischen Armee hat.

Aber sehr bald ändert sich etwas. Die Verliebtheit des leicht entflammbaren Mannes läßt nach. Er zieht es vor, mit Kameraden zu zechen, schläft wohl auch mit anderen Mädchen, läßt seine Frau allein zu Hause unter der Obhut der zahlreichen Dienerschaft – sie bedeutet ihm schließlich nicht viel mehr als eine Haushälterin.

Damals beginnt sie, sich für Tempeltänze zu interessieren, sieht sie sich an, ist fasziniert, beginnt Stunden in dieser Kunst zu nehmen, aber nicht lange, denn das Geld geht bald aus, will sagen, der Mann verschwendet seinen Sold. Er schlägt ihr vor, diesem leidigen Zustand ein Ende zu machen, indem sie sich einem reichen Holländer hingibt und ihn dann erpreßt. Sie gibt sich hin. Aber siehe da, der reiche Holländer braucht gar nicht erpreßt zu werden, er zahlt auch so. Der Grund, den er in einem Brief angibt: Er hat ihre Augen so wundervoll gefunden, daß er immerfort an sie denken muß. An die Augen, nicht an den Körper der Frau.

Sie hat schnell begriffen, daß sie auf Männer eine außerordentliche Anziehung ausübt, und sie ist nicht zimperlich, wenn sie das letzte von ihr fordern, um so mehr, als der eigene Mann immer unleidlicher wird und sie sogar gelegentlich schlägt. Nach ihrer Behauptung peitscht er sie sogar manchmal aus – möglich, aber nicht sehr wahrscheinlich. Dann erklärt er, er liebe eine andere Frau und wolle sich scheiden lassen. Wenn sie nicht einwillige, werde er sie umbringen. Auch wieder möglich, aber unwahrscheinlich.

Nachricht aus Den Haag. Der Mann wird in die Reserve versetzt. Das bedeutet, daß das Paar Indonesien verlassen muß, um nach Holland zurückzukehren. Um zu sparen, wohnen sie bei seiner Schwester in Amsterdam. Ohne Rücksicht auf seine Frau oder die Schwester bummelt er die Nächte durch, und schließlich geht es so weit, daß er mit einer anderen Frau zu seiner eigenen zurückkehrt und verlangt, daß sie die Mätresse akzeptiere.

Sie ist wohl, Indonesien hin oder her, doch noch eine holländische Bürgerin. Jetzt ist sie es, die auszieht und eine Scheidung verlangt. Er läßt in Zeitungen annoncieren, er komme nicht mehr für ihre Schulden auf, obwohl er nie irgend etwas bezahlt hatte, was sie kaufte, außer in der allerersten Zeit ihrer Ehe.

Das macht sie in Holland unmöglich. Sie steht mit ihrem Kind, das doch wohl nicht vergiftet worden ist, einer Tochter übrigens, ohne einen Penny auf der Straße. Sie fährt zu ihren Eltern, die inzwischen nach Den Haag umgezogen sind. Der Vater ist nicht entzückt, die Tochter und eine Enkelin – gut, die Enkelin kann bei ihm bleiben, aber die Tochter sollte doch sehen, wie sie sich ihr Leben verdiene.

Was kann sie denn außer tanzen – sie sieht sich bereits als Tänzerin. Wo ihr Leben verdienen? Das ist, so glaubt sie, nur in Paris möglich. Sie fährt hin.

Sie ist zwar unbeschreiblich anziehend, aber sie kann viel zu wenig, um als Tänzerin unterzukommen. Sie versucht es als Modell für Maler und Bildhauer, aber die wollen alle, daß sie sich auszieht, doch das will sie nicht. Sie tut es dann doch, aber sie ist nicht sehr glücklich dabei. Und sie atmet erleichtert auf, als der Direktor eines kleinen Varietés sie engagiert. Er tut es nicht wegen ihrer Künste, sondern weil sie während ihrer Tänze so gut wie nichts anhat, außer einigen Schleiern und manchmal nicht einmal die. Das ist damals eine Sensation.

Sie wird eine Sensation. Die Zeitungen schreiben über sie, eines der größeren Varietés holt sie, sie wird von einer Stunde zur anderen – nun, nicht gerade berühmt, aber doch bekannt. Jedenfalls liest ihr Mann in einer holländischen Zeitung von ihrem Auftreten in Paris und schreibt einen empörten Brief, er werde nicht dulden, daß sie seinen Namen in den Dreck ziehe, und er werde dafür sorgen, daß sie in ein Kloster eingesperrt werde.

Es ist zumindest zweifelhaft, ob er dazu imstande wäre, doch wohl eher nicht. Aber sie verliert die Nerven, verläßt Paris Hals über Kopf und fährt zu ihren Eltern nach Holland zurück. Und dort langweilt sie sich grenzenlos. Soll sie ihr ganzes Leben in dieser trostlosen Stadt verbringen, in der man überhaupt nicht leben kann! Sie entschließt sich ebenso Hals über Kopf wie damals nach Den Haag nun zu der Rückreise nach Paris – jetzt nennt sie sich aber Mata Hari, was zu deutsch »Rote Tänzerin« heißen würde. Weil sie fast immer rote Kleider trägt, wenn sie Kleider trägt.

Paris, um das gleich zu sagen, wird die Wiege ihres Ruhms, und der Ruhm wird international. Sie wird in Berliner, Wiener, Londoner, Brüsseler Varietés auftreten, aber immer wieder nach Paris zurückkehren.

Und sie wird immer nackter. Erstaunlich, daß die Polizei nicht längst gegen sie eingeschritten ist, da ja fast alles, was sie zeigt, eher »verboten« ist. Ihre Behauptung, sie tanze, was in Indien Tempeltanz genannt wird, sie mache nur kultische Bewegungen, reicht das? Glaubt jemand ihre Worte: »Als ich noch ein Kind war, tanzte ich vor Rajahs an den Ufern des heiligen Ganges...«

Sie tanzt beileibe keine Tempeltänze, aber immerhin tanzt sie doch auf die indische Art. So wie sie es gelernt hat, die Tänze, über die sie, darin ist sie unermüdlich, in Büchern nachliest – sogar noch in ihrer Zelle in der Conciergerie.

Aber nicht ihr Auftreten in Varietés ist die eigentliche Quelle ihres Ruhmes und nicht der Grund dafür, daß die Polizei die Augen zudrückt, sondern ihr Auftreten in Häusern von berühmten Persönlichkeiten, von Gesandten und Botschaftern, von schwerreichen Bankiers, kurz, von Mitgliedern der Gesellschaft, einer auserlesenen Gesellschaft, die sich davon einen Nervenkitzel erhofft, und die auch »alles« zu sehen bekommt.

Sie zieht eigentlich diese privaten Séancen dem öffentlichen

Auftreten vor. Sie lernt dort Menschen kennen, die in vielerlei Hinsicht interessant sind. Vor allem Männer. Diese Männer – es handelt sich um Fürstlichkeiten, sogar regierende Fürsten, halb inkognito in Paris, um hohe Staatsangestellte, ja, um Minister, und sie sind bereit, sehr viel Geld auszugeben, um mit ihr ins Bett gehen zu dürfen. Sie schämt sich, und dies ist eine der besonderen Eigenschaften, nicht im geringsten ihrer Eskapaden, die eigentlich schon ihr tägliches oder, besser, ihr nächtliches Leben bilden. Sie ist für jeden Mann zu haben, der ihr gefällt, besonders für einen Mann in Uniform und einen, der gebührend zahlt.

In jenen Jahren nennt man sie die höchstverdienende Kurtisane Europas. Sie braucht das Geld auch. Sie lebt in einer herrlichen, natürlich geschenkten Villa in Neuilly, dem elegantesten Vorort von Paris. Da gibt es Dienerschaft, einen Wagen mit herrlichen Ponys. Die Zimmer sind kostbar eingerichtet, mit Perserteppichen, mit seidenen Tapisserien. Sie selbst trägt wundervolle Kleider und Schmuck, der ein Vermögen wert ist.

Nach Berlin kommt sie zum ersten Mal im Jahre 1907 zu einem Auftritt im Varieté Wintergarten an der Friedrichstraße. Sie ist auch hier eine Sensation. Und sie fühlt sich gleich sehr wohl in Berlin, denn dort gibt es ja so viele Männer in Uniform. Sie hat die Auswahl unter den prominentesten. Kein geringerer als der elegante, etwas versnobte Kronprinz nimmt sie zu Manövern nach Schlesien mit, wo sie doch eigentlich gar nichts verloren hat; kein geringerer als der junge Herzog von Braunschweig, ein Bild von einem Mann, fungiert längere Zeit als ihr offizieller Geliebter.

Und immerhin, Traugott von Jagow, der dümmliche Polizeipräsident von Berlin, der angeblich etwas mit Spionage oder zumindest mit Gegenspionage zu tun haben soll, wird ihr Freund. Sie lernt ihn kennen, als er im Wintergarten erscheint, um dort die Kostüme zu inspizieren; er ist nämlich auch der Chefzensor von Berlin oder gar von Preußen; und gewisse Kostüme, oder gar einige, die Mata Hari trägt, wenn man sie überhaupt noch Kostüme nennen kann, würden unter normalen

Umständen kaum die Zensur passieren. Aber Mata Hari schafft es, denn Jagow wird Wachs in ihren Händen.

Ist sie bereits damals Spionin? In den Diensten Jagows? Sicher ist es nicht, aber möglich, denn das Deutsche Reich gehört zu den wenigen Staaten, die Spioninnen bevorzugen, während die Engländer zum Beispiel prinzipiell keine Spioninnen einstellen und Frankreich dies nur sehr selten tut.

Aber warum sollte sie Spionin werden? Sicher nicht aus finanziellen Gründen, obwohl sie ständig Geld braucht – das, was man den Spionen normalerweise zahlt, würde für sie nicht viel bedeuten.

Es gibt, um es gleich hier zu sagen, zwei mögliche Gründe, dabei immer vorausgesetzt, daß sie damals Spionin wurde. Der eine ist, daß sie Lust auf neue Sensationen verspürt, daß sie etwas unternehmen will, das ihr Nervenkitzel verursacht. Sie ist vielleicht der täglichen oder nächtlichen Sensationen, die sie sich so leicht beschaffen kann, müde geworden. Eine zweite Möglichkeit wäre, daß sie gar nicht Spionin sein wollte, daß sie mehr aus Gefälligkeit, oder um des Nervenkitzels willen, etwas unternahm, irgendeinen kleinen Auftrag, der kaum den Namen Spionage verdiente, und daß sie so in die ganze Geschichte hineinrutschte. Sie wäre also Spionin geworden, ohne daß sie es recht wußte, und kam dann nicht mehr aus der Sache heraus.

Wenn dem so war, dann haben die Deutschen einen guten Fang gemacht, eine Agentin angeworben, von der niemand glauben würde, daß sie eine ist. Denn da Mata Hari eine berühmte Tänzerin ist und die erfolgreiche Geliebte zahlreicher gut zahlender Männer – warum sollte sie Spionin werden?

Gewiß, dies war die Zeit, in der Spionage darin bestand, Geheimverträge zu beschaffen, Aufmarschpläne, das Datum etwa eines Überfalls oder von Attacken oder eines Sabotageaktes, oder Details über neue Waffen; in der man mit präparierten Füllfederhaltern arbeitete oder mit Aktentaschen, die einen doppelten Boden hatten, oder allenfalls angezapften Telefonleitungen – aber das war damals schon schwierig.

Mata Hari lernt, das ist erwiesen, alles Mögliche über Spionage in Lörrach, einem Nest in Baden, wo sich die sogenannte Spionage-Akademie befindet, wo sie und einige andere Frauen und noch viel mehr männliche Agenten trainiert werden. Sie lernt dort Code lesen und schreiben, sie lernt Geheimbotschaften entziffern, sie lernt, wie man geheime Nachrichten weitergibt, sie lernt 1001 Tricks. Und das, was sie wirklich zu einer guten Spionin machen könnte, nämlich wie man Männer ins Bett und vor allen zum Sprechen zu bringt, braucht sie nicht mehr zu erlernen.

Lörrach absolviert sie im Jahr 1907. Sie wird also eine richtige Spionin, zumindest glauben das ihre deutschen Auftraggeber – sie selbst ist sich noch nicht ganz im klaren darüber, ob es ihr ernst ist oder ob sie nur einer Laune nachgibt.

Sie geht wieder nach Paris zurück, aber doch wohl, weil sie Paris liebt und nicht weil der deutsche Nachrichtendienst sie hinschickt. Also sicher wird das aber nie zu erfahren sein. Aber ob sie nun in jener Zeit spioniert oder nicht, niemand wird das je herausbekommen. Jedenfalls unternimmt sie keinerlei Versuche, sich zu tarnen oder ihren Umgang geheimzuhalten. Und so wird sie die Freundin eines Attachés an der deutschen Botschaft in Paris – aber keineswegs nur die seine.

Die Rechnung der Deutschen geht auf, wenigstens vorläufig. Weil sie keinen Versuch macht, anonym zu bleiben, weil sie täglich und nächtlich im Scheinwerferlicht steht, glaubt niemand im Ernst daran, daß sie etwas anderes tut als tanzen und lieben.

Am 1. August 1914, dem Tag der Kriegserklärung, ist sie wieder in Berlin und ißt mit Herrn von Jagow in einem der großen Hotels Unter den Linden zu Mittag, zeigt sich mit ihm auch im offenen Wagen, der quer durch Berlin fährt, und wird von Tausenden gesehen.

Und dann wieder Paris, sie ist via Schweiz eingereist, ihre Papiere und Empfehlungsschreiben sind so imponierend, daß eine ernsthafte Kontrolle nicht erfolgt. In Paris wird sie – oder vielleicht war sie es schon vorher? – die Freundin eines Mannes, der in ihren Briefen als Monsieur M. vorkommt und den man lange für den Innenminister Malvyl hielt. M. ist aber, wie sich vor Gericht herausstellen wird, der Kriegsminister Messimy. Immerhin! Geht es eigentlich noch höher? Freilich, als die Sache mit Messimy dem Gericht bekannt wird, ist der schon längst nicht mehr Kriegsminister.

Später kommt Mata Hari wieder nach Deutschland, als gäbe es keinen Krieg zwischen Deutschland und Frankreich. Sie tritt in allen großen deutschen Städten auf, in Hamburg, in Leipzig, in München und natürlich immer wieder in Berlin. Diesmal freilich klappt es mit der Rückreise nach Paris nicht, jedenfalls nicht mit der geplanten Rückreise via Schweiz. Sie muß nach Holland – keine Schwierigkeit, Holland ist ja neutral und unbesetzt, im Gegensatz zu Belgien. In Holland liiert sie sich wieder mit einem alten Freund namens Kramer, der inzwischen Chef der deutschen Spionage in Holland geworden ist. Der verlangt von ihr, immer nach der Anklage im Prozeß, daß sie wieder nach Paris fahre. Sie begibt sich also auf das französische Konsulat, wo man sie fragt, warum sie nach Paris wolle. Sie möchte, erwidert sie, ihr Haus in Neuilly verkaufen. Sie brauche Geld...

Sie braucht wirklich Geld. Der deutsche Freund in Holland verschafft ihr 30 000 Mark, um diese Zeit etwa 7500 Dollar, und ein kleines Vermögen. Später wird das Gericht wissen wollen, warum er ihr das gegeben habe, das heißt in welcher Absicht, zu welchem Zweck. Doch wohl nur, um Spionagedienste zu leisten! Sie erklärt ihren Richtern, dies sei durchaus nicht der Fall gewesen. »30 000 Mark, das ist mein Preis! Das erhalte ich, wenn ich mich einem Mann hingebe. Der deutsche Offizier in Holland war ja mein Freund!«

Sie fährt schließlich nach Paris zurück und lebt dort, als gäbe es keinen Krieg, denkt nicht daran, ihren Haushalt in Neuilly aufzulösen, sucht und findet Möglichkeiten, dieses oder jenes zu erfahren, um es, dies ist wohl erwiesen und nicht nur eine Behauptung des Anklägers, auf gewissen Umwegen, die lange nicht geklärt werden, ihrem Freund in Holland zuzuspielen. Die Engländer, die schon längst Verdacht gegen sie geschöpft haben, alarmieren das Deuxième Bureau, das zuerst abwinkt, die Tänzerin sei sicher ungefährlich, sie sich dann aber doch etwas näher ansieht.

Und man findet heraus, daß sie Lokale besucht, wo sich Soldaten, die auf Urlaub sind, vergnügen, aus denen wohl das eine oder andere herauszuholen wäre, und das tut sie vermutlich auch. Sie lernt auch durch Freunde reiche Leute kennen, vor allem Kriegsgewinnler, die sich vergnügen möchten und bereit sind, viel Geld zu zahlen, wenn Mata Hari in ihren Häusern tanzen würde – ein Statussymbol – oder vielleicht auch, weil sie gern mit ihr schlafen möchten.

Schließlich verkauft sie ihre Villa in Neuilly doch. Und erklärt eines Tages ihren verblüfften Bekannten, sie sei Mitglied des Roten Kreuzes geworden. Sie erfährt – angeblich –, daß einer ihrer früheren Freunde, ein russischer Hauptmann namens Vadime de Massloff, schwer verwundet, vermutlich erblindet in einem Krankenhaus im kleinen Kurort Vittel liege, und erklärt, sie müsse ihn unbedingt besuchen und pflegen. Das ist gar nicht so einfach, denn Vittel gehört zu jenen Plätzen, die mitten in der Kriegszone liegen – in den Vogesen, nahe dem deutschen Elsaß. Zivilisten dürfen nicht dorthin fahren, Ausländer schon gar nicht.

Und ganz besonders jetzt nicht, denn durch Vittel kommt der Nachschub für eine bevorstehende Offensive der Franzosen – das Jahr ist 1916. Nicht auszudenken, was passieren würde, wenn Nachrichten aus Vittel an die Deutschen gelangten.

Aber erstaunlicherweise überredet Mata Hari die maßgebenden Offiziere im Deuxième Bureau, vor allem den wichtigen Hauptmann Ladoux, was ihm später sehr leid tun wird. In Vittel dringt sie zu ihrem Russen vor, pflegt ihn rührend, es gelingt ihr aber auch immer wieder, »wichtige« Nachrichten zu ergattern und weiterzuleiten. Jedenfalls: Als am 25. September der große französische Angriff in Artois beginnt, zeigen sich die Deutschen bestens informiert. Die Folge: Die Franzosen verlieren in der folgenden Schlacht 40000 Mann und beklagen an die 100000 Verwundete. Aus den erbeuteten Akten des Generals von Ditfurth geht hervor, daß die Deutschen bereits am 15. August informiert wurden... Und an diesem Tag war Mata Hari noch in Vittel gewesen.

Jetzt wird man im Deuxième Bureau hellhörig. Man zerbricht sich den Kopf über Mata Hari und wie sie, wenn sie Spionin ist, die von ihr ergatterten Nachrichten aus Paris oder von wo immer sonst herausbringt. Denn ihre Briefe, die eingehenden sowie die von ihr geschriebenen, werden genau kontrolliert. Vielleicht arbeitet sie mit unsichtbarer Tinte, was sie zum Beispiel in der Spionenschule gelernt hat, und sie kann ohne Zweifel solche Flüssigkeiten aus allen nur denkbaren Ingredienzien zubereiten. Man erwischt sie dabei nicht. Man erfährt nur, daß die Sache mit dem Roten Kreuz nicht stimmt; sie hat nie für diese Institution gearbeitet.

Das Deuxième Bureau muß feststellen, daß sie, nach Paris zurückgekehrt, sehr oft in Lokale geht, in denen sich Flieger amüsieren, die sich auf Urlaub befinden. Es ist allgemein bekannt, daß französische Flugzeuge hinter der deutschen Front – damals gibt es ja noch keine Fliegerabwehr – Soldaten mit Fallschirmen abwerfen. Mata Hari versucht herauszubekommen und bekommt es ja wohl auch heraus, wo sie abgeworfen werden. Das bedeutet den sicheren Tod für diese Unglücklichen.

Das jedenfalls behaupten die Franzosen später.

Schließlich bekommt das Deuxième Bureau doch heraus, daß Mata Hari dauernd Befehle von ihren »Vorgesetzten« aus Holland erhält, via diplomatischer Post. Die sind allerdings so gehalten, daß diese Briefe allein nicht ausreichen würden, Mata Hari festzunehmen. Das würde aber bedeuten, daß man den Holländern gegenüber zugeben müßte, daß man ihre diplomatische Post geöffnet hat, und das würde Schwierigkeiten mit dem neutralen Holland geben.

Mata Hari muß nun nach Madrid reisen, wo sie mit einem großen Varieté-Theater einen Vertrag unterschrieben hat. Auch dort sucht und findet sie sofort die Gesellschaft deutscher

Offiziere, und zwar des Leutnants Arnold von Kalle und des Leutnants von Krohn, beide militärische Attachés bei der Botschaft, beide Geheimagenten.

Von Madrid via Paris nach Holland. Man sieht, die Dame reist viel in einer Zeit, in der fast niemand reisen will oder kann.

Die Reise nach Holland kann natürlich nicht auf dem direkten Landweg vor sich gehen, da müßte sie ja über das besetzte Belgien fahren, sondern per Schiff via England. Dort will der Leiter von Scotland Yard sie sprechen und sagt ihr auf den Kopf zu, man verdächtige sie, deutsche Spionin zu sein. Die Holländer in London hören von dieser Unterhaltung, intervenieren, verlangen man solle eine holländische Staatsangehörige nicht »belästigen«. Ohne Zweifel ein Grund dafür ist, daß der holländische Premierminister sich über beide Ohren in Mata Hari verliebt hat – was man übrigens in London weiß.

Man wußte dort ebenfalls und hat es schon vor dem Krieg gewußt, daß sie für die Deutschen arbeitete, was sie jetzt energisch bestreitet. Sie gibt schließlich zu, daß sie zwar Spionin sei, aber für die Franzosen – eine an Schwachsinn grenzende Dummheit, wenn man bedenkt, daß Franzosen und Engländer Verbündete sind. Jedenfalls muß sie Sir S. B. Thomson das Versprechen geben, nicht nach Deutschland zu fahren und auch nicht mehr nach Frankreich.

In Amsterdam angekommen, fährt sie sofort in den Zigarrenladen von Max Neuder, und die Franzosen wie auch die Engländer wissen: Das ist ein berühmter »Briefkasten« für deutsche Spione. Aber was kann sie schon mitteilen?

Die Entente, vor allem die Franzosen müssen wissen, daß sie kaum etwas Bedeutsames erfahren konnte, etwas, das zu erfahren den Deutschen wichtig wäre. Die Deutschen wiederum müßten nun langsam, aber sicher herausfinden, daß sie gar nicht mehr in der Lage ist, ihnen wertvolles Material zu liefern. Und dann? Wird man sie dann nicht fallen lassen?

Nun doch wieder in Frankreich zurück, unternimmt sie etwas ganz Tolles. Sie fährt zum Deuxième Bureau und bietet sich dort an. Sie hat dort eine Unterhaltung mit Leutnant Ladoux und auch mit anderen Männern dieser so geheimen Abteilung, die so selten und ungern in Erscheinung treten, sich jetzt aber als höchst interessiert erweisen.

Man tut wenigstens so.

Der ungewöhnliche Schritt ist vielleicht gar nicht so ungewöhnlich. Es ist in der Geschichte der Spionage schon vorgekommen, daß Agenten, die sich ertappt glauben oder damit rechnen mußten, ertappt zu werden, zur anderen Seite übergingen.

Ladoux will wissen, warum sie denn für Frankreich arbeiten wolle.

»Ich liebe Frankreich!«

»Das würde bedeuten, daß Sie gegen Deutschland arbeiten.«

»Deutschland ist nicht mein Vaterland!«

Sie hat den Franzosen etwas anzubieten. Sie weiß – woher? –, daß man Schwierigkeiten mit den Truppen in Marokko und Algerien hat, daß diese meutern und daß die Meuterer schießen. Woher haben sie die Waffen? Von den Deutschen, erklärt Mata Hari, denen natürlich an solchen Aufständen gelegen sein muß. Die Waffen würden mit Unterseebooten in den Hafen von Mehedley gebracht, und zwar in den ersten Nächten des kommenden Monats März. Wenn man den Hafen beobachte...

Der Tip erweist sich als richtig, bedeutet allerdings nichts als den Verlust einiger U-Boote und deren Mannschaften für die Deutschen – kein hoher Preis, wenn sie dadurch Vertrauen bei den Franzosen für ihre Agentin Mata Hari schaffen können.

Immer vorausgesetzt, daß sie ihre Agentin ist. Aber welchen Grund hätte Mata Hari sonst, das Geheimnis preiszugeben, und woher weiß sie um dieses Geheimnis?

Mata Hari ist bereit, für die Franzosen nach Holland zu fahren. Ladoux gibt ihr eine Liste von zwölf französischen Spionen mit, die im besetzten Belgien stationiert sind und mit denen sie Kontakt aufnehmen soll.

Wieder reist sie per Schiff. Bei den Engländern hat sie diesmal offenbar keine Schwierigkeiten, denn die wissen ja, daß sie nun für Frankreich arbeitet. Trotzdem hält man sie ein paar Tage zurück, angeblich weil keine Kabine auf dem nach Holland fahrenden Schiff aufzutreiben ist. Dann endlich erhält sie eine Kabine, die sie mit der Erwartung betritt, ihren Freund in Holland am nächsten Tag wiederzusehen.

Und was wird mit der Liste der zwölf Spione geschehen? Wird sie, einmal in Holland, Kontakt mit ihnen aufnehmen? Und wenn ja, wird das für das Deuxième Bureau von Vorteil sein? Wenn nicht – und wenn die Liste in die falschen Hände gerät? Im Deuxième Bureau mußte man ja mit einer solchen Möglichkeit rechnen. Und hat damit gerechnet. Die Liste der Zwölf besteht aus elf fingierten Namen, deren Träger überhaupt nicht existent sind. Der zwölfte Name ist der eines Agenten, der abgesprungen ist, das heißt, jetzt auch oder vor allem für die Deutschen arbeitet und den man gern opfert. Daß dieser Mann nun von den Deutschen verhaftet wird, ist für das Deuxième Bureau der Beweis dafür, daß Mata Hari diese Liste den Deutschen in die Hände gespielt hat.

In die Hände gespielt. Denn sie konnte die Liste ihrem Liebhaber in Holland nicht persönlich übergeben. Sie kam gar nicht mehr nach Holland. Das Schiff, auf das sie Scotland Yard verfrachtet hat, fährt nach – Cadiz in Spanien, wie sie am Morgen nach der Abfahrt erfahren muß, als sie glaubt, sich dem holländischen Hafen Rotterdam zu nähern. Drei Tage ist sie also unterwegs, und dann Cadiz. Dann Madrid.

Das erste, was sie tut, ist, die bewußte Liste zu übermitteln. Wohin? An wen? Vermutlich an ihren Freund Kramer von der deutschen Spionage in Holland – ein Beweis dafür wird allerdings nie erbracht werden. Wohl aber muß die Liste in die Hände der Deutschen gekommen sein, denn es beginnt eine aufgeregte Suche nach den Personen, die in Belgien angeblich für die Franzosen arbeiten. Eine vergebliche Suche, denn – siehe oben – die elf existieren ja gar nicht. Der zwölfte Name ist der eines Doppelagenten. Die Deutschen verhaften und erschießen ihn.

Und jetzt weiß das Deuxième Bureau, daß Mata Hari noch immer für die Deutschen arbeitet.

Ursprünglich hat sie sich mit dem alten Freund, Leutnant von Krohn, gar nicht mehr treffen wollen, hat im Speisesaal des Hotel Ritz, in dem sie jetzt wohnt, einen Tisch neben dem eines französischen Attachés genommen, hat auch mit ihm zu flirten begonnen, ist aber dann doch wieder von den Deutschen eingefangen worden. Vielleicht hat sie Widerstand geleistet, vielleicht auch nicht – wer weiß?

Und Herr von Krohn hat ihr einen Befehl aus Holland zu überbringen. Sie soll wieder nach Paris zurück.

Sie sträubt sich. Sie fürchtet, daß man im Deuxième Bureau fragen wird, was sie mit der Liste der angeblichen zwölf Agenten unternommen hat. Zwar ahnt sie noch nicht, welche Folgen die Übersendung der Namen an die Deutschen hatte, da sie gar nicht nach Holland gelangte – ein Trick der Engländer, von dem das Deuxième Bureau natürlich längst weiß. Sie hätte die Liste also noch besitzen und dem Deuxième Bureau Mitteilung machen müssen, daß sie keine Gelegenheit hatte, mit diesen Männern in Kontakt zu treten.

Statt dessen hat sie das Deuxième Bureau überhaupt nicht benachrichtigt.

Trotzdem ist man in Paris noch immer nicht ganz sicher, was von ihr zu halten ist. Die Sache mit der Liste müßte schon entscheidend gewesen sein, und mehr noch die Tatsache, daß von Krohn mittels eines chiffrierten Radiogramms, das man in Paris natürlich auffängt und entziffert, Geld für den Agenten H 21 aus Holland verlangt, und da, das findet das Deuxième Bureau ebenfalls sehr schnell heraus, die betreffende Summe von rund 30 000 Francs bei Mata Hari landet, schwindet auch der letzte Zweifel. H 21 ist Mata Hari. Das alles kann sie, wie gesagt, noch nicht wissen. Das wird sie erst im Prozeß erfahren. Trotzdem ist ihr die Idee, nach Paris zurückzugehen, unheimlich, was schon daraus ersichtlich wird, daß, wollte sie nach Paris zurück, sie ja nur mit dem Deuxième Bureau in Kontakt treten müßte.

Warum fährt sie trotz aller Bedenken schließlich doch nach Paris? Und auch noch, als der holländische Konsul ihr dringend rät, es nicht zu tun? Und warum zwingt von Krohn, warum zwingen die Deutschen sie förmlich, nach Paris zu fahren? Ihre Unterlagen sprechen dafür, daß sie für die Deutschen arbeitet und Befürchtungen hegt, daß ihr in Paris etwas zustoßen könnte – denn daß man im Deuxième Bureau weiß, was aus der Liste geworden ist, kann sie zwar nur vermuten, aber mit an Sicherheit grenzender Wahrscheinlichkeit ist es so. Und warum zwingen sie die Deutschen, die es ja auch wissen, nach Paris zu gehen? Sind sie sich nicht darüber im klaren, welcher Gefahr sie ihre Agentin H 21 aussetzen? Unwahrscheinlich. Ist das ein Weg, sich ihrer zu entledigen? Ein schrecklicher Gedanke, aber man muß es fast glauben.

Schließlich beruhigt sie sich selbst. Es wird wohl alles nicht so schlimm sein... Sie wird dem Deuxième Bureau gegenüber schon eine Ausrede finden. Aber als sie dann in Paris ist und schon am zweiten Tag ins Deuxième Bureau fährt, ist alles ein wenig anders, als sie gehofft hatte. Sie wird sofort zu Hauptmann Ladoux geführt, und er fragt ohne Umschweife: »Seit wann arbeiten Sie für den deutschen Geheimdienst?«

»Ich verstehe nicht...«

»Seit wann sind Sie H 21?«

Sie schüttelt den Kopf, als verstände sie immer noch nicht. Aber sie versteht sehr wohl.

Einige Befragungen, die übrigens in erstaunlich höflichem Ton geführt werden, wenn man bedenkt, daß Ladoux und mit ihm einige seiner Kollegen der Ansicht sind, daß Mata Hari für den Tod zahlloser Soldaten verantwortlich ist – einmal wird diese Zahl sogar auf 50000 geschätzt werden.

Sie bleibt, vorläufig zumindest, für die Offiziere die große Dame.

Auch dann noch, als sie verhaftet wird und Leutnant Mornet gegenübersteht, einem Spezialisten in Angelegenheiten des Landesverrats. Auch er ist eher vorsichtig. Nicht so sehr ihretwegen, als weil man befürchtet, die Botschaft der Niederlande werde sich einschalten und gegen die Verhaftung einer holländischen Staatsangehörigen Protest einlegen. Aber dies geschieht nicht. Die Botschaft schaltet sich nicht ein, wird sich auch nicht einschalten, als sie in die Zelle Nr. 12 des Saint Lazare-Gefängnisses überführt wird, und auch während des Prozesses nicht.

Unter der Führung von Hauptmann Bouchardon verläuft auch das Verhör von Mata Hari relativ reibungslos, wenn man bedenkt daß es nur wenige Stunden des 24. Juli und einen großen Teil des 25. Juli in Anspruch nimmt. Sie verliert niemals die Fassung, etwa wenn Leutnant Mornet ihr zu bedenken gibt, daß sie sich so oft in der Gesellschaft von Offizieren gezeigt hat. Jawohl, sie hat nun mal etwas übrig für Uniformen, selbst wenn, wie im Falle von Vadime de Massloff, der betreffende Offizier bereits erblindet und schwer verwundet war.

Und wie steht es damit, daß sie fast 30 000 Francs von von Krohn erhalten hat und vergleichbare Summen von deutschen Offizieren in Holland? Dies sei, das wiederholt sie mehrere Male im Verlauf des Prozesses, nun eimal der Preis dafür, daß sie mit einem Mann zu Bett gehe. Und hätte mit Spionage nicht das Geringste zu tun. Gewiß, sie habe in Holland den Vorschlägen Cramers Gehör geschenkt, sie solle für ihn dies oder jenes ausfindig machen, aber sie hätte nichts in dieser Richtung unternommen. Und das Gleiche gelte für von Kalle. Gewiß, es sei vorgekommen, daß sie mit einem Mann zu Bett ging, ohne dafür Geld zu nehmen. Aber wenn sie Geld nahm, dann 20 000 oder gar 30 000 Francs. Immer wieder: »Das ist mein Preis.«

Was übrigens nicht einmal die Unwahrheit ist. Und was viele, sehr viele Herren der besseren und besten Gesellschaft von Paris bezeugen könnten, wenn sie es nicht vorzögen, ihren Mund nicht aufzutun, und übrigens auch gar nicht vor Gericht geladen wurden.

Entscheidend ist auch die Frage nach der Liste der Zwölf. Der Gerichtspräsident will wissen:

»Erinnern Sie sich, was Sie mit der Liste der Zwölf gemacht

haben, die man Ihnen übergab, um sie an unseren Agenten weiterzuliefern?«

»Nein«, ist die Antwort.

Weiß sie denn nicht, daß sie sich damit das Urteil gesprochen hat? Oder glaubt sie immer noch, daß sie sich nicht ernstlich in Gefahr befindet?

Der Name des Generals Adolphe Messimy fällt, mit dem sie ohne Zweifel ein Verhältnis hatte, und zwar als er Kriegsminister war, was er längst nicht mehr ist.

Dies sei, so erklärt sie, eine rein persönliche Angelegenheit gewesen, und nachdem sie vergeblich gebeten hatte, den Namen dieses Herrn, von dem ein Brief verlesen wird, nicht zu nennen, mit der Erklärung, er sei verheiratet und sie wolle eine glückliche Ehe nicht stören, lächeln die Offiziere. Als der Name dann doch fällt und der Brief verlesen wird unter dem Schmunzeln der Offiziere und ihr die Frage gestellt wird, ob sie mit dem Minister je über den Krieg gesprochen habe, erklärt sie mit Emphase: »Niemals!«

Das nimmt ihr niemand im Gericht ab. Schon gar nicht Leutnant Mornet, der die Anklage führt.

Nun gut, sie hat mit vielen Männern im Bett gelegen. Aber sie steht hier nicht vor der Sittenpolizei. Die Offiziere mögen darüber denken, wie sie wollen. Was bedeutet, daß sie ein Leben lang den Männern gegenüber generös war, aber keine Spionin war und keine Spionin ist.

Doch das Ausbleiben einer Antwort auf die stets wiederholte Frage nach der Liste der Zwölf hat alles bereits entschieden.

Das Verhör von Zeugen ist jetzt nur noch eine Formsache. Übrigens können zwei, die aussagen sollten gar nicht erscheinen. Weder Hauptmann de Massloff noch Leutnant Jean Halaure, die aber wohl beide kaum etwas Wichtiges aussagen könnten. Und der ehemalige französische Botschafter in Madrid, Jules Cambon, der dann nach Berlin versetzt wurde und der ohne Zweifel mit Mata Hari in näherer Beziehung gestanden hat, sagt aus, sie habe niemals politische oder gar militärische Fragen gestellt; was nicht viel bedeutet.

Adolphe Messimy, wie Cambon von dem Anwalt Mata Haris vor Gericht zitiert, erscheint dann doch nicht. Statt dessen kommt ein Brief seiner Frau, der General leide an Rheumatismus und könne leider sein Zimmer nicht verlassen. Und überhaupt müsse die Sache auf einem Irrtum beruhen, denn ihr Mann kenne besagte Dame gar nicht.

Wiederum Gelächter unter den Offizieren.

Weitere Zeugen sind eine Dame, die Mata Haris Hände gepflegt hat, und ein Wahrsager, Henri de Marguerie.

Auch die Plädoyers verlaufen, ohne daß man Neues erfährt. Leutnant Mornet verlangt von den Geschworenen, daß sie die Angeklagte in allen Punkten schuldig befinden. Der alte Anwalt plädiert für Freispruch, da nichts bewiesen sei und jeder sogenannte Beweis gegen die Angeklagte auf Akten beruhe, insbesondere auf denen des Untersuchungsrichters, Hauptmann Bouchardon.

Der Präsident Somprou erklärt die Verhandlung für geschlossen. Die Angeklagte muß den Raum verlassen, die Geschworenen ziehen sich zurück, um ein Urteil zu fällen. Es ist nicht überliefert, wie lange sie dazu brauchen – wir besitzen ja überhaupt über den ganzen Prozeß nur das, was der Gerichtsschreiber geschrieben hat, und auch davon das meiste erst viele Jahre nach dem Prozeß, genau nach dem Zweiten Weltkrieg. So lange liegen die Akten im Safe des Deuxième Bureau – ein streng gehütetes Geheimnis.

Geschätzt wird, daß die Beratung der Geschworenen weniger als 45 Minuten dauert oder genaugenommen nur 30, denn die 45 Minuten gelten nicht nur für die Beratung, sondern auch für die Verkündung und vor allem auch für die Verkündung des Urteils durch den Gerichtspräsidenten.

Wenn man bedenkt, daß über acht Punkte abgestimmt werden muß, bleiben also nicht einmal fünf Minuten pro Punkt – ein bißchen wenig!

Die Geschworenen kommen also zurück, und jeder einzelne erklärt, er sei zu einer Entscheidung gelangt, und zwar sei die Angeklagte in allen Punkten schuldig zu sprechen.

Der Gerichtspräsident: »Es ist schrecklich, ein Todesurteil fällen zu müssen über eine Frau, die so schön und so charmant ist und so viel Intelligenz besitzt. Aber ihre verräterischen Intrigen haben so viele Todesfälle verursacht, daß, könnte ich, wie ich wollte, ich sie ein dutzendmal erschießen lassen würde.«

Das hört die Angeklagte nicht aus seinem Mund, sondern durch den Gerichtsschreiber – so ist das üblich beim französischen Kriegsgericht.

Sie erfaßt überhaupt nicht, was da mit ihr geschieht. Sie wird in ihre Zelle zurückgebracht. Sie verlangt nach einem Schlafmittel, das man ihr aber verweigert. Trotzdem, schon nach wenigen Stunden verfällt sie in einen ruhigen Schlaf und wird auch in den nächsten Nächten völlig gelöst ruhen, als handele es sich nicht um ihre letzten Nächte.

Es wird sogar behauptet – allerdings wenig glaubhaft –, daß sie in den Tagen, die ihr noch verbleiben, immer wieder in der Zelle tanzte – als Zuschauer nur zwei Nonnen, die sie bewachen und trösten sollen...

Der alte Anwalt freilich versucht alles, was denkbar ist, um seine Klientin, die er noch immer für unschuldig hält, vor dem Tod zu retten. Er geht zum Appellationshof. Vergeblich. Er setzt sich mit dem französischen Präsidenten Poincaré in Verbindung, der ein persönlicher Freund ist. Der kann nur die Achseln zucken.

Das letzte Argument des Anwalts ist erstaunlich. Er erklärt, man dürfe Mata Hari überhaupt gar nicht hinrichten. Warum? Weil es im französischen Strafgesetzbuch einen Passus gibt, nach dem eine Frau, die schwanger ist, nicht hingerichtet werden dürfe. Aber von wem kann sie schwanger sein? Wer hat sie denn in den letzten Wochen und Monaten gesehen? Sie war doch nie allein, seitdem sie verhaftet worden ist.

Doch, einen Mann hat sie ständig gesehen: »Mich!« Dieser letzte Versuch des alten Anwalts, seine Klientin zu retten, stößt freilich nur auf ungläubiges Lächeln.

Mata Hari selbst glaubt bis zuletzt, daß irgend etwas dazwischenkommen wird. Das ist wohl die Erklärung dafür, daß ihre

Nächte so ruhig verlaufen. Man wird sie begnadigen! Und wenn dieser schreckliche Krieg erst einmal vorbei ist, wird man sie freilassen! Und wenn die Franzosen das nicht tun, werden die Deutschen, die siegreichen Deutschen, sie dazu zwingen!

Als sie am frühen Morgen geweckt wird, um sich zur Exekution fertig zu machen, bricht sie nicht in Schluchzen aus, verliert überhaupt nicht ihre Fassung. Auf den Rat einer Nonne, etwas Kräftigendes zu sich zu nehmen, denn draußen sei es kalt so früh am Morgen, läßt sie sich ein Glas Grog geben. Sie schreibt auch einen Brief an Hauptmann Massloff, der sich allerdings nicht, wie sie glaubt, wieder in Rußland befindet, sondern in einem spanischen Kloster.

Man fährt sie auf den Schießplatz von Vincennes hinaus, wo bereits Soldaten auf sie warten. Sie ist völlig gefaßt, als sie an der Seite ihres Anwalts, der trotz seines Alters es sich nicht hat nehmen lassen, ihr in dieser letzten Stunde beizustehen, und von einer Nonne, Schwester Leonide, begleitet zu der Stelle schreitet, die ihr zugewiesen wird. Nein, sie will nicht gebunden oder gefesselt werden, sie lehnt auch eine Binde vor die Augen ab.

Und dann ist alles sehr schnell vorbei. Um 6 Uhr 15 morgens, am 15. September 1917 fallen die Schüsse des Erschießungskommandos.

Da niemand die Leiche beansprucht, wird sie der Sorbonne übergeben. Dort braucht man immer Leichen zum Sezieren. Dann wird der Leichnam verbrannt und die Asche in alle Winde verstreut.

Frauenliebling Landru
1921

Am 7. November 1921 beginnt der Mordprozeß gegen Henry Désiré Landru, 54 Jahre alt, vor dem Schwurgericht Versailles, Punkt elf Uhr vormittags. Er wird bis zum 30. November dauern. Und ist schon, bevor er begonnen hat, eine Sensation. Denn die Öffentlichkeit flüstert sich unfaßbare Dinge über Landru zu. Er soll über 300 Frauen zu seinen Geliebten gemacht und dann umgebracht haben. Der Zustrom des Publikums ist bei diesem »Sensationsprozeß« außerordentlich.

Der Prozeß wird ihm allerdings nicht wegen der Ermordung von so vielen Frauen gemacht, sondern »nur« von elf. Vorsitzender Gerichtspräsident Gilbert, ein behäbiger Mann, wird die Verhandlungen führen – in Frankreich stellen Richter die Fragen und nur zusätzliche werden von Staatsanwälten und Rechtsanwälten gestellt. Er sitzt hoch oben, in eine rote Robe gekleidet, umgeben von zwei ebenfalls in rote Roben gekleideten Richtern, den Herren Schuler und Gloria. Der Staatsanwalt Maître Godefroy, ein bekannter Pariser Staatsanwalt, hat die Anklage übernommen; ihm stehen zwei Assistenten vom Zivilgericht in Versailles zur Verfügung. Hinter dem Angeklagten hat der Verteidiger, Maître de Moro-Giafferi, Platz genommen, einer der bekanntesten und gefürchtetsten Anwälte Frankreichs, der selten einen Prozeß verloren hat und gedenkt, auch diesen zu gewinnen, also, Landru freizubekommen. Ihm zur Seite steht Maître Navières du Treuil, der schon vor dem Prozeß der Anwalt Landrus war. Ferner finden sich die Anwälte Legasse, Legrand sowie Maître Surcouf ein, um die Familien von einigen betroffenen Frauen zu vertreten, soweit sie als Nebenkläger zugelassen sind.

Von Anfang an herrscht eine Atmosphäre im Raum, die einem Mordprozeß eigentlich kaum gemäß ist. Immer wieder muß der Gerichtspräsident das Publikum ermahnen, das bei jeder Gelegenheit, auch bei sehr falschen Gelegenheiten, in Lachen ausbricht: »Sie befinden sich hier nicht im Theater, meine Herrschaften!«

Auf den Plätzen der Geschworenen nehmen, nachdem sie vom Staatsanwalt und Rechtsanwalt genehmigt worden sind, zwölf Geschworene Platz, alles Männer, die aus einer Liste von 36 möglichen Geschworenen ausgewählt worden sind.

Der Saal ist klein und eher schäbig, etwa 15 m breit und 30 m lang. Nicht gerade repräsentativ für einen so »großen« Prozeß. Aber die Behörden haben wohl alles getan, um ihn herunterzuspielen.

Hauptperson ist natürlich Landru selbst. Wer sein Bild nicht in den Zeitungen gesehen hat – aber das haben wohl die meisten –, muß enttäuscht sein. Er sieht nun wirklich nicht so aus, wie man sich einen Frauenverführer vorstellen würde. Er ist ziemlich groß, aber dünn, fast mager, seine Schultern hängen. Sein Gesicht hat wenig Anziehendes, es wird von einer sehr langen spitzen Nase beherrscht. Bemerkenswert an dem Glatzköpfigen ist ein langer Bart, nußbraun, ins Rötliche schimmernd, ein dicker Schnurrbart, schwere Augenbrauen, tieflagernde Augen: Er sieht eher unheimlich aus. Freilich, in den Augen kann man etwas lesen, was seine Erfolge bei Frauen glaubwürdiger macht. Es sind die Augen eines Hypnotiseurs. Hat er mit ihnen die vielen Frauen betört, meist hübsche Frauen aus guten Verhältnissen, manche sogar mit beträchtlichem Vermögen? Man kann es kaum fassen. Und doch, es muß etwas an ihm sein, sonst hätte er nicht so viele Frauen gekapert, und manche, die am Tag des Gerichts nichts mehr bezeugen kann, würde noch am Leben sein.

Im Verlauf der Verhandlungen, ja schon ganz zu Beginn, wird vieles besprochen, was schon irgendeinmal in den Zeitungen stand, aber vom großen Publikum schon längst vergessen worden ist. Unter anderem, daß er früher ein kleiner Schwindler war, sich vieler Pseudonyme bediente; er nannte sich Diard, auch Petit, auch Frémyet, auch Dupont, Guillert und Barzeux, Tartempion und zuletzt, bei seiner Verhaftung, Lucien Guillet. Vielleicht hatte er gelegentlich auch noch andere Namen angenommen, aber sie werden vor Gericht nicht genannt werden; vielleicht hat selbst die Polizei sie nicht alle in Erfahrung bringen können.

Seine Methode, sich Frauen zu nähern, wechselt so gut wie nie. Er arbeitet mit Annoncen. Entweder gibt er selbst eine auf, wie etwa am 1. Mai 1915: »Witwer mit zwei Kindern, 43 Jahre alt, gutes Einkommen, liebevoll, ernsthaft, der sich in guter Gesellschaft bewegt, wünscht eine Witwe kennenzulernen mit der Aussicht späterer Heirat.«

Nicht weniger als 283 Frauen haben im Verlaufe vieler Jahre auf ein solches oder ähnliches Inserat geantwortet. Oder er hat selbst geantwortet auf Inserate, die heiratswillige Damen aufgegeben haben. Es gibt deren mehr, als man glauben möchte. Es sind meist Frauen um die Vierzig herum, die Angst haben, den letzten Zug zu verpassen – Torschlußpanik. Solche Inserate schneidet er aus und sortiert sie nach höheren Gesichtspunkten. Erstens, postlagernd zu beantworten; zweitens, hat kein Geld; drittens, hat keine Möbel; viertens, überhaupt nicht beantworten; fünftens, antworten mit Initialen postlagernd; sechstens, mögliches Vermögen; siebentens, in Reserve halten für spätere Benutzung. Die Zahl der Annoncen, insbesondere auch die Zahl seiner Annoncen, die Frauen zu einer Antwort bewegen, ist aus seinen konfiszierten Notizbüchern zu ersehen.

Am zweiten Tag des Prozesses erfährt das Gericht Details aus dem bisherigen Leben von Landru. Mit Angabe der jeweiligen Verurteilungen, deren es eine Menge gibt. In Frankreich ist so etwas gang und gäbe, in England, in den Vereinigten Staaten, auch in Deutschland darf eine verbüßte Strafe nicht mehr erwähnt werden.

»Sie sind bereits siebenmal wegen Betrugs verurteilt worden, Landru«, heißt es gleich zu Beginn. Und er hätte solche Betrügereien, so der Richter, nicht nötig gehabt, denn seine Eltern seien anständige und ehrliche Menschen gewesen.

Henry Désiré Landru wurde also 1869 in Paris oder in einem der Pariser Vororte geboren. Er besuchte die École des Frères in Paris, galt als aufgeweckter Junge, war Meßjunge und begann mit sechzehn Jahren einen Kurs in Maschinenbau, absolvierte seine Zeit als Soldat in St. Quentin, blieb weitere vier Jahre in der Armee und wurde schließlich Sergeant. In dieser Zeit verführte er eine Cousine, eine gewisse Mlle Remy, die ihm eine Tochter schenkte. Das war 1891, aber erst 1893 heiratete er sie. Er war damals immer noch bei der Armee. Erst 1894 wurde er wieder Zivilist und fand Anstellung bei einer industriellen Firma, deren Inhaber von seinen Angestellten einen Sicherheitsbetrag verlangte und von Landru auch erhielt. Wenig später verschwand der Chef mit all den Geldern, die er von seinen Angestellten erhalten hatte, nach Amerika. Vielleicht war diese Erfahrung maßgebend dafür, daß Landru sich von diesem Tag an mit Schwindeleien befaßte.

Im Jahre 1900 wurde er bereits zu zwei Jahren wegen Betrugs verurteilt. Er hatte versucht, von einer Bank unter falschem Namen Geld zu kassieren.

Er war noch immer verheiratet, und der Ehe waren nun vier Kinder entsprossen. 1904 wieder zwei Jahre Gefängnis, 1906 dreizehn Monate Gefängnis, 1908 drei Jahre. Um diese Zeit hatte er Papiere im Wert von 15 000 Francs veruntreut, die ihm eine vierzigjährige Witwe, Mme Izoré, ausgehändigt hatte. Weitere Verurteilungen, immer wegen Betrugs, auch in Abwesenheit, eine sogar zur Deportation nach Neukaledonien. Er konnte damals nicht gefunden werden, und daher konnte er auch nicht deportiert werden.

Um diese Zeit herrschte schon Krieg. Später wurde immer wieder gesagt, die vielen Toten in diesem Völkerringen hätten ihm den Anstoß dazu gegeben, selbst Mörder zu werden. Die Mutter war gestorben, der Vater hatte Selbstmord verübt, ganz offensichtlich weil er an seinem Sohn verzweifelt war.

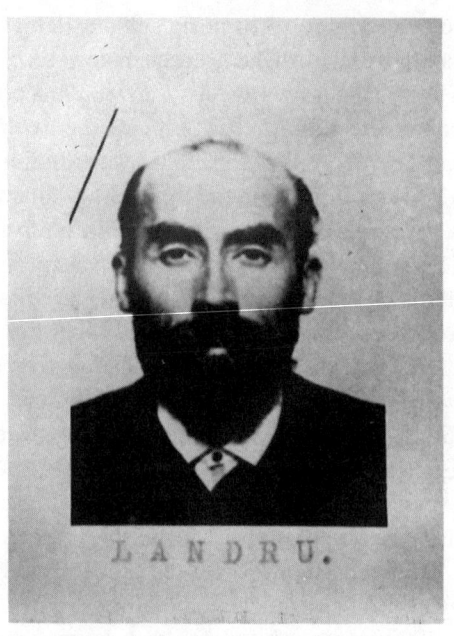

Trotz seiner Unschuldsbeteuerungen wurde Landru am 5. Dezember 1921 wegen mehrfachen Mordes zum Tode verurteilt. Entscheidend für das Urteil waren zahlreiche Indizien.
(Foto: Keystone)

Noch im ersten Kriegsjahr, 1914, machte Landru die Bekanntschaft einer Dame, die sein erstes Opfer wurde.

Sie war ihm auf eine Annonce hin ins Garn gegangen. Es hieß darin: »Seriöser Herr wünscht sich mit Witwe oder unverstandener Frau, 35 bis 45 Jahre alt, zu verheiraten.« Madame Cuchet, wohnhaft in Paris, arbeitete in einem Wäschegeschäft, hatte einen Sohn von neunzehn Jahren, war verwitwet und bald von Landru, den sie nun kennenlernte, ganz begeistert. Er war so liebenswürdig! Er brachte ihr immer Blumen oder Konfekt! Er war die Galanterie in Person!

Und als er ihr gar erzählte, er sei Beamter, war sie entschlossen, ihn zu heiraten. Beamter – das war Sicherheit fürs ganze

Leben. Es gab gelegentlich auch Auseinandersetzungen, einmal sogar kam es zu einem veritablen Krach, als sie mit der Pariser Vorortebahn nach Chantilly hinausfuhr, wo Landru eine kleine, wenig komfortable Villa gemietet hatte. Landrus Schwager, der zufällig anwesen war – Landru war es nicht –, hatte ihr trocken mitgeteilt, sein Schwager sei ein Betrüger, er heiße auch gar nicht Diard, sondern Landru, und er habe Frau und Kinder. Sie warf ihm das vor, als sich die beiden wiedersahen. Landru gab gelassen alles zu, erklärte nur, er gedenke sich demnächst scheiden zu lassen, um Madame Cuchet zu heiraten. Sie ließ sich in der Tat beruhigen und schenkte ihm Glauben, obwohl ihre Familie ihr den dringenden Rat gab, die Beziehungen zu ihm abzubrechen. Sie kam oft zu Landru hinausgefahren, und eines Tages kam sie nicht mehr zurück.

Landru verkaufte bald darauf in aller Seelenruhe ihre Aktien und Obligationen und auch Teile ihrer Möbel.

Das nächste Opfer war wieder eine Witwe, die hieß La Bordeline, kam aus Buenos Aires, wo ihr Mann Manager eines Hotels gewesen war. Die Beziehung der beiden begann im Juni 1915, also wenige Wochen nach dem Verschwinden der Madame Cuchet. Er machte ihr einen Heiratsantrag, und am 21. Juni verkaufte Madame La Bordeline einige ihrer Möbel und fuhr dann nach Vernouillet, wo Landru eine Villa gemietet hatte. Sie gedachte, bei und mit ihrem zukünftigen Mann zu leben. Nachbarn sahen sie noch gelegentlich, aber vom 26. Juni an war sie verschwunden. Und wiederum verkaufte Landru ihre Papiere und einige ihrer restlichen Möbel.

Drittes Opfer, wiederum eine Witwe: Madame Marie-Angelique Désirée Palletier, die er auf eine von ihm aufgegebene Annonce hin schon Anfang Mai traf, während also Nummer eins noch am Leben war und der Flirt mit Nummer zwei noch nicht einmal begonnen hatte. Auch ihr nahm er Geld ab, 22 000 Francs, mehr hatte sie nicht. Sie sah Landru einige Male, soweit er Zeit hatte, zog am 2. August 1915 nach Vernouillet, ließ am 4. August ihre Möbel dorthin nachkommen.

Ein paar Tage später verkaufte Landru die Papiere, die ihr

gehörten, später fälschte er auch ihre Unterschrift, gab sich als ihr Schwager aus und unterschrieb für sie. Grund: Sie selbst sei leider unpäßlich und könne nicht in der Bank erscheinen.

Bald darauf mietete er am Rande des Dorfes Gambais, ein paar Kilometer südlich von Paris, die alleinstehende »Villa Erémitage«. Das erste Opfer dort war eine Madame Léon, neun Jahre älter als er, in Le Havre geboren. Ihr stellte er sich als Ingenieur aus Tunis vor, der sich gerade auf einem Urlaub in Paris befände, demnächst müsse er wieder nach Tunis zurück, wolle sich aber vorher noch verheiraten, da er sich sehr einsam fühle. Sie war auch sehr einsam, sie zog in seine Villa, und eines Tages war sie verschwunden wie ihre Vorgängerinnen.

Das Gericht nimmt sich viel Zeit, alle die Damen zu ermitteln, die Landru in seine »Villa Erémitage« folgten und dann einfach nicht mehr da waren. Ermittelt ist vielleicht nicht der rechte Ausdruck, denn keine der Damen, insgesamt elf, wird wirklich ermittelt. Sie sind alle spurlos verschwunden, als habe sie der Erdboden verschluckt. Verschwunden unter Zurücklassung einiger Gelder, einmal mehr, einmal weniger, unter Zurücklassung auch einiger Möbel und einiger Kleider, die Landru später verkaufte.

Nur eine entkam, eine sehr viel jüngere Frau, eine gewisse Fernande Segeret. Er hatte ihre Bekanntschaft in einem Autobus gemacht. Sie war tief beeindruckt von ihm und löste ihre Verlobung auf, vielleicht nicht zuletzt, weil der Verlobte sich noch in deutscher Kriegsgefangenschaft befand. Landru hatte bald ein Verhältnis mit ihr – er wohnte damals in Paris in einem Mietshaus in der Rue Rochechouart, und sie zog bald zu ihm. Nachdem sie ihre Verlobung aufgelöst hatte, meinte sie, es sei wohl an der Zeit, daß er bei den Eltern um ihre Hand anhalte, was er erstaunlicherweise auch sofort tat.

Aber er war gar nicht so begierig darauf zu heiraten, er war ja immer noch verheiratet. Er verschob den Heiratstermin, weil er angeblich noch Papiere brauchte. Die Mutter Fernandes war von Anfang an mißtrauisch gewesen und verlangte von ihrer

Tochter, sie sollte diesen Mann laufen lassen. Der Erfolg davon war, daß sie mit ihren Eltern brach und ganz zu ihm in die Rue Rochechouart zog. Dabei hätte sie ihn durchschauen müssen. Denn anfänglich hatte er behauptet, er sei in der Automobilbranche tätig und korrigierte sich bald darauf, er sei Inspektor bei der Polizei.

Sie glaubte ihm das Erste, und sie glaubte ihm auch das Zweite. Als bald nach Kriegsende der junge Mann zurückkehrte, der ehemals mit ihr verlobt war, redete ihr Landru erstaunlicherweise zu, wieder zu ihm zurückzukehren. »Jugend braucht Jugend«, erklärte er. Sie war gerührt von so viel Edelmut, aber dachte gar nicht daran, mit Landru zu brechen, während er schon wieder nach anderen Opfern Ausschau hielt.

Warum er sie nicht umgebracht hat? Seltsam. Und obwohl sie inzwischen den Zeitungen entnommen hat, wieviele Frauen er auf dem Gewissen haben soll, hält sie auch in der Gerichtsverhandlung noch zu ihm.

»Er war ein bezaubernder Mann«, erklärt sie dem Richter. »An vielen Abenden führte er mich aus, meist in die Komische Oper. Ich war sehr glücklich mit ihm. Er wurde nie grob, war immer liebenswürdig, höflich, darauf bedacht, mich glücklich zu machen. Was mich besonders beeindruckte: er schlief wie ein Kind...«

Nach allem, was hinter ihm liegt... Nach all den Frauen, die er offensichtlich ermordet hat – nein, wir stecken ja noch im Gerichtsverfahren, es wäre also besser, von Frauen zu sprechen, von denen der Staatsanwalt beweisen will, daß Landru sie ermordet hat, und von denen man jetzt nur mit Sicherheit sagen kann, daß sie verschwunden sind.

»Vermutlich sind sie alle ins Ausland gereist!«, erklärt Landru ungerührt in einer der Verhandlungen.

Es wäre allerdings ein seltsamer Zufall, daß alle, mit denen er in näherer Verbindung gestanden hatte, ins Ausland gereist sind, und auch ihren Familien nie wieder ein Lebenszeichen haben zukommen lassen.

Die Familien: natürlich haben alle Opfer eine Mutter hinterlassen oder einen Vater, einen Bruder oder eine Schwester. Alle sind zuerst verwundert, dann beleidigt, daß die betreffende Frau nichts von sich hören läßt, schließlich tief besorgt. Eine Mutter kann sich überhaupt nicht vorstellen, daß ihre Tochter, mit der sie so gut stand, die sie so heiß liebte, so gänzlich mit ihr brechen würde, selbst wenn sie ins Ausland gegangen wäre; nichts von sich hören lasse, selbst wenn sie irgendwo krank darniederläge.

Alle diese verschiedenen Verwandten melden der Polizei früher oder später, ihre Tochter, Schwester, Schwägerin oder Tante sei vermißt. Aber das tun sie natürlich zu verschiedenen Zeiten.

Und es sind auch verschiedene Namen, die sie nennen, wenn sie gefragt werden, mit wem die Vermißte denn zuletzt gesehen worden sei, Dupont oder Diard oder Fremyet oder Guillet. Und da es sich um verschiedene Polizeistationen handelt, bei denen die Angehörigen zu verschiedenen Zeiten vorstellig werden, glauben die betreffenden Polizisten jedesmal, es handele sich um einen Einzelfall und es könne ja Gründe dafür geben, daß die jeweils Verschwundene sich bei der Familie nicht meldet. Es verschwänden in Paris so viele Personen, wo käme die Polizei denn hin, wenn sie jeder einzelnen Vermißtenanzeige nachgehen würde.

Es ist reiner Zufall, daß einige Polizeibeamte ihre Notizen vergleichen. Es handelt sich zwar bei dem Mann, mit dem die Verschwundenen zuletzt gesehen worden sind, um einen scheinbar anderen Mann, aber es wäre ein Zufall, wenn verschiedene Männer verschiedene Frauen unter immer den gleichen Umständen verschwinden lassen würden; immer ohne Möbel zurückzulassen oder Kleider oder, wohl am wichtigsten, Geld. Sollte da doch ein Zusammenhang bestehen?

Schließlich nimmt die Pariser Garde Mobile die Sache in die Hand. Und ihr Inspektor Adam befaßt sich nun mit den Fällen. Er muß, um es gleich hier zu sagen, monatelang, ja, im ganzen über zwei Jahre recherchieren, bis er zu der Überzeugung gelangt, daß es sich bei all den Männern, mit denen die Frauen zuletzt gesehen worden sind, um ein und denselben Mann handelt. Untersuchung der beiden Villen bei Clichy und der »Erémitage«, natürlich in Abwesenheit des Mieters. Unterhaltung mit Nachbarn, die die Männer verschiedenen Namens immer so beschreiben, daß ihre Identität eigentlich außer Zweifel steht: alle diese Männer mit verschiedenen Namen haben eine Glatze und tragen, das kommt relativ selten vor, einen ins Rötliche schimmernden prächtigen Bart. Es finden sich in den Villen auch Spuren von Frauen, irgendwelche Toilettengegenstände oder auch Kleidungsstücke, aber relativ wenige. Vor allem findet sich nicht der geringste Anhaltspunkt dafür, daß die Frauen, die kurze Zeit hier gewohnt haben, umgekommen oder gar umgebracht worden sind.

Ein Zufall kommt der Polizei zu Hilfe. Sie hat bereits einen Haftbefehl gegen einen Mann, der so oder so oder so heißen mag. Der Haftbefehl ist am 10. April 1919 ausgestellt worden. Am folgenden Tag geht Mlle Lacoste aus der Rue de Tivoli spazieren. Mlle Lacoste ist die Schwester des ersten Opfers, jedenfalls des ersten bekannten Opfers von Landru. Da sieht sie ihn – sie hat ihn ja durch ihre Schwester kennengelernt – Arm in Arm mit Mlle Fernande Segeret, einem hübschen schlanken Mädchen, ein Pelzwarengeschäft betreten. Mlle Lacoste benachrichtigt sofort die Polizei. Mit Hilfe des Pelzhändlers kann man feststellen, daß es sich bei dem Käufer um einen gewissen Lucien Guillet handelt. Es ist nicht schwierig herauszubekommen, wo M. Guillet wohnt, nämlich in der Rue Rochechouart. Am nächsten Morgen sehen Polizisten Guillet, oder wie immer er sonst heißen mag, die Wohnung verlassen, um sich eine Morgenzeitung zu kaufen. Sie lassen ihn wieder in die Wohnung zurückgehen und klopfen dann an. Eine Stimme ruft: »Ich bin noch nicht aufgestanden, kommen Sie später wieder!« Einer der Polizisten ruft: »Es handelt sich doch um meinen Wagen!«

Landru, der unter anderem auch eine Garage unterhält, freilich nur mit einem Halbtagsangestellten, wird neugierig und macht auf.

»Sie sind verhaftet!«

Er protestiert: »Ich bin Lucien Guillet, am 18. September 1874 in Rocroi geboren.«

»Sie sind wegen Mordverdachts verhaftet...«

»Oh, das muß ein furchtbarer Irrtum sein.« Aber dann schweigt er, und nach einer Weile kommt nur noch ein Satz: »Ich rede nur in Anwesenheit meines Rechtsanwalts!«

Als Landru sich fertigmacht, um den Polizisten zu folgen – die junge Fernande Segeret fällt fast in Ohnmacht, weil sie es für ausgeschlossen hält, daß gegen ihn etwas vorliegen könnte –, versucht er, sein Notizbuch verschwinden zu lassen. Ein Polizist reißt es ihm aus der Hand, und dieses Notizbuch wird in der Tat der Polizei gute Dienste leisten. Denn was immer Landru ist und was er nicht ist: Er ist ein pedantischer Buchhalter, er hat vieles in sein Notizbuch eingetragen: Namen der oder jener Dame oder ihre Adresse, den Preis der Zeitung, die er gekauft hat, den Preis des Mittag- oder Abendessens, das er spendiert hat, und vor allem gibt es gewisse Eintragungen, die der Polizei zuerst gar nicht auffallen, die aber dann dazu beitragen sollen, Landru zu verurteilen. Es handelt sich um den Kauf von Karten für die Vorortebahn. In fast jedem einzelnen Fall hat Landru eine Rückfahrkarte gekauft – eine einzige, vermutlich für sich selbst, und eine einfache Karte vermutlich für die Frau in seiner Begleitung, von der er sicher sein durfte, daß sie eine Rückfahrkarte nicht mehr benötigen würde. Er ist zwar großzügig, aber auch sparsam.

Neuerliche Untersuchungen der Villen durch Kommissar Dautel. Diesmal wird sogar in beiden Fällen der Zementboden aufgerissen. Nichts. Im Garten der »Erémitage« allerdings findet man Gräber. Aber es sind, wie die grausigen Funde beweisen, Gräber von Hunden.

Jetzt erinnern sich die Nachbarn. Ja, eine der Damen hatte Hunde mitgebracht, zwei oder drei. Und die Hunde sind nicht mehr gesehen worden, ebensowenig wie die Dame selbst. Aus den Autopsien ergibt sich, daß die Hunde erdrosselt worden sind. Warum hat Landru sie erdrosselt? Vor Gericht wird er sich darüber ausschweigen.

Und wie kommt eigentlich die Polizei darauf, daß von all den Namen es nur mit dem Namen Landru seine Richtigkeit hat? Es hat sich bei der Durchsuchung der Villen eine quittierte Rechnung gefunden, die auf den Namen Landru ausgestellt war. Nun, während die anderen Namen nicht recht zu recherchieren sind, weil es keine Familien dieser betreffenden Herren gibt – der Name Landru ist zu recherchieren. Es gibt eine Frau Landru, es gibt Söhne, Töchter und auch noch andere Verwandte. Das erste, was die Polizei mit Sicherheit feststellen kann, ist, daß Landru wirklich Landru ist.

Aus dem Notizbuch geht weiterhin hervor, daß er die elf Frauen, die spurlos verschwunden sind, gekannt haben muß. Und auch, daß er sehr viel mehr Frauen kannte, daß insgesamt 283 Frauen von ihm gekannt, möglicherweise verführt worden sind. Aber die leben noch und sagen eigentlich nur Gutes über Landru aus. Immer wieder: Er war so nett, er war so galant, er war so liebevoll!

Nachbarn der beiden Villen werden erneut befragt. Einige wollen gesehen haben, daß aus dem Schlot auf dem Dach der »Erémitage« gelegentlich viel Dampf kam. Offenbar muß Landru etwas verbrannt haben. Hat er die Frauen verbrannt? Ein schrecklicher Gedanke, aber einer der durch einen Nachbarn bestätigt wird; es handelt sich um den Metzger Vallet. Der behauptet, es habe in der Zeit der Verbrennungen ganz abscheuliche Gerüche gegeben. »Wir Metzger kennen den Geruch von verbranntem Fleisch von Berufs wegen!«

Was eigentlich alles besagt.

Also – so muß geschlossen werden – hat Landru elf Frauen verbrannt. Die Polizei läßt noch einmal den Ofen in der kleinen Villa Erémitage genau untersuchen. Sie findet nichts, was darauf hindeuten könnte, daß ein Mensch oder gar elf Frauen hier verbrannt worden sind. Man findet allerdings verschiedene winzige Fetzen Stoff, fast nur mit dem Mikroskop als solche zu identifizieren, die aus Frauenkleidern stammen könnten...

Übrigens wird die Staatsanwaltschaft diesen Ofen später im

Gericht vorführen. Zwei Polizisten bringen ihn herein, während das sensationslüsterne Publikum atemlos wartet. Aber der Ofen ist klein, viel zu klein eigentlich, als daß man eine Leiche darin verbrennen könnte. Selbst wenn man die Leiche vorher zerstückelt hat, was Landru nach allem, was man von ihm vermutet, zuzutrauen wäre, dürfte es seine Schwierigkeiten haben.

Ein weiterer Zeuge, den die Polizei ausfindig gemacht hat, ist der alte Père Louis, der in seinem Taxi des öfteren die eine oder andere der verschwundenen Damen vom Bahnhof in Gambais zur Villa Landrus brachte. Aber je näher der Prozeß kommt, um so nervöser wird er. Ihm paßt diese ganze Publizität nicht, die sich da unter anderem auch über ihn ergießt. Eines Tages bittet er seinen Chef um einen Vorschuß von 500 Francs, erhält sie und verschwindet. Er tritt also im Prozeß nicht auf, aber das ist so wichtig nicht. Es wird ja gar nicht bestritten, von Landru am allerwenigsten, daß alle die Damen, die später verschwunden sind, zu ihm nach Hause kamen, in das eine oder andere Häuschen.

Um diese Zeit sind die Villen bei Clichy und bei Gambais schon längst beliebtes Ziel neugieriger Pariser geworden, die dorthin fahren, um sich alles anzusehen. Alles? Sie bekommen nicht viel zu sehen. Ja, ganz zu Beginn der Untersuchungen kurz nach der Verhaftung von Landru – die lokale Polizei hatte vergessen, das Haus bei Gambais abzuschließen – sind Neugierige dort eingedrungen, haben sich auch Souvenirs mitgenommen, haben dabei alles zertrampelt, was an Spuren noch hätte vorhanden sein können.

Eine Nachbarin meldet sich bei der Untersuchungsbehörde. Sie habe gesehen, wie Landru in einem kleinen Wagen, den er wohl besaß, einen Koffer transportiert hat. Landru wird gefragt, was es damit auf sich habe, und Landru hat gelacht: »Ja, diesen alten Koffer habe ich tatsächlich verbrannt, er war zu nichts mehr zu gebrauchen.« Und natürlich habe in dem Koffer keine Leiche gelegen. Obwohl, wie die Polizei nachträglich feststellen muß, er geräumig genug für einen so schauerlichen Inhalt gewesen wäre.

Die verschiedenen Polizeiverhöre der Verwandten des einen oder anderen Opfers ergeben nichts Neues. Alle bleiben dabei, daß, wäre die Verschwundene noch am Leben, sie von sich hätte hören lassen.

Am 21. Mai 1921 überweist dann die Polizei den Verdächtigen dem Untersuchungsrichter Bonin. Und der alte Herr beginnt, wie es seine Pflicht ist, noch einmal ganz von vorn. Und erfährt nichts Neues. Genaugenommen erfährt er überhaupt nichts. Landru ist ein großer Schweiger. Trotzdem gibt es bald mehr als 7000 eng beschriebene Seiten über seinen Fall, die dann dem Geschworenengericht vorgelegt werden.

In diesen Wochen der Untersuchungshaft in Versailles erhält Landru viele Briefe. Und sie stammen alle von Frauen, die ihn gar nicht kennen, die nur von ihm gehört oder über ihn gelesen haben. Es sind fast durchwegs Liebesbriefe, und viele der Autorinnen schreiben, sie würden liebend gerne Landru heiraten, sobald er freigesprochen sei, woran sie nicht den geringsten Zweifel hegen. Sie schicken ihm auch Süßigkeiten, Kuchen, und unzählige Postkarten mit Landschaften oder ihrem Bild darauf. Aus diesen Karten fertigt Landru dann mit Erlaubnis der Gefängnisverwaltung ein Kartenspiel an. Und dann erzählt er allen, die ihn besuchen, seinen Wärtern, aber auch seinen Anwälten, er sei bereit, ihnen aus den Karten ihre Zukunft vorauszusagen, er verstehe sich auf so etwas.

Erstaunlich die vielen Liebesbriefe. Landru, dessen Bild man aus den Zeitungen inzwischen kennt, ist ja nun wirklich kein Mann zum Verlieben. Wenn er auch hypnotische Fähigkeiten besitzt, so mag das Frauen in Liebesraserei versetzen, nachdem sie mit ihm gesprochen haben oder jedenfalls mit ihm zusammen gewesen sind. Aber die vielen hundert, die Tausende von Frauen in Paris, und auch aus der französischen Provinz, die sich jetzt mit ihm brieflich in Verbindung setzen, haben ihn ja persönlich nicht kennengelernt. Die Psychologie-Experten rätseln. Die einzige Erklärung für den regen Anteil Unbekannter an Landrus Schicksal ist eine irrationale. Da macht sich ein Nachahmungseffekt geltend. Da so viele

Frauen – nachweislich – die Geliebten Landrus waren, muß dieser Mann doch ganz toll sein! Die Tatsache, daß er wegen Morden, allerdings wegen vorerst nicht erwiesenen Morden vor Gericht steht, daß also eine Frau, die mit ihm in Verbindung tritt, unter Umständen ihr Leben riskiert, spielt in ihrem Fühlen keine Rolle. Denn daß sie denkt oder gar nachdenkt, ist wohl unwahrscheinlich.

Die Haltung Landrus während der Prozeßtage scheint den Frauen recht zu geben. Er bewahrt Haltung. Er benimmt sich als Gentleman. Immer wieder, wenn ihm eine unangenehme Frage gestellt wird, erklärt er, er könne sie nicht beantworten, es sei doch undenkbar, und das Gericht müsse das verstehen, daß er nicht ausplaudern könnte, was die eine oder andere seiner Geliebten mit ihm verband. Er sagt unter anderem wörtlich: »Ich bin ein galanter Mann, ich werde doch nichts von den Geheimnissen ausplaudern, die mir Madame Cuchet anvertraut hat.« Aber dies gilt nicht nur für Madame Cuchet, dies gilt für alle, über die er befragt wird. Man kann natürlich auch glauben, und das Gericht ist dieser Ansicht, daß er keine Frage beantwortet, wenn diese Beantwortung ihn belasten würde.

Immer wieder sagt er etwa von einer Frau: »Ihr Privatleben und das meine gehen die Öffentlichkeit nichts an.«

Und wenn er gefragt wird, ob er wisse, wo diese oder jene Frau sich befinde, macht er ein Gesicht, dem abzulesen ist, daß er es sehr wohl weiß. Dann fragt der Richter: »Zum letzten Mal: Weigern Sie sich zu sagen, wo sie ist?«

»Absolut!«

»Aber sie hat doch ihre Möbel zu Ihnen gebracht!«

»Ich habe sie gekauft.«

»Und sie hat Ihnen ihre Familienpapiere übergeben.«

»Warum?«

Einmal fragt der Generalstaatsanwalt: »Landru, warum haben Sie eigentlich nicht zugegeben, was Sie in Ihrem Notizbuch vermerkt haben, und in der Frage der Möbel erklärt, Sie hätten da nur als Makler gehandelt? Warum haben Sie das dem Untersuchungsrichter nicht mitgeteilt? Er hätte das untersuchen können.«

Landru: »Da haben wir's! Ich werde auf keine Fragen antworten, die meine privaten Angelegenheiten betreffen. Wenn Sie, Herr Staatsanwalt, an mich Fragen stellen, die ich beantworten kann, dann tue ich es. Mit dem Untersuchungsrichter Monsieur Bonin war es anders. Ich verstand mich nicht immer mit ihm. Einmal, als ich eine Antwort verweigerte, wurde er wütend und drohte, mich sofort vor dieses Geschworenengericht zu schicken, ich besäße einen schlechten Charakter. Nun, ich vermutete, daß der Untersuchungsrichter von vornherein annahm, ich sei schuldig. Und so lehnte ich die Antworten ab.«

Weiter: »Um diese Zeit, im Jahre 1919, kandidierte Bonin für die Wahl des Generalkonsuls von Corrèze, wo er geboren ist. Einige Wähler, die ihren Spaß haben wollten, schrieben anstatt seines Namens den meinen auf ihre Stimmzettel.«

Lachen im Publikum.

Landru wird ärgerlich. »Darüber sollte man nicht lachen. Ich werde schließlich angeklagt, Verbrechen begangen zu haben, obwohl ich unschuldig bin. Ich habe sicher Fehler in meinem Leben gemacht, aber ich habe niemals meine Hände mit Blut besudelt... Nun, dann wurde Monsieur Bonin also nicht gewählt, er brachte eben nicht die genügenden Stimmzahlen auf. Dafür sollte nun ich wieder verantwortlich sein! Von diesem Tag an hatte er eine Wut auf mich. Ich war der schuldige Verbrecher, er mein Richter. Vorübergehend hat er sogar meine Frau und einen meiner Söhne verhaftet. Damals habe ich beschlossen, ihm überhaupt keine Antwort mehr zu geben. Wenn er mich nach Details fragte, sagte ich, ich hätte ein schlechtes Gedächtnis und daß ich mit wichtigeren Dingen beschäftigt sei, als mich an solche Kleinigkeiten zu erinnern.«

Der Generalstaatsanwalt: »Ja, ich weiß, Sie waren außerordentlich beschäftigt. Ihr Notizbuch zeigt, daß Sie sich oft an einem Tag mit sechs oder sieben Frauen trafen.«

Landru: »Das deutet doch darauf hin, daß ich nicht mit allen etwas gehabt haben kann!«

Der Generalstaatsanwalt versteht nicht.

Landru: »Sie vergessen, daß ich fünfzig Jahre alt bin.«

Lachen bei den Zuhörern.

»Ich bin hier nicht, um mich zu amüsieren, ich bin nur hier, um mich zu verteidigen.«

»Und auf Beschuldigungen zu antworten, die Ihnen den Kopf kosten können.«

Und die Fragerei beginnt wieder.

Schließlich wird Landru ärgerlich. »Ich habe keine Angst. Ich lehne es ab, Ihnen zu antworten, soweit die Fragen mein Privatleben betreffen. Ich muß nichts beweisen, beweisen müssen Sie, das ist Ihr Geschäft. Wenn ein Mann und eine Frau weder das Gesetz übertreten noch ihre Verpflichtungen der Gesellschaft gegenüber verletzen, dann geht ihr Privatleben niemanden etwas an. Eine Frau verkauft mir ihre Möbel, ich bezahle für sie. Damit endet die Geschichte für mich.«

»Wollen Sie nichts aussagen, um Ihren Kopf zu retten?«

»Nein!«

Eine der Fragen, auf die das Gericht immer wieder zurückkommt, ist: Wovon hat Landru eigentlich gelebt? Als er am 18. Oktober 1912 nach seiner ersten Gefängnisstrafe entlassen wurde, besaß er zwei Bankkonten. Im Februar 1914 hatte er auf dem einen Konto nur noch 7,20 Francs und auf dem zweiten 6,35 Francs. Natürlich hat er in jenen Jahren, in denen er immer wieder wegen Betrügereien verurteilt worden ist, von Betrügereien gelebt. So ist wohl zu erklären, daß er am 6. Juni 1914 bei einer Bank in Chantilly 4000 Francs deponierte, die er allerdings am 28. Juli wieder abhob. Diese Summe mochte ein Teil der 35000 Francs sein, die er als Besitzer einer Garage in der Rue Malakoff durch Betrügereien einsteckte, für die er drei Jahre saß.

Immerhin, in der Zeit von 1914 bis 1919, also in fünf Jahren, hatte er nur 35462 Francs verdient, wie Inspektor Riboulet aussagt.

Der Hauptverteidiger Landrus, Maître de Moro-Giafferi, ist ein berühmter Anwalt. Er verteidigt sonst immer nur Prominente der Politik oder der Gesellschaft. Undenkbar, daß Landru ihm die Summen hat zahlen oder versprechen können, die er sonst erhält. Er muß sich Landru wohl zur Verfügung gestellt haben, weil es sich hier um einen Sensationsprozeß handelt, also aus Propagandagründen.

Er verteidigt seinen Klienten mit großem Geschick. Wann immer zur Sprache kommt, daß Landru offenbar im Auftrage von dieser oder jener Frau das ihr gehörige Geld auf seine Konten hat überschreiben lassen, was ja belastend wäre, fragt er: »Kann der Zeuge bestätigen, daß die entsprechende Dame Landru nicht die Erlaubnis erteilt hat, entsprechende Geschäfte zu machen?«

Natürlich kann keine Zeugin und kein Zeuge das bestätigen. Und wenn sie das zugeben, wendet sich der Verteidiger an die Geschworenen. »Meine Herren, langsam kommt etwas Licht in die Sache!«

Moro-Giafferi verliert nur selten die Nerven. Das geschieht, als der Staatsanwalt den Experten Rigaourt, seinen Zeugen, nachdem er ihn schon befragt und nachdem Moro-Giafferi sein Kreuzverhör beendet hat, noch einmal in den Zeugenstand stellt.

»Ich werde mich zurückziehen und erst wiederkommen, wenn Sie mit Ihrem Verhör fertig sind. Es gibt Regeln. Im Falle der Zeugenvernehmung hat die Verteidigung das letzte Wort zu haben«.

Auch sein Assistent Maître Navières du Treuil will sich zurückziehen, bleibt aber. Landru ist empört: »Ich will, daß mein Anwalt im Saal bleibt!«

»Es gibt doch keinen Grund, warum er nicht hier sein sollte«, bemerkt lächelnd der Staatsanwalt Godefroy.

»Ich werde mich auch zurückziehen!« erklärt Landru, indem er seine Papiere zusammenrafft.

»Aber das können Sie gar nicht.«

»Unter diesen Umständen ziehe ich mich auch zurück«, bemerkt Maître du Treuil und tut es.

Die Gerichtsverhandlung muß unterbrochen werden, wenigstens für einige Minuten, bis Moro-Giafferi bereit ist, wieder zu erscheinen.

In diesem Prozeß wimmelt es von Sachverständigen, die der Generalstaatsanwalt bestellt hat. Sie beziehen sich im wesentlichen auf das, was man in dem Ofen in der Villa bei Gambais gefunden hat. In einem hat man schließlich Splitter von Knochen entdeckt, im anderen zwei oder drei Zähne, die einem menschlichen Gebiß entstammen. Von den Knochensplittern stellt sich später heraus, daß sie nicht von Menschen stammen können. Man hat auch Knöpfe in der Asche gefunden, Haken, die an einem weiblichen Kleid befestigt sein konnten, aber eben nur konnten – sicher ist das keineswegs. Die Sachverständigen haben schon vor dem Untersuchungsrichter ausgesagt. Es handelt sich um die Herren Philippon, Mouthon, Dr. Sauvaize sowie Beyle und Lescouvé. Die werden jetzt noch einmal als Zeugen vernommen. Sie halten lange Reden, sie haben Pläne des Hauses bei Gambais mitgebracht, auf dessen Fußboden sich das eine oder andere gefunden hat. Sie haben Asche analysiert und festgestellt, daß ein Teil der Asche Kalziumphosphate enthielt, die in den Knochen hätten enthalten sein können, und zwar zu einem hohen Prozentsatz, bis zu fünfzig Prozent, während sie Kohle nur zu einem halben Prozent enthalten würde. Die Herren Sachverständigen sind sehr ausführlich und langweilen das Publikum über alle Maßen.

Auch Landru scheint gelangweilt zu sein. Erstaunlich, wenn man bedenkt, daß es immerhin um seinen Kopf geht. Von allen Sachverständigen ist eigentlich nur Dr. Sauvaize, Professor an der zahnärztlichen Hochschule, fündig geworden. Er hat nicht weniger als 47 Zähne oder Zahnteile in der Villa Erémitage gefunden, hat sehr genaue Untersuchungen angestellt, glaubt von einigen Zähnen, sie müßten die einer Frau sein, und zwar einer kleinen Frau. Andere Zähne wieder kann er nicht entsprechend identifizieren. Aber was beweist das schon?

In der Umgegend von Gambais gibt es einige kleine Weiher, ziemlich tief, sehr verschmutzt und voller Wasserratten. Auch hier hat man winzige Teile von Fleisch gefunden, hat aber nicht feststellen können, ob es sich um menschliches Fleisch handelte.

Was in den Verhandlungen immer wieder über das eine oder andere »Opfer« herauskommt – die Staatsanwaltschaft kann in keinem Fall mit Zeugen aufwarten, die aussagen würden, daß es zwischen Landru und einer der verschwundenen Damen Zwistigkeiten gegeben hätte. Und das ist schon etwas, wenn man bedenkt, so der Generalstaatsanwalt, mit wie vielen Frauen Landru in Verbindung stand und daß er, so hat der Staatsanwalt ausgerechnet, pro Tag manchmal fünf oder sechs Rendezvous absolvieren mußte! Worauf Landru unbewegt antwortet: »Gewiß, das ist so. Nur waren diese Verabredungen rein geschäftlicher Natur.«

Und über diese privaten Geschäfte will er sich nicht auslassen. Doch muß er Geschäfte gemacht haben, denn – und diese Frage stellt sich dem Gericht immer wieder – wovon hätte er sonst gelebt? Und nicht einmal schlecht gelebt. In einer, zugegeben billigen, Villa außerhalb von Paris, in einer Wohnung in Paris, von den vielen Fahrten hin und her gar nicht zu reden. Und er hat nie vergessen, seiner jeweiligen Freundin etwas mitzubringen. Kleinigkeiten, gewiß, aber die Menge macht es. Landru muß Geld gehabt haben. Woher?

Schließlich weiß das Gericht, nachdem die Beweisaufnahme abgeschlossen ist, nicht mehr als vor dem Prozeß. Es weiß oder glaubt zu wissen, daß die elf Damen verschwunden sind, und mag vermuten, daß sie ermordet worden sind. Aber es ist nicht der Schatten eines Beweises erbracht worden, daß in allen Fällen oder auch nur in einem einzigen Landru der Mörder war. Es gibt nur Indizien, und auf die stützt sich der Generalstaatsanwalt Maître Godefroy, als er sein Plädoyer beginnt. Das ist am 28. November, und er wird die beiden Sitzungen an diesem Tag mit seinem Plädoyer füllen.

Um diese Zeit hat das allgemeine Interesse an dem Prozeß seinen Höhepunkt erreicht. Pressevertreter können nicht einmal immer ihre Plätze einnehmen, weil sie von Schaulustigen bereits besetzt worden sind. Als Landru zu Sitzungen hereingeführt wird, springen viele Leute auf, um ihn besser beäugen zu können. Und die hinter ihnen fordern lauthals, sie sollten sich doch gefälligst hinsetzen. Und der vielgeprüfte Präsident stellt einmal mehr fest: »Wir sind hier nicht in einem Theater!« Dabei sind doch diese menschlichen Hyänen, die hierher geeilt sind, um Blut zu lecken, das Blut Landrus, kaum mit dem Publikum eines Theaters zu vergleichen. Eher schon mit dem Publikum, das Box- und Ringkämpfe besucht.

Maître Godefroy beginnt sogleich mit der Attacke. Nicht nur, daß er den Angeklagten beschuldigt, er beschimpft ihn auch. Während des Kreuzverhörs mit Landru, aber auch der Zeugen war er liebenswürdig, hatte nie heftige Töne angeschlagen. Jetzt ist das ganz anders. Es besteht kein Zweifel: Er ist auf Landrus Kopf aus.

Er spricht von 283 Frauen, die gekannt zu haben er Landru beschuldigt. Nun, er hat fast allen von ihnen die Heirat versprochen, soviel hat man herausbekommen, obwohl keine einzige von ihnen vor Gericht erschienen ist. Das alles geschah durch Polizeiarbeit. Aber elf von ihnen habe Landru eben getötet. Man vergleicht ihn mit anderen »großen« Verbrechern, wie zum Beispiel Jack the Ripper, sowie einigen, weniger bekannten Missetätern aus der Geschichte der französischen und der englischen Justiz. Wenn man dem Staatsanwalt glauben darf, hat Landru immer dann zugeschlagen, wenn er sich bedroht sah, etwa als Mme Cuchet herausfand, daß er schon verheiratet sei. Manchmal war er brutal vorgegangen, manchmal mit großer Umsicht, meint der Generalstaatsanwalt. Beweisen kann er es nicht.

Wie hat er getötet? Wie ist er die Leichen seiner Opfer losgeworden? Auch auf diese Fragen kann die Staatsanwaltschaft keine Antwort erteilen. Aber er läßt kein gutes Haar an Landru.

»Er ist eitel, stolz, er lügt, kennt sich in juristischen Fragen aus. Obwohl er keinen Beruf ausübt, ist er ständig mit Geschäften eingedeckt, jedes Geschäft dunkler als das andere. Er ist bis zum Jahre 1914 sechsmal ins Gefängnis gekommen und wäre ein siebentes Mal ins Gefängnis gewandert und hätte dann 17 Jahre absitzen müssen und wäre in eine Strafkolonie verbannt worden. Aber er war ja nicht zu ergreifen...«

Und: »Es ist meine Absicht, Ihnen zu zeigen, daß Sie ein grausames und gerissenes Monster vor sich haben, das bei seinen Taten die tiefste Menschlichkeit beiseite ließ.« Zu den Geschworenen: »Ich muß Sie bitten, diesen korrupten und verdorbenen Zweig dieser Gesellschaft auszurotten.«

Maître Godefroy ist die Logik in Person. »Was ist denn ein Beweis? Ein Beweis ist die Summe von Fakten, die alle dazu angetan sind, die Schuld des Verbrechers darzulegen...«

Er beschuldigt Landru, dies oder jenes getan zu haben, um die Bekannten oder Verwandten der Opfer glauben zu machen, sie seien noch am Leben. »Zwei Wochen nach dem tragischen und mysteriösen Verschwinden von Mme Pascal bekam ihre Schwester einen Brief von ihr, der allerdings vor ihrem Tod geschrieben und datiert war. Landru hat einfach das Datum geändert.«

Oder: »Heute muß ich nur noch, bevor ich zu den Schlüssen der Sachverständigen komme, den eigentlichen Grund dafür geben, daß Landru angeklagt worden ist. Nämlich, daß er Gegenstände besaß, die seinen Opfern gehörten. Nehmen wir einmal an, jemand geht für einige Zeit auf Reisen, wie lang die Reise immer dauern mag. Dann läßt er doch wohl nicht ohne weiteres Wertpapiere zurück und läßt nicht Dinge zurück, deren einziger Wert darin besteht, daß sie Andenken sind. Man geht nicht auf Reisen und nimmt sämtliche Papiere mit. Vergessen Sie nicht, daß sich in Landrus Besitz Mme Cuchets Ohrringe befanden, die Karten, mit denen man ihrem Sohn zur Kommunion gratulierte, und ihr Adreßbüchlein.«

Aber Beweise kann der Generalstaatsanwalt eben nicht bringen. Trotzdem verlangt er, daß die Geschworenen Landru verurteilen. »Da sind Morde, Entführungen, Beraubungen – ich verlange die schwerste Bestrafung, ich verlange die Todesstrafe für Landru, den Mörder von Vernouillet und Gambais. Er ist verantwortlich für seine Taten, für die gibt es keine Entschuldigung, das haben auch die Experten ausgesagt, die über seinen Gesundheitszustand zu befinden hatten... Der Tod, glauben Sie mir, ist die einzige Strafe, die seinem Verbrechen gemäß ist... Es ist gut, wenn sich die Guillotine in Bewegung setzt, wann immer das für die öffentliche Sicherheit notwendig ist. Das haben Voltaire und Rousseau gesagt, und der große Montesquieu hat geschrieben: ›Die Todesstrafe ist ein Heilmittel für die kranke Gesellschaft...‹«

»Meine Herren, ich beschwöre Sie, zaudern Sie nicht, schlagen Sie ohne Schwäche zu... Ich bin jetzt am Ende mit meinen Erklärungen, es liegt an Ihnen, zu entscheiden, ob die Anklage Sie mit genügend Beweisen versehen hat. Sie müssen sagen, ob die ernsten, präzise zusammenhängenden Argumente, die ich Ihnen vorgelegt habe, in Ihren Herzen und Köpfen die notwendige Überzeugung hervorgerufen haben oder ob in dieser Stunde des Urteils noch irgendwelche Zweifel in Ihrem Gewissen existieren.«

Godefroy hatte, wie gesagt, einen ganzen Sitzungstag für sein Plädoyer benötigt. Als er zu Ende ist, zeigt das Publikum durch beifälliges Gemurmel, wenn schon nicht durch Klatschen, das der Richter ja verboten hat, wie überzeugend das Plädoyer war.

Keine leichte Lage der Dinge für den Verteidiger Maître de Moro-Giafferi, der sich am nächsten Morgen nun seinerseits erhebt. Er wird drei Stunden sprechen, ganz ohne Notizen, und wenn man ihn hört, muß man zu der Überzeugung gelangen, daß, was immer die Geschworenen befinden, Landru nicht der Guillotine ausgeliefert werden darf. Der Verteidiger beginnt sein Plädoyer mit der Verteidigung der Weigerung Landrus, gewisse Fragen zu beantworten, und weist darauf hin, daß das Gesetzbuch dem Angeklagten anheimstellt, zu reden oder zu schweigen. »Dieser Mann hatte nach unserem Gesetz das Recht zu schweigen. Wer kann ihm dieses Recht bestreiten?«

Dann greift er mit geradezu dramatischer Leidenschaft den Ankläger an: »Während Sie, Herr Generalstaatsanwalt, die Geschworenen gebeten haben, ohne Mitleid ihr Urteil zu fällen, und behauptet haben, es könne sich nicht bei der Beurteilung dieses Falles ein Irrtum eingeschlichen haben, hatte ich eigentlich Mitleid mit Ihnen! ›Sie können diesen Mann leichten Herzens töten‹, sagten Sie zu den Geschworenen, ›ich bin überzeugt davon, daß er schuldig ist!‹«

»Sie sind überzeugt davon? Glauben Sie denn nicht, daß alle die Gerichte, die früher einmal das Todesurteil über einen Angeklagten ausgesprochen haben, ebenfalls überzeugt waren? Und doch wissen Sie, in wie vielen Fällen sich dann herausgestellt hat, daß ein Justizirrtum vorlag – und meist zu spät, um ihn wiedergutzumachen.« Er greift fast eine halbe Stunde den Generalstaatsanwalt an und endet schließlich mit den Worten: »Sie haben nicht richtig plädiert, Herr Generalstaatsanwalt! Was sind Ihre Beweise, wo sind überhaupt Beweise? Rauch und Gerüche, das Notizbuch bildet sozusagen Ihr Brevier. Wenn ich mit Ihnen und Ihren Beweisen fertig bin, wird keiner mehr übrigbleiben.«

Der Verteidiger weist darauf hin, daß der Ankläger oft, wenn er Landru zugerufen habe, er solle reden, sonst komme er an den Galgen, nicht hinzugefügt habe, daß er auch schweigen dürfe. Und damit habe der Staatsanwalt eine Pflicht verletzt...

Weiter: »Wenn Sie zugeben, daß Landru schweigen durfte, bricht eigentlich die Anklage schon in sich zusammen. Es ist einfach nicht wahr, daß man in Landrus Fall auf Mord schließen muß. Es gibt andere Möglichkeiten, die Tatsachen zu erklären, als diejenigen, die Sie herausgestellt haben. Ich werde sie Ihnen alle vorführen... Nein, ich habe keine Sensation für das große Publikum. Ich weiß von diesem Fall nur, was auch die Geschworenen wissen... Die Anklage erklärt zwar, daß elf Personen verschwunden sind, gibt aber zu, es sei unmöglich zu sagen, wie, wann, warum oder wohin sie verschwanden. Was bedeutet dieses Verschwinden? Nach Artikel 115 unseres

Strafgesetzbuches heißt es: ›Es ist gefährlich vorauszusetzen, daß jemand vermißt wird, es sei denn nach einer langen Zeit seines Verschwindens! Nehmen wir einmal an, Landru sei tot. Nichts von dem Eigentum der verschwundenen Frauen dürfte den Familien übergeben werden, oder doch erst nach achtzehn Jahren.« Pause.

»Dann bringen Sie Experten vor das Gericht. Das ist die größte Gefahr, die der Gerechtigkeit drohen kann. Sie kommen alle mit ihren Theorien, ihrer dogmatischen Verrücktheit...«

Der Verteidiger zählt Beispiele von Fehlurteilen auf, die sich auf das Zeugnis von Experten gegründet haben. Während des Krieges wurde in Verdun ein Soldat verurteilt, weil er sich angeblich selbst angeschossen habe, um nicht weiterkämpfen zu müssen. Er wurde erschossen. Eine Autopsie ergab, daß der Mann durch eine deutsche Kugel verwundet worden war... Und so fiel, nur auf das Wort eines Arztes hin, ein Held als ein Feigling. »Nun, wer erlaubt Ihnen, zwischen dem Arzt von Verdun und Ihrem Experten zu unterscheiden?«

Oder: »1909 wurde in St. Malo ein Skelett gefunden, das an die Meeresküste geschwemmt worden war. Der Arzt des Ortes wurde gerufen und erklärte, es handele sich um das Skelett eines kleinen Mädchens, das offenbar mit einem Messer attakkiert worden war. Zwei Tage später meldete sich der berühmte Maler Camille Corot und erklärte, er habe den Leichnam seines Schimpansen ins Meer geworfen.

Nein, die Sachverständigen haben bei Monsieur Landru nichts zu vermelden.

Einer der Experten, M. Kling, hat behauptet, es befanden sich in der Asche von Gambais 50 Prozent Posphate, obwohl gewöhnliche Asche nur das Zehntel eines Prozents enthalte. Was ist denn nun gewöhnliche Asche? Stimmt es nicht, daß die Zusammensetzung von Asche davon abhängt, was verbrannt worden ist? Wer weist nach, daß die Asche von verschiedenen verbrannten Gegenständen verschiedene Mengen von Phosphaten enthielt? Die Asche einiger Holzsorten enthält 38 Prozent Phosphate. Hat der Sachverständige sich die Mühe gemacht, festzustellen, ob Landru überhaupt Holz verbrannt hat? Aber ihm zufolge hatte er Holz verbrannt! Die Asche der verbrannten Menschenknochen, um die es hier geht, hat sich ursprünglich, das heißt bei der ersten Durchsuchung des Ofens durch den Kommissar Dautel, gar nicht vorgefunden, sondern erst bei der zweiten Untersuchung sechzehn Tage später. Und in dieser Zeit ist die Villa nicht verschlossen gewesen, und jeder konnte dort eintreten und alles mögliche verbrennen...«

In der gleichen Tonart geht es mehrere Stunden weiter. Zum Beispiel, was die Zeugen angeht: Die Zeugen, die vor Gericht erschienen, konnten keine klaren Aussagen machen. Und was das Notizbuch angeht – Landru hat sich dort Notizen gemacht, gewiß, aber sie sind möglicherweise falsch interpretiert worden. Landru selbst habe sich dazu gar nicht geäußert. Wie soll er denn nun die elf Frauen umgebracht haben? Hat er sie ertrinken lassen? Aber die Weiher in der Nachbarschaft sind doch sehr genau durchsucht worden! Verbrannt? Das ist nicht möglich, weil er nicht genug Braunkohle hatte, um so viele Leichen zu verbrennen, und auch nicht die Zeit...

»Kann man das Verschwinden der Frauen nicht viel leichter erklären? Daß sie alle mit ihren Familien gebrochen hatten? Und zwar freiwillig, und daß sie dann irgendwohin gegangen sind, um ein neues Leben zu beginnen, möglicherweise nach Amerika?«

Zu den Geschworenen gewandt: »Kennen Sie nicht Leute, in deren Besitz sich private Papiere von Frauen befinden, etwa ihre Geburtsurkunden oder Pässe oder dergleichen? Ich kenne welche. Lassen Sie mich Ihnen zuflüstern: Die Männer, die solche Papiere besitzen, sind nicht Mörder. Sie machen ihr Geschäft mit dem Fleisch lebender Frauen. Vielleicht war Landru selbst ein solcher Menschenhändler? Nun, ich will die verschwundenen Frauen nicht beleidigen. Das Gesetz gegen den Handel mit weißen Sklavinnen ist ja gemacht worden, um die Frauen, die nur das Beste glauben, wenn sie sich auf die Reise begeben, dann herausfinden zu lassen, wozu sie eigentlich wirklich irgendwohin geschickt worden sind, zu spät in den meisten Fällen, sie zu schützen...«

»Denken Sie an folgendes: Fast zwei Monate vergingen, nachdem die Frauen verschwunden waren, als Landru dies oder jenes tat, um ihre Familien zu beruhigen. Zwei Monate sind notwendig, um Brasilien zu erreichen oder in ein anderes exotisches Land zu gelangen. Nach zwei Monaten konnten ihnen weder das Gesetz noch ihre Freunde helfen. Landru hat gar keinen Versuch gemacht, eine Adresse zu merken. Das ist Gewohnheit bei allen Männern, die das Verschwinden von Frauen zu diesem Zweck verbergen. Und damit ist alles erklärt...«

Kurz, der Verteidiger macht aus Landru einen Mädchenhändler. Das ist zwar ein starkes Stück, aber deswegen kann man Landru nicht verurteilen, auch das kann man nicht einmal beweisen.

»Ist das der Schlüssel zum Mysterium? Ich weiß es nicht. Was ich weiß, ist, daß Morde in einem der beiden Häuser unmöglich waren, wo kein Tropfen Blut gefunden worden ist.«

Also müßte man seinen Klienten wohl freisprechen.

Nach seiner Rede, die sehr beeindruckend gewesen ist, aber eben doch dem Publikum nicht so gefällt wie das Plädoyer des rachsüchtigen Generalstaatsanwalts, wird Landru vom Gerichtspräsidenten gefragt, ob er noch etwas zu sagen habe.

Er erhebt sich. »Ich habe eine Erklärung abzugeben«, sagt er. »In seinem Plädoyer von gestern hat mich der Generalstaatsanwalt vieler Sünden beschuldigt, vieler Laster und auch vieler Verbrechen. Er war liebenswürdig genug, und dafür danke ich ihm, daß er immer noch etwas Gutes an mir ließ, und das sei die Liebe zu meiner Familie, zu meinen Kindern, zu meinem Heim. Ich erkläre bei dem Leben der Meinen, daß ich niemals irgend jemanden umgebracht habe. Das ist es, was ich noch zu sagen hatte.«

Die Atmosphäre am letzten Gerichtstag, dem 30. November, ist eher die eines Varietés als einer Gerichtsverhandlung. Dabei kommen doch nur noch privilegierte Persönlichkeiten in den Saal, die sich dank ihrer gesellschaftlichen oder politischen Stellung eine Einladung hatten verschaffen können. Es sieht so aus, als müsse jeder, der etwas auf sich halte, der irgend jemand ist, an diesem Tag in Versailles zugegen sein.

Draußen vor dem Gerichtsgebäude Tausende, vor allem Frauen, die bereit sind, die höchsten Schwarzmarktpreise für eine Eintrittskarte zu entrichten. Als Landru davon hört, äußert er seinem Anwalt gegenüber: »Wenn irgendeine der Damen meinen Platz haben will, stelle ich ihn gern zur Verfügung.«

Diejenigen, die zuvor hereingekommen sind, besonders Arbeiterinnen und weibliche Angestellte – überhaupt, die Frauen sind weitaus in der Überzahl –, haben Pakete mit belegten Broten mitgebracht, Beutel mit Früchten, Thermosflaschen mit Kaffee, aber auch Cognac und Rum. Da längst nicht genug Platz vorhanden ist, sitzen die Frauen auch auf den Fensterbrettern oder auf dem Treppengeländern.

Der Präsident legt den Geschworenen insgesamt 48 Fragen vor, von denen die wichtigsten sind:
1. Ist Landru des Mordes schuldig an... hier folgen die Namen der Opfer... den Verschwundenen.
2. Handelt es sich bei der Tötung um einen vorsätzlichen Mord?
3. Muß man Landru auch noch wegen Betrügereien verurteilen?
4. Hat Landru die Erben der Opfer beraubt?

Wie gesagt, insgesamt 48 Fragen, von denen die meisten nur technischer Natur sind und weder die Höhe der Strafe noch die Strafe selbst beeinflussen können.

Die Geschworenen ziehen sich um 7 Uhr 30 abends zurück. Niemand ahnt, wie lange sie debattieren werden. Der Generalstaatsanwalt hat ja überzeugend gesprochen, aber der Verteidiger nicht minder. Während dieser Zeit, in der auch der Gerichtspräsident abwesend ist, unterhalten sich die Anwesenden miteinander, essen, trinken, machen Scherze. Ein Witzbold ahmt Tierstimmen nach. Die Photographen stellen ihre Apparate so ein, daß sie Landrus Gesicht knipsen können, wenn das Urteil gefällt wird.

Um 9 Uhr läutet die Glocke. Das heißt, die Geschworenen sind im Kommen. Die Zuhörer versuchen, weiter nach vorne zu drängen, manche stehen auf, andere rufen: »Sitzenbleiben!« Aber man muß nur Maître Moro-Giafferi ansehen, um zu wissen, wie das Urteil aussieht.

Der Gerichtspräsident befiehlt, daß der Gefangene hereingeführt wird. Noch einmal beschwert er sich über den Lärm. »Dieses Geschrei ist unmöglich und feige. Haben Sie denn gar kein Mitleid in Ihren Herzen?«

Auch der Generalstaatsanwalt protestiert.

Landru wird hereingebracht. Maître de Moro-Giafferi flüstert ihm zu: »Haben Sie Mut! Es steht schlimm, sehr schlimm.«

»Seien Sie beruhigt, Maître«, entgegnet Landru. »Ich bin schon lange auf ein Todesurteil vorbereitet.«

Das Urteil, durch eine Mehrheit der Geschworenen zustandegekommen – wie die Mehrheit aussieht, wird nicht verkündet: »Schuldig in allen Punkten der Anklage, mit Ausnahme von zweien.« Diese Punkte betreffen Schuld oder Unschuld an den Betrügereien im Zusammenhang mit dem Vermögen von Madame Andrée Babelay, eines der Opfer.

Landru, der, als das Urteil verkündet wird, aufstehen mußte, steht noch eine ganze Weile. Das Publikum ist erstaunt über die Ruhe, die er an den Tag legt. Es scheint, als ginge ihn das alles nichts an. Er zeigt weder Bestürzung noch Trauer.

Der Generalstaatsanwalt verlangt, daß das Urteil entsprechend dem Votum der Geschworenen ausgesprochen wird. Und der Gerichtspräsident mit den beiden Richtern konferiert.

Maître de Moro-Giafferi und Maître du Treuil sind untröstlich. Drei Jahre Arbeit, und für nichts! Landru sieht seinen bestürzten Hauptverteidiger an und lächelt leise.

»Es tut mir ja so leid für Sie. Es ist so weit gekommen, daß der Angeklagte seinen Verteidiger trösten muß!«

Moro-Giafferi ist schon dabei, eine Petition aufzusetzen, in der der Verurteilte um Gnade bittet. Er bringt sie zu den Geschworenen, damit sie unterzeichnen.

Landru ist bereit, in die Berufung zu gehen, nicht aber, um Gnade zu flehen. »Ich will weder Mitleid noch Gnade. Ich werde diese Nacht ruhiger schlafen als während der letzten Nächte.« Dem Gerichtspräsidenten gegenüber bemerkt er: »Ich habe nichts dazu zu sagen.«

Den Richtern bleibt gar nichts anderes übrig, als ihn zum Tod zu verurteilen. Dies wird nun verkündet.

Und da erklärt Landru trotzdem: »Ich lege Wert darauf festzustellen, daß das Gericht sich da getäuscht hat. Ich bin nicht schuldig.« Diese beiden Sätze kommen aus seinem Mund, als habe er sie auswendig gelernt. Möglicherweise hat er das auch.

Aber die weitaus meisten der Anwesenden sind der Überzeugung, daß das Urteil gerechtfertigt ist.

Es bleibt auch bei diesem Urteil. Der Appellationshof entspricht nicht dem Gesuch, das der Hauptverteidiger unterbreitet hat. Die Bitte um Gnade wird von den zuständigen Stellen ebenfalls abgelehnt.

Am 25. Februar 1922, kurz nach 6 Uhr morgens, es ist noch völlig dunkel, wird Landru in Versailles mit der Guillotine hingerichtet.

Bis zuletzt hat er seine Fassung bewahrt. Auf die Frage des Gefängnisgeistlichen, ob er nicht die Messe hören wolle, hat er geantwortet: »An sich mit Vergnügen, Herr Abbé, aber ich glaube, jetzt ist es wichtig, schnell zu machen. Ich will die Herren nicht warten lassen.« Das Glas Rum, das ihm wie üblich angeboten wird, weist er zurück. »Danke, ich bin doch kein Trinker!«

»Vielleicht eine Zigarette?«

»Nein danke, ich rauche nicht.«

Es sind übrigens alle zugegen, die eben zu einer solchen Hinrichtung kommen. Der Hauptverteidiger und sein Assistent, die Herren der Staatsanwaltschaft, der Präsident des Gerichts, nicht aber der Generalstaatsanwalt. Dafür gibt es einen Grund. Im Laufe der Verhandlung hat ihm Landru mehr als einmal vorgeworfen, daß er ihn umbringen wolle. Das hat sich der Beamte irgendwie zu Herzen genommen. Und in der Tat, er wird das noch einmal von Landru hören. Der hat einen Offenen Brief an ihn verfaßt, und der wird drei Tage nach der Hinrichtung von der bekannten Morgenzeitung »Matin« gedruckt. In diesem Brief versucht Landru, sich für alles zu rächen, was der Generalstaatsanwalt gegen ihn vorgebracht hat. Er macht dem Juristen das ironische Kompliment, er sei sehr talentiert, aber wenn er, Landru, sich nicht irre, so habe der Ankläger zuletzt doch gewisse Zweifel gehabt. Das jedenfalls habe sein Gesicht gezeigt. Ihm sei ja auch jeder Beweis mißlungen. Der Ofen, der berühmte Ofen, der ins Gericht gebracht wurde, hat überhaupt keine Wirkung erzielt. »Das war ein so kleiner Ofen... Sie hatten Furcht. Warum haben Sie meinen Blick nicht erwidern können, als ich in den Gerichtssaal zurückgebracht wurde, um mein Urteil anzuhören? Warum haben Sie Ihre Wut stattdessen an den Leuten ausgelassen, die sich so schlecht benahmen? Warum suchen Sie noch heute nach den verschwundenen Frauen, wenn Sie so sicher sind, daß ich sie getötet habe? Es ist doch schon alles vorüber! Das Urteil ist gefällt worden. Ich war ruhig, Sie waren erregt. Ist es das Gewissen, das Richter ebenso heimsucht wie Kriminelle? Leben Sie wohl, mein Herr, unsere gemeinsame Geschichte wird schon morgen vergessen sein. Ich sterbe im Gefühl meiner Unschuld und mit Ruhe. Ich hoffe, daß Sie einst dasselbe von sich sagen können.«

Sacco und Vanzetti
1921

Es ist heiß und stickig an diesem 31. Mai 1921 – schon seit mehr als zehn Tagen leidet der Osten der Vereinigten Staaten unter einer grausamen Hitzewelle – als in dem dicht besetzten, freilich nicht allzu geräumigen Gerichtssaal im Städtchen Dedham im Bezirk Norfolk, Staat Massachusetts, etwa 30 Meilen südlich von Boston, endlich der Prozeß beginnt, auf den die Öffentlichkeit schon so lange gewartet hat.

»Das Gericht!« verkündet der Gerichtsdiener, wobei er mit einem Stab auf den Boden stößt. Und während die Anwesenden sich erheben, betritt Webster Thayer, Richter am Obergericht des Staates Massachusetts, in einem schwarzseidenen Talar den Saal. Dieser Mann, der in den nächsten Tagen, Wochen, Monaten, sogar Jahren, eine eher traurige Berühmtheit erlangen wird, ist klein, mager, seine Haut wirkt wie Pergament, der ganze Thayer wirkt irgendwie eingeschrumpft und viel, viel älter als er ist. Welch ein Gegensatz zu dem Staatsanwalt Fred Katzmann, der noch jugendlich aussieht mit seinem blonden Haar und seinen roten Backen, ein bißchen zu dick vielleicht, aber irgendwie herzlich wirkend – zumindest, bevor er es mit den Angeklagten oder ihren Zeugen zu tun hat.

Es sind da noch drei Assistenten des Staatsanwalts anwesend. Und anwesend ist der Anwalt, der eigentlich nur Sacco zu verteidigen hat, aber beide verteidigen muß, da ihre beiden Fälle doch nur ein Fall sind: Fred Moore, ein bekannter Arbeiteranwalt. Da ist ferner Mr. Callahan, Vanzettis Vertreter schon in einem vorhergehenden Prozeß, und da sind die beiden Bostoner Anwälte Jeremiah und Thomas MacAnarney.

Der Saal ist wie gesagt überfüllt, kein Wunder, denn der Prozeß ist eine Sensation, noch bevor er begonnen hat. Man zählt etwa 300 Zuschauer, darunter nicht nur Arbeiter und Juristen, die auf Gewerkschaftsfragen spezialisiert sind, sondern auch feine und feinste Damen der Bostoner Gesellschaft, mit oder ohne Begleitung ihrer Männer – sie wollen sich diese aufregende Sache nicht entgehen lassen. Man rechnet mit allem – etwa, daß irgendwo eine Bombe explodieren könnte, um die Angeklagten zu »rächen«. Vielleicht wird auch geschossen werden, wer weiß?

Und natürlich ist die Pressetribüne gestopft voll. An die sechzig Journalisten! Die Bevölkerung Bostons und der Bostoner Umgebung ist den meisten Reportern nicht freundlich gesinnt. Denn sie haben sich, schon bevor der Prozeß begonnen hat, für die Angeklagten eingesetzt, die sie für unschuldige Opfer halten, und in Boston selbst ist man gegen sie, diese Teufelskerle, diese Anarchisten!

Die Auswahl der Geschworenen hat schon wegen dieser Voreingenommenheit einige Mühe bereitet. 500 Bürger von Massachusetts, vor allem aus Boston, standen zur Verfügung, aber viele disqualifizierten sich selbst dadurch, daß sie zugaben, sich bereits eine Meinung über die Schuld oder Unschuld der Angeklagten gebildet zu haben. Viele waren Mitglieder einer Gewerkschaft, was sie in den Augen der Anklage als ungeeignet erscheinen ließ, andere wieder wurden von der Verteidigung abgelehnt, weil sie Gegner des Gewerkschaftsgedankens waren. Aber nicht alle, die abgelehnt hätten werden sollen, sind abgelehnt worden. Zum Beispiel befindet sich unter den schließlich ausgewählten Geschworenen einer namens Ridley, der während des Prozesses, aber noch lange vor der Urteilsverkündigung, erklären wird: »Zur Hölle mit diesen Burschen, sie sollen hängen!«

Schließlich hat man also aus den zur Verfügung stehenden Bürgern die zwölf Geschworenen ausgewählt, wozu immerhin einige Tage nötig waren, und nun kann es losgehen.

Mittlerweile ist es 7. Juni geworden, als der Zweite Staatsanwalt Williams im Namen der Anklage das Verfahren eröffnet.

Worum geht es? Vorerst einmal, um wen geht es?

Da ist also Nicolla Sacco, 29 Jahre alt. Mit siebzehn ist er aus Italien in die Vereinigten Staaten eingewandert, hat das Schuhmacherhandwerk erlernt und Anstellung in einer Fabrik unweit von Boston gefunden, hat geheiratet, hat zwei Söhne. Der älteste wurde auf den Namen Dante getauft, »weil Dante ein großer Mann in Italien ist!«

Das ist nicht untypisch für den bescheidenen, zurückhaltenden, ruhigen Mann, der nur für seine Familie lebt und für den anarchistischen Gedanken, den er vage als »mehr Menschlichkeit und Gleichheit des Rechts« versteht. Jedenfalls ist er kein Sozialist und kein Kommunist, und könnte den Unterschied zwischen Sozialismus und Anarchismus kaum definieren. Er besucht fleißig die Gewerkschaftsversammlungen und Versammlungen anderer linker Gruppen, was ihn nicht daran hindert, ein guter, verläßlicher Arbeiter zu sein, wie seine Vorgesetzten aussagen werden, einer der besten in der Fabrik.

Der zweite Angeklagte, der um zwei Jahre ältere Bartolomeo Vanzetti, größer, breiter, mit einer wilden Hakennase und einem grotesk langen Schnurrbart, der ein bißchen bedrohlich aussieht, ist aus anderem Holz geschnitzt. Er hat noch in der Heimat in einem katholischen Seminar gelernt und ist mit zwanzig Jahren in die Staaten gekommen. Ein Träumer, ein Individualist, aber wenn nötig, auch ein Mann der Tat. Seine Taten bestehen darin, daß er gelegentlich Artikel für sogenannte »radikale« Blättchen schreibt oder an Straßenecken Vorträge hält – meist in spöttischem Ton. Wer nimmt ihn schon ernst? Er hat sich in allen möglichen Berufen versucht, arbeitete in Hotelküchen, als Bäcker, bei der Eisenbahn, als Gärtner, und ist schließlich Fischhändler geworden, der von Haus zu Haus zieht, um seine Ware anzubieten. Er ist politisch nicht viel ernster zu nehmen als der kleine Sacco. Auch seine Ideen zur Verbesserung des Loses der »Unterdrückten« sind eher vage.

Im Vorjahr sind Sacco und Vanzetti verhaftet worden wegen zweier Überfälle auf Männer, die Lohngelder beförderten. Der eine Überfall fand am Weihnachtsabend 1919 auf einer Straße des Städtchens Bridgewater unweit von Boston statt, und zwar auf eine Lore, auf der Lohngelder für die Angestellten der White Shoe Company transportiert wurden. Die Lore wurde plötzlich durch einen Wagen, in dem »ausländisch aussehende« Männer saßen, am Weiterfahren gehindert. Zwei der angeblichen Ausländer gaben Schüsse ab, der Fahrer der Lore erwiderte das Feuer, die Banditen gaben Gas und verschwanden.

Ein ähnlicher Überfall fand am 5. April 1920 in South Braintree, ebenfalls eine kleine Stadt bei Boston, statt. Diesmal wurden zwei Geldboten – wieder einer Schuhfabrik, und zwar der Slater & Morill Shoe Company – überfallen, die 16 000 Dollar Lohngelder mit sich führten. Auf Anruf blieben sie stehen, hoben auch ihre Hände, wurden aber trotzdem erschossen. Die Schüsse fielen wieder von einem Wagen aus. Der Wagen hielt an, die Insassen sprangen heraus, holten sich das Geld, rannten wieder zu dem Wagen zurück, der sofort losraste. Dabei feuerten sie noch auf Passanten, ohne allerdings jemanden zu treffen.

Nach Meinung der Polizei, die wohl nicht allzu genau recherchiert hatte, waren sowohl Sacco als auch Vanzetti an beiden Überfällen beteiligt. Als man sie in einem alten Gebrauchtwagen verhaftete, fand man im Fond eine Menge anarchistischer Flugblätter und Streikparolen.

Das genügte der Polizei. Im Fall von Sacco genügte es freilich nicht, der konnte für den Überfall am Heiligen Abend ein stichhaltiges Alibi erbringen. Vanzetti freilich wurde von dem gleichen Richter Thayer, der bald darauf den großen Prozeß leiten sollte, zu nicht weniger als zwölf bis fünfzehn Jahren Zuchthaus verurteilt – und das, obwohl ja bei diesem Weihnachtsüberfall kein Geld in die Hände der Täter gefallen war und niemand verletzt, geschweige denn getötet wurde.

Vanzetti also, der Mann mit der Hakennase und dem tief herabhängenden Schnurrbart, wird jetzt aus der Haft vorgeführt, aber nicht nur er, sondern auch Sacco ist an beiden Händen gefesselt, und alle zwei sind jeweils an zwei sie flankierende

Die beiden amerikanischen Anarchisten, italienische Einwanderer, Bartolomeo Vanzetti (links) und Nicola Sacco (rechts), aufgenommen am 9. April 1927 auf dem Weg ins Gericht, dem Tag, an dem der Urteilsspruch gefällt wurde. (Foto: Deutscher Fernsehdienst)

Polizisten gekettet. Und sie nehmen nicht auf der Anklagebank Platz, sondern in einem extra für sie aufgestellten Käfig. Denn diese Anarchisten sind gefährliche Burschen, meint auch die Öffentlichkeit.

Soviel Aufhebens wegen zwei Überfällen, wie sie in jenen Tagen nicht eben selten sind? Beim ersten Prozeß mag es sich um einen Überfall gehandelt haben, wenn dieser auch keine Folgen hatte. Der zweite Prozeß aber geht nicht so sehr gegen potentielle Raubmörder, er ist ein politischer Prozeß. Gegen die linken, die radikalen, die anarchistischen Italiener.

Um diesen Prozeß, von dem später so viele Menschen in aller Welt finden, daß er unverständlich geführt und ausgegangen sei, überhaupt zu begreifen, muß man wissen, wie es damals in den Vereinigten Staaten aussieht. Der Weltkrieg ist gerade zu Ende gegangen. Man denkt und fühlt sehr national, man fühlt mehr als man denkt. Man haßt und fürchtet die radikalen Elemente, die bald nach Kriegsende kommunistische Propaganda machen, gelegentlich auch Bomben werfen und keineswegs immer gefaßt werden.

Zu denen, die gefaßt werden, gehören auch einige Freunde Saccos und Vanzettis. Man könnte sie Parteifreunde nennen, aber freilich, einer politischen Partei gehören sie gar nicht an. Man hat nie nachweisen können, und es wurde auch gar nicht versucht, daß Sacco und Vanzetti politisch aktiver waren, als an Streiks teilzunehmen und Protestversammlungen zu besuchen. Daß sie nun auch in der Voruntersuchung und vor allem im Prozeß selbst dazu stehen und bei jeder Gelegenheit unterstreichen, daß sie ihre Meinung weder geändert haben, noch zu ändern gewillt sind, spricht offenbar gegen sie. Ja, beide stehen nach wie vor zu dem, was die Flugblätter, die sie zwar nicht verfaßt, aber verbreitet haben, aussagen, nämlich daß die Arbeiter den Krieg für die Kapitalisten geführt haben, und daß sie jetzt für die Kapitalisten arbeiten, und daß sie nichts für ihre Arbeit geerntet haben und ernten würden, und daß sie in einer Weise leben müßten, die eines Menschen unwürdig sei.

Einer der ersten Zeugen, die aufgerufen werden, ist ein Polizist namens Conolly, der Sacco und Vanzetti verhaftet hatte. Sie hatten damals zugegeben, sie kämen aus Bridgewater, was so unnatürlich nicht ist, da zumindest Sacco dort arbeitete.

Der Zeuge: »Ich sagte: ›Was taten Sie in Bridgewater?‹ Sie sagten, ›Wir haben dort einen Freund besucht!‹ Ich: ›Wer ist Ihr Freund?‹ Sie kannten seinen Namen nicht. Sie wußten nur, daß er sich Poppy nennt. Ich hatte den Eindruck, als ob Vanzetti einen Revolver aus der Tasche ziehen wollte, und rief ihm zu, er solle seine Hände in den Schoß legen, sonst würde er es bedauern!«

Vanzetti unterbricht den Zeugen: »Sie lügen!«

Der Zeuge: »Sie wollten beide wissen, warum ich sie festnahm. Ich sagte, sie seien verdächtige Burschen. Auf dem Weg zum Polizeirevier griff Sacco in seine Manteltasche, als ob er einen Revolver herausziehen wollte, obwohl er vorher erklärt hatte, er besitze keinen. Auf dem Polizeirevier wurde entdeckt, daß er einen geladenen 032 Colt bei sich trug und auch noch einiges an Munition. Auch Vanzetti war bewaffnet. Er trug einen 38 Harrington & Richardson-Revolver, und wir nahmen an, es handele sich um die Waffe eines der ermordeten Männer namens Berardelli. Vermutlich hatte Sacco ihn aufgehoben und Vanzetti gegeben.«

Wie ein anderer Zeuge, der Polizeihauptmann von Bridgewater, aussagt, gab es zwischen ihm und Sacco eine Unterhaltung über den Revolver, den er bei sich gehabt hatte.

»Sie hatten, als Sie festgenommen wurden, einen Revolver in Ihrer Tasche.«

»Ja«, sagte Sacco.

»Warum haben Sie ihn bei sich getragen?«

»Um mich zu schützen. Es gibt viele üble Burschen.«

»Warum hatten Sie so viel Extramunition bei sich?«

»Nun, ich wollte einen Freund besuchen, und dann wollten wir in die Wälder gehen und ein bißchen schießen.«

Aber es geht der Anklage gar nicht so sehr darum, die beiden mit den Überfällen, zumindest mit dem letzten – denn formal geht es nur um diesen in dem Prozeß – zu identifizieren oder sie zu überführen, sondern den Geschworenen nahezulegen, daß es sich um Anarchisten handelt, um Hochverräter, auch darum, daß sie sich im Krieg dem Militärdienst entzogen hätten. Kurz, daß sie üble Burschen, politisch üble Burschen seien.

Bei dem Kreuzverhör von Mr. Katzmann geht es gar nicht darum festzustellen, ob Vanzetti in dem Auto gesessen und aus dem hinteren Fenster gefeuert habe, sondern etwa: »Sie haben also, Mr. Vanzetti, im Mai 1917 Plymouth (USA) verlassen, um Ihrer Militärdienstpflicht zu entgehen? Das stimmt doch?«

Dabei muß Katzmann wissen, daß Vanzetti überhaupt nicht militärdienstpflichtig war. Aber unbeirrt fragt er weiter, innerlich sichtlich empört – es handelt sich wohl um eine professionelle Empörung.

»Als unser Land unter den Waffen stand, flohen Sie, um nicht als Soldat mitkämpfen zu müssen.«

Kaum ein Wort über das Verbrechen von South Braintree, kein Versuch, Vanzettis Alibi für den Tag und die Stunde zu erschüttern. Es geht Katzmann einzig darum, zu beweisen, daß Vanzetti kein »Patriot« ist.

Der Staatsanwalt kommt auf ein Rundschreiben zurück, das Vanzetti während des Krieges verfaßt hat: »Hatten Sie die Absicht, in einer öffentlichen Versammlung Männern, die in den Krieg mußten, den Rat zu erteilen, sich zu drücken? Sie sind doch dieser Mann?«

»Ja.« Dann wird Vanzetti ganz ruhig. »Ich bin nicht der Mann, den Sie wegen der Raubüberfälle suchen. Aber dieser Mann bin ich.«

Dann Kreuzverhör Katzmanns mit Sacco. Der kleine Mann ist schon dadurch im Nachteil, daß er Englisch noch nicht beherrscht. Er muß alles durch einen Dolmetscher übersetzen lassen und er ist auch viel weniger ruhig als sonst.

Katzmann: »Haben Sie Amerika im Mai 1917 den Rücken gekehrt?«

»Ich kann das nicht mit einem Wort beantworten!«

»Bitte beantworten Sie meine Frage, Mr. Sacco!« Und mit Donnerstimme, so die Zeitungen, fährt Katzmann fort: »Haben Sie eine Woche, bevor die Einberufung zu den Truppen begann, im Mai 1917 also, unserem Land den Rücken gekehrt?«

Der Richter, Mr. Thayer, mischt sich ein. »Sie sagten doch gestern, daß Sie nur ein freies Land lieben können!«

»Ja.«

»Haben Sie dieses unser Land im Mai 1917 geliebt?«

»Ich sagte nicht... Ich wollte nicht sagen... Ich meine... Ich meine nicht, daß ich dieses Land nicht geliebt habe.«

»Haben Sie dieses Land in jenem Monat des Jahres 1917 geliebt?« will wieder der Staatsanwalt wissen.

»Herr Katzmann, wenn Sie... Wenn Sie mir doch erlaubten... Ich könnte es Ihnen erklären...«

»Haben Sie denn meine Frage nicht verstanden?«

»Doch.«

»Wollen Sie mir also gefälligst antworten?«

»Ich kann nicht mit einem Wort antworten.«

»Sie können nicht sagen, ob Sie die Vereinigten Staaten von Amerika eine Woche vor der Eintragung in die ersten Listen der einzuziehenden Bürger geliebt haben?«

»Ich kann es nicht mit einem Wort sagen, Mr. Katzmann.«

»Haben Sie dieses Land in den letzten Maiwochen des Jahres 1917 geliebt?«

»Es fällt mir sehr schwer, Mr. Katzmann, das mit einem Wort zu sagen.«

»Aber zwei Worte stehen Ihnen doch zur Verfügung, Mr. Sacco, das Wort ja und das Wort nein. Und welches wählen Sie?«

»Ja.«

»Und um Ihre Liebe zu den Vereinigten Staaten zu beweisen, rannten Sie, als man Ihre Dienste benötigte, nach Mexiko davon?«

Solche Verhöre sind typisch für den ganzen Prozeß.

Was konnte es wohl bedeuten für die Überführung der beiden, daß sie die Bluttat von Braintree begangen hatten, ob sie nun nach dem Eintritt der Staaten in den Weltkrieg davongelaufen waren? Aber Mr. Katzmann weiß, was auf die Geschworenen wirkt. Er kann sich von dem Wort »Liebe« gar nicht trennen. Jetzt will er wissen, ob Sacco auch aus Liebe zu seiner Frau davongerannt sei.

»Ich bin ihr nicht davongerannt!«

Saccos Anwälte protestieren gegen diese Fragerei. Aber der Richter meint: »Er soll antworten. Es handelt sich für uns nur darum, festzustellen, ob er glaubwürdig ist, um sonst nichts.«

Also weiter im Text.

»Entspricht es Ihren Vorstellungen von der Liebe zu einer Frau, gerade in dem Augenblick, wenn sie einen braucht, davonzulaufen?«

Einer der Anwälte: »Ich beantrage, diese Frage zu verbieten.«

Der Richter schließt die Frage aus. »Er hat ja nicht zugegeben, daß er davongerannt ist.«

Das ist Wasser auf die Mühle von Katzmann. »Also ich stelle die Frage anders: Sind Sie von Mildford davongerannt, um in den Vereinigten Staaten nicht als Soldat dienen zu müssen?«

»Ich bin nicht davongerannt.«

»Sie meinen, Sie sind fortgegangen?«

»Ja.«

»Und wenn ich sage ›davongerannt‹, verstehen Sie mich nicht?«

»Es klingt so gemein.«

»Es klingt so gemein?«

»Sie könnten sich etwas intelligenter ausdrücken, Mr. Katzmann.«

»Glauben Sie nicht, daß es gemein ist, von Ihrem Land fortzugehen, wenn dieses Land Sie braucht?«

»Ich glaube nicht an Krieg.«

»Sie glauben nicht an Krieg?«

»Nein.«

»Halten Sie Ihre Handlungsweise für feige?«

»Nein.«
»Halten Sie Ihre Handlungsweise für tapfer?«
»Ja.«
»Finden Sie, daß Sie tapfer gehandelt haben, als Sie von der eigenen Frau ›fortgegangen‹ sind?«
»Nein.«
»Gerade als sie Sie nötig hatte, Sie brauchte?«
»Nein.«
Um solche Dinge geht es in diesem Prozeß wegen des Raubüberfalls von South Braintree. Und darum, was in den Pamphleten steht, die Sacco und Vanzetti verbreitet haben, und darum, was sie in den Versammlungen geäußert haben. Es geht immer, immer nur um ihre Überzeugung als Anarchisten und was sie aus dieser Überzeugung heraus unternommen haben. Was kann man »gut« finden, was »schlecht«, was »falsch« oder »richtig«? Aber schließlich ist ihnen nicht darum der Prozeß gemacht worden.

Am 36. Tag des Prozesses, dem 14. Juli, beginnen die Plädoyers. Zuerst spricht Mr. Moore für Sacco. Es ist keine sehr gelungene Rede, die er da hält. Dafür ist sie viel zu ausführlich und zu ermüdend. Er kommt immer wieder darauf zurück – und dies ist ja auch der entscheidende Punkt des Prozesses –, daß es keine Zeugen gibt für die Teilnahme Saccos an dem Raubmord, übrigens auch nicht dafür, daß Vanzetti daran teilgenommen hat. Dann geht er auf die Aussagen der verschiedenen Sachverständigen ein, von denen einer, aber eben nicht alle, die Schußwaffe, die bei Sacco gefunden worden ist, als diejenige identifiziert habe, die in South Braintree benutzt worden ist. Er meint, da die Experten sich nicht einigen könnten, dürften die Geschworenen wohl nicht auf die Aussagen einiger von ihnen einen Menschen vom Leben zum Tod befördern.
Für Vanzetti spricht Mr. Jeremiah MacAnarney. Und dann hält Katzmann eine kurze Rede, und am nächsten Tag gibt dann, wie das in Amerika so vorgeschrieben ist, der Richter sein Summing Up, sein Resümee des Falles.

Um diese Zeit, das ist der allgemeine Eindruck, ist er wohl schon davon überzeugt, daß die Angeklagten schuldig sind, aber er versucht nicht, diese seine Meinung den Geschworenen zu suggerieren. Er bleibt fair, kann es sich jedoch nicht verkneifen zu sagen, daß sie im Krieg »versagt« haben.

Zu den Geschworenen: »Der Staat Massachusetts hat Sie um einen wichtigen Dienst gebeten. Sie wußten, daß diese Dienstleistung schwer, schmerzlich und ermüdend sein würde, und trotzdem sind Sie diesem Ruf im Geiste amerikanischer Treue gefolgt.«

Das mundet den Geschworenen natürlich.

Auf der anderen Seite ersucht er sie, sich nicht durch Rassenhaß beeinflussen zu lassen. »Ich bitte Sie, ich flehe Sie an, lassen Sie die Tatsache, daß die Angeklagten Italiener sind, nicht die geringste Wirkung auf Sie haben. Sie haben nach unseren Gesetzen dieselben Rechte, als ob sie wie ihre Vorfahren mit der Mayflower herübergekommen wären.«

Der Richter unterstreicht jedoch immer wieder, daß die beiden sich im Krieg aus dem Staub gemacht hatten, aber daß sie dafür und überhaupt für ihre Ansichten nicht bestraft werden dürften, »denn die Angeklagten stehen lediglich wegen Mordes vor Gericht und wegen sonst gar nichts«. Die Ausführungen des Richters nehmen den ganzen Vormittag des 14. Juli in Anspruch. Am Nachmittag ziehen sich die Geschworenen zurück, um zu beraten, schicken einen Boten nach einem Mikroskop, weil sie sich noch einmal die Kugel ansehen wollen, die einen der Männer in South Braintree getötet hat, und ob es stimmt, daß sie aus Saccos Revolver stammt oder nicht.

Abends um 7 Uhr 30 sind sich die Geschworenen einig geworden. Sie halten beide Angeklagten für schuldig.

Sacco ruft aus: »Siamo innocenti! Sie töten einen Unschuldigen! Sie töten zwei unschuldige Männer!« Man hört das Weinen und Wehklagen seiner Frau, das alle anderen Geräusche im Gerichtssaal übertönt.

Wie das in Massachusetts so üblich ist, verkündet der Richter eine Vertagung, ohne zuvor das Urteil ausgesprochen zu haben, um den Untersuchungshäftlingen die Möglichkeit zu geben, Berufung einzulegen. Die Vertagung erfolgt bis zum 1. November, also um dreieinhalb Monate.

Um diese Zeit existiert in den Vereinigten Staaten bereits eine ganze Reihe von Verteidigungs-Komitees, deren raison d'être die Verteidigung der beiden Angeklagten Sacco und Vanzetti ist. Ihre Tätigkeit besteht aus der Einberufung von Versammlungen, die entsprechende Berichte nach Boston schicken, an den Staatsanwalt, an den Richter, an den Gouverneur Fuller, der vorläufig noch keine Rolle gespielt hat. Da wird nicht gerade sauber gekämpft, da hagelt es Tiefschläge gegen alle diejenigen, die gegen Sacco und Vanzetti ausgesagt haben oder, sei es nur durch ihr Amt, sich gezwungen sahen, sich gegen sie zu stellen.

In Boston selbst, der Großstadt, nur wenige Kilometer vom Gericht entfernt, gibt es eigentlich wenige, die nicht an die Schuld der Angeklagten glauben. In New York gibt es um so mehr. Die dortige Presse hält den Prozeß für eine Farce, für eine Farce mit einem möglichen blutigen Ende. Die größten Zeitungen, an ihrer Spitze die »New York Times« und die »New York World«, attackieren Staatsanwalt und Richter aufs schärfste. Die Bevölkerung Bostons wiederum stellt sich fast geschlossen gegen die Vertreter dieser Zeitungen, und es ist in jenen Tagen kein leichtes Los, Korrespondent der »New York Times« oder der »New York World« oder ähnlicher großer Zeitungen in anderen Teilen der Vereinigten Staaten zu sein. Die Hotels kündigen ihnen die Zimmer, und viele der Journalisten, die für Sacco und Vanzetti kämpfen, finden überhaupt keinen Unterschlupf mehr in der Stadt, müssen in irgendwelchen Vorstädten kampieren, werden, wenn man sie erkennt, auf der Straße angesprochen, beschimpft und bespuckt. Der Lokalpatriotismus feiert Triumphe. Wer für Sacco und Vanzetti ist oder auch nur Zweifel an ihrer Schuld hegt, ist gegen Boston. Basta!

Aber der Protest gegen die einseitige und durchaus politisch gefärbte Führung des Prozesses beschränkt sich keineswegs auf die Vereinigten Staaten. Es gibt bald auch Verteidigungs-Komitees auch in Europa, überall werden Unterschriften gesammelt, die mit Petitionen für den Freispruch der beiden nach Boston gesandt werden. Seit dem Dreyfus-Prozeß hat sich die Öffentlichkeit in der Welt nicht mehr so für einen Fall interessiert wie für diesen. Das Interesse, die Anteilnahme, die Empörung manifestiert sich in Moskau genauso wie in Rio de Janeiro, in London wie in Sidney, in Genf wie in Berlin. Berühmte Männer wie H. G. Wells, Bernhard Shaw, Thomas Mann, Albert Einstein, Romain Roland, zuletzt sogar Mussolini, ja selbst der Papst setzen sich für die Verurteilten ein.

Es kommt zu unzähligen Anträgen der Verteidigung auf Ungültigkeitserklärung des Verfahrens, auf Genehmigung eines neuen Verfahrens, Appelle an die höheren Gerichte. Es vergeht kaum eine Woche, ohne daß irgendwelche neuen Anträge ausgearbeitet, eingebracht und »natürlich« publiziert werden.

Diese Aktivitäten sind nicht zuletzt einem im Prozeß neuen Mann, dem New Yorker Anwalt William G. Thompson, zuzuschreiben, der bisher nur in zivilrechtlichen Prozessen tätig war. Er kennt die Angeklagten nicht persönlich, er steht ihnen politisch nicht nahe, ist überhaupt ein unpolitischer Mensch, aber er ist ein Rechtsfanatiker.

Er erklärt: »Ich nehme mich dieses Falles als guter Amerikaner an, um zwei armen, ungerecht behandelten Ausländern zu helfen. Ich kenne Richter Thayer ein halbes Leben lang. Ich halte ihn für beschränkt, dumm, voller Vorurteile, brutal, aufgeblasen und egoistisch. Er zittert vor den ›Roten‹, und er hält neunzig Prozent aller Amerikaner für rot. Einen solchen Mann lehne ich als Richter unter allen Umständen ab.«

Thompson kämpft also weniger für Sacco und Vanzetti als für die Idee der Gerechtigkeit. Und wie er kämpft! Sechs Jahre lang wird dieser Kampf dauern, für den er sämtliche ihm entstehenden Kosten allein trägt. In dieser Zeit vernachlässigt er seine Praxis, die sich schließlich in nichts auflöst, verliert seine Freunde, verliert sein Vermögen.

Noch sind Sacco und Vanzetti nicht zum Tode verurteilt, obwohl nach dem einstimmigen Urteil der Geschworenen, die sich nur sieben Stunden Zeit genommen hatten, an einem Todesurteil kaum zu zweifeln ist. Es sei denn, daß die vielen Anträge auf ein neues Verfahren und auf eine Ungültigkeitserklärung des bisherigen Verfahrens Erfolg haben würden.

Unmöglich, all diese juristischen Schritte im einzelnen aufzuzählen. Der erste Appell der Verteidigung erfolgt direkt nach Verkündung des Beschlusses der Geschworenen. Dieser Einspruch wird am 24. Dezember 1921, also fünf Monate nach Beendigung des eigentlichen Prozesses, von Richter Thayer, der wiederum die Entscheidung hat, zurückgewiesen.

Der nächste Schritt ist, das Oberste Gericht von Massachusetts anzurufen. Das Oberste Gericht sieht keinen Grund, sich einzuschalten.

Neuerlicher Einspruch der Verteidigung, jetzt eben schon mit der Unterstützung von Thompson. Es handelt sich um die Identifizierung einer Mordkugel.

Zurückweisung. Neuer Appell, weil ein Zeuge, der zur Verfügung stand, nicht vernommen worden ist. Ein anderer Appell betrifft einen weiteren Zeugen, der behauptet, er kenne einen Mann namens Pelser, der genauso aussehe wie Sacco, und der könnte es auch gewesen sein...

Ein neuer Zeuge tritt auf, respektive wird genannt. Ein Mann namens Ripley, der angeblich einen Revolver besitzt, aus dem die fragliche Kugel stammen könnte. Weitere Experten für Gewehre und Revolver stellen sich zur Verfügung. Ein bereits in einer anderen Angelegenheit zum Tode verurteilter portugiesischer Berufsverbrecher, Celestino Medeiros, gesteht den South Braintree-Mord ein, wird aber von der Staatsanwaltschaft überredet, dieses Geständnis zu widerrufen, was er auch tut, weil man ihm in dem anderen Fall »Milde« versprochen hat. Diese Milde wird freilich dann doch nicht ausgeübt. Wochen, Monate, Jahre vergehen.

Inzwischen ist längst Gouverneur Fuller des Staates Massachusetts eingeschaltet worden. Das ist ein dicklicher, selbstgefälliger Herr, der an dem Fall Sacco-Vanzetti, der schließlich in seinem Staat abrollt, nicht annähernd soviel Interesse an den Tag legt, wie das im übrigen Amerika und in Europa geschieht. Schließlich kann er nicht anders und ernennt ein Komitee, das den Fall noch einmal examinieren und Bericht erstatten soll. Leiter dieses Komitees ist der Präsident der Harvard-Universität, ein Professor Lawrence Lowell. Der Präsident des Massachusetts Institute of Technology, Samuel Stratton, und Robert Grant, ein ehemaliger Richter des Massachusetts-Berufungsgerichts, spielen ebenfalls entscheidende Rollen. Die Verteidigung hält Grant für voreingenommen, aber der Gouverneur bleibt bei seiner Ernennung. Die Verteidigung verlangt, daß das Komitee öffentliche Tagungen abhalte, aber auch das wird abgelehnt, denn es würde ja bedeuten, daß man ein neues Verfahren beginnt, was inzwischen ja mehrfach abgelehnt worden ist. Das Komitee kommt schließlich zu dem einstimmigen Beschluß, der Prozeß sei fair geführt worden und das Urteil sei in Ordnung. Vier Tage nach dieser Entscheidung wird das Gutachten des Komitees veröffentlicht.

Damit glaubt Gouverneur Fuller seine Pflicht getan zu haben.

Alles in allem ziehen sich diese Versuche, das Urteil anzufechten und ein neues zu erwirken, über sechs Jahre hin. Mehr als sieben Jahre sind seit dem Mord in South Braintree vergangen, und die New York Times hat einen bald berühmt gewordenen Artikel Louis Starkes veröffentlicht, in dem es heißt: »Die Tragödie des Sacco- und Vanzetti-Falles ist die Tragödie dreier Männer – Richter Thayer, Gouverneur Fuller und Präsident Lowell – und ihrer Unfähigkeit, über dem haßerfüllten, unanständigen Kampf zu stehen, der sieben Jahre lang um die Köpfe des Schuhmachers und Fischhändlers tobte.«

Erstaunlich und höchst bemerkenswert ist das Benehmen von Sacco und Vanzetti. Sie beweisen eine erstaunliche Charakterstärke. Wenn man bedenkt, daß es sich ja um einfache Männer handelt, Männer aus dem Volke, die nichts anderes wollten als ein bißchen Glück für sich und für die Arbeiter im allgemeinen, so ist das wirklich erstaunlich. Vanzetti schreibt das auch aus seiner Zelle: »Wenn es nicht zum Prozeß gekommen wäre, hätte ich mein Leben an einer Straßenecke ausgelebt, mit Redereien und Leuten, die mich nur verspotteten. Ich wäre unbemerkt, aber auch unbekannt gestorben. Ein Niemand. Jetzt sind wir keine Niemande mehr. Dies ist unsere große Gelegenheit und unser Triumph. Niemals in unserem ganzen Leben konnten wir hoffen, soviel für die Toleranz, für die Gerechtigkeit, für das Verständnis unter Menschen zu vollbringen, wie wir es jetzt durch Zufall getan haben. Unsere Worte, unser Leben, unsere Schmerzen sind nichts, unser Sterben – das Sterben eines armseligen Fischhändlers und eines guten Schuhmachers – ist alles. Der letzte Augenblick gehört uns – der Todeskampf ist unser Triumph.«

Als alle Versuche, den Lauf der Dinge zu stoppen, gescheitert sind und Richter Thayer das Datum der Hinrichtung bekanntgeben soll, darf Sacco noch einmal das Wort ergreifen. »Ich bin kein Redner«, sagt er. »Ich stehe nicht auf dem besten Fuß mit der englischen Sprache, und ich weiß, wie mein Freund zu mir gesagt hat, mein Freund und Kamerad Vanzetti... In der Geschichte habe ich niemals etwas gelesen, was sich an Grausamkeit vergleichen läßt mit diesem Gerichtshof. Nach sieben Jahren der Verfolgung halten sie uns immer noch für schuldig. Und alle diese netten Leute, die hier zusammengekommen sind, festigen in mir die Überzeugung, daß es sich hier um ein Urteil zwischen zwei Klassen handelt – den Unterdrückten und den Reichen, und es wird immer zwischen diesen und jenen Zusammenstöße geben. Sie verfolgen unsere Leute, sie tyrannisieren sie und sie töten sie. Wir versuchen, sie zu Besserem zu erziehen...«

Vanzetti spricht länger und ausführlicher, beteuert seine und des Freundes Unschuld an beiden Verbrechen. »Ich bin nicht nur an diesen beiden Verbrechen unschuldig. Ich habe in meinem ganzen Leben niemals gestohlen, niemals getötet, niemals Blut vergossen, ich habe in meinem ganzen Leben dafür gekämpft, Verbrechen auf dieser Erde zu eliminieren...«

Er erklärt auch, wenn er einen guten Anwalt im ersten Prozeß gehabt hätte, wäre er niemals verurteilt worden. Aber der Anwalt, der in der Zwischenzeit eine Praxis zusammen mit dem damaligen Staatsanwalt eröffnete, »hat mich für dreißig Goldmünzen« – er meint natürlich die berühmten Silberlinge – »wie Judas Jesus Christus verkauft«.

Am 10. August 1927 werden die beiden für den elektrischen Stuhl vorbereitet. Ihre Hosen werden aufgeschlitzt, ihre Haare geschnitten. Da kommt die Nachricht, daß Gouverneur Fuller noch einmal Aufschub gewährt hat – für zwölf Tage. Innerhalb dieser zwölf Tage wird das Höchste Gericht über einen neuerlichen Antrag der Verteidigung entscheiden.

Es lehnt diesen Antrag am 16. August ab. Nun geht es nur noch um eines, nämlich um Milde. Der Gouverneur könnte in Anbetracht der unmenschlich langen Wartezeit Milde walten lassen. Er denkt gar nicht daran, diese höhere Gerechtigkeit auszuüben. Und so kommt es am 27. August 1927 zur Hinrichtung der beiden, übrigens zur selben Zeit wie des Medeiros, dem man ja Milde versprochen hatte.

Zu dieser Hinrichtung ist ein Journalist zugelassen worden, und zwar W. E. Mayfair von der Associated Press, der bereits in des Wortes wahrster Bedeutung, seit mehr als sechs Jahren weiß, daß er Zeuge dieser Urteilsvollstreckung sein soll, und wie die Verurteilten mehr als sechs Jahre darauf gewartet hat.

Vor der Urteilsvollstreckung hat Vanzetti einen letzten Brief aus der Todeszelle an den inzwischen vierzehnjährigen Sohn Saccos geschrieben, der nicht nur den Jungen, sondern die ganze Welt aufhorchen lassen wird:

»Mein lieber Dante!

Ich hoffe noch immer, und wir werden bis zum letzten Augenblick um unser Recht kämpfen, zu leben und wieder frei zu werden, aber alle Mächte des Staates, des Geldes und der Reaktion sehen uns als Todfeinde an, weil wir Liberale und Anarchisten sind.

Ich schreibe Dir nicht mehr davon, weil Du jetzt noch zu jung bist, um diese Dinge und einige andere zu verstehen, über die ich gern mit Dir sprechen würde.

Aber wenn Du ein guter Junge bleibst, wirst Du erwachsen werden und Deinen Vater und meinen Fall und unsere Grundsätze verstehen, für die wir jetzt bald getötet werden.

Denke also daran und wisse, Dante, daß sie uns nicht umgebracht hätten, wenn Dein Vater und ich Feiglinge... und Verleugner unseres Glaubens gewesen wären. Sie hätten nicht einmal einen aussätzigen Hund auf Grund der Beweise, die sie gegen uns gesammelt hatten, nicht einen giftigen Skorpion deswegen getötet...

Wenn wir nach sieben Jahren, vier Monaten und siebzehn Tagen unaussprechlicher Qual und Ungerechtigkeit hingerichtet werden, dann darum, weil wir für die Armen und gegen die Ausbeutung und Unterdrückung der Menschen durch Menschen sind...

Der Tag wird kommen, an dem Du die große Wahrheit der oben geschriebenen Worte ganz verstehen wirst. Dann wirst Du uns in ehrendem Andenken behalten...

Bartolomeo«

Sacco betritt als erster die Todeskammer. Er benötigt nicht die Hilfe der beiden Gefängniswärter, die ihn führen. Er setzt sich aus eigener Kraft auf den elektrischen Stuhl. Als man fertig ist, ruft er in italienischer Sprache: »Lang lebe die Anarchie!«

Und fügt auf englisch hinzu: »Lebt wohl, meine Frau und mein Kind und alle meine Freunde!«

Sacco wird um null Uhr neunzehn für tot erklärt.

Dann kommt Vanzetti an die Reihe. Er ist ebenfalls ruhig. Er reicht den Aufsehern zum Abschied die Hand und geht ohne Eile, aber auch nicht zu langsam zum elektrischen Stuhl. Er hat einen längeren Weg, als Sacco ihn gehabt hat. Er findet noch Zeit, dem Direktor des Gefängnisses, Mr. Hendry, die Hand zu schütteln und zu sagen: »Ich möchte Ihnen für alles danken, was Sie für mich getan haben.« Er sagt das auf englisch. Dann sagt er zu den anderen, den Zeugen der Hinrichtung: »Ich möchte Ihnen erklären, daß ich unschuldig bin und daß ich nie irgendein Verbrechen begangen habe, nur einige Male ein paar kleinere Sünden.«

Seine letzten Worte: »Ich möchte den Menschen vergeben, die mir dies angetan haben.«

Er wird um null Uhr sechsundzwanzig für tot erklärt.

Dies ist das Ende.

Nein, dies ist nicht das Ende. Dieser Fall wird nie ein Ende finden, so scheint es lange Zeit, so scheint es immer wieder. Die Weltöffentlichkeit hat Sacco und Vanzetti nicht retten können, aber die allgemeine Empörung über diesen Fall trägt doch Früchte. Der selbstgefällige Gouverneur Fuller bekommt es als erster zu spüren. Er wird nicht wiedergewählt. Er versinkt im allgemeinen Vergessen. Einige, die ihn später noch einmal sprechen, wissen zu erzählen, daß er immer wieder von dem Fall Sacco und Vanzetti zu reden beginnt, den er nicht vergessen kann, obwohl er ihn immer wieder, als die beiden noch lebten und zu retten gewesen wären, zu vergessen versuchte. Er findet auch noch nach Jahren, daß er sich richtig verhalten habe, er bleibt auch vergessen, seine politische Karriere ist zusammengebrochen. Aus für den selbstgefälligen Fuller.

Nicht viel besser ergeht es dem so aggressiven Staatsanwalt Fred Katzmann. Die Behörden wissen ihm keinen Dank für seine Hartnäckigkeit und dafür, daß er diesen »großen« Prozeß, den größten seines Lebens, mit einem Erfolg gekrönt hat. Der Begriff Erfolg ist eben ein vieldeutiger. Für Katzmann wird dieser Erfolg nachträglich zum Mißerfolg, zum entscheidenden Mißerfolg seines Lebens. Auch er verschwindet in der Versenkung. Er wird nie wieder einen richtigen Prozeß, er wird kaum überhaupt noch einen Prozeß in die Hände bekommen.

Manche von denjenigen, die als Zeugen aufgetreten sind, erklären später, sie seien mißverstanden worden, oder in einzelnen Fällen sogar, daß sie falsches Zeugnis abgelegt hätten, das sei aus der Atmosphäre von damals zu verstehen; man hätte sich einfach nicht dem Druck des Staatsanwalts widersetzen können, nicht einmal der Richter habe das vermocht.

Auch dieser Richter Thayer wird ein Opfer dieses Prozesses. Er verliert seine besten Freunde, man meidet ihn, selbst die Bostoner Gesellschaft schneidet ihn. Man hat ihm applaudiert, als er den Prozeß mit aller Strenge führte. Nachher versteht man das nicht mehr so ganz; auch nicht, warum man einst diese Strenge erwartet hat. Die Sieger dieses Prozesses werden also bald vergessen.

Sacco und Vanzetti werden nicht vergessen. Immer wieder wird ihr Fall durchdiskutiert, bildet das Thema von Artikeln, ja von Büchern – es werden in Amerika und England, in Frankreich und Deutschland, selbst in der Sowjetunion in den nächsten Jahren viele Bücher erscheinen über diesen Prozeß. Es kommt auch immer wieder zu Versuchen, eine Wiederaufnahme durchzusetzen. Im Juli 1977 wurden Sacco und Vanzetti vom Gouverneur von Massachusetts rehabilitiert. Was nun waren eigentlich Sacco und Vanzetti? Anarchisten? Nihilisten? Kommunisten? Marxisten?

Sie waren wohl in erster Linie Menschen, die für Gewaltlosigkeit nicht gerade kämpften, aber sich doch für sie einsetzten. Eben Menschen – im Gegensatz zu denen, die über sie zu Gericht saßen, gegen sie plädierten, gegen sie Zeugnis ablegten, über sie urteilten.

Angeklagter Adolf Hitler
1924

Am 26. Februar 1924 beginnt vor dem Volksgericht München I, das in der ehemaligen Infanterieschule an der Blutenburgstraße untergebracht ist, ein Prozeß, der schon seit Wochen und Monaten mit äußerster Spannung erwartet wird. Da sich Tausende vor dem Portal drängen, obwohl bekanntgemacht worden ist, daß allenfalls dreihundert Personen im Saal Platz finden können, und da man in Anbetracht dessen, was hier verhandelt werden soll, gar nicht ausschließen kann, daß Zuschauer Einlaß finden, die Waffen bei sich tragen, und daß es dann möglicherweise zu Schießereien kommt, sind das Portal sowie alle Neben- und Hintereingänge des Gebäudes polizeilich und militärisch gesichert.

Der fast quadratische Sitzungssaal verleugnet nicht die ehemalige Infanterieschule. Er ist weitläufig und düster. Auf der Stirnseite steht das Podium für den Richtertisch. Unmittelbar vor diesem Richtertisch befinden sich die Tische für die Angeklagten und deren Verteidigung, davor hat man einige Bankreihen für die Zeugen aufgestellt, die in Aussicht genommen sind, die aber erst eine halbe Stunde vor der Eröffnung auch von Vertretern der Behörden sowie Angehörigen der Angeklagten besetzt werden. Sodann Tischreihen für die Presse – es sind über hundert Gerichtsreporter, auch aus dem Ausland, zugereist.

Schließlich einige Reihen ziemlich weit hinten für die »zugelassenen« Zuschauer. Wer eigentlich wird zugelassen? Das hat das Gericht zu entscheiden. Besondere Richtlinien gibt es dafür nicht. Es sind wohl hauptsächlich diejenigen, die sich rechtzeitig angestellt haben – etwa um 7 Uhr morgens.

Es kommen die Verteidiger, auch der erste Staatsanwalt Stenglein, zusammen mit dem Hilfsstaatsanwalt Ehart, nehmen sie an ihren Tischen Platz.

Dann erscheinen die Angeklagten. Es sind ihrer zehn, unter ihnen Adolf Hitler, der sich Schriftsteller nennt; Erich Ludendorff, einer der entscheidenden Männer des vor wenigen Jahren beendeten Weltkrieges, jetzt in Zivil als General der Infanterie a. D. fungierend; Dr. Wilhelm Frick, der später einmal deutscher Innenminister werden wird; Ernst Röhm, der aus der Geschichte Hitlers und des Nationalsozialismus gar nicht wegzudenken ist; die Namen der übrigen wird man wenige Jahre später kaum noch kennen. Hitler wird von Rechtsanwalt Roder verteidigt, desgleichen Dr. Wilhelm Frick, Ludendorff gleich von zwei Anwälten, Dr. Luetgebrune und von Zezschwitz, Ernst Röhm von Dr. Schramm.

Die Angeklagten begrüßen ihre Verteidiger, einige winken auch Bekannten zu, die sie unter den Zuschauern entdeckt haben.

Fünf Minuten vor 9 Uhr begibt sich das Gericht auf das Podium. Vorsitzender ist Landgerichtsdirektor Neidhardt. Juristischer Beisitzer ist Landgerichtsrat Leyendecker. Hilfsbeisitzer ist Oberlandesgerichtsrat Simmerding.

Nach Erledigung einiger Fomalitäten erteilt der Vorsitzende dem Anklagevertreter das Wort zur Begründung der Anklage. Erster Staatsanwalt Stenglein beginnt:

»Die Beschuldigten haben... es unternommen, die bayerische Regierung und die Reichsregierung gewaltsam zu beseitigen, die Reichsverfassung und die des Freistaates Bayern gewaltsam zu ändern und verfassungswidrige Regierungsgewalten aufzurichten. Das Verhalten der Beschuldigten begründet für jeden von ihnen mit Ausnahme des Angeklagten Pernet, der eines Verbrechens der Beihilfe zum Verbrechen des Hochverrats beschuldigt wird, ein Verbrechen des Hochverrats nach § 81 Nr. 2 und § 47 des Reichsstrafgesetzbuches.«

Die Begründung der Anklage durch den Staatsanwalt bedeutet die Aufzählung dessen, was sich in der letzten Zeit, ja, man kann wohl sagen in den letzten Jahren in und um München abgespielt hat, aber vor allem der Ereignisse am 8. November 1923 im Bürgerbräukeller, wo Hitler einen Putsch inszenierte, der nicht nur Bayern betraf, sondern ganz Deutschland, dessen Regierung er gleichfalls »absetzte«. Damit verständlich wird, was nun vorgetragen werden kann von den Staatsanwälten, von den Anwälten, von den Angeklagten selbst, vor allem aber von Hitler, der die nächsten Tage – das Verfahren wird rund zwei Wochen dauern – rednerisch beherrscht, muß man sich in die damalige Zeit zurückversetzen.

November 1918. Der Krieg ist verloren, Deutschland hungert und friert. Die Sozialdemokraten, die sich an die Spitze der Revolution, die sie im Grunde gar nicht wollten, gestellt haben, machen es niemandem recht. Sie stoßen überall auf Opposition. In München geht man zuerst einmal einen Schritt weiter nach links, es kommt vorübergehend zu einer Räterepublik unter Führung von Kommunisten und sogenannten Unabhängigen, das heißt, dem linken Flügel der Sozialdemokraten. Die Räteregierung wird schnell beseitigt, vor allem mit Hilfe der Reichswehr, wie sich nun die verkleinerte Nachfolge der Armee nennt. Es sind nun zunächst Reichswehr-Generale, die München regieren, direkt und indirekt. Neben der Reichswehr bildet sich eine illegale bewaffnete Gruppe, die sogenannte Schwarze Reichswehr, bestehend aus verschiedenen Freikorps, die in dem »interalliiert besetzten« Schlesien gegen die Polen bewaffneten Widerstand leisten, aber auch im Lande selbst Femegerichte abhalten und viele Mißliebige – linke Politiker – umbringen. Es kommt auch zu Morden an anderen Prominenten, etwa von Matthias Erzberger, dem Zentrumsabgeordneten, der den Friedensvertrag von Versailles unterschrieben hat, unterschreiben mußte. Und von Walter Rathenau, dem Außenminister.

Die Franzosen und die Belgier rücken, weil die Deutschen keine Miene machen, die über sie verhängten Kriegsschulden zu zahlen, in das Ruhrgebiet ein und besetzen sie. Die Bevölkerung an der Ruhr, insbesondere die Arbeiterschaft, antwortet mit sogenanntem passivem Widerstand. Die Franzosen halten die Bevölkerung nur durch nicht recht glückliche, brutale militärische Maßnahmen davor zurück, mehr als nur passiven Widerstand zu leisten.

Der passive Widerstand bricht schließlich zusammen, es wird wieder Ruhrkohle gefördert, aber in der Zwischenzeit hat die Inflation begonnen, die Mark sinkt ins Bodenlose, tiefer und tiefer sinkt auch die Popularität der jeweiligen Regierungen, die häufig wechseln.

Immer lauter und dreister werden die Stimmen der Unzufriedenen, immer unverhohlener äußern sie, daß es »früher doch besser war«. Die Militärs, nicht nur in München, sondern in ganz Deutschland warten eigentlich nur darauf, daß ihnen die Macht zufallen werde: kurz, der Münchner Prozeß findet auf einem Vulkan statt, der jederzeit ausbrechen kann.

Ein Wort auch zu denen, die im Prozeß eine Rolle spielen werden, als Angeklagte oder auch als Zeugen. Ludendorff, nun ja, er war ein bis vor kurzem berühmter General, hat viele Siege errungen und entscheidende Schlachten verloren. Ernst Pöhner war immerhin der Polizeipräsident von München. Ernst Röhm, während des Krieges und bis zu seiner Verhaftung Hauptmann in der Münchner Reichswehr. Der in dem Verfahren eine wichtige Rolle als Zeuge spielende Dr. Gustav Ritter von Kahr war Bayerischer Ministerpräsident, und der gleichfalls als Zeuge eine Rolle spielende Otto Hermann von Lossow, General der Reichswehr in München, eigentlich seit langer Zeit heimlicher Regent der Stadt; die beiden Zeugen werden allerdings, schon bevor der Prozeß beginnt, ihrer Ämter enthoben.

Und wer ist Hitler? In der Anklage fungiert er zwar als »Schriftsteller«, aber er hat noch nichts geschrieben mit Ausnahme einer kurzen Broschüre »Woran ich glaube«. Das ist für seine 33 Jahre eigentlich ein bißchen wenig. Dieser Hitler ist nichts, vorläufig jedenfalls noch nichts.

Adolf Hitler nach seiner Entlassung aus der Feste Landsberg. Seine Haftzeit nutzte Hitler, um sein Buch »Mein Kampf« zu schreiben.
(Foto: Keystone)

Er wird am 20. April 1889 in Braunau geboren als Sohn eines kleinen Zollbeamten, der bald hier, bald dort in der Gegend von Braunau Dienst tun muß, und die Familie zieht immer mit ihm um. Die Mutter ist wesentlich jünger als der Vater, sehr zart und wird nicht lange leben.

Adolf erweist sich als mittelmäßiger Schüler, eher als schlechter. Er ist auch öfter krank, offenbar ein Lungenleiden, von dem man sagt, er habe es geerbt. Jedenfalls verläßt er 1905, also mit sechzehn Jahren, die Schule in Linz, ohne einen Abschluß oder irgendein Reifezeugnis in Händen zu haben. Der Vater ist um diese Zeit schon tot. Nach seinem Willen sollte der Junge studieren. Die Mutter hätte ihn auch länger auf der Schule gelassen, aber der Junge selbst will nicht. Er geht nach Wien, wo er versucht, in die Akademie der bildenden Künste aufgenommen zu werden, aber infolge Mangels an Talent, wie ihm gleich zweimal bestätigt wird, nicht ankommt.

1908 stirbt die Mutter, die ihn noch unterstützt hat. Bald hat er überhaupt kein Geld mehr, wird Handlanger, trägt Gepäck auf Bahnhöfen, trägt Steine auf dem Bau, wo er oft Krach mit den Arbeitern bekommt, und beginnt schon über Politik zu reden. Er weiß alles besser. Er hat angeblich den Marxismus studiert, den er verwirft.

Sehr früh auch wird er Antisemit. Das hat mit Richard Wagner zu tun, dessen Schriften er gelesen hat, auch mit vielen Wienern, die Antisemiten sind, nicht zuletzt der Bürgermeister Dr. Lueger, der allerdings, wenn man an spätere Auswüchse denkt, den Antisemitismus eher in milder Form betreibt. Getaufte Juden zum Beispiel sind keine Juden mehr für ihn.

Der junge Hitler muß infolge Geldmangels sein möbliertes Zimmer aufgeben, irrt tage- und nächtelang umher, schläft auf einer Parkbank oder im Warteraum eines Bahnhofs, landet schließlich im Asyl für Obdachlose in Mödling. Später wird er von dieser Zeit sagen: »Tiefer ging es nicht.« Er lernt einen jungen Mann kennen, mit dem er sich befreundet, einen gewissen Reinhold Hanisch, der ihn dazu ermuntert, weiter zu malen, sich auch bereit erklärt, seine Gemälde und Zeichnungen zu verkaufen. Darüber gibt es dann einen Krach zwischen den beiden, weil Hitler ihn verdächtigt, er müßte sich selbst bei diesem Verkauf – es bleibt wohl bei einem – bereichert haben, und Hitler zögert nicht einen Augenblick, den »Freund« vor Gericht zu zerren. Inzwischen ist er vom Obdachlosenasyl in ein eher trauriges Männerheim umgezogen.

Und eines Tages hat er genug von Wien und fährt nach München. Dort geht es ihm auch nicht besser, er kann kaum sein möbliertes Zimmer bezahlen. Viele Nächte verbringt er auf dem Sofa eines von einem anderen gemieteten Zimmers, oder er sitzt nächtelang in Brauhäusern herum und redet – von Politik. Das Jahr ist 1913. Ja, über Politik weiß er alles, er kann seine Zuhörer, wenn er welche findet, stundenlang über seine Ansichten unterhalten oder vielleicht auch langweilen.

Am 1. August 1914 bricht der Krieg aus. Er meldet sich freiwillig auf dem österreichischen Konsulat, aber irgend etwas paßt ihm nicht, und er meldet sich nun freiwillig bei den Deutschen. Dort wird er auch akzeptiert und kommt am 21. Oktober mit seinem 16. Bayerischen Reserveregiment (Infanterie) an die Westfront.

Er ist ein einsamer Soldat, schließt mit keinem der Kameraden Freundschaft, aber er ist auch ein fanatischer Soldat. Er erhält nach relativ kurzer Zeit, schon im Dezember 1914, das Eiserne Kreuz II. Klasse und, was wirklich erstaunlich ist für einen Gemeinen, noch vor Beendigung des Krieges im August 1918 das Eiserne Kreuz I. Klasse. Er wird zweimal verwundet. Einmal am Bein, und später trägt er eine Augenverletzung davon. Warum er eigentlich nicht Unteroffizier wird? Sein Kompanieführer: »Diesen Hysteriker mache ich niemals zum Unteroffizier.« Denn ein Hysteriker ist er ohne Zweifel.

Er glaubt natürlich bis zuletzt an einen deutschen Endsieg. Und als sich im Herbst 1918 die Niederlage abzeichnet, ist er erschüttert. Er erlebt den völligen Zusammenbruch, das heißt, die Bitte Deutschlands um Waffenstillstand und die Revolution 1918 in einem Lazarett in Pasewalk in Pommern, wohin er gekommen ist, weil er vorübergehend das Augenlicht verloren hat: die Engländer benutzten damals das Gelbkreuzgas. Vielleicht ist das mit der Erblindung auch nicht ganz so schlimm, denn er gewinnt nach einiger Zeit sein Augenlicht wieder. Manche Ärzte vermuten, daß es sich nur um ein hysterisches Leiden handelte.

Wie dem auch sei: seine Welt ist untergegangen. Eine Zeitlang bleibt er in einem Soldatenlager, dann geht er zurück nach München in eine Kaserne. Dort sind ihm wenigstens Kost und Logis sicher. Aber er muß sich nützlich machen. Und das tut er auch – als Spitzel. Die Herren Offiziere, vor allem wohl der Reichswehrgeneral von Lossow, sind interessiert daran, die Strömungen im Volk kennenzulernen, vor allem, ob es nach Sturz der Räteregierung noch Anhänger oder überhaupt Kommunisten gebe, auch was sie tun und treiben. Der Mann, der Hitler – übrigens nicht nur Hitler – beauftragt, das auszukundschaften, ist Hauptmann Ernst Röhm, der auf diese Weise mit ihm in näheren Kontakt kommt.

Hitler besucht also Versammlungen von allen möglichen politischen Gruppen, aber vor allem von neu gegründeten vaterländischen Gruppen, und versucht, sich an sie heranzuschmeißen. Eines Tages gibt ihm Röhm oder vielleicht ein anderer Offizier einen Zettel mit, auf dem das Wort »Deutsche Arbeiterpartei« steht. Hitler findet heraus, daß sie im Hinterzimmer einer Gaststätte ihre Versammlungen abhält, und besucht eine. Es sind nur eine Handvoll Männer anwesend. Er hört sich an, was sie zu sagen haben, und plötzlich spricht er selbst. Politik war ja schon immer sein Lieblingsthema. Als er weggeht, eilt ihm der Vorsitzende, ein gewisser Anton Drexel, nach und bittet ihn zu bleiben, und macht ihn sogleich zum Mitglied. Seine Mitgliedsnummer: 7. Drexel teilt ihm das Ressort Propaganda zu. Als Propagandachef dieser Minipartei verlangt er, daß die Partei erst einmal ein Programm aufstelle. Wie kann man denn Propaganda für ein Programm machen, wenn es gar kein Programm gibt?

Am 24. Februar 1920 ist es soweit. Ein Programm von 25 Punkten wird aufgestellt. Das geschieht fast unter Ausschluß der Öffentlichkeit, die auch wenig Notiz davon nimmt, daß die Partei sich umbenennt. Sie nennt sich jetzt Nationalsozialistische Arbeiterpartei und wird später »Nationalsozialistische Deutsche Arbeiterpartei« heißen.

Hitler aber wird bald Spezialist für Propaganda. Er hat, wie er immer wieder betont, während des Weltkrieges viel von der feindlichen Propaganda gelernt; er sagt es später auch in »Mein Kampf«. Er weiß, er darf bei seiner Propaganda nicht zu viel voraussetzen. »Die Vorsicht bei der Vermeidung zu hoher geistiger Voraussetzungen kann gar nicht groß genug sein«, läßt er wissen. Er arrangiert nun Versammlungen, schreibt in den kleinen Blättern der rechtsradikalen Grüppchen, wird ein wirklich guter Organisator und ein vorzüglicher Redner.

Wovon er lebt, ist problematisch. Es unterstützen ihn andere Parteimitglieder, vielleicht auch inoffiziell die Reichswehr – sie lehnt es natürlich ab, darüber zu sprechen. Seine Parteiversammlungen werden von einer schnell wachsenden Zahl von Bürgern besucht, schließlich von bis zu zweitausend. Und das ist das alleinige Verdienst des Redners Hitler. Er spricht mindestens einmal pro Woche, manchmal auch öfter. Und so geht es bis in den Sommer 1923 hinein, während zum Beispiel die Sozialdemokratische Partei, die er doch bekämpft und die ihn bekämpfen müßte, monatelang überhaupt nichts von sich hören läßt.

Auf mehreren Hinterwegen kauft ihm die Reichswehr, wohl vor allem auf Initiative des Generals Ritter von Epp hin, der seinerzeit die Roten aus München vertrieb und Hitler nicht ungern mag und von ihm als »Befreier von München« immer wieder gefeiert wird, eine winzige nationalistische Zeitung, den »Miesbacher Anzeiger«, für 60000 damals schon stark entwertete Mark. Der Chefredakteur ist der Freund und spätere prominente Nationalsozialist Dietrich Eckart. Die Zeitung wird in »Völkischer Beobachter« umgetauft. Als es Hitler gelingt, eine gebrauchte Druckmaschine mit riesigem Format zu erwerben, wird der »Völkische Beobachter« die Zeitung mit dem größten Format in Deutschland, und am 8. Februar 1923 wird schließlich aus dem zweimal wöchentlich erscheinenden Blatt eine Tageszeitung.

Anton Drexler ist zum Ehrenvorsitzenden der Partei degradiert worden, Hitler ist seit dem 29. Juli 1921 der »Führer«.

Einer seiner erfolgreichsten Entschlüsse ist, zum Schutz seiner Versammlungen die »Sturmabteilung der Nationalsozialistischen Partei« zu gründen, kurz SA genannt. Er wird später behaupten, unter Eid sogar, die SA sei eben nur gegründet worden, um seine Versammlungen zu schützen. Sie heiße eigentlich Schutzabteilung, was nicht stimmt. Die Sturmabteilung wird militärisch ausgebildet, stört auch die Versammlungen anderer Parteien. Sie spezialisiert sich bald nicht nur auf Saalschlachten, sondern auch auf Straßenschlachten, wobei vor allem Juden aufs Korn genommen werden. Ihr Leiter ist der ehemalige Fliegerhauptmann Hermann Göring, ein noch junger, hübscher Kerl, der im Weltkrieg mit dem »Pour le Mérite« ausgezeichnet worden ist – immerhin!

Vorübergehend wird Hitler einmal nach einer blutigen Saalschlacht zu drei Monaten Gefängnis verurteilt, erhält aber sofort Bewährungsfrist für zwei davon, und der Monat, den er absitzen muß, tut gute Propagandawirkung und macht ihn zum Märtyrer.

1921 ist das Jahr der Konflikte gewesen. Im Januar verbietet die bayerische Regierung durch den Innenminister Dr. Schweyer den Parteitag der NSDAP, weil er einen Putsch durch Hitler befürchtet. Hitler gibt sein Ehrenwort, er werde niemals einen Putsch machen – aber das Ehrenwort wird er bald brechen. Vorläufig hilft wie so oft Röhm Hitler, geht zu seinem Vorgesetzten, dem General Franz Xaver Ritter von Epp. Epp meint, die Sache sei ja halb so schlimm, General Otto Hermann von Lossow ebenfalls, und desgleichen der Regierungschef Dr. Gustav Ritter von Kahr. Und so wird der Parteitag erlaubt, aber es geschieht dort nichts Spektakuläres.

Am 1. Mai 1923 will Hitler die übliche Demonstration der Sozialdemokraten und Kommunisten stören und verlangt dazu Waffen von der Reichswehr. Diesmal will Lossow nicht. Röhm läßt Hitler Waffen zukommen, aber die Reichswehr nimmt sie ihm wieder ab, und infolgedessen bricht der beleidigte Hitler seine Beziehungen zur Reichswehr vorerst ab.

Hitler zieht sich einige Monate nach Berchtesgaden zurück, wo er bereits einen kleinen Hof bewohnt. Er erscheint Anfang September wieder in der Öffentlichkeit. Am 2. September großer Aufmarsch in Nürnberg gelegentlich des Jahrestages der Schlacht von Sedan (1870). Hier tritt General Ludendorff seit Kriegsende zum erstenmal wieder öffentlich auf, sozusagen Hand in Hand mit Hitler.

Am 24. Oktober 1923 offizieller Abbruch des »Krieges« an der Ruhr, das heißt des passiven Widerstandes. Zunehmende Inflation. Die Mark ist kaum mehr das Papier wert, auf das die Tausend- und Milliarden-Markscheine gedruckt werden.

Zusammentreten des deutschen Kampfbundes, das heißt aller nationalen Verbände, darunter auch der NSDAP, der sich nur drei Wochen vorher in Nürnberg gebildet hat. Dreieinhalbstündige Rede Hitlers. Es ist nunmehr eine ausgemachte Sache, daß er nicht nur der Führer seiner Partei, sondern der »Führer« schlechthin ist. Natürlich liegt ein Putsch wieder einmal in der Luft.

Um ihn zu verhindern, erklärt der sehr populäre Ministerpräsident Bayerns Dr. Gustav von Kahr, den Belagerungszustand und verbietet gleich vierzehn Versammlungen, die Hitler an einem Abend veranstalten wollte, um von Versammlung zu Versammlung zu rasen, was sich schon früher als besonders wirksam erwiesen hat. Hitler ist außer sich. Denn er weiß wohl, er wird mit von Kahr rechnen müssen, auch mit Lossow und mit Hans Ritter von Seisser, Münchens Polizeipräsidenten. Wenn die mitmachen würden...!

Ludendorff möchte nicht gerne an der Spitze eines Putsches stehen, er ist auch nicht allzu populär. Mitmachen würde er. Nicht mitzumachen gedenkt von Kahr, der sich von Hitler nicht einspannen lassen will. Er möchte ja selbst Diktator Deutschlands werden. Überhaupt ist ihm Hitler bei aller Sympathie, die er für ihn hegt, ein bißchen zu hysterisch.

Göring teilt prophylaktisch für den Fall eines Putsches Befehle aus, die in dem ungeheuerlichen Satz gipfeln: »Wer nach der Machtergreifung die geringsten Schwierigkeiten macht, ist zu erschießen. Es ist notwendig, daß die Führer sich jetzt schon die Persönlichkeiten heraussuchen, die beseitigt werden müssen. Mindestens einer (in jedem Ort) muß zum Abschrecken nach dem Umsturz sofort erschossen werden.«

Hitler wirkt in diesen Tagen in der Tat hysterisch. Die Besorgnis, man würde ihn ausschalten oder ihm zuvorkommen, und zwar mit allen Gruppen des Kampfbundes, bringt ihn zu dem Entschluß, in der Nacht vom 10. auf den 11. November, gelegentlich einer Nachtübung nördlich von München, loszuschlagen. Am Morgen des 11. November will er dann mit seinen »Truppen« München überfluten, so als handele es sich um einen Paradenmarsch. In München soll die Nationale Regierung ausgerufen werden. So würden von Kahr und Lossow vor vollendeten Tatsachen stehen und mitmachen.

Am 10. November soll es also losgehen. Und vieles spricht dafür, daß es gelingen wird. Ach, wenn Hitler nur bis dahin warten könnte! Aber das kann er nicht. Er beginnt zu improvisieren, das heißt, er schlägt am 8. November los. Er lädt zu einer Versammlung im Bürgerbräukeller im Norden Münchens ein, zu der auch die Herren von Kahr und von Lossow sowie andere Prominente Münchens, darunter General Ludendorff, kommen sollen. Insgesamt wird sich wohl die Zahl der Anwesenden auf 3000 belaufen, die meisten sympathisierendes Fußvolk.

Alle erscheinen einigermaßen pünktlich mit Ausnahme von Hitler selbst. Der will absichtlich auf sich warten lassen und fährt durch die Stadt, zusammen mit dem Ehrenvorsitzenden der Partei, dem ahnungslosen Anton Drexler, dem er auseinandersetzt, man fahre jetzt nicht zu einer x-beliebigen Versammlung, er gedenke vielmehr, einen Putsch zu machen.

Zu diesem Zweck hat er auch eine Rede konzipiert, die von Kahr halten soll, aber erst nachdem Hitler selbst eingetroffen ist.

Doch von Kahr denkt gar nicht daran, vermutlich auch, weil die anderen ungeduldig werden, auf Hitler zu warten. »Wir können seinetwegen nicht 3000 Leute warten lassen!« ruft er aus und besteigt das Rednerpult. Er hält eine Rede, aber nicht die von Hitler aufgesetzte, sondern er spricht aus dem Stegreif. Von einem Putsch erwähnt er nichts.

Hitler ist empört, als er nach seinem Eintreffen erfahren muß, daß von Kahr schon eine halbe Stunde lang redet, und daß er überhaupt nichts von dem sagt, was Hitler ihn hatte sagen lassen wollen. Als er durch seine Getreuen erfährt, der Polizeipräsident von München habe die vor dem Bürgerbräu postierten Polizisten angewiesen, Hitler bei seinem Eintreffen zu verhaften, nimmt er das nicht weiter ernst. Ihn, den ersten Mann Deutschlands!

In höchster Erregung eilt er in den Saal, springt, kaum seiner

Sinne mächtig, auf einen Stuhl und schießt mit seiner Pistole in die Decke. Im Saal wird es daraufhin völlig still. Ein Polizeimajor versucht, Hitler die Pistole zu entreißen. Der setzt sie dem Polizeimajor auf die Stirn. Einige Umstehende werfen sich dazwischen. Hitler rast nun aufs Podium und proklamiert von dort: »Die nationale Revolution ist ausgebrochen! Der Saal ist von 600 Schwerbewaffneten besetzt und von Soldaten umzingelt! Niemand darf den Saal verlassen. Wenn nicht sofort Ruhe herrscht, werde ich ein Maschinengewehr auf die Galerie stellen lassen! Die Kaserne der Reichswehr und der Landespolizei sind besetzt – Reichswehr und Landespolizei rücken bereits unter der Hakenkreuzfahne heran!« Was alles nicht stimmt.

Hitler hat sich weniger mit seiner Rede als mit dem Schuß die Sympathie der Anwesenden verscherzt. Mehr Sympathie genießt schon Göring, der nun das Wort ergreift und mitteilt, es handele sich um eine Revolution, die bayerische Regierung sei abgesetzt, ebenfalls die Reichsregierung in Berlin, es werde soeben im Nebenzimmer eine neue gebildet. »Im übrigen können Sie zufrieden sein, Sie haben hier ja Ihr Bier!«

Im Nebenzimmer? Ja, dorthin hat Hitler die höchst erstaunten und wohl auch empörten Herrn von Kahr und von Lossow gebeten, denen er – auch das stimmt nicht – jetzt klarzumachen versucht, die Reichsregierung in Berlin sei bereits neu gebildet. Ernst Pöhner, im Augenblick noch Polizeipräsident von München, der auch gekommen ist, soll Ministerpräsident Bayerns mit diktatorischen Vollmachten werden, von Kahr Landesverweser, und die Reichsregierung werde Hitler »übernehmen«, die Armee Ludendorff, Seisser werde Polizeiminister.

Die Angesprochenen haben keine Wahl. Hitler dekretiert, jeder müsse dort stehen, wohin er gestellt werde, obwohl er zugibt: »Ich weiß, daß den Herren das schwer fällt... Ich will den Herren ja nur erleichtern, den Absprung zu finden...« So redet eigentlich kein Revolutionär, eher ein ängstlicher Kleinbürger.

Von Kahr ist nicht einzuschüchtern. Er sagt: »Herr Hitler, Sie können mich totschießen lassen! Sie können mich selber totschießen. Sterben oder nicht sterben ist für mich bedeutungslos...« Lossow schweigt. Seisser hat immerhin den Mut, Hitler vorzuwerfen, er habe sein Ehrenwort, keinen Putsch zu machen, gebrochen.

Hitler kriegt also die drei nicht herum, eilt wieder in den Saal zurück zu den Leuten mit ihrem Bier, erklärt noch einmal, die Bayerische Regierung sei abgesetzt, die Berliner Regierung sei abgesetzt. Er wiederholt die »Ernennungen«, die er im Nebenzimmer vorgenommen hat. Neu ist, daß Ludendorff Leiter der Deutschen nationalen Armee sein soll, Lossow Reichswehrminister. Seisser soll jetzt Reichspolizeiminister werden, etwas, das es im Augenblick noch gar nicht gibt und nie geben wird. Wenn man Hitler glauben darf, besitzt er schon die Zustimmung der anderen – wiederum eine glatte Lüge.

Ludendorff, ebenfalls im Saal, ist ärgerlich über das, was er hören muß. Er dachte an sich selbst als Reichsdiktator, ist aber bereit, mitzumachen. Daraufhin machen auch die anderen mit. Nur Dr. Schweyer, dem Hitler seinerzeit das Ehrenwort gegeben hat, keinen Putsch zu machen, bringt den Mut auf, auf ihn zuzutreten und ihn darauf aufmerksam zu machen, daß er sein Ehrenwort gebrochen habe.

Mittenhinein platzt die Nachricht, daß Reichswehrsoldaten das nationalistische Gesindel entwaffnet hätten. Es stimmt also gar nicht, daß, wie behauptet, Hitlers Mannen sich mit den Soldaten von Lossows verbrüdert hätten. Sofort fährt Hitler in die Kaserne hinaus. Die Gelegenheit seiner Abwesenheit benützen Lossow und von Kahr, sich zu verabschieden, denn der nichtsahnende Ludendorff, dem völlig unbekannt ist, daß Hitler sie gewissermaßen als Geiseln festhalten wollte, läßt sie gehen, worüber Hitler außer sich gerät, als er zurückkommt.

Inzwischen haben Lossow und von Kahr in den Kasernen Erklärungen abgegeben, sie fühlten sich nicht an das Wort gebunden, das Hitler ihnen unter Revolverzwang abgenommen hätte. Sie und andere Offiziere seien bereit, die Kaserne gegen ihn zu verteidigen. Hitler kann das nicht ernst nehmen. Bedenklicher ist schon, daß er auf Plakaten, die noch in der Nacht gedruckt wurden und nun an allen möglichen Stellen der Stadt an den Häusern kleben, beschuldigt wird, unrechtmäßig gehandelt zu haben. »Betrug und Wortbruch ehrgeiziger Gesellen haben auf einer Kundgebung für nationales Wiedererwachen eine Szene widerwärtiger Vergewaltigungen gemacht«, heißt es da.

Für die hohen Militärs ist Hitler, was er schon immer für sie gewesen ist – ein Gefreiter.

Um elf Uhr vormittags entschließen sich Hitler und Ludendorff, gefolgt von mehreren tausend Leuten, zu einem sogenannten Erkundungsmarsch in die Stadt. Aber wozu tragen die Männer dann Waffen? Wozu die Bajonette? Wozu folgt den ersten Reihen ein Auto, auf dem drei Maschinengewehre montiert worden sind? Nein, die Stadt soll nicht erkundet, sondern moralisch erobert werden.

Das scheint auch zu klappen. An der Isar draußen kann man ohne weiteres einige Gebäude besetzen. Man nimmt sicherheitshalber einige Geiseln mit. An der Isarbrücke senken sich die Gewehrläufe der dorthin kommandierten Soldaten, als Göring vortritt und erklärt: »Der erste Tote oder Verwundete auf unserer Seite bedeutet Erschießung sämtlicher Geiseln, die wir in den Händen haben.«

Der Zug marschiert weiter, in die innere Stadt. Julius Streicher aus Nürnberg schließt sich an.

Haben die Marschierenden einen Plan? Ludendorff behauptet einen zu haben, gibt aber später zu, daß er keinen hatte. Ist die Polizei stark genug, den Zug aufzuhalten?

Die Gelegenheit dazu bietet sich, als der Zug durch die sehr schmale Residenzstraße bis zur Feldherrnhalle marschiert. Bei der Feldherrnhalle weitet sich die Straße zum breiten Odeonsplatz, da hätten wohl die kaum tausend Polizisten keine Chance mehr gegen die mehreren tausend Männer Hitlers. Vorher – vor der Feldherrnhalle – muß also die Entscheidung fallen.

Hitler in der ersten Reihe zwischen Ludendorff und anderen Getreuen, mit der Pistole in der rechten Hand, ruft den Polizisten zu: »Ergebt euch!« In diesem Augenblick fällt ein Schuß.

Wer hat ihn abgegeben? Das wird nie geklärt werden. Hitler selbst wohl kaum. Ein Nationalsozialist? Möglich, daß ein Nationalsozialist auf einen Polizisten lossprang. War dieser Mann Streicher?

Nun wird auf beiden Seiten geschossen. Einer der nationalsozialistischen Führer bricht tödlich getroffen zusammen. Und da er Hitlers Arm hielt, reißt er ihn mit herunter und kugelt ihm das Armgelenk aus. Oder vielleicht hat sich Hitler auch selbst fallen lassen, er hat ja beim Militär gelernt, sich zu Boden zu werfen und Deckung zu suchen, wenn geschossen wird.

Nur Ludendorff ist mutig genug, aufrecht stehenzubleiben und nicht mit der Wimper zu zucken, ja, seinen Marsch fortzusetzen, jetzt allerdings nur noch von einigen wenigen gefolgt. Die meisten ergreifen die Flucht.

Hitler gehört zu denen, die zurückgelaufen sind. Ein mitfahrendes Auto hat ihn aufgenommen, und sofort geht es nach Uffing, etwa 60 km entfernt, zur mit ihm befreundeten Familie Hanfstaengl, die dort eine Villa besitzt. Dort wird der Arm eingerenkt und er wird gepflegt. Zwei Tage später erst erscheint die Polizei und verhaftet ihn.

Die Schlacht an der Feldherrnhalle hat insgesamt zwei Stunden gedauert, dann hat Röhm kapituliert, das heißt auf gutes Zureden von Epp das Feuer einstellen lassen. Vier Landespolizisten sind gefallen, sechzehn der Marschierenden, zwei Reichswehrsoldaten, die mitmarschiert sind, zerbrochene Fensterscheiben. Das ist die Bilanz.

Später wird man feststellen: Hätte Hitler nicht die Nerven verloren, die Schlacht an der Feldherrnhalle wäre zu seinen Gunsten entschieden worden, und er hätte den Putsch durchführen können. Denn die halbe Stadt München ist für ihn gewesen, wie sich in den nächsten Tagen erweisen wird.

Hitler kommt vorerst in die Festungsanstalt Landsberg am Lech, quasi in Untersuchungshaft. Er verweigert jede Nahrung, er ist bereit, auf diese Weise an Entkräftung zu sterben, läßt sich dann aber gut zureden und ißt doch – und wie berichtet wird, mit rechtem Appetit.

Und nun beginnt der Prozeß. Er steht von Anfang an unter dem Zeichen der Vorsicht. Der Justizminister Dr. Franz Gürtner will Hitler nicht weh tun, er und andere Angeklagten könnten ja eventuell gewisse hohe Militärs und andere Persönlichkeiten, etwa von Kahr oder von Lossow, bloßstellen, und das wäre zumindest peinlich.

Zuerst einmal werden die Vorgänge im Bürgerbräukeller rekapituliert, sodann die Vorgänge um die Feldherrnhalle.

Die Anklageschrift hebt dann hinsichtlich der einzelnen Beschuldigungen noch folgendes hervor:

Hitler war die Seele des ganzen Unternehmens. Er entwarf den Plan, setzte sich bei der Ausführung an die Spitze, er erklärte den Sturz der Regierung im Reich und in Bayern, er verteilte die neuen Ämter und nahm für sich selbst die oberste Leitung der Reichspolitik allein in Anspruch. Er war bemüht, das Unternehmen zu festigen und zu erweitern und es auch dann noch fortzusetzen, als ihm die völlige Aussichtslosigkeit vollkommen klar sein mußte.

Ludendorff hat schon vor dem 8. November durch sein Verhalten den Führern des Kampfbundes und den Infanterieschülern klar zu erkennen gegeben, daß er eine gewaltsame verfassungswidrige Bewegung, wenn sie nur auf völkischem Boden erfolge, durch seinen Namen und seine Person unterstützen, und daß er sich sofort selbst zur Verfügung stellen werde, sobald eine solche Bewegung mit einiger Aussicht auf Erfolg in Fluß gekommen sei. Ludendorff wurde auch in der völkischen Presse gerade in der letzten Zeit öffentlich und unwidersprochen wiederholt als der berufene Führer der kommenden völkischen Erhebung gefeiert...

Röhm war wohl schon bei der entscheidenden Beschlußfassung über das Unternehmen beteiligt, sicher erhielt er spätestens am 7. abends Kenntnis und nahm dann an den Einzelbesprechungen über die Ausführung teil. Der Abend im Löwenbräukeller gab ihm Gelegenheit, zur Unterstützung der Aktion im Bürgerbräukeller unauffällig und sicher möglichst viele Kräfte zusammenzufassen. Röhm besetzte außerdem das

Wehrkreiskommando und traf alle Vorbereitungen, es mit Waffengewalt gegen die Reichswehr zu verteidigen, welches Verhalten er auch dann noch fortsetzte, als er schon sicher wußte, daß er dadurch der verfassungsmäßigen staatlichen Gewalt offenen Widerstand entgegensetzte.

Und so weiter, und so weiter.

Nach Verlesung der Anklageschrift stellte der Erste Staatsanwalt Stenglein den Antrag, für die Dauer der Verhandlung die Öffentlichkeit auszuschließen, weil die öffentliche Verhandlung eine Gefährdung der Staatssicherheit und öffentlichen Ordnung befürchten lasse. »Ich mache«, erklärte er, »den Vorbehalt, wenn einzelne Teile des Stoffes abgegrenzt werden können und besprochen werden können, für diese Teile des Verhandlungsstoffes die Öffentlichkeit freizugeben. Die Erörterung der Angelegenheit läßt namentlich infolge der Verteidigungsweise der Angeklagten, wie sie aus dem Ermittlungsverfahren ersichtlich ist, befürchten, daß Dinge zu Sprache kommen, deren Erörterung in der öffentlichen Verhandlung schwere Gefahren für den Staat, namentlich in außenpolitischer Richtung herbeiführen würde. Vorerst stelle ich den Antrag, für die Behandlung dieses meines Antrags die Öffentlichkeit auszuschließen.«

Sie wird vorübergehend ausgeschlossen.

In der ersten Nachmittagssitzung wird Hitler das Wort erteilt. Laut Protokoll spricht er mit der gewohnten Leidenschaftlichkeit des geübten Versammlungsredners:

»Es erscheint verwunderlich, daß ein Mensch, der nahezu sechs Jahre blinden Gehorsam gewöhnt war, nun plötzlich in Widerspruch kommt gegen den Staat und mit dessen Verfassung. Die Gründe dafür liegen bis in die Jugend zurück. Ich kam als 17jähriger Mensch nach Wien und lernte dort drei bedeutsame Fragen studieren und beobachten: die soziale Frage, das Rassenproblem und endlich die marxistische Bewegung.

Ich ging von Wien weg als absoluter Antisemit, als Todfeind der gesamten marxistischen Weltanschauung, als alldeutsch in meiner politischen Gesinnung, und weil ich wußte, daß das deutsche Schicksal auch für Deutsch-Österreich nicht ausgefochten wird in der österreichischen Armee, sondern in der deutschen Armee, deshalb habe ich mich zur deutschen Armee gemeldet...

Als am 7. November 1918 verkündet wurde, daß in München die Revolution ausgebrochen sei, konnte ich zunächst nicht daran glauben. Aber damals entstand in mir der Entschluß, mich der Politik zuzuwenden. Ich habe die Räteperiode mitgemacht und kam infolge des Widerstandes gegen diese in einen politischen Kurs mit der nationalsozialistischen deutschen Arbeiterbewegung, die damals 6 Mitglieder umfaßte, in Berührung. Ich war das siebente. Daß ich mich dieser Partei und nicht einer der großen politischen Parteien, bei der meine Chancen größer gewesen wären, angeschlossen hatte, hat seinen Grund darin, daß die bisherigen Parteien das entscheidende Grundproblem nicht kannten und nicht einsahen.

Die marxistische Bewegung ist die Lebensfrage der deutschen Nation. Ich verstehe unter Marxismus eine Lehre, die prinzipiell den Wert der Persönlichkeit ablehnt, die an Stelle der Energie die Masse setzt und damit zerstörend auf das Fundament des gesamten Kulturlebens wirkt...

Die Zukunft Deutschlands heißt Vernichtung des Marxismus. Entweder gedeiht diese Rassentuberkulose, dann stirbt Deutschland ab, oder sie wird ausgeschieden aus dem Volkskörper, dann wird Deutschland gedeihen. Nur eine junge Bewegung konnte diesen Gedanken aufgreifen.

Die deutsche Revolution gilt als Revolution und damit als gelungener Hochverrat, der ja bekanntlich nicht strafbar ist. Der Hochverrat wird nicht bestraft, wenn eine neue Verfassung einem Volk die Möglichkeit des Gedeihens gibt. Das, was 1918 geschah, war nicht Hochverrat, sondern Landesverrat, der niemals legalisiert werden kann.

Für uns war das ein gemeines Verbrechen am deutschen Volke, ein Dolchstoß in den Rücken der deutschen Nation. Das Bürgertum konnte den Kampf dagegen nicht aufnehmen, da es die ganze Revolution nicht begriff. Es galt einen neuen

Kampf zu entfachen und zu schüren gegen die marxistischen Volksverderber, die nicht einmal der deutschen Rasse angehören, wodurch das marxistische Problem sich mit dem Rassenproblem verknüpft und zur schwerwiegendsten und tiefsten Frage der Zeit geworden ist. Die Majorität konnte hier keine Lösung bringen. Diese war einer Bewegung vorbehalten, die es versteht, die Majorität durch Drähte zu lenken.

Ich persönlich stand anfangs auf verlorenem Posten. Gleichwohl ist im Laufe weniger Jahre aus der kleinen Schar von sechs Mann eine Bewegung hervorgegangen, die heute Millionen umfaßt und die vor allem die breiten Massen wieder national gemacht hat. Diese Bewegung schuf sich zwei Instrumente, eine ungeheure Massenaufklärung, eine nationale Aufklärung wurde geschaffen. Wir waren uns klar, daß wir nicht mit den alten Methoden des Winselns und Flehens auskommen konnten. Eine Regierung kann eine geistige Bewegung nicht schützen. Daher entschlossen wir uns zu dem Grundsatz: Für den, der willens ist, mit geistigen Waffen zu kämpfen, haben wir den Geist, für den anderen die Faust! Zur Propagandamaschine traten die Sturmabteilungen, um zu verhüten, daß unsere Bewegung terrorisiert, unsere Anhängerschaft niedergeschlagen würde...

1923 kam der große, bittere Skandal. Wir hatten schon 1922 erkannt, daß das Ruhrgebiet verlorengehen würde. Frankreichs Ziel lag nicht darin, Deutschland zu schwächen, eine deutsche Vormacht zu brechen, sondern es in Kleinstaaten aufzulösen, um die Rheinlinie halten zu können. Wir wußten nach den immer wiederholten Bekundungen von Schwäche, daß wir nach dem Saargebiet und nach Oberschlesien auch das dritte Kohlenbecken, die Ruhr, verlieren würden; ein Verlust mußte den anderen nach sich ziehen...

Man hat vergessen, daß man einen Gegner wie Frankreich nicht totbeten, noch weniger totfaulenzen kann. Man warf Milliarden in diesen nutzlosen Widerstand hinein, zerrüttete das deutsche Finanzwesen und schuf die Voraussetzungen für die Bildung jener Banden, die, weil sie das Arbeiten verlernt hatten, weil man sie nicht zur Opferwilligkeit erzogen hatte, später als Separatisten auf uns losgehen. Man ließ den nationalen Willen, den großen Aufschwung der Nation, genau wie 1914, verkümmern und versiegen...«

Und in dieser Tonart geht es über eine Stunde weiter. Man hätte glauben können, man befinde sich in einer Versammlung, die von Hitler einberufen wurde, nicht in einem Prozeß gegen ihn.

Nachdem er geendet hat, richtet der Vorsitzende einige Fragen an ihn. Unter anderem laut Protokoll:

»Auf die Frage, ob und warum er von 600 Bewaffneten beim Überfall auf den Bürgerbräukeller gesprochen habe, erklärt Hitler, er habe tatsächlich nur zwölf Mann bei sich gehabt, doch waren Teile der Reichswehr im Anmarsch, wie viele, habe er nicht gewußt. Dem Staatsanwalt Ehart gegenüber bemerkt Hitler, er habe die Herren gebeten, nicht miteinander zu sprechen. Im übrigen wußte jedermann, was beabsichtigt war. Auf weitere Fragen des Staatsanwalts erklärt Hitler, der Umsturz sollte die Möglichkeit herstellen, durch Beseitigung der Majorität der jüdischen Presse, des Druckes der Gewerkschaften und Wirtschaftsorganisationen die Entschlußfreiheit des Volkes wiederherzustellen. Die Frage, ob ein Volk national oder international regiert werden soll, sei keine Frage der Abstimmung, sondern der Moral.

Auch nur tausend Nationale hätten das Recht, einer Mehrheit gegenüber die Nation zu vertreten«.

Auf eine weitere Frage des Staatsanwalts bemerkt Hitler, er habe bei dem Vergleich seiner Leute mit Truppen, die man nicht wie Rekruten behandeln konnte, nur den Unterschied zwischen einer Freiwilligenorganisation und einer militärischen Truppe hervorheben wollen. Seine Leute seien von einer gewissen Stelle aus dauernd präpariert worden. Man mußte die Sache so oder so beenden, sie hätte sonst zur Auflösung der Verbände oder zu einer Katastrophe dadurch geführt, daß ein einzelner Verband selbständig vorgegangen wäre.

Ludendorff und andere Angeklagte fassen sich weitaus kürzer als Hitler. Auch die Zeugen, unter ihnen Franz Ritter von Epp, machen es kurz. Generalleutnant von Lossow, inzwischen Generalleutnant a. D., enthüllt, was im Nebenraum des Bürgerbräukellers vor sich gegangen war, desgleichen Herr von Kahr. In den nun beginnenden Kreuzverhören ist Hitler wieder ungemein aktiv.

Vorsitzender: »Herr Hitler, Sie haben bereits schon einmal gesagt, daß Sie nur vorläufig die politische Leitung der provisorischen Reichsregierung übernehmen wollten. Wie haben Sie sich die Sache weiter gedacht?«

Hitler: »Ich habe mir gedacht, was zunächst kommen müsse, müsse eine unermeßliche Propagandawelle sein. Eine politische Entwicklung, die mit den sonstigen Problemen augenblicklich wenig zu tun gehabt hätte. Jeder Mann, der etwas kann, hat die verdammte Pflicht und Schuldigkeit, sich einzusetzen. Exzellenz von Kahr mag ein ausgezeichneter Verwaltungsbeamter sein, aber ein politischer Führer ist er niemals gewesen und wird er nie sein können. Dazu fehlt ihm aber auch alles. Bei solchen Problemen gibt es keinen Sachverständigen. Die Staatskunst ist eben eine Kunst, und dazu muß man schließlich geboren sein. Herr von Kahr ist aber nicht dazu geboren. Herr von Kahr sollte Landesverweser von Bayern sein. Diese Stellung war in meinen Augen seinem Wesen am meisten angepaßt. Nicht ob die Monarchie berufen werden sollte, nein, ob die deutsche Nation die Revolution von 1918 anerkennen will oder nicht, das war unsere Frage und wir wären sofort mit einer großen Volksabstimmung an die deutsche Nation herangetreten, und hätte diese Volksabstimmung die Novemberrevolution von 1918 anerkannt, dann wäre selbstverständlich die Republik verewigt gewesen. Erklärt aber die deutsche Nation, die Revolution ist wider unseren Willen erfolgt, wir haben jetzt zum erstenmal Gelegenheit, dazu wirklich frei Stellung zu nehmen, dann ergibt sich die Folge von selbst, die Republik mit allen Folgen der Revolution wird beseitigt...«

Zur Frage der Wirkung auf das Ausland bemerkt Hitler: »Es

gab keinen deutschen Vorgang, der zu irgendeiner Genesung auch nur den leisesten Anhalt gab, der nicht vom Ausland selbstverständlich sofort ungünstig beurteilt worden wäre. Die Regierungen Deutschlands haben ja seit November 1918 gewissermaßen als Legitimation für Rechtmäßigkeit ihres Bestehens Empfehlzettel des Auslands vorlegen können. Es wäre unerhört, wenn in Deutschland ein Sachverständiger vorhanden wäre und nicht schon seit fünf Jahren den Deutschen dann gesagt hätte, was uns fehlt, nämlich die Kenntnis der Psyche des Auslandes. Daran ist ja Deutschland 1918 zugrunde gegangen.«

Staatsanwalt Ehart: »Ich glaube annehmen zu dürfen, daß das Gericht weiß, daß der Putsch nicht nur außenpolitische, sondern auch innenpolitische Wirkungen gezeigt hat.«

Hitler: »Selbstverständlich, der Putsch sollte ja gerade die ungeheuerlichste innenpolitische Wirkung ausüben. Wir wollten eine nationale Regierungsmethode an Stelle der internationalen marxistisch-jüdisch-pazifistischen. Wollten wir etwas anderes, dann könnte keine Strafe für den Hochverrat hoch genug sein, dann gäbe es nur den Tod, wenn wir nicht alle uns von der Überzeugung hätten leiten lassen, daß die innere Befreiung des Vaterlandes diese Tat erheische.«

Vorsitzender: »Ich schließe die Beweisaufnahme und frage, ob über die Art der Behandlung der Plädoyers die Herren sich noch auszusprechen wünschen.«

Staatsanwalt Stenglein: »Ich beantrage, über die Frage, ob die Schlußausführungen in öffentlicher oder nicht öffentlicher Sitzung gehalten werden sollen, in nicht öffentlicher Sitzung zu verhandeln und Beschluß zu fassen, daß die Öffentlichkeit ausgeschlossen werde.«

Die Öffentlichkeit wird dann auch, wieder einmal, wenigstens vorübergehend, ausgeschlossen.

Hitlers Anwalt hält dann eine Rede, in der er abstreitet, daß Hitler Unrechtmäßiges oder Unrechtes getan haben könnte. Wenn man ihm Glauben schenken darf, so sind die eigentlichen Schuldigen in den Reihen der bayerischen Regierungsmitglieder zu suchen, ist von Lossow schuldig, ist von Kahr schuldig, sind überhaupt alle schuldig mit Ausnahme von denen, die jetzt vor Gericht stehen, vor allem Hitler selbst.

Im Wortlaut:

»Meine hohen Herren! Das Ergebnis der ganzen Vorgänge ist meines Erachtens das, daß hier ein Mann seine Kraft, seinen Geist, seine Hand zur Verfügung gestellt hat für eine Sache, die er für richtig gehalten hat. Herr Hitler und die anderen Herren haben nichts anderes getan, als sich hinter die bayerische Staatsgewalt in Person des Herrn von Kahr gestellt. Wenn die bayerische Staatsgewalt etwas begangen hat, was nicht in Ordnung ist, so ist das vom politischen Standpunkt zu beurteilen und nicht vom strafrechtlichen. So ergibt sich nur ein Antrag, und der geht auf Freisprechung. Die Freisprechung bedeutet, daß sie einem Mann, der mit seinem ganzen Herzen für die deutsche Sache eingetreten ist, seiner Arbeit zurückgeben. Er ist derjenige, der dem Hochverrat von 1918 zu Leibe rückte. Er ist es, der auch künftig die Kräfte freimachen wird, und Sie werden mit dem Freispruch unserem großen Vaterland den besten Dienst erweisen. Ich bitte Sie, meine hohen Herren, sprechen Sie Herrn Hitler frei.«

Hitlers Schlußwort am 23. Verhandlungstag, nachdem Ludendorff gesprochen hat:

»Meine hohen Herren! In der Anklage lese ich folgende Sätze: ›Freilich war das, was im November 1918 geschehen ist, die Verdrängung der Bundesfürsten durch den Rat der Volksbeauftragten, ein Verbrechen des Hochverrates. Allein damals ist die neue Regierung in kürzester Zeit im ganzen Reich durchgedrungen, die oberste Regierungsgewalt lag tatsächlich in der Hand der Volksbeauftragten, und damit war der tatsächliche Zustand in einen rechtlichen Zustand umgewandelt. Das ist anerkannten Rechtes.‹ – Wenn diese Theorie zur Wirklichkeit und zum Recht würde, dann würden die Fesseln Deutschlands nimmermehr gelöst werden, denn auch wir sind durch die Macht besiegt, niedergeworfen und geknebelt.

Friedrich der Große hat einst einen Satz ausgesprochen, der das Verhältnis von Macht zum Recht klar definiert. Er sagte, das Recht sei wertlos, wenn es nicht verteidigt wird durch die Spitze des Schwertes. Mit anderen Worten: Das Recht war immer noch wertlos, wenn sich nicht die Macht hinter das Recht gestellt hat. Ich greife einige praktische Beispiele aus der jüngsten Geschichte heraus. Im April 1919 stürzt ein kleiner Haufen von verbrecherischen Seelen die Revolutionsregierung und richtet eine neue auf; die Sowjetfahnen werden hervorgezogen, die Männer setzen sich ohne Zweifel in den Besitz der tatsächlichen Macht. Trotzdem bestand diese Gewalt nicht zu Recht. Und wenn die Sowjetgewalten ganz Deutschland und ganz Europa fassen würden, einmal käme der Tag, an dem sie doch herunterstürzen würden...

Bismarck setzte sich hinweg über Verfassung, Parlament und die erdrückende Majorität und hat regiert, gestützt nur auf die Machtmittel des Staates allein, auf das Heer, den Beamtenkörper und auf die Krone. Das wurde in der oppositionellen Presse als Verfassungsbruch und Hochverrat bezeichnet. Was hat nun diese Tat Bismarcks legalisiert? Seine Tat wäre vielleicht auch Hochverrat gewesen, wenn nicht aus dieser Tat heraus der Segen gekommen wäre, der das deutsche Volk zu seiner Einheit führte, zu seiner höchsten Vollendung und Freiheit. An dem Tage, an dem vor Paris dem Deutschen Kaiser die Krone aufgesetzt wurde, war der Hochverrat legalisiert vor dem deutschen Volk und der ganzen Welt...«

Hitler spricht von den Staatsstreichen Kemal Paschas und Mussolinis:

»Mussolinis Tat wurde durch die ungeheure Reinigungsarbeit legalisiert, die Legalisierung des Marsches nach Rom war an dem Tage vollendet, an dem Rom von den Erscheinungen des Marxismus unseres politischen Lebens gesäubert war.

Wie war die Lage in Deutschland? Wie war die Lage in unserem Vaterlande im Jahre 1918? Deutschland war damals nicht so elend und korrupt, daß die Revolution als Naturnotwendigkeit empfunden werden mußte. Der spätere sozialdemokratische Innenminister Heine hat erklärt, das alte Preußen und ehemalige Reich war ohne Zweifel das am saubersten verwaltete Land in der ganzen Welt. Und so war es auch. Kein Staat verfügte über eine so ehrenhafte, grundsätzliche Beamtenschaft wie das alte Deutschland, kein Volk besaß eine Armee, in der höchste Ehrenhaftigkeit zur Tradition geworden war. Wie innen, so auch nach außen. 26 Staaten haben sich bemüht, dieses Reich zu Boden zu bringen, und in vierjährigem Ringen ist das nicht gelungen, ein Beweis, wie gewaltig, stark und kraftvoll dieses Reich war. Es war keine Veranlassung vorhanden zur Revolution.

Wenn wir fragen: ist die Revolution gelungen?, so müssen wir erst prüfen, was die Revolution gewollt hat. Was hat die Revolution unserem deutschen Volke nicht alles versprochen: ein Leben in Schönheit und Würde und Überfluß und weniger Arbeit als früher. Man predigte den Kampf gegen die überstaatliche Macht des internationalen Kapitals, und was ist davon gelungen?...

Ich will nicht reden von dem Hunger der Millionen, sondern nur auf die Folgen der Zerstörung unserer Währung hinweisen, die Tausende der Frucht eines arbeitsreichen Lebens beraubte. Wirtschaftlich ist diese Revolution zu einem ungeheuren Unglück geworden...

Und was hat uns die Revolution politisch alles prophezeit? Man hörte vom Selbstbestimmungsrecht der Völker, vom Völkerbund, von der Selbstregierung des Volkes. Und was kam? Ein Weltfriede, aber ein Weltfriede auf unserem Leichenfeld. Die Abrüstung, aber nur die Abrüstung von Deutschland zu seiner eigenen Ausplünderung. Das Selbstbestimmungsrecht, ja, aber das Selbstbestimmungsrecht für jeden Negerstamm, und Deutschland zählt nicht als Negerstamm. Völkerbund, aber ein Völkerbund nur als Garant für die Erfüllung des Friedensvertrages, nicht für eine kommende bessere Weltordnung...

Und das Volksregiment! Seit fünf Jahren hat man dem Volk nicht die Frage vorgelegt, wie es sich zur Novembertat des Jahres 1918 stellt. An der Spitze steht ein Reichspräsident, der von der überwältigenden Mehrheit des Volkes abgelehnt wird und der auch nicht vom Volke gewählt ist. Siebzehn Millionen Deutsche schmachten unter fremder Herrschaft. Kaum jemals ist in fünf Jahren der deutschen Nation soviel weggerissen worden als in diesen Jahren...

Was tat die Revolution in dem, was das Schwerste im Volksleben ist, was tat sie zur Besserung des deutschen Menschen? Wie wollte man die deutsche Nation loslösen von allen Hemmungen und Fesseln unserer früheren nicht idealen Weltauffassung? Man versprach, das deutsche Volk zum gleichberechtigten Volk zu machen, und was ist hier geschehen? Alles läßt sich noch ersetzen, selbst die verlorenen Gebiete können wieder erkämpft werden. Aber was man uns in diesen fünf Jahren an Schuld angetan hat, kann man nimmermehr aus unserer Geschichte hinausbringen. Alles was groß, hoch und heilig war, hat man in den Staub gerissen... Man hat sich unterstanden, deutsche Helden vor einen Gerichtshof zu stellen, sie in Ketten vorzuführen, Männer, die nichts taten als für ihr Vaterland zu kämpfen, und die abgeurteilt wurden zum Hohne des ganzen Auslandes. Clausewitz hat einst ein stolzes Wort gesprochen: ›Wehe dem Volk, das die Schmach der Entehrung und der Sklaverei freiwillig auf sich nimmt, denn es ist besser, wenn ein Volk ehrenhaft untergeht.‹ Die Schmach der freiwilligen Versklavung bringt ein Volk vollständig zum Zusammenbruch. Kann jemand sagen, die Revolution ist gelungen, während doch das Objekt der Revolution, Deutschland, zugrunde geht? Wann wäre denn die Revolution gelungen? Und was hätte damals geschehen müssen? Sehen Sie in uns nicht beschränkte Reaktionäre, die nur schreien. Niemand verkennt, daß es damals unter den Einwirkungen von viereinhalb Jahren Krieg vieles gegeben hat, was besser nicht gewesen wäre. Jeder hatte die Sehnsucht, wieder nach Hause zu kommen. Große Entbehrung herrschte in der Heimat.

Wenn die Revolution als gelungen bezeichnet werden will, so hätte sie vor allem eines tun müssen. Die Französische Revolution hat 1870 die Franzosen nicht zu retten vermocht. Aber sie hat die Ehre der Nation gerettet, und so hätte auch die deutsche Revolution wenigstens die Ehre der deutschen Nation retten müssen...

Achtung vor dem Gesetz – worin liegt diese? Für alle die Millionen, die nicht in Juristerei erfahren sind, liegt sie in dem ursprünglichen Empfinden: vor dem Gesetz sind wir alle gleich. Hat nicht gerade hier die Revolution den schwersten Schlag gegen diese ursprüngliche Empfindung der breiten Massen geführt? Mußte es nicht die Achtung vor dem Gesetze aufs tiefste verletzten, wenn der kleine Mann sehen konnte, daß er trotz allen Fleißes dem Hunger überliefert wurde, wenn der Staat darauf sah, daß der kleine Mann nicht mehr Eier in seinem Laden besaß, als ihm zugeteilt wurden, und wenn der Staat dann aber die Augen schloß gegenüber der Börse? Der einfache Mann mußte sich sagen: Ich bin wohl dem Gesetz verpflichtet, aber die anderen sind anscheinend nicht zu fassen...

Millionen hegen heute das innere Empfinden, daß das Gesetz an Achtung verlor, aber deshalb, weil man den kleinen Dieb sieht, aber den großen Meuchelmörder unseres Volkes nicht erkennen will. Wenn die Achtung vor dem Gesetze gesunken ist, dann auch deshalb, weil Gesetz und Moral heute nicht mehr identisch sind.

Das oberste Gesetz des deutschen Volkes ist der ›Friedensvertrag‹. Damals hat man zum erstenmal das Gesetz in den Augen von Millionen praktisch kompromittiert, man unterschrieb etwas, von dem man wußte, daß man es niemals halten könne, ein Gesetz, das in 414 Artikeln Unmoral verkündet und aus dem zahllose weitere gesetzliche Maßnahmen kamen. Es kamen Verordnungen der Reichsregierung, die bestimmten, daß die Waffen abzuliefern sind, daß das und das aufgelöst wird, usw. Männer, die ihr ganzes Leben lang das Gesetz achteten, wurden zum erstenmal widerspenstig. Am Ende schleppte man unsere ›Kriegsverbrecher‹ nach Leipzig, wo ein eigenes Gericht gebildet wurde. Millionen und Millionen, selbst Männer in den höchsten Stellungen, die Achtung vor dem Gesetz verlangten, waren mit einem Moment Feinde des Gesetzes geworden...

Unser Verbrechen war, die Saat zu säen für die Stunde. Das haben wir getan.

Wann begann der deutsche Verfall? Sie kennen die Parole des alten deutschen Systems in außenpolitischer Hinsicht. Sie lautete: Erhaltung des Weltfriedens, wirtschaftliche Eroberung der Welt. Mit beiden Prinzipien kann man nicht ein Volk regieren. Erhaltung des Weltfriedens kann nicht Ziel und Zweck einer Staatspolitik sein.

Die Mehrung und Erhaltung eines Volkes kann nur das Ziel sein.

Die Welt läßt sich wirtschaftspolitisch nicht erobern, ohne daß das nicht anderen gefährlich erscheinen würde.

Was ist Staat? Staat ist heute wirtschaftliche Organisation, eine Vereinigung von Menschen, anscheinend nur zu dem Zweck, sich gegenseitig das tägliche Brot zu sichern. Der Staat ist aber keine wirtschaftliche Organisation, sondern er ist völkischer Organismus. Ziel und Zweck des Staates ist, einem Volk die Ernährung und die Machtstellung zu geben, die ihm gebührt. Das deutsche Volk hat in Europa vielleicht die bitterste Lage aller Nationen. Militärisch, politisch und geographisch ist es umgeben von lauter Rivalen und kann sich nur halten, wenn es rücksichtslos Machtpolitik in den Vordergrund stellt...

Zwei Mächte sind maßgebend für die kommende Entwicklung Europas: England und Frankreich. England mit dem ewig gleichbleibenden Ziel, Europa zu balkanisieren und ein europäisches Gleichgewicht herzustellen, so daß seine Weltstellung nicht bedroht wird. Es ist nicht ein prinzipieller Feind Deutschlands, sondern der Macht, die die erste Stellung in Europa zu erringen versucht. Frankreich ist der ausgesprochene Feind Deutschlands. So wie England die Balkanisierung Europas braucht, so braucht Frankreich die Balkanisierung Deutschlands, um die Hegemonie in Europa zu erringen...

So ist die Lage Deutschlands, dank der jammervollen Haltung seiner Regierung. Es ist deshalb erklärlich, daß die kleinen Spießer rettungslos um sich blickten und riefen: Wir können nichts mehr machen, denn wir sind wehrlos. Da hat einst unsere Aufgabe eingesetzt. Wir haben betont, daß der Wert eines Volkes nicht in der toten Waffe liegt, sondern im lebendigen Willen. Wenn der Wille fehlt, sich zur Wehr zu setzen, dann wird keine Waffe der Welt etwas nützen. Das haben wir in die Leute hineingelegt in einer Zeit, als man wehrlos vor den Erntekommissionen sich auf den Bauch niederlegte. Wir haben Vaterlandsliebe zu erwecken versucht und haben auch wieder Haß gesät.

Keine Macht wird uns die Hand reichen, wenn sie nicht die Überzeugung hegt, daß die Hand, die ihr entgegengestreckt wird, die Faust von siebzig Millionen darstellt, die von dem eisernen Willen beseelt ist, mit allen Mitteln wieder den Kampf für die Freiheit und für unsere Nation aufzunehmen. Das ist die Voraussetzung, die wir erkannt haben.

Wir wollten positive Arbeit leisten dadurch, daß wir versuchten, die Massen aufzuklären, und daß wir erkannten, daß jede Aufklärung zwecklos ist, solange der Vernichter in Deutschland sein Unwesen treibt. Der Aufklärung auf der einen Seite mußte die Propaganda zur Vernichtung gegenübergestellt werden. Der Herr Staatsanwalt hat nicht im üblen Sinne ein Wort geprägt: Wir wären keine Demagogen. Ich kann Ihnen versichern, wenn wir ein Gramm von Demagogen gehabt hätten, stünden wir nicht hier. Wir hätten es leichter gehabt, ins andere Lager zu gehen. Glauben Sie mir, ich wäre auch im anderen Lager mit offenen Armen aufgenommen worden...

Lossow sagte hier, er habe im Frühjahr mit mir gesprochen und damals nicht beobachtet, daß ich etwas für mich erstrebe, sondern daß ich nur Propagandist und Weckrufer sein wollte. Wie klein denken doch kleine Menschen! Nehmen Sie die Überzeugung hin, daß ich die Erringung eines Ministerpostens nicht als erstrebenswert ansehe. Ich halte es eines großen Mannes nicht für würdig, seinen Namen der Geschichte nur dadurch überliefern zu wollen, daß er Minister wird. Da könnte man auch die Gefahr laufen, neben anderen Ministern begraben zu werden; ich nenne nur die Namen Scheidemann und Wutzelhofer. Ich wollte mich nicht gemeinsam mit diesen in eine Gruft legen.

Was mir vor Augen stand, das war vom ersten Tag an tausendmal mehr, als Minister zu werden. Ich wollte der Zerbrecher des Marxismus werden. Ich werde diese Aufgabe lösen, und wenn ich sie löse, dann wäre der Titel eines Ministers für mich eine Lächerlichkeit. Als ich zum erstenmal vor Wagners Grab stand, da quoll mir das Herz über vor Stolz, daß hier ein Mann ruht, der es sich verbeten hat, hinauf zu schreiben: Hier ruht Geheimrat Musikdirektor Exzellenz Baron Richard von Wagner. Ich war stolz darauf, daß dieser Mann und so viele Männer der deutschen Geschichte sich damit begnügen, ihren Namen der Nachwelt zu überliefern, nicht ihren Titel. Nicht aus Bescheidenheit wollte ich damals ›Trommler‹ sein; das ist das Höchste, das andere ist eine Kleinigkeit...

Herr Staatsanwalt, so wie Sie in der Anklageschrift betonen, daß wir mit zusammengebissenen Zähnen warten müßten, bis die Saat reif geworden wäre, so haben auch wir gewartet, und als der Mann kam, haben wir gerufen: Die Saat ist reif, die Stunde ist gekommen! Dann erst habe ich mich nach langem Zögern zur Verfügung gestellt. Ich habe damals allerdings zwei Forderungen gestellt. Ich verlangte, daß ich die Führung des politischen Kampfes in meine Faust bekomme, und zweitens habe ich verlangt, daß die Führung der Organisation, die wir alle ersehnten und die auch Sie innerlich genau so ersehnen, der Held bekommt, der in den Augen des ganzen jungen Deutschlands nun einmal berufen ist hierzu. Höhnisch erklärte der Zeuge, man mußte Ludendorff nehmen, weil dann die Reichswehr nicht schießen würde. Ist das ein Verbrechen von mir? Lag darin etwa ein Hochverrat, daß ich zu Lossow sagte: ›Wie Sie den Kampf beginnen, muß es zum Kampf kommen; wie ich es mir vorstelle, kommt es nicht zum Kampf.‹...

Ich bin kein Monarchist, sondern letzten Endes auch Republikaner, Pöhner ist Monarchist, Ludendorff treu ergeben dem

Hohenzollernhaus. Wir alle, die wir so verschieden eingestellt sind, standen zusammen. Deutschlands Schicksal liegt nicht in der Republik oder der Monarchie, sondern dem Inhalt der Republik oder Monarchie. Was ich bekämpfe, ist nicht die Staatsform als solche, sondern der schmähliche Inhalt. Wir wollten in Deutschland die Voraussetzungen dafür schaffen, die allein es möglich machen, daß die eiserne Faust unserer Feinde von uns genommen wird. Wir wollten Ordnung schaffen im Staatshaushalt, die Drohnen ausweisen, den Kampf gegen die internationale Börsenversklavung aufnehmen, gegen die Vertrustung unserer ganzen Wirtschaft, den Kampf gegen die Politisierung der Gewerkschaften, und vor allem sollte wieder eingeführt werden die höchste Ehrenpflicht, die wir als Deutsche kannten, die Pflicht zur Waffe, die Wehrpflicht. Und da frage ich Sie: ist das was wir gewollt haben, Hochverrat?...

Es ist das Zeichen eines minderwertigen Volkes, wenn es nicht mehr imstande ist, sich gegenseitig so zu achten, daß es nicht zu Ausweisungen greift. Das was man hier tut in den letzten Monaten, daß man Deutsche ausweist, die nichts gewollt haben als das Glück des Vaterlandes, das wird einst Hunderttausenden von deutschen Knaben die bittere Scham ins Gesicht treiben und sie werden sich sagen: Wie schmachvoll sind wir daran gegenüber anderen Völkern.

Nun muß ich auf etwas eingehen, was die Anklagebehörde erklärt: Wir sind der Strafe verfallen, weil das Unternehmen mißlungen ist.

Die Tat des 8. November ist nicht mißlungen. Sie wäre mißlungen, dann, wenn eine Mutter gekommen wäre und gesagt hätte, Herr Hitler, Sie haben auch mein Kind am Gewissen. Aber das darf ich versichern, es ist keine Mutter gekommen. Im Gegenteil. Tausende andere sind gekommen, und haben sich in unsere Reihe gestellt. Von den jungen Männern, die gefallen sind, wird es dereinst heißen, wie es am Obelisk zu sehen ist: ›Auch sie starben für des Vaterlandes Befreiung.‹ Das ist das sichtbare Zeichen des Gelingens vom 8. November, daß in seiner Folge die Jugend sich wie eine Sturmflut erhebt und sich zusammenschließt. Das ist der größte Gewinn des 8. November, daß er nicht zu Depression geführt hat, sondern dazu beitrug, das Volk aufs höchste zu begeistern. Ich glaube, daß die Stunde kommen wird, da die Massen, die heute mit unserer Kreuzfahne auf der Straße stehen, sich vereinen werden mit denen, die am 8. November auf uns geschossen haben. Ich glaube daran, daß das Blut nicht ewig uns trennen wird. Als ich erfuhr, daß die grüne Polizei es war, die geschossen hat, hatte ich das glückliche Gefühl: wenigstens nicht das Reichsheer war es, nicht das Heer hat sich besudelt, es steht noch so unversehrt da wie früher. Einmal wird die Stunde kommen, daß die Reichswehr an unserer Seite stehen wird, Offiziere und Mannschaften.«

Vorsitzender: »Herr Hitler, Sie haben von einer Besudelung der grünen Polizei gesprochen, das kann ich nicht gestatten.«

Hitler: »Die Armee, die wir herangebildet haben, die wächst von Tag zu Tag, von Stunde zu Stunde schneller. Gerade in diesen Tagen habe ich die stolze Hoffnung, daß einmal die Stunde kommt, daß diese wilden Scharen zu Bataillonen, die Bataillone zu Regimentern, die Regimenter zu Divisionen werden, daß die alte Kokarde aus dem Schmutz herausgeholt wird, daß die alten Fahnen wieder voranflattern, daß dann die Versöhnung kommt beim ewigen letzten Gottesgericht, zu dem anzutreten wir willens sind. Dann wird aus unseren Knochen und aus unseren Gräbern die Stimme des Gerichtshofes sprechen, der allein berufen ist, über uns zu Gericht zu sitzen. Denn nicht Sie, meine Herren, sprechen das Urteil über uns, das Urteil spricht das ewige Gericht der Geschichte, das sich aussprechen wird über die Anklage, die gegen uns erhoben ist. Ihr Urteil, das Sie fällen werden, kenne ich. Aber jenes Gericht wird uns nicht fragen: Habt Ihr Hochverrat getrieben oder nicht? Jenes Gericht wird über uns richten, über den Generalquartiermeister der alten Armee, über seine Offiziere und Soldaten, die als Deutsche das Beste gewollt haben für ihr Volk und Vaterland, die kämpfen und sterben wollten. Mögen Sie uns tausendmal schuldig sprechen, die Göttin des ewigen Gerichtes der Ge-

schichte wird lächelnd den Antrag des Staatsanwaltes und das Urteil des Gerichtes zerreißen; denn sie spricht uns frei.«
Eine Verteidigungsrede?
Eine Wahlrede!

Mit Spannung wird das Urteil erwartet. Die Absperrungen durch die grüne Landespolizei werden nicht nur vor dem Gericht, sondern auch in den umliegenden Straßen rigoros durchgeführt. Die Polizei hat den Auftrag, vor halb zehn niemandem den Zutritt zum Gebäude zu gestatten. Unterdessen unterhalten sich die Angeklagten mit ihren Anwälten und ihren Angehörigen in den Korridoren der Infanterieschule.

Jeder, der hereinkommt, wird auf Waffen untersucht. Der Andrang ist so groß, daß, als die Türen geöffnet werden, die Presse kaum zu ihren Sitzen gelangen kann. Die Nervosität steigt. Man bemerkt unter den Anwesenden Staatssekretäre, hohe Offiziere, prominente Persönlichkeiten.

Das Protokoll:

»Um 10 Uhr 4 Minuten erscheinen die Angeklagten mit ihren Anwälten im Saale, an ihrer Spitze Exzellenz Ludendorff in großer Generalsuniform mit Orden und Ehrenzeichen, hinter ihm Adolf Hitler im dunklen Gehrock mit dem EK.I., in Begleitung Ludendorffs sind zwei Adjutanten in Uniform, der eine in Marineuniform. Es folgen die übrigen Angeklagten, mit Ausnahme von Pöhner und Frick sämtliche in Uniformen mit Orden und Ehrenzeichen. Beim Betreten des Saales durch Ludendorff erheben sich die Zuhörer von ihren Sitzen.

Unmittelbar hinter den Angeklagten betreten die beiden Staatsanwälte Stenglein und Ehart den Sitzungssaal und begeben sich an ihre Plätze.

Um 10 Uhr 5 Minuten erscheint der Gerichtshof im Saale. Alles erhebt sich. Nachdem das Gericht Platz genommen hat, verkündet der Vorsitzende, Landgerichtsdirektor Neidhardt, unter lautloser Spannung mit fester Stimme folgendes Urteil:

Von den Angeklagten:

1. Hitler, Adolf, geb. am 20. April 1889 in Braunau (Ober-

österreich), Schriftsteller in München, seit 14. November 1923 in diesen Sachen in Untersuchungshaft,
2. Ludendorff, Erich, geb. am 9. April 1865 in Kuszweia, General der Infanterie a. D., Exzellenz, in München,
3. Pöhner, Ernst, geb. am 11. Januar 1870 in Hof a. S., Rat am Obersten Landesgericht in München, in dieser Sache vom 9. November 1923 bis 1. Januar 1924 in Untersuchungshaft gewesen,
4. Frick, Wilhelm, geb. am 12. März 1877 in Alsenz, Bezirksamt Reckenhausen. Oberamtmann bei der Polizeidirektion in München, Dr, jur., in dieser Sache seit 9. November 1923 in Untersuchungshaft,
5. Weber, Friedrich, geb. am 30. Januar 1890 zu Frankfurt am Main, Assistenz der tierärztlichen Fakultät der Universität München, Dr. med. vet., in dieser Sache seit 9. November 1923 in Untersuchungshaft,
6. Röhm, Ernst, geb. am 28. November 1887 in München, Hauptmann a. D. in München, in dieser Sache seit 9. November 1923 in Untersuchungshaft,
werden verurteilt: Hitler, Weber und Plöhn jeder wegen eines Verbrechens des Hochverrats zu fünf Jahren Festungshaft, abzüglich der Untersuchungshaft, bei Hitler vier Monate und zwei Wochen, sowie jeder zur Geldstrafe von 200 Goldmark...

Ludendorff wird von der Anklage eines Verbrechens des Hochverrats unter Überbürdung der ausscheidbaren Kosten auf die Staatskasse freigesprochen...

Den Verurteilten Hitler, Pöhner, Weber und Kriebel wird nach Verbüßung eines weiteren Strafteiles von je sechs Monaten Festungshaft Bewährungsfrist für den Strafrest in Aussicht gestellt...«

Der Vorsitzende hatte schon während der Verlesung des Urteils das Publikum zweimal zur Ruhe gemahnt und mit der Räumung des Saales gedroht. Nach Verkündigung des Urteils machte er die Angeklagten auf die Bedeutung der Bewährungsfrist aufmerksam, jeder Wohnungswechsel müsse angezeigt werden. Dann ersuchte der Vorsitzende, es möchten die

Angeklagten noch im Sitzungssaale bleiben, bis das Publikum den Saal geräumt habe, dies empfehle sich aus polizeilichen Gründen, und er ersuche deshalb, den Anweisungen der Polizei Folge zu leisten.

Rechtsanwalt Roder: »Ich enthalte mich natürlich jeder Äußerung zu dem Urteil. Ich bitte mir aber kurz das Wort zu geben zu einem Antrag auf Aufhebung des Haftbefehls gegenüber Hitler.«

Vorsitzender: »Das gehört nicht in die Zuständigkeit des Gerichts. Mit der Verkündigung des Urteils ist sofort die Rechtskraft eingetreten. Ein Antrag auf Aufhebung des Haftbefehls ist außerhalb der Sitzung an den Staatsanwalt zu richten. Dem Gericht steht keine Entscheidung zu. Jedes weitere Wort wäre daher zwecklos.«

Ludendorff: »Ich empfinde die Freisprechung als eine Schande, weil meine Kameraden verurteilt worden sind. Das hat dieser Ehrenrock nicht verdient.«

Im Zuhörerraum stürmische Heilrufe.

Vorsitzender: »Ich weise diese Bemerkung Ludendorffs als gröblich und ungehörig zurück. Ebenso die Ungehörigkeit des Publikums wegen seiner Beifallskundgebungen. Ich bin nicht in der Lage festzustellen, wer hier gerufen hat, sonst würde ich die Rufer in eine Ordnungsstrafe von drei Tagen nehmen. Kann einer der Schutzleute einen Rufer feststellen?«

Die Schutzmannschaft verneint das.

Vorsitzender: »Die Verhandlung ist geschlossen.«

Um 11 Uhr 25 öffneten sich die Türen des Gerichtssaals.

In der Zwischenzeit hatten sich an den Absperrungsstellen der Einmündungsstraßen in die Blutenburgstraße große Menschenmassen angestaut, die immer wieder in Heilrufe ausbrachen. Viele unter ihnen hatten Blumen bereitgehalten. Schließlich trieben berittene Schutzleute die Menschenmassen zurück und drängten sie in die Seitenstraßen ab.

General Ludendorff verweilte bis gegen 12 Uhr 45 im Gerichtsgebäude. Aus Sicherheitsgründen wollte die Polizeibehörde veranlassen, daß das Auto Ludendorffs, das am Hauptportal an der Blutenburgstraße wartete, von rückwärts aus den Hof des Gerichtsgebäudes verließ, und es wurde sogar die Anordnung gegeben, das große Tor zum Auto Ludendorffs zu schließen. Dies geschah auch. General Ludendorff erklärte aber wiederholt kategorisch, daß er sein Auto im Hof nicht besteige. Nach einiger Zeit wurde ihm gestattet, von der Hauptfront des Gerichtsgebäudes wegzufahren. Beim Heraustreten aus dem Gerichtsgebäude war Ludendorff Gegenstand von Ovationen; aus den Fenstern der in der Blutenburgstraße liegenden Häuser wurde ihm lebhaft zugewinkt. Die Heilrufe setzten sich fort, als das Auto Ludendorffs die Absperrungslinien durchfuhr. Auch Hitler, der sich einige Male auf dem Balkon zeigte, wurde mit Heilrufen begrüßt.

Gegen zwölf Uhr legte sich die Erregung in den Straßen allmählich. Einzelne Gruppen zogen, vaterländische Lieder singend, durch die Straßen der inneren Stadt.

Wie ist das eigentlich mit der Bewährungsfrist? Eigentlich dürfte Hitler keine Bewährung bekommen, er hat ja schon einmal Bewährung erhalten, nicht zuletzt auf sein Versprechen hin, keinen Putsch zu unternehmen, und somit müßte er jetzt die damals über ihn verhängten und nicht abgesessenen zwei Monate noch absitzen und dazu die gesamten fünf Jahre, die ihm nun zudiktiert worden sind.

Hitler ist enttäuscht. Er hat damit gerechnet, wenn schon nicht freigesprochen zu werden, so doch, daß die gesamte Strafe auf Bewährung ausgesetzt würde. Nun muß er also die Strafe antreten. Der wahre Grund dafür, daß er nicht freigesprochen worden ist oder sofort freikommen kann, hat wohl mit den Befürchtungen des Gerichts über eventuelle Wirkungen solcher Maßnahmen zu tun. Volksaufläufe! Demonstrationen! Kundgebungen! Polizei hätte eingreifen müssen, auch Militär, und alles hätte damit geendet, daß Hitler, der ja schließlich Ausländer ist, über die Grenze hätte geschafft werden müssen. Dies wollte das Gericht vermeiden.

Hitler wird wie die anderen, die einige Monate oder Jahre

abzusitzen haben, auf die idyllisch gelegene Festung oberhalb Landsberg am Lech eingeliefert. Das ist eine hübsche Festung, erst vor kurzem renoviert, mit Ausblick auf die alte Stadt. Dort wird Hitler nicht wie ein Gefangener, sondern wie ein illustrer Gast behandelt. Er bewohnt ein großes Zimmer mit Arbeitstisch, mit Stühlen, einem Sessel, einem Balkon, auf dem er sich niederlassen kann, wenn es warm genug ist, um sich dort zu sonnen.

Übrigens sind auch die übrigen Zellen durchaus bequem, keine gefängnishaft oder gar zuchthausartig.

Es gibt einen allgemeinen Aufenthaltsraum. Alle diese Zellen sind auf der anderen Seite der Festung, Hitler bewohnt ganz allein den sogenannten »Feldherrenflügel«, wie ihn die Mitgefangenen taufen. Dort hört er nicht den Lärm, den die anderen, die das Ganze als Spaß verstehen, machen, wenn sie »Patriotische« Lieder singen oder Gesellschaftsspiele spielen. Hitler bekommt zu lesen, was er zu lesen haben will, sei es aus der Bibliothek der Festung, sei es von Bekannten, die ihm fast täglich etwas schicken. Hitler trägt auch keineswegs einen Sträflingsanzug, sondern meist kurze Lederhosen mit trachtenmäßig bestickten Hosenträgern, und es geht ihm so gut, daß er nicht zuletzt dank den Freßpaketen aus München in der Festung Landsberg erheblich zunimmt.

Eines Tages hat er die Idee, ein Buch der Enthüllungen zu schreiben. Er erzählt davon dem Verleger des »Völkischen Beobachters« Max Amann, der ganz begeistert darüber ist. Und dann diktiert er seinem Diener Maurice, auch er SA-Mann, »Mein Kampf«. Möglich, daß Maurice selbst einiges davon geschrieben hat, daß auch andere Mitgefangene, etwa der gleichfalls inhaftierte Rudolf Hess, daran mitgearbeitet haben.

Jedenfalls ist Max Amann schwer enttäuscht, als er das Manuskript sieht. Das Buch ist nichts anderes als eine große Rede, keine Enthüllungen und irgend etwas, was die Sympathisanten nicht vorher wußten oder wissen konnten, keine Spur davon.

»Mein Kampf« geht auch nicht. Es werden nicht einmal 10 000 Exemplare verkauft. Wenig, wenn man bedenkt, daß

Hitler schon damals einige 100000 Mann hinter sich hatte. Das nächste Jahr werden gar nur 7000 Exemplare abgesetzt. Als im Jahre 1927 ein zweiter Band erscheint, werden von beiden Bänden insgesamt 6000 verkauft. Wieder ein Jahr später nur noch 3000. Der Umsatz hebt sich erst, als nach der Machtergreifung Hitlers jedes neugebackene Ehepaar auf dem Standesamt ein Exemplar von »Mein Kampf« erhält, gleichgültig, ob die so Beschenkten das Buch lesen wollen oder nicht.

Die Möglichkeit, daß er fünf Jahre absitzen müßte, ist für Hitler schrecklich. In diesem Fall würde alles zusammenbrechen, was er mühsam aufgebaut hat. Zuerst in der ersten Haftzeit hofft er, nach sechs Monaten freizukommen, das will auch der Justizminister, aber der Staatsanwalt erhebt Einspruch, und so kommt Hitler »erst« nach neun Monaten frei, gerade rechtzeitig, um das Weihnachtsfest mit Freunden in München zu verleben. Sie schicken ihm ein Auto, so daß er nicht einmal die Bahn benützen muß.

Was dann weiter geschieht und geschehen wird, wird leider die Welt bald erfahren.

Al Capones Morde wurden nicht verhandelt
1931

Der Prozeß gegen Al Capone, der in den ersten Junitagen 1931 vor dem Chicagoer Bezirksgericht beginnt, erregt weltweites Aufsehen. Vor allem aber ist er schon von Beginn an eine Sensation in den Vereinigten Staaten, wo Al Capone zu den populärsten Mitbürgern gehört, wenn auch populär in durchaus negativem Sinn; viele nennen ihn den »Public Enemy No. One«, den ersten in der beachtlichen Reihe der öffentlichen Feinde, und haben seit Jahren verlangt, daß er endlich einmal vor Gericht gestellt werden sollte – wegen seiner Gangsterstückchen, vor allem aber wegen der vielen begangenen Morde.

Am 12. Juni erscheint er, von einem ganzen Heer von Anwälten umringt, und bekennt sich schuldig. Es geht allerdings keineswegs um Morde und Überfälle, es geht um die Verletzung des Gesetzes, das Einfuhr oder Herstellung von Alkohol in jeglicher Form verbietet, sowie, und das ist wohl entscheidender, um die Hinterziehung von Steuern in, wie man hört, schwindelnder Höhe.

Über fünfzig Zeitungskorrespondenten sind gekommen, um über Al Capone vor Gericht zu berichten, der hinter seinen riesenhaften Leibwächtern fast verschwindet, obwohl selbst ein Schwergewicht, das mit einem Gesicht, so schnell nicht verwechselt werden kann. Er ist verfettet, totenblaß, und in Momenten der Erregung wird eine brennend rot aufflammende Narbe sichtbar. Er wird innerhalb weniger Minuten formell verhaftet und in ebenso wenigen Minuten gegen eine Kaution von 50 000 Dollar wieder freigelassen.

Es kommt zu einer zweiten Verhandlung, in der es wiederum nur um Formalitäten geht; sie findet am 30. Juli statt. Und ähnliches geschieht am 6. September. Das eigentliche Verfahren nimmt erst am 6. Oktober seinen Anfang. Die Verhandlungen werden geleitet von dem Richter Wilkerson, die Anklage wird vertreten durch den Staatsanwalt George E. Q. Johnson.

Die Anwälte Al Capones erklären, er sei bereit, alles zu bezahlen, auch eine Strafe. Sie wollen, wie damals in Amerika ja nicht unüblich, auf einen sogenannten Kuhhandel hinaus, das heißt, sie wollen sich außergerichtlich einigen.

Der Richter schüttelt den Kopf. »Ich will die gesamte Evidenz hören«, erklärt er. Wobei er Al Capone streng in die Augen sieht. »Der Angeklagte muß sich darüber klar sein, daß wir in diesem Fall keinerlei Abmachungen zu treffen geneigt sind.«

Al Capone, der den Kaugummi in seinem Mund heftig bearbeitet, beginnt zu schwitzen. Er hört hinter sich abschätzige Bemerkungen der Presseleute darüber. Er wendet sich halb um. »Ich bin ein bißchen nervös«, stößt er hervor. »Ich bin schließlich auch nur ein Mensch!«

Das sind die letzten Worte, bevor der eigentliche Prozeß beginnt. Der Prozeß gegen Al Capone und 68 seiner Helfer, bei dem es um nicht weniger als 5000 Vergehen gegen die Gesetze des Alkoholverbots geht und, wie schon gesagt, um die Verletzung des Einkommensteuergesetzes in beträchtlicher Höhe. Der Staatsanwalt moniert eine Hinterziehung von nicht weniger als 215 000 Dollar für ein Einkommen von 1 050 000 Dollar in den Jahren 1924 bis 1929.

Und nun die eigentliche Verhandlung.

Um diesen Prozeß zu verstehen, um zu begreifen, worum es geht und worum es nicht geht, muß man wohl einiges über Al Capone wissen. Und wie er geworden ist, was er geworden ist.

Geboren am 17. Januar 1899 in Neapel, ist er noch ein kleines Kind, als die Familie nach New York auswandert. Sein Vater war in der alten Heimat Friseur, aber er findet in New York keine Stellung in seinem Gewerbe. Er bezieht mit Frau und vier kleinen Kindern in dem Stadtteil Brooklyn, wo die meisten Italiener wohnen, eine kleine lichtlose, jeden Komforts ermangelnde Wohnung. Er muß als ungelernter Arbeiter auf den Bau gehen, die Mutter wird Putzfrau und kann sich daher um die Kinder kaum kümmern.

Alphonse, wie er eigentlich heißt, geht nur vier Jahre zur Schule, dann werden die Straßen der Nachbarschaft, die Billardräume und die Cafés, in denen die Italiener Karten spielen, sein Revier. Er ist ziemlich groß und schon recht stark für sein Alter und sehr brutal. Er gründet eine Bande von Jugendlichen, die die Nachbarschaft terrorisiert. Diese Kinder, die eben keine Kinder mehr sind, nehmen von Gemüsehändlern, von Fleischern, von Obsthändlern wöchentliche Tributzahlungen dafür, daß sie ihnen die Fenster nicht einwerfen, ihre Stände nicht demolieren. Nebenbei stehlen sie, wenn auch in geringem Ausmaß. Wenn die Polizei kommt, laufen sie davon, schneller, als die Polizei ihnen folgen könnte. Schon mit sechzehn gerät Al mit einem Friseur der Nachbarschaft in Streit, der ihm mit seinem Rasiermesser übers Gesicht fährt. Resultat: die Narbe, die er lebenslang tragen wird und die ihm in Gangsterkreisen – und nicht nur dort – den Namen »Scarface Al – Narbengesicht Al« – einbringt.

Ein italienischer Gangster namens Johnny Torrio ist Mitglied der Mafiabande und Gründer einer eigenen Gang in einem New Yorker Distrikt, die sich auf Glücksspiel und Erpressung spezialisiert. Er findet Gefallen an dem jungen Al. Wir wissen nicht genau, was Al alles unter seiner Leitung verbricht, aber wir wissen, daß er das eine oder andere anstellt, meist Räubereien in größerem Stil, möglicherweise auch Morde. Er tut alles, was Torrio ihm befiehlt. Torrio ist sein Gott. Als diesem Gott das Pflaster in New York etwas zu heiß wird und er seine Aktivitäten nach Chicago verlegt, folgt ihm der blutjunge Al. Das ist Ende 1919.

Anfang 1920, genau am 16. Januar, kommt das Antialkoholgesetz heraus, und das bedeutet für die »raketeers« überall in Amerika, vor allem aber, wie sich herausstellen soll, in Chicago und New York, eine neue Erwerbsquelle. Alkohol einführen und zu Überpreisen verkaufen, Schnaps und Bier selbst herstellen und zu Überpreisen verkaufen – damit kann man das bisherige Einkommen verfünffachen, verzehnfachen. Bis jetzt hat die Aufgabe Al Capones, von geheimen Untaten abgesehen, darin bestanden, Ladenbesitzer zu besuchen, ihnen den Vorschlag zu machen »Entweder – oder« und am Ende jeder Woche zu kassieren. Jetzt kümmert er sich nicht mehr um solche Kleinigkeiten, das erledigen die Untergebenen – er hat bereits Untergebene mit seinen knapp zwanzig Jahren. Er baut eine vorbildliche Organisation auf – er ist, das werden später auch seine Feinde zugeben, ein Organisationsgenie, das es auch als normaler Geschäftsmann weit bringen würde. Aber warum sollte er anständige Geschäfte machen, wo doch mit Verbrechen viel mehr Geld zu verdienen ist?

Bald übergibt ihm Torrio einen besonderen Wirkungskreis. Es handelt sich um den eleganten Villenvorort von Chicago, Cicero, mit etwa 70000 Einwohnern. Al geht sofort daran, die dortige lokale Polizei in größtem Stil zu bestechen. In New York und Chicago wäre das schwieriger, obwohl es auch dort im Verlauf der nächsten Jahre geschieht, aber eben nicht so huntertprozentig wie in Cicero. Nicht nur das, er sorgt auch dafür – das Jahr ist 1924 –, daß sein »Bürgermeister gewählt« wird. Das heißt, die Wähler werden im Sinne dieses Kandidaten, der ihm mit Leib und Seele gehört, nicht nur propagandistisch, sondern handgreiflich beeinflußt, so daß sie gar nicht wagen, den Gegenkandidaten zu wählen.

Bald gehört das Städtchen Cicero Al Capone mit Haut und Haar. Und als wenig später Torrio nach einem Zusammenstoß mit konkurrierenden Gangstern sich nach Italien absetzt, weil es ihm vor allem darum geht, am Leben zu bleiben, übernimmt Al Capone ganz Chicago.

Er hat nur einen Kummer: Er kann nicht Mitglied, geschweige denn Präsident der Mafia werden. Denn diese Organisation, die 1899 von Sizilien in die Vereinigten Staaten auswanderte, ursprünglich eine durchaus legale Hilfsorganisation für bedürftige Italiener, ist längst eine verbrecherische, hat Satzungen, denen zufolge nur Sizilianer, nicht aber zum Beispiel

Al Capone im Jahr 1935. Der langgezogenen Narbe auf der linken Wange verdankte der Unterweltkönig seinen Beinamen »Scarface« (Narbengesicht). (Foto: Verlagsarchiv)

der in Neapel geborene Capone Präsident werden können. Immerhin bringt er es fertig, daß ein ihm ergebener Strolch Chef der Mafia wird, so daß indirekt auch diese Organisation mehr oder weniger zu seinem Instrument wird, auf dem er beliebig spielen kann.

Chicago gehört Al Capone. Nun, nicht ganz. Richtiger wäre zu sagen, Chicago gehört den Gangstern, denn es gibt nicht nur die Gang Al Capones. Es gibt auch andere. Und es kann natürlich nicht ausbleiben, daß die Bande Al Capones mit anderen Banden in Konflikt gerät. Die wenigen Zeitungen, die es noch wagen, über Gangs zu berichten, berichten von einem veritablen Bandenkrieg. Der wird auch einige Jahre dauern. Unmöglich, alle sogenannten Zwischenfälle aufzuzählen, die sich im Verlauf dieser Gangsterkämpfe ereignen. Immerhin sollte doch der Kampf gegen den Gangster O'Banion erwähnt werden, einen gefürchteten Mann, der im Nebenberuf sozusagen als Hobby einen Blumenladen betreibt, wo ihn schließlich die Schergen Al Capones mit zahllosen Schüssen niederknallen. Danach ist es fast nur noch eine Formsache, die Bande aufzulösen; die meisten Gangster sind nur zu froh, von Al Capone mit offenen Armen aufgenommen zu werden.

Oder da ist das Massaker am St. Valentinstag, dem 14. Februar 1929. Al Capone hat erfahren, daß sich einige der wichtigsten Mitarbeiter von »Bugs« Moran in einer leeren Garage treffen wollen. Er schickt einige seiner besten Leute hin, die sich als Polizisten verkleiden. Diese »Polizisten« verlangen von den Gangstern, sich an die Wand zu stellen, um sich auf Waffen untersuchen zu lassen. Die Gangster sind nicht weiter beunruhigt, die Polizei wird keine Waffen bei ihnen finden. Und wenn, dann wird man eben Strafe zahlen, mit der Polizei läßt sich ja reden. Aber nicht mit dieser. Sie mäht die Gangster mit Maschinengewehren nieder und verschwindet.

»Bugs« ist nur durch Zufall dem Anschlag entgangen, er hatte die Garage noch nicht betreten. Er betritt sie auch nicht, als er sehen muß, daß Polizei gekommen ist. Seine Bande ist nun zerstört, er hat nur noch zwei oder drei Anhänger, damit kann er gegen Al Capone nicht viel unternehmen.

Aber diesmal hat Al Capone es zu weit getrieben. Chicago heult auf. Die Öffentlichkeit – jetzt fast alle Zeitungen, auch die von Al Capone geschmierten – verlangen, daß etwas geschehe. Drei aus seiner Bande werden verhaftet, aber gegen Kaution von je 50000 Dollar kommen sie wieder frei. Natürlich müßten sie später eine Verhandlung über sich ergehen lassen und möglicherweise auch verurteilt werden. Doch dazu kommt es nicht.

Denn am 8. Mai desselben Jahres findet man die Leichen von zweien von ihnen in einem kleinen Nest im Staate Indiana, von Kugeln durchlöchert. Man hat sie, damit sie nicht plaudern können, umgebracht.

Der Dritte im Bunde, ein gewisser Macgurn, kommt durch einen legalen Trick frei. Dreimal hat er sich dem Gericht gestellt, der Staatsanwalt war aber noch nicht bereit für ihn. Als er es auch ein viertes Mal nicht ist, kann, so lautet das Gesetz, das Gericht in Chicago ihn nicht mehr verurteilen. So wird überhaupt keiner verurteilt, der an den St.-Valentinstag-Morden teilgenommen hat.

Jetzt betritt ein neuer Mann die Szene, ein gewisser Eliot Ness, groß, athletisch gebaut, gut aussehend, von Beruf Beamter der Bundespolizei, des heutigen FBI, ein sogenannter G-Mann. Der läßt sich bei seinem Chef, dem gescheiten und höchst aktiven John Edgar Hoover melden und setzt ihm auseinander, wie man etwas gegen die Zustände in Chicago unternehmen könnte. Er und Hoover wissen, daß das nicht so einfach ist. Um diese Zeit – wenige Jahre später und nicht zuletzt durch die Aktivitäten von Ness und seinen Leuten wird es anders werden – hat die Bundespolizei noch sehr wenig Wirkungsmöglichkeiten in den einzelnen Staaten. In Chicago zum Beispiel ist die lokale Polizei völlig autonom. Sie braucht es nicht zu dulden, daß die Bundespolizei eingreift, es ist nicht einmal möglich, daß sie in Chicago etwa Untersuchungen anstellt. Hoover und Ness wissen auch: Die Chicagoer Polizei ist bestechlich und ist sogar bestochen, nämlich durch Al Capone.

Al Capone wird von Hunderten seiner Mitarbeiter gedeckt und kann so sein Unwesen mit ihrer Hilfe weiterhin treiben. Es hätte gar keinen Zweck, den einen oder anderen dieser Mitarbeiter der Polizei zu melden, diese Mitteilung würde überhaupt keine Beachtung finden. Im äußersten Fall würde die eine oder andere Verhaftung vorgenommen und dann wieder rückgängig gemacht werden – nach Stellung einer Kaution oder eben, weil die Polizei und natürlich auch die gerichtlichen Behörden ein oder zwei Augen zudrücken.

Der einzige Weg, den Ness für gangbar hält, ist, ohne die Chicagoer Polizei zu arbeiten, das heißt, ohne daß man sie um Hilfe bittet. Auch nicht mit dem großen Apparat Hoovers, der undichte Stellen haben könnte, sondern mit einigen wenigen Männern, die sich Ness selbst aussuchen will, ungefähr zwölf, die stark sind, intelligent, vor allem aber unbestechlich. Ness trifft seine Wahl nicht unbedacht, er prüft die Leute, die er zu seinem Zweck heranholt, mit der Lupe. Jeder von ihnen weiß, daß er sich auf ein lebensgefährliches Unternehmen einläßt.

So beginnt eine Konspiration gegen Al Capone, die, obwohl sie eigentlich legal ist, jedenfalls legaler als die Tätigkeit der Chicagoer Polizei, streng geheim bleiben muß.

Ness und die Seinen gehen zuerst einmal gegen den Bierlieferanten Al Capones vor. Es ist nicht schwer für sie, in Erfahrung zu bringen, welche Lokale beliefert werden und wann, denn es wird gar kein Geheimnis daraus gemacht. So sagt sich Ness, daß Al Capone, wenn er irgendwohin Bier liefert, nicht jedesmal das Faß sozusagen mitbezahlen lassen kann. Dazu wäre kein Restauranteigentümer oder -pächter imstande. Die leeren Fässer müssen also nach einer bestimmten Zeit wieder abgeholt und irgendwohin gebracht werden. Wohin? Auch das herauszufinden ist nicht allzu schwer. Die Mitarbeiter von Ness, die in Autos sitzen, beobachten die Lastwagen, mit denen leere Fässer abgeholt werden, und verfolgen sie bis zu irgendeinem Gebäude, wo sie die Fässer loswerden.

Und dann dringen sie in diese Gebäude ein und beschlagnahmen die Fässer und oft auch große Mengen Bier, das in die leeren Fässer nachgefüllt werden soll. Das kostet natürlich Al Capone, will sagen seine Bande einiges, aber es wäre erträglich, wenn diese Bier-Raids sich nicht summieren würden. Innerhalb eines halben Jahres werden viele hundert Fässer und entsprechende Mengen Bier beschlagnahmt und in eine Garage überführt, die von der Bundespolizei gemietet worden ist.

Und nicht genug damit. Man findet natürlich diese oder jene Brauerei, in der Bier gebraut und auch Schnaps hergestellt wird. Beschlagnahme der Apparate, Verhaftung der Brauer, von hochqualifizierten Kräften. Die kommen natürlich immer wieder sehr schnell frei, es gibt ja so etwas wie Kaution und ein korruptes Gerichtswesen in Chicago.

Viele von ihnen werden im Laufe der nächsten Jahre drei- oder viermal verhaftet und kommen doch wieder frei, um weiterzuarbeiten.

Aber das sind nicht mehr nur Nadelstiche, die der Organisation Al Capones nicht allzu weh tun. Das nimmt schon bedrohliche Ausmaße an. Die Folge davon ist, daß man versucht, einige der Männer von Ness aus dem Weg zu räumen. Ihre Arbeit wird also immer gefährlicher, aber die G-Men geben nicht nach. Und sie sind nicht zu fassen – jedenfalls sieht es vorläufig so aus.

Vielleicht, wenn Al Capone um diese Zeit in Chicago wäre und selbst eingreifen könnte! Aber das kann er nicht, denn er befindet sich in Philadelphia, und zwar im Gefängnis Holmesburg, seit dem 16. Mai 1929.

Kurz zuvor war er nach Atlantic City gereist, wo ein sogenannter Konvent stattfand, kein offizieller, ein Treffen großer Gangster aus Chicago. Bei diesem Treffen sollte der Versuch gemacht werden, sich zu einigen, sich nicht gegenseitig nach dem Leben zu trachten und gemeinsam die Früchte der Gangsterei zu ernten.

Capone traut von Anfang an dem Frieden nicht, und als die anderen alle nach Chicago zurückfahren, bleibt er noch, angeblich um etwas Luft zu schnappen, einen Tag am Meer, nur begleitet von seinem Leibwächter.

Wie das Schicksal so spielt, kommt das Auto zu spät, das sie nach Philadelphia bringen soll, wo sie den Zug nach Chicago nehmen wollen. Als er eintrifft, ist der Zug weg, er muß also in Philadelphia übernachten. Und was tut er zunächst? Er geht in ein Kino. Und, seltsam genug, als er aus dem Kino herauskommt, immer mit dem Leibwächter, steht ein Polizist vor ihm und verlangt seinen Ausweis. Woher weiß der Mann, daß ausgerechnet Al Capone aus dem Kino kommt? Wie kann er es wissen? Und warum gibt Al Capone sofort seinen Revolver ab, für den er keinen Waffenschein besitzt, und läßt sich »entrüstet« festnehmen? Und warum plädiert er schon wenige Stunden später vor dem Richter auf schuldig? Und warum sind seine Rechtsanwälte nicht zur Stelle?

Es gibt wohl nur eine Erklärung dafür, nämlich die, daß er jetzt nicht nach Chicago will, daß er dort Schwierigkeiten vermutet, daß er sich ganz gern ein wenig aus dem Verkehr ziehen möchte und daß er selbst den Tip zu seiner Verhaftung gegeben hat. So ist auch zu erklären, daß der Bürgermeister von Philadelphia nach der »sensationellen« Verhaftung wissen läßt, Capone sei auf der Flucht vor Gangstern und habe sich mehr oder weniger freiwillig hinter Gefängnismauern begeben. Wörtlich: »Wenn er nicht ins Gefängnis hätte kommen wollen, würde es wohl einen Kampf gegeben haben – vor allem einen Kampf mit Anwälten, ganz abgesehen von der freiwillig vorgezeigten Pistole.«

Und in Holmesburg geht es ihm vortrefflich. Er bewohnt zwei Zellen, er lebt wie in einer Hotelsuite, läßt sich das Essen von auswärts kommen, wird nur gestört, wenn er gestört werden will. »Manchmal plaudert er mit seinen Wärtern oder auch mit dem Gefängnisarzt, der behauptet, nie in seinem Leben einen liebenswürdigeren und lustigeren Gefangenen kennengelernt zu haben. Ein idealer Gefangener!« Dem Gefängnisdirektor, der sich geschmeichelt fühlt, einen so prominenten Mann zum Gefangenen zu haben, klagt er freilich über sein Leben in Chicago. Niemals könne er ein Theater oder auch nur ein Kino besuchen oder eines seiner geliebten Baseballspiele, es sei denn, daß er eine ganze Anzahl von Sitzen für die Leibwächter kaufe, und auch dann fühle er sich durchaus nicht sicher. Immer werde ihm nach dem Leben getrachtet – ihm, der doch niemandem etwas Böses antun will! Die Behörden sind so entzückt von ihm, daß sie ihn schon am 17. März 1930, also nach zehnmonatiger Gefangenschaft entlassen, zwei Monate vor Ablauf seiner Strafe.

Und Capone weiß, wie recht er gehabt hat. Denn in Chicago hat der Krieg der Gangster schon längst wieder begonnen. Er hat nichts versäumt, es sei denn, abgeknallt zu werden.

Aber seine Abwesenheit von Chicago war auch ein Grund

dafür, daß der junge Ness mit seinen Leuten so lange und so erfolgreich die Gang Al Capones bekämpfen konnte; warum Ness, ohne daß man ihm auf die Schliche kam, immer neue Listen erfinden und zur Anwendung bringen konnte.

Seine Männer mieten möblierte Zimmer, um die Lokalitäten, die man später stürmen wird, wie etwa angebliche Garagen, Tag und Nacht zu beobachten, sie versehen Lastwagen mit stählernen Stoßstangen, mittels derer man die Tore von Lagerhäusern aufbrechen und diese stürmen kann mit dem Ausruf: »This is a federal raid – das ist ein amtlicher Überfall!« Der Grund dafür, daß man Telephonleitungen anzapfen und abhören kann, was die Gegenseite plant, die dann schließlich gar nichts mehr plant, bis eben Al Capone zurückkommt.

Der hat schon Schlimmes geahnt, denn er war zumindest mit seinem Bruder Ralph Capone, dem zweiten Mann der Capone-Truppe, vom Gefängnis aus in ständigem telephonischem Kontakt. Nur daß Ralph sich hütete, Al die ganze Wahrheit zu sagen. Er hat einfach Angst vor ihm. Alle Welt hat Angst vor Al Capone.

Und als er nun, zurückgekehrt, die ganze Bescherung sieht, tobt er wie ein Wilder, wirft Geschirr und Blumenvasen zu Boden, zertrümmert Spiegel und Fensterscheiben und besäuft sich. Tagelang ist überhaupt nicht mit ihm zu reden. Dann verschwindet er vorübergehend, weil er gehört hat, daß der Bürgermeister von Chicago, der nicht von ihm bestochen werden konnte, ihn vielleicht doch verhaften will – offenbar hat ihm das Beispiel seines Kollegen aus Philadelphia imponiert. Aber nun ist er plötzlich wieder da, erscheint ganz überraschend mit einem Anwalt im Rathaus und verlangt zu wissen, was man von ihm wolle. Der Bürgermeister ist so überrascht, daß er nur stammeln kann, er wolle nichts... gar nichts...

Aber Al Capone will etwas. Er will, daß es mit dem Unfug, den Ness und seine Burschen angestiftet haben, ein Ende hat. Kann man sie irgendwie aus dem Weg räumen? Man versucht, ihre Autos zu rammen, gelegentlich schießt man auch in ihre Reifen, einmal sogar auf einige der Männer. Manchmal verfolgt ein Gangster-Wagen das Auto eines Ness-Mannes durch die halbe Stadt, um viele Kurven herum, bis Ness, der auch im Wagen sitzt, den Befehl gibt, den Wagen querzustellen, herausspringt und den völlig überraschten Al Capone-Mann anschnauzt: »Willst du was von uns?«

Da es so nicht geht oder jedenfalls nicht schnell genug geht, versucht Al Capone es mit Bestechung. Er schickt Ness einen jungen Mann, der ihm 2000 Dollar überreichen soll mit dem Versprechen, daß dieselbe Summe jede Woche gezahlt wird. Ness wirft ihn hinaus. Andere Mitglieder seines Teams werden mit geringeren Summen bestochen, will sagen, man versucht, sie zu bestechen. Es gelingt nie. Und das spricht sich überall in Chicago herum, vor allem in der Presse. Ness und seine Leute werden von einem Pressemann »the Untouchables« genannt – »die Unbestechlichen«.

Aber eines Morgens erscheint der Chauffeur nicht, der Ness jeden Morgen abgeholt hat. Man findet schließlich seine Leiche, man findet auch den Mann, der ihn umgebracht hat. Ness sorgt dafür, daß er verhaftet wird. Aber bevor dieser Tony Napoli reden kann, wird er in seiner Zelle tot aufgefunden. Er hat sich erhängt. Er wird also nicht mehr reden.

Dann kommt es zu dem Fall Lingle. Jack Lingle ist Polizeireporter bei der »Chicago Tribune«, der angesehensten und größten Zeitung der Stadt. Er mag sechzig oder siebzig Dollar die Woche verdienen, ein nettes Gehalt, von dem man anständig leben kann, aber nicht luxuriös. Doch Jack Lingle besitzt neben einem bescheidenen Apartment in der Stadt eine luxuriöse Villa außerhalb der Stadt. Er besitzt zwei sehr teure Autos, und er verspielt Unsummen auf Rennbahnen.

Das alles weiß die Polizei, hat allerdings nie Nachforschungen darüber angestellt, woher Lingle das Geld dazu hat. Er gehört schließlich zur Presse und die ist, bis zu einem gewissen Grad jedenfalls, tabu. Die Ness-Leute aber haben Nachforschungen angestellt und herausbekommen – durch Abhören der angezapften privaten Telephonlinie von Ralph Capone, daß Lingle in stetigem Kontakt zur Al Capone-Gang stand. Er war ganz außer sich, daß er mit Al eine Zeitlang nicht sprechen konnte – es handelt sich um die Zeit, da Al noch in Philadelphia die Gefängnisstrafe absaß. Er verlangte empört, daß Al ihn sofort anrufen solle, wenn er zurückkomme. Als dies geschah, stellte er Geldforderungen.

Ness fragt sich: Wofür?

Aber irgendwie scheint die Sache nicht geklappt zu haben, denn am 10. Juli 1930 wird Lingle, als er gerade die Untergrundbahn besteigt, erschossen. Es ist Hauptverkehrszeit, und der Täter kann entwischen, ohne daß man ihn identifiziert. Das Echo ist enorm. Ein Zeitungsmann in aller Öffentlichkeit ermordet! Einer, der immerhin die besten Beziehungen zur Polizei hatte! In den Augen der Öffentlichkeit ist nicht nur Lingle das Opfer, am Pranger steht auch die »Chicago Tribune« und natürlich die Polizei. Die Zeitung setzt 55 000 Dollar Belohnung aus für die Klärung des Falles. »Wer hat Lingle umgebracht und aus welchem Grund?« Das fragt die Zeitung für die nächsten Wochen alltäglich, und das fragen sich die Bürger von Chicago. Die Öffentlichkeit ist – endlich – hellwach geworden. Der Fall Lingle ist ein Fall zuviel, der – niemand zweifelt daran – auf das Konto Al Capones geht.

Der könnte, wenn er wüßte, was gut für ihn wäre, sich zurückziehen, etwa dem Beispiel Torrios folgend, der nach Italien geflohen ist. Al ist ein immens reicher Mann. Man schätzt ihn auf 50 Millionen Dollar. Er lebt, abgesehen von der Unannehmlichkeit, daß er sich stets von Leibwächtern umgeben muß, ein superluxuriöses Leben. Das Auto, das eigens für ihn angefertigt worden ist, mit Stahlplatten und Fenstern, durch die keine Kugel dringen kann, hat nicht weniger als 30 000 Dollar gekostet. Die Edelsteine seiner Ringe sowie seiner Krawattennadeln sind zwischen 50 000 und 100 000 Dollar wert. Man behauptet – das ist allerdings nicht bewiesen –, daß er immer rund 50 000 Dollar in der Hosentasche mit sich trägt. Wenn er ausgeht, und das geschieht fast allabendlich, freilich nur in Lokale, deren Besitzer zu seinen Freunden, wenn nicht zu seiner Bande gehören, gibt er allein dem Mädchen an der

Garderobe 25 Dollar Trinkgeld und dem Kellner etwa 100 Dollar. Er verliert Unsummen auf der Rennbahn; er, selbst ein so gerissener Halunke, läßt sich von jedem hereinlegen, der ihm einen todsicheren Tip anvertraut.

Seine Einnahmen freilich sind enorm. In Zeitungen und Zeitschriften werden sie auf 100 Millionen Dollar pro Jahr geschätzt: etwa 60 Millionen durch Alkoholschmuggel, 25 Millionen durch verbotene Glücksspiele, 10 Millionen durch Bordelle und 10 Millionen aus anderen trüben Quellen. Diese enormen Einnahmen, die unvermindert weiterlaufen, bilden wohl den Grund dafür, daß er sich nicht von Chicago trennen kann. Und das wird ihm zum Verhängnis.

Anfänglich hat die Bande die Aktivitäten von Ness als unliebsame Belästigung angesehen, nicht mehr. Allmählich aber bekommt sie die ständigen Konfiskationen von Fässern und Lastwagen, die Stillegung von Brauereien und Schnapsbrennereien finanziell zu spüren. Auch daß Als gewöhnliches Rezept, Gegner umlegen zu lassen, bei der Ness-Truppe überhaupt keinen Erfolg hat, läßt ihn rasen.

Ness kämpft unbeirrt weiter und hat immer neue Einfälle. Anläßlich der Notwendigkeit, Fässer und Lastwagen aus der von der Bundespolizei gemieteten Garage in eine andere zu überführen – die Garage ist anderweitig vermietet worden –, dirigiert er sämtliche Lastwagen an dem Lixington-Hotel vorbei, in dem Al Capone die obersten drei Stockwerke bewohnt. Und er läßt Al Capone vorher verständigen, daß es etwas zu sehen gibt.

Nicht nur der konsternierte Capone muß sich die Lastwagenparade aus dem Fenster seines Riesenapartments ansehen, auch vor dem Hotel haben sich Tausende versammelt, um dem Schauspiel beizuwohnen. Diese Parade ist ein unwiderleglicher Beweis dafür, daß Al Capone nicht mehr allmächtig ist. Es ist ein meisterhafter Coup im Rahmen des psychologischen Krieges, den Ness nun schon eine ganze Weile gegen Al Capone und seine Leute führt.

Weitere Überfälle der Ness-Truppe auf immer neue Schnapsbrennereien und Bierbrauereien und Verhaftungen der dort beschäftigten Leute, was große Verluste für Al Capone bedeutet, ganz zu schweigen davon, daß er die Verhafteten durch Kautionen freikaufen muß, sonst wäre es ein für allemal um seinen Ruf in der Unterwelt geschehen, ganz abgesehen davon, daß die ungeheuren Unkosten, die Schmiergelder an Polizeibeamte weiterhin bezahlt werden müssen. Aber es kommt schon dahin, daß der eine oder andere der Bestochenen hören muß: »In dieser Woche gibt es nichts!«, was die Laune der betreffenden Beamten nicht gerade verbessert. Und dann funktionieren sie eben nicht mehr so recht, und es kommt zu immer neuen Verhaftungen der Al Capone-Leute, und jetzt nicht nur von kleinen Brauern oder Lastwagenchauffeuren, sondern schon von Burschen aus dem engsten Kreis um Al Capone. Und die verärgerten Richter stellen immer höhere Kautionsforderungen, und in manchen Fällen wird eine Kaution überhaupt abgelehnt.

Wer weiß besser als Ness, das Al Capone ein höchst gefährlicher Mann ist, vermutlich der gefährlichste Privatmann der Welt. Er weiß von den vielen Morden, die in Al Capones Namen oder auf seinen Befehl begangen worden sind. Er weiß das durch das Studium der Akten, die ihm aus Washington zugehen, er weiß es aber auch, weil er so vieles miterlebt hat. Nur: Wie ist das zu beweisen? Ganz einfach, wenn Als Mitarbeiter den Mund auftun würden. Aber daran ist nicht zu denken, sie müßten sich ja selbst beschuldigen. Also wissen sie von nichts und sind auch entschlossen, weiterhin von nichts zu wissen. Eine groteske Situation für Ness, einen x-fachen Mörder vor sich zu haben und trotzdem zu wissen, daß er ihm keine seiner Untaten wird nachweisen können.

Andere haben es schon versucht. Und zwar nach der Ermordung der gegnerischen Gangster Dougherty, McSwiggin und Duffy, die beim Verlassen ihres Autos durch Maschinengewehrfeuer niedergestreckt worden sind. Die Polizei erhielt

Material, das bewies, daß Al Capone seine Hand im Spiel hatte. Einer seiner Leute hat die Maschinengewehre gekauft, mit denen die Tat vollbracht wurde.

Also Haftbefehl. Aber als man ihn vollstrecken will, ist Al Capone verschwunden – um dann später wiederaufzutauchen und in all seiner Arroganz zur Polizei zu fahren und zu fragen, was man eigentlich von ihm wolle. Duffy? Aber er war mit ihm befreundet gewesen! Aufhebung des Haftbefehls. So ist es schon oft gegangen, und so geht es immer wieder.

Und dann hat Ness oder vielleicht einer seiner Männer eine Idee, wie man Al Capone doch noch beikommen könnte. Genaugenommen stammt der Tip aus dem Treasury-Department, dem Finanzministerium in Washington, das wissen will, wo Al Capone eigentlich Steuern bezahle.

Ja, wo bezahlt er Steuern? Ness hat einige seiner Leute bereits in die Buchhaltung Al Capones eingeschleust – nicht direkt, aber sie haben viele Telephonleitungen angezapft und wissen daher genau, was dort gespielt wird. Und Ness kommt zu dem erstaunlichen Schluß, daß Al Capone überhaupt keine Steuern zahlt. Eine Vermögenssteuer gibt es in jener Zeit in Amerika noch nicht. Aber Einkommensteuer gibt es schon, wenn sie auch relativ niedrig ist. Und eben diese Einkommensteuer hat Al Capone noch nie gezahlt. Keine Steuern für die Einnahmen aus den Bordellen und Spielhöllen und aus dem Alkohol und... und... und...

Diese Erkenntnis hat Ness schon vor etwa zwei Jahren gewonnen, und seither sind einige seiner Leute, vor allem aber auch Fachleute aus dem Treasury Department nach Chicago geschickt worden. Durch Razzien gelangen sie in den Besitz von Geschäftsbüchern oder auch kompromittierenden Notizen von Angestellten Capones. Schließlich werden zwei festgenommen und besonders harten Verhören unterzogen, getrennt natürlich, und als man ihnen versichert, man würde sie wieder freilassen und, wichtiger noch, außer Landes bringen, plaudern sie. Sie werden schließlich nach Südamerika verfrachtet, aber erst nach dem Prozeß gegen Al Capone, denn dort müssen sie ja als Zeugen aussagen. Bis dahin bleiben sie in Haft. Sie wollen es auch, denn sie wissen, Al Capone würde sie umlegen lassen, wenn er ihren »Verrat« ahnte.

Steuerhinterziehung! Das ist das Delikt, dessentwegen man Al Capone vor Gericht zitieren kann und es auch tut. Er, der wer weiß wieviel schwerwiegendere Verbrechen begangen hat, lächelt zynisch. Steuerhinterziehung ist doch eine Lappalie! Das werden doch seine Anwälte regeln. Er wird eben die Steuern nachzahlen, soweit man ihm Verstöße nachweist, ja, er wäre sogar bereit, eine Strafe zu bezahlen.

Aber es ist nicht so einfach. Seine Anwälte können nicht verhindern, daß er selbst vor Gericht erscheinen muß. Und dort erfährt er zu seinem Schrecken, daß der Richter nicht mit sich handeln läßt. Man wird jeden einzelnen Fall, den Spezialisten entdeckt haben, durchleuchten.

In seinem Eröffnungsplädoyer erklärt der Staatsanwalt, Al Capone habe den Staat durch Nichtversteuerung von einer Million Dollar mindestens um die 200 000 Dollar geschädigt. Er läßt offen, ob es sich nur um eine Million handelt, aber mehr ist Al Capone im Augenblick nicht nachzuweisen, da er ja sehr viele Einnahmen in bar kassiert hat. Man kann ihn aber nur wegen Hinterziehungen verurteilen, die zu beweisen sind.

Und nun erscheinen die Zeugen – ein kleines Heer von Zeugen. Die verhafteten Buchhalter Al Capones, die, auf das Versprechen der Behörden bauend, auspacken. Es treten auf Juweliere und Möbelhändler, die Fabrikanten der teuren Autos für Al Capone und seine Gang, es treten auf Hoteliers und Restaurateure, die durch ihre Aussagen mithelfen, das ungefähre Einkommen Capones zwischen 1924 und 1929 anhand seiner Ausgaben zu rekonstruieren.

Das nimmt etwa eine Woche in Anspruch. Als der Staatsanwalt erklärt, er halte die Zeugenbefragung für beendet, müßten die Anwälte Al Capones, die einiges, aber nicht einen solchen Massenansturm und so viele Beweise gegen Capone erwartet haben, ihre Zeugen vor Gericht bringen. Bloß, sie haben keine oder so gut wie keine. Ihre wichtigsten Zeugen sind die Buchmacher, die aussagen, daß Al Capone auf Rennbahnen sehr viel Geld verloren habe, daß ihm also möglicherweise soviel wie nichts übriggeblieben sei. Ganz abgesehen davon, daß dies nicht bedeutet, daß die Einnahmen, die er verspielt hat, nicht versteuert hätten werden müssen – das Auftreten derer, bei denen er sein großes Einkommen zumindest zum Teil gelassen hat, wischen die wenig Eindruck machenden Aussagen der Buchmacher vom Tisch, ganz abgesehen von den Aussagen der Buchhalter.

Bei den Schlußausführungen des Staatsanwalts heißt es, Capone habe nach Aussagen der Zeugen im Jahr 1925 mindestens 15 000 Dollar ausgegeben, 1926 35 000 Dollar, 1927 40 000 Dollar, 1928 50 000 Dollar und 1929 26 000 Dollar, also insgesamt rund 166 000 Dollar. Wenn die betreffenden Aussagen der Buchmacher stimmen, habe er zwar 1924 24 000 Dollar verwettet, 1925 41 000 Dollar, 1926 45 000 Dollar, 1927 90 000 Dollar, also insgesamt 200 000 Dollar. Er habe also, immer nach den keineswegs vollständigen Zeugenaussagen, zwischen 1924 und 1929 rund 366 000 Dollar ausgegeben, die er ja eingenommen haben muß. Diese Einnahmen habe er einfach nicht versteuert, ja zum Teil so geschickt verschleiert, daß sie auch jetzt noch, nach intensiver Suche, nur unter Schwierigkeiten ans Tageslicht gezerrt werden konnten.

Die Anwälte Al Capones versuchen verzweifelt geltend zu machen, daß man dem Angeklagten wegen dieser »lächerlichen« Steueraffären an den Kragen wolle, da man ihm wegen anderer Gesetzesüberschreitungen nicht beikommen könne – was übrigens durchaus stimmt, nur ist das keine Entschuldigung für die Steuerhinterziehung. Aber sind denn Steuern hinterzogen worden, fragen die Anwälte: »Was wissen wir von seinen Verlusten? Und vielleicht hat er sich das Geld, das er ausgegeben hat, geborgt?« Dafür hat man sogar einige Zeugen aufmarschieren lassen. Al ist ja sehr großzügig gewesen, hat immense Trinkgelder gegeben und so fort.

Auf den Richter machen solche Ausführungen nicht den geringsten Eindruck. In seiner Zusammenfassung teilt er zwar den Geschworenen mit, Al Capone müsse, falls man ihm nicht das Gegenteil nachweisen könne, als unschuldig freikommen, aber ein Schuldbeweis könne auch durch Indizien erbracht werden. Das Einkommen in den fraglichen Jahren sei nachgewiesen und auch, daß es weit über das hinausging, was als steuerfrei bezeichnet werden könne. Daß Capone das weiß, ging schon daraus hervor, daß er sich außergerichtlich mit dem Gericht einigen wollte, und es gebe so viele andere Indizien, die, jedes für sich genommen, vielleicht nicht ausreichen würden, die Schuld Capones zu beweisen, wie etwa der Besitz von viel Geld oder Ausgeben von viel Geld. Aber alles zusammengenommen besitze doch eine gewisse Beweiskraft. Der Richter teilt den Geschworenen nicht gerade mit, daß Sie Al Capone verurteilen müssen, aber seine Ausführungen lassen ihnen kaum eine andere Wahl.

Am 17. Oktober 1931 in den frühen Nachmittagsstunden ziehen sich die Geschworenen zurück. Sie kommen schon nach sieben Stunden wieder in den Gerichtssaal zurück. Schon? Jawohl, das ist eine kurze Zeit, denn man muß bedenken, daß Al Capones Vertraute und Mitarbeiter alles versucht haben, die Geschworenen zu bestechen, daß dies vielleicht nicht gelungen ist, wohl aber, daß es Zweifel in einigen Geschworenen geweckt haben muß.

Jetzt weiß Al Capone, was die Uhr geschlagen hat. Er hätte es schon vorher wissen müssen, denn sein Bruder Ralph sitzt bereits drei Jahre, sein Vetter Nitti ist vor achtzehn Monaten ins Gefängnis gewandert, Jacke Guzik, sein Manager in geschäftlichen Fragen, ist zu fünf Jahren verurteilt worden, und andere sitzen ebenfalls.

Aber was nun kommt, übersteigt doch alles, was Al Capone erwarten durfte. Die am 24. Oktober verkündete Strafe: fünf Jahre Zuchthaus und 10000 Dollar Geldstrafe für Nichtzahlung, für Unterschlagung der Einkommensteuer in drei Fällen; ein Jahr Zuchthaus sowie 10000 Dollar Geldstrafe wegen Versäumnis, eine Einkommensteuererklärung abzugeben in zumindest zwei Fällen; weitere Zuchthausstrafen von rund vier Jahren, so daß Al Capone auf zehn Jahre verschwinden muß.

Muß er? Natürlich wird Berufung eingelegt. Sie wird jedoch schon nach einigen Wochen verworfen. Appellation an den Obersten Gerichtshof in Washington. Auch dort Ablehnung am 2. Mai 1932. Damit ist das Urteil rechtskräftig. Al Capone wird nach Atlanta verfrachtet. Übrigens unter Begleitschutz von Ness und seinen Männern – diesen kleinen Triumph haben die Behörden den findigen und heroischen Polizisten doch nicht verwehren wollen. Auch bleibt Al Capone nicht lange in Atlanta. Die Behörden wollen erfahren haben, daß er befreit werden soll, was natürlich immer schwierig ist, aber im Falle Atlanta relativ leicht wäre.

Er kommt in das gefürchtete Zuchthaus von Alcatraz, einer Insel nicht weit von San Francisco. Aus Alcatraz kann man nicht entwischen. Es ist ein paarmal versucht worden, aber die Ausbrecher sind entweder gar nicht erst zum Meer gelangt oder dort elend ertrunken.

Zum erstenmal tritt eine Person auf, von der bis jetzt nie gesprochen worden ist: die Frau Al Capones. Jawohl, er ist verheiratet, und zwar mit einer ehemaligen Lehrerin, einer kleinen Bürgerin wie sie im Buch steht, einer ruhigen Person, die sich nie das geringste hat zuschulden kommen lassen, die Al Capones Verbrechen verabscheuen mußte und trotzdem bei ihm geblieben ist, weil sie ihn liebt, und obwohl er sie ständig mit irgendwelchen hübschen käuflichen Mädchen betrogen hat.

Sie fährt nach San Francisco und mietet sich in einem der Häuser in einer Straße ein, die direkt am Meer liegt. Dort führt sie ein betont ruhiges und keineswegs luxuriöses Leben. Grund dafür, daß sie nach San Francisco gekommen ist: »Ich kann ihn dann wenigstens drei- oder viermal im Jahr besuchen, und ich sehe immer, wo er lebt.« Dies ist natürlich nicht im wörtlichen Sinn zu nehmen, aber es beweist eine Treue, die in jedem Fall erstaunlich wäre, im Fall Al Capone aber schon geradezu mirakulös.

Die Gang Al Capones zerfällt bald. Es zeigt sich, daß er eben doch ein einmaliger Organisator war und daß sich keiner findet, der fähig wäre, als sein Nachfolger zu wirken. Einzelne Gangster, die sich zu anderen Banden zusammengeschlossen haben, die nur halb so gefährlich sind, wie die Al Capones es war, landen schließlich im Gefängnis oder kommen bei Schlägereien um.

Eine der ersten Handlungen des neugewählten Präsidenten der USA, Franklin D. Roosevelt, ist, das Alkoholverbot aufzuheben, so daß man also wieder überall Alkohol kaufen und trinken kann, legitimen Alkohol. Das Ende des Hauptgeschäfts der Gangster. Sie haben von einem zum anderen Tag ihre Existenzgrundlage verloren.

Es geht Al Capone nicht gerade gut auf Alcatraz. Er hat Schwierigkeiten mit vielen der anderen Strafgefangenen. Einmal, weil sich unter ihnen manche finden, die für konkurrierende Gangs gearbeitet hatten und ihn daher hassen. Andere, denen gegenüber er den Boß herauszuspielen versucht, was er ja lange Zeit gewohnt war, sehen keinen Grund, sich das gefallen zu lassen.

Er wird öfters überfallen und zusammengeschlagen. Die Gefängnisdirektion muß ihn in immer neue Abteilungen stecken, um ihn einigermaßen zu schützen.

Schlimmer. Al Capone erkrankt. Es handelt sich, wie die Ärzte feststellen, um tertiäre Syphilis, das Überbleibsel der vor vielen Jahren erworbenen Geschlechtskrankheit. Er wird immer kränker. Und so gelingt es seinen Freunden, vor allem aber seiner Frau, die Behörden dazu zu bewegen, ihn vor der Zeit aus der Haft zu entlassen.

Aber wohin?

Er ist nirgends willkommen. Nach Chicago zurückzugehen, ist natürlich undenkbar. Er würde dort, des Schutzes seiner Leibgarde beraubt, keine Woche lang am Leben bleiben, so verhaßt ist er bei der Unterwelt. Noch einmal: wohin? Während seiner Chicagoer Zeit hat er versucht, hier oder dort einen Wohnsitz für später zu finden, ein Haus zu kaufen, ein Gut, irgend etwas, wohin er sich zurückziehen könnte, wenn ihm der Boden in Chicago zu heiß würde. In Los Angeles hatte er es versucht. Aber dort ist er gar nicht aus dem Bahnhof herausgekommen, dort stand schon die Polizei, die ihn wieder abschob, ohne daß er die Stadt betreten durfte. Auch in Atlantic City und in New York und New Orleans ist er nicht willkommen.

Er ist seinerzeit nach St. Petersburg in Florida gefahren und war schon dabei, eine Villa mit viel Grund und Boden zu erwerben, als die Bevölkerung wie ein Mann aufstand, um gegen den neuen Mitbürger zu protestieren. Es gelingt ihm dann aber doch, in Florida nahe der Stadt Miami einen Wohnsitz zu erwerben. Abermals Protest der Bewohner, der Handelskammer, sogar der Kirche. Er muß fort. Neuer und letzter Versuch in Florida, auf Palm Beach, einer Insel in nächster Nähe der Küste, eine Villa zu kaufen. Der Abschluß wird getätigt, aber dann soll auch er wieder rückgängig gemacht werden; überhaupt, Al Capone soll schnellstens verschwinden. Aber diesmal bleibt er hart. Warum will man ihn eigentlich nicht? Ein Recht, ihn auszuweisen, liegt überhaupt nicht vor. Er läßt die Behörden wissen, daß er bis zum Obersten Gericht in Washington gehen würde, um das Haus zu behalten.

Dieses Haus bewohnte er nur gelegentlich während kurzer Ferien; gab dann stets sehr viel Geld aus auch für wohltätige Zwecke und machte sich so beliebt. Auch dadurch, daß Prominente gelegentlich zu ihm auf Besuch kamen. So etwas imponierte der Bevölkerung.

In dieses Haus in Florida kann er sich nun für immer zurückziehen, und da er schon sehr krank ist, als man ihn einliefert, erfolgt diesmal keinerlei Protest. Übrigens sieht ihn kaum noch jemand. Er ist zu schwach, um auszugehen, ja bald zu schwach, um auch nur aufzustehen. Ein Sterbender. Aber dieses Sterben zieht sich Wochen und Monate hin. Al Capone leidet schwer. So erreicht ihn die Vergeltung für seine Verbrechen doch noch.

Seine Leiche wird nach Chicago überführt. Die Beerdigung findet im engsten Familien- und Freundeskreis statt. Al Capone, der so viele aufwendige Gangsterbeerdigungen mitgemacht hat, wird sozusagen unauffällig beigesetzt. In den Zeitungen kaum zwei oder drei Zeilen über seinen Tod.

Der Reichstagsbrand
1933

Der in jedem Sinne »kolossale« – auch unabsichtlich kolossale Prozeß über die Hintergründe des Reichstagsbrandes vom 27. Februar 1933 in Berlin beginnt am 21. September des gleichen Jahres. Er wird rund drei Monate dauern. Er findet aber nicht in der Reichshauptstadt statt, sondern vor dem obersten deutschen Gericht, dem Reichsgericht in Leipzig, und zwar natürlich in dem größten dort zur Verfügung stehenden Saal, um die Jahrhundertwende entworfen und erbaut; er verleugnet das nicht. Alles ist sehr pompös, den Stil des Raumes könnte man als Neorenaissance bezeichnen.

Anwesend sind der Senatspräsident Dr. Wilhelm Bünger, der den Prozeß leiten wird, ein mittelgroßer, dicklicher, glatzköpfiger Mann, ohne, und das ist in diesem Falle nicht unwichtig, politische Bindungen, ferner die Reichsgerichtsräte Hermann Coenders, Dr. Walter Fröhlich, Dr. Fritz Lersch und Landesgerichtsdirektor Gerhard Rusch.

Der Prozeß wird also drei Monate dauern, eigentlich eher erstaunlich, wenn man bedenkt, wie gut er vorbereitet und wie sicher die Anklage ihrer Sache ist. Der Gerichtssaal ist anfangs nicht gerade überfüllt, das wird erst später kommen, wenn »Prominente« ihre Aussagen machen und der Prozeß sich in einer nicht vorhersehbaren Weise zuspitzt. Vorläufig finden sich allerdings zahlreiche Mitglieder des diplomatischen Korps ein, bekannte Persönlichkeiten des öffentlichen Lebens, die eigens von Berlin herübergekommen sind, und natürlich Presse, viel Presse, sogar internationale Presse. Der Grund: Der Prozeß hat schon, bevor er beginnt, internationales Aufsehen erregt, und, wie der Präsident es ausdrückt: »Versuche sind gemacht worden, das Resultat der laufenden Untersuchung schon vorwegzunehmen.«

Dr. Kurt Werner, der hagere Oberreichsanwalt mit dem etwas verkniffenen Gesicht, liest die Anklage vor. In ihrer Länge umfaßt sie nicht weniger als 32 Aktenbände voller Zeugenaussagen und Gutachten. Und wenn man bedenkt, daß die Anklage im wesentlichen bereits am 24. Juli fertiggestellt war, kann man ermessen, wie emsig da noch gearbeitet worden ist.

Die Anklage richtet sich gegen:
1. den Maurer Marinus van der Lubbe aus Leiden (Holland), Löwenthalstraße 74, zuletzt in Berlin aufhaltsam gewesen, geboren am 13. Januar 1909 in Leiden, ledig, holländischer Staatsangehöriger, mehrfach vorbestraft...
2. den kaufmännischen Angestellten, früher Mitglied des Deutschen Reichstages, Ernst Adolf Wilhelm Torgler aus Berlin-Karlshorst, Prinz-Adalbert-Straße 17, geboren am 15. April 1893 zu Berlin, verheiratet, preußischer Staatsangehöriger, nicht vorbestraft...
3. den Schriftsteller Georgi Dimitroff, zuletzt in Berlin-Steglitz, Klingsorstraße 96 bei Mansfeld wohnhaft gewesen, geboren am 18. Juni (oder Juli) 1882 zu Radomir in Bulgarien, verheiratet, bulgarischer Staatsangehöriger, im Inlande nicht vorbestraft, dagegen wegen Beteiligung an einem Aufstand in Bulgarien zum Tode verurteilt...
4. den Studenten der Rechtswissenschaft Blagoi Simeonow Popoff, zuletzt in Berlin, Geisenheimer Straße 27 bei Sobicki wohnhaft gewesen, geboren am 28. November 1902 zu Drjan bei Sofia in Bulgarien, verheiratet, bulgarischer Staatsangehöriger, im Inlande nicht vorbestraft, dagegen im Auslande...
5. den Schuhmacher Wassil Konstantonoff Hadji Taneff, zuletzt in Berlin, Brandenburgische Straße 7 bei Sönke wohnhaft gewesen, geboren am 21. November 1897 (oder 1898) zu Gevgeli in Mazedonien, ledig, bulgarischer Staatsangehöriger, im Inlande nicht vorbestraft, dagegen im Auslande...

Die Angeschuldigten wurden angeklagt, zu Berlin innerhalb nicht rechtsverjährter Zeit, insbesondere am 25. und 27. Februar 1933 durch eine und dieselbe fortgesetzte Handlung, zum Teil gemeinschaftlich
I. sämtliche Angeschuldigten:
a) es unternommen zu haben, die Verfassung des Deutschen Reichs gewaltsam zu ändern,
b) vorsätzlich eine Räumlichkeit, welche zeitweise zum Aufenthalt von Menschen dient, und zwar in einer Zeit, während welcher Menschen in derselben sich aufzuhalten pflegen, nämlich das Reichstagsgebäude, in Brand gesetzt zu haben, und zwar indem die Brandstiftung in der Absicht begangen worden ist, um unter Begünstigung derselben Aufruhr zu erregen.
II. den Angeschuldigten van der Lubbe:
betrifft die Brandstiftungen im Wohlfahrtsamt Neukölln, im Rathaus und im Stadtschloß.

Die Anklageschrift ist in folgender Weise gegliedert:
Erster Teil: Die persönlichen Verhältnisse der Angeschuldigten, ihr äußerer Werdegang sowie ihre politische Einstellung und Betätigung
Zweiter Teil: Der objektive Sachverhalt
Dritter Teil: Die hochverräterischen Bestrebungen der Kommunistischen Partei
Vierter Teil: Die subjektive Tatseite
Fünfter Teil: Die rechtliche Würdigung des Sachverhaltes

Ergänzend wäre vielleicht hinzuzufügen, daß der Holländer van der Lubbe eher als Landstreicher denn als Maurer gelten darf, daß Torgler Vorsitzender der Fraktion der Kommunistischen Partei ist, Dimitroff nur dem Namen nach Schriftsteller, er ist vielmehr Politiker, der als politischer Flüchtling in Berlin gelebt hat, und auch die anderen Ausländer sind politische Flüchtlinge.

Sämtliche Angeklagten sind in den Stunden nach dem Reichstagsbrand verhaftet worden und sitzen seither, also immerhin seit sechs Monaten, in Untersuchungshaft. Und dort scheint es ihnen nicht sehr gut gegangen zu sein, denn diejenigen, die sie vor der Haft gesehen oder gar gekannt haben, sind sich darüber einig, daß sie müde wirken, ja, einige von ihnen völlig fertig zu sein scheinen. Das gilt vor allem für den kleinen van der Lubbe, dessen Augen halb geschlossen sind, dessen Kopf auf die Brust sinkt, der oft so wirkt, als sei er gar nicht bei der Sache, ja, als habe er Schlafmittel eingenommen oder bekommen; letzteres wird auch gelegentlich in der Presse geäußert, freilich nicht in der kontrollierten deutschen Presse.

Dr. Alfons Sack, ein bekannter deutscher Anwalt und einer der wenigen bedeutenden Anwälte, die Nationalsozialisten sind, ist zu seiner Verteidigung befohlen worden und muß oft genug mit seinem Taschentuch die Stirn des Holländers trocknen.

Der einzige, der quicklebendig wirkt und sich auch so erweisen wird, ist der kleine, stämmige Bulgare Georgi Dimitroff. Aber in seiner schwarzen Mähne zeigen sich an den Schläfen doch schon einige graue Fäden.

Am Nachmittag des ersten Tages, also des 21. September, beginnt Dr. Bünger mit dem Verhör des holländischen Hauptangeklagten. Dabei stellt sich heraus, daß Lubbe nicht annähernd alles versteht, was er gefragt wird, überhaupt des Deutschen nur sehr beschränkt mächtig ist und eines Dolmetschers dringend bedarf. Freilich, die ersten Worte des Dolmetschers sind: »Der Angeklagte sagt: ›Ich wünsche keine Dolmetscher, ich kann regelrecht antworten!‹«

Der Präsident: »Also, van der Lubbe, stehen Sie mal auf, dann werden wir uns mal beide unterhalten. Ich glaube, wir werden uns verstehen können.«

Auf die Bemerkung eines der Beisitzer, van der Lubbe müsse dann lauter sprechen: »Dann kommen Sie mal hierher...« Und der Angeklagte tritt vor.

Fragen nach den Eltern, dem Wohnort, den Lehrern beantwortet van der Lubbe kurz, meist mit Ja oder Nein. Bald muß der Dolmetscher doch einspringen, jedenfalls, sobald die Fragen längeren Nachdenkens bedürfen.

Präsident: »Nun kommt der letzte Abschnitt der Anklageschrift. Haben Sie übrigens die Anklageschrift gelesen, und konnten Sie sie einigermaßen lesen?«

Angeklagter van der Lubbe: »Nein.«

Präsident: »Überhaupt nicht?«

Angeklagter van der Lubbe: »Ja, teilweise.«

Präsident: »Kann der Angeklagte gar nicht lesen?«

Angeklagter van der Lubbe: »Ja, etwas.«

Präsident: »Etwas können Sie lesen. Sie werden daher den Gang der Anklageschrift wahrscheinlich, ohne daß sie Ihnen verdolmetscht wurde, im großen und ganzen verstanden haben. Ist das so?«

Angeklagter van der Lubbe: »Nein, nicht ganz verstanden. Ich habe sie gelesen, aber nicht ganz verstanden.«

Präsident: »Nicht ganz verstanden. Aber der Herr Dolmetscher hat dann geholfen.«

Hat der Dolmetscher auch genügend geholfen? Ist überhaupt alles verdolmetscht worden? Und wenn schon der relativ leichte Beginn so schwierig ist, wie wird das weiterhin werden?

Wenn van der Lubbe überhaupt etwas verstanden hat, dann ist es, daß der Reichstagsbrand, den er allein ausgeführt haben will, noch von anderen ausgeführt worden sein soll. Damit ist er aus Gründen, die nicht auf der Hand liegen – und nie geklärt werden –, nicht einverstanden. Nun wird er trotzig und sagt überhaupt nichts mehr. Er wirkt völlig apathisch und teilnahmslos, und das über Wochen, ja über Monate hinweg.

Der Ankläger geht von der Prämisse aus, daß die anderen Angeklagten bei der Brandstiftung irgendwie mitgeholfen haben. Die Angeklagten selbst behaupten zwar das Gegenteil, und später wird sich herausstellen, daß sie damit recht haben. Zumindest einer von ihnen, der sehr lebendige Dimitroff, ein ungemein temperamentvoller Mann, ist sicher, daß andere mitgewirkt haben. Er glaubt auch zu wissen, wer, und wird es

Der Niederländer Marinus van der Lubbe (rechts stehend) wurde als einziger Angeklagter beim Reichstagsbrandprozeß verurteilt und später hingerichtet. Der Prozeß diente den Nationalsozialisten zur innenpolitischen Stabilisierung ihrer Macht. Das heißt: ihrer brutalen Diktatur.
(Foto: Keystone)

im Laufe des Prozesses aussprechen. Er wird dann im Hinblick auf den lethargischen van der Lubbe ausrufen: »Wir wissen, er ist der Faust dieses Dramas! Aber was wir wissen wollen, ist, wer der Mephistopheles ist!«

Überhaupt gibt sich dieser erstaunliche Dimitroff, obwohl es ja schließlich um seinen Kopf geht, sehr mutig und macht von seinem Recht, Fragen zu stellen – wir werden noch darauf zurückkommen –, reichlich Gebrauch. Und so sagt er auch, was die halbe Welt weiß, selbst viele in Deutschland vermuten, was aber niemand innerhalb Deutschlands auszusprechen wagt, eben mit Ausnahme dieses Dimitroff, daß der Reichstagsbrand vielleicht technisch von van der Lubbe mit ausgeführt worden ist, in Praxis aber auf das Konto der Nationalsozialisten geht.

Van der Lubbe bleibt dabei; er war es allein.

Aus einem Verhör am 27. September, also eine knappe Woche nach Beginn:

Der Präsident: »Warum haben Sie Feuer gelegt?«

Van der Lubbe: »Das war meine eigene Idee.«

Der Präsident: »Und warum?«

Van der Lubbe: »Das wußte ich selbst nicht zu der Zeit.«

Der Präsident: »Sie sagten – haben Sie das nicht gesagt? –, daß es Ihr Ziel war, die Arbeiter dazu zu bringen, den Kampf um die Freiheit aufzunehmen.«

Van der Lubbe: »Nein.«

Der Präsident: »Waren Sie jemals vor dem Brand im Reichstag?«

Van der Lubbe: »Ja.«

Der Präsident: »Wann?«

Van der Lubbe: »Am gleichen Tag.«

Der Präsident: »Am Tag des Brandes?«

Van der Lubbe: »No.«

Der Präsident: »Am Tag vorher?«

Van der Lubbe: »Ja... Nein...«

Dimitroff: »Van der Lubbe scheint sich in den Verhören vor dem Prozeß energisch genug ausgedrückt zu haben, aber heute ist er völlig stumm. Und wenn er wirklich normal ist, wie die

Psychiater behaupten, dann gibt es für mich nur eine Hypothese.«

Der Präsident: »Keine Hypothesen, bitte.«

Dimitroff: »Fragen Sie doch van der Lubbe, warum er mit Ja und Nein antwortet.«

Der Präsident: »Ich kann diese Frage nicht zulassen.«

Dimitroff: »Fragen Sie ihn, wer ihm geholfen hat. Ob er jemals den Namen Dimitroff gehört hat.«

Der Präsident: »Er hat bereits verneint, daß er Mittäter hatte.«

Dimitroff: »Hat van der Lubbe den stenographischen Rapport seiner Verhörung vor dem Untersuchungsrichter gelesen und unterzeichnet?«

Der Präsident: »Die Frage ist nicht zugelassen.«

Dimitroff: »Hat van der Lubbe mit jemandem gesprochen, mit Ausnahme des Untersuchungsrichters?«

Der Präsident: »Was soll diese Frage bedeuten? Sie ist nicht zugelassen und überflüssig.«

Dimitroff (zu van der Lubbe): »Warum sprechen Sie nicht? Sind Sie so von Schuld gebeugt, weil Sie ein Verbrechen begangen haben gegen das Proletariat der ganzen Welt?«

Der Präsident: »Bekennen Sie sich schuldig, das Feuer entzündet zu haben?«

Van der Lubbe: »Ja.«

Der Präsident: »Wann haben Sie sich dazu entschlossen?«

Van der Lubbe: »Kann ich nicht sagen.«

Der Präsident: »Sie haben gesagt, daß Sie es am Tage vorher beschlossen haben.«

Van der Lubbe: »Kann es nicht sagen.«

So oder so ähnlich verlaufen alle Verhöre van der Lubbes. Der Richter gibt sich alle Mühe. Aber er stößt wie auf einen Wall stets auf die gleichen Worte: »Ich kann nichts sagen...«

Der Brand im Deutschen Reichstag, einem mächtigen Gebäude, unweit des Brandenburger Tors und des Berliner Tiergartens, begann in der zehnten Abendstunde des 27. Februars, und wie sich später unschwer feststellen lassen konnte, handelte es sich nicht um eine einzelne Brandanlage, sondern um mindestens zwanzig. Der Brand, der sofort spektakuläre Formen annahm – die mächtige Kuppel des Reichstagsgebäudes stand sogleich in Flammen –, wurde sehr früh von einem Passanten, dann von einem zweiten, aber seltsamerweise nicht von Wachen, die eigentlich dazu dagewesen wären, entdeckt. Polizei wurde alarmiert und die Feuerwehr.

Wie ein Lauffeuer verbreitete sich die Nachricht vom brennenden Reichstag in Berlin. Die bis vor wenigen Minuten völlig menschenleeren Straßen – wer ging schon an einem Februarabend im Tiergarten spazieren? wer auf der nächstliegenden Friedrich-Ebert-Straße, einer Geschäftsstraße, flankiert von Botschaftsgärten? – waren nun überfüllt. Es sah ganz so aus, als hätten die Bewohner Berlins, zumindest die der Nachbarschaft, nur darauf gewartet, daß so etwas passiert. Was nicht der Fall war.

In schneller Reihenfolge rückten zehn Löschzüge an, die nicht wenig Mühe hatten, das Feuer einzudämmen. Polizei zu Pferde und auch zu Fuß drängte die stets wachsende, sensationslüsterne Menge zurück.

Es stellte sich bald heraus, daß keineswegs das gesamte Reichstagsgebäude ernsthaft gefährdet war. Nur einzelne Räume brannten, vor allem das Restaurant im Parterre und der Plenarsaal. Es bestand kein Zweifel, daß es sich um eine Brandstiftung handelte. Um eine? Um vermutlich mehrere, denn wie konnte ein einzelner gleich an zwanzig Stellen Brand legen?

Das war nicht möglich. Und so erregte die Kunde, daß ein junger Mann in flagranti im Reichstagsgebäude ertappt worden sei, nicht allzu großes Aufsehen. Interessanter schon, daß es sich offenbar um einen Ausländer handelte. Aber es mußten mehrere bei der Sache mitgewirkt haben. Wer?

Diese Frage stellen, hieß fragen, wer davon profitiere, daß der Reichstag brannte oder, falls die Feuerwehr nicht rechtzeitig eingetroffen wäre, vielleicht niedergebrannt wäre. Innerhalb der wartenden Menge wurde etwas von Kommunisten gemurmelt. Nun, es gab viele Menschen in Deutschland, die den Kommunisten »alles« zutrauten. Aber obwohl am nächsten Tag fast alle Zeitungen – und sie waren schon fast alle »gelenkt«, denn Hitler befand sich bereits seit vier Wochen an der Macht – das gleiche behaupteten und wenige Tage später bereits von diesbezüglichen Beweisen die Rede war – die Sache klang unglaubhaft, von der ersten Stunde an und über die nächsten Monate, Jahre, Jahrzehnte hinweg. Was hatten die Kommunisten zu gewinnen, wenn der Reichstag niederbrannte? Eben erst waren Reichstagswahlen gewesen, die Kommunisten hatten schlechter als in den letzten Jahren abgeschnitten, aber keineswegs katastrophal, die Einberufung des Reichstags, wie sie die Wahlen nun notwendig machte, konnte ihnen und auch den Sozialdemokraten nur recht sein.

Nicht recht konnte Hitler die Situation sein. Der hatte damit gerechnet, bei den Wahlen die absolute Mehrheit zu gewinnen. Seine nationalsozialistische Arbeiterpartei wurde zwar die größte in Deutschland, aber er bekam keine absolute Mehrheit in die Hand, mit der er »legal« hätte regieren können, und das war ja, wie er immer wieder behauptete, sein Ziel gewesen. Gewiß, der vergreiste Hindenburg, der auch in seiner besseren Zeit nicht gerade ein politisches Genie war, hatte ihn mit der Bildung der neuen Regierung beauftragt. Aber wie sah diese Regierung aus? Hitler hatte nur drei Nationalsozialisten in der Regierung, Wilhelm Frick als Innenminister, Hermann Göring als Minister ohne Portefeuille und sich selbst; die Mehrheit der Minister, das war der ausdrückliche Wunsch Hindenburgs gewesen, wurde von Mitgliedern der Deutschnationalen Partei gestellt.

Die einflußreichsten Männer im Kabinett, außer Hitler selbst, schienen Franz von Papen zu sein, ein politischer Intrigant, der selbst einmal kurz Reichskanzler gewesen war und mit dem Hause Hindenburg aufs innigste befreundet, sowie der Geheimrat Alfred Hugenberg, ehemals Generaldirektor des Krupp-Konzerns, jetzt Besitzer großer Zeitungen, ein Mann von unglaublichem Einfluß hinter den Kulissen. Die beiden waren überzeugt davon, daß sie Hitler dominieren würden.

Hitler suchte verzweifelt nach Mitteln, diese beiden Wärter loszuwerden. Und schon hatte er den eben erst gewählten Reichstag wieder aufgelöst, von Hindenburg dazu ermächtigt. Aber konnte er hoffen, daß die neuen Wahlen ihm nun die absolute Majorität bringen würden? Was konnte er unternehmen, um da sicherzugehen? Wenn er nicht durch Wahlen die Majorität erlangte, konnte er sie vielleicht dadurch erschleichen, daß er andere Parteien verbot? Aber dafür mußte er einen gewichtigen Grund haben, einen, der allen einleuchtete.

Es galt also, etwas Spektakuläres zu unternehmen. Goebbels hatte die Idee.

Hitler befand sich am Abend des 27. Februar bei Joseph Goebbels in dessen Wohnung am Kaiserdamm zum Abendessen. Als Goebbels ans Telefon gerufen wurde, um dort zu erfahren, der Reichstag brenne, hielt er die Sache – angeblich – zuerst für einen schlechten Witz, besann sich dann aber eines Besseren und raste zusammen mit seinem Führer zum Reichstag. Natürlich wurden die beiden sofort von der Polizei durchgelassen. Hitler stand, wie es nachher hieß, »im brennenden Reichstag«, aber in Wahrheit wohl nur in einem der Korridore, die nicht brannten. Laut Zeugen soll er ausgerufen haben: »Welch ein Geschenk des Himmels!«

Eigentlich erstaunlich, daß Hitler so kurz vor den Neuwahlen – sie waren auf den 5. März, also auf eine knappe Woche später festgesetzt – sich zu einem privaten Abendessen bei Goebbels befand, der vorläufig noch Gauleiter von Berlin und nicht Minister für Propaganda war; das sollte erst später kommen. Hatte Hitler keine Wahlreden zu halten? Hatte Goebbels keine Wahlreden zu halten? Hatten die anderen Prominenten, die sich bald vor dem Reichstag einfanden, fast alle bekannten Nationalsozialisten, Göring, natürlich, aber auch der Chef der Berliner SA, Karl Ernst, Graf Helldorf, der bald Berliner Polizeipräsident werden sollte, keine Wahlversammlungen in anderen Städten abzuhalten? Wie kam es, daß alle bekannten Nazis anstatt in München, Hamburg, Breslau, Köln, sich die Kehle wund zu schreien, um Stimmen für Hitler zu werben, sich in Berlin befanden und wie auf Kommando erschienen, so als hätten sie wirklich etwas im voraus gewußt?

Um 11.30 Uhr faßte der Polizeipräsident Walter Gemp den Entschluß, die Presse – die inländische und die ausländische, deren Vertreter schon eine ganze Zeitlang warteten, in den Reichstag zu führen, soweit das Feuer, das immer noch schwelte, es zuließ. Die Journalisten mußten über Schlauchleitungen steigen, gelegentlich ein bißchen Rauch schlucken, durch Wasser waten, das an bestimmten Stellen knöcheltief stand, über Trümmer klettern, aber niemand kam zu Schaden. Der Reichstag brannte, gewiß, aber eigentlich brannte er nur an einigen Stellen, und auch da brannte es nicht mehr, es rauchte nur noch. Alles war halb so schlimm.

Wer den Presseleuten anvertraut hatte, ein holländischer Kommunist sei vor allem verantwortlich, war später nie herauszufinden. Auch daß man schon in einem so frühen Stadium wußte, daß der Verhaftete einmal Mitglied der kommunistischen Partei gewesen war, wurde selbst später nie zu erklären versucht. Jedenfalls war das Grund genug, um noch während der Nacht und in den kommenden Tagen rund 4000 Kommunisten, nicht nur in Berlin, sondern in ganz Deutschland, zu verhaften. Aber auch Sozialdemokraten, wenn freilich nicht in gleicher Menge, vor allem aber »linke« Intellektuelle. Auch darüber, wie man ihrer habhaft werden konnte, wurde später nicht viel geredet und schon gar nicht geschrieben, jedenfalls nicht innerhalb Deutschlands. Es war nur damit zu erklären, daß die Listen schon längst vorbereitet waren.

Aber immerhin: Es entkamen einige, namentlich kommunistische Intellektuelle, die schlagartig begriffen hatten, was der Reichstagsbrand für sie bedeuten konnte oder gar bedeuten mußte, und die, sei es aus Stammlokalen, Cafés oder Parteibüros gar nicht mehr nach Hause zurückkehrten, sondern sich gleich auf die Flucht begaben. Einige von ihnen sollten Hitler und vor allem Goebbels später noch viel Kummer bereiten.

In den nächsten Tagen veröffentlichte die nationalsozialistische Presse, daß die Kommunisten beabsichtigt hätten, nach dem Reichstag auch andere Regierungsgebäude, etwa Museen und wichtige Fabriken, in Brand zu setzen. Mit einem Wort: Die Kommunisten wollten Fanale setzen, um einen Aufstand gegen die rechtmäßige Regierung Hitlers einzuleiten. Noch in der Nacht des Brandes hatte Hitler eine Notverordnung zum Schutze von Volk und Staat entworfen – oder vielleicht war auch sie schon vor dem Brand entworfen worden –, und Hindenburg hatte sie unterzeichnet. Die erlaubte es der Regierung, ohne richterliche Verhaftungsbefehle Leute nach Gutdünken festzunehmen und ohne sie dem Untersuchungsrichter vorzuführen oder überhaupt zu vernehmen, auf unbegrenzte Zeit festzuhalten.

Zuerst wurden sie in den Keller des Polizeipräsidiums gesperrt, dann in andere Verliese, sogenannte SA-Keller. Nicht lange darauf wurden die ersten Konzentrationslager gegründet. Immer neue Verordnungen folgten, die jede persönliche Freiheit einschränkten, man durfte nicht mehr sagen, was man wollte, man durfte es schon gar nicht schreiben, es gab ein generelles Versammlungsverbot, es gab kein Briefgeheimnis mehr, kein Telefongeheimnis, Deutschland war sozusagen über Nacht ein einziges großes Konzentrationslager geworden.

Als eine Woche nach dem Brand wieder gewählt wurde, gab es mehr Wähler als je zuvor. Die Nationalsozialisten hatten natürlich an Stimmen gewonnen, es waren jetzt 17 Millionen, im November zuvor hatten sie nur 12 Millionen gehabt. Aber Hitler hatte immer noch nicht die Mehrheit gewonnen. Er hatte »nur« 43 % der Gesamtstimmen eingeheimst, das bedeutete 288 Abgeordnete von 647. Die anderen Parteien hatten trotz allen Beschränkungen ihre Anhängerschaften bewahrt, lediglich die Kommunisten ein Fünftel verloren.

Hitler hatte sich also verrechnet. Aber er sorgte dafür, daß seine Rechnung trotzdem aufging. Die kommunistische Partei wurde verboten, also zählten die Stimmen der Kommunisten im neuen Reichstag nicht mehr. Bald darauf, schon am 11. April, legte Papen sein Amt als Premierminister von Preußen nieder und Goering wurde sein Nachfolger. Am 2. Mai wurden die sozialistischen Gewerkschaften verboten, ihr Eigentum konfisziert, ihre leitenden Männer verhaftet. Wieder ein paar Tage später wurde das Eigentum der sozialdemokratischen Partei beschlagnahmt, angeblich, um damit – welche Ironie! – die Forderungen der doch schon verbotenen Gewerkschaften zu befriedigen. Kurz darauf wurde die sozialdemokratische Partei verboten. Am 27. Juni legte Hugenberg sein Amt nieder, und einen Tag später wurde die Deutschnationale Volkspartei, die unter Hugenbergs Führung soviel für Hitler getan hat, aufgelöst.

Am 14. Juli gab es nur noch eine Partei in Deutschland.

Wer ist nun eigentlich dieser junge Mann Marinus van der Lubbe, der da in Leipzig vor Gericht steht, oder besser gesagt, geistesabwesend, mit gesenktem Kopf, mit leeren Augen und tropfender Nase dasitzt? Was noch in der Stunde seiner Verhaftung durch Göring der vor dem Reichstagsgebäude wartenden Presse über ihn mitgeteilt wurde, war weitgehend falsch. Danach sollte van der Lubbe eine Mitgliedskarte der kommunistischen Partei in der Tasche gehabt haben, ebenfalls ein Flugblatt über eine gemeinsame Aktion von Kommunisten und Sozialdemokraten gegen die Regierung Hitlers und einen Paß. Nur den besaß er wirklich. Die anderen Papiere waren Erfindungen Görings.

Ja, van der Lubbe war einmal Mitglied einer kommunistischen holländischen Jugendorganisation gewesen, und zwar 1929. Aber schon zwei Jahre später hatte man ihn hinausgeworfen. Er war zu uninteressiert und wohl auch »unwürdig«, was immer die holländischen Genossen darunter verstanden; Mitglied der kommunistischen Partei war er nie gewesen.

Er hatte unregelmäßig gearbeitet, war viel gewandert und hatte meist in Jugendherbergen genächtigt. Er behauptete, zwischen dem 3. und dem 18. Februar 1933 von Leiden nach Berlin gewandert zu sein und habe sich dabei mit Betteln durchgebracht. Das hätte ungefähr 70 Kilometer pro Tag bedeutet, und das noch in einem relativ kalten Winter. Also höchst unwahrscheinlich.

Es wurde bald von der Polizei festgestellt, daß er noch am 17. Februar in Glienike, in der Nähe von Potsdam übernachtet hatte. Er konnte also erst am 18., 19. oder 20. in Berlin selbst angekommen sein und sich dort nur aufgehalten haben, wenn er Beziehungen gehabt, das heißt, einer deutschen Organisation angehört hätte, der er aber nicht angehörte. Und damit entfiel auch die Mutmaßung, daß diese Organisation – vielleicht eine kommunistische – ihn zu dem Reichstagsbrand angestiftet hatte. Aber wer hatte ihn dann angestiftet? Denn daß dieser geistesabwesende Mann auf die Idee verfallen war, den Reichstag anzuzünden, und, wie er nachher vor dem Untersuchungsrichter zu Protokoll gegeben hatte, auch andere Gebäude anzünden wollte, so ganz von sich aus und ohne Motive – das alles war doch unwahrscheinlich.

Fest steht jedenfalls, daß er in den Reichstag eingedrungen ist, und zwar indem er ein Fenster des Parterre-Restaurants südlich des Haupteingangs einschlug und hineinkletterte. Polizist Karl Buwett nimmt mit Hilfe von Kollegen, die von der nahen Hauptwache am Brandenburger Tor herbeigeeilt sind, geführt von dem Polizisten Emil Lateit, also die Verhaftung des vierundzwanzigjährigen van der Lubbe vor. Der versucht nicht, wegzulaufen, und schon gar nicht, sich zu wehren, und ohne daß man ihm gut zureden muß, gesteht er »alles«, noch bevor man ihn zur Hauptwache am Brandenburger Tor gebracht hat. Dabei hat er nur ganze vier Feueranzünder bei sich, wie man sie in Haushaltungen zum Anzünden des Herdfeuers benutzt. Damit läßt sich kein Feuer im Reichstag entzünden, geschweige denn an zwanzig Stellen.

Und wenige Minuten später gibt Hermann Göring schon seine erste Erklärung ab. Von wo ist er eigentlich gekommen? Als Präsident des Reichstags hatte er Wohnsitz in der Villa, die nur wenige Meter vom Reichstag entfernt ist. Aber erstaunlicherweise hat er diesen seinen Wohnsitz mehrere Tage zuvor – möglicherweise über eine Woche zuvor – verlassen und sich selbst »ausquartiert«. Warum wohl? Er ist also plötzlich wieder da, als habe er nur auf ein Stichwort gewartet.

Van der Lubbe macht einen nicht ganz normalen Eindruck. Er ist überdies trotz der Winternacht nur spärlich bekleidet, die Berichterstatter wissen später zu vermelden, er sei halb nackt gewesen. In der Tat ein »Geschenk des Himmels«, da hat Hitler schon ganz recht. Peinlich ist nur, daß er meint, er habe den Reichstag ganz allein angezündet, und daß das mit den vier Haushaltsfeueranzündern gar nicht zu schaffen war, geschweige denn an zwanzig Stellen, und daß sich an diesen zwanzig Stellen Kanister, die Benzin enthalten haben müssen, befinden. Will van der Lubbe die ebenfalls herbeigeschleppt haben – und woher hatte er sie? Wie hat er sie in den Reichstag befördert? Wie hat er in den wenigen Minuten, die ihm zur Verfügung standen, an zwanzig verschiedenen Stellen auftauchen und das Benzin in Brand setzen können?

Fragen, die bei seinen ersten Vernehmungen unbeantwortet bleiben – übrigens späterhin auch. Nicht einmal der aufwendige Leipziger Prozeß wird da eine auch nur einigermaßen mögliche Erklärung, geschweige denn Aufklärung bringen.

Nur einmal während dieses Prozesses läßt der junge Holländer die Katze aus dem Sack, ohne es wohl zu ahnen. Nur einmal sagt er, der über lange Strecken, Stunden und Tage, überhaupt nichts äußerst, er sei in der Nacht vor dem Feuer mit »Nazis« zusammengewesen. Es ist in diesem Zusammenhang interessant oder vielleicht gar von Bedeutung, daß ein Pförtner des Reichstages aussagen wird, nicht vor Gericht, sondern der Polizei gegenüber, daß ein gewisser Dr. Herbert Albrecht, nationalsozialistischer Abgeordneter, um zehn Uhr abends, also schon nach Beginn des Brandes, in größter Eile das Reichstagsgebäude verlassen habe. Und hat es etwas zu bedeuten, daß der Diener Görings, Aldermann, der nicht wie sein Herr aus dem Palais des Reichstagspräsidenten ausgezogen war, sondern dort verblieb, eine Aussage machte, er habe einige Tage vor dem Brand im Tunnel unter dem Haus seltsame Geräusche gehört.

Tunnel? Konnte man durch einen Tunnel vom Palais Görings in den Reichstag gelangen? Von diesem Tunnel wird man in der deutschen Presse nie etwas lesen. Man wird auch nicht über ihn im Prozeß sprechen. Aber später, nach dem 30. Juni 1934, nach dem Mord an Röhm und den höheren SA-Führern, wird man in Londoner, Pariser, Prager Zeitungen über ein geheimes Papier nachlesen können, das der damals ebenfalls ermordete Karl Ernst, Chef der Berliner SA, an sicherer Stelle deponiert hatte. Danach hätte Goebbels die Idee gehabt, den Reichstagsbrand zu inszenieren, Göring hätte ihm zugestimmt, Röhm und andere hohe SA-Männer seien im Bilde gewesen, und – dies ist das Entscheidende – die Vorbereitungen seien von Görings Palais aus getroffen worden, der aus diesem Grunde vorübergehend ausgezogen war, und zwar seien die für den Brand notwendigen Requisiten von zwei SA-Führern, namens Fiedler und Mohrenschild, durch den geheimen Gang in den Reichstag geschafft worden, und die hätten dann die Möbelstücke mit Benzin und anderen brennbaren phosphorhaltigen Mitteln übergossen. Dies alles sei zu einer Zeit unternommen worden, als van der Lubbe, der ja davon nichts ahnen konnte, in den Reichstag eindrang.

Ernst und auch die anderen wurden ja später aus der Welt geschafft – vielleicht, weil sie zuviel wußten. Sie wußten zum Beispiel auch, daß keiner der eine Woche nach dem Brand verhafteten Bulgaren durch den geheimen Gang gekommen war. Wie hätten sie das auch bewerkstelligen können?

Und warum sind sie überhaupt verhaftet worden? Geschah das als Folge einer von Berliner Zeitungen zwei Tage nach dem Brand ausgeschriebenen Belohnung von 10 000 Mark, die derjenige oder diejenigen erhalten sollten, die mitteilen könnten, wer zusammen mit van der Lubbe die Untat begangen habe? Und da meldete sich per Telefon der Kellner eines kleinen Restaurants, der behauptete, van der Lubbe auf einem Photo wiederzuerkennen, und dieser Holländer habe wenige Tage zuvor zusammen mit Ausländern zu Mittag gegessen. Die konnten schnell ausfindig gemacht werden. Es handelte sich um Bulgaren, und, wieder ein Geschenk des Himmels, sie waren alle Kommunisten.

Also mußten sie den Reichstag angezündet oder jedenfalls dabei geholfen haben! So einfach war das.

Die Bulgaren, die sich – mit Recht – völlig unschuldig fühlten, hatten, obwohl Kommunisten, nach dem Reichstagsbrand keinen Fluchtversuch gemacht. Sie waren ja schon in Berlin Flüchtlinge – politische Flüchtlinge –, in Bulgarien selbst von der Polizei gesucht, und Georgi Dimitroff war dort sogar gleich zweimal zum Tode verurteilt worden – allerdings in absentia. Ob die vier Ausländer vielleicht, hätten sie geahnt, was ihnen bevorstand, doch das Weite gesucht hätten?

Wie dem auch sei, die deutschen Intellektuellen, die sich abgesetzt haben, werden für Hitler und insbesondere für Goebbels viel unangenehmer als den Bulgaren. Da ist an erster Stelle Willi Münzenberg zu nennen, langjähriges Mitglied der kommunistischen Partei, Herausgeber von kommunistischen Zeitungen in Berlin, sehr geschickt gemachten Blättern, die nicht, wie etwa die »Rote Fahne«, Organe der Partei sein wollen, sondern gut lesbare Boulevard-Presse mit stark kommunistischem Einschlag. Ein außerordentliches Talent, fast ein Genie, wenn es darum geht, Massenwirkungen zu erzielen. Er stand ganz oben auf der Liste derer, die verhaftet werden sollten, war aber viel zu schlau für die Häscher. Er hat seine Flucht sorgfältig vorbereitet, er ist nach dem Reichstagsbrand nicht mehr zu Hause, auch bei keinem seiner Freunde zu finden, landet nach mancherlei Umwegen schließlich in Paris, wo er ein kleines Büro mietet, wo er nur zwei oder drei Mitarbeiter hat, um nun den Kampf gegen die Nazis zu eröffnen.

Ihm zur Seite steht Otto Katz, ein Tscheche, der meist in Berlin gelebt hat und dort unter anderem der kaufmännische Direktor der kommunistischen oder jedenfalls mit den Kommunisten sympathisierenden Piscator-Bühne war. Auch er ein blitzgescheiter Bursche. Man sollte nicht glauben, daß es zwei Männern mit so geringen Mitteln, wie sie ihnen zur Verfügung stehen, von Paris aus gelingen würde, den Nazis auf die Nerven zu gehen. Aber, wie gesagt, es gelingt ihnen.

Sie versorgten ausländische Zeitungen und auch ausländische Journalisten, ja sogar Winston Churchill, der um diese Zeit nicht in der britischen Regierung saß, mit Anti-Nazi-Material. Sie organisierten Straßendemonstrationen in Paris, in Prag, in Brüssel, in Den Haag, Demonstrationen, deren Teilnehmer sich jeweils vor deutsche Konsulate oder Botschaften und Gesandtschaften begaben, um die Deutschen mit ihren Parolen nervös zu machen. Sie verbrannten eine Göring-Puppe, sie brachten es dahin, daß Hafenarbeiter in Belgien, Holland und Frankreich sich weigerten, Schiffe zu bedienen, die Hakenkreuzfahnen hißten, sie verlangten Boykott deutscher Waren im Ausland, was zum Beispiel in New York einen gewissen Erfolg hatte, gründeten am laufenden Band Komitees, um den »Opfern des deutschen Faschismus« zu helfen. Vor allem brachten sie das sogenannte »Braunbuch« heraus, das »Braunbuch über den Hitler-Terror und den Reichstagsbrand« – in dem nun wirklich viel enthüllt wurde. Gewiß, es stimmte nicht alles haargenau, was sich in dem »Braunbuch« fand. Denn über die Nachrichten von den Greueln, die sich nun am laufenden Bande in Hitler-Deutschland begaben, die Verfolgung der Juden, der Verhaftung von Mißliebigen – das alles mußte ja auf Schleichwegen aus Deutschland herausgebracht werden. Aber das meiste stimmte eben doch, große Zeitungen, darunter die »New Yorker Times«, die »London Times«, vor allem aber der »Manchester Guardian«, druckten Passagen aus dem Braunbuch nach, Goebbels, inzwischen Propaganda-Minister geworden, mußte am laufenden Band dementieren, und niemand glaubte ihm.

Natürlich griff das Braunbuch den geheimen unterirdischen Gang zwischen dem Göring-Palais und dem Reichstag auf. Nach dem Braunbuch bestand nicht der geringste Zweifel daran, daß die Schuldigen am Reichstagsbrand durch den Tunnel gekommen waren, daß die Nationalsozialisten selbst den Reichstag angezündet hatten und daß letzten Endes Göring der Hauptschuldige war.

Dabei konnten Münzenberg und Katz nicht wissen, was die

Berliner Polizei erfahren hatte und was sie ungeheuerlicherweise nicht weitergab, so daß es im Prozeß überhaupt nicht zur Sprache kommen konnte. Nämlich, daß Heizer im Keller des Göring-Palais und des Reichstages ausgesagt hatten, in den vierzehn Tagen, die dem Brand vorangingen, sei in dem unterirdischen Gang »ein ständiges Kommen und Gehen« zu hören gewesen. Sie hätten sich darüber auch beschwert oder zumindest verlangt, daß geklärt werden müsse, wer da Zutritt zum unterirdischen Gang habe – wohlgemerkt lange vor dem Brand! Da man ihre Beschwerden mit Drohungen beantwortete – man, das konnten nur Göring oder seine Schergen sein, hätten sie aus eigener Initiative gehandelt, im Gang Fäden gespannt und gewisse Bodenplatten gelockert. Und an jedem folgenden Morgen seien die Fäden zerrissen gewesen, die Platten leicht verschoben.

Im Verlaufe der nächsten Woche wurden die Heizer, die das vor der Polizei ausgesagt hatten, von der politischen Polizei, später Gestapo, vorgeladen und ermahnt, alles zu vergessen. Die entsprechenden Protokolle wurden erst in den sechziger Jahren gefunden.

Da gab es noch einen Heizer, der damals am Leben war und sich erinnern konnte und erklärte, er sei von der Gestapo völlig fertiggemacht worden. »Ich ging schweißgebadet aus der Vernehmung, obwohl es Winter war.«

Ihr größtes Kunststück vollbrachten Münzenberg und Katz mit der Gründung eines »Untersuchungskomitees über die Ursprünge des Reichstagsbrandes«. Es gelang ihnen, bekannte englische und französische Parlamentarier zu überreden, dem Komitee beizutreten, sogar einen ehemaligen italienischen Ministerpräsidenten und einen ehemaligen Schweizer Bundespräsidenten. Katz konnte auch das Komitee überreden, im September 1933, also noch bevor der Reichstagsbrand-Prozeß in Leipzig begann, ein sogenanntes Gericht über die Ursachen des Reichstagsbrandes einzuberufen.

Es tagte fünf Tage in London, und dort wurde in der Tat alles gesagt, was später in Leipzig verschwiegen wurde oder unter den Tisch fiel. Dieses Londoner Tribunal kam zu dem Ergebnis, daß, natürlich, die Nationalsozialisten am Reichstagsbrand schuldig seien, und zwar pikanterweise genau an dem Tage, bevor der Prozeß in Leipzig begann. Das war wohl der Grund für die bösen Worte, mit denen der Präsident die Leipziger Sitzung eröffnete. Das, was vor dem Londoner Tribunal herausgefunden worden war, bedeutete eine bittere Hypothek für Leipzig.

Eigentlich wäre Leipzig gar nicht mehr nötig gewesen...

Oder doch? Denn dieses Verfahren, das 57 Gerichtstage in Anspruch nehmen wird, beweist, daß auch in einer Diktatur, und in einer, die sich mit solch unmenschlicher Grausamkeit behauptet wie das Hitler-Regime, es – vorläufig noch – ein ordentliches Gerichtsverfahren geben kann; vielleicht das letzte. Jedenfalls ist dieser Prozeß unter dem seriösen Juristen Dr. Bünger durchaus keine Farce, wie sie etwa zuvor von der vernehmenden Polizei oder den Untersuchungsbehörden gespielt worden war. Es ist ein in jedem Sinne ordentliches Gerichtsverfahren. Es mag sein, daß da – nicht bei Dr. Bünger – die Furcht vor der Meinung des Auslandes eine gewisse Rolle gespielt hat, zu dieser Zeit legte Hitler noch auf seinen guten Ruf dort einen gewissen Wert. Und so dauert es nicht lang, bis dem Gericht klar wird, daß eigentlich keine gültigen Beweise gegen die Angeklagten, nicht einmal gegen den geständigen van der Lubbe vorliegen. Das läßt den Anklagevertreter immer nervöser werden, besonders, da die Zeugen, die er dem Gericht vorführen muß, teils dumm, teils unwissend sind und zur Sache wenig auszusagen haben.

Hinzu kommen Momente, mit denen weder der Richter noch der Staatsanwalt rechnen konnten. Da ist einmal der außerordentliche Mut des kleinen, temperamentvollen Dimitroff, der von seinem Recht nach deutscher Strafprozeßordnung, selbst Fragen zu stellen, weidlich Gebrauch macht und immerfort Zeugen in Verlegenheit bringt oder gar sprachlos macht. Natürlich kann ihn der Richter gelegentlich ausschließen, und von diesem Recht macht er auch gelegentlich Gebrauch.

Aber Dimitroff kommt immer wieder zurück, und er scheint völlig unbesorgt zu sein, und er macht ebensowenig wie seine bulgarischen Genossen den Eindruck, als fürchte er, daß man ihn zum Tode verurteile.

Das andere unvorhersehbare Moment ist der völlige Gleichmut, die zur Schau getragene Uninteressiertheit des Hauptangeklagten van der Lubbe. Das Gericht gewinnt bald den Eindruck, als wolle er nur verurteilt werden – nichts sonst.

Einmal lacht er.

Der Präsident: »Stehen Sie auf, Lubbe. Warum lachen Sie plötzlich... anstatt ernst zu sein? Wie erklären Sie sich das? Hat das mit den Verhandlungen hier zu tun, oder ist es etwas anderes?«

Van der Lubbe schweigt.

Der Präsident: »Sprechen Sie doch endlich! Finden Sie das, was hier vor sich geht, komisch oder nicht, van der Lubbe?«

Van der Lubbe: »Nein.«

Der Präsident: »Dann war es also nicht die Verhandlung oder das, über das wir gerade gesprochen haben, was Sie zum Lachen veranlaßt hat? Was ist es dann, sagen Sie es uns!«

Van der Lubbe: »Es geht um die Verhandlung.«

Der Präsident: »Finden Sie da etwas komisch daran?«

Van der Lubbe: »Nein.«

Der Präsident: »Wenn etwas nicht komisch ist, dann lacht man wohl auch nicht.«

Dann geht es mit Dimitroff weiter.

Dimitroff ist für das Ausland schon längst der Held dieses Prozesses. Er ist eine Art Berühmtheit geworden, man bewundert ihn, man zitiert ihn. Natürlich hat er einen Anwalt, einen gewissen Dr. Paul Teichert, den ihm das Gericht zugewiesen hat. Aber der spielt überhaupt keine Rolle. Dimitroff ist sein eigener Verteidiger geworden, eine Persönlichkeit, die nicht zu übersehen ist, schon gar nicht in diesem Prozeß. Man kann jetzt verstehen, daß er in Bulgarien eine wichtige Rolle gespielt hat und daß man ihn dort zum Tode verurteilt hat, und das gleich zweimal. Aber lieber war es der bulgarischen Regierung doch, daß sie ihn nicht umbringen mußte. In Bulgarien zumindest weiß man – im Hitler-Deutschland offenbar noch nicht –, daß es nicht nützlich ist, Märtyrer zu schaffen.

Was ist das Besondere an Dimitroff? Abgesehen von der Courage, mit der er dem Gericht, dem Staatsanwalt, den über hundert Zeugen, deren Aussagen über 10000 Seiten füllen, gegenübertritt? Er läßt das Verfahren absurd werden. Er unterstreicht, wie unsinnig es ist. Er demonstriert, wie wenig Sinnvolles die Zeugen zu vermelden haben. Und dann geht er noch einen Schritt weiter. Er macht den zweiten Mann des Dritten Reichs lächerlich.

Hermann Göring müßte nicht unbedigt erscheinen. Er kann im Grunde genommen wenig zu der Frage, wer den Reichstag angezündet hat, aussagen, jedenfalls behauptet er das. Aber er ist nicht der Mann, der sich einen Auftritt versagt. Er will gehört werden. Und natürlich hat der Oberstaatsanwalt ihn vorgeladen. Er kann ja nicht wissen, was Göring zu sagen hat, aber er könnte es auch nicht wagen, einem so wichtigen Mann eine Bitte, was heißt hier Bitte, eine Forderung, einen dringenden Wunsch, abzuschlagen.

Und Göring erscheint. Er kommt nicht zu der Zeit, zu der er geladen worden ist, sondern eine reichliche halbe Stunde später. Er erklärt auch sogleich, ohne daß der Richter ihn dazu aufgefordert hat, daß ihn wichtige Geschäfte in Berlin zurückgehalten hätten, ohne näher darauf einzugehen, daß die Ladung vor Gericht schließlich bindend ist, selbst wenn noch so dringende Geschäfte vorliegen.

Nicht nur diese Arroganz irritiert das Gericht. Auch daß Göring in einem grünen Phantasiekostüm erscheint, seinem Kostüm als Reichsjägermeister, mit Breeches und hohen braunen Stiefeln, die unheilverkündend knarren. Er kommt auch nicht allein, das wäre seiner unwürdig. Er bringt eine ganze Anzahl von Adjutanten mit, Angehörige der Polizei, der Luftwaffe, auch solche, die Zivil tragen.

Er hegt nicht die geringste Absicht zu warten, bis das Gericht ihn befragt. Er legt sofort los. Er steht auf dem Standpunkt, daß das Gericht nur dazu dasein kann, ihm als Tribüne zu dienen, und daß die Richter und auch die anderen Anwesenden – der Saal ist an diesem Tag natürlich überfüllt – ihm gefälligst zuhören sollen. Er äußert also ohne abzuwerten, er sei überzeugt, daß die kommunistische Partei für den Reichstagsbrand verantwortlich sei. Außer van der Lubbe wären noch eine Reihe von anderen Leuten beteiligt, die alle den unterirdischen Tunnel vom Keller des Reichstages zu seinem Wohnsitz als Fluchtweg benutzt hätten. Daß sie auf diesem Weg auch in den Reichstag gekommen sein könnten, verschweigt er.

Er erklärt ferner, daß, wie auch immer das Urteil des Reichsgerichts ausfallen werde, er selbst gedenke, die Schuldigen zu gegebener Zeit zu bestrafen.

Während der Gerichtspräsident noch nach Luft schnappt, fährt er fort: »Ich weiß, daß viele Leute an der Brandstiftung des Reichstags beteiligt waren. Ich werde das alles selbst herausbekommen müssen und es belegen. Es ist freilich die Aufgabe des Gerichts, die Missetäter zu ermitteln. Meine Aufgabe ist es, die Drahtzieher zu finden, die hinter dieser furchtbaren Tat stehen. Mag das Urteil des Gerichtes lauten, wie es will, ich werde die Schuldigen finden und bestrafen.«

Göring benimmt sich vor Gericht Dimitroff gegenüber ganz so, als sei er nicht etwa ein Zeuge, sondern der Hausherr. Er bedauert ganz öffentlich, daß er im Augenblick nicht an den unter dem Schutze des Gerichts stehenden Bulgaren herankönne.

Einmal, als er auf ein kühnes Wort von Dimitroff zu schreien beginnt, greift der Präsident ein, um den erzürnten Göring zu beschwichtigen: »Der Ausbruch des Zeugen ist ganz natürlich«, und Dimitroff zu ermahnen: »Sie haben nur das Recht, Fragen zu stellen, die sich aus den Fakten ergeben.«

Darauf Dimitroff: »Ich bin ganz zufrieden mit der Antwort des Ministers.«

Göring: »Raus mit Ihnen, Sie Schuft. Raus!«

Dimitroff: »Haben Sie Angst vor meinen Fragen, Herr Göring?«

Göring: »Raus, raus, Sie Betrüger! Raus! Raus!«

Hier müßte eigentlich der Richter protestieren und Göring zurechtweisen. Aber er hütet sich. Das könnte ernsthafte Folgen haben, nämlich für ihn selbst.

Doch Dimitroff kennt solche Furcht nicht. Während völlige Stille im Gerichtssaal herrscht, steht er auf und beginnt: »Sie haben wiederholt Ihrer Überzeugung Ausdruck gegeben, daß die kommunistische Partei an dem Feuer schuldig sei. Sie sind als der Ministerpräsident von Preußen zugleich das Oberhaupt der Polizei und der Justizbehörden. Hat nicht vielleicht Ihre Überzeugung die Untersuchungen der Polizei und der Justizbehörden beeinflußt und diese in eine Bahn gelenkt und alle anderen Bahnen von vorneherein verschlossen?«

Göring läuft rot an. »Wenn ich die Untersuchungen beeinflußt und in diese Richtung gelenkt habe, dann war es die richtige Richtung!«

Er redet nicht mehr, er schreit. »Es war ein politisches Verbrechen, und ich war sicher und bin es noch, daß die Verbrecher in Ihrer Partei zu finden sind!« Göring ist kein Zeuge mehr, wenn er je überhaupt beabsichtigte, Zeuge zu sein. Er antwortet nicht auf die Fragen des Präsidenten, er schimpft, er beschimpft einen der Angeklagten. Er brüllt wie ein Stier. Kein Zweifel, wenn er könnte, wie er wollte, würde er Dimitroff, diesen frechen Dimitroff, sofort einsperren lassen, wenn nicht foltern oder umbringen.

Dimitroff besitzt zwar genügend Mut, nicht aber genügend Kenntnis der deutschen Sprache, um gebührend und vor allem schnell genug zu antworten. Immerhin, er antwortet, sichtlich mit der deutschen Sprache kämpfend.

»Herr Ministerpräsident Göring, als am 28. Februar der sogenannte holländische Kommunist van der Lubbe verhaftet wurde, hat man bei ihm außer dem Paß auch eine Mitgliedskarte der holländischen kommunistischen Partei gefunden. Wörtlich. Woher kommt diese Information?«

Der Präsident versucht zu vermitteln. »Drei Beamte, die van der Lubbe verhaftet und befragt haben, sagten allerdings, man hätte bei ihm keine Mitgliedskarte der Partei gefunden. Ich würde gerne wissen, woher der Report stammt, daß eine solche Karte gefunden wurde?«

Göring: »Irgendein Beamter hat mir das gesagt. Während der Nacht des Brandes wurde mir sehr vieles berichtet, und nicht alles konnte überprüft oder bewiesen werden. Die betreffende Meldung stammte von einem verantwortungsbewußten Beamten und wurde als Faktum akzeptiert, es konnte nicht sofort überprüft werden und wurde daher als Faktum bekanntgegeben. Als ich die erste Nachricht an die Presse gab, und zwar am Morgen nach dem Brand, war das Verhör van der Lubbes noch nicht beendet. Ich kann nicht sehen, daß sich irgend jemand darüber beklagen kann, auch wenn es scheint, als ob im Prozeß bewiesen würde, daß van der Lubbe keine solche Mitgliedskarte bei sich hatte.«

Dimitroff: »Sie haben als Chef der Polizei und als Innenminister Deutschlands bekanntgegeben, ja, sogar der ganzen Welt, daß die Kommunisten den Reichstag in Brand gesetzt hätten.«

Göring: »Ja, in der Tat.«

Dimitroff: »Und daß die kommunistische Partei...«

Göring: »Ja, in der Tat.«

Dimitroff (unbeirrt): »Sie behaupten, daß die kommunistische Partei es getan hat, die deutsche kommunistische Partei, zusammen mit van der Lubbe, einem ausländischen Kommunisten, und daß andere Verdächtige identifiziert wurden. Stimmt es nicht, daß Ihre Überzeugung, die der gesamten Polizei auf die Untersuchungsbehörden Einfluß haben könnte? Daß Sie sie in diese Richtung gelenkt und alle anderen Wege, die wahren Reichstagsbrandstifter zu entdecken, verschlossen haben...«

Man sieht, jetzt wird nicht Dimitroff verhört, sondern Göring. Er gibt eine langatmige Erklärung, mit den Worten endend: »Wenn die Polizei und die Untersuchung von mir in einer bestimmten Richtung beeinflußt wurden, dann war es die richtige Richtung!«

Dimitroff:»Das ist Ihre Interpretation. Meine ist nicht die gleiche.«

Aber Göring:»Meine ist die entscheidendere.«

Dimitroff:»Sicher, ich bin ja nur der Angeklagte.«

Der Präsident:»Sie dürfen nur Fragen stellen.«

Dimitroff:»Herr Präsident, ich werde nur Fragen stellen. Weiß der Minister, daß die Partei, die nach seiner Ansicht kriminelle Akte begangen hat, den sechsten Teil der Welt regiert?«

Göring:»Bedauerlicherweise!«

Dimitroff:»Daß die Sowjetunion diplomatische, politische und Handelsbeziehungen mit Deutschland hat und daß ihre Aufträge Hunderttausenden von deutschen Arbeitern Arbeit geben?«

Göring:»Weiß ich.«

Dimitroff:»Gut.«

Göring:»Mir ist unter anderem auch bekannt, daß die Russen mit Wechseln bezahlen, und ich wäre zufriedener, wenn diese Wechsel honoriert würden... Was Rußland tut, interessiert mich nicht. Mich interessiert nur die deutsche kommunistische Partei und die ausländischen Kommunisten, die hierher gekommen sind, um den Reichstag in Brand zu setzen.«

Von den Zuschauern kommen Bravo-Rufe. Der Präsident untersagt sie nicht.

Dimitroff:»Natürlich rufen Sie Bravo! Sie haben das Recht, die deutsche kommunistische Partei anzugreifen. Die deutsche kommunistische Partei hat aber das Recht, illegal in Deutschland weiterzuwirken und Ihre Herrschaft zu bekämpfen...«

Der Präsident:»Dimitroff, ich verbiete Ihnen, hier Propaganda für die Kommunisten zu machen.«

Dimitroff:»Er macht statt dessen Nazi-Propaganda.«

Der Präsident:»Ich verbiete Ihnen mit Nachdruck...«

Als Göring mit Dimitroff fertig ist..., nein, es muß heißen: als Dimitroff mit Göring fertig ist, gibt es im Saal einen Sieger und einen Besiegten. Der Besiegte ist der fast allmächtige Göring; der Sieger: der angeklagte Untersuchungshäftling Dimitroff.

Göring, der während seiner Vernehmung, die einige Stunden währt, nicht eigentlich vernommen wird, obwohl das der Sinn seines Besuches in Leipzig ist, widerspricht sich dauernd, ohne daß Richter oder Beisitzer ihn darauf hinweisen. Er hat zwar behauptet, daß die anderen bulgarischen Angeklagten die Sache zusammen mit dem Holländer gedeichselt haben, will dann aber trotzdem die vielen Brandstätten durch ihn allein erklären. »Er muß wie ein Igel herumgerannt sein, er sauste wie ein wilder Igel herum, er wollte irgendwo heraus, er fand aber keine Tür, nichts, und so ist er gefaßt worden.« Und die anderen? Er behauptet zu wissen, wie sie zumindest vorübergehend aus dem brennenden Reichstagsgebäude entkommen sind oder, wie er es nennt, »entschlitzt«. »Ich weiß auch, wo. Meiner Überzeugung nach haben sie den unterirdischen Gang benutzt. Dieser Gang führt nicht zum Reichstagspräsidenten-Palais, sondern geht nach hinten zum Maschinenhaus. Es war eine Leichtigkeit, in der Dunkelheit über die Mauer zu verschwinden und sich dünnezumachen. So, glaube ich, ist es gewesen, das ist meine Auffassung... Ich hatte tatsächlich vor, in jener Nacht van der Lubbe sofort aufzuhängen. Wenn ich das nicht getan habe... kein Mensch hätte mich daran hindern können... so nur aus dem Grund: Wir haben nur den, es muß aber eine ganze Schar gewesen sein, vielleicht brauche ich den Mann noch als Zeugen.«

Hat das noch etwas mit den Aussagen eines Zeugen zu tun? Natürlich nicht. Eigentlich müßte der Präsident Göring zurechtweisen. Das Gegenteil ist der Fall. Er preist Göring und die Seinen: »Jedem Deutschen ist klar, daß die Männer, denen das deutsche Volk seine Rettung vor dem bolschewistischen Chaos verdankt und die es einer inneren Erneuerung und Gesundung entgegenführen, einer solchen verbrecherischen Gesinnung, wie sie diese Tat verrät, niemals fähig sind. Der Senat hält es daher auch für unter der Würde des deutschen Gerichts, auch die gemeinen Verdächtigungen, die in dieser Beziehung von vaterlandslosen Leuten – gemeint ist wohl Willi Münzenberg und andere Emigranten – »in Schmähbriefen in Diensten einer Lügenpropaganda ausgesprochen wurden, die sich selbst richtet, überhaupt nur einzugehen... Womit er die »Schmähungen aus dem Ausland« erledigt hat.

Auch Goebbels wird vernommen. Er hat begriffen, daß Göring mit seinen Wutausbrüchen und seinen Drohungen Dimitroff gegenüber der Sache der Nazis keinen guten Dienst erwiesen hat. Er bleibt ruhig, sachlich, berichtet nur, wie er von dem Reichstagsbrand erfahren hat und daß er zusammen mit Hitler an dem fraglichen Abend zum Reichstag gefahren ist. Die Vernehmung des neugebackenen Propagandaministers bleibt ganz sachlich, wirkt farblos, regt niemanden auf.

Auch der »Fall« Torgler regt niemanden auf. Der ist, das weiß das Gericht wohl schon vor dem ersten Sitzungstag, überhaupt kein »Fall«. Man hat Torgler verhaftet, weil er einer der letzten war, die den Reichstag verlassen haben, bevor der Brand ausbrach. Nein, nicht nur deshalb, mehr noch, weil er Fraktionsvorsitzender der Kommunisten im Reichstag war. Sonst liegt überhaupt nichts gegen ihn vor. Sein Anwalt, Dr. Sack, hat es leicht, darauf hinzuweisen. Man geht wohl nicht fehl in der Annahme, daß der Generalstaatsanwalt und das Gericht der schweigenden Zustimmung der neuen Machthaber sicher sein dürfen, als sie Torgler mehr oder weniger links liegenlassen. Wie übrigens auch die Genossen Dimitroffs, die kaum je den Mund auftun – und Dimitroff würde ja wohl auch keine Zusammenstöße mit dem Gericht haben, wenn er die Zusammenstöße nicht immer wieder selbst provoziert hätte.

Am stillsten von allen verhält sich van der Lubbe. Manchmal hat man das Gefühl, als schlafe er. Weiß er überhaupt noch, worum es geht? Da, am 42. Prozeßtag – den Leipziger Vernehmungen waren Lokaltermine in Berlin gefolgt, dann ging man wieder nach Leipzig zurück –, am 21. September meldet er sich zu Wort.

Van der Lubbe: »Herr Präsident, darf ich eine Frage stellen?«

Der Präsident: »Stellen Sie mal eine Frage, aber laut!«

Van der Lubbe (in einem Gemisch von gebrochenem Deutsch und Holländisch sprechend): »Wir haben einmal den Prozeß in Leipzig gehabt, dann das zweite Mal in Berlin und jetzt zum dritten Mal wieder in Leipzig. Ich möchte fragen, wann endlich das Urteil gesprochen wird. Ich will in das Gefängnis kommen.«

Der Präsident: »Das habe ich nicht ganz verstanden.«

Dolmetscher (übersetzt): »Wir haben jetzt dreimal Prozeß gehabt: einmal in Leipzig, das zweite Mal in Berlin und jetzt zum dritten Mal wieder in Leipzig. Nun will ich gerne wissen, wann das Urteil gesprochen und vollstreckt wird, damit wir als Gefangene in das Gefängnis kommen.«

Schließlich wird es dem Stenographen unmöglich, das Sprachgewirr van der Lubbes, bald Holländisch, bald Deutsch, aufzuzeichnen.

Van der Lubbe: »Ich kann nicht mehr übereinstimmen, auch mit dem Symbolismus. Ich bin hineingekommen in den Symbolismus. Ich kann nicht mehr damit übereinstimmen, daß man das gut hat verstanden. Ich kann nicht mehr übereinstimmen mit dem Symbolismus, daß man – na ja: von diesen acht Monaten des Prozesses, daß man symbolisch den Reichstagsbrand erklären will. Ich glaube, daß darin auswegig ist im Symbolismus. (Zum Dolmetscher): Hast du mich gut verstanden? – In diesen acht Monaten Entwicklung, die ich jetzt im Gefängnis gemacht habe, erst von die Bande und Schlösser und jetzt von das Essen und jetzt von die Kleider, daß man stets andere Kleider ankriegt – ich kann da nicht übereinstimmen, und ich hätte nicht die Kraft, es ist jetzt wieder eine Woche hingegangen, und ich bekommen wirklich da nicht lange mehr mithalten. Ich will in ein Gefängnis.«

Was er mit dem Wort Symbolismus meint, findet das Gericht nicht heraus. Am Rande: Um diese Zeit, elf Tage zuvor, hatte es wieder einmal Reichstagswahlen gegeben, nachdem der Ausgang der Wahl, die kurz vor dem Reichstagsbrand stattgefunden hatte, Hitler ja nicht passen konnte. Diesmal gingen 45 Millionen Deutsche zur Urne. Sie hatten bei dieser Wahl keine

Wahl mehr, es gab ja nur noch die Nationalsozialisten. Immerhin, 3,4 Millionen, also 8% der Wähler, gaben leere Zettel ab. Das war damals schon sehr mutig.

Von den Plädoyers gegen Schluß des Prozesses ist einzig das von Dimitroff interessant.
»Ich erklärte schon zuvor, in einem Punkt mit der Anklageschrift einig zu sein. Jetzt muß ich meine Übereinstimmung in diesem Punkt wiederholen. Es handelt sich um die Frage, ob van der Lubbe alleine den Brand legte oder ob er Mithelfer hatte. Der Anklagevertreter Parisius erklärte hier, das Schicksal der Angeklagten hinge von der Frage ab, ob van der Lubbe Komplizen hatte oder nicht. Ich antworte darauf: Nein und tausendmal nein. Diese Schlußfolgerung des Anklägers ist unlogisch. Ich bin der Ansicht, daß Lubbe tatsächlich nicht allein den Reichstag in Brand setzte. Aufgrund der Sachverständigengutachten sowie der Angaben der gerichtlichen Untersuchungen komme ich zu dem Schluß, daß der Brand im Plenarsaal des Reichstags anderer Art war als die Brandstiftung im Restaurant im unteren Stockwerk, und so weiter... Der Plenarsaal ist von anderen Leuten und durch andere Mittel in Brand gesetzt worden. Lubbes andere Brände und der Brand im Plenarsaal sind nur zeitlich gleich – sonst grundverschieden. Am wahrscheinlichsten ist van der Lubbe das unbewußt mißbrauchte Werkzeug dieser Leute. Van der Lubbe sagt hier nicht alles. Er beharrt auch jetzt in seinem Schweigen. Die Lösung dieser Frage entscheidet nicht das Schicksal der Angeklagten. Lubbe war nicht allein, aber mit ihm waren weder Torgler noch Popoff, Taneff oder Dimitroff...« Und: »Die Untersuchung wurde in der falschen Richtung geführt. Der nationalsozialistische Abgeordnete Dr. Albrecht, der unmittelbar nach dem Brand den Reichstag verlassen hat, ist nicht vernommen worden...«

Van der Lubbe sagt überhaupt nichts mehr. Er bleibt bis zuletzt gleichgültig, völlig interesselos und unberührt. Der Generalstaatsanwalt fordert für ihn die Todesstrafe, beantragt aber erstaunlicherweise, daß Torgler und die übrigen freizusprechen seien. Das Urteil:

Die Angeklagten Torgler, Dimitroff, Popoff und Taneff werden freigesprochen.

Der Angeklagte van der Lubbe wird wegen Hochverrats in Tateinheit mit aufrührerischer Brandstiftung und versuchter einfacher Brandstiftung zum Tode und dauerndem Verlust der bürgerlichen Ehrenrechte verurteilt.

Die Kosten des Verfahrens fallen, soweit Verurteilung erfolgt ist, dem verurteilten Angeklagten, im übrigen der Reichskasse zur Last.

Übrigens werden sowohl Torgler als auch die übrigen Freigesprochenen vorläufig noch in Haft behalten. Torgler bleibt einige Jahre in Haft, zuerst im Untersuchungsgefängnis, dann, ohne jede Berechtigung, im Gefängnis, schließlich im KZ – er ist ja Kommunist. Die Bulgaren kann man nicht so lange halten, denn es sind eben Ausländer, die im Blickpunkt des Auslandes bleiben. In der Theorie könnte man sie nach Bulgarien ausliefern, und das würde zumindest für Dimitroff den Tod bedeuten, aber dort gibt man unmißverständlich zu verstehen, daß man nicht daran interessiert ist. Dimitroff ist weit über die deutschen Grenzen hinaus in ganz Europa so populär geworden, daß es jetzt peinlich wäre, ihn hinrichten zu müssen.

Inzwischen hat kein Geringerer als Stalin den gordischen Knoten durchschnitten, indem er die Bulgaren zu Bürgern der Sowjetunion macht. Nun entscheidet über Göring hinweg Hitler persönlich, die neugebackenen Sowjetbürger nach Moskau auszufliegen. Und Göring kann sein Versprechen, Dimitroff »an den Kragen zu gehen«, nicht wahrmachen.

Van der Lubbe endet auf der Guillotine, bis zuletzt gleichmütig, ja gleichgültig. Sein Bruder verlangt die Auslieferung der Leiche. Wie so viele andere, wie eigentlich die gesamte ausländische Presse, glaubt er nicht so recht, daß die stumpfsinnige Gleichgültigkeit des Marinus van der Lubbe eine natürliche gewesen ist. Er tippt, wie eine große Anzahl von Zeitungen, darauf, daß er mit Chemikalien gedopt wurde. Der Bruder verlangt also die Auslieferung der Leiche vor allem zwecks Untersuchung durch holländische Ärzte. Das wird verweigert. Aber der Bruder darf immerhin an der Beerdigung teilnehmen. Er und Rechtsanwalt Dr. Sack sind die einzigen, die dem Sarg folgen.

Aber der Bruder ist nicht entmutigt. Er wird den Kampf nicht aufgeben.

Torgler kommt schließlich aus dem KZ heraus, wird das Hitler-Regime überleben. Aber er wird nach dem Krieg, da ist er schon ziemlich alt, politisch nicht mehr aktiv.

Dimitroff überlebt die nächsten Jahre unter dem Schutze von Stalin und wird nach dem Krieg erster Mann in der Räterepublik Bulgarien. Er benimmt sich nicht viel demokratischer als die von ihm gebrandmarkten Nazis. Der Diktator ist gnadenlos seinen Gegnern gegenüber. Schließlich wird er nach Moskau gerufen und von da zur »Kur« in ein Krankenhaus gebracht. Dort stirbt er, ziemlich plötzlich, angeblich an Diabetes.

Willi Münzenberg bleibt während der dreißiger Jahre in Paris. Bei Kriegsausbruch wird er, wie so viele »feindliche« Ausländer, von den Franzosen interniert, was man wohl als Ironie des Schicksals bezeichnen darf; schließlich bekämpfte er Hitler lange bevor die Franzosen sich dazu genötigt sahen. Als die deutschen Truppen sich nähern, kann er dem Lager entfliehen, wird aber auf den von Flüchtlingen überfüllten Landstraßen, die gen Süden in das vorläufig noch »freie« Frankreich zu fliehen versuchen, umgebracht. In orientierten Kreisen will man später wissen, dies sei auf Befehl von Stalin oder anderer Prominenter in der Sowjetunion geschehen. Münzenberg hatte sich in seinen letzten Jahren nicht mehr allzu strikt an die Parteilinie gehalten, er hatte insbesondere einen Vorschlag Stalins abgelehnt, in die Sowjetunion zu kommen.

Sein Partner, Otto Katz, hatte sich rechtzeitig kurz vor Einmarsch der Deutschen nach Frankreich aus Paris in die Vereinigten Staaten gerettet. Dort war er weiterhin als kommunistischer Agent tätig, obwohl er gelegentlich behauptete, kein

Kommunist mehr zu sein. Aber nach dem Krieg fuhr er sofort nach Prag und wurde Mitglied der ersten kommunistischen Regierung. Im Verlaufe von Säuberungsprozessen wurde er zum Tode verurteilt; dann auch gehenkt, nachdem er vor Gericht eine Rede gehalten hatte, in der er, ganz nach dem Rezept der Moskauer Säuberungsprozesse, erklärte, er sei ein Verräter an der kommunistischen Sache, er sei in den Vereinigten Staaten als Agent oder gar Spion Hitlers tätig gewesen. Niemand, der Katz kannte, glaubte auch nur einen Augenblick daran, daß solche Äußerungen freiwillig von ihm erfolgt waren.

Der Präsident des Leipziger Gerichtshofs, der die Verhandlungen doch nicht ganz so geführt hatte, wie es den Nazis erwünscht gewesen wäre, zog sich bald darauf zurück. Oder mußte er in Pension gehen? Jedenfalls sagte er all denen, die sein Vertrauen genossen, daß er diesen Prozeß nachträglich als Schande empfinde. Er starb dann schließlich, als, wie seine Witwe nach dem Krieg erklärte, »ein verbitterter Mann«.

Der Bruder von Marinus van der Lubbe bekam es tatsächlich fertig, nicht zuletzt dank der Hilfe von Dr. Robert M. Kempner, der im Nürnberger Prozeß stellvertretender amerikanischer Staatsanwalt gewesen war und sich nach dem Krieg in Frankfurt niedergelassen hatte, den Prozeß des Bruders von neuem aufzurollen. Zuerst gelang es ihm nur, das Gericht dazu zu bewegen, daß das Todesurteil in sechs Jahre Zuchthaus umgewandelt wurde – ein platonischer Sieg, wenn man bedenkt, vor wie langer Zeit Marinus schon ein Opfer der Guillotine geworden war. Aber van der Lubbe und Kempner kämpften nach diesem Urteil 1967 weiter, und 1980 gelang dann der vollständige posthume Sieg. Der tote van der Lubbe wurde freigesprochen, das Urteil wegen »Unzuständigkeit des Berliner Kammergerichts« 1981 wieder aufgehoben und das Verfahren bis zur Einsetzung eines Rechtsnachfolgers des Reichsgerichts, also nach einer Wiedervereinigung Deutschlands, vom Bundesgerichtshof suspendiert.

Die Entführung des Lindbergh-Babys 1935

Der Prozeß, von der sogenannten gelben Presse – den Massenblättern – freilich nicht von den seriösen Zeitungen schon vor seinem Beginn und wohl etwas voreilig der »Prozeß des Jahrhunderts« getauft, beginnt am 2. Januar 1935 um 9 Uhr 30. Ort der Verhandlung ist das alte Gerichtsgebäude in dem Städtchen Flemington im Staate New Jersey – das Rathaus, das Gerichtsgebäude, das Hotel, die Tankstelle, das Kino, der Drugstore, alle auf der Main Street, kleine und kleinste Wohnhäuser – das ist das ganze Nest.

Das Gerichtsgebäude ist in den letzten Wochen gründlich renoviert worden, wenn man es so bezeichnen darf, daß einige Techniker eine große Anzahl von Telephon- und Telegraphenleitungen legte, damit es möglich werden würde, innerhalb von sechs Stunden bis an die 30 Millionen Worte überallhin, vor allem natürlich in die großen Städte der Vereinigten Staaten zu telegraphieren. Das hat zwar ein Heidengeld gekostet, aber die großen Zeitungen und Verlage Amerikas wissen, daß sie auf ihre Rechnung kommen werden, wenn der Prozeß fünfzehn Tage dauern würde, und vermutlich würde er länger dauern. In den USA werden Artikel immer telegraphiert, selbst wenn die Zeitungen in der gleichen Stadt ihren Sitz haben, wie die des Autors.

Weit mehr als hundert Reporter haben sich bereits angemeldet. Sie finden nur mit Mühe Platz, denn der Gerichtssaal faßt allenfalls elfhundert Personen, und bereits zwei Stunden vor Beginn der ersten Verhandlung drängen sich rund tausend vor den Eingangstüren. Inzwischen sind zu den hundert Journalisten weitere siebenhundert eingetroffen. Dazu 128 Kameramänner, und vor dem Gerichtsgebäude befinden sich auch noch 22 Tonfilmwagen, die erst in den letzten Jahren gebaut worden sind, und etwa 200 Bedienstete der Telegraphengesellschaften. Die Schaulustigen, die nicht hineinkommen können, verlassen trotzdem nicht den Platz vor dem Gerichtsgebäude, und im Verlauf der nächsten Wochen bleibt das Bild gleich, obwohl es bitter kalt ist, einige Grade unter dem Gefrierpunkt.

Flemington ist ausverkauft. Es gibt nicht genug Hotelzimmer oder möblierte Zimmer, die die Einwohner zu Wucherpreisen vermieten, es gibt nicht genug Restaurants – ein Grund mehr, daß ihre Inhaber doppelte und dreifache Preise für immer kleinere Portionen verlangen. Man hat schließlich nur einmal einen »Prozeß des Jahrhunderts« im Städtchen. So eine Gelegenheit kommt nie wieder.

Warum wird der Prozeß gegen Bruno Richard Hauptmann nicht in New York – genauer: im Stadtteil Bronx –, wo er wohnhaft ist und wo man ihn auch verhaftet hat abgewickelt, sondern in dieser kleinen Stadt? Weil Hauptmann in New York nur wegen Erpressung angeklagt werden könnte, im Staate New Jersey dagegen wegen Kidnapping und Mord, denn das Baby des Fliegers Charles A. Lindbergh ist in diesem Staat geraubt und umgebracht worden. Es gab zwar Schwierigkeiten, denn die Verteidigung Hauptmanns kämpfte verzweifelt gegen die Auslieferung. Übrigens liegt New Jersey von der Stadt und dem Staat New York nur einige hundert Meter entfernt, lediglich der Hudson-Fluß trennt die beiden Staaten voneinander, aber schließlich hat man es doch geschafft.

Eigentlich sollte der Prozeß schon kurz vor Weihnachten beginnen, also noch 1934. Aber der Richter hat vorausgesehen, daß er längere Zeit dauern würde, und den Geschworenen nicht zumuten wollen, die Weihnachtsfeiertage fern von ihren Lieben zu verbringen, was notwendig geworden wäre. Daher die Verlegung auf den 2. Januar.

Das Gericht verspätet sich. Es ist zehn Minuten vor zehn, als der Oberrichter Tenchaert den Gerichtssaal betritt; ein alter

Mann, 71 Jahre, aber er wirkt älter, es wird sein letzter Prozeß sein, und er weiß es wohl auch.

Wahl der Geschworenen. Der Richter, der zu Recht befürchtet, daß es da Schwierigkeiten geben würde, hat nicht weniger als 150 Personen namhaft gemacht, um die zwölf Geschworenen zu bestimmen; über manche Kandidaten konnten sich Verteidigung und Anklage überhaupt nicht einigen. Schließlich werden, schon am ersten Tag, sechs Männer und vier Frauen ausgewählt, einfache Leute, Arbeiter, Farmer, Versicherungsagenten, Hausfrauen. Am zweiten Verhandlungstag werden schnell die beiden letzten nominiert.

Nun kann es losgehen.

Der Hauptverteidiger Edward J. Reilly, ein sehr bekannter, erfolgreicher Mann, der sich rühmt, noch keinen großen Prozeß verloren zu haben, wird schon nach wenigen Minuten zum erstenmal ausfallend. Wenn man ihn hört und seinen Nebenverteidiger Lloyd D. Fisher, könnte man glauben, daß es überhaupt keinen Grund gibt, Hauptmann vor Gericht zu stellen. David T. Wilentz, der hochelegante Oberstaatsanwalt von New Jersey, weiß es natürlich besser, so wie ja die gesamte Öffentlichkeit es »besser« weiß. Zuviel hat über und gegen Hauptmann bereits in der Presse gestanden, zu viele sogenannte Zeugen – keine Gerichtszeugen – haben sich bereits zu dem Fall geäußert, der eben schon lange, bevor er vor das Gericht gekommen ist, ein »Fall« geworden ist und werden mußte.

Wer ist sonst noch an wichtigen Persönlichkeiten im Saal? Natürlich die Frau Hauptmanns mit ihrem kleinen Jungen, fast noch ein Baby. Indem sie den Jungen so oft photographieren läßt, als handele es sich um ihn und nicht um das Lindbergh-Baby, hofft sie, die Stimmung im Saal und darüber hinaus im Land zugunsten Hauptmanns beeinflußt zu haben. Das gelingt ihr wohl auch zum Teil.

Dann ist noch Charles A. Lindbergh eingetroffen, der überhaupt bei sämtlichen Verhandlungen anwesend sein wird, ohne daß er je eine Bewegung zu erkennen gibt, ohne daß er ein Wort sagt, mit Ausnahme der halben Stunde, in der er als

Zeuge vernommen wird; später wird er sagen, er sei nur gekommen, um sich sein eigenes Urteil zu bilden.

Einer der ersten, die vernommen werden, ist ein Landvermesser, der die Lage des Hauses, das Lindbergh gebaut hat und in dem er und seine Familie wohnen und aus dem das Baby entführt worden ist, schildert. Dann kommt schon Anne Lindbergh in den Zeugenstand. Die sehr junge Frau soll noch einmal die tragischen Ereignisse schildern, die in der Entführung ihres Babys gipfelten. Es handelt sich um die Ereignisse vom 1. März 1934. Dem Staatsanwalt tut es sichtlich leid, die schon tief erschütterte und gequälte Mutter von neuem zu befragen.

Sie identifiziert das Kind auf den Photos, die man ihr vorlegt. Sie kann nichts sagen, als daß das Kind aus dem Haus verschwand – alles übrige werden andere Zeugen berichten.

Dann wird Lindbergh selbst herbeigerufen. Im Gegensatz zu seiner Frau läßt er seine Erschütterung nicht spüren, erzählt mit äußerster Ruhe, wie er das Bett des Kindes leer gefunden hat, was sich dann alles ereignet hat; wie schließlich der Kidnapper ihn und einen Helfer, den Dr. Condon, auf einen nächtlichen Friedhof zitiert habe, und daß er, Lindbergh, die Stimme des Unbekannten gehört habe und sicher sei, es sei die Hauptmanns gewesen.

Aufregung im Gerichtssaal.

»Halten Sie den Angeklagten für schuldig?« beginnt Reilly sein Kreuzverhör, das drei Stunden dauern wird.

»Ja.«

»Sie halten Ihn für den Entführer Ihres Kindes?«

»Jawohl.«

»Für einen Alleintäter?«

»Jawohl!«

Lindbergh wird bei keinem Widerspruch erwischt, weder bei diesen Aussagen noch nachher. Reilly kann ihn beim besten Willen nicht dazu bringen, irgendeinen Zweifel bei Lindbergh zu wecken.

Reilly: »Aber Sie handelten und dachten doch immer als in-

Bruno Richard Hauptmann, der vermutliche Entführer des Lindbergh Babys, wird von zwei Polizisten des FBI in den Gerichtssaal geführt.
(Foto: Keystone)

teressierte Partei. Ich meine, als Vater des Kindes. Sie waren doch nie neutral!«

»Deswegen habe ich ja die Polizei benachrichtigt.« Er steht übrigens für sein ursprünglich ebenfalls verdächtigtes Personal völlig ein.

Der alte Richter hält sich wacker. Er sorgt dafür, daß Staatsanwälte und Anwälte nicht zu heftig werden, wozu sie alle tendieren. Er fährt jeden Freitag Abend nach Trenton, der Hauptstadt New Jerseys, wo er wohnt, und legt sich für zwei Tage ins Bett. Während dieser zwei Ruhetage wird der Gerichtssaal von tausenden und abertausenden angereister Touristen besucht, die alles genau besichtigen wollen, wenn sie schon dem Gerichtsverfahren selbst nicht beiwohnen können.

Und nun kommt es zur Vernehmung des bereits berühmten Dr. J. Condon, von dem so viel in den Zeitungen die Rede war, einem der Höhepunkte des Prozesses.

Aber vielleicht sollte erst einmal von den Hauptpersonen des Prozesses gesprochen werden, und vor allem auch von dem Verbrechen, das hier zur Verhandlung steht.

Also: Bruno Richard Hauptmann, um die Jahrhundertwende im sächsischen Städtchen Kamenz geboren, wird in den letzten Jahren des ersten Weltkriegs noch eingezogen, kommt aber nicht mehr an die Front, wird eine Zeitlang Fabrikarbeiter in Chemnitz, wo er hilft, Bomben herzustellen, wird nach Kriegsende Gelegenheitsdieb – ein Mantel oder auch kleinere Beträge oder Briefmarken, Brot usw. sind alles, was er stiehlt – wird schließlich gefaßt und zu fünf Jahren und drei Monaten verurteilt. Die sitzt er ab. Inzwischen hat er versucht, sich mit dem Spartacus-Bund, in dem sich Kommunisten damals organisiert haben, in Verbindung zu setzen, ist aber auf keine Gegenliebe gestoßen. Nach seiner Entlassung wiederum Einbrüche, er wird wieder gefaßt, bricht aus, was beim Landgericht in Kamenz nicht allzu schwierig ist. Er weiß, daß er aus Deutschland verschwinden muß, weiß auch, wohin er will: in die Vereinigten Staaten, in das Land der unbegrenzten Möglichkeiten.

Dreimal versucht er es als blinder Passagier, zweimal wird er zurückgeschickt, beim dritten Mal klappt es.

Er kommt mittellos in New York an, findet Arbeit als Tischler, arbeitet sich ein bißchen herauf und lernt ein junges Mädchen kennen, eine gewisse Anna Schoeffler, heiratet sie, das Jahr ist 1925, und macht sich als Tischler selbständig. Freilich, Amerikaner kann er nie werden, er ist ja illegal eingewandert.

Der mit Hauptmann fast gleichaltrige Charles Augustus Lindbergh wird schon frühzeitig Flieger, Postflieger, ein ausgezeichneter Postflieger übrigens, der seinen Dienst auch bei miserablem, diesigem oder nebligem Wetter verrichtet. Er ist recht groß, schlank, blond, und immer wieder, auch lange nach dem Prozeß noch, aussehend wie ein Junge um die zwanzig herum.

Er hat einen Ehrgeiz: er möchte einen Preis erringen – 25 000 Dollar für den ersten Flug vom amerikanischen Kontinent, also von New York oder New Jersey aus, zum europäischen Kontinent – er denkt übrigens sofort an Paris. Er läßt sich ein Flugzeug bauen, was 5000 Dollar kostet, die er nicht besitzt, die er aber von Freunden borgt. Es ist ein überaus leichtes Flugzeug, das er »Geist von St. Louis« nennt, in dem es nichts Überflüssiges geben soll, weil er alles an Last für seine eigene Person und für Benzin braucht; nicht einmal ein Radio will er haben, es würde ihn, so sagt er, nur stören. Und so nimmt er nur zwei Taschenlampen an Bord, eine Rolle Seil, eine Rolle Bindfaden, ein Jagdmesser, ein Gummiboot, eine Säge, um sich im Falle eines Unglücks befreien zu können, und zwei Luftkissen.

Der Flug, der anderthalb Tage dauert, wird Historie. Fast während der gesamten Zeit hört man nichts von ihm, vermutet schon, er sei irgendwo im Ozean versunken, als er dann zur Verblüffung und Begeisterung einer riesigen Menschenmenge genau dort landet, wo er landen wollte: auf der Piste des Pariser Flughafens Le Bourget – fast ein Märchen.

Er wird in Paris gefeiert, in London und vor allem natürlich in New York, das er als Passagier eines Dampfers wieder erreicht, wo es natürlich eine Konfettiparade den Broadway hinab gibt, wie sie seit dem Weltkrieg nicht mehr stattgefunden hat.

Im Hintergrund murmeln Pessimisten, man werde in wenigen Wochen oder Monaten nicht mehr von Lindbergh sprechen. Das möchte Lindbergh nur zu gern. Ruhm und Popularität stören ihn. Er zieht sich wieder in den Postflugdienst zurück, aber in Washington macht man ihn zum Leutnant, bald darauf zum Obersten; das sind natürlich nur pro forma-Titel, denn er tritt ja nicht in die Armee ein. Man läßt ihn Propagandaflüge machen, meist über Strecken, wie man sie bisher noch nicht geflogen ist, wie etwa New York – San Franzisko.

Einmal fliegt er nach Mexico, ist dort Gast des amerikanischen Botschafters Morrow, eines schwerreichen Mannes, vormals Partner von John Pierpont Morgan. Er verliebt sich in eine Tochter Morrows. Die Verlobung wird am 17. Februar 1929 bekanntgegeben. Die Heirat findet in Eaglewood im Staate New Jersey statt, dem Sitz der Familie Morrow. Im engsten Kreis übrigens, denn Lindbergh liebt ja die Zurückgezogenheit, mag die Öffentlichkeit nicht, ist jeder Publicity abhold.

Am 22. Juni 1930, dem vierundzwanzigsten Geburtstag seiner Frau, wird, immer noch im Hause des Vaters Morrow, wo auch die Lindberghs wohnen, ein Sohn geboren, der nach seinem Vater Charles Augustus genannt wird. Eine ungeheure Flut von Briefen, von Telegrammen, von Anfragen, wie es dem Kind gehe, was es wiege, wie es aussehe...

Lindbergh, angeekelt: »Wenn sie mich lieben, sollen sie mich doch in Ruhe lassen!«

Er ist nicht mehr Flieger. Er hat einen neuen Beruf ergriffen. Er experimentiert im Rockefeller-Institut in New York zusammen mit dem Nobelpreisträger Professor Carell. Es geht um die Schaffung eines künstlichen Herzens und um Erfindungen, die, wenn sie gelängen, das menschliche Leben verlängern würden. Diese Experimente verlaufen nicht ohne Erfolg. So gelingt es zum Beispiel, das Herz eines Kaninchens, das aus dem Körper herausoperiert worden ist, am Leben zu erhalten – einen ganzen Monat lang. Aber darüber wird kaum etwas veröffentlicht, das ist auch die Bedingung, unter der Lindbergh arbeitet.

Morrow, inzwischen Senator geworden, stirbt, nicht einmal sechzig Jahre alt, an einem Herzleiden und wohl auch an Überarbeitung. Lindbergh findet das Haus seiner Schwiegermutter zu groß, viel zu aufwendig. Man bedenke, über zwanzig Angestellte! Er sucht sich nicht sehr weit entfernt, noch näher beim Dorf Hopewell, ein Grundstück auf einem Berg, das schwer zugänglich ist. Dort baut er sich ein relativ bescheidenes Haus. Vorläufig verbringen er und seine Familie je eine Woche bei der Schwiegermutter, dann wiederum eine Woche in ihrem neuen Heim. Das Kindermädchen Betty Gow zieht immer mit um. Außer ihr gibt es im neuen Heim der Lindberghs nur noch ein Dienerehepaar.

Ende Februar 1933 zieht sich das Kind einen Bronchialkatarrh zu, es fiebert. Nichts Ernsthaftes, eher eine gewöhnliche Erkältung. Immerhin beschließt die Mutter, vorläufig nicht wie beabsichtigt in das Haus ihrer Mutter zu fahren, sondern mit dem Kind in Hopewell zu bleiben. Das ist am 28. Februar.

Am 1. März hat sich das Kind weitgehend erholt, aber das Wetter wird so schlecht, daß Frau Lindbergh froh ist, nicht zu ihrer Mutter gefahren zu sein, obwohl es sich nur um eine Autofahrt von etwas über einer Stunde handelt.

Etwas später als sonst, denn er hatte in New York noch einen Vortrag halten müssen, kommt Lindbergh nach Hause. Er ißt zu Abend. Er hat das Kind gesehen, das noch für die Nacht fertiggemacht worden ist. Das Kindermädchen Betty Gow sieht später, so gegen zehn, noch einmal nach, ob das Kind sich nicht freigestrampelt hat. Sie ist erstaunt, daß es im Kinderzimmer so kalt und das Fenster halb offen ist. Vor allem aber: das Bettchen ist leer!

Betty nimmt an, die Mutter habe das Kind zu sich genommen. Das stellt sich als Irrtum heraus. Beide vermuten, der Oberst habe, was eigentlich gegen seine Gewohnheit wäre, das Kind in sein Zimmer getragen. Das stimmt auch nicht.

Lindbergh, voll böser Ahnungen, eilt in das Kinderzimmer. In der Tat, das Bett ist leer. Er ruft seiner Frau zu: »Sie haben unser Kind gestohlen!« ergreift ein Gewehr und stürzt in den Sturm hinaus, in der Hoffnung, den oder die Entführer, noch weiß er ja nichts, zu erwischen.

Man ruft die Polizei. Ein Brief wird auf dem Fensterbrett gefunden, voller orthographischer Fehler, aus denen die Polizei von New Jersey schließt, daß es sich bei dem Entführer um einen Ausländer handeln muß. Er teilt mit, er werde sich wieder melden. Man vermutet, daß es sich um einen Deutschen handelt, denn das Wort »good« ist »gut« geschrieben.

Die Entführung des Lindbergh-Babys wird über Nacht eine Sensation in ganz Amerika. In New York erscheinen schon am 2. März Extrablätter.

Die Mutter ist ungeheuer besorgt. Noch glaubt sie, daß man das Kind zurückgeben wird, wenn die Bedingungen, die sie ja noch nicht kennt, erfüllt werden. Aber das Kind ist ja krank, und über Radio läßt sie die Entführer wissen, was es essen soll oder muß: einen Liter Milch im Laufe des Tages, drei Teelöffel Haferschleim morgens und abends, ein halbes Glas Orangensaft beim Erwachen, ein halbes Glas Pflaumensaft nach dem Mittagsschlaf, einmal am Tag zwei Löffel gekochtes Gemüse, ein Eigelb zu Mittag, vierzehn Tropfen eines bestimmten Abführmittels. Das erfährt nun das ganze Land.

In Hopewell erscheint der Chef der Staatspolizei, Oberst Schwarzkopf, der die Aufklärung des Verbrechens in Händen hält. Und auch, wenn möglich die Rückführung des Kindes veranlassen wird.

Freilich, er findet keine Spuren in oder vor dem Haus, das Letztere schon deshalb nicht, weil sich über vierhundert Journalisten eingefunden haben, um etwas zu erfahren – irgend etwas, und alle möglicherweise vorhandenen Spuren zertrampelt haben. Sie versuchen auch, allerdings vergeblich, mit Lindbergh zu sprechen. Ständig Telegramme und Briefe aus New York und ganz Amerika.

Was ist zu tun? Sollte man die sogenannte Unterwelt einschalten, die doch sicher Kontakte zu den Entführern des Kindes hat – man spricht immer noch von mehreren oder gar von einer Bande – es wird auch jemand engagiert, der sich gewisser Kontakte zur Unterwelt rühmt, aber dieser Mann, ein gewisser Morris Rosner, bringt nichts heraus.

Detektive der Staatspolizei arbeiten fieberhaft. Die alte Frau Morrow engagiert weitere Detektive, schließlich übernimmt John Edgar Hoover, Chef des FBI, ein fast genialer Polizist, die Leitung der Ermittlungen.

Da trifft eine Mitteilung des oder der Entführer ein, dem Kind gehe es gut, es würde ihm nichts geschehen, wenn die Polizei nicht eingeschaltet werde – die ja schon eingeschaltet ist. Man solle 50000 Dollar bereithalten – es wird genau angegeben, wie hoch die einzelnen Scheine sein müssen. Aus der ganzen Art des Briefes geht erneut hervor, daß es sich bei dem Briefschreiber zweifellos um einen Ausländer handelt.

Die Eltern antworten per Radio: »Wir wollen nichts anderes als die Rückkehr unseres unversehrten Kindes. Unser Interesse an seiner Rückkehr ist so stark – das sollten auch die Entführer glauben – daß sie jegliches Vertrauen in alle unsere Versprechungen haben können. Wir werden keine Strafverfolgung einleiten, wir werden alle Forderungen erfüllen. Vertraute der Entführer mögen sich mit Vertrauten von uns treffen, um das Notwendige zu vereinbaren.«

Dieser Aufruf wird in viertausend Zeitungen nachgedruckt, in sechs verschiedenen Sprachen: Englisch, Spanisch, Deutsch, Französisch, Italienisch und Jiddisch.

Die Sache hat einen Haken: Die Lindberghs können gar keine Straffreiheit zusichern. Darauf würden wohl die Behörden nie eingehen.

Neues Schreiben der Entführer: »Ist es denn wirklich notwendig, aus dieser Angelegenheit eine Weltaffäre zu machen? Oder ist es nicht für beide Seiten besser, das Baby so schnell wie möglich zurückzugeben?« Und: »Wir pflegen Ihr Kind, Sie brauchen keine Angst zu haben, wir passen Tag und Nacht auf und füttern es streng nach der vorgeschriebenen Diät. Wir wollen es Ihnen ja – Sie können es uns glauben – bei bester Gesundheit zurückgeben, aber wir können jetzt nichts machen. Zunächst ist alles teurer geworden dadurch, daß wir das Baby länger behalten müssen. Wir brauchen 70000 Dollar, notieren Sie aber nicht die Nummern der Geldscheine... Wir werden Sie erst später benachrichtigen, wo das Geld abzuliefern ist. Wir werden nichts in der Sache tun, solange die Polizei hinter uns her ist, wir werden erst dann etwas tun, wenn die Presse ruhig geworden ist. Wir sind auf alles vorbereitet, denn die Entführung war seit einem Jahr geplant.«

Die Polizei hat schon in der ersten Nacht unmittelbar neben dem Entführungs-Fenster eine leicht angebrochene Leiter gefunden, offenbar diejenige, mittels derer die oder der Kidnapper in das Haus eingestiegen sind. Man versucht herauszubekommen, wo die Leiter gekauft worden ist, findet aber kein Geschäft, das sie verkauft haben will.

Die »Unterwelt« schaltet sich von sich aus ein, die ständigen Razzien der Polizei gehen ihr auf die Nerven. Man will die Sache beenden, so oder so. Sogar Al Capone im Zuchthaus auf der Insel Alcatraz wäre bereit, das Kind herbeizuschaffen, wenn man ihn vorübergehend frei ließe. Auf dieses Angebot erhält er nicht einmal eine Antwort.

Immer wieder ergeben sich neue Fragen. Wie konnten die Verbrecher wissen, daß die Lindberghs an dem in Frage kommenden Wochenende nicht zu Frau Morrow gefahren sind? Oder wußten sie gar nicht, daß sie des öfteren zu den Morrows fuhren? Wenn man bedenkt, daß der Coup so lange vorbereitet worden war, recht unwahrscheinlich.

Man verhaftet einen norwegischen Seemann namens Henry Johnson, einen Freund des Kindermädchens Betty Gow, der von ihr erfahren hat, daß die Lindberghs an dem fraglichen Abend nicht bei Frau Morrow sein würden, denn Betty wäre sonst mit ihm ausgegangen. Gegen Johnson spricht, daß er sich illegal in Amerika aufhält. Und er wird, nachdem sich herausgestellt hat, daß nichts gegen ihn vorliegt und vorliegen kann, sofort in seine Heimat abgeschoben.

Und jetzt tritt eine neue Figur auf: der zweiundsiebzigjährige, schneeweiße, sehr große und breite Dr. John F. Condon, ehemaliger Lehrer, der in der Bronx lebt, einem Stadtteil New Yorks, der zwar mit der Sache nicht das Geringste zu tun hat, sich aber gern in alles einmischt. Und nun eben auch in diese Angelegenheit. Er ist ein vielbeschäftigter Mann, hält immer noch Abendkurse ab, erteilt Dutzenden von Nachbarn Ratschläge, wenn sie, was oft geschieht, zu ihm kommen, um ihn um seine Meinung zu befragen.

Er hat in der »Bronx News«, wahrhaftig keiner internationalen, nicht einmal einer nationalen Zeitung, die man kaum in Manhattan liest, eine Annonce aufgegeben, in der er die Lindbergh-Täter auffordert, sich mit ihm als Mittelsmann in Verbindung zu setzen: »Im Namen der Mutter des Kindes und im Namen Christi bitte ich die Entführer, das Kind der Mutter zurückzubringen. Oberst Lindbergh soll wissen, daß das amerikanische Volk dankbar ist für die Ehre, die ihm durch seinen Mut und seine Waghalsigkeit widerfahren ist. Ich biete 1000 Dollar außer den 50 000 Dollar Lösegeld, die von Lindbergh bereits für die Rückgabe angeboten ist...« Er unterschreibt mit vollem Namen und Adresse. Und bekommt in der Tat eine Antwort, wieder in jener bereits bekannten seltsamen Schrift und unmöglichen Orthographie:

»Werter Herr, wenn Sie bereit sind, als Unterhändler im Lindbergh-Fall zu amtieren, dann folgen Sie bitte genau unseren Anweisungen. Händigen Sie beigeschlossenen Brief selbst an Mr. Lindbergh aus. Er wird einiges erklären. Aber teilen Sie nichts der Polizei mit, sonst stellen wir alles wieder zurück und es gibt weitere Verzögerungen. Wenn Sie das Geld von Mr. Lindbergh bekommen haben, inserieren Sie im ›New York American‹ ›Das Geld ist bereit‹. Wenn das Inserat erschienen ist, werden wir Ihnen weitere Mitteilungen zukommen lassen. Haben Sie keine Angst, Ihre 1000 Dollar wollen wir nicht. Aber probieren Sie keine Extratouren, seien Sie jetzt jede Nacht zu Hause zwischen sechs und zwölf. Sie werden dann Näheres erfahren.«

Die Entführer scheinen also Vertrauen zu Condon zu haben. Die Lindberghs haben es, obwohl Condon ja gehandelt hat, ohne sie vorher zu fragen. Allerdings hat er nun, nach dem ersten Brief der Entführer, an Lindbergh geschrieben, und der sagt ihm, er solle weiter den Vermittler spielen.

Condon erhält einen weiteren Brief, der ihn anweist, zur Endstation einer bestimmten Hochbahnstrecke zu fahren. »Dreihundert Meter links von der Station befindet sich ein leerer Würstchenstand; in der Mitte der kleinen Vorhalle auf einem Stein liegen weitere Anweisungen. Bleiben Sie ungefähr 60 Minuten dort.«

Lindbergh erklärt, mitkommen zu wollen, und bringt auch gleich das Geld mit. 50000 Dollar in einem kleinen Koffer, und in einem besonderen Umschlag noch einmal 20000 Dollar. Die Anweisung, die beide auf dem Stein finden, lautet: »Gehen Sie über die Straße und dann immer am Gitter des Friedhofs entlang in Richtung der 32. Straße. Ich werde Sie dort treffen.«

Und Condon trifft wirklich den Mann auf dem Friedhof. Lindbergh ist im Wagen geblieben. Der Mann, in der Dunkelheit nicht erkennbar, fragt Condon: »Haben Sie das Geld?«

Condon will zuerst das Baby sehen, aber davon kann keine Rede sein. Also hat er keinen Beweis, daß er mit dem »richtigen« Mann spricht.

Der Unbekannte bemerkt, er sei nicht der Führer der Bande, sondern nur von ihr ausgesandt, und er könne nichts anderes tun, als das Geld verlangen. Condon holt also die 50000 Dollar aus dem Wagen. Ein Friedhofswärter taucht auf und der Mann verschwindet so schnell, wie er aufgetaucht ist. Erst als der Wärter weitergegangen ist und Condon schon die Hoffnung aufgegeben hat, daß der Mann wieder erscheinen wird, hört Condon seine Stimme: »Hallo, Doktor, sind Sie noch da?«

Auch Lindbergh, der im offenen Wagen sitzend angestrengt lauscht, hört die Stimme. Die 50000 Dollar werden also abgegeben, die letzten 20000 hat Condon dem Mann ausgeredet.

Der Mann verschwindet. Nun wartet Lindbergh auf sein Kind, aber es geschieht nichts. Der oder die Entführer schweigen sich aus. Condon, der Unermüdliche, inseriert wieder.

Und es trifft abermals ein Brief ein, in dem die Entführer 100000 Dollar verlangen. Von den 70000 ist überhaupt nicht die Rede, auch nicht von 50000 Dollar. Es muß sich also um andere Leute handeln, jedenfalls um Leute, die gar nicht wissen, daß bereits Geld gezahlt worden ist.

Immer wieder treffen neue Hinweise ein, wo das Kind sich befinden könnte. Der Reeder Curtis erklärt, er habe herausbekommen, daß das Baby auf einem Schiff gefangengehalten werde. Man sucht das Meer nach diesem Schiff ab – nichts.

Ein anderer Schwindler namens Means luchst einer Frau McLean über 100000 Dollar ab, weil er angeblich weiß, daß diese nach dem Tod ihres eigenen kleinen Kindes keinen sehnlicheren Wunsch hat, als den Lindberghs ihr Kind zu erhalten. Er behauptet zu wissen, wo sich das Baby befindet, verschwindet aber dann und läßt nichts mehr von sich hören. Später wird er gefunden und verhaftet und erhält fünfzehn Jahre Zuchthaus, aber das Geld ist fort und wird nie wieder in Erscheinung treten.

Inzwischen tauchen hier und dort Dollarnoten auf, die aus dem Lösegeld stammen. Das weiß man, denn man hat die Scheine markiert, und sie stammen alle aus einer Serie. Aber auch damit kommt man nicht weiter. Das Kind ist nun schon zwei Monate verschwunden.

Gibt Lindbergh auf? Höchstwahrscheinlich. Aber Frau Lindbergh will nicht aufgeben, sie klammert sich an jeden, auch den kleinsten Hoffnungsschimmer.

Am 12. Mai 1933 findet ein Schwarzer namens William I. Allen, der eine Holzfuhre nach Hopewell bringt, nicht allzu weit vom Lindbergh-Haus etwas Weißes. Er steigt aus dem Wagen, schaut nach und kommt zu seinem Mitfahrer mit den entsetzten Worten zurück! »Kind! Totes Kind! Kind im Gebüsch, ohne Hände... drüben!«

Woher mag die Leiche stammen? Vielleicht aus dem nahegelegenen Waisenhaus? Nein, dort vermißt man kein Kind. Die Polizei untersucht den Leichnam. Das Kind ist seit mindestens zwei Monaten tot. Das Lindbergh-Baby? Eine Obduktion der Leiche oder dessen, was noch übrig ist, denn die Raubvögel haben schlimm gewütet, läßt es als wahrscheinlich erscheinen, daß es sich um das Lindbergh-Baby handelt.

Der Presse wird das mitgeteilt, wozu Lindbergh – das ist für lange Zeit das letzte Mal – seine Zustimmung gibt, nachdem Oberst Schwarzkopf die entsprechende Erklärung im Hause Lindbergh vorgelesen hat.

Extrablätter. Die New York Daily News, die als erste Zeitung mit der furchtbaren Nachricht herauskommt, verkauft 3 Millionen Exemplare mehr als sonst.

Erklärung der Polizei für die Tatsache, daß der Leichnam einen Schädelbruch aufweist: »Entweder ist der Entführer mit dem Kind auf dem Arm von der Leiter gestürzt, oder er hat sich des Kindes etwas heftig entledigt, als er sich beobachtet glaubte oder zumindest befürchten mußte, daß er bald beobachtet werde...«

Mehr als Formsache muß Lindbergh den Leichnam identifizieren. Das geschieht in der Leichenhalle von Trenton, der Hauptstadt von New Jersey. Er eilt dann sofort wieder zu seiner Arbeit in New York zurück. Eine Erschütterung läßt er sich nicht anmerken. Auch seine Frau reißt sich jetzt zusammen und beginnt, da man jetzt das Schreckliche weiß, wieder ihren Haushaltspflichten nachzukommen. Sie erscheint täglich zu Tisch und besucht auch ihre Mutter.

Jetzt müssen die Schwindler, die zu wissen vorgegeben hatten, wo sich das Baby befindet, zugeben, daß sie nichts wußten. Der Reeder Curtis, der den Schwindel mit dem Schiff aufgebracht hat, unterschreibt eine Erklärung, er habe alles erfunden. Er sei offenbar nicht normal gewesen, als er das getan habe. Er wird zu einem Jahr Gefängnis verurteilt. Über Gaston B. Means und sein Schicksal ist ja bereits berichtet worden.

Auftritt eines neuen Mannes: Artur Köhler, Holzexperte

der Regierung in Washington. Ihn interessiert nur die gefundene Leiter. Er erklärt:»Wir haben in den USA 40000 Holzfabriken, aber ich kann die Fabrik herausfinden, von der das Holz dieser Leiter stammt. Freilich, es wird dauern, acht bis zehn Monate vermutlich.«

Die Polizei verbeißt sich in die Verhöre der Angestellten Frau Morrows und der Lindberghs. Irgend jemand in einem der Häuser muß doch mit in dem Komplott gewesen sein, sonst hätten die Täter ja nicht wissen können, wo sich das Kind gerade befand. Besonders Violet Sharpe, das englische Zimmermädchen bei den Morrows, ein hübsches Ding, daß der Butler Peaneks zu heiraten gedenkt, wird so scharf in die Zange genommen, daß sie in völlige Hysterie verfällt. Es kommt heraus, daß sie an dem betreffenden Abend mit einem jungen Mann zusammen war, was sie ihrem Verlobten verschweigen wollte. Sie behauptet, nur den Vornamen dieses Mannes zu kennen, er heiße Ernie, und die Polizei glaubt in ihm den vorbestraften Ernest Brinkert zu erkennen, von dem sich dann aber herausstellt, daß er nicht das Geringste mit der Sache zu tun hat, weil er das Mädchen gar nicht kennt.

Schließlich meldet sich der »richtige« Ernie, aber es ist zu spät. Violet hat durchgedreht und sich mit Zyankali vergiftet.

Empörung in England, Empörung bei den englischen Behörden in den USA, Empörung bei dem Britischen Konsul in New York, der die Sache untersuchen soll, insbesondere ob man einer englischen Bürgerin ungebührlich zugesetzt hat.

16. August 1933, 6 Uhr 30 morgens: Geburt eines weiteren Jungen der Lindberghs. Erklärung Lindberghs:»Frau Lindbergh und ich haben unser Heim in New Jersey. Es ist natürlich unser Wunsch, dort in der Nähe unserer Freunde zu arbeiten und zu wohnen, es ist jedoch unmöglich für uns, das Leben unseres zweiten Kindes dem öffentlichen Interesse und der Publicity auszuliefern, die zumindest zu einem großen Teil mitverantwortlich für den Tod unseres ersten Kindes war. Wir sind der Ansicht, daß unsere Kinder das Recht haben, normal wie andere Kinder aufzuwachsen... Ich wende mich daher an die

Presse mit der Bitte, daß unsere Kinder das Leben normaler amerikanischer Bürger führen können.«

Vorläufig kommt man diesem Ersuchen nach, die Öffentlichkeit sowohl als auch die Presse.

Der neugewählte Präsident Roosevelt hat eine neue Bestimmung erlassen, die unter anderem den Umtausch von alten Banknoten einer gewissen Sorte, den sogenannten Goldnoten, vorsieht. Im Laufe dieser Aktion werden auch 2980 Dollar umgewechselt, die aus dem Lösegeld stammen. Der Mann, der das gemacht hat, hat sich Faulkner genannt und eine Adresse in der 149. Straße angegeben. Aber dort gibt es keinen Faulkner.

Immerhin: der oder die Kidnapper dürften weitere Noten einlösen. Man muß nur warten.

1933. Dies und das geschieht in der Welt, unter anderem ist Hitler an die Macht gekommen. In Amerika geschieht ebenfalls dies oder jenes, Lindbergh beschäftigt sich mit der Aufstellung von internationalen Flugrouten, er denkt an spätere Flüge von San Fanzisko nach China, von New York nach London mittels neu konstruierter Flugboote.

29. November 1933. Arthur Köhler erscheint in Washington mit einem Bericht, der das Holz, aus dem die bewußte Leiter hergestellt worden ist, genau bestimmt, respektive deren Ursprung feststellt.

»Die Sägewerke«, erklärt er den Detektiven J. Edgar Hoovers, »glätten die Latten heute mit Hilfe von sich drehenden Hobeln, an denen acht Messerschneiden angebracht sind. Diese Hobel drehen sich etwa viertausendmal in der Minute, so daß 32 winzige Einschnitte entstehen, die dem bloßen Auge nicht sichtbar sind...« Und so geht es eine Stunde weiter. Jedenfalls hat Köhler festgestellt, daß das Fichtenholz aus South oder North Carolina stammt. »Damit schrumpft die Zahl von 40000 Fabriken, aus denen das Holz stammen könnte, auf 1598 zusammen...« Die Fabriken werden angeschrieben, nur 25 benutzen Hobel mit acht Messern an der Breite und sechs Messern an der Kante.

»Von den 40000 auf 25 – ein hübscher Sprung, das werden Sie zugeben, meine Herren!« Köhler gelangt schließlich durch Ausscheiden auf eine einzige Firma, nämlich Dorn & Company in South Carolina. Und, nachdem er alle Bücher durchgesehen hat, kommt er darauf, daß das Holz nur an eine Firma in der Bronx gegangen sein kann, an die »Lumber and Millworks Company«.

Die Bronx! Der Mann, den die Polizei sucht, dürfte also ein Deutscher oder ehemaliger Deutscher sein, ein Tischler vermutlich oder sogar sicher – denn die Leiter ist fachmännisch gezimmert, und er muß in der Bronx wohnen. Nicht nur, daß er das Holz von dort bezogen hat, sondern er ist ja auch ein Leser der »Bronx News«.

Und richtig: Im Spätherbst des Jahres 1933 ist bei dieser Gesellschaft in der Bronx ein großer blonder Mann erschienen mit spitzem Kinn, blaß, und kauft dort Holz ein – für nur 40 Cent. Und zahlt mit einer Goldnote, die aus dem Lösegeld stammt.

Wenig später meldet eine Tankstelle in Long Island, unweit von Bronx, daß ein Mann mit unverkennbar deutschem Dialekt, spitzem Kinn und blassen Wangen eine der gesuchten Goldnoten eingewechselt habe. Der Tankwart kann sich freilich nicht mehr der Nummer seines Autos entsinnen.

Also: 1,70 bis 1,75 m groß, spitzes Kinn, blaß, vermutlich blaue Augen, Tischler, aus Deutschland stammend.

Am 13. September, es ist ein Samstag, noch früh am Morgen, fährt jemand an der Tankstelle in der 125. Straße vor, in einem dunkelblauen Wagen, und zahlt mit einer Goldnote, die sich später als zum Lösegeld gehörend erweisen wird. Irgend etwas ist dem Tankwart aufgefallen, und so notiert er sich die Nummer des Wagens auf der Goldnote: 4U1341. Und vergißt dann alles wieder.

Aber als die Goldnote in der Bank eingelöst wird, stutzt der Bankbeamte, nachdem er die Autozulassungsnummer gesehen hat. Man stellt fest, wer der Besitzer des Autos ist: Bruno Richard Hauptmann. Der wird nun nicht mehr aus den Augen gelassen. Man zieht Erkundigungen über ihn in der Nachbarschaft ein. Hauptmann hat einen guten Leumund, führt ein ruhiges, solides Leben. Er verkehrt nur mit wenigen Deutschen, lebt ganz für seine Frau und seinen kleinen Sohn Manfred.

Man verhaftet ihn schließlich aus seinem Wagen heraus. In seiner Tasche findet man Geld – Lindbergh-Lösegeld. Man findet mehr Geld bei ihm zu Hause, einem eher bescheidenen Häuschen, und zwar in der Garage versteckt. Woher hat er das Geld? In den letzten Jahren ist sein Tischlergeschäft nicht gerade gut gegangen. Und jetzt die vielen tausend Dollar? Insgesamt sind es 13750 Dollar, die sichergestellt werden. Und alle entstammen der Lösegeld-Serie!

»Ich spekuliere!« behauptet Hauptmann. Aber man kann bald feststellen, daß er zwar spekuliert, aber damit kein Geld gemacht, sondern Geld verloren hat.

Hauptmann bequemt sich nun zu einer seltsamen Aussage, die er seelenruhig macht – er wird überhaupt immer die Ruhe selbst bleiben: Also: das Geld stamme von seinem Freund Isidor Fisch, der mit ihm zusammen in einem Pelzgeschäft gearbeitet habe, aber das Geld nicht behalten wollte, weil er bei Spekulationen Geld zugesetzt habe und sich selbst nicht traue. Das Geld habe er Hauptmann anvertraut, als er Ende 1933 die Reise nach Deutschland antrat, wo er geboren war.

Die Polizei stellt fest, daß es diesen Isidor Fisch wirklich gegeben hat. Er hat in der 127. Straße gewohnt, allerdings in einem ärmlich möblierten Zimmer, was nicht darauf schließen läßt, daß er so viel Geld in Reserve hatte. Am 6. Dezember des letzten Jahres ist er tatsächlich nach Deutschland zurückgefahren.

Bis dahin aber hat er im wesentlichen von der Wohlfahrt gelebt.

Hauptmann muß allerdings der Polizei mitteilen, man werde vergeblich nach Fisch fahnden, er sei nämlich am 29. März 1934 in Deutschland gestorben. Was übrigens stimmt; aber damit entfällt auch jeder Zeuge für die seltsame Version Hauptmanns.

Hauptmann wird nun einem peinlichen Verhör unterzogen:
»Wie lange sind Sie in unserem Land?«

»Dreizehn Jahre.«

»Wie kamen Sie herüber?«

»Als blinder Passagier.«

»In welchem Hafen landeten Sie?«

»In New York.«

»Wen kannten Sie in New York?«

»Keinen Menschen.«

Und nun erfährt die Polizei, wie er sich langsam heraufgearbeitet habe – vor allem als Zimmermann.

Ob er je im Staate New Jersey gearbeitet habe?

»Ja.«

»Wohnten Sie damals in New Jersey?«

»Jawohl.«

»Wie lange?«

»Drei Monate.«

»Woher bekamen Sie all das Geld, das in Ihrer Garage gefunden wurde?«

»Ein Freund gab mir seinen Besitz zur Aufbewahrung, bis er aus Deutschland zurückkehre.«

»Wußten Sie damals, daß Geld in dem Paket war?«

»Nein, mir kam nie der Gedanke.«

»Wann entdeckten Sie es?«

»Vor drei Wochen.«

»Wieviel davon gaben Sie aus?«

»So 150 Dollar.«

»Arbeiteten Sie im April 1932?«

»Ja, ein paar kleinere Arbeiten.«

»Wieviele Tage?«

»Ich erinnere mich nicht mehr.«

»Was machten Sie sonst?«

»Ich spekulierte.«

»Handelten Sie nicht auch in Pelzen?«

»Das tat mein Freund.«

»Erfolgreich?«

»Jawohl.«
»Führten Sie Bücher?«
»Ja.«
Was nicht stimmt.
»Waren Sie im Jahr 1932 in Hopewell?«
»Nie.«
»Wissen Sie, wo der Ort liegt?«
»Nein.«
»Besaßen Sie im Jahre 1932 ein Auto?«
»Jawohl.«
»Wie lange besitzen Sie es denn?«
»Seit 1931.«

Und so geht es stundenlang weiter. Aber die New Yorker Polizei bekommt nichts Entscheidendes aus Hauptmann heraus.

Indessen finden sich Personen, die ihn identifizieren können. Zum Beispiel der Taxichauffeur Josef Perrone, der jenen Brief des oder der Kidnapper an Dr. Condon überbracht hat, erinnert sich deutlich des Mannes, der ihm den Auftrag gegeben hatte, und der ist mit Hauptmann identisch.

Und Condon selbst identifiziert ihn auch als den Mann am Friedhofszaun.

Der Anwalt Hauptmanns will ihn für 5000 Dollar Kaution freibekommen. Der Staatsanwalt lacht nur. Für 500000 wäre es vielleicht zu machen. Hauptmann bleibt also in Haft. Aber in New York kann er eben nicht wegen der entscheidenden Taten – Entführung und Mord – angeklagt oder gar verurteilt werden, allenfalls wegen Erpressung. In New Jersey wäre das eine andere Sache.

Drüben in New Jersey wird durch den jungen Generalstaatsanwalt David T. Willent Anklage gegen Hauptmann wegen Mords erhoben.

Die Sache mit Isidor Fisch stimmt übrigens, zumindest, daß er nach Leipzig gefahren ist, um dort, in der Stadt seiner Jugend, zu sterben.

Die Auslieferung Hauptmanns nach New Jersey verzögert

sich durch alle möglichen Einwände seines Anwalts. Vor allem behauptet er, für den Tag der Entführung und die Nacht vorher ein Alibi zu besitzen. Er will seine Frau in der Konditorei des Ehepaars Friedricksen abgeholt haben, was er jeden Dienstag tue. Sie sei dort Kellnerin gewesen, und die Besitzer bestätigen in der Tat, daß er Dienstags oft kam, um sie abzuholen, aber keineswegs immer. Sie sind nicht geneigt, sein Alibi durch einen Schwur zu stützen.

Am 19. Oktober 1934 wird Hauptmann noch einmal von den fünf Richtern in der Bronx verhört und dann nach New Jersey ausgeliefert.

Die Verhandlung, von der schon einiges hier berichtet wurde, wird sich über viele Wochen hinziehen.

Vernehmung von Dr. Condon. Der alte Herr bestätigt noch einmal in Flemington, was er bereits vor dem New Yorker Gericht ausgesagt hat, nämlich daß der Mann, den er am Friedhof getroffen hat, mit Hauptmann identisch sei. Er bestätigt das immer und immer wieder auf eine sehr eindrucksvolle Art, obwohl Hauptmanns Anwalt Reilly alles versucht, ihn dahin zu bringen, diese Behauptung einzuschränken.

Drei Tage lang werden Sachverständige gehört, zum Beispiel Alfred S. Osborn, der weltberühmte Schriftsachverständige, der wiederum aussagt, daß die Erpresserbriefe von Hauptmann geschrieben sein müssen. Osborn ist seit dreißig Jahren vor Gericht tätig. Kann man etwas gegen ihn vorbringen? Eigentlich nicht.

In diesen Tagen – der Prozeß läuft nun schon eine Weile – wird übrigens in New Jersey gewählt. Der neue Gouverneur wird der sechsunddreißig Jahre alte Harold G. Hoffmann. Und damit kommen politische Momente ins Spiel, die sich später noch auswirken sollen. Denn Hoffmann ist Republikaner und Willent ist Demokrat, und schon deshalb möchte ihm der neue Gouverneur keinen Triumph gönnen.

Reilly hat Schwierigkeiten mit Sachverständigen, die er aufruft, um gegen Osborn auszusagen. Von den sieben, die er in den Zeugenstand schickt, weigern sich sechs, weil sie glauben, nichts gegen Osborn vorbringen zu können.

Mehr und mehr Verdachtsgründe gegen Hauptmann werden laut. Eine Zeugin, die mit Frau Hauptmann befreundete Ella Achenbach, Gattin eines Bäckereibesitzers, sagt aus, um den fraglichen Tag herum, also Anfang März 1932, habe Hauptmann auffällig gehinkt. Frau Hauptmann, ganz empört über diese Aussage, die ja die Vermutung zuläßt, daß Hauptmann vielleicht von der brüchigen Leiter gefallen sei, ruft laut aus: »Frau Achenbach, Sie lügen!«

Die Polizei bringt ein Stück Holz aus Hauptmanns Wohnzimmer bei, auf dem Adresse und Telephonnummer Dr. Condons aufgeschrieben sind. Wer hat sie aufgeschrieben? Hauptmann behauptet, er habe nichts dergleichen getan, das müsse sein Freund Fisch gewesen sein. Auf jeden Fall dürfte es der Mann getan haben, der auf die Annonce antwortete, in der die betreffende Telephonnummer zu lesen stand.

Eine Überprüfung der Finanzen Hauptmanns ergibt, daß er und seine Frau zusammen niemals mehr als 5000 Dollar im Jahr verdienten, jedenfalls nicht bis zum April 1932. Seit dem Tag, an dem das Lösegeld bezahlt wurde, hat Hauptmann überhaupt nicht mehr gearbeitet und von da an auch nichts mehr verdient. Woher also kamen die 17000 Dollar, die er auf Maklerkonten eingezahlt hat, um damit zu spekulieren? Woher die 10000 Dollar, die sich auf seinen verschiedenen Bankkonten befanden, die 15000 Dollar, die in seiner Garage gefunden wurden?

Aussagen eines Vertreters der National Lumber Company, bei der das Holz, das für die Leiter verwendet worden war, gefunden wurde. Hauptmann hat dort nicht nur sein Holz gekauft, er hat auch dort gearbeitet.

Sehr beeindruckt zeigen sich die Geschworenen von der langatmigen Aussage des Sachverständigen Köhler, daß Hauptmann das Holz gehabt haben konnte, wenn auch nicht unbedingt feststehe, daß er die Leiter fabriziert habe. Köhler ist übrigens der neunzigste Zeuge seit Beginn des Prozesses.

Und mit diesem sehr gewichtigen Zeugen schließt der Staatsanwalt die Vernehmung seiner Zeugen.

Vergebens die Erklärungen des zweiten Verteidigers, Lloyd D. Fisher, die Zeugen der Staatsanwaltschaft seien »in jeder Weise unglaubhaft. Wir werden schlüssige Alibis vorbringen, für den 1. März und den 1. April 1932, für den Entführungstag und den Tag der Lösegeld-Briefe... Wir werden beweisen, daß er am 1. März nicht vor der Lindbergh-Villa, am 2. April nicht vor dem St.-Raymonds-Friedhof gewesen sein konnte...«

Der Hauptzeuge der Verteidigung in Sachen Bruno Richard Hauptmann ist – Bruno Richard Hauptmann. Alle Anwesenden starren ihn an und schauen dann auf Lindbergh, dem nichts anzumerken ist, sicher nicht besondere Erregung. Wie vollkommen sich dieser Mann in der Gewalt hat! Aber dasselbe kann man von Hauptmann sagen, der im Zeugenstuhl sitzt wie einer, der mit der Sache gar nichts zu tun hat.

Am 2. April? Da hat er in den Majestic-Apartments als Zimmermann gearbeitet. Ist das ein stichfestes Alibi? Kaum. Zeugen werden nachher behaupten, er habe die Arbeit vorher niedergelegt. Hauptmann widerspricht ihnen, er habe sie erst am 4. April niedergelegt.

Und das Geld?

Immer wieder wird von Isidor Fisch gesprochen. Das heißt, Hauptmann bringt ihn immer wieder ins Gespräch. Die Zuschauer lachen schon darüber, der Richter muß zur Ruhe mahnen.

Hat Hauptmann irgend etwas bei seiner Verhaftung zugegeben? Nicht viel, und auch das bestreitet er jetzt. Der Grund dafür, daß er sich – allerdings nur in Kleinigkeiten – geirrt oder daß er gelogen habe, sei, daß er von der Polizei mißhandelt wurde. Später allerdings sei er anständig behandelt worden.

Insgesamt wird Hauptmann neunzehn Stunden lang verhört. Er verliert dabei nie die Fassung, bleibt immer sachlich und völlig ruhig. Freilich, was immer er vorbringt, er rührt niemanden, er erzeugt kein Mitleid, keine Anteilnahme.

Kleiner Skandal. Die Wochenschau-Gesellschaften haben

Mikrophone im Gerichtssaal placiert und mit höchst lichtempfindlichen Filmen gearbeitet. Das hat zehntausende Dollar gekostet, und erst jetzt wird es entdeckt. Der aufgebrachte Richter weist die Filmleute mit ihren Apparaten aus dem Saal. Aber die Maßnahme kommt zu spät. Schon laufen Wochenschauen in den Kinos, auf denen man Willent sieht und hört, wie er Hauptmann attackiert.

Um jeden Satz im Protokoll wird von den Staatsanwälten und den Verteidigern gefeilscht. Dauernd Zusammenstöße zwischen Reilly und Willent. Beide werfen einander vor, es nur auf Schlagzeilen abgesehen zu haben.

Immer wieder Fisch! Jetzt wird von einem gewissen Philipp, einem uralten Mann, behauptet, er habe in der Nacht zum 2. April Fisch in der Nähe des St.-Raymond-Friedhofs gesehen. Es stellt sich aber dann heraus, daß dieser Zeuge nicht die Wahrheit gesagt hat. Überdies war er bereits fünfmal in Irrenanstalten gewesen. Niemand nimmt seine Behauptung ernst.

Am 29. Verhandlungstag kommt Köhler noch einmal zu Wort. Obwohl ein anderer Sachverständiger das Gegenteil behauptet, hält er an seiner ersten Aussage fest, das Holz stamme von jener Firma in der Bronx, und daß Hauptmann sein Holz von ihr bezogen hat, ist niemals in Frage gestellt worden.

An diesem Tag wird auch Violet Sharpe, die englische Zofe, die sich umgebracht hat, rehabilitiert. Sie hat nichts mit dem Verbrechen zu tun gehabt, kann auch gar nichts damit zu tun gehabt haben, aber das macht sie nicht mehr lebendig.

Resumee: In 29 Verhandlungstagen sind 141 Zeugen vernommen worden; über 90, die von der Staatsanwaltschaft beigebracht worden sind, der Rest von der Verteidigung. Es wurden vorgelegt an Beweismitteln: Briefe, Photos, Leitern, Zeichnungen, Werkzeuge, Tafeln, Planken, etc.

Und trotzdem stellt die Verteidigung – zur Verblüffung aller – den Antrag, das Verfahren aus Mangel an Beweisen einzustellen.

Die Geschworenen werden vom Richter, nachdem er den Antrag abgelehnt hat, instruiert. Es gäbe vier Möglichkeiten der Entscheidung für sie: Hauptmann sei schuldig des Mordes im ersten Grad, das heißt beabsichtigter Mord, also Todesstrafe; schuldig des Mordes im ersten Grad mit Empfehlung einer geringeren Strafe wegen mildernder Umstände, dabei käme lebenslängliches Zuchthaus heraus; oder nicht schuldig – das heiße Freispruch; schließlich besteht noch die Möglichkeit, daß die Geschworenen sich nicht einigen. In einem solchen Fall würde ein neuer Prozeß notwendig werden.

Edward J. Reilly hält ein Plädoyer, das nicht weniger als vier Stunden dauert. Er beginnt damit, daß jedermann Mitleid mit Lindbergh haben müsse, auch mit seiner Frau, aber daß dies nicht entscheidend sein dürfe. Er meint, er sei sicher, daß Angestellte von Lindbergh oder seiner Schwiegermutter etwas mit der Entführung des Babys zu tun gehabt hätten. Woher sonst konnten die oder der Täter wissen, daß das Baby im Haus in seinem Bett lag und nicht im Hause seiner Großmutter, wie vorgesehen war? Reilly reitet darauf herum, daß es eigentlich nur Indizien gibt, keine direkten Beweise. Zum Beispiel die fehlerhafte Orthographie in den Lösegeld-Briefen, die sich übrigens auch in dem Brief findet, den die Polizei Hauptmann gleich nach dessen Verhaftung diktiert hat. Aber hier behauptet der Verteidiger, die Polizei hätte ihm vorgeschrieben, wie er gewisse Worte schreiben solle, zum Beispiel »signature«. In den Lösegeld-Briefen und auch in dem Hauptmann diktierten Brief steht »singnature«. So jedenfalls wurde es vor Gericht behauptet. Aber das stimme nicht. In dem diktierten Brief komme das Wort überhaupt nicht vor.

Der Staatsanwalt Willent hat es viel einfacher als der Verteidiger. Er faßt sich kurz. Er hält die Schuld Hauptmanns für erwiesen. Er hält es auch für unwahrscheinlich, wenn nicht für geradezu unmöglich, daß Hauptmann Komplizen gehabt haben könne.

Die Geschworenen verlassen den Raum um 11 Uhr 20 des 12. Februar 1935, einem Freitag. Das, was man in Amerika die »Totenwache« nennt, beginnt. Das heißt, man wartet, niemand weiß, wie lange. Man wartet den ganzen Tag. Die Presse gibt gewisse Meldungen heraus, wie die Geschworenen abgestimmt hätten, Zwischenbescheide sozusagen, die aber alle gar nicht stimmen, auch gar nicht stimmen können, denn nichts dringt aus dem Raum, in dem sie verhandeln. Zum Beispiel etwa, daß Hauptmann zu lebenslänglichem Zuchthaus verurteilt worden sei.

Um 22 Uhr 43 erscheinen die Geschworenen und kurz darauf erscheint auch der Richter. Der Obmann verkündet: »Schuldig des Mordes im ersten Grade.«

Richter Tenchaert verkündet daraufhin die Todesstrafe.

Reilly springt auf: »Berufung!«

Bisher ist Hauptmann ruhig geblieben. Vor Gericht akzeptiert er nun auch das schreckliche Urteil – während seine Frau laut aufschreit – mit völliger Gelassenheit. Vielleicht ist er ein wenig blasser geworden.

Aber dies ist die erste Nacht, in der er, wie die Wärter versichern, nicht ein Auge schließt.

Berufung... Das kostet natürlich Geld. Und die Reserven Hauptmanns, soweit sie nicht durch Zuschüsse von Freunden oder Bekannten vermehrt worden sind, sind aufgebraucht. Er ist sogar verschuldet, denn er hat seinen Anwalt noch nicht bezahlt, auch noch nicht bezahlen können.

Anna Hauptmann geht also auf Tournee, spricht überall, wo es deutsche Minoritäten gibt, hält, immer auf Deutsch, Vorträge, um Geld für Hauptmanns Verteidigung zu mobilisieren. Sie hat viel Erfolg. Geld in Hülle und Fülle strömt herbei.

Überführung Hauptmanns in das Zuchthaus, ein altersschwaches Gebäude. Die Kameraleute knipsen oder filmen und einige versuchen, während er »umzieht«, Fragen an ihn zu richten. Er gibt keine Antwort, kann sie wohl auch kaum geben, die Polizisten hindern ihn daran.

Reilly, der schon einiges Geld einkassiert hat, schickt eine neue Rechnung. Sie lautet auf 25 000 Dollar. Das kann Hauptmann nicht bezahlen, auch jetzt nicht, da er neue Gelder zur Verfügung hat. Er trennt sich von Reilly.

Das Berufungsgericht verfügt über vierzehn Richter, die zu

entscheiden haben. Sie entscheiden gegen eine Berufung. Diese Entscheidung vom 9. Oktober wird einstimmig gefällt, nachdem das bekannte Beweismaterial noch einmal sorgfältig geprüft worden ist.

Einen Tag später zehnter Hochzeitstag Hauptmanns. Seine Frau besucht ihn in der Zelle.

Appellation Hauptmanns an das Höchste Bundesgericht in Washington. Daher Strafaufschub von 30 Tagen.

Inzwischen wird immer deutlicher, daß der neue Gouverneur Harold Hoffmann sich irgendwie dazu veranlaßt fühlt, Hauptmanns Partei zu ergreifen. Das hat politische Gründe; er ist ja, wie schon erwähnt, Republikaner, und Willent, der im Falle einer endgültigen Verurteilung und Hinrichtung ohne Zweifel einen enormen Prestigegewinn buchen würde, ist Demokrat. Nun fährt Hoffmann, was für einen Gouverneur sehr ungewöhnlich ist, zu Hauptmann in die Zelle, läßt sich alles von ihm erzählen und scheint von ihm beeindruckt zu sein. Das geht so weit, daß er durch einen ihm befreundeten Detektiv Ellis H. Parker »neue Spuren« verfolgen läßt.

Das alles gibt natürlich dem Gerede, daß Hauptmann unschuldig verurteilt wurde, neuen Auftrieb. Inzwischen hat Hauptmann auch ein Gnadengesuch gestellt, das von einem zuständigen Gericht beurteilt werden soll.

Der zweite Sohn Lindberghs wächst heran. Er wird verständlicherweise stets bewacht. Wie sich jetzt herausstellt, geschieht das nicht in genügendem Maß. Denn bald gibt es Zeitungsmeldungen, daß die drei Lindberghs, also Mann, Frau und Kind, sich auf dem winzigen Dampfer »American Importer« als die einzigen Passagiere am 22. Dezember 1934 eingeschifft haben, um nach England zu reisen. Grund: Sie fühlen sich nicht mehr sicher, respektive sie haben das Gefühl, daß für ihren Sohn in den USA keine Sicherheit mehr gewährleistet ist.

Grund: Der Wagen von Mrs. Lindbergh, in dem sie und das Kind saßen, wurde, als sie zu Besorgungen nach Hopewell fuhr, durch einen auf der Landstraße quergestellten Wagen zum Halten gezwungen. Todesangst ergriff sie, es würde wie-

der eine Entführung geben. Aber im Wagen befanden sich
»nur« Photographen und Reporter der Hearst-Presse. Sie wollten nur einmal den Kleinen photographieren, über den niemand etwas Näheres weiß, den auch kaum einer gesehen hatte außer den Angestellten im Haus und der Familie. Nur schnell einmal photographieren...

Das ist der letzte Tropfen für den ja sowieso publicityfeindlichen Lindbergh. Wenn so etwas geschehen kann, ist alles möglich. Gleich nachdem seine aufgebrachte Frau ihm von dem Zwischenfall berichtet hat, läßt er die Schiffskarten besorgen. Er wählt mit Absicht einen kleinen, unbekannten und von Passagieren kaum jemals frequentierten Dampfer.

In England werden die Lindberghs durch Polizei von der Presse abgeschirmt. Natürlich haben sich Reporter am Hafen eingefunden, aber die Lindberghs werden heimlich und unerkannt an Land gebracht und nehmen Quartier auf einem kleinen Landsitz nicht allzu weit von der Küste.

11. Januar 1936. Das Gnadengesuch Hauptmanns wird abgelehnt. Der Beschluß wird erst um 17 Uhr 12 gefaßt und den fünfzig wartenden Reportern mitgeteilt.

Ein neuer Appell. Ja, der ist noch möglich, und zwar ein Appell an den in New Jersey amtierenden Bundesrichter. Jetzt geht es nur darum, die Hinrichtung aufzuschieben. Wer weiß, was der Detektiv des Gouverneurs herausbringen wird... Aber auch dieser Appell wird abgelehnt.

Kein Grund für den Gouverneur, der die Sache Hauptmanns fast zu seiner eigenen gemacht hat, aufzugeben. Was kann er aber tun? Er kann die Hinrichtung um 30 Tage verschieben lassen. Das tut er auch. Und zwar anderthalb Tage vor der Hinrichtung.

In den Vereinigten Staaten wächst die Spannung ins Unerträgliche. Wird die Hinrichtung nun am 15. Februar – wir schreiben inzwischen das Jahr 1936 – stattfinden? Oder wird wieder etwas dazwischenkommen?

Erster Gefühlsausbruch Hauptmanns während des gesamten Verfahrens. Er ergreift beide Hände seines neuen Anwalts und ruft dreimal: »Ich danke Ihnen!« Sogleich gewinnt er seine Fassung wieder, die er während der ganzen Zeit zur Schau gestellt hat.

Weitere Schecks treffen bei Hauptmann ein. Der Grund: Er muß sie, um sie einlösen zu können, auf der Rückseite mit seinem Namen versehen. Und schließlich wandern diese Schecks, nachdem sie dem Bankkonto Hauptmanns gutgeschrieben sind, wieder an die Aussteller zurück. Sie gelangen also in den Besitz eines Autogramms von Hauptmann, das in dieser Zeit bedeutend mehr wert ist als die zehn oder zwanzig Dollar, die sie gespendet haben.

Er unterschreibt geduldig.

Hoffmann gibt sich optimistisch. Parker wird schon irgend etwas herausfinden, daß der Prozeß neu aufgerollt werden kann. Er beauftragt auch Oberst Schwarzkopf, die Fahndung neu aufzunehmen. Schwarzkopf schüttelt nur den Kopf. Was ist jetzt noch herauszufinden?

Und doch scheint sich etwas anzubahnen. Der berühmteste Strafverteidiger Amerikas, Samuel Leibowitz, erklärt sich auf Bitten von Frau McLean bereit, den Fall Hauptmann zu übernehmen. Frau McLean, wir erinnern uns, ist die Dame, die bereits von Gaston B. Means im Falle Hauptmann um mehr als 100 000 Dollar – genau 134 000 – betrogen worden ist, und die sich nun doch noch bereit erklärt, Leibowitz zu bezahlen.

Seine einzige Bedingung: er müßte vorher mit Hauptmann sprechen. Aber diese Unterhaltung geht nicht positiv für den Verurteilten aus. Leibowitz gewinnt den Eindruck, daß Hauptmann nicht die Wahrheit sagt. Und dieser Eindruck ändert sich auch während der zweiten Unterhaltung nicht. Hauptmann will seine Behauptung, wie das Geld in seinen Besitz gekommen ist, nicht widerrufen. Leibowitz zieht sich also von dem Fall zurück, bevor er ihn überhaupt übernommen hat. Das ist natürlich ein Schlag für Hauptmann, aber auch für Hoffmann. Denn der Rückzieher von Leibowitz kommt einer moralischen Verurteilung Hauptmanns gleich.

Höchste Nervosität im Staat New Jersey. Kann, darf, wird Hoffmann noch etwas unternehmen? Er hat nur das Recht, nach dem Urteil 90 Tage verstreichen zu lassen, bevor es zur Hinrichtung kommen muß. Und die laufen nun aus.

Der alte Condon, von dem man während des ganzen Falles so viel gehört hat und in der letzten Zeit nichts mehr hörte, ist von einer Reise nach Panama zurückgekommen. Der Gouverneur möchte ihn sprechen. Condon gibt sich unwillig. Wenn Hoffmann etwas von ihm wolle, solle er zu ihm kommen. Er wohne in der Bronx und gedenke nicht, nach New Jersey zu fahren.

Neue, letzte Wendung – aber vielleicht ist es nicht die letzte. Ein gewisser Paul Wendel erklärt, er habe die Untat begangen. Aber wie sich sehr schnell herausstellt, stimmt das gar nicht. Es handelt sich um eine nicht ganz gelungene Erpressung des Detektivs Parker und seines Sohnes, die sich nicht gescheut haben, den mutmaßlichen Täter Wendel aus dem Staate New York nach New Jersey zu entführen, aber der widerruft sein Geständnis.

Hauptmann lehnt es auch weiterhin ab, zu gestehen.

Am Montag, den 30. März 1936, tritt der Gnadengerichtshof von neuem zusammen. Auf ihn hat der Theatercoup mit Wendel keinen guten Eindruck gemacht. Nach sechstündiger Verhandlung wird das Gnadengesuch Hauptmanns zum zweitenmal abgelehnt.

Der Direktor des Zuchthauses, Major Kimberling, erklärt, einen neuen Aufschub nicht gewähren zu können. Er setzt die Hinrichtung für die achte Abendstunde des 31. März fest.

Aber Hoffmann ist noch immer nicht willens, das Rennen aufzugeben. Er läßt in fieberhafter Hast weitersuchen. Er schickt Beamte sogar auf das Grundstück Lindberghs, das, obwohl er sein Haus vor der Abreise nach England dem nahegelegenen Waisenhaus überschrieben hat, noch leer steht. Natürlich findet man nichts von Bedeutung auf dem Grundstück, und auch nichts im Haus.

Schließlich wird Hauptmann noch von Direktor Major Kimberling besucht. Er hat in dieser seiner letzten Nacht – aber weiß er denn, daß es seine letzte sein wird? Es ist ja immer wieder etwas dazwischengekommen – in der Nacht also vom 30. auf den 31. März nicht ein Auge zutun können.

Kimberling will wissen, ob er noch eine Erklärung abzugeben habe, ob er noch etwas gestehen wolle.

»Was ich sagen könnte, wäre Lüge. Ich habe nichts zu gestehen, ich bin unschuldig.«

Frau Hauptmann erscheint noch einmal, um ihren Mann zu besuchen, der sich optimistisch gibt, wohl um ihr das Ganze etwas leichter zu machen. »Ich werde nicht sterben, ich werde nicht durch die Tür zum elektrischen Stuhl gehen.«

Sie reicht ihm das Bild des Sohnes Manfred.

»Paß' gut auf den Jungen auf!«

Dann muß sie ihm versprechen, auch wenn ihm etwas zustoßen sollte, wenn er sterben müßte, den Namen Hauptmann nicht abzulegen, denn das wäre ja nachträglich ein Geständnis, daß sie ihn für schuldig halte.

Er schreibt noch einen Brief an den Gouverneur Hoffmann, in dem er nochmals seine Unschuld beteuert und um Gnade bittet. Und in dem er die Rolle des Dr. Condon anzweifelt und auf gewisse Widersprüche der Beweisführung der Staatsanwaltschaft hinweist.

Hoffmann liest den Brief und gibt ihn zur Veröffentlichung frei.

Es erscheint der Barbier und rasiert Hauptmanns Schädel, es kommt der Wärter und trennt das rechte Hosenbein des Verurteilten auf, damit die Möglichkeit besteht, am Bein den Kontakt mit dem elektrischen Stuhl zu befestigen. Es erscheint der Anwalt Lloyd D. Fisher, der viel fassungsloser ist als Hauptmann und bei der Idee, daß sein Klient sterben muß, in Tränen ausbricht.

Frau Hauptmann ist auch völlig mit den Nerven fertig und weint hemmungslos. Freilich, dies geschieht nicht in der Zelle Nr. 9, in der Hauptmann auf seinen letzten Gang wartet, den Gang zum elektrischen Stuhl.

Seine Mahnung an sie war nicht ganz ungerechtfertigt. Denn in der letzten Zeit hat sie das Namensschild vor ihrem Haus entfernen lassen und durch eine Visitenkarte mit ihrem Mädchennamen ersetzt.

Aber das bedeutet nicht, daß sie sich schämt, die Frau und bald die Witwe Hauptmanns zu sein. Sie wollte sich nur vor den unzähligen Neugierigen schützen, die das Terrain »besichtigen« wollten. Nun wird sie wieder das Schild mit Hauptmanns Namen befestigen.

Aber nicht lange wird sie als Frau Hauptmann weiterleben. Es vergehen keine zwei Jahre, da ist sie verschwunden und taucht in Kanada wieder auf. Dort heiratet sie, und von nun an trägt sie natürlich einen anderen Namen, und das bald adoptierte Kind Manfred erhält ebenfalls den neuen Namen.

8 Uhr 30. Letzte Unschuldsbeteuerungen Hauptmanns. »So wahr ich an Gott glaube, ich sterbe unschuldig.«

8 Uhr 35. Zeugen, die, das ist vorgeschrieben, die Hinrichtung mit ansehen müssen, haben sich in der Todeskammer versammelt.

8 Uhr 36. Kimberling läßt noch einmal beim Gouverneur, beim Generalstaatsanwalt und beim Richter anfragen, ob es irgendwelche neue Entscheidungen gebe. Es gibt keine.

8 Uhr 38. Kimberling geht zu Hauptmann und sagt: »Es ist so weit.« Und Richard Hauptmann, kahlgeschoren, ohne Kragen, mit geöffnetem Hemd und aufgeschlitztem rechtem Hosenbein, schreitet aufrecht von der Todeszelle hinüber in die Todeskammer.

8 Uhr 41. Hauptmann wird auf dem elektrischen Stuhl festgeschnallt. Der Scharfrichter Heliot greift nach dem Hebel hinter dem Stuhl. Einige Zeugen schlagen die Hände vors Gesicht.

Die beiden Priester, die Hauptmann begleitet haben, beten.

8 Uhr 45. Ärzte untersuchen Hauptmann.

Um 8 Uhr 47 erklären sie: »Der Mann ist tot.«

Extrablätter überall in den Vereinigten Staaten.

Aber bald wird man nicht mehr von Hauptmann und dem

niemals eingestandenen Verbrechen sprechen. Es gibt zuviel anderes, über das man jetzt zu reden hat – in Amerika, in Europa, auf der ganzen Welt.

Irgendwann, Anfang oder Mitte der siebziger Jahre, taucht in Mittelamerika ein Mann auf und behauptet, er sei das damals angeblich umgebrachte Lindberghbaby, das nie umgebracht worden sei. Aber keiner nimmt ihn ernst.

Lindbergh ist bald nach dem Prozeß, nachdem er von England aus eine mißglückte Reise nach Frankreich unternommen hat – mißglückt, weil man ihn nicht in Ruhe läßt – in die Vereinigten Staaten zurückgekehrt. Später unternimmt er eine Reise nach Deutschland als Gast Hermann Görings, der nicht nur wie Lindbergh Flieger war, sondern jetzt einer der ersten Männer des Dritten Reichs ist. Es dauert nicht lange, da stellt sich heraus, daß Lindbergh gewisse Sympathien für die Nazis hegt. In Amerika ist man darüber befremdet.

Als, wieder einige Jahre später, Präsident Roosevelt seine Gegnerschaft zum Hitlerregime ziemlich deutlich werden läßt und, wenn er könnte, wie er wollte, an der Seite Englands in den Krieg eintreten würde, äußert sich Lindbergh äußerst abfällig über ihn. Er hält einige Reden, in denen er zwar nicht gerade verlangt, daß Amerika Deutschland zu Hilfe eilen müßte, wohl aber, daß Amerika sich aus dem Krieg heraushalten solle.

Als Hitler dann den USA den Krieg erklärt, ist Präsident Roosevelt so erzürnt über Lindbergh, daß er ihn aus der Armee ausschließt, wo er inzwischen, eher automatisch als durch besondere und neue Verdienste, zum General avanciert ist. Aber nicht lange nach dem Tod Roosevelts und der Beendigung des Krieges erhält Lindbergh seinen alten Rang zurück.

Um diese Zeit ist er längst aus dem Blickpunkt der Öffentlichkeit ausgeschieden.

Die Säuberungen von Moskau 1938

Der große Säuberungsprozeß, der dritte, von den kleinen Prozessen in der Provinz abgesehen, beginnt am 7. März 1938 in Moskau, der kaiserlich-altrussischen, jetzt neuen Hauptstadt Rußlands, respektive der Räterepublik, in dem in unmittelbarer Nähe des Kreml stehenden Adelsclub, in einem sehr geräumigen Saal, wo sich früher die Großfürsten und Bojaren trafen, in der guten alten Zeit, die noch goldstrotzende Uniformen gesehen hat und die tiefdekolletierten Balltoiletten der Damen der sogenannten Gesellschaft oder gar Kostümbälle der Zaren. Das alles ist ja gar nicht so lange her.

Auch die ersten Säuberungsprozesse, die ersten großen Prozesse der Räterepublik, der Sowjetunion überhaupt, hatten dort – jetzt All-Unions-Gewerkschaftssaal – stattgefunden, aber der hatte sich schon bald als zu klein erwiesen, und auch heute ist er nicht groß genug. Denn weit mehr als 2000 Zuschauer sind gekommen, aber sie haben wenig gemein mit denen früherer Prozesse, noch zu Lenins Zeiten, es sind nicht die typischen Zuschauer bei Revolutionstribunalen, sie sind gutbürgerlich gekleidet, die Männer tragen steife Kragen, die Frauen sogar Nerz-, ja auch Zobelpelze, ihre Füße stecken in kostbaren Kordian- und Saffian-Stiefelchen. Warum wohl?

Nun, es hat sich herumgesprochen, daß die jetzt Herrschenden, die Großen der Partei, die Mitglieder der sogenannten »neuen Klasse«, übereinander zu Gericht sitzen, und da will man mit dabeisein. »Man«, das sind diejenigen, die in den ersten Revolutionsjahren nicht emigriert sind, sondern hoffen, daß alles doch wieder gut werden wird, gut, das heißt so, wie es früher gewesen ist – vor 1917.

Ganz »vorn« erhöht thront das Gericht: der Vorsitzende, die von der Parteispitze delegierten Geschworenen, die überhaupt keine Rolle spielen werden, sowie der Mann, der die Hauptrolle spielen wird, der öffentliche Ankläger, Generalstaatsanwalt Andrei Januarjewitsch Wyschinski, ein mittelgroßer Mann mit einem sehr scharfen, mageren, gewissermaßen angespannten Gesicht, das irgendwie böse wirkt, Mitte fünfzig, früher Rektor an der Universität Moskau. Seit 1935 Generalstaatsanwalt der UdSSR, noch nicht, aber bald Mitglied des Zentralkomitees der Partei, der die Angeklagten selbst befragt, und zwar aufgrund des Paragraphen 58 des jetzt geltenden Strafgesetzes der Sowjetunion – Ugolownyj-Kodeks –, dessen 14 »Punkte« genannten Absätze eigentlich so formuliert sind, daß man damit faktisch jeden wegen Staatsverbrechens verurteilen kann, den man verurteilen will, und dies – daran kann gar kein Zweifel sein – ist hier und heute der Fall.

Die Angeklagten: Alexei Rykow, Nikolai Bucharin, Genrich Jagoda, Gregori Grinko, Nikolai Krestinski, und noch mehr als ein Dutzend andere, die meisten ehemals prominente Mitglieder der Partei, Rykow, ein ehemaliger Premierminister, Bucharin, der Chefideologe, Mitglied des Politbüros, Jagoda der ehemalige Chef der GPU, der politischen Staatspolizei. Geradezu unglaublich, daß diese noch vor kurzem Allmächtigen vor Gericht stehen, eine noch größere Sensation wohl die Wahrscheinlichkeit, die schon an Sicherheit grenzende, daß man sie verurteilen wird. Es handelt sich hier nicht um Arbeiterführer im strengsten Sinne des Wortes, weit gefehlt, es handelt sich um Männer des Schreibtisches, hochgebildete, nervöse Typen, durchaus nicht Generalbeispiele für den »neuen Menschen«, von dessen Notwendigkeit sie in ihren Schriften und Reden gepredigt haben und dem Volk so fremd, als wären sie Ausländer.

Jetzt können sie zeigen, was sie können, wenn man sie es zeigen läßt. Denn sie verteidigen sich allein. Nach den neuen Gesetzen gibt es keine Verteidiger für diese Angeklagten.

Um es gleich hier zu sagen, der Prozeß wird bis zum 13. März dauern und mit Todesurteilen für 18 Angeklagte enden; nur drei können ihren Kopf retten, und schon das ist erstaunlich.

Allein die Sicherheit des Endes gibt dem ganzen etwas Besonderes, etwas Unheimliches, etwas, was die Zuschauer erschauern läßt – und das ist wohl nicht der letzte Grund dafür, daß sie so zahlreich erschienen sind. Wie kann man diese besondere Atmosphäre näher beschreiben? Am besten vielleicht so, daß man während der Verhandlungen eine nicht vorhandene Uhr ticken zu hören vermeint und weiß, daß, wenn sie aufhört zu ticken, die Sache zu Ende ist, das heißt, das Leben der meisten Angeklagten zu Ende sein wird; daß man eine nicht vorhandene Guillotine sieht und weiß, irgendwann einmal wird das scharfe Messer herunterfallen und die Köpfe von den Rümpfen trennen.

Denn die Angeklagten sind eben nicht nur angeklagt, sie sind die bereits vorbestimmten Opfer, wie das ja auch bei den früheren großen Säuberungsprozessen der Fall war. Dafür, daß nicht alles so ist wie es sein sollte. Da die Bevölkerung sich vielleicht nicht zu Unrecht über die Zustände beklagt, wenn sie es überhaupt wagt, sich zu beklagen, müssen nicht irgendwelche Leute zur Rechenschaft gezogen werden, sondern Leute, die vor kurzem noch in Amt und Würden für vieles verantwortlich waren, wenn vielleicht auch nicht für alle Fehler, die Stalin gemacht hat. Doch solche Gedanken wagt niemand auszusprechen, wagt niemand auch nur zu denken. Alle wissen, das wäre lebensgefährlich. Und, vor allem, es wäre nutzlos.

Der Fall oder die Fälle, die hier zur Verhandlung stehen, haben schon rund vier Jahre vorher begonnen: am 1. Dezember 1934. An diesem Tag fiel in Leningrad ein Schuß, im historischen Smolny-Institut, einer ehemaligen Schule für die Töchter der Adligen und während der Revolution Lenins Hauptquartier, jetzt das Hauptquartier der Partei in Leningrad. Das Opfer des Schusses war Sergei Kirow, der prominenteste Mann der Partei in Leningrad, ein kleiner Mann, dessen Haare bereits ausgingen, kein wichtiger, es sei denn, daß man die ihm von Stalin verliehene Leitung der Leningrader Partei für bemerkenswert hielt, und, was sicher der Fall war, die Freundschaft Stalins. Und allen denen, die es erfuhren, war von Anfang an klar, der Täter wollte nicht so sehr Kirow treffen als Stalin. Der raste denn auch, kaum, daß er von der Bluttat erfuhr, nach Leningrad, um die Angelegenheit persönlich zu verfolgen. In seiner Begleitung befand sich der Leiter der geheimen Polizei GPU, Genrich Jagoda, von dem viele glaubten, er sei der mächtigste Mann in der Sowjetunion um diese Zeit, was er vielleicht auch war, mit Ausnahme natürlich seines Chefs, Stalin.

Betroffenheit in der ganzen Sowjetunion.

Kirow, mit 46 Jahren noch recht gut aussehend, war also ein Mitglied der kommunistischen Hierarchie, wenn auch wenig bekannt außerhalb der Sowjetunion, vermutlich der dritte Mann im Staat, und viele hielten ihn für den Kronprinzen, den vermutlichen Nachfolger von Stalin. Er war unter anderem Vorsitzender der Säuberungskommission der Partei gewesen, die ursprünglich noch als relativ demokratisch arbeitendes Gremium gelten konnte.

Der Mörder Kirows war leicht zu eruieren. Es handelte sich um einen gewissen Leonid Nikolajew, der mehr einem Affen ähnelte als einem Menschen, wie viele spöttisch meinten, mit einem riesigen Wasserkopf, einem kleinen Körper, zu langen Armen, der in der Parteibürokratie irgendeinen kleinen Posten innegehabt hatte, dort aber nicht guttat, weil er wenig oder überhaupt nicht arbeitete. So beschloß er schon vor einiger Zeit den Tod zu suchen, wie, darüber machte er seinen Bekannten gegenüber kaum ein Hehl, nämlich indem er einen der Höheren, die er alle verachtete, um die Ecke bringen würde. Anderthalb Monate vor dem verhängnisvollen Schuß hatte ihn die Polizei festgenommen, das »Volkskommissariat für Innere Angelegenheiten« (die NKWD) ihn aber wieder freigelassen und, wenn man Gerüchten glauben durfte, wurde er mit dem Revolver in der Tasche sozusagen in Kirows Vorzimmer geschleust. Dies alles sollte später in den fünfziger Jahren, also erst nach Stalins Tod, bekannt werden.

Nicht nur er wurde verhaftet, sondern zugleich 77 sogenannte »Weißgardisten« nahm man fest, und zwar wenige Stunden nach Stalins Eintreffen in Leningrad, und diesen Opfern, von denen keineswegs bewiesen war, daß sie irgendwie schuldig waren, folgten weitere 66 ebenfalls gänzlich unschuldige Mißliebige.

Damit das Volk sah, daß Stalin nicht mit sich spaßen lasse. Und damit das Volk wisse, wer daran schuld war, daß alles nicht so gut ging, wie es hätte gehen können, vor allem, wie Stalin es versprochen hatte.

1929 bis 1934 war der erste 5-Jahr-Plan gelaufen, dessen Hauptpunkte die Zwangskollektivierung und die Industrialisierung waren. Fazit: Millionen Hungernder und Verhungerter, ein Fiasko. Obwohl Stalin den abschließenden Kongreß den »Kongreß der Sieger« getauft hatte, mußte er zugeben, daß es da gewisse Schwierigkeiten gegeben habe und noch gäbe, und wer war schuld – wenn nicht übereifrige Funktionäre? Nicht schuld war auf jeden Fall er selbst. Seine Idee von der Kollektivierung war ganz richtig gewesen und sollte auch weiterhin gelten. Man habe ja nur zwei Möglichkeiten, die Arbeiter des Staates zu ernähren, entweder die Großgrundbesitzer zurückzuholen und die Bauern wieder zu Leibeigenen zu machen oder eben zu kollektivieren.

Schon damals hatten gewisse hohe Funktionäre zu widersprechen gewagt, vor allem auch Bucharin und Rykow, aber Stalin hatte sie nicht angerührt, vielleicht auch nicht gewagt, sie anzurühren. Als Hauptschuldiger galt damals, schon vorher und auch noch Jahre später, einer, der sich nicht mehr wehren konnte, nämlich der aus Moskau verbannte und schließlich aus der Sowjetunion vertriebene Leo Trotzki.

In den illegalen Jahren der Partei noch Student, Freund Lenins, Verfasser unzähliger Schriften, die heimlich über ganz Rußland verbreitet wurden, dann, als Lenin die Oktoberrevolution machte, der zweite Mann nach ihm. Oder, wenn es auch Leute gab, die das bezweifelten, auf jeden Fall derjenige, dem die Revolution ihr Überleben verdankte, weil er 1917, sofort

Sowjetprominenz auf einem undatierten Foto (wahrscheinlich Mitte der zwanziger Jahre). Rykow, Rtynow, Bucharin und Rudsutak sind (von links nach rechts) zu erkennen. Bucharin und Rykow wurden nach dem Prozeß von 1938 hingerichtet.
(Foto: AP)

nach der Revolution aus wilden Kriegshaufen eine Armee schuf, der es gelang, die Bürgerkriegszeit zu überstehen, ja siegreich zu beenden. Erst unmittelbar danach war er dann mit Stalin in Konflikt geraten, vor allem, weil er für die sogenannte »permanente Revolution« eintrat, weil er im Gegensatz zu Stalin die Priorität der Internationalen propagierte, übrigens zusammen mit Bucharin, Kamenjew und Zinowjew, um nur einige zu nennen.

1924, beim Tode Lenins war Leo Trotzki noch der zweitwichtigste, das heißt, nun eigentlich der wichtigste Mann der Partei, aber schon 1925 verlor er seinen Posten als Kriegsminister, wurde bald darauf aus der Partei entfernt, dann aus Moskau verbannt und schließlich aus der Sowjetunion ausgewiesen.

Aber im Grunde genommen werden alle die Säuberungsprozesse, die rund ein Jahrzehnt später einsetzen, nur gegen ihn, den Entmachteten den man vor Gericht stellen kann, geführt.

Zahl und Ausmaß der Prozesse wurden nie glaubwürdig festgestellt, geschweige denn, von Regierungsseite aus publiziert oder bestätigt. Gewisse Quellen behaupteten später, zwischen 1934 und 1938 seien, ganz abgesehen von gewöhnlichen Sterblichen seien allein von 1966 Delegierten des Obersten Sowjets 1108 verhaftet und die meisten von ihnen erschossen worden; von den 139 Mitgliedern des Zentralkomitees mußten 98 mit dem Leben bezahlen, aber das geschah erst während der ersten Welle der Prozesse, die der Ermordung Kirows folgte.

Warum er eigentlich ermordet worden war, kam nie heraus, auch nicht, wer hinter dem Täter stand, nach dem seinerzeit Stalin und Jagoda ein kleines Blutbad angerichtet hatten, gingen die Verurteilungen, nein, das Morden nach befohlenen Verurteilungen oder auch ohne sie weiter. Aber es handelte sich nicht mehr um Hunderte oder Tausende, sondern um Hunderttausende, die dran glauben mußten. Bald nicht mehr nur um Männer, deren Vergangenheit sie zu möglichen oder wahrscheinlichen Gegnern der Kommunisten stempelte, sondern es wurden auch alte Kommunisten verhaftet und hingerichtet, deren einziges Verbrechen nicht etwa darin bestand, daß sie sich gegen die neue Linie, die Stalins, stellten, sondern der Umstand, daß Stalin sie für mögliche »Abweicher« hielt, und, was wohl schlimmer war, für Aspiranten auf Nachfolge oder Nachfolger derjenigen Getreuen, auf die er sich stützte.

Die Prozesse begannen am 15. August 1936, das heißt, die reinen Schauprozesse. Die vorgeführten Angeklagten saßen zum Teil schon anderthalb Jahre in Untersuchungshaft, und Stalin hatte sie bereits zur Zeit ihrer Verhaftung, nämlich im Januar 1935 öffentlich für schuldig erklärt, was einer späteren Verurteilung gleichkam. Zu der Gruppe der damals Schuldigen und auch Hingerichteten gehörten Gregori Zinowjew, Leo Kamenjew und Alexei Smirnow, um nur die prominentesten der durchwegs prominenten Männer zu nennen, darunter solche, die sich in den Bürgerkriegen 1917–1920 ausgezeichnet hatten und von Lenin hoch geschätzt wurden.

Mittlerweile waren Karel Radek und Nikolai Bucharin verhaftet worden, aber der Chef der Geheimpolizei Genrich Jagoda hatte diese Verhaftungen für zu riskant gehalten und die Männer laufen lassen, was Stalin in einen Wutanfall versetzte, und, ohne daß es irgendeiner wußte, wohl den Anfang vom Ende des Geheimdienstchefs Jagoda bedeutete.

Anstelle dieses Prozesses, der vorläufig nicht stattfand, gab es andere Prozesse, die kaum so genannt werden durften. Es wurden hier und dort Männer verhaftet, nicht zuletzt auch viele deutsche Kommunisten, die vor Hitler in die Sowjetunion geflohen waren, von denen also doch wohl kaum zu befürchten stand, daß sie gegen Stalin konspirieren und an seinem Untergang arbeiten würden.

Nicht alle wurden umgebracht, aber alle mußten eine langwierige oft jahrelange Untersuchungshaft erdulden. Die Umstände waren in jeder Beziehung menschenunwürdig. Die Zellen, allenfalls fünf Meter lang und zwei Meter breit, zwei Reihen durchgehende Holzpritschen übereinander und auf jeder Seite, darauf zwölf, unten sogar dreizehn Mann, zusammen also etwa fünfzig in diesen Zellen zusammengepfercht. Das Fenster war schmal und niedrig, fünfzig mal fünfzig Zentimeter. Die Erholung bestand aus einem Spaziergang, der zehn Minuten pro Tag dauerte und um den Hof herum führte. Die sanitären Anlagen spotteten jeder Beschreibung, das Essen war so, daß die Gefangenen nicht gerade verhungerten: um zehn Uhr Kohlsuppe mit Fischresten, mittags Getreidekörnersuppe mit einer Scheibe Brot, abends ein Becher Tee und eine Scheibe Brot. Verhöre je nach Lust und Laune des Untersuchungsrichters, mindestens einmal in der Woche, manchmal auch siebenmal, wobei als zusätzliche Folter der Gefangene zwei Salzheringe vorgesetzt bekam, aber danach keinen Schluck Wasser erhielt.

Unter drei Monaten Haft kam kaum einer davon. Während dieser Zeit, die auch manchmal weit über ein Jahr dauerte, war der Untersuchungsrichter, oder wie die genaue Übersetzung des russischen Wortes lautet, der Operationsbevollmächtigte, sozusagen allmächtig. Und nicht nur grausam, er mußte grausam sein, er hatte ein Soll zu erfüllen, eine gewisse Anzahl von Staatsfeinden zu entlarven und dafür Sorge zu tragen, daß sie gestanden. Wenn er nicht auf sein Soll kam, wurde ihm, unter irgendwelchen Vorwänden, etwas vom Gehalt abgezogen, und wenn er mehr als sein Soll schaffte, erhielt er eine Geldprämie.

Aber auch der Untersuchungsrichter war keineswegs gegen Unheil gefeit, und es gab nicht wenige Gefangene, die zu ihrem Erstaunen, aber auch zu ihrer heimlichen Genugtuung beim Gang um den Gefängnishof herum ihrem ehemaligen Untersuchungsrichter begegneten. Er war nun auch dran.

Das meiste Aufsehen, zumindest außerhalb der Grenzen der Sowjetunion, erregte ein Prozeß, der gar keiner war, der Prozeß gegen Michail Tuchatschewski, Marschall der Sowjetunion. 1893 geboren, trat er in die Armee als Gardeoffizier ein, natürlich noch unter dem Zaren, nicht zuletzt, weil er adliger Herkunft war. Groß, schlank, ausgesprochen gutaussehend, gehörte er zu den wenigen Offizieren, die sich 1917 sofort den Bolschewiken anschlossen. Er war auch damals Oberleutnant der kaiserlichen Garde und machte rasant Karriere. 1917 noch wurde er Hauptmann, ein Jahr später nach Ende des Bürgerkriegs General, im polnischen Feldzug von 1920 war er der Führer der gesamten Roten Armee. 1931 wurde er stellvertretender Kriegsminister, wurde, wie es offiziell hieß, Volkskommissar für den Krieg und Marschall. Aber 1937 wurde er ohne alle Formalitäten abgesetzt und in die Provinz geschickt. Unterwegs verhaftete man ihn. Das Kriegsgerichtsverfahren gegen ihn fand nie statt, das war eine spätere Erfindung Stalins.

Der Grund? Die Gründe? Tuchatschewski hatte sich doch als vorzüglicher Offizier erwiesen und als loyaler. Er hatte außerordentliche organisatorische Arbeit geleistet, und aus einem führerlosen Haufen zu Beginn der Revolution wieder so etwas wie eine ausgezeichnete Armee gemacht, wie die Militärattachés der ausländischen Botschaften in Moskau zu wissen glaubten.

Und dann, am 12. Juli 1937 erfuhr die Sowjet-Öffentlichkeit, durch einen Artikel in der Parteizeitung »Prawda«, ein geheimes Militärgericht habe den Marschall Tuchatschewski und sieben seiner bekanntesten Heerführer zum Tode verurteilt. Sie seien erschossen worden wegen »gewohnheitsmäßigen und niedrigen Verrates militärischer Geheimnisse an eine gewisse feindliche, faschistische Macht, sowie wegen Spionagearbeit zur Bewirkung des Sturzes der Räteregierung und der Wiederherstellung des Kapitalismus«.

Um es gleich hier zu sagen, von den acht Generälen, die das Urteil gefällt haben sollen, wurden sechs während der nächsten Monate selbst erschossen.

Was lag nun also wirklich gegen Tuchatschewski vor? Man warf ihm – aber dies alles, soweit es die Öffentlichkeit angeht, erst nach seinem Tod – vor, daß er zur deutschen Wehrmacht enge Beziehungen unterhalten habe. Und die deutsche Wehrmacht, das war, zumindest in den Augen Stalins, damals Hitler, der ja unter anderem ständig davon sprach, den Kommunisten ein Ende zu bereiten.

Nun ja, es gab da Beziehungen zwischen der deutschen Wehrmacht und der Roten Armee. Aber das war keineswegs etwas Neues, was sich Tuchatschewski da ausgedacht hatte. Das ging auf die Jahre nach dem Ersten Weltkrieg zurück. Damals war es den Deutschen durch »Versailles« verboten, wieder eine stärkere Wehrmacht – mehr als 100 000 Soldaten – aufzustellen, von Flugzeugen, von Panzern, von moderneren Waffen ganz zu schweigen. Um dieses Verbot zu umgehen, hatten sich die Deutschen unter Leitung des Generals von Seekt ein Zusammenspiel mit den Russen ausgedacht. Damit er die erlaubten 100 000 Mann ständig auswechseln konnte, mußte laufend frisches soldatisches Material herangebildet werden, und das war in Deutschland natürlich unmöglich, das hätten die Siegermächte des Ersten Weltkrieges sofort unterbunden. So wurden sie auf russischem Gelände exerziert und ausgewechselt. In

Rußland wurden die verbotenerweise gebauten Flugzeuge eingestellt, in Rußland machten die Panzer ihre Geländeübungen. Für den Fall der Fälle...

Das alles war zwar ein militärisches Geheimnis, aber kein Geheimnis für Lenin und für die regierenden Kommunisten. Schon gar kein Verrat an der sowjetischen Sache. Im Gegenteil, die führenden Männer in Moskau waren froh, daß sich Deutschland militärisch wieder etwas erholte – alles war besser als das militärische Übergewicht eines einzigen Landes auf dem Kontinent, nämlich Frankreichs.

Da mitgemacht zu haben, konnte man Tuchatschewski kaum vorwerfen, und das warf ihm auch niemand vor. Was man ihm vorwarf, sollte niemals an die Öffentlichkeit gelangen. Aber zu vermuten, was Stalin gegen Tuchatschewski haben mußte und hatte, ist nicht weiter schwer. Stalins Streben nach sozusagen absoluter Macht – wenn er dieses Wort auch nie in den Mund nahm – konnte eine starke, vielleicht überstarke Armee nicht sympathisch sein, und schon gar nicht unter einem Mann, der diese Armee unter Umständen auch gegen ihn einsetzen könnte. Daß Tuchatschewski das nie probiert hatte, bedeutete nicht, daß er nicht eines Tages zu Stalins Gegnern, oder zu denjenigen, die Stalin für seine Gegner hielt, überlaufen würde. Aber ohne Tuchatschewski – was war da noch die Rote Armee?

Genau die gleiche Frage stellten sich, als Tuchatschewskis unrühmliches Ende bekannt wurde, die fremden Militärattachés in den Moskauer Botschaften. Welche Rolle würden die Heeresführer in einem Krieg, der ja ausbrechen konnte, wohl spielen? Leistete Stalin mit der Ausrottung Tuchatschewskis und seiner wichtigsten Männer Hitler nicht geradezu Schützendienste?

So fragte man sich noch lange, denn sowohl die problematische Rolle der mächtigen Sowjetunion im kommenden Krieg gegen das kleine Finnland, als auch der Beginn des deutsch-sowjetischen Feldzuges im Jahre 1941 schien den Skeptikern recht zu geben. Hatte der überkluge Stalin zu hoch gepokert?

Der dritte große Schauprozeß, der vom März 1938, ist in mancher Hinsicht sensationell. Nicht nur, daß die bereits erwähnten Nikolai Bucharin und Alexei Rykow auf der Anklagebank sitzen, dort befinden sich auch neben anderen Prominenten scharfe Konkurrenten Stalins im Politbüro, noch aus der Zeit Lenins, wie etwa Christian Rakowski, ehemals Regierungschef der Ukraine, dann Botschafter in Paris, sowie Arkadi Rosengoltz, vor allem aber Genrich Jagoda. Ja, Jagoda, der an der Seite Stalins 1934 nach Leningrad geeilt war, um die Mörder Kirows ausfindig zu machen und zu bestrafen. Jagoda, bisher Chef der GPU, der Allmächtigen?

Jawohl, eben dieser Jagoda. Nur wenige erkennen ihn wieder. Er ist ein völlig gebrochener Mann, einer, der mit den gleichen Mitteln fertiggemacht worden ist, die er so oft anwandte, in jedem Sinne des Wortes »fertig«. Er hat alles »gestanden«, was man von ihm an Geständnissen verlangte, zum Teil auch die Sünden seiner Vorgänger. Jawohl, er habe Morde begangen, noch und noch, aber nicht etwa auf Befehl von Stalin, sondern dem von Trotzki, der ja nicht einmal mehr im Lande weilt. Jagoda ist nur zu gern bereit, Trotzki zu belasten oder überhaupt jeden, den er belasten soll. Er scheint alles gewußt zu haben, auch Dinge, die er gar nicht gewußt haben konnte.

Bei einigen der anderen Angeklagten muß der Staatsanwalt oder der Richter einen Widerruf befürchten. Es kommt auch zu gelegentlichen Widerrufen, die freilich, nachdem die betreffenden Angeklagten es sich in ihren Zellen – und vielleicht nicht nur in ihren Zellen – eine Zeitlang überlegen konnten, ihrerseits widerrufen werden. Jagoda gibt sich dem Gericht bedingungslos preis. Er löscht sich selbst aus.

Das kann man von dem ohne Zweifel wichtigsten Mann des Prozesses, Nikolai Bucharin, nicht behaupten.

Nikolai Iwanowitsch Bucharin, der kleine zierliche Mann mit dem Spitzbart à la Lenin, 1888 in Moskau geboren, Sohn eines in mißlichen kleinbürgerlichen Verhältnissen lebenden Privatdozenten, hat sich früh, schon als Achtzehnjähriger, dem linken Flügel der zerstrittenen russischen Sozialdemokraten zugesellt, der sich später Bolschewiki nannte. 1911 wurde er zur Haft in Sibirien verurteilt, floh aber von dort ins Ausland, lebte längere Zeit in Wien, dann in Lausanne, in Stockholm, schließlich sogar in New York. Lenin lernte er erst 1912 in Krakau kennen – das war damals noch österreichisch.

Er übernahm die Wirtschaftsredaktion der Parteizeitung »Prawda«, die, natürlich, nur illegal erscheinen konnte. Er kritisierte ohne Unterlaß die bürgerlichen Wirtschaftstheorien. Man hielt ihn in der Partei – darüber hinaus kannte ihn kaum einer – für einen bedeutenden Theoretiker; das war er wohl auch.

Während des Ersten Weltkrieges lebte er in der Schweiz. Frauen schienen ihn nicht zu interessieren, Cafés mied er, teils aus finanziellen Gründen, teils weil er nicht mit Männern gesehen werden wollte, deren Bekanntschaft ihn hätte kompromittieren, das heißt, die Polizei auf ihn aufmerksam machen könnten.

1917 kehrte er, um die gleiche Zeit wie Lenin, nach Rußland zurück, aber während Lenin sich in Petrograd niederließ, ging er sogleich nach Moskau, wo er half, den Novemberaufstand zu inszenieren. 1918 machte er sich gegen einen Sonderfrieden mit Deutschland stark, der sei überflüssig, er würde nur die Weltrevolution verzögern. Viele hielten ihn für linksstehender als Lenin, mit dem er übrigens gelegentlich Zusammenstöße hatte, obwohl die beiden sich sehr mochten, oder, wie Trotzki es einmal schrieb, »der naive und feurige Bucharin verehrte Lenin, ja liebte ihn, wie ein Kind seine Mutter und bewahrte, wenn er auch gegen ihn polemisierte, stets die kniefällige Haltung eines Schülers. Bucharin, weich wie Wachs, um Lenins Ausdruck zu gebrauchen, hatte und konnte keinen persönlichen Ehrgeiz haben«.

Nach 1921, als Lenin die ökonomischen Fesseln des Kommunismus vorübergehend etwas lockerte, wurde Bucharin sein engster Vertrauter, und viele hielten ihn für den möglichen Nachfolger Lenins. Das mochte stimmen oder nicht, jedenfalls machte es ihn in den Augen Stalins nicht sympathischer. So mußte er 1929 aus dem Politbüro ausscheiden, wurde 1934 allerdings, wenn auch nur vorübergehend, Chefredakteur der Iswestija.

Aus den Protokollen des zweiten großen Säuberungsprozesses:
Wyschinski: »Ist es richtig oder falsch zu sagen, daß in den Jahren 1932–33 eine Gruppe organisiert wurde, die man Anti-Räte-Block der Rechten und Trotzkisten nennen könnte?«
Rykow: »In der Tat, es war so. Ihr organisatorischer Ausdruck, seit etwa 1933 bis 1934, war das sogenannte Kontakt-Zentrum.«
Wyschinski: »Das ist es.«
Rykow: »Politisch ist es richtig, das zu sagen.«
Wyschinski: »Und dieser Block setzte sich welches Ziel? Wie formulieren Sie es?«
Rykow: »Er setzte sich selbst das Ziel, das Sowjetsystem mit Gewalt zu stürzen, durch Verrat und durch Vereinbarung mit den faschistischen Kräften im Ausland.«
Wyschinski: »Unter welchen Bedingungen?«
Rykow: »Unter der Bedingung der Zerstückelung der Sowjetunion und der Abtrennung der nationalen Republiken.«
Wyschinski: »Sie geben also glatt eine so verräterische Handlung zu, wie die geplante Abtrennung von Westrußland zugunsten Polens?«
Rykow: »Zugunsten seiner Unabhängigkeit. Westrußland sollte ein polnisches Protektorat werden.«
Wyschinski: »Sie meinen, ein Vasall.«
(Zu Bucharin): »Angeklagter Bucharin, stimmen Sie in dieser Frage mit Rykow überein?«
Bucharin: »Ich kann nur sagen, daß Rykow anscheinend das Gedächtnis verloren hat.«
Wyschinski: »Nahmen Sie wie Rykow eine defätistische Haltung ein?«
Bucharin: »Nein, aber ich bin für diese Sache verantwortlich.«
Wyschinski: »Und war Tuchatschewski Mitglied dieser Gruppe?«

Bucharin: »Ich habe schon erklärt...«
Wyschinski: »Ich frage nochmals: Waren Tuchatschewski und der Block militärischer Verschwörer Mitglieder Ihres Blocks?«
Bucharin: »Sie waren es.«
Wyschinski: »Und Sie diskutierten mit den Leuten des Blocks?«
Bucharin: »Jawohl!«
Wyschinski: »Wenn Mitglieder eines Blocks solche Sachen diskutieren, könnte man das einen Plan nennen?«
Bucharin: »Einen Plan, wenn auf jedem i ein Punkt ist.«
Wyschinski (zu Rykow): »Können wir sagen, daß Bucharins Projekt war, der Sowjetunion eine Niederlage zu bereiten?«
Rykow: »So, wie ich Bucharin kenne, würde ich eher sagen, vielleicht sah er das nicht als das einzige Ziel an, eher als etwas, über das man diskutieren könnte, etwas, was unter bestimmten Bedingungen auch verwirklicht werden könnte.«
Wyschinski: »Ich sage nicht, der einzige mögliche Weg, aber eines der Mittel, dem Feind die Tore zu öffnen. Ist das so?«
Rykow: »Ja, aber als eine Möglichkeit, nicht als unbedingte Notwendigkeit.«
Wyschinski: »Natürlich, als Möglichkeit, nicht unbedingt, das heißt, es war nicht der einzige Weg, auf dem er sein Ziel verfolgte. Ist das nicht Verrat?«
Rykow: »Ja.«
Wyschinski: »Halten Sie Bucharin für einen Verräter?«
Rykow: »Einen Verräter, wie mich selbst.«
Wyschinski: »Also, wenn Bucharin sagt, er war gegen die defätistische Haltung, hat er recht, oder nicht.«
Rykow: »Hier verstand und verstehe ich Bucharin nicht. Die Hauptsache ist, daß ein Politiker seine Handlungen verantwortet und auch deren Folgen. Dies eine ist von ihm wie von mir zu verlangen, aber nicht so, wie er denkt. Dann wird es von Interesse sein.«

Und nun Bucharin selbst.

Wyschinski: »Erlauben Sie mir, mit dem eigentlichen Verhör des Angeklagten Bucharin zu beginnen: Bucharin, formulieren Sie kurz, wessen Sie sich schuldig bekennen!«

Bucharin: »Erstens der Zugehörigkeit zum konterrevolutionären Block der Rechten und Trotzkisten.«

Wyschinski: »Seit wann?«

Bucharin: »Von dem Augenblick der Bildung des Blocks an. Selbst für die Zeit davor bekenne ich mich schuldig, zur konterrevolutionären Organisation der Rechten gehört zu haben.«

Wyschinski: »Seit wann?«

Bucharin: »Etwa seit 1928. Ich bekenne mich schuldig einer der exponierten Führer des Blocks der Rechten und Trotzkisten gewesen zu sein. Dementsprechend bekenne ich mich verantwortlich für die Gesamtheit der Verbrechen, die diese konterrevolutionäre Organisation beging, ohne Rücksicht darauf, ob ich davon wußte, oder nicht, ob ich an einer bestimmten Handlung nun teilnahm oder nicht. Ich bin nämlich als einer der Führer dieser konterrevolutionären Organisation verantwortlich und nicht nur irgendein Zahnrädchen in ihrem Getriebe.«

Wyschinski: »Welche Ziele verfolgte Ihre konterrevolutionäre Organisation?«

Bucharin: »Diese konterrevolutionäre Organisation, um es kurz zu sagen...«

Wyschinski: »Ja, kurz für jetzt.«

Bucharin: »Das Hauptziel, das sie verfolgte, obgleich, sozusagen, sie selbst sich nicht voll darüber klar war ... das war im wesentlichen das Ziel, die kapitalistischen Wirtschaftsbedingungen in der Sowjetunion wiederherzustellen.«

Wyschinski: »Der Umsturz der Rätemacht?«

Bucharin: »Der Umsturz der Rätemacht war ein Mittel zu diesem Ziel.«

Wyschinski: »Mittels gewaltsamen Umsturzes?«

Bucharin: »Ja, mittels gewaltsamen Umsturzes dieser Macht.«

Wyschinski: »Mit welcher Hilfe?«

Bucharin: »Mit Hilfe der Schwierigkeiten, denen die Rätemacht gegenübersteht, vor allem eines zu erwartenden Krieges.«

Wyschinski: »Was war prognostisch in Aussicht, welche Hilfe dazu?«

Bucharin: »Die Hilfe fremder Staaten.«

Wyschinski: »Unter welchen Bedingungen?«

Bucharin: »Der Bedingung, konkret gesagt, einer Anzahl von Konzessionen.«

Wyschinski: »Bis wohin?«

Bucharin: »Bis zur Abtretung von Gebieten.«

Wyschinski: »Das heißt?«

Bucharin: »Wenn man es genau nimmt, bis zur Aufteilung der UdSSR.«

Wyschinski: »Der Abtrennung ganzer Regionen und Republiken von der Union?«

Bucharin: »Ja.«

Wyschinski: »Zum Beispiel?«

Bucharin: »Ukraine, Küstengebiete, Westrußland.«

Wyschinski: »An wen?«

Bucharin: »Die entsprechenden Staaten, die geographisch und politisch...«

Wyschinski: »Welche genau?«

Bucharin: »Deutschland, Japan und zum Teil England.«

Wyschinski: »So, das war die Übereinkunft mit den interessierten Kreisen? Ich kenne eine, die der Block hatte.«

Bucharin: »Ja, der Block hatte eine Übereinkunft.«

Wyschinski: »Und wie war die Einstellung zu Sabotage?«

Bucharin: »Die Einstellung zu Sabotage war, daß zuletzt, besonders unter dem Druck des trotzkistischen Teils des sogenannten Kontaktzentrums etwa 1933, trotz einer Anzahl innerer Differenzen und Manipulationen, die für die Untersuchung ohne Interesse sind, nach vielen Diskussionen doch eine Entschließung zur Vorbereitung von Sabotage angenommen wurde.«

Wyschinski: »Schwächten Sie die Verteidigungskraft des Landes?«
Bucharin: »Logischerweise.«
Wyschinski: »Folglich gab es also eine Orientierung auf Sabotage, auf Untergrabung der Verteidigungskraft?«
Bucharin: »Nicht formell, aber eigentlich war es so.«
Wyschinski: »Können Sie dasselbe über Abweichungshandlungen sagen?«
Bucharin: »Was Abweichung angeht, nun, durch ... meine definierten Funktionen, die Sie kennen, beschäftige ich mich hauptsächlich mit Problemen der allgemeinen Führung und mit der ideologischen Seite. Indessen schloß das nicht aus, daß ich die praktische Seite der Angelegenheit kannte und von mir aus praktische Schritte unternahm.«
Wyschinski: »Aber der Block, den Sie anführten, hatte sich selbst das Ziel gesetzt, Abweichungsakte durchzuführen?«
Bucharin: »Soweit ich das anhand der verschiedenen Vorgänge in meinem Gedächtnis rekonstruieren kann, hing das von konkreten Umständen und konkreten Bedingungen ab.«
Wyschinski: »Wie Sie wohl hier merken, waren die Umstände konkret genug...«
Bucharin: »Über Beschleunigung von Sabotageakten wurde nicht gesprochen.«
Wyschinski: »Stand der Block auch hinter Terrorakten wie der Ermordung von Parteiführern und Regierungsmitgliedern?«
Bucharin: »Es war so, und die Vorbereitungen gehen bis auf etwa Herbst 1932 zurück.«
Wyschinski: »Und was war Ihre Beziehung zum Mord an Sergej Mironowitsch Kirow? Wurde dieser Mord auch mit dem Wissen und nach Anleitung des Blocks der Rechten und Trotzkisten begangen?«
Bucharin: »Ich wiederhole, daß ich das nicht weiß, Bürger Staatsanwalt.«
Wyschinski: »Sie wußten das nicht, im besonderen nicht in bezug auf den Mord an Sergej Mironowitsch Kirow.«

Bucharin: »Nicht im besonderen, aber ...«

Wyschinski (zum Gericht): »Erlauben Sie mir, den Angeklagten Rykow zu fragen!«

Präsident: »Bitte.«

Wyschinski: »Angeklagter Rykow, was wissen Sie vom Mord an Sergej Mironowitsch Kirow?«

Rykow: »Ich weiß nichts von einer Beteiligung der Rechten oder des rechten Flügels des Blocks am Mord an Kirow.«

Wyschinski: »Aber im allgemeinen, wußten Sie von Vorbereitungen von Terrorakten von Morden an Partei- und Regierungsmitgliedern?«

Rykow: »Als einer der Führer des rechten Flügels im Block war ich an der Organisation einer Anzahl von Terroristengruppen beteiligt und an Vorbereitungen von Terrorakten. Wie ich schon in meinem persönlichen Verhör sagte, habe ich indessen von keiner einzelnen Entscheidung des Rechten Zentrums, durch das ich mit dem Block der Rechten und Trotzkisten verbunden war, Kenntnis, in der ein Mordauftrag konkret beschlossen worden wäre.«

Wyschinski: »Ein konkreter Auftrag, das ist es. Wissen Sie, daß es eines der Ziele des Blocks der Rechten und Trotzkisten war, Terrorakte gegen Parteiführer und Regierungsmitglieder zu organisieren und zu begehen?«

Rykow: »Ich sagte schon mehr als das, ich sagte, daß ich selbst Terroristengruppen organisierte. Aber Sie fragten mich, ob ich von solchen Zielen durch eine dritte Person wußte.«

Wyschinski: »Ich fragte, ob der Block der Rechten und Trotzkisten etwas mit der Ermordung des Genossen Kirow zu tun hatte.«

Rykow: »Ich weiß nichts von einer Beteiligung der Rechten an diesem Mord und deshalb bin ich bis heute überzeugt, daß die Ermordung Kirows von Trotzkisten ohne Kenntnis der Rechten durchgeführt wurde. Natürlich kann es sein, daß ich keine Kenntnis davon hatte ...«

Wyschinski (zum Präsidenten): »Erlauben Sie mir, den Angeklagten Jagoda zu verhören: Angeklagter Jagoda, wissen

Sie, daß Jenukidze den rechten Flügel des Blocks vertrat und daß er direkte Beziehung zum Mord an Sergej Mironowitsch Kirow hatte?«

Jagoda: »Rykow und Bucharin lügen beide. Rykow und Jenukidze waren anwesend, als im Zentrum die Ermordung von S. M. Kirow diskutiert wurde.«

Wyschinski: »Hatten die Rechten dazu Beziehung?«

Jagoda: »Ja, direkte Beziehung, denn es war ein Block von Rechten und Trotzkisten.«

Wyschinski: »Hatten die Angeklagten Rykow und Bucharin insbesondere irgendeine Beziehung zu dem Mord?«

Jagoda: »Ja.«

Wyschinski: »Sagen Bucharin und Rykow die Wahrheit, wenn sie behaupten, nichts davon zu wissen?«

Jagoda: »Das kann nicht sein, weil nämlich Jenukidze mir sagte, daß sie, das heißt, der Block von Rechten und Trotzkisten, ein Treffen hatten, um einen Terrorakt gegen Kirow vorzubereiten und daß ich mich dem kategorisch widersetzte.«

Wyschinski: »Warum?«

Jagoda: »Ich sagte, ich würde nie Terrorakte zulassen. Ich sah sie als absolut unnötig an.«

Wyschinski: »Und gefährlich für die Organisation?«

Jagoda: »Logischerweise.«

Wyschinski: »Und dann, erfolgten dann Ihrerseits persönliche Maßnahmen zwecks Durchführung der Ermordung von Sergej Mironowitsch Kirow?«

Jagoda: »Ich persönlich?«

Wyschinski: »Als Mitglied des Blocks.«

Jagoda: »Ich gab Instruktionen.«

Wyschinski: »Wem?«

Jagoda: »An Zaporozhjetz in Leningrad. Das ist nicht ganz, wie es war.«

Wyschinski: »Was ich jetzt will, ist, die Rolle zu erhellen, die Rykow und Bucharin in diesem Schurkenstreich spielten.«

Jagoda: »Ich instruierte Zaporozhjetz. Als Nikolajew verhaftet wurde...«

Wyschinski: »Das erste Mal?«

Jagoda: »Ja, Zaporozhjetz kam nach Moskau und berichtete mir, daß ein Mann verhaftet wurde...«

Wyschinski: »In dessen Aktentasche...«

Jagoda: »Ein Revolver und ein Tagebuch waren. Und er ließ ihn frei.«

Wyschinski: »Und Sie billigten das?«

Jagoda: »Ich nahm nur die Tatsache zur Kenntnis.«

Wyschinski: »Und dann gaben Sie Anweisung, den Mord an Sergei Mironowitsch Kirow nicht zu behindern?«

Jagoda: »Ja, ich gab sie... aber so war es nicht.«

Wyschinski: »In etwas anderer Form?«

Jagoda: »Es war nicht so, aber das ist nicht wichtig.«

Wyschinski: »Gaben Sie nun Anweisungen?«

Jagoda: »Ich habe das schon bestätigt.«

Später Wyschinski zu Bucharin: »Und haben Sie nicht schon 1918 mit der Verhaftung des Genossen Stalin gerechnet?«

Bucharin: »Damals sprach man davon...«

Wyschinski: »Ich frage nicht nach Gesprächen, sondern nach einem Plan, den Genossen Stalin zu verhaften.«

Bucharin: »Und ich sage, daß ich mit dem Ausdruck ›Plan‹ nicht einverstanden bin... Damals gab es, wie man sagen könnte, keinen Plan, sondern bloß ein Gerücht in der Richtung.«

Wyschinski: »In welcher?«

Bucharin: »Es wurde von der Bildung einer neuen Regierung der ›Linken Kommunisten‹ geredet.«

Wyschinski: »Und ich frage Sie, planten Sie 1918 die Verhaftung des Genossen Stalin?«

Bucharin: »Nicht von Stalin allein, aber es gab einen Plan zur Verhaftung von Lenin, Stalin und Swerdlow.«

Wyschinski: »Alle drei – Lenin, Stalin und Swerdlow?«

Bucharin: »Genau.«

Wyschinski: »Es gab einen Plan zur Verhaftung?«

Bucharin: »Ich sagte schon, es gab keinen Plan, sondern wir hörten nur davon.«

Wyschinski: »Etwas über die Ermordung der Genossen Stalin, Lenin und Swerdlow?«
Bucharin: »Unter keinen Umständen!«
Später Wyschinski: »Haben Sie in Österreich gelebt?«
Bucharin: »Ja.«
Wyschinski: »Lange?«
Bucharin: »Von 1912 bis 1913.«
Wyschinski: »Hatten Sie Beziehungen zur österreichischen Polizei?«
Bucharin: »Keine.«
Wyschinski: »Haben Sie in Amerika gelebt?«
Bucharin: »Ja.«
Wyschinski: »Lange?«
Bucharin: »Ja.«
Wyschinski: »Wieviele Monate?«
Bucharin: »Etwa sieben.«
Wyschinski: »In Amerika hatten Sie keine Verbindung zur Polizei?«
Bucharin: »Absolut nicht.«
Wyschinski: »Auf dem Weg von Amerika nach Rußland reisten Sie über...«
Bucharin: »Japan.«
Wyschinski: »Waren Sie lange dort?«
Bucharin: »Etwa eine Woche.«
Wyschinski: »Sie wurden während dieser Woche nicht angeworben?«
Bucharin: »Wenn es Ihnen Spaß macht, solche Fragen zu stellen, bitte...«
Wyschinski: »Die Strafprozeßordnung gibt mir das Recht zu solchen Fragen.«
Der Präsident: »Der Staatsanwalt hat um so mehr das Recht zu diesen Fragen, als Bucharin beschuldigt wird, die Ermordung der Führer der Partei schon 1918 beabsichtigt zu haben und die Hand gegen das Leben von Wladjimir Iljitsch Lenin schon 1918 erhoben zu haben.«
Wyschinski: »Ich überschreite nicht die Straßprozeßord-

nung. Wenn Sie wollen, sagen Sie bitte ›nein‹, ich bitte darum, fragen zu dürfen!«

Bucharin: »In Ordnung.«

Präsident: »Die Zustimmung des Angeklagten ist nicht notwendig.«

Wyschinski: »Sie machten also keine Bekanntschaft mit der Polizei?«

Bucharin: »Absolut keine.«

Wyschinski: »Ich frage Sie nach Beziehungen zu irgendeiner polizeilichen Autorität.«

Bucharin: »Ich hatte keine Beziehungen mit irgendwelchen Polizeigewalten.«

Wyschinski: »Warum hatten Sie es so leicht, sich einem Block anzuschließen, der aktiv Spionage trieb?«

Bucharin: »Von Spionage weiß ich absolut nichts.«

Wyschinski: »Was meinen Sie mit ›Ich weiß absolut nichts‹?«

Bucharin: »Genau das.«

Wyschinski: »Und mit was beschäftigte sich der Block?«

Bucharin: »Nur zwei Leute haben hier von Spionage geredet, Scharangowitsch und Iwanow, beide das, was man Agents provocateurs nennt, also Ihre eigenen Spitzel, Herr Staatsanwalt!«

Wyschinski: »Angeklagter Bucharin, wollen Sie damit sagen, daß auch Rykow ein Spitzel ist?«

Bucharin: »Nein, das nicht.«

Wyschinski (zu Rykow): »Angeklagter Rykow, wissen Sie nicht, daß der Block der Rechten und Trotzkisten Spionage trieb?«

Rykow: »Ich weiß, daß es Organisationen gab, die Spionage trieben.«

Wyschinski: »Sagen Sie, trieb die westrussische national-faschistische Organisation, welche Teil Ihres Blocks der Rechten und Trotzkisten war, diese Organisation, geführt von Scharangowitsch (also dem Spitzel) Spionage?«

Rykow: »Das habe ich doch schon zugegeben.«

Wyschinski: »Sie wußten davon?«

Rykow: »Ja.«
Wyschinski: »Und Bucharin nicht?«
Rykow: »Meiner Meinung nach wußte es auch Bucharin.«
Wyschinski: »Also, Angeklagter Bucharin, es ist nicht Scharangowitsch, der das behauptet, sondern Ihr Freund Rykow!«
Bucharin: »Trotzdem wußte ich nichts davon.«
Präsident: »Genosse Ankläger, haben Sie noch mehr Fragen?«
Wyschinski: »Ich will mir selbst über den Angeklagten Bucharin klarwerden. Verstehen Sie jetzt, Bucharin, warum ich Sie über Österreich fragte?«
Bucharin: »Meine Beziehungen zur österreichischen Polizei bestanden in meiner Einkerkerung in einer österreichischen Festung... Ich war in einem schwedischen Gefängnis, zweimal in einem russischen und in einem deutschen Gefängnis.«
Wyschinski: »Das beweist nicht, daß Sie kein Spion sind. – Angeklagter Rykow, Sie bestätigen, daß, nach allen seinen Aufenthalten in den Gefängnissen verschiedener Länder Bucharin trotzdem die Beziehungen seiner Komplizen zum polnischen Geheimdienst billigte? Verstehen Sie das?«
Rykow: »Ich verstehe das nicht.«
Wyschinski: »Bucharin versteht es.«
Bucharin: »Ich verstehe, aber leugne es.«

Bucharin weiß sehr wohl, daß er sterben muß. Daher seine, ja, die geradezu lückenlose Geständnisfreudigkeit aller. Ziehen Sie den Tod einer jahrelangen Zuchthausstrafe mit Folterungen vor? Aber noch einmal schlägt Bucharin zu. Aus seinem Schlußwort:
»Dieses Verfahren, der Schluß einer ganzen Serie von Verfahren, hat alle die Verbrechen und verräterischen Aktivitäten enthüllt, es hat die historische Bedeutung und die Wurzeln unseres Kampfes gegen die Partei und die Räteregierung bloßgelegt.
Ich war über ein Jahr im Gefängnis und deshalb weiß ich

nicht, was in der Welt vorgeht. Aber, nach den Bruchstücken wirklichen Lebens zu urteilen, die mich durch Zufall manchmal erreichten, sehe, fühle und verstehe ich, daß die Interessen, die wir so verbrecherisch verrieten, jetzt in eine neue Phase gigantischer Entwicklung eintreten, daß sie in die internationale Arena eintreten, als großer und mächtiger Faktor der weltweiten Entwicklung des Proletariats...

Ich bedaure noch einmal, daß ich mich des Verrats am sozialistischen Vaterland schuldig machte, des gemeinsten aller möglichen Verbrechen, der Organisation von Bauernaufständen, der Vorbereitung von Terrorakten und der Mitgliedschaft in einer geheimen Anti-Räte-Organisation. Ich gebe weiter zu, daß ich eine Verschwörung zwecks einer Palastrevolution organisiert habe.

Aber das, zufällig, erweist die Unrichtigkeit aller Passagen in der Anklagerede des Bürgers Staatsanwalt, wo er behauptet, ich nähme die Pose eines bloßen Theoretikers, eines Philosophen an, und so weiter. Das sind alles durch und durch praktische Angelegenheiten und ich sage nochmals, daß ich ein Führer und nicht bloß ein Rädchen im Apparat der Konterrevolution war. Daraus folgt, wie jedermann klar sein muß, daß es viele einzelne Dinge gibt, die ich nicht wissen konnte und nicht gewußt habe, aber daß mich das nicht aus meiner Verantwortung dafür entläßt.

Indessen gebe ich zu, daß ich schuld bin am verräterischen Plan einer Aufteilung der UdSSR, denn Trotzki verhandelte über territoriale Konzessionen und ich war mit den Trotzkisten verbündet. Das ist eine Tatsache, die ich zugebe.

Kategorisch verneine ich aber mein Komplizentum beim Mord an Kirow, Menzhinsky, Kubibyschow, Gorki und dessen Sohn Maxim Pjeschkow. Jagoda behauptete, Kirow wäre im Einverständnis mit dem Block der Rechten und Trotzkisten ermordet worden. Davon weiß ich nichts. Aber was der Bürger Staatsanwalt Logik nennt, kommt hier dem tatsächlichen Inhalt zu Hilfe. Er fragte, ob Bucharin und Rykow bei diesen Morden beiseite stehen konnten und er antwortete, daß sie das nicht konnten, weil sie davon wußten. Aber nicht beiseite stehen und wissen, das ist ein und dasselbe. Es ist, was die elementare Logik ›Tautologie‹ nennt, das heißt, das was erst bewiesen werden muß, als schon bewiesen anzusehen. Aber wie lautet die wirkliche Erklärung? Es könnte gesagt werden: Gut, also, du Schurke, wie erklärst du diese Tatsache? Kannst du leugnen, daß die eine oder andere Entscheidung von einer oder einer anderen Sektion gefällt wurde, mit dem Wissen von Jenukidze und Jagoda, oder leugnest du selbst das? Ich kann es nicht leugnen, Bürger Richter. Aber wenn ich es nicht leugnen kann, kann ich es ebensowenig bestätigen, ich kann höchstens etwas vermuten: Immerhin müssen Sie den Geheimnischarakter der Arbeit berücksichtigen. Das Zentrum hielt keine Versammlungen ab, die Dinge wurden von Fall zu Fall diskutiert und unter solchen geheimen Methoden der Verbindung untereinander und der Mitteilung, da sind solche Dinge ganz gut möglich...

Oft erklärte man die Reue mit verschiedenen, vollständig unsinnigen Sachen, wie etwa mit tibetanischen Pulvern und so weiter. Von mir will ich sagen, daß ich im Gefängnis, in dem ich über ein Jahr gesessen habe, arbeitete, studierte, meinen Kopf bewahrte. Das ist eine tatsächliche Widerlegung aller Märchen und unsinnigen konterrevolutionären Dummheiten.

Man spricht von Hypnose. Aber ich habe vor Gericht auf dem Prozeß auch juristisch meine Verteidigung geführt, habe mich an Ort und Stelle orientiert, mit dem staatlichen Ankläger polemisiert, und jeder auch nicht besonders in diesen Zweigen der Medizin erfahrene Mensch wird zugeben müssen, daß es eine solche Hypnose überhaupt nicht geben kann.

Sehr oft erklärt man diese Reue mit Dostojewskitum, mit spezifischen Eigenschaften der russischen Seele, was man über Typen etwa in der Art des Aljoscha Karamasow oder der Helden des ›Idioten‹ und anderer Gestalten Dostojewskis sagen kann, die auf die Straße hinaustreten und schreien: ›Schlagt mich, Rechtgläubige, ich bin ein Missetäter!‹

Aber hier liegt die Sache ganz und gar nicht so. In unserem

Lande ist die sogenannte russische Seele und die Psychologie der Helden Dostojewskis eine längst vergangene Zeit, ein Plusquamperfektum. Solche Typen existieren bei uns nicht, es sei denn in den Hinterhöfen kleiner Provinzhäuser, aber auch dort existieren sie kaum. Umgekehrt aber gibt es eine solche Psychologie in Westeuropa.

Und nun das Entscheidende:

Ich muß hier von mir selbst sprechen, von den Ursachen meiner Reue. Natürlich muß man sagen, daß auch die Beweisstücke eine sehr große Rolle spielen. Ich habe ungefähr drei Monate geleugnet. Dann begann ich, Aussagen zu machen. Warum? Die Ursache liegt darin, daß ich im Gefängnis meine ganze Vergangenheit umgewertet habe. Da fragt man sich: Wenn du stirbst, wofür stirbst du? Dann ergibt sich plötzlich mit erschütternder Deutlichkeit eine absolut schwarze Leere. Es gibt nichts, wofür man sterben müßte, wenn man sterben wollte, ohne bereut zu haben, und umgekehrt nimmt all das Positive, das in der Sowjetunion leuchtet, im Bewußtsein des Menschen andere Ausmaße an. Dies hat mich endgültig entwaffnet und dazu getrieben, meine Knie vor der Partei und dem Land zu beugen. Und wenn man sich fragt: Nun gut, du stirbst nicht – wenn du durch irgendein Wunder leben bleiben wirst, dann wieder: wofür? Isoliert von allen, ein Feind des Volkes in einer nicht menschlichen Lage, in voller Isolierung von allem, was das Wesen des Landes ausmacht... Und in solchen Momenten, Bürger Richter, fallen alles Persönliche, aller persönliche Niederschlag, die Überbleibsel der Erbitterung, Eigenliebe und eine ganze Reihe anderer Dinge weg und verschwinden. Und wenn zu einem dann noch das Echo des weiten internationalen Kampfes gelangt, so tut all dies in seiner Gesamtheit seine Wirkung und es ergibt sich ein voller innerer moralischer Sieg der UdSSR über ihre kniefälligen Gegner.

Auf dieser Grundlage scheint es mir wahrscheinlich, daß bei jedem von uns, die hier auf der Anklagebank sitzen, ein eigenartiger Zwiespalt des Bewußtseins bestand, keine Vollwertigkeit des Glaubens an seine konterrevolutionäre Sache. Es entstand eine zweifache psychologische Situation. Manchmal riß es mich selbst mit, daß ich heute zum Ruhm des sozialistischen Aufbaus schreibe, obwohl ich morgen schon dies durch meine praktischen Taten verbrecherischen Charakters verleugne. Hier bildete sich heraus, was in der Philosophie Hegels das unglückliche Bewußtsein genannt wird. Dies unglückliche Bewußtsein unterschied sich von dem gewöhnlichen nur dadurch, daß es gleichzeitig ein verbrecherisches Bewußtsein war... Mir scheint, daß, wenn bezüglich der in der UdSSR verhandelten Prozesse in einem Teil der westeuropäischen und amerikanischen Intelligenz verschiedene Zweifel und Schwankungen beginnen, diese in erster Linie deswegen auftreten, weil dieses Publikum nicht jenen grundlegenden Unterschied versteht, daß in unserem Lande der Gegner, der Feind, gleichzeitig dieses gespaltene, doppelte Bewußtsein hat.«

Wie in der Sowjetunion üblich, muß der Angeklagte sein Plädoyer mit einem Kotau vor dem »Großen Führer« schließen.

Insgesamt werden achtzehn von den in diesem Prozeß Angeklagten erschossen, die anderen zu langjährigen Zuchthausstrafen oder Zwangsarbeitslagern in Sibirien verurteilt.

Wieder wird gesagt werden, aber auch das nur von einigen wenigen und mit vorgehaltener Hand, Bucharin sei so »unterwürfig« vor Gericht gewesen, weil ihm Stalin hätte versprechen lassen, daß seine Frau und sein Sohn nicht angetastet würden. Das Versprechen wird nicht gehalten. Beide, Frau und Sohn, kommen kurze Zeit, nachdem Bucharin erschossen worden ist, um.

Bucharin selbst wird natürlich rehabilitiert, sie werden ja alle rehabilitiert, die Opfer der Kommunisten, allerdings erst relativ spät, nicht schon auf oder nach dem XX. Parteitag der KPDSU, wo Chruschtschow zum erstenmal die furchtbaren Hintergründe des Stalin-Regimes aufdeckt und von vielen Opfern erklärt, sie seien unschuldig gewesen; auch nicht nach dem XXII. Parteitag 1962, auf dem viele sogenannte »Rechte« rehabilitiert wurden, sondern erst 1965. Und auch da gibt es keine öffentliche Ehrenerklärung, sondern lediglich eine indirekte, nämlich: sein 1922 publiziertes Buch »Das ABC des Kommunismus« darf wieder aufgelegt werden. Erst 1988 wurde Bucharin im Zuge der Veränderungen in der Sowjetunion endlich vollständig rehabilitiert.

Eines von wie vielen Opfern war Bucharin? Man kennt ja nicht einmal die genaue Anzahl der politischen Prozesse, die in den dreißiger Jahren geführt worden sind. Niemand hat je feststellen können, wie viele Millionen von Staatsbürgern in Gefängnisse oder Straflager befördert worden sind, wie viele Hunderttausende, ja, es handelt sich mindestens um Hunderttausende, nach einem solchen Prozeß oder auch ohne Prozeß umgebracht worden sind. Die offiziellen Ziffern sagen, es seien in den Jahren der Säuberungen 7,5 Millionen Menschen verhaftet und 300000 von ihnen seien hingerichtet worden. Die Ironie der Geschichte ist – daß auch viele der Henker im Verlaufe der Jahre in vielen Verfahren gefaßt wurden und umgebracht. Nicht nur Jagoda, sondern auch dessen Nachfolger Jezhow, der bald von Berija abgelöst wird, und auch Berija stirbt verdächtig schnell nach Stalins Tod – und wie, das wird nie mit Sicherheit festzustellen sein, seine »Verurteilung zum Tod« wurde erst später bekanntgegeben.

Was die Schwächung der Armee durch die Ermordung der nächsten Offiziere, an der Spitze Tuchatschewski, angeht, so dürfte es eine gewisse indirekte Rolle beim Zustandekommen des Pakts Stalins mit Hitler spielen, der im August 1939 zum Staunen der Welt geschlossen wird. Ist der eigentlich so erstaunlich? Die Gestapo hat schon längst mit dem NKWD zusammengearbeitet. Hitler hat oft erklärt, er wolle nie einen Zwei-Fronten-Krieg führen, und so ist es von seinem Standpunkt aus gesehen nicht einmal unlogisch, daß er sich gen Osten sichert, bis er den Augenblick für gekommen hält, die Sowjetunion anzugreifen.

Von Stalins Seite aus gesehen wirkt dieser Pakt, den er selbst ja nie brechen wird, wie der Schlußpunkt eines langen Prozesses, des Prozesses der Säuberungen des Regimes von den alten

Bolschewiken, der, von ihnen aus gesehen vielleicht wirklich das ist, was einige gescheite Kritiker schon Ende der dreißiger Jahre gesagt haben, nämlich, daß es sich bei den ganzen Säuberungen im Grunde genommen um eine Gegenrevolution Stalins gehandelt hat.

Vor dem »Volksgerichtshof«: Liquidierung des Widerstandes 1944

Es ist schon sehr früh am Morgen drückend heiß in Berlin. Selbst für einen 7. August außerordentlich schwül. Der Himmel ist stark bedeckt, es sieht so aus, als werde es heute noch regnen oder gar ein Gewitter geben. Um so besser, denken die Berliner, die aus den Trümmern ihrer Häuser oder aus den Luftschutzkellern ans Tageslicht kommen und, soweit das noch möglich ist, einen normalen Tag beginnen. Um so besser, dann werden feindliche Flugzeuge vielleicht nicht kommen, vor allem keine Amerikaner, die sich nicht scheuen, auch bei Tageslicht Bomben zu werfen.

Sie haben in den letzten Tagen und Wochen überall Bomben geworfen, über ganz Deutschland und den von Deutschen besetzten Gebieten. Auf die sogenannten Bundesgenossen Italien, Ungarn, den Balkan. Alliierte Bomber sind offenbar überall. Und es erscheinen so furchtbar viele! Ob es nun um Kronstadt geht oder um Kiel, um München oder Budapest, um Hannover oder Köln und immer wieder Berlin, um Saarbrücken oder um Magdeburg, um Braunschweig oder um Nürnberg... oder... oder...

Anfang Juli sind die westlichen Alliierten in der Normandie gelandet und sind jetzt dabei, ganz Frankreich zu erobern. Und ihre Armeen bewegen sich in Richtung Deutschland, unaufhaltsam. In der Luft gibt es keine Gegenwehr mehr, auf dem Lande wird noch Gegenwehr versucht, allerdings nur vorübergehend mit Erfolg.

Gestern, das war ein Sonntag, wurde wieder einmal Berlin bombardiert.

Heute morgen sind die Straßen Berlins leer, auch die Potsdamer Straße, die einmal eine der Hauptverkehrsstraßen der Hauptstadt war. Heute gibt es kaum noch Autos, und keine Straßenbahnen fahren, zumindest noch nicht in diesen Morgenstunden. Irgendwo müssen wieder einmal Gleise repariert werden.

Das Jahr ist 1944, der Krieg wird bald fünf Jahre alt sein und, obwohl angeblich niemand an dem Endsieg zweifelt, sieht es doch nicht so aus, als würde er sich morgen schon einstellen.

Die wenigen Berliner, die über die Potsdamer Straße huschen, um zu Fuß irgendwohin zu gelangen, nehmen kaum Notiz von den drei Autos, die, von Soldaten gesteuert, in die Potsdamer Straße einbiegen und dann in eine Querstraße, um von dort in den schönen Kleistpark zu gelangen, den alten, ehrwürdigen Park, der erstaunlicherweise noch nicht beschädigt worden ist. Dahinter befindet sich ein prächtiges Gebäude. Das einstige Kammergericht, das sich zumindest im Augenblick Volksgerichtshof nennt.

Aus den Autos steigt eine Anzahl von Männern, sie sind in Zivil und gefesselt. Und sie werden begleitet von Polizisten, oder sind es SS-Leute? Oder ist es die Gestapo? Man schaut besser nicht so genau hin.

Man schaut am besten nirgends mehr in Deutschland so genau hin, selbst das ist gefährlich. Wer es doch tut und gar darüber spricht...

Es gibt im Augenblick, das heißt im August 1944, nicht weniger als 394 Männer-KZs und 17 für Frauen. Aber das will niemand so genau wissen und bei dieser Aufstellung fehlt wohl auch das eine oder andere KZ. Zum Beispiel ist öffentlich unbekannt, daß es Lager in Auschwitz gibt und in Treblinka.

Aber bleiben wir beim 7. August 1944, als die Prozesse beginnen, von denen hier gesprochen werden soll. Vielleicht sollte man weiter zurückgehen ins Jahr 1934, dem zweiten Jahr des Hitlerregimes, in dem dieser als Präsident des Deutschen Reichs den verstorbenen Hindenburg ablöste. Es ist später immer wieder bewiesen worden, daß er, schon damals, den Krieg zu planen begann, den er im Herbst 1939 vorerst gegen Polen entfachte mit der durchsichtigen Begründung, Polen hätte Deutschland angegriffen.

Zumindest damals, 1934, nannte er das bisherige Reichswehrministerium der Weimarer Republik in Reichskriegsministerium um, die Reichswehr wurde zur Wehrmacht, und der Chef der Heeresleitung wurde zum Oberbefehlshaber des Heeres. Auch gab es den durch den Versailler Vertrag verbotenen Generalstab wieder. Und ganz nebenbei wurde der Volksgerichtshof erfunden. Eine Instanz zur Legalisierung der politischen Morde, die sich das Hitlerregime in den nächsten Jahren bis zu seinem bitteren Ende leisten sollte.

Der Volksgerichtshof, in den sich nun eine Reihe von Herren begaben, alle in Handschellen, alle in Zivil, obwohl sie eigentlich hohe militärische Ränge bekleideten, die meisten von ihnen Generäle waren. Sie hätten eigentlich Militärgerichten unterstanden, aber Hitler als Oberster Befehlshaber warf sie aus dem Heer respektive der Marine heraus, so daß sie automatisch vor den Volksgerichtshof kamen.

Warum?

Sie wurden der verschiedensten Verbrechen angeklagt, etwa gegen das »gesunde Volksempfinden« verstoßen zu haben, als dessen Beschützer sich Hitler empfand und dazu hatte er auch den Volksgerichtshof eingerichtet. Oder wegen Wehrmachtszersetzung. Oder wegen Hochverrats.

Aber es kam immer auf dasselbe heraus: Sie alle hatten beschlossen, Hitler umzubringen. Man kann es auch etwa dahingehend formulieren, daß sie ihn unschädlich machen wollten.

Es waren ihrer gar nicht so viele, allenfalls einige Hundert, hohe Offiziere, die meisten von ihnen Adelige, die sich bewußt zu diesem Zweck organisiert hatten oder von mehr oder weniger Gleichgesinnten dazu herangezogen wurden. Sie alle kamen also vor den Volksgerichtshof, soweit sie nicht nach dem mißglückten Attentat auf Hitler am 20. Juli 1944 ohne Gerichtsverhandlung umgebracht worden waren oder sich selbst umbrachten.

Und alle wurden nach demselben Schema abgeurteilt, nicht

in corpore, das heißt nicht als Gruppe, sondern jeder einzelne für sich. Und an diesem zeitlich ersten Gerichtstag, am 7. August also, erschienen nur einige wenige von ihnen vor Gericht, etwa der für Berlin und die Umgebung von Berlin zuständige Generalfeldmarschall Erwin von Witzleben, einer der wichtigsten Männer der Armee überhaupt, Generaloberst Erich Hoepner, Generalmajor Steff, Oberstleutnant von Hagen, Generalleutnant von Hase, Oberstleutnant i. G. Bernardis, Hauptmann Klausing, Oberleutnant d. R. Graf York von Wartenburg. Sie alle wußten von Anbeginn, daß ihr Leben verwirkt war. Was sie nicht im geringsten beeindrucken, geschweige denn zu erschüttern vermochte. Sie verloren ihre Ruhe nicht, schon gar nicht ihre Haltung.

Dabei waren die Verhandlungen nichts als unwürdige Farcen. Man hatte Karten an Zuschauer ausgegeben – natürlich bewährte Anhänger des Regimes. Man – das war Roland Freisler, Präsident des Volksgerichtshofs. Ein übrigens recht gutaussehender Mann, hätten Wut und Empörung – ob nun ehrlich oder gespielt – sein Gesicht nicht dauernd verzerrt.

Freisler war in seiner blutroten Robe, die angeblich Hitler verordnet hatte – das ist freilich nicht erwiesen, aber es hätte durchaus so sein können – ein Racheengel, wie man ihn sich absoluter und entschlossener nicht vorstellen kann. Von richterlicher Unparteilichkeit keine Rede. Er war nicht Richter, nicht einen Augenblick lang, er war Ankläger und Henker in einer Person.

Seltsamerweise wurde diese Haltung Freislers, wenn man das überhaupt Haltung nennen kann, nie aus seinem Vorleben zu erklären versucht, obwohl dieses durchaus nicht unbekannt war.

Roland Freisler, 1893 geboren, war 1920, also nach Beendigung des Ersten Weltkrieges, aber freilich noch nicht der Kämpfe einiger deutschen Truppenteile gegen die Sowjetunion, die neuaufgestellte Rote Armee, bolschewistischer Kommissar in der Ukraine geworden. Was das im einzelnen zu bedeuten hatte, war später schwer auszumachen. Immerhin

Generalfeldmarschall Erwin von Witzleben war einer der Hauptangeklagten im ersten Prozeß vor dem Volksgerichtshof wegen eines Attentats auf Adolf Hitler. Er ließ sich auch nicht durch die wüstesten Haßtiraden des Vorsitzenden Roland Freisler beeindrucken.
(Foto: Zeitgenössische Quelle)

muß er ein überzeugter oder zumindest überzeugender Kommunist gewesen sein. Er wurde dann sehr schnell ein ebenfalls überzeugter Nationalsozialist. Jedenfalls war er 1925, also nur wenige Jahre später, ein Nazi und bereits ein prominentes Mitglied der Partei. Er trat, kurz bevor Hitler die Macht übernahm, in das preußische Justizministerium ein – Göring war damals schon preußischer Ministerpräsident. Und 1934, nach der Machtübernahme durch Hitler also, wurde er Beamter im Reichsjustizministerium. Seinerzeit hieß es, daß ein gewisser Paragraph außer Kraft gesetzt werden mußte, sonst hätte ein ehemaliges Mitglied der Kommunistischen Partei nie preußischer Beamter werden können.

Wie dem auch sei: Freisler hatte sich selbst und natürlich auch der Mitwelt zu beweisen, daß er ein begeisterter Nationalsozialist geworden war, und die beste Chance dazu boten ihm natürlich die Prozesse, die er leitete, nachdem er es zum Präsidenten des Volksgerichtshofs geschafft hatte. Und bisher hatte es keinen Prozeß unter ihm gegeben, der so prominent gewesen wäre wie dieser und die folgenden gegen die Verschwörer vom 20. Juli 1944.

Die Zuschauer bei den Prozessen am 7. August und den folgenden Tagen und Wochen konnten sich trotz aller Parteilichkeit – also in ihrer Haltung letzten Endes einig mit dem Richter Freisler, des Eindrucks nicht erwehren und ließen es später auch durchsickern, daß hier ein Theaterstück aufgeführt oder daß gefilmt würde.

Und es wurde auch gefilmt. Und zwar auf Anordnung von Adolf Hitler persönlich. Er wollte nämlich unter allen Umständen »miterleben«, was sich im Gericht so abspielte.

Und es war natürlich undenkbar, daß Hitler persönlich der Verhandlung hätte beiwohnen können, er war ja wohl auch »unabkömmlich« als Oberster Befehlshaber, konnte also für längere Zeit sein Hauptquartier nicht verlassen und schon gar nicht, um öffentlich bei Gericht zu erscheinen.

Goebbels wußte Rat. Er ließ versteckt hinter den unzähligen Hakenkreuz-Fahnen, die den Gerichtssaal schmückten, Tonfilmkameras einbauen, um die Verhandlungen zu filmen. Und Hitler bekam das Spektakel, das er sich erhofft hatte. Was immer die anderen von diesen Prozessen hielten, er äußerte sich begeistert: »Freisler ist unser Wyschinski« – das war der Henker, der einige Jahre zuvor die Sowjetunion in zahlreichen Prozessen »gesäubert« hatte, das heißt, die mutmaßlichen Gegner Stalins hatte umbringen lassen. Hitler selbst war ja nun, seit dem Betreten der politischen Bühne ein hundertprozentiger Gegner des Bolschewismus gewesen, er hätte also auch gegen Wyschinski sein müssen, aber in diesem Fall sah er in dem Vergleich ein Lob – übrigens fast als einziger, selbst unter den Hohen und Höchsten in seinem Stab.

Aber vorerst: Wie war es eigentlich so weit gekommen? Es war natürlich kein Zufall, daß die ersten Angeklagten, die in diesem Falle vor den Volksgerichtshof gebracht wurden, ausschließlich hohe und höchste Offiziere des Heeres waren. Diese hohen Offiziere und viele andere waren schon immer gegen Hitler gewesen. Sie oder einige von ihnen hatten zu Beginn der dreißiger Jahre den alternden oder eigentlich schon senilen Präsidenten Hindenburg davon abgehalten, den »Gefreiten« Adolf Hitler zum Reichskanzler zu machen, obwohl seine Partei bereits die weitaus stärkste in Deutschland war. Und Hitler wußte vom ersten Tage seiner Amtsübernahme an genau, wo seine Hauptgegner standen.

Als er ein knappes Jahr nach der Machtübernahme seinen besten Freund, Ernst Röhm, und die wichtigsten Männer in der SA erledigte, war der Grund nicht, wie er behaupten sollte, daß er einen Putsch von Röhm befürchtete, sondern daß der Wehrmacht, das heißt deren führenden Offizieren, die SA als eine Art Neben- oder gar Privatarmee Hitlers nicht geheuer war.

Trotz diesem Opfer blieb Hitler den hohen Offizieren keineswegs geheuer. Sie wollten ihn weghaben. Der geistige Führer dieser sich bildenden Oppositionsgruppe war General Ludwig Beck, der Chef des Generalstabes des Heeres, einer der gescheitesten und wohl auch gebildetsten deutschen Offiziere. Er sah sehr früh den Krieg kommen, immer vorausgesetzt, daß Hitler der »Führer« blieb.

Als es so aussah, als würde es wegen des sogenannten »Sudetenlands«, einem Teil der Tschechoslowakei, das hauptsächlich von deutschsprachigen Bewohnern besiedelt war, zum Krieg kommen, schrieb Beck eine Notiz, gerichtet an einige ihm vertraute Offiziere, die freilich nie veröffentlicht wurde: »Die Geschichte wird diese Führer mit einer Blutschuld belasten, wenn Sie [die Offiziere] nicht nach ihrem fachlichen und staatspolitischen Wissen und Gewissen handeln. Ihr soldatischer Gehorsam hat dort eine Grenze, wo Ihr Wissen, Ihr Gewissen und Ihre Vernunft und Verantwortung die Ausführung eines Befehls verbieten. Finden Ihre Ratschläge und Warnungen in solcher Lage kein Gehör, dann haben Sie das Recht und die Pflicht vor dem Volk und vor der Geschichte, von Ihren Ämtern abzutreten.«

Aber keiner von seinen General-Kollegen nahm diese Pflicht wahr. So trat Beck selbst zurück – empört und resigniert.

Nun, es kam nicht zum Krieg, die Westmächte – England und Frankreich – schenkten Hitler, was er forderte, auch ohne Krieg – der englische Ministerpräsident jubelte: »Peace in our time!«

Womit er sich gründlich irrte. Der Krieg, den Hitler einfach brauchte, war nur ein Jahr aufgeschoben.

In den Verschwörerkreisen, ja, in dieser Zeit gab es bereits eine sich formierende Verschwörung jener Offiziere, an der auch der ehemalige Oberbürgermeister von Leipzig, Goerdeler, teilnahm, der sein Amt niedergelegt hatte, als man dort vor dem Gewandhaus die Büste des jüdischen Komponisten Mendelssohn entfernt hatte – rassisch bewußt.

Freilich, es wurde bis 1944 überhaupt nichts gegen Hitler unternommen, es wurde nur »erwogen«. Erwogen wurde, den Plan »Walküre« durchzuführen.

»Walküre« war ursprünglich, das heißt 1942, als Alarmierungsplan, entworfen von Admiral Canaris, dem Chef der Spionage, und General Olbricht, als nach ersten Schwierigkeiten an der Ostfront Gefahr bestand, daß es unter den Millionen von ausländischen Zwangsarbeitern Unruhen, vielleicht sogar Aufstände geben könnte. Die müßten von den Truppen des Heimatheeres, also von in Deutschland stationierten Soldaten, niedergeschlagen werden. Diesen Plan hatte damals Hitler nicht nur gebilligt, sondern seine Ausarbeitung verlangt und dieses Planes wollten sich die Verschworenen jetzt – und zwar gegen Hitler bedienen.

Es war daran gedacht, einen Ausnahmezustand zu erklären als Folge »innerer Unruhen« und die »Vollzugsgewalt« auf das Heer zu übertragen. Das sollte per Fernschreiben und Telefon sofort bekanntgegeben werden – natürlich nicht, daß dabei an die Erledigung Hitlers gedacht war. Die Verlautbarung sollte heißen: »Der Führer Adolf Hitler ist tot. Eine gewissenlose Clique frontfremder Parteiführer hat es unter Ausnützung dieser Lage versucht, der schwer ringenden Front in den Rücken zu fallen und die Macht zu eigennützigen Zwecken an sich zu reißen.« Und dann sollten die Kommandeure und auch die leitenden Offiziere des Ersatzheeres angewiesen werden, notwendige Maßnahmen durchzuführen, vor allem die Besetzung der Verkehrszentren, der Versorgungszentren, ferner der Rundfunksender und der Nachrichtenzentralen... Es sollte dann die Verhaftung der führenden Personen des Regimes folgen, deren Liste bereits entworfen war.

Die Durchführung dieses Plans wurde freilich immer wieder aufgeschoben. Schon nach Hitlers Anfangserfolgen im Krieg gegen Polen, der Besetzung der neutralen Länder Belgien und Holland und im Krieg gegen Frankreich hatte Franz Halder, Becks Nachfolger, gejammert: »Es gelingt ihm ja alles!« Womit er begründete, daß ein Aufstand gegen Hitler unter Umständen höchst unpopulär, wenn nicht geradezu dem Volke unbegreiflich erschienen wäre.

Es blieb also bei der »Stimmung« gegen Hitler, aber ein aktiver Widerstand fand noch immer nicht statt. Schon vorher hatte der Plan des Generaloberst von Hammerstein-Equord gelegentlich eines Besuches Hitlers bei der Armee am Rhein, die ihm unterstand – übrigens noch während des Polenkriegszuges – zu verhaften, ins Wasser gefallen, weil Hitler nicht zum verabredeten Termin oder überhaupt nicht bei der Armee erschien – als ob er etwas geahnt habe, wenn das auch praktisch unmöglich war.

Um es kurz zu machen: Die immer wieder hinausgeschobene Revolte gegen Hitler fand nicht statt.

Und im Grunde genommen ging es wohl um diese Zeit gar nicht mehr um Hitler. Typisch die Einstellung von Claus Graf Schenk von Stauffenberg, dem jungen, gutaussehenden Generalstabsoffizier. Als er ursprünglich aufgefordert wurde, gegen Hitler etwas zu unternehmen, erklärte er, vorerst nicht mitmachen zu wollen. Er hatte ursprünglich, wie übrigens viele Offiziere, durchaus nichts gegen Hitler einzuwenden gehabt und trotz seiner Bildung und Vorkenntnisse auf kulturellem Gebiet nichts gegen dessen sogenannte Kulturpolitik, schon gar nichts gegen seinen Antisemitismus, den er, wie seine Freunde später behaupteten, niemals ernst genommen habe.

Was eigentlich unverständlich, ja letzten Ende unglaublich war. Auch wenn er vielleicht nichts um die Greueltaten in den Vernichtungslagern wußte oder nicht sehr viel davon, so wußte er doch von den Enteignungen der Juden seit 1933, den unsagbaren Rassengesetzen von 1935, über die Unmöglichkeit für Juden zu schreiben, zu malen, zu musizieren, zu studieren, er wußte genug, um Hitler als das Scheusal zu erkennen, das er war.

Trotzdem fertigte er diejenigen, die ihn für eine Revolte gewinnen wollten, mit den Worten ab: »Erst müssen wir den Krieg gewinnen!«

Es muß immer wieder festgehalten werden: Dieser Stauffenberg, der dann mit äußerster Energie und mit unbeschreiblichem Mut die Revolte anführte, hätte nichts gegen Hitler einzuwenden gehabt, wäre der Krieg unter ihm zu gewinnen gewesen. Erst als er als Unmöglichkeit begriff, daß dies je geschehen würde – weil er die militärischen Unfähigkeiten Hitlers erkannte, nicht aber die charakterlichen oder gar politischen – war er dafür, Hitler loszuwerden.

Und das begann wohl erst Anfang 1942, als sich das Desaster im Krieg gegen die Sowjetunion abzeichnete, und wurde für ihn zum festen Entschluß nach Stalingrad, also in den ersten Monaten des Jahres 1943.

Freilich kam er zu diesem Entschluß, nicht etwa den Krieg zu gewinnen, der von Deutschland nicht mehr zu gewinnen war, eher um »zu retten, was zu retten ist«, um mit seinen eigenen Worten zu sprechen.

Allerdings war Stauffenberg um diese Zeit bereits ein Krüppel. In Afrika hatte er die rechte Hand verloren, der Arm endete beim Handgelenk, ebenfalls ein Auge und an der linken Hand zwei Finger. Der Mann, der Hitler um jeden Preis umbringen wollte, war also um diese Zeit kaum noch in der Lage, einen Revolver abzudrücken und wenn er, wie bei seiner späteren Verhaftung, mit der Linken schoß, war er nicht mehr zu treffen in der Lage.

Die Mitverschworenen und deren Verteidiger erklärten später immer wieder, er sei auserwählt worden, Hitler zu beseitigen, weil er als einziger von allen Verschworenen Zutritt zu Hitlers Hauptquartier und zu Hitler selbst hatte.

Was einfach nicht stimmt. Fast alle verschworenen Generäle hatten die Möglichkeit, Hitler zu besuchen und ihn umzubringen. Aber sie wollten ihn wohl überleben.

Dies ist eine der Tragödien des Komplotts. Und es war keine gute Basis für eine erfolgreiche Revolte.

Es verging erstaunlich viel Zeit, bis die Revolte, die von einigen wenigen, vor allem von den Generalen Beck und von Witzleben, schon 1942 geplant worden war, in die Tat umgesetzt wurde. Das ist zumindest unverständlich, denn die Beteiligten mußten wissen, daß jederzeit die Gefahr der Entdeckung, der Indiskretion, des Verrats bestand. Also war höchste Eile geboten. Gar nicht zu reden von den ungeheuren Verlusten, die jeder weitere Kriegstag mit sich bringen mußte.

Was geschah in dieser Zeit? In den mehr als zwei Jahren? Bis Stalingrad, also bis Anfang 1943, so gut wie gar nichts. Es wurde konspiriert. Man traf sich im Geheimen und verteilte Code-Wörter. Man beschloß dies und jenes, aber, was sich später sehr schlimm auswirken sollte, es wurde so gut wie nichts praktisch vorbereitet. Nichts von allem, was nach dem Tod Hitlers hätte geschehen sollen.

Ein gewisser Schwung kam erst in die Sache, als Stauffenberg die Führung der Revolte an sich riß. Das war, wie gesagt, erst nach Stalingrad.

Die anderen Verschworenen hätten sehr bald einsehen müssen, daß Stauffenberg zwar Mut und Entschlossenheit besaß, aber wohl doch nicht der richtige Mann zur Führung einer Revolte war. Seine Jugend sprach dagegen, auch seine Unerfahrenheit, was Organisation betrifft, schon gar eine so geheime Organisation.

Die ideale Zentralfigur wäre vermutlich Ludwig Beck gewesen, der erste General, der Bedenken gegen Hitler gehabt hatte, der erste auch, dessen Bedenken sich nicht nur darauf beschränkten, daß Hitler, militärisch gesehen, ein Abenteurer war, sondern weil er ein schlechter, ein böser Mensch war, einer ohne alle ethischen oder gar moralischen Vorbehalte. Aber Beck war wohl zu alt und vor allem: nach seinem Rücktritt hatte er keine persönlichen Beziehungen mehr zum Heer, dessen Generalstabschef er einst gewesen war. Viele der jüngeren Offiziere wußten wenig mit dem Namen Beck anzufangen und keiner von den anderen »revolutionären« Militärs hatte eine ähnliche Ausstrahlung, wie Beck sie einmal besessen hatte oder Stauffenberg sie jetzt besaß.

Weiteres verzögerndes Moment: Die Aufständischen hatten es sich in den Kopf gesetzt, Himmler gleichzeitig mit Hitler zu erledigen. Aber immer wenn man glaubte, jetzt sei Himmler bei Hitler, stellte sich heraus, daß er wieder verschwunden war. Man gab die Idee, Himmler gleichzeitig zu beseitigen, schließlich auf, man würde ihn eben später erledigen.

Am 14. Juli 1944 ist es fast soweit: Stauffenberg erhält mit anderen den Befehl, am nächsten Tag zusammen mit Generaloberst Fromm bei Hitler zu erscheinen. Es handelt sich um die »Wolfsschanze« in Ostpreußen, seit dem Sommer 1941 nicht immer, aber immer wieder einmal das Hauptquartier Hitlers.

Jedoch weitere Verzögerungen entstehen, weil Stauffenberg sich in der ständig umgebauten »Wolfsschanze« nicht recht auskennt, was die Verschworenen in der Bendlerstraße, wo die militärische Spitze behaust ist, in Enttäuschung versetzt. Dabei hatte Stauffenberg den Plan gefaßt, während der Lagebesprechung unter irgendeinem Vorwand aus der Baracke zu verschwinden, in der die Lagebesprechung vor sich ging, den Sprengstoff in seiner Aktentasche verborgen zu schärfen und dann, zurückgekehrt, das Attentat zu vollbringen. Das heißt, die Aktentasche in Hitlers Nähe zu deponieren.

Aber Hitler brach die Besprechung sehr schnell ab, Stauffenberg kam gar nicht mehr dazu, zu verschwinden und wiederzukommen.

Am nächsten Tag, dem 16. Juli, trifft bei Hitler ein telegrafisches oder fernmündliches Memorandum des Generals Rommel ein, der in der Normandie eingesetzt ist, um, wie Goebbels es verschiedentlich versprochen hat, die Alliierten wieder ins Meer zurückzutreiben. Rommel muß melden, daß davon keine Rede mehr sein kann, daß im Gegenteil jeder Tag weitere Alliierte an Land bringt und seine eigenen Truppen sich nicht mehr lange halten könnten. »Es muß damit gerechnet werden, daß es dem Feind in absehbarer Zeit – in vierzehn Tagen bis drei Wochen – gelingt, die eigene dünne Front vor allem der 7. Armee zu durchbrechen und in die Weite des französischen Raumes zu stoßen. Die Folgen werden unübersehbar sein... Die Truppe kämpft allerorts heldenmütig, jedoch der ungleiche Kampf neigt sich dem Ende entgegen. Ich muß Sie bitten, die Folgen aus dieser Lage unverzüglich zu ziehen.«

Im Osten steht es auch nicht besser. Die Russen sind dabei, nach Ostpreußen durchzubrechen. Überall Überlegenheit der Feinde.

Der aus Paris herzitierte Generaloberst Cäsar von Hofacker, übrigens auch einer der Verschworenen, hält es für undenkbar, daß Ersatzheere rechtzeitig an den Fronten eintreffen könnten, um sie zu entlasten. Der als Stabschef des Ersatzheeres dafür zuständige Stabschef Stauffenberg glaubt das ebenfalls nicht – sieben Wochen würden vergehen, bevor die Ersatzmannschaften eingreifen könnten – und das wäre wohl zu spät. Zu mehr kommt es in dieser Sitzung nicht, schon gar nicht zu einem Attentat.

Es kommt aber noch zu anderen Verzögerungen.

Am 18. Juli, um sechzehn Uhr dreißig, erhält Stauffenberg aus dem Führerhauptquartier wieder einen Anruf, er solle zwei Tage später, also am 20. Juli, in die »Wolfsschanze« zum Vortrag erscheinen über die »beschleunigte Aufstellung neuer Volksgrenadier-Divisionen«.

Verständigung anderer Verschworener. Am 20. Juli also!

Um sechs Uhr verläßt Stauffenberg seine Berliner Wohnung in der Tristanstraße Richtung Flugplatz Rangsdorf südlich von Berlin. Dort treffen er und sein Bruder andere Mitverschworene. Um zehn Uhr fünfzehn landet das Flugzeug bei Rastenburg in Ostpreußen, etwa sechs Kilometer von der »Wolfsschanze« entfernt.

Um zehn Uhr dreißig ist sein Auto im Sperrkreis II, der das Führerhauptquartier umgibt – Sicherung des »Führers«.

Eine Stunde später erfährt Stauffenberg, die Lagebesprechung mit Hitler sei eine halbe Stunde vorverlegt worden, da um vierzehn Uhr dreißig Mussolini eintreffen soll.

Um zwölf Uhr zweiundzwanzig begibt sich Stauffenberg zusammen mit dem Mitverschworenen Werner von Haeften in das Schlafzimmer eines anderen Mitverschworenen, um angeblich das Hemd zu wechseln, in Wahrheit aber, um die beiden Plastiksprengladungen in Stauffenbergs Aktentasche zu pakken – es handelt sich um annähernd tausend Gramm. Stauffenberg drückt mit den übriggebliebenen Fingern der linken Hand den Zeitzünder.

Um zwölf Uhr zweiunddreißig erscheint Stauffenberg zur Lagebesprechung, er läßt sich von niemandem seine Aktentasche abnehmen. Die Lagebesprechung ist bereits im Gange. Etwa fünfundzwanzig Personen haben sich im Konferenzraum versammelt, um einen rechteckigen Holztisch herum, auf dem die Karten ausgebreitet sind.

Um zwölf Uhr fünfunddreißig verläßt Stauffenberg den Raum wieder, um in einen von seinem Adjutanten bestellten Wagen zu steigen. Mit einigen anderen ist er noch im Freien, zusammen mit den Generälen Feldübel und Haeften, als – um zwölf Uhr zweiundvierzig – eine sehr starke Detonation erfolgt. Ein dunkler Rauchpilz aus der Lagebaracke. Trümmer wirbeln in die Luft. Erst dann besteigt Stauffenberg den Wagen, der ihn zum Flugplatz fährt. Er ist überzeugt vom Tod Hitlers und der ihn umgebenden Persönlichkeiten.

Nur wenige Minuten später stellen von außen in die Baracke

eindringende Personen fest, daß zwar alle vierundzwanzig anwesenden Personen durch die Kraft der Explosion zu Boden geschleudert worden sind, vier davon tot, sieben schwer verletzt, die anderen dreizehn aber nur leicht verletzt. Auch Hitler ist nur leicht verletzt, was den ihm hörigen Feldmarschall Keitel zu den begeisterten Worten animiert: »Mein Führer! Sie leben! Sie leben!«

Sogleich wird Alarm gegeben. Das Auto, in dem sich Stauffenberg befindet, hat Schwierigkeiten, den Sperrkreis zu verlassen. Stauffenberg muß aussteigen, ein Telefongespräch führen und man läßt den Wagen dann doch durch, weil die zuständigen Personen den Grund des Alarms noch nicht kennen.

Um dreizehn Uhr fünfzehn startet das für Stauffenberg bereitgestellte Flugzeug nach Berlin. Stauffenberg und die mit ihm fliegenden Offiziere sind überzeugt, daß Hitler tot ist, haben jedoch keine entsprechende Nachricht an die Verschworenen in der Berliner Bendlerstraßer durchgegeben.

General Feld, ein im Führerhauptquartier zurückgebliebener Verschworener hat zwar telefonisch seinem Stabschef Oberst Hahn gemeldet: »Es ist etwas Furchtbares geschehen, der Führer lebt.« Aber der so verständigte Oberst Hahn unterläßt, diese entscheidende Nachricht weiterzuleiten.

Um fünfzehn Uhr dreißig landet das Flugzeug mit Stauffenberg und Haeften in Rangsdorf. Haeften verständigt General Olbricht noch aus dem Flughafen, das Attentat sei durchgeführt, Hitler sei tot.

Und muß zu seiner Verblüffung erfahren, daß nichts, nichts, nichts in Berlin geschehen ist, schon gar nicht, daß der »Walküre«-Alarm wie verabredet ausgelöst worden wäre.

Um sechzehn Uhr – Stauffenberg ist auf dem Weg nach Berlin – schlägt General Olbricht, der über den Tod Hitlers informiert worden ist, vor, jetzt doch noch den »Walküre«-Alarm zu geben. Der zuständige Generaloberst Fromm erfährt durch ein Blitzgespräch mit Generalfeldmarschall Keitel, es sei zwar ein Attentat versucht worden, aber der Führer lebe und sei nicht einmal ernstlich verletzt.

Also wartet Olbricht noch mit dem Alarm.

Stauffenberg, der gegen siebzehn Uhr in den Amtsräumen in der Bendlerstraße eintrifft, ist nicht davon zu überzeugen, daß Hitler noch lebt. Keitel habe das Gegenteil versichert? »Der Feldmarschall lügt, wie immer!«

Um siebzehn Uhr wird ein gewisser Major Remer, der das Regierungszentrum von Berlin »bewacht«, von Generalleutnant von Hase vorgeladen, der ihn dahingehend informiert, der »Führer« sei verunglückt, die vollziehende Gewalt sei auf das Heer übergegangen, mit inneren Unruhen sei zu rechnen, Remer solle sofort mit seinen Truppen das Regierungsviertel absperren.

Das redet diesem Remer schließlich der Propagandaminister Goebbels aus, zu dem Remer sich als erstem begibt, einfach dadurch, daß er Remer mit Hitler verbinden läßt und so beweist, daß Hitler keineswegs tot oder handlungsunfähig ist.

Denn diejenigen, die »Walküre« hätten in Szene setzen sollen, haben noch immer nichts unternommen. Nicht nur kann Hitler, nicht nur kann Goebbels, nicht nur kann jeder der führenden Nazis telefonieren und telegrafieren, der Rundfunk ist von den Aufständischen nicht besetzt worden. Es ist überhaupt nichts geschehen.

Vergebens versucht Stauffenberg, das Versäumte nachzuholen, indem er gleichzeitig an zwei Telefonen Weisungen erteilt, was noch zu tun sei. Beschwörend ruft er immer wieder: »Enttäuschen Sie mich nicht! Enttäuschen Sie mich nicht!«

Aber für das alles ist es zu spät. »Walküre« läuft nie an.

Die Verschwörer werden enttarnt und sehr schnell, wo immer sie sich befinden, festgenommen. Auch in der Bendlerstraße als erster Ludwig Beck, der sich in seine früheren Räume begeben hat und von den Soldaten dort aufgestöbert wird. Er versucht sich zu erschießen, bringt sich aber nur unwesentliche Kopfverletzungen bei. Ein mitleidiger Unteroffizier gibt ihm den Gnadenschuß.

Vergebens schreit Stauffenberg immer wieder, daß alle, alle nur ihre Pflicht getan hätten, als sie seinen Befehlen gehorchten und er, er ganz allein die Verantwortung trage. Er wird überwältigt.

Inzwischen ist es Mitternacht geworden. Eine Minute nach Mitternacht strahlt der Großdeutsche Rundfunk über den Sender Königsberg die vorher angekündigte Ansprache Adolf Hitlers aus. Er rede zum Volk »... aus zwei Gründen:
1. Damit Sie meine Stimme hören und wissen, daß ich unverletzt und gesund bin.
2. Damit Sie aber auch das Nähere erfahren über ein Verbrechen, das in der deutschen Geschichte seinesgleichen sucht. Eine ganz kleine Clique ehrgeiziger, gewissenloser und zugleich verbrecherischer, dummer Offiziere hat ein Komplott geschmiedet, um mich zu beseitigen und um zugleich mit mir den Stab praktisch der deutschen Wehrmachtsführung auszurotten. Die Bombe, die von dem Oberst Graf von Stauffenberg gelegt wurde, explodierte zwei Meter an meiner rechten Seite...«

Eine Viertelstunde später werden Stauffenberg, Friedrich Olbricht, Mertz von Quirnheim und Werner von Haeften in den Hof der Bendlerstraße gebracht und dort standrechtlich erschossen.

Es ist später darüber geschrieben und noch öfter gesagt worden, der junge Stauffenberg sei durchaus nicht der »ideale Mörder« gewesen, der zum Erfolg eines solchen Unternehmens hätte führen können. Wenn man damit sagen will, daß er kein primitiver Halsabschneider war, so stimmt das durchaus. Er war letzten Endes ein Intellektueller.

Was ihn vor allem unfähig machte, erfolgreich als Attentäter zu sein, wurde bereits erwähnt: Nämlich, daß er nur drei Finger der linken Hand zur Verfügung hatte, also kaum damit rechnen konnte, Hitler mit einem Schuß zu erledigen – und es eben auch gar nicht erst versuchte.

Diejenigen, die das hätten vollbringen können, und es gab, wie schon erwähnt, einige unter den Verschwörern, die Hitler so nahe hätten kommen können, daß sie zu schießen imstande gewesen wären, waren sich zu gut dazu. Sie alle, die meisten von ihnen mit Generalstabskenntnissen, also durchaus in der Lage, einen Aufstand zu planen und strategisch durchzuführen, sind nicht wegen ihrer »Feigheit« zu tadeln, sondern wegen ihrer Unfähigkeit auf ureigenstem Gebiet.

Sie sind die Schuldigen – und Stauffenberg bleibt mehr oder weniger der tragisch-schuldlose Held.

Männer aus seiner Umgebung, solche, die die geplatzte Revolte überlebten und ungefähr seine Ansichten kannten und teilten, meinten später, es sei ganz gut so gewesen, denn Stauffenberg hätte nie die Besetzung Deutschlands »ertragen« oder gar dessen Zerstückelung. Was wäre ihm denn anderes übriggeblieben? Er wußte, wie alle anderen, daß Deutschland den Krieg verloren hatte. Er wußte, daß Deutschland, oder stellvertretend für Deutschland Hitler, einen gewonnenen oder zumindest vorerst gewonnenen Krieg mit der Besetzung der »feindlichen« Länder beendet haben würde – warum sollten die Gegner Deutschlands im Zweiten Weltkrieg nicht ein Gleiches tun? Um so mehr es sich im Gegensatz zu der Besetzung durch die Alliierten nicht um eine Quittung für einen Sieg handelte, sondern um die Quittungen auf die erfolgten Angriffe durch Deutschland, die man natürlich in der Zukunft zu verhindern hoffte, wenn es einmal soweit wäre.

Was soll man dazu sagen, daß ein gewisser Wolfgang Venohr, wohl ein persönlicher Freund Stauffenbergs, rund vierzig Jahre nach dem »Attentat« von dem »geisteskranken Vernichtungswillen der Feindmächte Deutschland gegenüber« schreibt! Als ob nicht Hitler, also Deutschland, den Krieg begonnen hätte, die anderen, zuerst Polen, dann aufgrund der Verträge mit Polen Frankreich und England ihn hinnehmen mußten, wie fast zwei Jahre später nach der Kriegserklärung Hitlers an die Vereinigten Staaten von Amerika! Wenn Stauffenberg um diese Zeit nicht bereit war, eine zumindest vorübergehende Besetzung Deutschlands durch die Gegner zu akzeptieren, dann war er nicht nur ein körperlich behinderter Täter.

Wie dem auch sei: Der ganze Spuk hatte von der Minute des Attentats an gerechnet bis zur Festnahme aller Schuldigen in

Reichweite Hitlers – nur einige wenige konnten sich vorläufig oder für immer durch Flucht entziehen – sechs Stunden gedauert. Sechs Stunden und das macht im nachhinein eigentlich alle, die an der Revolte teilnahmen, zu tragischen Dilettanten. Schlimmer, sie waren allein gelassen worden. Es kam zu keinem Volksaufstand. Der hätte vielleicht, oder sogar sicher, den Krieg um acht Monate verkürzt. Es wäre nicht zu den Bombardements von Dresden und Würzburg gekommen, und das gilt auch für einige andere deutsche Städte. Unzählige Soldaten hätten nicht fallen müssen – und das gilt für beide Seiten, aber mehr für die deutsche als die der Gegner. Vielleicht hätten auch Hunderttausende in den Vernichtungslagern überlebt, was allerdings nicht so sicher ist. Denn keine Deutschen befreiten die dort dem Tod Geweihten, sondern eben die »Feinde«.

Es kam nur zu Prozessen, die allerdings viel länger dauerten als sechs Stunden.

Und das war vor allem die Erfüllung des Wunsches von Hitler nach Rache und des Richters Roland Freisler, der eine große Rolle spielen wollte.

Es ist unmöglich, im Rahmen eines Berichtes sämtliche Prozeßtage und Stunden wörtlich wiederzugeben. Das würde Bücher füllen und hat in der Tat auch Bücher gefüllt, allerdings wurde nie alles, was Prozesse anging, veröffentlicht. Ein paar Kostproben mögen genügen.

Einer der geistigen Führer des Aufstandes, jedenfalls einer von denen, die sehr früh schon überzeugt davon waren, daß Hitler verschwinden müsse, war Generalfeldmarschall Erwin von Witzleben, für den Berliner Raum zuständig. Hätte der Coup Erfolg gehabt, wäre er automatisch Oberbefehlshaber der Wehrmacht geworden.

Als solcher hatte er auch gewisse Befehle gezeichnet, als er noch glaubte, Hitler sei tot. Er war, als er vor Gericht gestellt wurde, vierundsechzig Jahre alt. Man hatte ihm das Gebiß weggenommen, so daß er sich nur mit Mühe verständlich machen konnte. Man hatte ihm auch, wie allen anderen Angeklagten, die Hosenträger abgenommen, so daß er, um seine Hose vorm

Fallen zu bewahren, sie krampfhaft festhalten mußte. Kurz, es war alles vorher getan worden, um ihn als eine lächerliche Figur erscheinen zu lassen. Aber der alte Mann verlor nicht eine Sekunde lang seine Würde.

Freisler brüllte ihn an: »Sie schmutziger, alter Mann... Was haben Sie immer an Ihren Hosen herumzufummeln?«

Ein Blick aus von Witzlebens müden Augen ließ ihn für eine Sekunde verstummen. Dann: »Sie sprachen davon, daß Sie den damaligen Generaloberst Beck im Februar 1943 in seiner Wohnung einmal aufgesucht hatten und daß Sie über die Lage gesprochen hätten. Sie haben sich Gedanken darüber gemacht, wer es besser machen könnte... Sie waren also des Glaubens, der Führer hätte versagt...«

Witzleben: »Ja.«

Freisler: »Wer sollte es denn besser machen können?«

Witzleben: »Alle beide!«

Freisler (klatscht sich auf die Schenkel): »Alle beide! Sie beide! Sie sagten also – wir könnten es besser machen.«

Witzleben: »Ja!«

Freisler: »Sagen Sie es doch schon so, daß man es hört!«

Witzleben (nicht ohne Anstrengung): »Ja, ja!«

Freisler: »Da muß ich allerdings sagen, das ist Hochmut, wie er noch nicht dagewesen ist. Ein Feldmarschall und ein Generaloberst erklären, sie könnten es besser machen als der, der unser Führer ist... und der beste Krieger aller Zeiten. Daran ist ja wohl nicht zu zweifeln. Oder?« (Da er keine Antwort erhält:) »Sie bekennen sich also dazu, das gesagt zu haben?«

Witzleben (mit erstaunlicher Stärke): »Jawohl!«

Freisler: »Sie werden verstehen, daß man so etwas mit dem Wort ...Ehrgeizling belegen kann.« Pause. »Sie zucken die Achseln. Gut, das ist auch eine Antwort!«

Witzleben (mit großem Ernst und viel Würde, sich an Freisler wendend): »Sie können uns dem Henker überantworten. Aber in drei Monaten zieht das empörte und gequälte Volk Sie zur Rechenschaft!«

Es scheint, als machten diese Worte Freisler stutzig. Er

schweigt eine ganze Zeit lang. Bald darauf läßt er Witzleben abführen.

Ulrich Wilhelm Graf Schwerin von Schwanenfeld, Verbindungsmann zwischen militärischen und zivilen Widerstandskämpfern, gab sich gleichfalls unbeeindruckt von Freisler. Der versuchte es auf die psychologische Tour.

»Sie müssen mit dem Polenfeldzug ein besonderes Erlebnis gehabt haben... denn vorher...«

Graf Schwerin: »Die Morde! Ich dachte an die vielen Morde!«

Freisler: »Ich verstehe nicht. Morde?«

Graf Schwerin: »Jawohl, die Morde. Die im In- und die im Ausland... Aber darüber wissen Sie genausogut Bescheid wie ich. Vermutlich viel besser. Können Sie eigentlich nachts noch schlafen?«

Freisler (springt auf, voller Wut): »Sie sind ja ein schäbiger Lump. Zerbrechen Sie unter Ihrer Gemeinheit? Ja oder nein? Zerbrechen Sie darunter?«

Graf Schwerin: »Herr Präsident, ich verstehe nicht ganz...«

Freisler (ganz außer sich): »Ja oder nein?«

Graf Schwerin: »Ich bin nicht wie Sie, Herr Präsident!«

Freisler (hat sich so überschrien, daß er seine Stimme fast verloren hat): »Ja oder nein? Eine klare Antwort!«

Graf Schwerin: »Nein.«

Freisler (fast erstaunt): »Nein?« (Er setzt sich.) »Sie können auch gar nicht mehr zerbrechen! Sie sind ja nur noch ein Häufchen Elend, das vor sich selber keine Achtung mehr hat.«

Graf Schwerin sieht ihn nur kopfschüttelnd an. Er öffnet noch einmal den Mund, aber bevor er ein Wort sagen kann, wird er von Freisler überschrien, er solle »das Maul halten!« Und wird bald darauf abgeführt.

Im Gegensatz zu den anderen Angeklagten macht Generalstabsmajor Egbert Hayessen den Eindruck eines geschlagenen Mannes, oder vielleicht wäre es besser zu sagen, eines zerschlagenen. Er war von der Gestapo ziemlich schlimm zugerichtet worden und hatte schreckliche Schmerzen. Er ächzt.

Freisler: »Sieh mal an, Sie weinen ja!«
Hayessen: »Ich weine nicht«, (sehr leise), »ich weine nicht.«
Freisler: »Weinen ist manchmal keine Schande. Was wollen Sie denn mit den Tränen in Ihrem Auge sagen?«
Hayessen: »Ich habe keine Träne...«
Freisler (hat sich festgebissen): »Aber Ihre Tränen bedeuten doch etwas. Bedeuten sie etwa, daß Sie so etwas noch einmal tun würden, wenn das Leben Sie noch einmal so führen würde?«
Hayessen (hat offenbar nicht verstanden): »Nein... nein... ich...«
Freisler: »Nein? Es gibt eben Fälle, wo es eine wirksame Reue nicht mehr gibt.« Jedenfalls nicht in seinen Augen.

Übrigens hätte Hayessen wenig Zeit dazu gehabt, denn nur zwei Stunden später wurde er an einem Fleischerhaken aufgehängt. Wenn in diesem Fall eine formelle Verurteilung erfolgt ist – es wurde nichts dergleichen überliefert.

Der Legationsrat im Auswärtigen Amt, Hans-Bernd von Haeften, ein enger Freund Stauffenbergs, hatte Gelegenheit, sich zu wehren.

Freisler: »Sie sagen, wenn ich keine Treue empfinde, dann kann...«
Haeften: »Habe ich nicht gesagt...«
Freisler (unbeirrt): »Wenn ich keine Treue empfinde, dann ist es auch nicht als Verrat anzusehen...«
Haeften (unterbricht lautstark): »Nein, so ist es nicht, so ist es ganz und gar nicht, sondern ich... nach der Auffassung, die ich von der weltgeschichtlichen Rolle des Führers habe, nämlich daß er ein großer Vollstrecker des Bösen ist, war ich der Auffassung...«
Freisler: »Ja... dann ist also kein Wort zu sagen. Ein feiner Beamter im Auswärtigen Dienst sind Sie ja...«

Ganz besonders moralisch entrüstet gab sich Freisler gegenüber dem Anwalt Dr. Joseph Wirmer, der, hätte der Aufstand Erfolg gehabt, Justizminister geworden wäre, also sein Vorgesetzter. Er unterstellte ihm, daß er nicht zu jenen gehörte, die spontan Widerstand leisteten, sondern erst, als er eingezogen wurde, sich darauf besann, etwas gegen Hitler zu unternehmen. »Es spricht ja für Ihre Haltung, daß Sie erst gewartet haben, bis man Sie dienstverpflichtet hat. Feines Früchtchen sind Sie!«

Wirmer: »Herr Präsident...«

Freisler (dumpf entschlossen, ihn nicht zu Wort kommen zu lassen): »Ja, ja, ja, ein feines Früchtchen. Sie haben also gewartet, bis man Sie dienstverpflichtete. Und wo sind Sie hingegangen? Chemische Erzeugung! Sie haben zwar keine Ahnung von Chemie, aber der Posten war ja ungefährlich! Hätten Sie lieber eine Knarre in die Hand genommen! Dann wären Sie vielleicht nicht auf dumme Gedanken gekommen!«

Wirmer (will etwas sagen, schüttelt aber nur den Kopf).

Freisler: »Werden Sie hier nicht unverschämt! Mit Ihnen werden wir fertig, Wirmer!«

Wirmer (unbeeindruckt): »Wenn ich hänge, habe nicht ich die Angst, sondern Sie!«

Freisler: »Bald werden sie in der Hölle sein.«

Wirmer (völlig unbeeindruckt, die Höflichkeit in Person): »Es wird mir ein Vergnügen sein, wenn wir uns dort treffen!« (Er verbeugt sich lächelnd.)

Freisler versucht immer wieder, das wurde ja schon erwähnt, die Angeklagten daran zu hindern, ihre Motive darzulegen. Graf Schwerin von Schwanenfeld hatte sehr klar gesprochen. Helmut Stieff erklärte, bevor er gehindert werden konnte, er habe sich an dem Komplott beteiligt, »für Deutschland!« Peter Graf York von Wartenburg zeigte nicht die Spur von Angst und äußerste, er sei es zufrieden, »von diesem Gericht« verurteilt zu werden.

Die ersten Urteile erfolgten bereits nach dem ersten Tag vor dem Volksgericht, also noch am 7. August 1944: Schuldig! Freisler bezeichnete die Verurteilten als eidbrüchige, ehrlose Ehrgeizlinge, Tod durch Erhängen also auf der Richtstätte des Zuchthauses Plötzensee.

Und so geht es weiter, über Tage, über Wochen, über Monate. Insgesamt wurden in der nächsten Zeit rund achthundert direkt oder indirekt am Aufstand Beteiligte hingerichtet.

Hinter den Kulissen tat die Gestapo ihr Werk. Und sie folterte. Freilich so, daß es nur selten, wie im Falle Hayessen, sichtbar wurde, denn der Film der Verhandlungen sollte öffentlich gezeigt werden. Jedenfalls hatte Hitler das dann befohlen.

Aber es kommen Bedenken auf. Vor allem werden sie von Goebbels geäußert, der sich nicht vorstellen kann, daß die Öffentlichkeit positiv auf diese Art von Rechtsprechung reagieren wird. Er rät dringend ab, und der Plan wird fallengelassen.

Entscheidend für Hitler war wohl auch ein Schreiben des Justizministers Dr. Thierack, der Hitler nahestand, den Prozeß betreffend:

»Die Verhandlungsführung des Vorsitzenden... war bei den Angeklagten Wirmer und Goerdeler unbedenklich und sachlich. Bei Lejeune-Jung etwas nervös. Leuschner und von Hassell ließ er nicht ausreden. Er überschrie sie wiederholt. Das macht einen schlechten Eindruck, zumal der Präsident etwa dreihundert Personen das Zuhören gestattet hatte. Es wird noch zu prüfen sein, welche Personen Eintrittskarten erhalten haben. Ein solches Verfahren in einer solchen Sitzung ist sehr bedenklich. Die politische Führung der Verhandlung war sonst nicht zu beanstanden. Leider redete er (Freisler) Leuschner als Viertelportion und Goerdeler als halbe Portion an und sprach von den Angeklagten als Würstchen. Darunter litt der Ernst dieser gewichtigen Versammlung erheblich. Wiederholte längere, nur auf Propagandawirkung abzielende Reden des Vorsitzenden wirkten in diesem Kreise abstoßend. Auch hierunter litt der Ernst und die Würde des Gerichts. Es fehlt dem Präsidenten völlig an eiskalter, überlegener Zurückhaltung, die in solchem Prozeß allein geboten ist. Heil Hitler! Ihr

gez. Doktor Thierack.«

Hitler, in seinen Anfängen vor allem der Propagandist der Partei, wertete die Bedenken von Thierack und Goebbels richtig. Er wollte nichts an die Öffentlichkeit gelangen lassen, das die Massen befremdet oder entsetzt hätte. In diesem späten Stadium wußte er, was gesagt werden durfte und was nicht.

Er wurde sehr früh darüber informiert, daß zu dem Kreis der Verschworenen auch der Generalfeldmarschall Rommel gehörte, der die deutschen Truppen in der Normandie befehligte. Rommel war außerordentlich populär. Die Veröffentlichung seiner Teilnahme am Komplott hätte weniger ihm als Hitler geschadet. Daher zögerte er, ihn vor Gericht zu stellen und ließ ihm Gift schicken, das Rommel, wohl mit Rücksicht auf seine Familie, dann auch nahm, so daß sein Name erst nach dem Krieg im Zusammenhang mit dem Komplott genannt werden konnte.

Freisler hätte gerne noch viel mehr Todesurteile ausgesprochen, aber er wurde daran gehindert. Gelegentlich eines Luftangriffs am 3. Februar 1945 auf Berlin wurde er auf dem Hof des Volksgerichts von einem Bombensplitter getroffen. Er begann sehr stark zu bluten und rief um Hilfe. Niemand hörte ihn oder wollte ihn hören. Er verblutete schnell.

Aber das war nicht das letzte, was die Welt von Freisler hören sollte.

Als, Jahre später, die Bundesrepublik Deutschland daran ging, vorzeitig ausgeschiedene Beamte mit einer Rente zu entschädigen, meldete sich Frau Freisler. Zuerst wußte niemand, daß es sich um Frau Freisler handelte, denn sie hatte, sehr wohl wissend um den Haß, der den Namen Freisler umgab, sehr bald nach dem Krieg einen anderen Namen angenommen. Unter diesem Namen verlangte sie nun eine Rente als Witwe von Freisler.

Man wies ihr nicht die Tür. Der zuständige Beamte billigte ihr auch nicht die von ihr verlangte Rente zu, sondern mehr. Begründung: »Dr. Freisler, hätte er den Krieg überlebt, würde noch eine Karriere gemacht haben.«

Man muß es zweimal lesen, um sicher zu sein, daß man sich nicht verlesen hat. Aber so war es. Im Gegensatz zu dem, was er verfügt hatte, nämlich die Sippenhaft der Familie derer, die an dem Komplott beteiligt gewesen waren betreffend, darunter Verhaftung von Säuglingen, Kindern und von Frauen, dachte man im Falle von Freisler nicht eine Minute, nicht eine Sekunde an Sippenhaft.

Manchmal macht sich also, entgegen dem bestehenden Wort, Verbrechen doch »bezahlt«, wenn auch, wie in diesem Fall, erst nach dem Tod.

Nürnberg
1945

Das Verfahren gegen »Göring und Genossen«, wie es in allen diesbezüglichen Akten genannt wird, beginnt am 20. November 1945 um 10.30 Uhr. Es ist ein kalter, windiger Tag in Nürnberg, in der Nacht hat es ein bißchen geregnet, jetzt ist es einigermaßen trocken, aber irgendwie ungemütlich.

Das Gericht: ein internationales Militärtribunal, wie es sich nennt, bestehend aus amerikanischen, sowjetischen, französischen und englischen Richtern und Anklägern. Pünktlich auf die Minute erhebt sich der große, gutaussehende amerikanische Ankläger Henry Jackson, um seine Anklagerede zu halten. Sie umfaßt 25 000 Worte, und ihre Verlesung wird genau fünf Stunden dauern.

Es gibt 21 Angeklagte, die sogenannten Hauptverantwortlichen für das, was in und durch das Dritte Reich geschehen ist, das Dritte Reich, das jetzt gar nicht mehr existent ist. Freilich: Hitler, Goebbels und Himmler sind nicht mit von der Partie, sie haben sich durch Selbstmord jedem irdischen Gericht entzogen.

Auch der Angeklagte Martin Bormann, ohne Zweifel zuletzt, aber eben erst ganz zuletzt, der wichtigste Mann nach Hitler, der mitangeklagt ist, bleibt fern. Man nimmt an, daß er während des Endkampfes um Berlin umgekommen ist und daß die Version, damals übrigens noch nicht im Umlauf, er habe sich nach Südamerika absetzen können, eben nur eine Version ist. SS-Obergruppenführer Ernst Kaltenbrunner, der Chef des Reichssicherheitshauptamtes, liegt mit Grippe in seiner Zelle; später wird er mit auf der Anklagebank sitzen, nicht so Arbeitsminister Robert Ley, der sich in seiner Zelle aufgehängt hat.

Die anderen, geführt von dem prominentesten unter ihnen, Hermann Göring, sitzen bereits auf der Anklagebank, flankiert von überlebensgroßen amerikanischen Soldaten in weißen Helmen und weißen Handschuhen, neben denen sie wie Zwerge wirken.

Hermann Wilhelm Göring, Reichsmarschall, Ministerpräsident von Preußen, Präsident des Reichstags, Oberbefehlshaber der Luftwaffe, Generalbevollmächtigter des Vier-Jahres-Plans, etc.; Rudolf Hess, einst Vertreter Hitlers, der schon nach Kriegsbeginn, 1941, allein nach England flog, aus Gründen, die nie ganz klar wurden, es sei denn, daß er geistig schon damals nicht in Ordnung war; Joachim von Rippentrop, Minister des Äußeren, Generalfeldmarschall Wilhelm Keitel, Chef des Oberkommandos der Wehrmacht; Alfred Rosenberg, der Parteiideologe, später leitender Mann in östlichen Gebieten, Reichsleiter der NSDAP und Reichsminister für die besetzten Ostgebiete; Hans Frank, für Polen und die dort geschehenen Greuel verantwortlich; Dr. Wilhelm Frick, Reichsinnenminister; Julius Streicher, Gauleiter von Franken, Herausgeber des antisemitischen Hetzblattes »Der Stürmer«; Dr. Walter Funk, Reichswirtschaftsminister und Reichsbankpräsident; Hjalmar Schacht, erster Reichsbankpräsident unter Hitler und vorübergehend Finanzminister; Karl Dönitz, Oberbefehlshaber der Kriegsmarine; Dr. Erich Raeder, Großadmiral, Oberbefehlshaber der Kriegsmarine bis 1943; Baldur von Schirach, Reichsjugendführer, Reichsstatthalter, Gauleiter und Verteidigungskommissar von Wien; Fritz Sauckel, Generalbevollmächtigter für den Arbeitseinsatz, also die Zwangsarbeit; Alfred Jodl, Generaloberst und Chef des Wehrmachtsführungsstabs; Franz von Papen, Reichskanzler vor Hitler, hauptverantwortlich für die Berufung Hitlers zur Führung der Reichsregierung, später Gesandter in Wien und Botschafter in Ankara; Arthur Seyß-Inquart, Reichsminister ohne Geschäftsbereich, Reichskommissar für die besetzten Niederlande; Albert Speer, Reichsminister für Bewaffnung und Munition; Constantin von Neurath, Reichsaußenminister und später Reichsprotektor von Böhmen und Mähren; Hans Fritzsche, Rundfunkkommentator und Ministerialdirektor am Propagandaministerium und eben Martin Bormann, Leiter der Reichskanzlei, sogenannter »Sekretär« Hitlers.

Es ist das erste Mal in der modernen Geschichte, daß ein internationaler Gerichtshof der Sieger nach einem Krieg über die Besiegten tagt. Zwar haben die Sieger nach dem Ersten Weltkrieg schon versucht, einige derjenigen, die sie für hauptschuldig hielten, wie zum Beispiel den deutschen Kaiser, vor ein Gericht zu ziehen, das war aber mißlungen; die Holländer, in deren Land er sich geflüchtet hatte, verweigerten die Auslieferung. Deutschland verweigerte die Auslieferung der übrigen Angeklagten, meistens Generäle, und versprach, sie selbst vor Gericht zu stellen und zu verurteilen. Das geschah denn auch, aber dabei kam herzlich wenig heraus; die Gerichtsverfahren damals erwiesen sich eher als Farcen.

Nicht daß dieser Prozeß von Nürnberg, der nun beginnt, sozusagen improvisiert gewesen wäre. Schon im Jahre 1942 haben sowohl Premier Winston Churchill als auch Präsident Roosevelt verlauten lassen, als sie von den Missetaten der Nazis in Krieg und Frieden sprachen, daß diese dafür eine gerechte Strafe erwarte. Und ein formeller Beschluß für ein solches Gerichtsverfahren wurde dann, noch während des Krieges, in San Francisco gelegentlich der Gründungsversammlung der Vereinten Nationen gefaßt, und ein weiterer Beschluß am 26. Juni 1945 in London, also nach Roosevelts Tod.

Warum eigentlich Nürnberg? In der Theorie hätte der Prozeß überall in Deutschland stattfinden können, aber eben nur in der Theorie. In der Realität war Deutschland weitgehend zerstört, man hätte schon sehr suchen müssen, um einen entsprechenden heilen Gerichtssaal zu finden. Daß er in der amerikanischen Zone liegen würde, war eigentlich von Anfang an klar. Die Initiative war ja nicht zuletzt von den Vereinigten Staaten ausgegangen. Zudem fanden sich auch bald nach dem Krieg die meisten derer, die angeklagt werden sollten, in amerikanischer Kriegsgefangenschaft.

Die Russen und die Engländer konnten nur einige wenige »beisteuern«. Nürnberg wurde gewählt nach einer Unterhaltung zwischen Robert H. Jackson und General Lucius D. Clay, der in Berlin residierte und zu dem Jackson eigens geflogen war, um festzustellen, wo der Prozeß denn stattfinden könne. Clay schlug Nürnberg vor, denn der dortige Justizpalast war so gut wie unbeschädigt geblieben, auch das sind anschließende Gefängnis, in dem die Angeklagten ja untergebracht werden mußten. Aber Clay, ein Gegner dieses Prozesses an sich – »er beweist nichts, als daß man einen Krieg gewinnen muß oder nicht verlieren darf« –, hatte noch einen Hintergedanken. Nürnberg, das war nicht irgendeine Stadt in Deutschland, das war die Stadt, in der Hitler seine Parteitage abgehalten hatte, das war die Stadt, in der die grausamsten und inhumansten, eben »Nürnberger« Gesetze erlassen worden waren. Nürnberg, das war die Stadt des Gauleiters Julius Streicher, einem der allerübelsten unter den üblen Burschen. In Nürnberg, in jeder Beziehung eine Stadt der Nazis, ein Gericht über die Nazis abzuhalten, würde schon eine besondere symbolische Bedeutung haben.

Da ist also neben Jackson, der in dem Prozeß eine Hauptrolle spielen wird, der britische Richter Sir Geoffrey Lawrence, ein kleiner, rundlicher Mann mit rosigem Teint, da ist der amerikanische Richter Francis Biddle, der lange als Generalstaatsanwalt in Washington tätig gewesen war, ein reicher Aristokrat, ein Herr von Welt, ein intimer Freund des vor wenigen Monaten verstorbenen Roosevelt. Da sind die beiden Sowjet-Richter Nikitschenko und Volechkow, die fast nie das Wort ergreifen, aber um so öfter mißbilligende Blicke um sich werfen, da sind die französischen Richter Robert Falco und Henri Donnedieu de Vabres, die meist zu schlafen scheinen, aber wohl doch eher wach sind. Da ist Dr. Robert M. W. Kempner, ein ehemaliger preußischer Ministerialrat, der auch als Staatsanwalt fungiert, aber nie das Wort ergreifen wird, da ist vor allen Dingen der amerikanische General Telford Taylor, ein noch junger New Yorker Anwalt, ein Athlet, der eigens zum

General befördert wurde, um hier eine gewichtigere Figur abzugeben – im Krieg war er Fallschirmjäger und sieht überhaupt ganz so aus, wie die Nazis gerne ausgesehen hätten.

Die englischen Ankläger, die auffallen, weil sie so besonders sorgfältig angezogen sind: Elvyn Jones, Sir Hartley Shawcross und Sir David Maxwell-Fyfe. Im Gegensatz zu den sowjetischen Richtern, die übrigens in Uniform erscheinen – die westlichen in Talaren. Die sowjetischen Ankläger sind sehr temperamentvoll, man hat bei ihnen stets das Gefühl – übrigens nur bei ihnen –, daß sie zornig sind und daß sie nicht Ruhe geben wollen, bevor die Angeklagten sämtlich zum Tode verurteilt worden sind – Stalin hat ja einmal davon gesprochen, daß 50000 der Hauptnazis sofort nach Kriegsende erschossen werden müßten. Von den russischen Anklägern sind vor allem General Roman A. Rudenko und von den französischen Edgar Faure und Jean Petier Ribes zu nennen.

Und keine Deutschen? Jedenfalls keine deutschen Richter, keine deutschen Ankläger, wohl aber deutsche Verteidiger.

Das Gerichtsgebäude an der Fürther Straße, so ungefähr halbwegs zwischen Nürnberg und Fürth, ist im Kreise von rund 500 Metern von amerikanischen Militärpolizisten abgesperrt worden, damit keine Unbefugten hereinkommen. Die Befugten, diejenigen, die direkt oder indirekt mit der Verhandlung zu tun haben oder die Pressevertreter, haben besondere Ausweise oder fahren mit Wagen vor, die entsprechende Schilder tragen.

Sie alle müssen noch einmal ihre Ausweise kontrollieren lassen, bevor sie den Gerichtssaal betreten. Das ist ein ziemlich geräumiger Saal, die eine Breitseite wird vom Gericht eingenommen, das heißt von den Richtern, an deren Seite die Staatsanwälte sitzen. Auf der anderen Seite des Gerichtssaales befinden sich in zwei Reihen die Angeklagten, flankiert, wie schon gesagt, von Militärpolizei, und vor ihnen sitzen in zwei Reihen die deutschen Rechtsanwälte, die ihnen zur Seite stehen sollen. Rechts von den Angeklagten, also links vom Gericht, eine Tribüne für die Journalisten. Es sind im wesentlichen amerika-

Die Angeklagten beim Nürnberger Prozeß 1945. Zehn Monate lang wurde gegen insgesamt 21 Angeklagte verhandelt. In der hinteren Reihe (vor den Militärpolizisten) sind links Hermann Göring und Rudolf Hess zu erkennen. (Foto: Ullstein)

nische, englische, französische, aber auch einige sowjetische Kriegsberichterstatter, alle in Uniform. Es sind schließlich, um darüber zu schreiben, einige bekannte Schriftsteller erschienen, wie zum Beispiel John Rodrigo Dos Passos, aber auch einige Brasilianer und zwei oder drei Schweizer, Australier und Inder. Alles in allem beträgt die Zahl der Berichterstatter wohl zweihundert. Doch alle werden nicht zu allen Verhandlungen kommen. Etwa einen oder zwei Monate nach Verhandlungsbeginn wird die Tribüne meist ziemlich leer sein.

Summa summarum: 21 Angeklagte, 70 Anklagevertreter, 22 Verteidiger, 40–45 Dolmetscher, etwa 150–200 Journalisten. Zuschauer, etwa Nürnberger Bürger, sind nicht zugelassen.

Die Verteidiger, alle deutsch, werden übrigens vom Gericht bezahlt, und zwar mit 4000,– Reichsmark pro Verteidiger. Göring zahlt seinen Verteidiger extra. Woher sollten die anderen Angeklagten, die bis vor kurzem noch in des Wortes wahrster Bedeutung über ungezählte Millionen verfügten, jetzt die wenigen tausend Mark hernehmen, die den Verteidigern zustehen? Sie werden vom Gericht übrigens nicht nur bezahlt, man hat ihnen auch Wohnungen oder möblierte Zimmer verschafft, sie werden mit amerikanischen Militärautos zum Gericht und vom Gericht wieder nach Hause gebracht, sie werden in der Kantine des Gerichts oder in zwei oder drei amerikanisch okkupierten Gaststätten verpflegt.

Es handelt sich hier übrigens nicht, wie man glauben möchte, um Anwälte, die während der Dauer des Dritten Reichs zur inneren Emigration zählten. Das Militärgericht hat den Angeklagten freigestellt, sich ihre Verteidiger zu wählen, und es spielt für das Gericht keine Rolle, ob sie Mitglieder der Partei waren oder nicht, nicht in einem einzigen Fall wird ein Anwalt, der vielleicht als »belastet« gelten müßte, aus diesem Grund zurückgewiesen.

Es herrscht in diesem Saal, holzgetäfelt, für diese Verhandlungen besonders hergerichtet, mit Neonlichtern versehen, die ihn taghell erleuchten, eine seltsame, ganz eigenartige Atmosphäre. Es ist nämlich trotz der vielen Menschen und obwohl verhandelt wird, das heißt, obwohl Ankläger sprechen, Richter verhören, Angeklagte antworten, so still wie in einem Museum. Das hat nichts mit dem dicken Teppich zu tun, mit dem der Fußboden ausgelegt ist. Das kommt daher, daß man die Beteiligten wohl sprechen sieht, aber nicht hört. Sie sprechen in Mikrophone, und nur diejenigen – das können natürlich alle sein –, die Kopfhörer aufsetzen, können sie hören. Sie selbst oder die Dolmetscher. Zu jedem Kopfhörer wird ein kleiner Apparat geliefert, auf dem man sich nach Bedarf sprachlich einschalten kann: Deutsch, Englisch, Französisch, Russisch. Gegenüber der Presse – also links von den Angeklagten – sitzen die Dolmetscher und Dolmetscherinnen, die simultan, also blitzschnell in die jeweils anderen Sprachen übersetzen. So hören die Russen, ganz gleich, ob gerade Englisch, Deutsch oder Französisch verhandelt wird, nur Russisch, die Franzosen nur Französisch, die Angeklagten nur Deutsch. Und so bleibt es während sämtlicher Verhandlungstage – es werden 218 sein – ganz still im Saal, und selbst die Reporter, die im Gerichtssaal sonst gelegentlich eine Lippe riskieren, flüstern sich nur zu, was sie einander mitzuteilen haben.

Irgendwie wirkt das Ganze unheimlich. Und das gilt von Beginn an, schon während Robert H. Jackson die Anklagerede vorträgt. Spräche er sie nicht ins Mikrophon, sondern sie, wie sonst bei Gericht, mit einem gewissen Pathos vortragen, es würde jeden schaudern. Vielleicht schaudert es die Angeklagten, die die deutsche Übersetzung hören. Bis auf einen. Göring. Der erste der Angeklagten in der ersten Reihe. Mitten in der Anklagerede lacht er plötzlich auf. Hätten nicht alle Kopfhörer auf, würde man ihn lachen hören. So hört man ihn nicht, man sieht ihn nur. Man sieht sein vom Lachen verzerrtes Gesicht. Das Gesicht eines ehemaligen Feldmarschalls, in hellblauer Uniform, die, obwohl sie mehrere Male geändert worden ist, ganz lose an seinem Körper hängt und Falten schlägt.

Denn Göring hat seit seiner Gefangennahme mehr als fünfzig Pfund abgenommen. Er sieht beinahe wieder wie ein Mensch aus.

Betrachten wir uns diesen Göring ein wenig näher – er ist ja nicht nur der wichtigste Angeklagte, nach dem der Prozeß ja tituliert worden ist, er ist auch der bei weitem interessanteste. Am 12. Januar 1893 ist er in Rosenheim, in der Nähe von München geboren. Der Vater lebt zu dieser Zeit in diplomatischen Diensten in Haiti, die Mutter ist extra nach Deutschland zurückgekehrt, weil sie größten Wert darauf legte, daß ihr Sohn dort zur Welt komme. Auch später, als der Vater von Haiti nach Südwest-Afrika versetzt wurde, als erster deutscher Gouverneur dieser Kolonie – später wird er ihr Ministerpräsident werden –, und die Mutter zu ihrem Mann zurückkehrte, bleibt der Sohn in Bayern und wächst, auch nach Rückkehr der Eltern nach Europa, in dortigen Internaten auf. Er lernt frühzeitig, nur das zu tun, was ihm beliebt. Und da er sehr hübsch ist und viel Charme besitzt, kommt er damit bei den Lehrern und bei den Mitschülern durch. In einer Kadettenanstalt bringt er es bis zum Leutnant und macht den Ersten Weltkrieg mit.

Schon 1914 wird er von der Infanterie zur Luftwaffe versetzt, damals noch in ihren Anfängen, und wird bald einer der besten deutschen Flieger und schließlich der Kommandant des berühmten Richthofen-Geschwaders. Nach den Vorschriften des Waffenstillstandes müßte Hauptmann Göring sein Geschwader eigentlich an die Sieger ausliefern, aber er denkt nicht daran und bringt es heil in die Heimat zurück. Dafür und für seine anderen Kriegstaten erhält er den Pour le Mérite, die höchste deutsche Kriegsauszeichnung.

Doch dann weiß er nicht recht, was er tun soll. Und da der Vater Geld hat, muß er nicht irgendeine Stellung annehmen, reist hierhin und dorthin, um dieses oder jenes auszuprobieren, kommt auch nach Schweden, wo er sich in die schöne Karin von Kantzow verliebt und sie, die sich seinetwegen scheiden läßt, heiratet.

Er studiert sodann Volkswirtschaft in München, wird ein Freund Hitlers, tritt in die blutjunge Nationalsozialistische Arbeiterpartei ein, organisiert für sie die SA, nimmt an dem Putsch Ende 1923 teil, nach dessen Auffliegen Hitler flieht und er selbst verwundet wird, aber von seiner Frau in Schweden wieder gesund gepflegt wird. Während seiner Rekonvaleszenz ist er Morphinist geworden, macht aber eine Entwöhnungskur durch und wird später, schon längst wieder nach Deutschland zurückgekehrt – die Frau ist gestorben –, wieder partiell rückfällig, das heißt er spritzt nicht mehr Morphium, er nimmt statt dessen morphiumhaltige Paracodin-Pillen, ursprünglich, um die Schmerzen einer Halsentzündung zu dämpfen, später, um Zahnschmerzen zu lindern. Er behält die Gewohnheit bei. Zwanzig Pillen am Morgen, zwanzig Pillen am Abend. Das klingt nach mehr als es ist.

1928 gehört er zu den ersten zwölf Nationalsozialisten, die in den deutschen Reichstag einziehen, 1932, als seine Partei die anderen überflügelt hat, wird er Reichstagspräsident, und, nachdem Hitler die Macht übernommen hat, preußischer Innenminister, später preußischer Premierminister. Er ist – nach Hitler – vielleicht der populärste der neuen Männer, überhaupt einer der wenigen populären Nationalsozialisten, trotz oder auch infolge seines ständig zunehmenden Gewichts und seiner etwas albernen Manie, sich in ständig neue Phantasiegewänder zu werfen, wofür ihm jedes seiner unzähligen Ämter – unter anderem ist er Reichsjägermeister – Vorwände bietet.

Er lebt in des Wortes wahrster Bedeutung in Saus und Braus, schmückt sich mit Edelsteinen, die er irgendwo konfisziert hat, hängt sich Bilder an die Wand, die er in irgendwelchen Schlössern beschlagnahmt und später, als der Krieg beginnt, in ausländischen Museen gestohlen hat. Er ist, im Gegensatz zu Goebbels etwa, durch und durch korrupt.

Im Volk traut man dem »Dicken« gar nicht zu, was er sich alles zuschulden kommen läßt, obwohl man nur Zeitungen lesen müßte, um zu wissen, daß er, Gründer der SA, an deren ersten Verbrechen mitschuldig ist, daß er der erste der großen Nazis ist, der in unbeschränktem Antisemitismus macht, daß er sehr früh schon für Aufrüstung sorgt – er ist ja unter anderem auch Luftfahrtminister und für die Durchführung des 4-Jahre-Plans verantwortlich, dessen Ziel letzten Endes ist, die Aufrüstung zu ermöglichen. Von ihm stammen die Worte, es sei wichtiger, Kanonen zu fabrizieren als Butter zu essen, eine Umschreibung der »Notwendigkeit«, aufzurüsten für den Krieg, von dem er weiß, daß Hitler ihn plant und natürlich auch, für wann er ihn plant.

Während der letzten Tage des Krieges bleibt er, da er ja nicht auf den Kopf gefallen ist, nicht in der Berliner Mausefalle, sondern in seinem Haus in Berchtesgaden. Und von dort telegrafiert er Hitler, er halte es für wahrscheinlich, daß er, der Führer, in eine Situation geraten sei, die ausschließe, daß er noch frei über sich und das Geschick des Landes verfügen könne. Ob er in diesem Falle die Führung Deutschlands übernehmen solle? Er ist zu solch einer Anfrage durchaus berechtigt. Aber Hitler bekommt sie in den falschen Hals und gerät, um so mehr, als er bis zuletzt nicht ahnt, in welch aussichtsloser Lage er sich in Berlin befindet, gar nicht zu sprechen von der aussichtslosen Situation des ganzen Landes, ganz außer sich und gibt Befehl, Göring, den »Verräter«, zu verhaften und zu erschießen. Die damit beauftragten SS-Truppen verhaften ihn auch, zögern aber doch mit der Erschießung. Göring wird schließlich von »seinen« Luftwaffentruppen befreit.

Aber das einzige, was er jetzt noch tun kann, ist, sich den Amerikanern, die Süddeutschland, vor allem auch die Gegend um Berchtesgaden, bereits besetzt haben, zu ergeben. Er schickt seinen Adjutanten Bernd Brauchitsch zu ihnen, das heißt zur 36. Division der 7. Armee, um zu unterhandeln. Dort ist man nur allzu bereit, ihn festzunehmen, aber weit davon entfernt, ihn als Kriegsgefangenen zu behandeln. Es überbieten sich die Offiziere, ihn zu begrüßen, ihm die Hände zu schütteln, ihn zum Essen einzuladen. Er hält das für ganz selbstverständlich und stellt immer nur die Frage: »Wann werde ich von Eisenhower empfangen?« Denn daß er empfangen wird, hält er für selbstverständlich.

Man erlaubt ihm sogar, eine Pressekonferenz abzuhalten. Die amerikanischen Kriegskorrespondenten, dies sei zu ihren Ehren festgestellt, sind die ersten, die ihn behandeln, wie es sich gehört, nämlich als einen von vielen Kriegsgefangenen. Sie nennen ihn bei keinem seiner militärischen Ränge, für sie ist er einfach »Göring«, sie machen Witze über ihn, sie machen ihn ärgerlich, aber er ist zu gescheit, um zu sagen, daß er sich darüber sehr ärgert. Wenn erst Eisenhower ihn empfangen hat, wird alles ganz anders werden.

Was er sich genauer vorstellt, wird nie ganz klar werden. Sicher ist, daß er vermutet, Eisenhower würde nur zu glücklich sein, ihn als den Chef Deutschlands anzuerkennen. Aber dann?

Nun, Eisenhower denkt nicht daran, einen Mann, von dem er weiß, daß er ein vielfacher Verbrecher ist, zu empfangen. Er läßt die amerikanischen Offiziere, die sich für Göring die Beine ausgerissen haben, wissen, daß er ihr Benehmen mißbilligt und daß er ihnen verbietet, Göring weiterhin zu empfangen. Der sei ein Kriegsgefangener und in das Gefangenenlager für Prominente – prominent ist er ja nun einmal – einzuliefern. Und dieses Prominentenlager ist das Palast-Hotel in Mondorf, ein kleines, elegantes Bad in Luxemburg. Aber dieses Palast-Hotel ist nicht mehr so elegant, als Göring dort eintrifft. Die einzelnen Zimmer, in denen die Gefangenen untergebracht werden – vor allem auch diejenigen, die in dem ersten Nürnberger Prozeß eine Rolle spielen – enthalten nur ein Bett ohne Kissen, einen Stuhl, einen Tisch, einen Schrank. Selbst die Fensterscheiben sind herausgenommen worden, man will vermeiden, daß der eine oder andere Gefangene sich vielleicht mit einem Stück Glas die Pulsadern aufschneidet.

Göring, der bis zuletzt geglaubt hat, daß Eisenhower nichts Dringenderes zu tun habe, als sich mit ihm zu unterhalten, erscheint dort mit einem Toilettenkoffer, in dem sich Kämme und Bürsten, Flaschen mit Toilettenwasser befinden, Nagelfeilen und Rasierapparate und alles in Gold eingelegt – mit einem Schrankkoffer voller Uniformen und vor allem mit zwei Koffern voller Paracodin. Er kommt keineswegs allein, sondern mit seinem Kammerdiener, namens Robert Kropp, und seinem Adjutanten. Er ist ziemlich entsetzt, als man ihm die Pillen abnimmt und noch entsetzter, als er gezwungen wird, sich zu entkleiden und als man sowohl in seinem Toilettenkoffer als auch in einer Uniform eingenäht Zyankali-Pillen findet, von denen man weiß, daß alle bedeutenden Nationalsozialisten eine erhalten haben – und Himmler hat sich auch schon mit seiner umgebracht.

Die Ärzte beginnen sofort mit einer Entziehungskur. Göring darf nicht mehr je zwanzig Paracodin-Pillen morgens und abends nehmen, sondern zuerst neunzehn, dann achtzehn, dann siebzehn, bis man schließlich bei einer Dosis angelangt ist, die sich medizinisch vertreten läßt. Gleichzeitig setzt man ihn auf Diät, um ihn von seinem phantastischen Übergewicht zu befreien.

Göring findet das alles höchst ungehörig, vor allem auch, daß er keinen Kammerdiener mehr haben darf und sich selbst anziehen und ausziehen muß. Er schreibt einen Brief an Eisenhower, in dem er sich bitter darüber beklagt. Man habe ihm versprochen – das stimmt freilich nicht – daß man ihn alsbald zu Eisenhower bringen würde, dies sei überhaupt die Bedingung gewesen, unter der er sich ergeben habe. Man habe ihn mehrfach Fragen unterzogen, habe ihm aber niemals gesagt, daß er Kriegsgefangener sei. Man habe ihn nach Mondorf geschickt und dort einer unwürdigen Behandlung unterzogen, die ihn, immerhin Feldmarschall, aufs höchste empört habe. Man habe ihm freies Geleit zu Eisenhower zugesichert, und nun das!

Außerdem: Könne er nicht seinen Kammerdiener zurückhaben? Wenn nicht, möge man den doch nach Hause schicken, er sei zu alt, um noch Soldat zu werden. Könnte er seinen Adjutanten haben oder den zweiten Mann neben von Brauchitsch, Hauptmann Klass? Könnte er, da er schon die Sache mit dem freien Geleit mißverstanden habe, wenigstens einige Stunden per Flugzeug zu seiner Frau und seinem Kind gehen, um die notwendigen Arrangements zu treffen, bevor er sie verlasse. Er gebe zu, diese letzte Bitte sei eine ungewöhnliche, aber schließlich habe er geglaubt, sich unter freiem Geleit zu befinden. Hätte er das nicht geglaubt, hätte er noch einige Tage Zeit gehabt, bevor die »feindlichen« Truppen sein Hauptquartier erreichten.

Mag sein, daß Eisenhower diesen Brief erhält. Sicher ist, daß er ihn nicht beantwortet. Und nicht lange darauf, am 12. August, wird Göring zusammen mit der anderen in Mondorf inhaftierten Prominenz nach Nürnberg eingeflogen. Dort erhält er, wie alle anderen auch, eine eigene Zelle, wird noch einmal, wie schon in Mondorf, von dem Gerichtspsychiater Douglas M. Kelly untersucht. Der stellt unter anderem fest, daß er überdurchschnittlich intelligent ist. Nur Hjalmar Schacht mit einem Intelligenzquotienten von 143 Punkten und Seyß-Inquart mit

141 Punkten liegen vor ihm, der mit seinem Intelligenzquotienten von 138 immer noch turmhoch vor Julius Streicher mit seinen 106 Punkten liegt.

Er wird in Nürnberg wie auch die anderen Tag und Nacht bewacht. Denn schon gibt es allerlei Gerüchte. Unter anderem, daß Werwölfe oder andere Nazi-Sympathisanten oder ehemalige und nicht belehrbare SS-Truppen demnächst Göring befreien würden. Zu einem solchen Versuch wird es freilich nie kommen.

Der Fahrplan des Prozesses – wenn man ihn so nennen darf – sieht wie folgt aus: nach der großen Anklagerede, die mit zahlreichen Dokumenten und anderem Anklagematerial von den verschiedenen Anklagevertretern untermauert wird, geht es daran, die vier Hauptkomplexe der Anklage durch Befragung der Angeklagten zu beweisen. Diese sind:
1. Verschwörung. Die Angeklagten haben einen gemeinsamen Plan zur Eroberung unumschränkter Macht verfolgt und waren einig in der Ausführung weiterer Verbrechen.
2. Verbrechen gegen den Frieden. Die Angeklagten haben in 64 Fällen 36 internationale Verträge gebrochen, Angriffskriege begonnen und einen Weltkrieg entfesselt.
3. Kriegsverbrechen. Die Angeklagten haben ein ungeheures Blutbad angerichtet, Massenmord, Folterungen, Sklavenarbeit und wirtschaftliche Ausplünderung befohlen oder geduldet.
4. Verbrechen gegen die Menschlichkeit. Die Angeklagten verfolgten politische Gegner, rassische und religiöse Minderheiten und machten sich der Ausrottung ganzer Bevölkerungsgruppen schuldig.

Sodann werden die einzelnen Angeklagten zu den einzelnen Komplexen vernommen, wobei untergeordnete Komplexe herausgearbeitet werden, wie zum Beispiel etwa der Angriff auf Polen, der Angriff auf Rußland, die Sklavenarbeit von Menschen aus dem Westen und die von Menschen aus dem Osten, die Ermordung von Juden und anderen mißliebigen

Personen, die Mißhandlungen von Kriegsgefangenen und dergleichen mehr.

Das dauert etwa zwei Monate.

Dann beginnt die Anklage gegen die einzelnen Angeklagten, wobei sich der amerikanische Ankläger Jackson im wesentlichen auf den Punkt 1, die Briten auf den Punkt 2, die Russen auf den Punkt 3 und 4 beschränken, und weiterhin sind die Angeklagten auch sozusagen aufgeteilt. Jackson nimmt sich hauptsächlich Göring vor, die Briten beschäftigen sich vor allem mit Rudolf Hess, Dr. Robert Kempner mit Wilhelm Frick, usw. Da ja die Ankläger in erster Linie sozusagen auf Anklagepunkte spezialisiert sind und viele aller Vergehen angeklagt sind, versteht es sich von selbst, daß sie nicht nur von einem Ankläger verhört werden, sondern von vielen, daß also, um nur ein Beispiel zu nennen, Göring nicht nur von Jackson vernommen wird, sondern auch von dem Engländer Maxwell-Fyfe und von den Russen.

Aber bevor es zu den Vernehmungen kommt, geschieht am 29. November 1945 etwas, was keiner der Angeklagten, auch keiner von den Verteidigern, auch keiner von der Presse, wohl nur das Gericht im voraus wußte: der Saal wird verdunkelt, eine Leinwand wird heruntergelassen, ein Film wird gezeigt.

Es ist kein Film, der etwa für das Gericht hergestellt worden ist, der von Vertretern der Siegermächte gedreht wurde, es ist ein Film, der von Nationalsozialisten selbst gedreht worden ist, sozusagen ein Dokumentarfilm – über die Zustände im Konzentrationslager Buchenwald, unweit von Weimar. Da sieht man Haufen von bis zu Skeletten abgemagerten Leichen, um die sich offenbar niemand kümmert, und da sieht man noch Lebende, die, kaum kräftig genug, um sich aufrecht zu halten, durch die Lagergassen schleichen. Und da sieht man SS-Männer und andere Uniformierte, die wild auf wehrlose Gefangene einschlagen. Da sieht man weinende Frauen und Kinder, und da blickt man in die haßerfüllten Augen der Erniedrigten und Gequälten.

Ein Film, der jeden mit Schrecken und Entsetzen erfüllen muß, der ihn sieht.

Wie werden die Angeklagten auf ihn reagieren? Das Gericht hat den Film wohl hauptsächlich deswegen zeigen lassen, um von vornherein den Angeklagten das Wort abzuschneiden, die behauptet haben, Konzentrationslager habe es gar nicht gegeben, allenfalls Arbeitslager, in denen es sehr »ordentlich« zugegangen sei. Aber der Psychiater von Nürnberg, Major Kelley, und der ebenfalls dort stationierte Psychologe Leutnant Gilbert haben sich zu beiden Seiten der Gefangenen postiert, um ihre Reaktionen besser studieren zu können. Die sind verschieden. Hess starrt die Leinwand an, lauscht dem Kommentar, scheint interessiert zu sein, aber äußert nichts, Keitel wird ungemein nervös, muß sich den Schweiß von der Stirn wischen. Dönitz ist ziemlich entsetzt, ballt die Fäuste, bedeckt immer wieder seine Augen. Raeder wird immer unruhiger und reagiert zuletzt wie ein Nervenbündel. Schacht erklärt sofort, ihn ginge das Ganze überhaupt nichts an und kehrt der Leinwand seinen Rücken. Sein Gesicht bleibt gleichgültig. Funk weint. Und als einer der Chefs des Lagers Bergen-Belsen grinsend auf der Leinwand erscheint, murmelt er: »Dreckiges Schwein!« Frick scheint nur erstaunt zu sein, zeigt aber keine Bewegung. Rosenberg rutscht hin und her und wendet sich manchmal ab. Ribbentrop wirkt tief deprimiert, schaut weg, bald auf seine Füße, bald an die Decke. Auch Jodl sieht oft nicht auf die Leinwand, zeigt aber keine Bewegung. Von Schirach sieht die Leinwand fasziniert an, manchmal mit Schrecken und Widerwillen. Seyß-Inquart bleibt völlig ruhig, nur die Muskeln in seinem Gesicht spielen. Speer sieht traurig aus, schluckt mehrmals. Sauckel gerät völlig außer sich und schüttelt nur den Kopf. Neurath sieht interessiert aber ohne Nervosität zu. Fritzsche sieht ebenfalls alles an, wird aber nervös und bleich. Streichers Gesicht spiegelt keinerlei Gefühle wider. Von Papen macht es wie Schacht, er schaut erst gar nicht hin, bedeckt schließlich seine Augen mit den Händen.

Und Göring? Er schaut zu. Und als es ganz schlimm wird, als

er sieht, wie die Gefangenen gequält werden, legt er den rechten Arm über seine Augen. Er ist sichtlich bewegt. Als es wieder hell wird, hustet er mehrmals und räuspert sich.

Und dann kommen die Verteidiger zu Wort. Sie geben Erklärungen ab, präsentieren Entlastungsmaterial, rufen ihre Mandanten in den Zeugenstand, um sie in eigener Sache zu verhören. Alle folgen diesem Ruf, nur einer wünscht nicht verhört zu werden, nämlich der ehemalige Innenminister Frick. Er ist wohl mit Recht besorgt. Denn er hat Privatgeschäfte gemacht, die nicht gerade zu den saubersten gehören – unter anderem solche mit jüdischen Goldzähnen –, und in dem Augenblick, in dem er dem Ruf seines Verteidigers folgen würde und in den Zeugenstand träte, wäre er ja auch, wie die übrigen, weiteren Kreuzverhören des jeweiligen Staatsanwaltes ausgeliefert.

Die gemeinsame Linie sämtlicher Verteidigungen besteht in der Behauptung, daß die in Nürnberg angeklagten Männer keinerlei Verantwortung trügen. Sie haben nur Befehle ausgeführt. Wer die Befehle erteilt hat? Natürlich Hitler und dann wohl auch diejenigen, die nicht mehr am Leben sind und sich schon deswegen nicht verteidigen können.

Lediglich Göring macht hier eine rühmliche Ausnahme. Er erklärt auf Befragen von Jackson, daß er persönlich sehr wohl für dieses oder jenes verantwortlich gewesen sei, daß insbesondere Hitler über diese oder jene Dinge nicht Bescheid wußte, geschweige denn, daß er entsprechende Befehle gegeben habe. Göring ist überhaupt der einzige in Nürnberg, der Zivilcourage zeigt. Aber es ist wohl nicht nur Courage, es ist wohl auch seine Intelligenz, die ihm sagen muß, daß er nicht mehr viel zu verlieren hat, daß sein Schicksal bereits entschieden war, bevor er das erste Mal in Nürnberg den Mund aufgetan hat.

Vielleicht hat auch seine Eitelkeit damit zu tun. Er will nicht als Feigling erscheinen, er will denjenigen, die über ihn zu Gericht sitzen, und darüber hinaus auch der Welt, sei es nun durch Vermittlung der Anwesenden oder sei es durch Berichte in Zeitungen und durch das Radio, zeigen, daß er seinen Mann steht.

Und obwohl die anderen, ob sie nun intelligent sind oder nicht, sich doch eine Chance ausrechnen, irgendwie davonzukommen, also keineswegs seinem Beispiel folgen, wird er sozusagen ganz automatisch ihr Führer.

Jawohl, ihr Führer, in dem einzigen Sinne, den Göring diesem Wort zuteilen kann. Er wird der Mann, zu dem sie aufblicken, dem sie zuhören, der ihnen sagen kann, was sie tun müssen, der ihnen befiehlt, über dies oder jenes zu schweigen, oder dies oder jenes ruhig zuzugeben, diese oder jene Ausreden zu benützen, diese oder jene Behauptungen aufzustellen.

Und das alles tut er. Zeit dazu findet sich während der gemeinsamen Mahlzeiten. Die nutzt Göring, um die anderen Angeklagten – wohl mit Ausnahme von Hjalmar Schacht und Franz von Papen – in Angst und Schrecken zu versetzen.

Das nimmt Ausmaße an, die den Leiter des Gefängnisses, Oberst Burton C. Andrus, dazu veranlassen, dem Gerichtshof davon Mitteilung zu machen. Und dieser verfügt, daß Göring ab sofort von der gemeinsamen Tafel ausgeschlossen wird. Er muß nun allein zu Mittag und zu Abend essen, obwohl die anderen zusammenbleiben. Übrigens ist es manchen von ihnen eher lästig, geradezu unerträglich, mit gewissen anderen Mitgefangenen zu speisen, vor allem mit Streicher, den sie nicht nur für einen Idioten, sondern für unappetitlich und widerlich halten. Aber das nutzt ihnen wenig.

Doch wenn er auch nun nicht mehr viel persönlichen Kontakt zu seinen Mitgefangenen hat, versteht es Göring nach wie vor, auf sie einzuwirken. Wenn es sein muß, sagt er ihnen ganz unverblümt im Gericht Bescheid, gleichgültig, ob es der Gerichtshof oder die Ankläger hören oder nicht.

Er kennt keine Rücksichten, ja, seine Rücksichtslosigkeit zeichnet ihn von Anfang an aus. Einer der ersten Zeugen nach Verlesung der Anklage ist General Erwin von Lahousen, ein enger Mitarbeiter des Chefs der Abwehr, Admiral Canaris, der von Anfang an gegen Hitler und das nationalsozialistische Regime eingestellt war und noch kurz vor Beendigung des Krieges im Zusammenhang mit der Revolte von Juli 1944 verhaftet und auf besonderen Befehl Hitlers umgebracht wurde. Von Lahousen also ist einer der Hauptzeugen gegen die Angeklagten, und er hält nicht mit der Sprache zurück, wenn es darum geht, die Propagandalügen der Nazis zu entlarven. Er macht die Angeklagten nervös, aber sie protestieren allenfalls vor sich hin, sonst nichts. Nur Göring zeigt ihm offen, wie er ihn haßt.

Ein anderer Zeuge, Erich von dem Bach-Zelewsky, ein Offizier, der im Krieg im Osten gegen die Partisanen eingesetzt wurde, übt nun seinerseits strenge Kritik an der Einstellung der Nazis den Juden und den Slawen gegenüber: »Niemand kann erwarten, daß, wenn man die Juden und Slawen als Untermenschen bezeichnet, nicht früher oder später eine Explosion eintritt!« Da springt Göring auf und ruft ganz laut in den Saal: »Schweinehund und Verräter!« Dabei sieht er sich beifallheischend nach den anderen um. Sie nicken, aber zu mehr raffen sie sich nicht auf.

Hätte Göring die geringsten Illusionen darüber, was ihn erwartet, er wäre vielleicht vorsichtiger bei seinen Vernehmungen. Er hat versucht, sich kooperativ zu geben, als er, bevor die Verhandlungen begonnen haben, von Robert M. W. Kempner vernommen wird. Die Vernehmung beginnt damit, daß Göring, der sehr wohl weiß, daß er einen Emigranten vor sich hat, sich bei Kempner dafür entschuldigt, daß er als preußischer Innenminister, ihn, den preußischen Beamten, im Jahre 1933 fristlos entlassen hätte. Kempner kann dazu nur lächeln: »Sie brauchen sich nicht zu entschuldigen, Herr Göring. Sie haben vermutlich mein Leben durch diese frühzeitige Entlassung gerettet. Sonst hätten mich Ihre Parteigenossen sicher umgebracht!«

Freilich, das ist nur ein Vorgeschmack von dem, was Göring erwartet, als Robert H. Jackson beginnt, ihn vor Gericht zu verhören.

Aus dem Verhör vom 18. März 1946:
Jackson: »Der Vier-Jahres-Plan hatte doch den Zweck, die gesamte Wirtschaft des Staates für den Krieg vorzubereiten.«
Göring: »Ich habe schon erklärt, daß ich zwei Aufgaben zu

erfüllen hatte. Einmal die deutsche Wirtschaft vor Krisen zu schützen, das heißt, sie unabhängig von Fluktuationen, von Ausfuhren zu machen, und was die Ernährung angeht, von möglichen Veränderungen durch verschiedene Ernten. Jedenfalls soweit wie möglich. Und zweitens, daß ich die deutsche Wirtschaft von Blockaden unabhängig machte, Blockaden, wie sie im ersten Weltkrieg vorkamen, und daß dergleichen im zweiten Weltkrieg mit seinen furchtbaren Folgen nicht wieder geschehen würde.«

Jackson: »Wenn ich von Ihnen eine direkte Antwort bekommen kann: Sagten Sie nicht in einem Brief an Schacht vom 18. Dezember 1936, daß Sie es als Ihre Aufgabe betrachteten, um Ihre eigenen Worte zu gebrauchen, ›innerhalb von vier Jahren die gesamte Wirtschaft in Kriegsbereitschaft zu versetzen‹? Haben Sie das gesagt oder nicht?«

Göring: »Natürlich habe ich das gesagt...«

Jackson: »Die damalige politische Lage rechtfertigt die Annahme, daß Deutschland keinen Angriff von irgendeiner Seite erwartete.«

Göring: »Das mag für einen bestimmten Zeitpunkt gelten. Zum Beispiel für die Zeit nach den Olympischen Spielen des Jahres 1936. Aber das bedeutet nicht, daß ich nicht mit einer gespannteren Atmosphäre für späterhin rechnen mußte...«

Jackson: »Sie haben später die Hermann Göring-Werke organisiert.«

Göring: »Das stimmt.«

Jackson: »Mit den Hermann-Göring-Werken wurde Deutschland in einen Zustand der Kriegsbereitschaft gebracht.«

Göring: »Nein, das stimmt nicht. Die Hermann-Göring-Werke waren hauptsächlich mit der Verarbeitung von deutschem Eisen in der Umgegend von Salzgitter und in der Oberpfalz beschäftigt. Viel später kam die Stahlerzeugung hinzu...«

Jackson: »Aber die Hermann-Göring-Werke waren doch ein Teil des Vier-Jahres-Plans. Stimmt das nicht?«

Oder aus der Befragung Görings durch den Engländer David Maxwell-Fyfe vom 21. März. »Darf ich Sie daran erinnern, daß vor diesem Gericht vorgetragen wurde, daß allein in Auschwitz vier Millionen Menschen umgebracht wurden. Erinnern Sie sich daran?«

Göring: »Ich habe diese Behauptung gehört, aber ich halte sie nicht für bewiesen. Ich meine, was die Zahl angeht.«

Und als Göring darauf hingewiesen wird, daß Männer, die eine führende Rolle in Auschwitz spielten, das alles zugegeben hätten, erklärte er:

»Ich kann nur sagen, daß diese Dinge vor mir geheimgehalten wurden. Nach meiner Meinung kannte nicht einmal der Führer das Ausmaß dessen, was da vor sich ging. Das erklärt sich dadurch, daß Himmler alles für sich geheimhielt. Wir bekamen niemals konkrete Zahlen oder diese oder andere Details.«

Maxwell-Fyfe: »Hatten Sie nicht Zugang zur ausländischen Presse? Es gab doch eine Presseabteilung in Ihrem Ministerium. Konnten Sie nicht ausländisches Radio hören? Erzählen Sie mal. Es ist sicher, daß, wenn Sie die Juden und andere Menschen einbeziehen, so ungefähr zehn Millionen Menschen kaltblütig umgebracht worden sind, ganz abgesehen von denen, die im Kampf fielen. So ungefähr zehn Millionen! Und Sie sagen, daß Sie niemals aus der ausländischen Presse ersahen und im Radio hörten, was vor sich ging?«

Göring: »Zunächst einmal scheint mir die Zahl von zehn Millionen keineswegs sicher zu stehen. Zweitens las ich während des Krieges keinerlei ausländische Presse, weil ich sie für Propaganda hielt. Drittens, obwohl ich das Recht hatte, ausländisches Radio zu hören, tat ich es nie, weil ich mir keine Propaganda anhören wollte. Ich habe mir ja auch die inländische Propaganda nicht angehört. Lediglich während der letzten vier Tage des Krieges – und das kann ich beweisen – habe ich ausländisches Radio gehört, und zwar zum erstenmal.«

Maxwell-Fyfe: »Hat nicht der Ankläger Jackson gestern gesagt, daß Sie verschiedene Vertreter in östlichen Ländern hatten, und Sie haben Filme aus den Konzentrationslagern gesehen. Das taten Sie doch, als der Prozeß begann. Sie wußten, daß es Millionen von Kleidern und Anzügen gab, Millionen von Schuhen, 20952 Kilogramm Gold in Form von Eheringen, 25 Waggons mit Pelzen, kurz, alles, was die Leute, die in Majdanek und Auschwitz umgebracht wurden, zurückließen. Hat Ihnen nie jemand gesagt, entweder einer, der mit dem Vier-Jahres-Plan zu tun hatte oder andere Leute, daß sie diese außerordentliche Menge von menschlichem Material begraben haben... Sie haben aus der Zeugenvernehmung gehört, daß ein jüdischer, polnischer Herr ausgesagt hat, daß alles, was er von seiner Familie zurückbekommen hat, von seiner Frau, seiner Mutter und seiner Tochter, ihre Identitätskarten waren. Er war damit beschäftigt, Kleider zusammenzulegen. Er berichtete uns, daß die Henker Ihres Freundes Himmler so umsichtig waren, zu bedenken, daß es fünf Minuten länger dauert, Frauen umzubringen, denn man mußte ihr Haar abschneiden, aus dem dann Matratzen gemacht werden sollten. Es wurde Ihnen also niemals mitgeteilt, wie solches Material hergestellt und bereichert wurde, und daß es zum Teil von ermordeten Menschen kam?«

Göring: »Nein, wie konnte ich mir das vorstellen! Ich hatte nur die Richtlinien für die deutsche Volkswirtschaft festzulegen und die schlossen nicht die Anfertigung von Matratzen aus Frauenhaar oder die Verwendung von alten Kleidern und Schuhen ein. Was die genannte Zahl angeht – das lasse ich offen. Aber ich möchte gegen Ihre Bemerkung der Referenz zu meinem ›Freund Himmler‹ protestieren.«

Maxwell-Fyfe: »Ich denke, Sie haben dem Gericht gesagt, daß bis zum Ende Ihre Treue zum Führer erhalten blieb. Stimmt das?«

Göring: »Das stimmt.«

Maxwell-Fyfe: »Der Führer muß doch auf jeden Fall gewußt haben, was in den Konzentrationslagern vor sich ging, von der Behandlung der Juden und der Behandlung der Arbeiter. Stimmt das nicht?«

Göring: »Ich erwähnte bereits, daß nach meiner Ansicht der Führer über diese Details in den Konzentrationslagern nichts gewußt hat, nichts über die Grausamkeiten, die hier beschrieben worden sind. Soweit ich ihn kenne, glaube ich nicht, daß er informiert war. Soweit er...«

Maxwell-Fyfe: »Ich frage nicht nach Details. Ich frage nach dem Mord an vier- oder fünf Millionen Menschen. Behaupten Sie, daß niemand von denen, die Deutschland regierten, mit Ausnahme von Himmler und möglicherweise Kaltenbrunner darüber Bescheid wußte?«

Göring: »Ich bin immer noch der Ansicht, daß der Führer nichts über die Zahlen wußte.«

Maxwell-Fyfe: »Sie haben gehört, was ich Ihnen über Hitler vorlas, das heißt, was er Horthy und Ribbentrop mitgeteilt hat, daß die Juden ausgerottet oder in Konzentrationslager gebracht werden müßten. Hitler sagte, die Juden müßten entweder arbeiten oder erschossen werden. Das war im April 1943. Behaupten Sie immer noch, daß weder Hitler noch Sie etwas davon wußten, daß die Juden ausgerottet werden sollten?«

Göring: »Was den Wahrheitsgehalt der Dokumente angeht...«

Maxwell-Fyfe: »Wollen Sie bitte meine Frage beantworten. Sagen Sie immer noch, daß Hitler und Sie nichts von der Ausrottung der Juden wußten?«

Göring: »Was Hitler angeht, so habe ich gesagt, daß ich es nicht glaube. Was mich angeht, so habe ich gesagt, daß ich nicht wußte, auch nicht annähernd, welchen Umfang die Dinge genommen hatten.«

Maxwell-Fyfe: »Sie kennen den Umfang nicht, aber Sie wußten, daß es darum ging, die Juden auszurotten?«

Göring: »Nein, ich weiß nur von der Absicht, sie zur Auswanderung zu zwingen, nicht, sie zu liquidieren. Ich weiß nur, daß es in einzelnen Fällen zu Übergriffen kam.«

Maxwell-Fyfe: »Ich danke Ihnen.«

Göring wird darauf von dem russischen General Rudenko verhört.

Rudenko: »Da gibt es die Protokolle einer Konferenz, bei der Sie anwesend waren, und zwar vom 16. Juli 1941, drei Wochen nach dem deutschen Überfall auf die Sowjetunion. Stimmt es, daß so eine Konferenz stattfand?«

Göring: »Das ist richtig.«

Rudenko: »Da sagen Sie, was die Krim-Halbinsel angeht, es möglich wäre, daß sie zu Deutschland käme.«

Göring: »Ja, dergleichen wurde während der Konferenz diskutiert.«

Rudenko: »Was die baltischen Provinzen angeht, wurde über die auch in diesem Sinne gesprochen?«

Göring: »Ja.«

Rudenko: »Gut. Und was den Kaukasus angeht, da gab es wohl auch eine Unterhaltung darüber, ob der annektiert werden würde?«

Göring: »Es stand niemals in Frage, daß er deutsch werden sollte. Wir sprachen nur über den sehr starken ökonomischen deutschen Einfluß in dieser Sphäre.«

Rudenko: »Daß der Kaukasus eine Art Protektorat des Reiches werden würde?«

Göring: »Bis zu welchem Grad konnte nicht bis nach einem siegreich beendeten Krieg diskutiert werden...«

Rudenko: »Geben Sie zu, daß Sie als Leiter des Vier-Jahres-Plans verantwortlich dafür waren, Pläne für die ökonomische Ausnützung aller besetzten Gebiete auszuarbeiten und auch die Realisierung solcher Pläne?«

Göring: »Ich habe schon zugegeben, daß ich die Verantwortung für die volkswirtschaftliche Politik in den besetzten Gebieten übernehme und für die Direktiven in Bezug auf die Ausnützung dieser Gebiete...«

Rudenko: »In Anbetracht Ihrer damaligen Rechte werde ich jetzt Instruktionen mitteilen, die Sie gegeben haben, wie auch Befehle, die Sie einigen Persönlichkeiten gegeben haben, die an einer Konferenz am 16. August teilnahmen und die sie verpflichtete. Da heißt es: ›Früher schien das relativ einfach zu sein. Man nannte es plündern. Es lag im Belieben der Sieger, aus dem besiegten Land mitzunehmen, was sie wollten. Heutzutage ist die Welt humaner geworden. Es ist trotzdem beabsichtigt, zu plündern, und zwar durchgreifend‹. Haben Sie diesen Satz im Protokoll gefunden?«

Göring: »Ja, ich habe ihn gefunden, und das habe ich auch auf der Konferenz gesagt. Ich unterstreiche das noch einmal.«

Rudenko: »Ich wollte nur noch einmal sichergehen, daß Sie das gesagt haben.«

Göring: »Ich habe das gesagt, und jetzt will ich Ihnen gerne den Grund dafür angeben. Ich meinte mit dieser Erklärung, daß früher Krieg sich durch Krieg ernährte, heute nennt man das anders, aber in der Praxis kommt es auf dasselbe hinaus.«

Rudenko: »Sie sagten auf der Konferenz: ›Ich möchte den Gauleiter Sauckel nicht besonders belobigen. Das braucht er nicht. Aber was er in einer so kurzen Zeit fertiggebracht hat und in einer solchen Schnelligkeit, und was er über ganz Europa an Menschenmaterial aufgetrieben hat, und daß er die Menschen in Industrien eingesetzt hat, das ist eine einmalige Tat.‹ Leugnen Sie, daß es sich dabei um Zwangsarbeiter, um Sklaven handelte?«

Göring: »Sklaverei – das verneine ich. Zwangsarbeit, gut, das ist teilweise richtig. Und den Grund dafür habe ich schon angeführt...«

Man sieht, Göring versucht nie, sich hinter anderen zu verschanzen und gibt alles mögliche zu. Freilich, doch wohl nur das, was er zugeben muß. Er ist intelligent genug, nicht abzustreiten, was das Gericht sowieso weiß.

Manchmal aber wird er sogar aggressiv. Etwa, als ihn Robert H. Jackson über ein Dokument verhört, das »Vorbereitung der Freimachung des Rheins« betitelt ist, nämlich die Besetzung der nach dem Versailler Vertrag entmilitarisierten Zone des Rheinlands im Jahre 1935.

Jackson: »Nun, dies waren Vorbereitungen für eine bewaffnete Besetzung des Rheinlandes, nicht wahr?«

Göring: »Nein, das ist durchaus falsch.«

Jackson: »Sie meinen, diese Vorbereitungen waren nicht militärische Vorbereitungen?«

Göring: »Das waren allgemeine Mobilmachungsvorbereitungen, wie sie jedes Land trifft, und nicht zum Zwecke der Besetzung des Rheinlandes.«

Jackson: »Aber sie waren solcher Art, daß sie absolut dem Ausland gegenüber geheimgehalten werden mußten.«

Göring: »Ich glaube mich nicht zu erinnern, die Veröffentlichung der Mobilmachungsvorbereitung der Vereinigten Staaten jemals vorher gelesen zu haben.«

Dies trägt ihm beifälliges Grinsen bei den anderen Angeklagten ein. Aber es ist nichts als Sophisterei, eine Mobilmachung oder die Vorbereitung zu einer Mobilmachung durch die Vereinigten Staaten nach Kriegsbeginn in Europa, also einen ganz berechtigten Vorgang zu vergleichen mit der Vorbereitung zur Besetzung des Rheinlandes, also einem Vorgang, der einen Vertragsbruch darstellte und, natürlich, die Vorbereitungen zu einem späteren Krieg.

Jackson, der nicht leicht aus der Fassung zu bringen ist, reißt sich ob dieser Antwort die Kopfhörer von den Ohren und wirft sie vor sich auf das Vortragspult. Dann wendet er sich an das Gericht.

»Ich möchte den Gerichtshof ergebenst darauf aufmerksam machen, daß dieser Zeuge wenig guten Willen zeigt und es auch während seines ganzen Verhörs nicht getan hat. Ich habe den Eindruck, daß dieser Zeuge auf dem Zeugenstand und auch auf der Anklagebank ein arrogantes und hochmütiges Benehmen dem Gerichtshof gegenüber an den Tag legt, welcher ihm einen Prozeß ermöglicht, den er niemals weder einem Lebenden noch einem Toten gestattet hätte.«

Der Vorsitzende des Tribunals, an diesem Tag Lordrichter Sir Geoffrey Lawrence, vertagt daraufhin die Sitzung, aber nicht nur die anderen Angeklagten sind entzückt über Görings Benehmen, ausländische Blätter berichten unter dem Titel »Göring schlägt zurück!«, und in Deutschland macht das Wort die Runde, Göring habe es den Amerikanern »gegeben«. Noch einmal, noch ein letztes Mal ist er in den Augen vieler Deutscher der gutmütige Dicke, der freilich nicht mit sich Schlitten fahren läßt, auch von den Siegern nicht.

Aber das alles ändert nichts daran, daß durch den Prozeß erneut erwiesen wird, was dieser Göring, dieser angeblich so gutmütige dicke Göring auf dem Gewissen hat. Er hat die SA geschaffen, er war verantwortlich für die vielen Missetaten der SA vor und nach der Machtergreifung, er hat die Gestapo geschaffen, er hat die ersten Konzentrationslager gegründet, die er freilich später, wie auch die Gestapo, an Himmler abgab, er war an der Erschießung Hunderter von SA-Leuten im Zuge der Röhm-Affäre verantwortlich, er wußte schon am 5. November 1937 aus Hitlers Munde, daß ein Krieg gegen Polen bevorstand, er hörte Hitler dem Präsidenten Hacha drohen, er werde Prag bombardieren, er war bereit, es zu tun, er kommandierte die Luftwaffe bei ihrem Angriff auf Polen und war verantwortlich für all das, was die Luftwaffe später an zum Teil gegen das Völkerrecht verstoßenden Aktionen unternahm, er war verantwortlich dafür, daß Zwangsarbeiter eingesetzt wurden oder auch Sklavenarbeiter, verlangte sogar immer mehr von ihnen zum Einsatz, er stellte die polnischen Zwangsarbeiter, die nach Deutschland verschickt wurden, unter »Sonderbehandlung«, das heißt, er ließ sie umbringen, er verfolgte von Anfang an die Juden sowohl in Deutschland als auch in anderen Ländern, er – und nicht etwa Himmler oder Heydrich – war der Initiator der sogenannten Endlösung, das heißt des Massenmordes an den Juden jeglicher Nationalität, soweit sie in die Hände der Nazis gefallen waren – siehe Wannsee-Konferenz.

Das meiste davon gibt er zu, im Gegensatz zu den anderen Angeklagten, die entweder etwas abstreiten oder es beschönigen oder, und das wohl in fast jedem Fall, Hitler persönlich für das verantwortlich machen, was sie angeblich nur auf seinen Befehl hin ausgeführt haben.

Während der 218 Tage, die das Gericht tagt und den dazu gehörigen Sonntagen, also noch einmal rund 36 Tagen, leben die Gefangenen gar nicht so schlecht. Natürlich sind sie in ihren Zellen eingesperrt, aber jeder hat eine eigene Zelle. Jeden Tag müssen sie um 8.00 Uhr aufstehen, bekommen Frühstück und marschieren um 9.50 Uhr durch einen unterirdischen Gang in den Gerichtssaal. Zwischen 12.00 und 14.00 Uhr Essenspause, dann abermals Verhandlung bis 17.00 Uhr. Frühes Abendessen, Besprechungen mit der Verteidigung, Besuche von Ärzten, Psychiatern und Priestern.

Aber das Gleichmaß der Tage zerrt an den Nerven der meisten Angeklagten. Sie haben an allem etwas auszusetzen, besonders natürlich am Essen, obwohl sie dieselbe Verpflegung erhalten wie die amerikanischen Soldaten und Offiziere. Jedenfalls werden sie satt, sie haben genug Butter, genug Gemüse, genug Fleisch, zu einer Zeit, in der Deutsche, die nicht vor Gericht stehen oder sich in Gefangenschaft befinden, frieren, und nicht nur frieren, im Gegensatz zu den Angeklagten in ihren gut geheizten Zellen, sondern auch hungern, soweit sie nicht in der Lage sind, sich auf dem schwarzen Markt zu versorgen, wo damals ein Pfund Butter 350 Reichsmark kostete, ein Laib Brot 40 und ein Ei bis zu 20 Reichsmark. Jeden Sonntag findet ein Gottesdienst statt, aber nicht alle besuchen ihn. Was ein echter Nazi ist, der hat für die Kirche nichts übrig.

Die Verteidiger können sich mit ihren Klienten besprechen, was meistens abends geschieht, und zwar in einem großen Raum, der durch ein bis zur Decke reichendes Drahtgitter geteilt ist. Auf der einen Seite sitzen die Angeklagten, auf der anderen Seite ihre Anwälte. Es kommt selten vor, daß mehr als vier oder fünf Angeklagte zur selben Zeit mit ihren Anwälten reden oder sich besprechen wollen, meist nur einer oder zwei, so daß kein Gedränge entsteht und die Besprechungen mehr wie Privataudienzen wirken.

Andere Besuche dürfen die Angeklagten nicht empfangen. Übrigens werden von den Angehörigen auch nur wenige Versuche dazu unternommen. Einen Versuch macht Emmy, Görings zweite Frau, die an den Gerichtshof schreibt und »um einen großen Gefallen« bittet. Ob sie wohl ihren Mann für ein paar Minuten sehen könne, sie habe ihn eineinviertel Jahr nicht gesprochen. »Ein paar Minuten, in denen ich ihn sehen und seine Hand halten könnte, würden mir unendlich helfen. Aus der Tiefe meines Herzens flehe ich Sie an, meine Bitte nicht abzulehnen.« Das Gericht hat nichts dagegen, entscheidet aber, daß Oberst Andrus, der für die Sicherheit der Gefangenen verantwortlich ist, das letzte Wort hat. Und der lehnt ab, was er nach den Vorschriften muß.

Dabei hat er volles Verständnis für Emmy. Er weiß, sie ist eine der wenigen Frauen großer Nazis, wenn nicht die einzige, die mit ihrer Tochter in bitterster Armut lebt, weiß inzwischen auch, daß sie, etwa im Gegensatz zu Frau Goebbels, niemals für das nationalsozialistische Ideengut zu haben war, nicht ahnte, was alles an Grausamkeiten um sie herum geschah – wer hätte es denn wagen können, ihr davon auch nur andeutungsweise zu sprechen, weiß, daß sie geholfen hat, wo sie nur helfen konnte.

Sie schreibt regelmäßig an ihren Mann, und in ihren Briefen, das muß selbst Oberst Andrus zugeben, beklagt sie sich nie über ihr Schicksal, um ihrem Hermann das Herz nicht noch schwerer zu machen.

Übrigens erhalten die Gefangenen überhaupt viele Briefe, und die meisten sind an Göring gerichtet. Viele sind nicht gerade liebevoll. Man verspottet ihn. »Lieber Onkel Hermann, jetzt hast Du viel Zeit, über das tausendjährige Reich nachzudenken. Du und die anderen Parteigrößen haben das deutsche Volk belogen und betrogen. Willst Du immer noch Kanonen statt Butter?« Oder: »Ihr Nazis habt Deutschland ruiniert!« Oder von einem Kriegsteilnehmer: »Der Krieg war verloren, als Stalingrad fiel. Und jetzt sieht Berlin aus wie Stalingrad!«

Oberst Andrus entscheidet, daß es besser sei, die meisten Briefe Göring erst gar nicht zu zeigen. Aber er erzählt ihm über sie. Göring zuckt die Achseln. »Ist ja egal, was die Leute heute sagen. Ich weiß, was sie vor dem Krieg gesagt haben.«

Die letzte, 407. Sitzung des Gerichts beginnt um 14.50 Uhr am 1. Oktober 1946.

Es ist nicht so hell wie sonst, keine Scheinwerfer, allein das bläuliche Licht der Neonröhren beleuchtet den Saal. Die Anklagebänke sind leer. Nur das Gericht, die Ankläger, die Verteidiger, die Stenographen, die Dolmetscher und natürlich die Presseleute sind erschienen, die Photographen und Filmleute dagegen sind für heute verbannt. Das Gericht hat beschlossen, den Angeklagten zu ersparen, bei der Urteilsverkündung photographiert oder gefilmt zu werden.

Höchste Spannung. Die Plädoyers sind schon gehalten worden. Am interessantesten und umfassendsten ist wohl das von Jackson gewesen. Ausschnitte:

»Die verflossenen vierzig Jahre des 20. Jahrhunderts«, sagt der amerikanische Hauptankläger Robert H. Jackson in seinem Plädoyer, »werden in den Büchern der Geschichte zu den blutigsten aller Zeiten gerechnet werden. Zwei Weltkriege haben ein Vermächtnis von Toten hinterlassen, das an Zahl größer ist als alle Armeen, die an irgendeinem Krieg des Altertums oder des Mittelalters beteiligt war. Kein halbes Jahrhundert hat je ein Hinschlachten in solchem Ausmaß, solche Grausamkeiten und Unmenschlichkeiten, solche Massendeportationen von Völkern in die Sklaverei, solche Ausrottungen von Minderheiten gesehen. Der Schrecken der Torquemada verblaßt gegenüber der Nazi-Inquisition.

Diese Taten sind düstere historische Tatsachen, welche zukünftige Generationen an dieses Jahrhundert erinnern werden. Wenn wir nicht in der Lage sind, die Ursachen dieser barbarischen Geschehnisse auszuschalten und ihre Wiederholung zu verhindern, dann ist es wohl keine verantwortungslose Prophezeihung, wenn man sagt, daß es diesem 20. Jahrhundert vielleicht noch gelingen wird, das Verhängnis für die Zivilisation herbeizuführen.

Einer Sache können wir sicher sein. Die Zukunft wird niemals mit Mißbilligung fragen müssen, was die Nazis zu ihren Gunsten hätten sagen können. Die Geschichte wird wissen, daß, was immer gesagt werden konnte, ihnen zu sagen gestattet war. Ihnen wurde eine Form des Prozesses zugestanden, die sie in den Tagen ihres Prunkes und ihrer Macht niemals irgend jemandem zugestanden hätten. Tatsache ist, daß die Aussagen der Angeklagten jeden Zweifel an der Schuld beseitigt haben, der wegen des außerordentlichen Charakters und der Ungeheuerlichkeit dieser Verbrechen vielleicht bestanden haben mag, bevor sie gesprochen haben. Sie haben mitgeholfen, ihre eigene Verurteilung zu unterschreiben.«

Noch einen Punkt hebt Jackson hervor. »Wir verhandelten nicht gegen sie wegen ihrer widerwärtigen Ideen. Der intellektuelle Bankrott und die moralische Perversion des Nazi-Regimes wären nicht zu einer Angelegenheit des Völkerrechts geworden, wenn sie nicht dazu verwendet worden wären, das Herrenvolk im Paradeschritt über internationale Grenzen marschieren zu lassen. Es sind nicht ihre Gedanken, sondern ihre öffentlichen Handlungen, die wir als Verbrechen anklagen.«

Sir Hartley Shawcross, der britische Hauptankläger, hat in seinem Plädoyer diese Handlungen beim Namen genannt:

»Das Morden wurde betrieben wie irgendeine Industrie der Massenproduktion, in den Gaskammern und den Öfen von Auschwitz, Dachau, Treblinka, von Buchenwald, Mauthausen, Majdanek und Oranienburg. Soll die Welt das Wiederauferstehen der Sklaverei in Europa übersehen, einer Sklaverei von solchem Ausmaß, daß sieben Millionen Männer, Frauen und Kinder von ihren Heimstätten verschleppt, wie Vieh behandelt, ausgehungert, geschlagen und ermordet worden sind? Es waren diese Männer hier, welche mit einer Handvoll anderer jene Schuld über Deutschland gebracht und das deutsche Volk verdorben haben.

In jedem Krieg, auch in diesem, hat es, zweifellos – und ganz gewiß auf beiden Seiten – Gewalt- und Greueltaten gegeben. Gewiß erscheinen sie denen, an denen sie verübt worden sind, schrecklich genug, ich entschuldige und beschönige sie nicht. Aber sie waren zufällige, unorganisierte und vereinzelte Taten. Hier jedoch haben wir es mit etwas ganz anderem zu tun: mit systematischen, groß angelegten zusammenhängenden Untaten, die vorsätzlich überlegt und mit Berechnung begangen wurden.

Nun gibt es eine Gruppe, auf welche die Methode der Vernichtung in einem Maßstab von größter Ungeheuerlichkeit angewandt wurde. Ich meine die Ausrottung der Juden. Hätten die Angeklagten kein anderes Verbrechen begangen, dieses eine allein, in das alle verwickelt sind, würde genügen. Die Geschichte kennt keine Parallele zu diesem Schrecken.

Diese Männer hier waren neben Hitler, Himmler, Goebbels und einigen anderen Verbündeten sowohl Führer als Antreiber des deutschen Volkes. Wenn diese Männer nicht verantwortlich sind, wer dann? In meiner Rede bei Eröffnung dieses Prozesses habe ich dem Gedanken Ausdruck gegeben, daß einmal der Augenblick kommt, wo ein Mann wählen muß zwischen Gewissen und seinem Führer. Niemand, der sich, wie diese Männer hier, dafür entschieden hat, seinem Gewissen zugunsten dieses von ihnen selbst geschaffenen Ungeheuers zu entsagen, kann sich darüber beklagen, wenn er für mitschuldig an den Taten dieses Ungeheuers gehalten wird.

Vor vielen Jahren sagte Goethe vom deutschen Volk, daß eines Tages sein Schicksal es ereilen werde: ›Das Schicksal wird sie schlagen, weil sie sich selbst verrieten und nicht sein wollten, was sie sind. Daß sie den Reiz der Wahrheit nicht kennen, ist zu beklagen, daß ihnen Dunst und Rauch und berserkerisches Unmaß so teuer ist, ist widerwärtig. Daß sie sich jedem verrückten Schurken gläubig hingeben, der ihr Niedrigstes aufruft, sie in ihren Lastern bestärkt und sie lehrt, Nationalität als Isolierung und Rohheit zu begreifen, ist miserabel.‹

Mit welch prophetischer Stimme hat er gesprochen – denn dies hier sind die wahnwitzigen Schurken, die genau diese Dinge ausgeführt haben.

Einige mögen schuldiger sein als andere. Aber wenn es sich um Verbrechen handelt wie die, mit denen Sie hier zu tun haben, wenn die Folgen dieser Verbrechen der Tod von über zwanzig Millionen unserer Mitmenschen sind, die Verwüstung eines Erdteils, die Ausbreitung unsagbarer Tragödien und Leiden über eine ganze Welt, was für ein Milderungsgrund ist es, daß einige Haupttäter und einige nur Mittäter sind? Was macht es aus, ob einige ihr Leben nur tausendmal verwirkt haben, während andere millionenfach den Tod verdienen?

In einer Hinsicht bedeutet das Schicksal dieser Angeklagten nur wenig: ihre persönliche Macht zum Bösen ist für immer zerbrochen. Doch von ihrem Schicksal hängen notwendigerweise immer noch erhebliche Belange ab. Dieser Prozeß muß zu einem Marktstein in der Geschichte der Zivilisation werden, indem er nicht nur für diese schuldigen Menschen die Vergeltung bringt und nicht nur betont, daß Recht schließlich über das Böse triumphiert, sondern auch, daß der einfache Mann auf dieser Welt – und ich mache hier keinen Unterschied zwischen Freund und Feind – nunmehr fest entschlossen ist, das Individuum höher zu stellen als den Staat. Dann sollen jene anderen Worte von Goethe zur Tat werden, nicht allein, wie wir hoffen, für das deutsche Volk, sondern für die gesamte Menschheit:

›So sollten es die Deutschen halten – weltempfangend und weltbeschenkend, die Herzen offen jener fruchtbaren Bewunderung, groß durch Verstand und Liebe, durch Mittlertum und Geist – so sollten sie sein, das ist ihre Bestimmung.‹

Wenn die Zeit kommt, da sie ihre Entscheidung zu fällen haben, so werden Sie sich an die Geschichte von Gräbe erinnern, aber nicht mit Rachegefühlen, sondern mit dem festen Entschluß, daß diese Dinge nie wiederkommen dürfen.«

Die anderen Ankläger fassen sich kürzer. Die Verteidiger können nicht viel vorbringen, wie wäre das auch möglich, die Anklagen sind ja alle doppelt und zehnmal bewiesen, und zwar nicht etwa durch Zeugen, deren Glaubwürdigkeit man allenfalls anfechten könnte, als durch Dokumente, die nicht unter den Tisch zu fegen sind.

Unwesentlich auch, was die meisten Angeklagten zu sagen haben. Sie versuchen noch einmal, in Abrede zu stellen, was sie schon bei ihren Verhören leugneten. Schacht erklärt, er finde sich frei von Schuld und finde es grotesk, daß man ihn überhaupt vor Gericht gezerrt habe. Schacht kann ja darauf hinweisen, daß er erst von den Amerikanern aus einem Konzentrationslager befreit wurde, in das Hitler ihn schließlich gesteckt hatte.

Göring erklärt unter anderem:

»Daß ich diese furchtbaren Massenmorde auf das schärfste verurteile und mir jedes Verständnis hierfür fehlt, stelle ich ausdrücklich fest. Ich möchte es aber noch einmal vor dem Hohen Gericht klar aussprechen: Ich habe niemals, an keinem Menschen und zu keinem Zeitpunkt einen Mord befohlen und ebensowenig sonstige Grausamkeiten angeordnet oder geduldet, wo ich die Macht und das Wissen gehabt habe, solche zu verhindern.

Das deutsche Volk vertraute dem Führer, und es hatte bei seiner autoritären Staatsführung keinen Einfluß auf das Geschehen. Ohne Kenntnis über die schweren Verbrechen, die heute bekanntgeworden sind, hat das Volk treu, opferwillig und tapfer den ohne seinen Willen entbrannten Existenzkampf auf Leben und Tod durchgekämpft und durchgelitten. Das deutsche Volk ist frei von Schuld.

Ich habe keinen Krieg gewollt oder herbeigeführt, ich habe alles getan, ihn durch Verhandlungen zu vermeiden. Als er ausgebrochen war, tat ich alles, den Sieg zu sichern. Da die drei größten Weltmächte mit vielen anderen Nationen gegen uns kämpften, erlagen wir schließlich der gewaltigen Übermacht. Ich stehe zu dem, was ich getan habe. Ich weise aber auf das entschiedenste zurück, daß meine Handlungen diktiert waren von dem Willen, fremde Völker durch Kriege zu unterjochen, zu morden, zu rauben, oder zu versklaven, Grausamkeiten oder Verbrechen zu begehen. Das einzige Motiv, das mich leitete, war heiße Liebe zu meinem Volk, sein Glück, seine Freiheit und sein Leben. Dafür rufe ich den Allmächtigen und mein deutsches Volk zum Zeugen an.«

Das stimmt alles oder doch fast alles nicht, aber es ist anerkennenswert, daß Göring zumindest versucht hat, das deutsche Volk reinzuwaschen. Während die letzte Sitzung beginnt, warten nun alle im Saal Versammelten in höchster Spannung darauf, wie die einzelnen Urteile ausfallen werden. Die Angeklagten sind noch nicht anwesend. Sie werden auch nicht, wie bisher, zusammen hereingeführt. Jeder wird einzeln hereingelassen, daß also nie mehr als einer vor den Richtern steht.

Als erster erscheint, natürlich, Hermann Göring durch die kleine Tür in der Wandverkleidung hinter den Anklagebänken. Kaum hat der Richter zu sprechen begonnen, als Göring die Hände wie in höchster Verwirrung hochhebt und an seinem Hörapparat nestelt. Offenbar ist da irgend etwas nicht in Ordnung. So vergehen einige Minuten, bis der technische Schaden behoben ist, und er wieder hören kann, was der Richter nunmehr verkündet.

Der wiederholt noch einmal die bereits gesagten Worte: »Angeklagter Hermann Göring! Gemäß den Punkten der Anklageschrift unter welchen Sie schuldig befunden wurden, verurteilt Sie der internationale Militärgerichtshof zum Tode durch den Strang.«

Und er fügt hinzu: »Es kann kein mildernder Umstand angeführt werden, denn der Angeklagte war oft, ja, fast immer, die treibende Kraft und nur seinem Führer stand er nach. Er war die leitende Persönlichkeit bei den Angriffskriegen, sowohl als politischer wie auch als militärischer Führer, er war Leiter des Sklavenarbeiter- und Urheber des Unterdrückungsprogramms gegen die Juden und gegen andere Rassen im In- und Ausland. Alle diese Verbrechen wurden von ihm offen zugegeben. In einigen bestimmten Fällen bestehen vielleicht bei den Aussagen Widersprüche, aber im großen und ganzen sind seine eigenen Eingeständnisse mehr als ausreichend, um seine Schuld nachzuweisen. Diese Schuld ist einmalig in ihrer Ungeheuerlichkeit. Für diesen Mann läßt sich in dem gesamten Prozeßstoff keine Entschuldigung finden.«

Bei dem Wort »Ungeheuerlichkeit« zuckt das Gesicht Görings, als habe er einen Peitschenschlag erhalten. Schließlich, als der Richter geendet hat, zerrt er den Kopfhörer von seinen Ohren, macht eine halb militärische Kehrtwendung und verschwindet.

Er ist also in allen Punkten schuldig gesprochen worden, und zwar wegen seiner Mitwirkung beim Angriffskrieg, seine Mitwirkung an der Verschwörung, diesen Krieg zu führen, wegen seiner Kriegsverbrechen und seiner Verbrechen gegen die Menschlichkeit.

Und dann kommen die anderen an die Reihe, einer nach dem anderen, jeder einzelne hört sein Urteil und eben nur das seine.

Rudolf Hess wird zu lebenslänglichem Zuchthaus verurteilt, Ribbentrop, Keitel, Kaltenbrunner, Rosenberg, Frank, Frick, Streicher, Sauckel, Jodl, Seyß-Inquart, sowie in Abwesenheit Martin Bormann werden zum Tod durch den Strang verurteilt. Walter Funk sowie Erich Raeder erhalten lebenslänglich, Dönitz zehn Jahre, von Schirach und Albert Speer zwanzig Jahre, Neurath fünfzehn Jahre, Hjalmar Schacht, Franz von Papen und Hans Fritzsche kommen frei.

Die Verurteilten und Freigesprochenen treffen sich wenige Minuten später auf den Korridoren vor ihren Zellen oder in den Eßräumen. Göring gibt sich stoisch, er hat es ja wissen müssen. Er geht sofort in seine Zelle, läßt sich auf seine Pritsche fallen, greift zu einem Buch und sagt zu dem Psychiater Gilbert nur ein Wort: »Tod!«

Später äußert er dem Friseur Hermann Wittkamp gegenüber: »Sollen sie mich hängen! Schießen können sie ja doch nicht. Ich habe auf elf Todesurteile getippt, ohne Bormann, und elf sind es geworden. Aber das mit Jodl kann ich nicht verstehen, dafür hatte ich einen anderen, ich dachte eher an Raeder.«

Hess, der das Ganze wohl nicht recht verstanden hat, lächelt idiotisch vor sich hin, Ribbentrop läuft fassungslos hin und her, einem Zusammenbruch nahe, Keitel moniert: »Tod durch den Strang! Ich dachte, das würde mir erspart bleiben!« Es hätte ihm wohl weniger ausgemacht, erschossen zu werden. Frank lächelt fast beglückt. Das hat er schon bei der Urteilsverkündung getan. Er ist ja in der Gefangenschaft fromm geworden und hält alles für richtig, was Gott so angeordnet hat. »Tod durch den Strang... Ich verdiene es, ich habe es so erwartet, ich freue mich, daß ich die Gelegenheit gehabt habe, mich zu verteidigen und in den letzten Monaten die Dinge noch einmal zu überdenken...«

Über den Freispruch von Schacht und Papen kann man geteilter Meinung sein. Sie mögen der Verbrechen, über die hier geurteilt wurde, nicht schuldig gewesen sein, aber sie waren viel schuldiger als manche der Angeklagten. Sie verhalfen Hitler zur Macht, obwohl sie nie auch nur eine Stunde an das nationalsozialistische Ideengut glaubten. Wären sie eigentlich nicht der Verschwörung schuldig?

Was Fritzsche angeht, so ist ein Freispruch wohl gerechtfertigt. Er gehörte gar nicht in diese Gesellschaft. Er saß hier nur in Vertretung seines Chefs, des »verhinderten« Goebbels.

Rosenberg gibt sich spöttisch, Kaltenbrunner, der so viele Menschen auf dem Gewissen hat, schweigt und ist vor Entsetzen starr, Funk will nicht glauben, daß er lebenslänglich sitzen soll, was ja dann auch nicht geschieht, Sauckel kann sich überhaupt nicht mit dem Urteil abfinden und glaubt bis zuletzt, es müsse ein Übersetzungsfehler vorliegen.

Nun dürfen die Verurteilten endlich Besuche empfangen. Nicht viele der Angehörigen kommen. Unter den ersten befindet sich Emmy Göring mit ihrer kleinen Tochter Edda. Sie kommt jeden Tag, um mit ihrem Mann durch das Gitter zu sprechen. Aber sie darf ihn nicht berühren, seine Hand nicht drücken, schon gar nicht ihn küssen. Sie gibt sich gefaßt, gefaßter als Göring selbst, der sich zum erstenmal erlaubt, zu schluchzen.

Er ist wohl schon entschlossen, nicht darauf zu warten, daß man ihn aufhängt. Aber er wartet trotzdem bis zum letztmöglichen Augenblick. Erst in der Nacht vor seiner geplanten Hinrichtung schluckt er die Todespille. Zwei dieser Pillen hat man ja bei ihm gefunden und konfisziert, als man ihn und seine Kleidung in Mondorf durchsuchte, die dritte Zyankali-Pille hatte er irgendwo an seinem eigenen Körper verborgen, möglicherweise an seinem Nabel, oder irgend jemand hat sie ihm während der Zeit in Nürnberg zugesteckt. Wie, das wird nie mit Sicherheit entschieden werden.

Die Hinrichtungen erfolgen am folgenden Tag. Sie verlaufen ohne Zwischenfall. Die Verurteilten benehmen sich so, wie erwartet. Ribbentrop ist halb tot vor Angst, Keitel gibt sich soldatisch gefaßt, desgleichen Jodl. Nur Streicher bildet eine Ausnahme. Erst hat er sich geweigert, aufzustehen und sich anzuziehen. Amerikanische Soldaten mußten den sich Wehrenden ankleiden. Und als er in die Nähe des Galgens kommt, schreit er immerfort mit sich überschlagender Stimme: »Heil Hitler! Heil Hitler! Heil Hitler!«

Das sind seine letzten Worte.

Die Leichen der Hingerichteten, auch die Görings, werden verbrannt, die Asche in alle Winde verstreut. Kein Grab für sie. Also kein Wallfahrtsort für solche, die nie klug werden.

Schon während des Prozesses und auch nachher, wird darüber gerätselt, ob es überhaupt einen Sinn hatte, diesen Prozeß zu führen, ob man die Schuldigen nicht hätte anders bestrafen können, ob man sie nicht hätte den Deutschen überlassen sollen, von denen viele nur zu froh gewesen wären, sie zu beseitigen, wie etwa die Italiener Mussolini erledigt haben – durch Lynchjustiz.

Was auch immer über diesen Prozeß zu sagen ist, er wird in die Geschichte eingehen als der Prozeß von Siegern über Besiegte. Er bleibt völkerrechtlich umstritten.

Trotzdem: Er hat all denen, die Augen hatten zu sehen und Ohren, zu hören, und die sehen und hören wollten, gezeigt, wie es im Dritten Reich zuging. Die Nachwelt wird, mag sie auch den Prozeß als solchen nicht gutheißen, mag sie das eine oder andere Urteil oder vielleicht alle Urteile für falsch halten, an dem, was dort vorgebracht, auf den Tisch gelegt und über alle Zweifel bewiesen wurde, nicht vorübergehen können.

Der Verrat des Atombombengeheimnisses 1951

Am 6. März 1951 – es ist ein kalter, nasser und ungemein windiger Tag in New York, und gegen Mittag wird der Wind zum Sturm, wie ihn nur New York kennt – tritt das Bezirksgericht der USA für Manhattan-Süd zusammen; es ist ein Schwurgericht, das da im düsteren Gebäude am unteren Broadway in nächster Nähe des Rathauses, nur einige hundert Meter vom Hafen entfernt, tagt.

Der Saal ist geräumig und würde rund 500 Zuschauern Platz bieten, aber nicht einmal halb soviele sind erschienen; seltsam, wenn man bedenkt, wieviel in den Zeitungen, am Rundfunk und im gerade aufkommenden Fernsehen darüber gesprochen worden ist! Es handelt sich um den Prozeß des Volkes der Vereinigten Staaten gegen Julius und Ethel Rosenberg, Morton Sobell, sowie David Greenglass. Auch der Russe Jakowljew ist mitangeklagt, aber er hat es vorgezogen, in die Sowjetunion zu flüchten, solange noch Zeit war; er ist also nicht anwesend, um sich zu verteidigen.

Auch noch andere sind in diese ungeheuer komplizierte und undurchsichtige Affäre verwickelt, so zum Beispiel der naturalisierte Engländer Klaus Fuchs, der bereits in England abgeurteilt worden ist, oder Harry Gold, der in einem gesonderten Verfahren angeklagt und verurteilt wurde, und zwar am 7. Dezember 1950. Zumindest die beiden, vermutlich auch andere, spielen eine viel entscheidendere Rolle in der Affäre als die Rosenbergs. Aber aus Gründen, die niemals geklärt werden, spielen sie die Hauptrollen, die unglückseligen Hauptrollen.

Julius Rosenberg, ein mittelgroßer Mann mit dem Gesicht eines Intellektuellen und scharfen Augen, die sich hinter dikken Brillen verbergen, und mit einem kleinen Schnurrbart über dem schmalen Mund, ist geborener Amerikaner; freilich, seine Eltern stammen aus Rußland und sind um die Jahrhundertwende, wie so viele russische Juden, in die Vereinigten Staaten eingewandert. Er hat Elektrowissenschaft studiert und hat in New York den Bachelor of Science, das Jahr war 1940, gemacht und ist in das Intelligence Department der Armee geholt worden. Aber fünf Jahre später mußte er den Dienst quittieren, als sich herausstellte, daß er der kommunistischen Partei angehörte. Er gründete eine Firma, die elektrisches Gerät verkaufte, zusammen mit seinem Schwager David Greenglass, dem Mann seiner Schwester Ruth. Die Geschäfte gingen nicht schlecht.

Damals war Rosenberg bereits verheiratet. Er hatte seine Frau Ethel im Jahre 1938 kennengelernt. Sie war durchs College gegangen und verdiente sich ihr Leben als Sekretärin, und ihre verschiedenen Chefs waren mit ihr sehr zufrieden: eine mittelgroße Frau, dunkelhaarig, von einer gewissen herben Schönheit. Um die Zeit ihrer Heirat war sie beim Statistischen Bundesamt tätig. Sie brachte zwei Kinder zur Welt, Michael, der um die Zeit des Prozesses sieben und Robert, der damals erst drei Jahre alt war. Seit der Geburt von Robert hatte sich Ethel nur noch um die Kinder und den Haushalt gekümmert.

Sobell hatte zusammen mit Rosenberg und Greenglass studiert und war zur Zeit des Krieges, also zwischen 1941 und 1945 in Rüstungsbetrieben tätig, bis er mit Rosenberg zusammen das neue Geschäft aufzog. Jakowljew, jünger als die beiden anderen, hatte nach seiner Einreise in die Vereinigten Staaten auf dem sowjetischen Generalkonsulat in New York gearbeitet, war Vizekonsul geworden, wie sich später herausstellen sollte, eine Tarnung, denn in Wahrheit leitete er eine sowjetische Spionageorganisation, die in dem Fall der jetzt vor Gericht kommen soll, eine entscheidende Rolle spielte.

Den Vorsitz der Verhandlung, die nun beginnt, führt Irving R. Kaufmann, trotz seiner Jugend ein relativ bekannter Mann in der juristischen Welt, gläubiger Jude, regelmäßiger Besucher seiner Synagoge. Die Anklage wird von Irving H. Saypol vertreten, Spezialist in der Verurteilung von Bürgern, denen Sympathie für den Kommunismus nachgesagt wird; vor einem Jahr hat er als Ankläger in dem Fall Alger Hiss fungiert, der Washington auf den Kopf stellte, auch gegen andere Kommunisten oder sogenannte Kommunisten plädiert. Und er ist, mit Recht, gefürchtet: ein Mann voller Leidenschaft, entschlossen, alle politisch »Mißliebige«, also vor allem Linke, fertig zu machen. Wenn es nach ihm ginge, würde jeder Kommunist, ja, jeder, der verdächtig ist, Sympathien für den Kommunismus zu hegen, hinter Gefängnismauern gebracht.

Einem so rasanten Ankläger sind die Verteidiger nicht gewachsen. Aus Gründen, die später, nach dem Prozeß, nach seinem furchtbaren Ausgang, noch oft diskutiert werden sollen, haben die Rosenbergs sich überzeugen lassen, daß sie einen »gediegenen« Anwalt nehmen sollten, und sie verpflichteten Alexander Bloch, einen ehrenwerten Mann, aber er ist schon 74 Jahre alt und hat in seinem Leben mit Strafprozessen wenig zu tun gehabt. Der zweite Verteidiger ist Emanuel H. Bloch, Sohn des alten Anwalts, auch schon an die fünfzig Jahre alt, auch er kaum ein Spezialist für Strafverteidigung. Aber er wird, wie übrigens auch der Vater, das Seinige tun, um die Rosenbergs freizubekommen. Er wird sich weit über seine Kräfte hinaus dafür einsetzen und schließlich bald nach dem Prozeß sterben – Streß, Überarbeitung und wohl auch Enttäuschung.

Die Auswahl der Geschworenen ist von Anfang an ein Problem für die Verteidigung. Selbst Juden, wollen sie in diesem Prozeß unter einem jüdischen Richter und gegen Juden möglichst keine jüdischen Geschworenen, weil die vielleicht, um sich des Vorwurfs der Parteilichkeit nicht auszusetzen, doppelt streng über die Rosenbergs und die anderen urteilen würden.

Schon am zweiten Tag, die Auswahl der Geschworenen hat anderthalb in Anspruch genommen, trägt der Staatsanwalt Irving H. Saypol die Anklage vor. Sämtliche Angeklagten hätten sich mit Anatoli Jakowljew dahin verschworen, Informationen, äußerst wichtig für die Landesverteidigung, in den Besitz der Sowjetunion gelangen zu lassen. »Die Angeklagten haben in kritischer Stunde unserer Geschichte Geheimmaterial unserer Verteidigung verraten und uns dadurch größten Schaden zugefügt.« Greenglass hätte es geschafft, das Geheimnis der Atombombe in die Hand zu bekommen, »den Schlüssel zur Bewahrung des Weltfriedens!« Beweise für die verräterische Tätigkeit der Angeklagten seien in Hülle und Fülle vorhanden, und es könne kein Zweifel daran bestehen, daß sie das schwerste Verbrechen begangen hätten.

Gegen David Greenglass müssen erst gar nicht Beweise ins Feld geführt werden, er hat bereits gestanden und sich schuldig erklärt. Es geht also nur um die Rosenbergs und Sobell.

Der Verteidiger der Rosenbergs beginnt mit der Feststellung, daß beide von Anfang an geleugnet hätten, irgend etwas Strafbares begangen zu haben, und in der Zwischenzeit seien sie »nicht einen einzigen Schritt« von dieser ihrer Behauptung abgewichen. Der Hauptbelastungszeuge gegen ihn sei Schwager Greenglass, der bereits gestanden habe, Spion gewesen zu sein. Dr. Bloch empört sich über die Niedrigkeit solcher Verleumdungen, die auch die Schwester von Greenglass, nämlich Frau Rosenberg in Gefahr bringe, auf dem elektrischen Stuhl zu enden.

Ethel Rosenberg wird dann kurz vernommen. Sie erklärt, sie habe keine Staatsgeheimnisse verraten können, weil sie keine kenne. Sie besorge ihren Hausstand und kümmere sich um die Kinder. Es sei nur ihrem Bruder und ihrer Schwägerin zuzuschreiben, daß sie und ihr Mann überhaupt unter Anklage gestellt worden wären. Offenbar versuche ihr Bruder auf ihre Kosten seinen Hals zu retten.

Ethel Rosenberg wird immer bei ihrer Erklärung bleiben, und auch ihr Mann wird nicht einen Schritt zurückweichen.

Um den Prozeß zu verstehen, um zu begreifen, worum es hier geht, muß man weit zurückgreifen, etwa auf den italienischen Physiker Fermi, der als erster die Atomspaltung praktisch

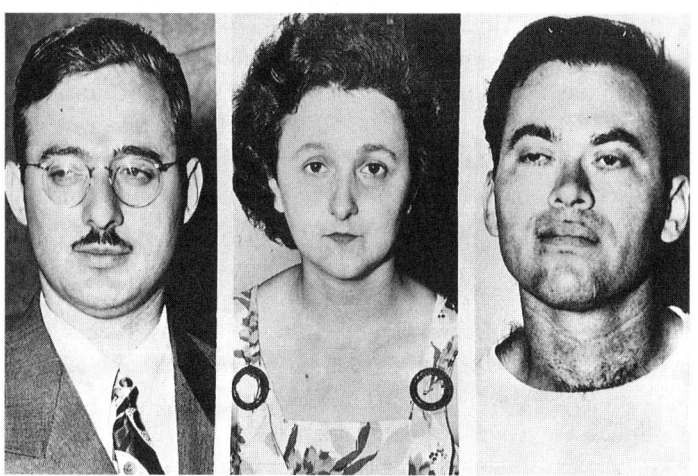

Trotz internationaler Proteste wurde das Ehepaar Julius und Ethel Rosenberg zum Tode verurteilt. Morton Sobell (rechts), ebenfalls der Atomspionage angeklagt, erhielt 30 Jahre Gefängnis.
(Foto: United Press – Acme Photo)

durchführen konnte. Das geschah im Jahr 1939, als der große Krieg in Europa ausbrach. Konnte man diese Atomspaltung dem Krieg nutzbar machen? Will sagen, eine Waffe auf dem Prinzip der Atomspaltung herstellen? Für diese Frage begannen sich die kriegsführenden Länder Großbritannien und Kanada zu interessieren. Auch die USA, die noch gar nicht im Krieg waren, stellten viel Geld zur Verfügung, um die Forschung in dieser Richtung weiterzutreiben, engagierten bekannte Forscher der westlichen Welt, soweit sie zur Verfügung standen. Die Russen forschten vorläufig noch nicht, alarmierten aber ihre Spione, um festzustellen, was die andern taten. Da waren ferner die deutschen Professoren Hahn und Straßmann, die ähnliche Entdeckungen gemacht oder zumindest Theoretisches über die Atomspaltung herausgefunden hatten.

Im Frühherbst 1939 machten dann drei in Amerika arbeitende, aber nicht-amerikanische Physiker dem Vater der Relativitätstheorie, Albert Einstein, der in Princeton lehrte, klar, die Deutschen könnten mit ihren Erkenntnissen eine Atombombe konstruieren. Einstein ließ sich bestimmen, Präsident Roosevelt zu schreiben und ihn auf die Gefahr aufmerksam zu machen, daß Hitler eines Tages über eine Atombombe verfügen könne. Roosevelt ließ sofort ein Komitee gründen, um die Entwicklungsarbeiten in punkto Atomspaltung zu beschleunigen. Weiterhin wurde strikt verboten, über diese Forschungen irgend etwas zu veröffentlichen, und am 6. Dezember 1941, dem Tag des japanischen Angriffs auf die amerikanische Flotte in Pearl Harbour, kam er in Washington zum Beschluß, alles zu tun, um eine Atombombe ins Leben zu rufen. In Los Alamos, im Staate New Mexico entstanden jetzt schnell wachsenden Anlagen. Eine Menge eingewanderter oder neu verpflichteter Physiker aus anderen Ländern war mit dabei, unter anderem auch der Ungar Edward Teller und der Italiener Fermi, sogenannte »feindliche Ausländer«, die eigentlich gewisse Einschränkungen hätten hinnehmen müssen. Roosevelt persönlich sorgte dafür, daß nichts dergleichen geschah.

Der Krieg in Europa ging im Mai 1945 zu Ende, ohne daß Hitler die Atombombe ins Spiel hätte bringen können; das wäre übrigens auch zu einem späteren Zeitpunkt nicht möglich gewesen, denn Hitler hatte von der ganzen Idee nichts gehalten. Am 6. August wurde dann die erste Atombombe über Hiroshima mit verheerendem oder, je nachdem, von welcher Seite man es sieht, mit überwältigendem Erfolg abgeworfen. Acht Tage später, nach Abwurf einer weiteren Atombombe durch die Amerikaner, ergab sich Japan bedingungslos.

Später wurde dann nachdrücklich gegen die »barbarische« Atombombe gewettert. Natürlich forderte sie eine ungeheure Zahl von Menschenleben. Aber eine Fortsetzung des Krieges mit Japan ohne Atombombe hätte vermutlich noch sehr lange gedauert, und sicher eine ebenso hohe Anzahl von Menschenleben, nicht zuletzt von Leben amerikanischer Soldaten gefordert.

In den kommenden Jahren zeitigte die sowjetische Spionage ihre ersten Erfolge. Durch das Überlaufen eines sowjetischen Botschaftsbeamten in Ottowa namens Igor Guzzenko, und dadurch, daß er »auspackte«, kam der britische Atomphysiker Dr. Allan Nunn May in Verdacht, Geheimmaterial an die Russen geliefert zu haben – er hatte vor allem in Kanada gearbeitet und war in fast alles eingeweiht. Seine Verhaftung fand am 4. März 1946 statt. Er gehörte, wie sich herausstellte, zu jenem Zirkel der Oxforder Studenten, die seit einiger Zeit ihre Sympathie mit den Kommunisten ganz offen bekannt hatten, was allerdings nicht bedeutete, daß sie für die Russen »arbeiteten«. Er jedenfalls war willens, Material zu liefern. Freilich, das Geheimnis der Atombombe kannte er nicht, konnte es also auch nicht preisgeben. Er wurde zu zehn Jahren verurteilt, nach sechs Jahren aber wegen guter Führung freigelassen und ging Anfang 1953 nach Ghana, wo ihn ein neuer Lehrstuhl erwartete.

Ernster, viel ernster war der Fall Klaus Fuchs. Er wurde als jüngster Sohn eines Professors für Religionskunde Ende 1911 in Rüsselsheim bei Frankfurt geboren. Der Vater war als Pazifist und Mitglied der sozialdemokratischen Partei bekannt, verlor daher, als die Nazis an die Macht kamen, seine Ämter, und die Familie wurde gewissermaßen verfemt. Der älteste Sohn ging in die Schweiz, eine Tochter in die Vereinigten Staaten, eine andere beging nach einem mißglückten Fluchtversuch in die Tschechoslowakei Selbstmord.

Klaus ging eine Zeitlang in den Untergrund und setzte sich dann nach England ab. Er studierte Physik, und es sprach sich bald herum, daß sich da ein außerordentliches Talent entwickelte. 1937 machte er seinen Doktor. Er wurde von einem anderen Emigranten, Professor Max Born, der später den Nobelpreis erhalten sollte, nach Edinburgh geholt.

Bei Kriegsbeginn wurde er als feindlicher Ausländer interniert, dann nach Kanada geschickt, aber später dank seiner Beziehungen als erfolgversprechender Physiker wieder nach England zurückgeholt.

Schon 1934 hatten die Engländer durch den deutschen Generalkonsul in Bristol erfahren, daß Fuchs in Deutschland vorübergehend Mitglied der kommunistischen Partei gewesen war, aber sie hatten keinen Wert auf diese Information gelegt. Da sich Fuchs in England nicht kommunistisch betätigte, hielt man ihn nicht für ein Sicherheitsrisiko und machte ihn, als er darum einkam, im August 1942 zum Engländer. Man schickte ihn in das Atomforschungszentrum in Harwell, man nahm ihn dann in die britische Atom-Energie-Kommission auf, und in dieser Funktion ging er 1944 nach Los Alamos und arbeitete an der Schaffung einer Atombombe mit. Er wußte nun alles.

1946 kehrte er aus den Vereinigten Staaten nach England zurück, wo er schließlich Chef der Abteilung für Theoretische Physik am Atomforschungszentrum von Harwell wurde.

Aber schließlich begann Scotland Yard, ihn unter die Lupe zu nehmen. Besonders, nachdem 1949 die erste sowjetische Atombombe gezündet worden war, und es kaum in Frage stand, daß die Russen so schnell nur mit Hilfe von Spionage zu einem entscheidenden Resultat hatten gelangen können, sonst hätten sie, Sachverständigen zufolge, mindestens vier Jahre länger dazu gebraucht.

Man unterhielt sich des öfteren mit Fuchs und sagte ihm schließlich auf den Kopf zu, daß er für die Russen spioniere. Er stellte das eine Zeitlang in Abrede, gab aber schließlich zu, daß er im Sommer 1942 und später sich bereit erklärt hatte, für die Russen Spionagedienste zu leisten. Warum? Einmal sagte er, er verstehe selbst nicht, daß er das getan habe, ein andermal gab er an, er sei ein Anhänger des Kommunismus, und er halte es für unfair und unbillig, den Russen ein so wichtiges Geheimnis wie das der Atombombe vorzuenthalten. Er wurde dann vor Gericht gestellt und zu 14 Jahren Gefängnis verurteilt, von denen er freilich nur ungefähr acht absaß. Er verlor seine britische Staatsbürgerschaft und kehrte nach Deutschland zurück, aber nicht in die Bundesrepublik, sondern in die DDR.

Am 23. September 1949 erklärte der damals noch amtierende Präsident Truman der Presse gegenüber, die amerikanische Regierung habe in Erfahrung gebracht, daß die Sowjets die Atombombe zur Explosion gebracht hätten, und nach seinen Formulierungen und den folgenden Pressekommentaren war es durchaus nicht zweifelhaft, daß hinter dieser schnellen Entwicklung der Atombombe – wenn man will: ihrer »Erfindung« durch die Russen – Spionage vermutet werden dürfe. Und wenig später wurde ja auch Dr. Klaus Fuchs verhaftet, und es stellte sich heraus, daß er die Russen nicht nur über die Atombombe ins Bild gesetzt hatte, sondern auch über die Arbeiten an der Wasserstoffbombe. Professor David E. Lilienthal, der erste Vorsitzende der amerikanischen Atom-Energie-Kommission notierte in seinem Tagebuch: »Es ist eine Weltkatastrophe und ein trauriger Tag für die menschliche Rasse«.

Der alte Fuchs, damals schon Professor für Theologie an der DDR-Universität Leipzig, ließ sich interviewen: »Wenn mein Sohn es tat, war es nicht um des Geldes willen, sondern aus Idealismus und aus Hochachtung für den Kommunismus.«

Die sowjetische Nachrichtenagentur TASS erklärte, der ganze Spionagefall sei eine westliche, kapitalistische Erfindung. Während der Untersuchungshaft hatte Fuchs zugegeben, daß er während seines Aufenthaltes in Amerika mit einer Kontaktperson der Sowjets, namens Raymond zusammentraf. Erst als er verhaftet war, habe er erfahren, daß es sich dabei um den Amerikaner Harry Gold handelte, der unter der Führung des sowjetischen Vizekonsuls Anatoli Jakowljew gearbeitet habe. Man fragte ihn, ob er den damals schon in Verdacht geratenen Greenglass oder die Rosenbergs gekannt habe. Nein, er hatte sie nicht gekannt.

Aber Gold, der ursprünglich Golodnitzky geheißen hatte, war, als Sohn eines Russen geboren, mit seiner Familie 1924 in die USA eingewandert. Er hatte erfolgreich Chemie studiert und die besten Noten erhalten. Eine große Zukunft lag vor ihm. Warum war er Spion geworden? Er sah, der jetzt vierzigjährige Ingenieur, behäbig, durchaus bürgerlich, keineswegs so aus, wie man sich einen Spion vorstellen würde. Warum wurde er wohl einer? Wohl ähnlich wie Fuchs aus politischen Gründen.

Er war schon 1947 den amerikanischen Behörden aufgefallen, besser einer gewissen ehemaligen Kommunistin Miss Elisabeth Bentley. Sie hatte ihn denunziert, aber man ließ ihn laufen. Jetzt geriet er durch Fuchs von neuem in Verdacht. Von den Amerikanern verhaftet, legte er sogleich ein Geständnis ab, wurde in Untersuchungshaft gesteckt und kam nicht mehr aus der Untersuchungshaft heraus.

Am 6. Juni 1950 stand er in Brooklyn vor einem Gericht, gab alles zu, nämlich seit 1935 für den russischen Geheimdienst gearbeitet zu haben, gab auch seine sowjetischen Kontakte preis und die Namen einiger amerikanischer Elektroingenieure. Gold selbst erhielt fünfzehn Jahre Gefängnis, die er freilich nicht zur Gänze absitzen mußte.

Klaus Fuchs hatte zwar vor den Untersuchungsbehörden und dann in seinem Prozeß wenig über seine Kontakte zugegeben, aber Gold, wohl nicht so zartbesaitet wie der Deutsche, erzählte jetzt, Anatoli Jakowljew habe ihn Ende Mai 1945 nach Santa Fé in New Mexico entsandt, um dort bei Fuchs Material in Empfang zu nehmen, und er sei ebenfalls beauftragt gewesen, in Albuquerque, ebenfalls New Mexico, in einem bestimmten Haus nach einem Mann namens Greenglass zu fragen. Der halte weiteres Material parat. Diesen Auftrag hatte er durchgeführt und das Material den Russen abgeliefert.

Greenglass wurde am 16. Juni 1950 in New York verhaftet. Sein Geschäftspartner und Schwager Julius Rosenberg und dessen Frau wenig später. Nur Ruth Greenglass blieb von der Verhaftung der Familie verschont. Man stellte sie auch nicht unter Anklage. Sie hatte offenbar nichts mit der Spionageaffäre zu tun.

Vor dem New Yorker Gericht wird nun zuerst der Fall Sobell verhandelt. Hauptbelastungszeuge gegen ihn ist der Ingenieur

Max Elitcher, der zusammen mit ihm studiert hat, übrigens auch mit Julius Rosenberg. Er ist, wie Sobell, überzeugter Kommunist gewesen, war mit ihm zusammen in die Partei eingetreten, hatte sie aber 1948 wieder verlassen und keinerlei Beziehungen zu Kommunisten mehr gepflegt.

Er behauptet nun, vom Staatsanwalt befragt, er sei es gewesen, der Sobell mit den Rosenbergs bekannt gemacht habe. Und er habe bald keinen Zweifel mehr daran gehabt, daß Rosenberg nicht nur Kommunist, sondern auch Spion sei, und zwar, natürlich, für die Russen spioniere.

Rosenberg hatte davon gehört, daß er, Elitcher, im Naval Department, dem Marineministerium, arbeite, und zwar in einer Abteilung, die sich mit der Entwicklung neuer Waffen beschäftige. Daraufhin habe er ihm vorgeschlagen, ihm militärische Unterlagen zu überlassen, um sie an die Sowjets weiterzuleiten. Es handele sich immer nur um eine Überlassung für zwei Tage. Rosenberg müsse sie nach New York bringen, dort fotografieren und dann bekäme er sie wieder zurück. Sobell, so behauptet Rosenberg, beliefere ihn dauernd mit solchem Material, und Sobell bestätigte das ihm gegenüber auch.

»Und haben Sie Material geliefert?«

Nein, das habe er nicht. »Und dann bin ich aus dem Ministerium ausgeschieden und in die Industrie gegangen.«

»Und was war Rosenbergs Reaktion auf diesen Wechsel?«

»Der schien ihm sehr ungelegen zu kommen. Er bat mich dringend, weiter im Ministerium zu arbeiten.«

Während des Umzugs von Washington nach New York habe er einmal in Sobells Wohnung übernachtet, und zwar mit seiner Frau und seinem Kind. Er glaubte, ein Auto gesehen zu haben, das ihn verfolgte. Das habe er auch Sobell mitgeteilt, und der sei daraufhin sichtlich nervös geworden.

»Hat er Ihnen auch den Grund für seine Nervosität angegeben?«

»Ja, das hat er.« Er sagte, es befände sich eine Kassette mit Mikrofilmen in seiner Wohnung, die nicht gefunden werden dürfe. Diese Kassette müsse er an Rosenberg weiterliefern.

Elitcher müsse ihm helfen, sie sofort aus seinem Hause zu schaffen. Elitcher habe Sobell samt Kassette mitgenommen, der dann unterwegs am East River ausgestiegen sei, um die Kassette Rosenberg zu bringen.

Auf Befragung sagt Rosenberg aus, er habe Elitcher wohl getroffen. Man habe sich aber nur über Politik unterhalten. Eine Kassette? Mikrofilme? »Was der Zeuge hier sagt, ist schlechthin unwahr.«

»Haben Sie versucht, Elitcher zu überreden, in Washington zu bleiben?«

»Nein, das habe ich nicht.«

Kreuzverhör. Beide Blochs versuchen, Zweifel an den Aussagen Elitchers zu erwecken.

»Sind Sie je in psychiatrischer Behandlung gewesen, Mr. Elitcher?«

»Ja, ich war in psychiatrischer Behandlung.«

»Haben Sie seinerzeit, als Sie beim Marineministerium angestellt wurden und den Treueeid leisten mußten, mitgeteilt, Sie seien in der kommunistischen Partei gewesen?«

Elitcher schweigt. Schließlich gibt er zu, daß er diese seine ehemalige Zugehörigkeit zur Partei verschwiegen habe. Bedeutet das, daß die Geschworenen ihm nun nicht mehr glauben dürfen? Schwer zu beurteilen.

Ebenfalls ist jetzt schon so gut wie sicher, daß Sobell für die Russen gearbeitet hat. Und dasselbe ist eigentlich von Rosenberg anzunehmen. Es sei denn, daß der Zeuge sich dies alles aus den Fingern gesogen hat.

Der Staatsanwalt lächelt grimmig. Nun verlangt er David Greenglass als Zeugen. Nein, zuerst werde er die Frau vernehmen. Sie sagt als Zeugin aus. Sie ist 25 Jahre alt, obwohl sie jünger wirkt, ist seit sieben Jahren mit David Greenglass verheiratet, gibt jedenfalls zu, daß sie überzeugte Kommunistin sei, wie auch ihr Mann, wie auch ihr Schwager und ihre Schwägerin.

Über ihre Beziehungen zu den Rosenbergs befragt und deren mögliche Spionagetätigkeit, gibt sie an, daß sie im November 1944 die Rosenbergs besucht habe. Damals stand gerade ihr zweiter Hochzeitstag vor der Tür, und sie erzählte den Rosenbergs, sie wolle zu ihrem Mann zur Feier nach New Mexico fahren. Zu ihrer Verblüffung mußte sie hören, daß ihr Mann, von dem sie wußte, daß er dort arbeitete, in Los Alamos mit der Herstellung einer Atombombe beschäftigt sei. Das habe sie gar nicht gewußt. Rosenberg bat sie, auf ihren Mann einzuwirken, daß er ihm Material über die Bombe der Sowjetunion zugänglich mache.

»Er sagte, so könne Dave der Idee des Friedens in der Welt außerordentliche Dienste leisten. Die Sowjetunion sei durch den Kampf gegen Hitler ausgeblutet.« Ferner: »Man müsse der Sowjetunion helfen!«

Rosenberg habe ihr dann mitgeteilt, auf welche Art von Informationen er besonderen Wert lege, es handele sich um eine genaue Beschreibung der Anlagen von Los Alamos, wieviele Arbeiter, wieviele Angestellte, welche Wissenschaftler dort arbeiten. Alles, was Dave über die Sicherheitsvorkehrungen dort wisse.

»Haben Sie Geld dafür genommen?«

»Ja. Aber eigentlich nicht gern. Insgesamt 150 Dollar. Nur Reisespesen. Wir waren damals mit Geld ziemlich knapp.«

In Albuquerque habe sie sofort ihren Mann orientiert. Der habe auch anfangs nicht recht gewollt, später aber seine Meinung geändert. Er habe ihr dann allerhand erzählt, es war allerdings nicht ganz leicht, sich das alles zu merken, aber Rosenberg habe ihr gesagt, sie dürfe nichts zu Papier bringen. Sie habe dann alles an Rosenberg weitergegeben.

»Und wie hat der Angeklagte Rosenberg reagiert?«

»Er war sehr erfreut, daß er soviel erfahren hat.«

Zu Neujahr 1945 sei Dave dann nach New York auf Urlaub gekommen, und schon anderntags war Rosenberg in ihrer Wohnung erschienen, um Material in Empfang zu nehmen.

»Welche Art von Material?«

»Skizzen einer Linse, durch welche eine Explosion ausgelöst werden sollte. Skizzen von unteren Teilen der Atombombe. Es waren mehrere Blätter. Meine Schwägerin hat dann alles abgeschrieben.«

Später wird Dave Greenglass für das Gericht eine Kopie dessen herstellen, was er Rosenberg damals geliehen hatte. Die Geschworenen besehen sich diese Skizzen. Sie können nicht viel damit anfangen, dazu muß man mehr von der Materie verstehen.

Noch einmal Ruth Greenglass: Sie seien kurze Zeit darauf bei Rosenbergs eingeladen gewesen und hätten dort eine Frau kennengelernt, eine Mrs. Sidorovic, die bei ihnen in New Mexico neues Material abholen sollte. Als Ausweis würde die unregelmässige abgeschnittene Hälfte eines Pappdeckels, stammend von einer Schachtel, in der Seife oder Lebensmittel gewesen waren, fungieren. Die Worte, mit denen die Frau sich legitimieren sollte: »Ich komme von Julius!«

Sie, Ruth Greenglass, habe ursprünglich in New York bleiben wollen, aber Rosenberg habe ihr dringend zugeredet, mit ihrem Kind zusammen nach Albuquerque zu übersiedeln, um stets bei ihrem Mann zu sein. Geld spiele keine Rolle, das würden die Russen zahlen, das heißt, sie würden für die entstehenden Mehrkosten aufkommen.

Schließlich und endlich habe Julius ihren Mann gebeten, sich einmal mit einem russischen Techniker über besagte Linse zu unterhalten. Ihr Mann sei dazu bereit gewesen. Er sei dann eines Abends mit Julius losgefahren, und in einer dunklen New Yorker Straße habe ein Russe auf sie gewartet.

Greenglass bestätigt das alles. Ja, er sei mit Julius losgefahren und habe den Russen getroffen, der dann zu ihnen in den Wagen gestiegen war, und man habe sich über alles mögliche die Linse betreffend unterhalten.

»Wie lange dauerte diese Unterhaltung?«

Etwa zwanzig Minuten, dann sei der Russe wieder verschwunden.

Anfang Juni 1945 habe sich dann bei Familie Greenglass zwar nicht Mrs. Sidorovic gemeldet, wohl aber Harry Gold mit den Worten: »Ich komme von Julius!« und mit der Hälfte des

Pappdeckels. Greenglass habe in der Zwischenzeit etwa zehn Seiten zu Papier gebracht, in denen gewisse Entwicklungsarbeiten geschildert wurden, auch wurde eine Liste von Personen aufgestellt, die vielleicht anzuzapfen wären. Greenglass habe dafür ein Couvert mit 500 Dollar erhalten.

Im September 1945 war Greenglass wieder in New York und sofort habe Rosenberg ihn besucht und gefragt, ob er etwas für ihn habe. Ja, er hatte etwas Besonderes für ihn, eine Schilderung der gesamten Atombombe. Rosenberg sei äußerst befriedigt gewesen.

In weiteren Verhören erklärte Greenglass, es habe sich tatsächlich um eine genaue Beschreibung der Atombombe und aller ihrer Funktionen gehandelt. Davon habe Ethel Rosenberg wiederum eine Kopie angefertigt, dazu noch eine Kopie seiner Beschreibung über die letzten Versuche, an denen Rosenberg besonders viel gelegen zu sein schien. Er habe dafür 200 Dollar gezahlt.

Auf die Frage des Staatsanwaltes Irving H. Saypol muß Greenglass zugeben, daß er dadurch den Russen entscheidende Vorteile in die Hände gespielt habe. Der Staatsanwalt gibt den Geschworenen zu bedenken, daß die Forschung in Los Alamos Milliarden Dollar gekostet hätte und die Russen nun alles für ein paar hundert Dollar besaßen, was »wir« geheimhalten wollten.

Es ist klar, daß Greenglass natürlich das Zehnfache, das Hundertfache hätte verlangen können und auch bekommen hätte. Aber Greenglass ist eben Idealist, eine Qualifikation, die der Staatsanwalt Rosenberg und seiner Frau nicht einräumt.

David Greenglass will schließlich nach New York zurück. Er bittet um seine Entlassung aus der Armee, die ihn ja in Albuquerque, respektive Los Alamos stationiert hat. Die Entlassung erfolgt.

Rosenberg hatte neue Ideen. Warum sollte sein Schwager, der soviel Geschicklichkeit beim Spionieren bewiesen hatte, nicht Atomphysik studieren, etwa an der Universität von Chicago und später an einer staatlichen Forschungsanstalt weiterarbeiten. Greenglass hatte keine Lust dazu.

Schließlich erklärt Greenglass, und seine Frau bestätigt diese Aussage, daß Rosenberg später, genau im Mai und Juni 1950 nervös geworden sei, insbesondere, nachdem er am 24. Mai in der New Yorker Harald Tribune ein Foto von Harry Gold gesehen habe und lesen mußte, daß Gold als Atomspion verhaftet sei. Rosenberg hielt es für das einzig Mögliche, daß sein Schwager sofort die Vereinigten Staaten verlasse, was der ablehnte. Rosenberg habe immer wieder auf eine Ausreise ins Ausland gedrängt, Gold würde ja sicher nicht dichthalten, und die Behörden würden eines Tages auf die Spur von Greenglass und Rosenberg kommen. Rosenberg habe Greenglass 1000 Dollar in die Hand gedrückt, er und seine Frau sollten sich sofort Paßbilder beschaffen und natürlich Pässe und sich gegen Pocken impfen lassen – das war zur Ausreise notwendig.

Schon am nächsten Tag sei Rosenberg abermals erschienen und habe diesmal 4000 Dollar mitgebracht. Sie hatten bereits die Paßbilder. Rosenberg habe ihm empfohlen, nach Mexiko zu reisen. In Mexico City sollte er dem Sekretär der sowjetischen Botschaft einen Brief überreichen, der mit I. Jackson unterzeichnet war. Einige Tage später sollte er sich mit einem Reiseführer in der Hand an einen bestimmten Platz begeben, an dem eine Columbus-Statue stehe und warten, bis ein bestimmter Mann ihn anspreche. Dem müßte er sagen: »Dies ist eine prächtige Statue. Ich bin aus Oklahoma und habe niemals etwas gesehen, was ihr gleichkommt.«

Der Mann müsse dann antworten: »Es gibt noch viel schönere Statuen in Paris.« Damit sei die beiderseitige Identifizierung beendet. Der Mann werde ihm dann Geld und neue Pässe für die Weiterreise aushändigen. Er müsse von Mexico City nach Vera Cruz, von dort nach Schweden, von dort in die Schweiz und schließlich in die Tschechoslowakei. Jedesmal müsse er einen Brief mit »I. Jackson« unterzeichnet auf der sowjetischen Botschaft abgeben, jeweils auf einem bestimmten Platz der betreffenden Stadt warten, bis sie auf die gleiche Weise angesprochen würden.

Die Familie Greenglass fuhr aber nicht ab, die beiden wollten zumindest noch etwas mit der Fahrt warten, denn ihr zweites Kind war gerade erst zehn Tage alt. Der Termin wurde auf Ende Juni verschoben. Doch schon am 15. Juni wurde Greenglass verhaftet.

Kreuzverhör der beiden Greenglass durch die Verteidiger Rosenbergs. Es ist klar, daß es jetzt alles darauf ankommt, ihre Glaubwürdigkeit zu erschüttern. Aber David und Ruth Greenglass bleiben dabei, daß sich alles so abgespielt hat, wie sie behaupten. Schließlich sagt der alte Bloch: »Haben Sie dem Gericht dies alles nicht nur erzählt, um Ihre eigene Haut zu retten?« Eine unglaubhafte Vermutung. Greenglass hat ja seine Haut nicht retten können, es offenbar auch nicht gewollt. Die Geschworenen jedenfalls – elf Männer und eine Frau – sind durchaus nicht davon überzeugt, daß Greenglass geschwindelt hat.

Der nächste Zeuge des Staatsanwaltes Irving H. Saypol ist Harry Gold, der ja schon verurteilt worden ist. Er macht einen ruhigen und sachlichen, vor allem intelligenten und schlagfertigen Eindruck. Er sagt aus, ohne im geringsten zu zögern. Er gibt zu – was er ja schon vor einem anderen Gericht zugegeben hat – daß er seit 1935 in russischen Spionagediensten stehe und zählt Details seiner Tätigkeit auf, die sich hauptsächlich in Kurierdiensten erschöpfen. Im März 1944 sei sein »Vorgesetzter« ein Mann namens »John« gewesen, von dem er später erfahren habe, daß es sich um Anatoli Jakowljew handelte. Es hätten regelmäßig Treffs mit ihm auf dieser oder jener New Yorker Straße stattgefunden.

Fuchs habe er viermal getroffen, und er sei nach New Mexico gereist, wo eine der Begegnungen mit Fuchs stattgefunden habe. Mit Greenglass habe er sich getroffen unter Vorzeigung der bewußten Pappdeckelhälfte und mit den Worten: »Ich komme von Julius!« Greenglass habe ihm ein Couvert mit Material über die Atombombe übergeben und dafür ein Couvert mit 500 Dollar bekommen.

Jakowljew sei sehr zufrieden mit ihm gewesen.

Der Zeuge wird von den Anwälten der Rosenbergs nicht ins Kreuzverhör genommen. Warum wohl nicht? Er hat ja den Namen Rosenberg nicht erwähnt. Vielleicht läßt man ihn gerade deshalb in Ruhe, um ihn nicht dahinzubringen, noch nachträglich von Rosenberg auszuplaudern. Indirekt jedoch ist Rosenberg durch Gold belastet. Die Hälfte des Pappdeckels, die Gold als Legitimation benutzt hat, die er von Jakowljew erhalten hat, sowie die Worte: »Ich komme von Julius!« – das alles kann ja direkt oder indirekt nur von Rosenberg stammen. Außerdem hat Greenglass Gold die Telefonnummer der Rosenbergs gegeben, mit der Erklärung, über diese Nummer sei er während des nächsten Urlaubs von Greenglass zu erreichen. Das beweist, daß Rosenberg von den Beziehungen des Russen mit Gold gewußt haben muß.

Rosenberg ist also direkt durch David und Ruth Greenglass sowie Elitcher belastet und indirekt von Gold.

Der Ankläger Irving H. Saypol bringt auch noch einige Experten vor Gericht. Da ist zum Beispiel ein Professor Kloski, Vorgesetzter von Greenglass in Los Alamos. Der gibt zu Protokoll, daß das Material, das Greenglass weitergegeben hat top secret gewesen sei und für die Russen von unschätzbarem Wert. Das gleiche bezeugt John A. Deery, ein Mitarbeiter des Direktors der Atom-Energie-Kommission. Ein Oberst John Lonsdale, der Sicherheitsbeauftragte von Los Alamos erklärt, die Preisgabe dieses Geheimnisses bedeute eine Gefahr für die Sicherheit der USA.

Ferner sagt Miss Elizabeth Bentley, ehemals Funktionärin der kommunistischen Partei, über das aus, was sie über den sowjetischen Spionagedienst in den Vereinigten Staaten weiß. Auch sie hat von dem gewissen »Julius« gehört und sei sogar ein- oder zweimal mit ihm in Verbindung gekommen.

Miss Bentley hat ebenfalls spioniert und gibt das im Kreuzverhör mit dem jüngeren Bloch ohne weiteres zu. Auch, daß sie niemals dafür von der Strafbehörden zur Rechenschaft gezogen worden ist. Das ist immerhin erstaunlich, und das sagt

Bloch auch. Warum würden die Rosenbergs auf Leben und Tod verklagt, wenn einer so langjährigen Mitarbeiterin des Spionagedienstes überhaupt nichts geschehe? Bloch und auch sein Vater wollen mit dieser Frage, die übrigens auch die Zeitungen der nächsten Tage beschäftigt, den Geschworenen klarmachen, daß hier offenbar mit zweierlei Maß gemessen wird.

Es genügt vielleicht nicht, wie hier geschehen ist und weiterhin geschehen wird, nämlich, die im Prozeß gegen die Rosenbergs und die anderen Amerikaner, die für die Sowjetunion oder deren Geheimdienst spioniert haben, in seinem Ablauf zu schildern. Es handelt sich ja nicht um irgendeinen Prozeß. Es handelt sich um einen Prozeß, der mit äußerster Erbitterung geführt wird, mit einer Erbitterung, die sich aus der Sache selbst kaum erklären läßt. Gewiß, es sieht so aus, als wären die Angeklagten schuldig. Aber wessen schuldig? Schuldig, Informationen an eine Macht weitergeleitet zu haben, die zu einer Zeit, während der sich diese Spionagetätigkeiten abspielten, noch Bundesgenosse der Vereinigten Staaten war. Es hat sich schon sehr früh in diesem Prozeß, wie auch in anderen Prozessen, vor allem in dem gegen Klaus Fuchs erwiesen, daß die Angeklagten und vermutlich Schuldigen nicht durch niedrige Motive dazu getrieben worden sind, die Sowjetunion über das, was in Los Alamos geschah, zu informieren. Die Spione, die hier abgeurteilt werden sollen, wie schon Fuchs und Gold und andere verurteilt werden, haben doch wohl in erster Linie aus zumindest subjektiv ehrenhaften Gründen gehandelt, weil sie glaubten, nein, sicher waren, wenn auch fälschlicherweise, daß die Sowjetunion ein Recht auf die Kenntnisse dieser Geheimnisse habe.

Aber das Amerika zur Zeit des Prozesses gegen die Rosenbergs ist nicht das England zur Zeit des Prozesses gegen Fuchs. Es liegen nicht nur Monate zwischen den beiden Prozessen, es liegen auch Welten zwischen ihnen.

Längst ist der Krieg in Korea ausgebrochen, der zwar kein amerikanischer Krieg gegen Rußland ist oder umgekehrt, in dem sich aber die beiden Mächte feindlich gegenüberstehen. Vor allem aber ist Amerika um diese Zeit das Amerika des hysterischen Senators Joseph McCarthy, der überall versteckte Kommunisten wittert und sie ausräuchern will, sei es in Washington, sei es in Hollywood und natürlich auch in New York. Er und seine Helfer sind für die Atmosphäre verantwortlich, in der das Verfahren gegen die Rosenbergs und die übrigen Atom-Verräter abläuft, in der allein es so ablaufen kann. Er wird von Tag zu Tag mehr eine Art moderner Lynchprozeß. In den ersten Tagen wenig beachtet, das heißt, wohl von der Presse, aber von relativ wenig Zuschauern besucht, ist er jetzt eine Sensation geworden. Das ist nicht zuletzt die Schuld eben dieser Presse, die mit wenigen Ausnahmen – New York Times und Washington Post – die Gemüter in einer nie dagewesenen Weise anheizt. Es wird völlig vergessen oder unter den Teppich gekehrt, daß, was immer die Verräter erreicht haben, allenfalls den Vorsprung der Vereinigten Staaten, was die Atomwaffen angeht, um drei oder vier Jahre verkürzt; früher oder später hätten die Russen trotz allem eine Atombombe herstellen können. Es gibt sogar Gerüchte – zugegeben: idiotische –, daß die Sowjets in allernächster Zeit New York mit einer Atombombe zerstören würden.

Ein Prozess gegen die »Verräter«, der in solcher Atmosphäre abläuft, kann nur tödlich enden, zumindest für diejenigen, die man für die Hauptschuldigen hält, ob mit Recht oder Unrecht, sei dahingestellt –, die Rosenbergs also.

Julius Rosenberg, im Zeugenstand, bestreitet alle Anschuldigungen gegen ihn und seine Frau. Seine Schwägerin habe gelogen, David Greenglass habe gelogen, nichts von dem, was sie behauptet haben, nichts, was andere Belastungszeugen behauptet haben, stimme. Er weiß überhaupt gar nicht, wovon die Rede sei. Nur als ihn der Staatsanwalt nach seiner politischen Vergangenheit fragt, wird er nervös.

»Gehörten Sie der kommunistischen Partei an?«

Rosenberg schweigt einen Augenblick, dann: »Ich verweigere darauf die Antwort, weil sie mich der Gefahr der rechtlichen Verfolgung aussetzen würde.«

Dazu hat er ein Recht nach dem sogenannten 5. Zusatz zur Verfassung. Aber was kann eine solche Antwort anderes bedeuten, als daß er der kommunistischen Partei angehört hat, ihr möglicherweise noch immer angehört.

Rosenberg geht einen Schritt weiter, er betont seine Verfassungstreue. Er würde für sein Land und dessen Verfassung immer einstehen, wenn sein Land sich in einem Krieg befände. Und: »Ich fühlte 1945, daß die Sowjetregierung das Los der Unterprivilegierten verbessert, und daß sie einen großen Schritt vorwärts in der Beseitigung des Analphabetentums, viel Wiederaufbauarbeit geleistet und viel für die Entwicklung von Produktionsmöglichkeiten getan hat. Ich fühlte und ich fühle noch immer, daß sie wesentlich dazu beigetragen hat, die Bestie Hitler zu vernichten, der sechs Millionen meiner Glaubensbrüder getötet hat!«

Ethel Rosenberg bleibt, erstaunlich für eine Frau, die weiß, daß es um ihren Kopf gehen kann, ganz ruhig. Auch sie streitet alles ab. Niemals hätten Unterhaltungen mit ihrem Schwager und ihrer Schwägerin stattgefunden, niemals habe sie geheime Dokumente abgeschrieben, niemals an irgendeinem Verrat mitgewirkt. Vergebens versucht der Staatsanwalt, sie bei Widersprüchen zu ertappen. Es gibt bei ihr keine Widersprüche. Sie bleibt hart wie Granit.

Nachdem die Beweisaufnahme geschlossen ist, spricht die Verteidigung der Rosenbergs dem Richter ihren Dank aus. »Wir sind der Meinung, daß Sie uns mit außerordentlicher Höflichkeit behandelt, und daß Sie uns alle Privilegien eingeräumt haben, auf die wir als Anwälte rechnen dürfen.« Sie äußert auch Lobendes über die Staatsanwaltschaft, mit der sie eine ganze Anzahl von Zusammenstößen gehabt hat. Aber: »Das kommt in jedem Prozeß vor!«

Im übrigen müssen die beiden Anwälte Bloch sich damit begnügen, das Ehepaar Greenglass als total unglaubwürdig hinzustellen. Sie hätten alles auf die Rosenbergs abgewälzt. Das sei empörend. »Ein Mann, der gegen sein eigen Fleisch und Blut Zeugnis ablegt, ist ein ungeheuerlicher und ein abstoßender Mann, und sein Verhalten verstößt gegen alle Regeln der Zivilisation. Er steht auf einer niedrigeren Stufe als das niedrigste Tier.«

Der Vertreter der Anklage, Saypol, nimmt das Ehepaar Greenglass in Schutz. Die beiden seien bestrebt, wenigstens einen Teil des Schadens, den sie angerichtet hätten, wieder gutzumachen. Gold sei ja nun bereits zu 30 Jahren Gefängnis verurteilt und habe durch seine Aussage kaum etwas zum Ausgang des Prozesses beitragen können. Das schlagendste Beweisstück gegen die Angeklagten Rosenberg bestehe, natürlich, in dem abgeschnittenen Pappdeckel, der eindeutig von Rosenberg »geliefert« worden sei. Gegen die Rosenbergs spreche auch ihr Versuch zu einer Flucht. Zwar bestreiten sie, an Flucht gedacht zu haben, aber zumindest ist vor Gericht durch einen Fotografen eidlich bekundet worden, daß sie Paßbilder bestellt hatten, mit der Bemerkung, sie gedächten demnächst nach Frankreich zu reisen.

Die letzten Worte des Anklägers: »Das Verbrechen, das den Angeklagten angelastet wird, ist eines der ernstesten, das gegen die Vereinigten Staaten verübt werden kann. Niemals vorher standen Angeklagte vor den Schranken der amerikanischen Justiz, die weniger Sympathie als diese drei verdient haben. Ich vertraue darauf, daß Sie das einzig mögliche Urteil fällen...«

Der Richter Kaufmann faßt noch einmal alles zusammen und bleibt dabei, man muß es zugeben, objektiv, was übrigens viele amerikanische Zeitungen ihm böse ankreiden. Es kommt letzten Endes alles darauf an, ob man den Rosenbergs glaube oder denen glaube, die sie angeschuldigt haben.

Der Richter benötigt mehr als drei Stunden Zeit für seine Schlußrede. Er endet kurz vor fünf Uhr nachmittags. Die Geschworenen ziehen sich zurück, verlangen aber mehrmals zusätzliche Aufklärung durch das Gericht. Es wird Mitternacht, bevor sie den Richter benachrichtigen, daß sie bei zwei der Angeklagten zu einem Ergebnis gelangt sind, aber daß sie in bezug auf den dritten – das kann nur Greenglass sein – noch uneinig sind. Sie werden für den Rest der Nacht eingeschlossen. Am nächsten Vormittag das Ergebnis: »Alle Angeklagten sind der Spionage für schuldig befunden worden.«

Auf Wunsch der Verteidigung richtet der Gerichtsschreiber nach dieser Kundgebung des Schuldspruchs an jeden einzelnen Geschworenen die Frage, ob er das Urteil richtig finde. Alle bejahen.

Auch Richter Kaufmann erklärt, er halte das Urteil für richtig. »Der Gedanke, daß Bürger unseres Landes sich, die vernichtendste Waffe einsetzend, die den Menschen bekannt ist, zu dessen Zerstörung hergeben können, ist so schrecklich, daß ich keine Worte für die Beschreibung dieses gräßlichen Verbrechens finden kann.«

Er setzt aber die Strafe nicht sofort fest, sondern den Termin zur Strafverkündung auf den 5. April, später wird daraus der 6. April werden.

Am 6. April 1950 also verhängt Richter Kaufmann über Julius und Ethel Rosenberg die Todesstrafe und verurteilt Sobell zu 30 Jahren Zuchthaus. Er begründet sein Urteil damit, daß er viele Tage und Nächte darüber gegrübelt habe, wie das Urteil aussehen solle, aber nun bestehe kein Zweifel mehr für ihn.

Zu den Angeklagten sagt er: »Ich finde Ihr Verbrechen schlimmer als Mord... Wenn jemand einen Mord verübt, tötet er nur sein Opfer... Was aber Ihren Fall betrifft, so hat die Tatsache, daß den Russen die Atombombe in die Hände gespielt worden ist, die kommunistische Aggression in Korea verursacht, mit Verlusten, die über 50000 Tote hinausgehen...«

Dies stimmt natürlich nicht in seiner Gänze. Es kann nur wiederholt werden, daß die Russen um diese Zeit so oder so die Atombombe besessen hätten, daß sie die aber in Korea keineswegs zur Anwendung gebracht haben.

David Greenglass wird einige Tage später zu 15 Jahren Zuchthaus verurteilt. Und die beiden Rosenbergs sollen am 2. Mai auf den elektrischen Stuhl kommen. Sie werden sofort in das Zuchthaus Sing Sing gebracht, und zwar in die sogenannten Todeszellen. Die beiden Zellen sind nur etwa zehn Meter voneinander entfernt. Aber die beiden sehen sich nur noch gelegentlich bei Vernehmungen, und nur ein einziges Mal noch dürfen sie sich umarmen.

Die Verteidigung legt natürlich sofort Berufung ein. Die führt zu einem Aufschub der Vollstreckung. Das Berufungsgericht lehnt den Antrag der Verteidigung der Rosenbergs am 20. Februar 1952, also nach mehr als einem Jahr, als unbegründet ab. Die Verteidigung verlangt eine neue Verhandlung. Ebenfalls Zurückweisung. Der Oberste Gerichtshof in Washington wird von der Verteidigung im Herbst 1952 angerufen. Er lehnt einstimmig ein Eingreifen ab.

Hierauf bestimmt Richter Kaufmann den 12. Januar 1953 als neuen Vollstreckungstermin.

Nochmaliger Versuch der Verteidigung, eine neue Hauptverhandlung, ein »Rehearing« zu erreichen. Diesmal reagiert der Oberste Gerichtshof zwar negativ, aber mit nur acht gegen eine Stimme.

Weitere Unternehmungen, die Vollstreckung des Urteils hinauszuzögern oder das Urteil ganz aufheben zu lassen. Auch der Versuch, Richter Kaufmann zur Umwandlung der Todesstrafe in eine Freiheitsstrafe zu veranlassen. Kaufmann sagt nein. Petition ans Weiße Haus. Der jetzt dort amtierende Präsident Eisenhower lehnt das Gnadengesuch ab.

Mittlerweile hat sich die Empörung gegen die Rosenbergs im Volk längst gelegt, die Zeitungen schreiben nicht mehr über, geschweige denn gegen die Rosenbergs. Auf der anderen Seite gewinnen die Rosenbergs an Sympathie, einige Zeitungen, vor allem natürlich die linksgerichteten, und nicht nur die in den Vereinigten Staaten, treten für sie ein. Man spricht von einem zweiten »Fall Dreyfus«. Es wird behauptet, der Antisemitismus habe bei der Urteilsfindung, überhaupt bei dem ganzen Prozeß eine Rolle gespielt. Überall, nicht nur in den großen amerikanischen Städten, auch in Paris und London, in Brüssel und Rom, entstehen über Nacht Rosenberg-Hilfskomitees. Es wird für einen Verteidigungsfonds gesammelt. Die Sammlung bringt mehr als eine Million Dollar. Es erscheinen Rosenberg-Pamphlete, ja, ganze Bücher. Im Weißen Haus treffen viele Wochen und Monate lang bis zu 50000 Protestschreiben pro Tag ein. Bedeutende Politiker der ganzen Welt bitten um Milde oder fordern sie, darunter die Dichter Sartre und Brecht und Arnold Zweig und Anna Seghers, auch der Papst bittet um Gnade. Die allgemeine Erregung und Empörung ist unübersehbar.

Das FBI hofft bis zuletzt auf ein Geständnis der Verurteilten. Wenn sie geständen, würde ihnen der elektrische Stuhl erspart bleiben. Neue Aufschübe. Immer wieder wird der Fall Rosenberg diskutiert. Die bekannte amerikanische Journalistin Dorothy Thompson weist in einem Artikel darauf hin, daß seltsamerweise keinerlei Bitten um Gnade oder Forderungen nach Milde von der Sowjetunion ausgegangen seien. Sie vermutet, daß es Moskau ganz genehm sei, wenn auf diese Weise Märtyrer für die kommunistische Sache geschaffen würden.

Wie dem auch sei: am 19. Juni 1953, also rund zwei Jahre nach Prozeßbeginn, wird die Strafanstalt Sing Sing in weitem Umkreis abgesperrt. Zusätzliche Polizei aus dem Staat New York rückt an, auch Militär. Man hat wohl Angst vor Demonstrationen. Noch einmal erklärt das Justizministerium sich bereit, die Verurteilung der beiden Rosenbergs in lebenslängliches Zuchthaus umzuwandeln, wenn sie gestehen würden.

Aber sie schweigen bis zuletzt. Um 8.00 Uhr abends besteigt als erster Julius Rosenberg den elektrischen Stuhl. Nach seiner Hinrichtung wird die Frau geholt. Ein Rabbiner, der sie begleitet, beschwört sie: »Wollen Sie nicht doch etwas sagen, Mrs. Rosenberg, was Sie retten könnte? Denken Sie an Ihre Kinder, die Sie brauchen! Muß die Tragödie zu Ende geführt werden?«

»Ich habe nichts zu sagen. Ich bin bereit.«

Auf ihre Frage teilt man ihr mit, daß ihr Mann bereits tot sei. Darauf äußert sie keine Silbe mehr.

Aber damit ist die Tragödie noch nicht zu Ende. Es gibt weiterhin Rosenberg-Massenprotestversammlungen. Wenige Tage nach der Urteilsvollstreckung treffen sich in New York allein 30000 Menschen zum Zweck des Protestes. Die amerikanische Justiz wird bei dieser Gelegenheit aufs heftigste angegriffen. Es wird nicht von Urteil, sondern von Mord gesprochen. Der Chef des FBI, J. Edgar Hoover, wird mit besonderer Schärfe attackiert.

Ein Rabbiner, der zwar auch gegen die Hinrichtung protestiert, aber die Regierung nicht gerade des Mordes anklagt, wird mit Protestrufen zugedeckt.

Und dann, ziemlich plötzlich, hört man überhaupt nichts mehr zum Fall Rosenberg. Man liest nur noch gelegentlich, daß Klaus Fuchs, David Greenglass, Morton Sobell und auch Harry Gold ihre Strafe nicht zur Gänze haben absitzen müssen. Sie alle, die doch wohl mehr verschuldet haben als die Rosenbergs, kommen vorzeitig frei.

Ein zusätzliches Opfer ist der jüngere Rechtsanwalt Bloch, der das Urteil nicht verwinden kann. Monatelang geht er auf Vortragstournee durch die Vereinigten Staaten, bis er gesundheitlich zusammenbricht. Eines Morgens, am 29. Januar 1954 findet man ihn tot in seinem Badezimmer. Herzschlag. Er ist knapp 52 Jahre alt geworden. Sein Vater kommentiert: »Der Fall Rosenberg hat ihn getötet!«

Die unschuldigen Kinder der Rosenbergs haben Schwierigkeiten. Die Eltern gleichaltriger Kinder wollen sie in den Schulen, die sie besuchen, nicht mehr dulden. Ein Kibbutz in Israel bietet ihnen Zuflucht an. 200 Familien in den Vereinigten Staaten erklären sich bereit, sie zu adoptieren. Sie erhalten andere Namen, und erst dann ist es möglich, sie in einem amerikanischen Internat unterzubringen.

Aber auch das ist noch nicht das Ende. Im Dezember 1975, also immerhin fast ein Vierteljahrhundert später, die Kinder sind nun schon erwachsen, erklären sie, daß sie eine Wiederaufnahme des Falles verlangen und einen nachträglichen Freispruch für ihre unschuldigen Eltern.

Nun, es ist ihr gutes Recht, ihre Eltern für unschuldig zu halten. Aber es gab damals, als der Prozeß sich abspielte, viele, die das glaubten. Und vielleicht sind sie auch ein Vierteljahrhundert später nicht die einzigen, die glauben, daß hier ein schwerer Justizirrtum begangen worden ist, daß die Rosenbergs allenfalls zu einigen Jahren Gefängnis oder Zuchthaus hätten verurteilt werden dürfen, um wie die anderen, die viel Schuldigeren, nach Verbüßung der Hälfte der Strafe oder allenfalls von zwei Dritteln freizukommen.

Eichmann-Prozeß
1961

Die Berechtigung der Prozesse gegen Karl Adolf Eichmann in Jerusalem war seit eh und je in der Welt umstritten, und da Eichmann nach Jerusalem gegen seinen Willen verbracht wurde, legt man strengste völkerrechtlich hergebrachte Maßstäbe an, nicht zu rechtfertigen. Eichmann ist ja, wenn auch unter anderem Namen Argentinier geworden, und nach argentinischem Recht sind seine Untaten verjährt – ist in den Augen der Israeli einer, der überhaupt nur vor jüdischen Richtern stattfinden kann; für sie und ebenfalls für große Teile der Welt gehört nun einmal der Mann, der schuldig oder mitschuldig ist am Tod von Millionen Juden, vor kein anderes Gericht als ein jüdisches. Es ist das erste Mal seit rund zweitausend Jahren – damals wurde der Tempel von Jerusalem durch die Römer zerstört –, daß Juden über einen Judenfeind richten.

Der Prozeß beginnt am 11. April 1961 in Beth Hamishbath – dem Haus der Gerechtigkeit – in einem weitläufigen Saal mit verschiedenen Estraden, auf denen Richter, Staatsanwälte, Verteidiger postiert sind. Auch der Angeklagte, der in einem Käfig aus kugelsicherem Glas sitzt. Vorstellbar, daß empörte Israeli, insbesondere solche, die in ihm den Mörder von nahen Verwandten sehen, ein Attentat auf ihn versuchen. Es kommt zu keinem Attentat.

Die Richter, ältere, distinguierte Herren, die an einem langen Tisch beladen mit Büchern und Akten Platz genommen haben, heißen Moshe Landau, Benjamin Halevi, Yitzhak Raveh, die erfreuen sich eines guten Rufs in Jerusalem und darüber hinaus in ganz Israel. Der Generalstaatsanwalt, der die

Verhandlungen fast durchwegs selbst führt, heißt Gideon Hausner. Er ist von vier Assistenten umgeben.

Erstaunlich die Ruhe und die offenbare Gleichmut des Angeklagten, eines mittelgroßen schlanken Mannes mit Brille, der jünger aussieht als seine über fünfzig Jahre. Der erste Eindruck, der bleibende ist enttäuschend. Ein herzlich unbedeutender Mann, dieser Eichmann, keine große Persönlichkeit, wie man sie sich erwartet hätte; ein Durchschnittsbürger, eher ein unterdurchschnittlicher.

Sein Anwalt heißt Dr. Robert Servatius und stammt aus Köln. Als es so aussah, als würde es zu einem Prozeß Eichmann kommen, hat er der Familie des Angeklagten seine Dienste angeboten – weil, wie er später ohne weiteres der Presse gegenüber zugibt, er Geld verdienen wollte. Er bekommt denn auch von dem israelischen Gericht 20000 Dollar, nicht allzu viel, wenn man bedenkt, wie lange der Prozeß sich hinziehen wird, und weitere 15000 DM von der Familie Eichmann. Um es gleich hier zu sagen: er spielt eher die Rolle eines Statisten. Er kommt nie dazu, der Anklage gefährlich zu werden. Freilich, er arbeitet unter starken Handicaps. Er kann für Eichmann nur sechzehn Zeugen nominieren, und keiner der Sechzehn unternimmt es, nach Israel zu kommen, denn sie alle würden ebenfalls unter Anklage gestellt werden; es sind keine Herren mit sauberer Vergangenheit. Übrigens: sieben von ihnen sitzen in deutschen Gefängnissen. Die Sechzehn werden gelegentlich einer Reise des Gerichts nach Deutschland befragt.

Servatius hat auch, verglichen mit den 1500 Dokumenten der Anklage, nur wenig über hundert zur Verfügung.

Der Saal ist gerammelt voll und wird es auch während des gesamten langwierigen und oft langatmigen Prozesses bleiben. Allerdings: es fällt auf, daß so wenig jugendliche Zuschauer Einlaß begehren. Die ganze Sache scheint sie nicht zu interessieren, es handelt sich ja um Ereignisse, die lange, lange, bevor sie auf die Welt kamen, stattfanden, und vor allem weit weg.

Wer ist nun eigentlich dieser Karl Adolf Eichmann? Das wird durch die Dokumente und Zeugen mehr als klar, fürchterlich klar. Erst einige Daten: er ist im Jahre 1906 in Solingen als ältester Sohn seiner Eltern geboren – der Vater heißt ebenfalls Karl Adolf Eichmann, die Mutter Maria, eine geborene Schäfferling, beide Kleinbürger. Der Vater arbeitet als Buchhalter beim Solinger Elektrizitätswerk. 1914 Übersiedlung der Familie nach Linz. Der Vater findet wieder eine Stellung im Elektrizitätswerk. In Linz also wächst der Junge auf, besucht die Volksschule, absolviert vier Mittelschulklassen, dann eine Fachschule nach zwei Jahren, ohne seine Studien beendet zu haben, bricht er die Ausbildung ab.

Es herrscht Wirtschaftskrise, der Vater hat sein bißchen Geld bei unrentablen Geschäften verloren, bei der Gründung eines Hüttenwerks, wo auch der Sohn zeitweise als Kumpel arbeitete. Später wird er in einem Geschäft für elektrische Artikel tätig und schließlich Reisender für den österreichischen Zweig der »Vacuum Oil Company«.

Um diese Zeit hört er schon, daß der Ruin des Vaters, die schlechte Wirtschaftslage überhaupt Schuld der Juden sei. Er hört es insbesondere in der »Frontkämpfervereinigung«, der er beigetreten ist; dort gerät er auch unter den Einfluß eines gewissen Ernst Kaltenbrunner, einige Jahre später Chef der Gestapo. Und schließlich wird er Mitglied der Partei, Mitglied der österreichischen SS, die um diese Zeit noch illegal ist.

Von der Vacuum Oil Company wird er entlassen, und da gerade um diese Zeit Hitler in Deutschland die Macht ergriffen hat, fährt er nach Deutschland und tritt der deutschen SS bei, erhält von ihr eine militärische Ausbildung, wird schließlich Scharführer und meldet sich, schon im Oktober 1934, freiwillig zum Hauptamt des Reichssicherheitsdienstes, dem gefürchteten SD.

Hitler wird sein Abgott. Und alle Menschen, die »fremdartig« aussehen, werden – natürlich nur in seinem Kopf – seine Feinde. Das gilt vor allem für die Juden. Hitler, der gegen die Juden ist, hat natürlich recht! Als er einmal auf offener Straße von einigen SA-Männern überfallen und zusammengeschlagen wird – er sieht wohl auch nicht so furchtbar arisch aus – haben natürlich auch die Juden schuld. Er möchte sich irgendwie an ihnen »rächen«. Aber vorläufig ist er nicht in der Lage, diese verschwommenen Wünsche in die Realität umzusetzen.

Anfangs meint er, die Juden sollten einfach aus Deutschland hinausgeworfen werden. Dazu könnte er sein Scherflein beitragen, als ihm Heydrich 1937 entsprechende Aufträge erteilt. 1938 wird er leitendes Mitglied der Zentralen Auswanderungsbehörde für Juden, die gerade in Berlin gegründet worden ist, und ist in dieser Eigenschaft dafür verantwortlich, daß zuerst einmal deutsche Juden ostwärts verfrachtet werden. Kaum ist der sogenannte Anschluß Österreichs vollzogen, gilt das auch für österreichische Juden, und nach Beginn des Krieges und nachdem halb Europa überrannt worden ist, auch für die dortigen »Nichtarier«.

Noch denkt er im Gegensatz zu Heydrich und wohl auch Himmler und Hitler selbst an nichts Schlimmeres als gewaltsamen Abtransport. 1941 erfährt er, daß etwas Entscheidendes gegen die Juden geschehen müsse – er selbst wird das als »Endlösung« bezeichnen, jawohl, dieser Begriff stammt nicht nur, aber auch von ihm. Es kommt, weil man doch eine »elegantere« Lösung braucht als das Erschießen, die weniger Zeit erfordert und weniger Menschen, sprich Soldaten oder SS-Mannen, das Wort Vergasung auf; nicht nur durch ihn, aber auch durch ihn.

Entscheidungen werden am 18. Oktober 1941 gefällt, nachdem Göring in seiner Eigenschaft als Beauftragter für den Vierjahresplan dem Chef des SD, Heydrich, befohlen hat, alle erforderlichen Vorbereitungen in organisatorischer, sachlicher und materieller Hinsicht zu treffen für eine »Gesamtlösung der Judenfrage«. Eichmann beauftragt »mir in Bälde einen Gesamtentwurf über die organisatorischen, sachlichen und materiellen Vorausmaßnahmen zur Durchführung der angestrebten Endlösung der Judenfragen vorzulegen...«

In dem Berliner Vorort Wannsee wird am 8. Januar 1942 eine sogenannte Konferenz einberufen. Bei dieser Konferenz ist

Eichmann gewissermaßen als Organisationsleiter tätig. Er sorgt dafür, daß alles wie am Schnürchen verläuft. Heydrich hat gewisse Schwierigkeiten erwartet, etwa, daß einige der Anwesenden sich gegen die Endlösung aussprechen würden. Fürchtet er, daß auch Nazis ein Herz haben könnten? Seine Nervosität erweist sich als gegenstandslos. Die Staatssekretäre und ranggleichen SS-Offiziere, die verschiedene Reichsämter vertreten, die Beamten des Vierjahresplans, die des Reichsministeriums des Inneren und des auswärtigen Amtes, des Reichsjustizministeriums, des Amtes des Generalgouverneurs in Polen stimmen allem zu, was Heydrich vorschlägt.

Der Vorschlag Heydrichs läuft schlicht auf Massenmord hinaus. Kaum anderthalb Stunden dauert die gesamte Konferenz, dann fahren die Herren befriedigt in ihren Mercedeswagen wieder davon. Heydrich und Eichmann bleiben zurück. Sie sind sehr guter Laune, weil alles so glatt gelaufen ist, und genehmigen sich einen Kognak, während man das eben Geschehene noch einmal Revue passieren läßt.

Wohlgemerkt, Eichmann ist also durchaus nicht der Alleinschuldige an dem, was sich nun vollziehen wird, er hat es nicht einmal ausgedacht. Aber er sorgt dafür, daß es ohne Zwischenfälle abrollt. Sein Ziel ist es, wie er später des öfteren zugeben wird, die gesamte europäische Judenheit auszurotten. Und es liegt wohl nicht an ihm, daß das, obwohl er das Tempo ständig verschärft, obwohl er alles nur Denkbare tut, um Widerstände, nicht so sehr in Deutschland, wie in den besetzten Staaten, die quasi Bundesgenossen sind, in Ungarn also und in Rumänien, in Holland und Dänemark, nach Möglichkeit aus dem Wege zu räumen.

Seine Position erstarkt. Zwar steigt er rangmäßig nicht sehr weit nach oben, er untersteht immer noch dem Gestapo-Müller, dem Chef der Gestapo Heydrich und nach dessen Liquidierung Kaltenbrunner, aber die geben sich nicht mit Kleinigkeiten ab, sie überlassen alles dem verläßlichen Eichmann.

Und er ist bis ganz zuletzt verläßlich, sogar noch über den Tag Null hinaus.

Adolf Eichmann bei seiner Verhandlung in Jerusalem. Eichmann verfolgt das Verfahren, speziell gesichert und von zwei Polizisten bewacht, in einem Glaskasten über Kopfhörer. In der Mitte links sein Verteidiger Dr. Servatius.
(Foto: Keystone)

Hat Eichmann auch nur einen Augenblick gehofft, er könne seine Missetaten in Abrede stellen? Hat er geglaubt, daß man sie ihm nicht beweisen könne? Er muß bald einsehen, daß es genügend Dokumente gibt – in der Hand des Anklagevertreters allein, wie gesagt, weit über tausend – die ihn mit seinen eigenen Worten verurteilen, durch seine eigenen Befehle, durch die von ihm getroffenen Maßnahmen. Gewiß, er hat gegen Kriegsende dafür Sorge getragen, daß zahlreiche solcher Dokumente vernichtet wurden, aber eben nicht annähernd alle. Und an manche der Kopien kam er ja gar nicht mehr heran, ein Schicksal, das er mit vielen seiner Nazi-Kollegen teilt.

Und da sind auch die Zeugen der Anklage, insgesamt 121 Zeugen, alle Überlebende aus Konzentrationslagern, meist Vernichtungslagern. Sie erzählen – in 62 Sitzungen – eigentlich nur, was sie erlebt haben. Sie erzählen ganz unpathetisch, als würden sie über einen Vorgang berichten, der sie nicht das Geringste angeht und der auch an sich ganz in Ordnung ist. Gerade diese Sachlichkeit hat etwas Erschütterndes. Oh, sie erinnern sich gut, auch jetzt noch, rund zwanzig Jahre, nachdem das Gräßliche geschehen ist. Sie erinnern sich noch, wie sie von Vater und Mutter, von Schwester und Frau Abschied genommen haben. Manche waren noch Kinder, als sie in ein östliches Lager kamen und mitansehen mußten, wie rings um sie alle ermordet wurden, manche noch sehr junge Menschen. Von den älteren hat ja kaum einer überlebt.

Eines ist sicher: für jeden Zeugen, den der Generalstaatsanwalt Gideon Hausner vorgeladen hat, könnte er drei, vier, zehn, hundert nach Jerusalem laden, und sie würden alle dasselbe aussagen. Nicht einmal Eichmann selbst kann sich der Wirkung dieser leidenschaftslosen und so erschütternden Zeugenaussagen ganz entziehen. Gedrängt, dazu etwas zu äußern, gibt er schließlich zu, aber erst gegen Ende des Prozesses: »Ich muß erklären, daß ich diesen Mord, diese Vernichtung der Juden als eines der kapitalsten Verbrechen innerhalb der Menschheitsgeschichte betrachte.« Immerhin...

Immerhin... Aber bitte, er hat das nicht ausgedacht oder in Szene gesetzt. Das ist der Tenor seiner Verteidigung, die dreiunddreißigeinhalb Sitzungen in Anspruch nimmt. Erst durch seinen eigenen Verteidiger, vom 20. Juni bis 29. Juli und, von diesem Tag an durch den Generalstaatsanwalt und seine Assistenten. Nein! Er persönlich war nicht schuld! Er hat Befehle empfangen, und er hat sie ausgeführt. Sonst nichts, sonst überhaupt nichts.

Hätte er sich der Ausübung solcher Befehle nicht entziehen können? Aber gewiß doch! Er hat es auch versucht. Er hat sich einmal an die Front gemeldet oder – das wird nicht ganz klar – er wollte sich an die Front melden. Weil er das alles nicht mehr aushielt! Aber dem widerspricht der außerordentliche Eifer, der Elan, geradezu die Wut, mit denen er diese Tötungsbefehle ausführte, wie er zum Beispiel dort, wo er ein Auge hätte zudrücken können, wie andere Nationalsozialisten das gelegentlich getan haben, um so schärfer »durchgriff«. Und er hat es ja immer geschafft oder doch fast immer.

Nur in Dänemark nicht. Das dänische Volk unter Führung seines Königs war fest entschlossen, »seine« Juden zu retten. Nur relativ wenige, nicht einmal hundert – so eine Zahl kann bei Eichmann keine Rolle spielen – mußten dran glauben. Und Eichmann hat dann auch zugegeben: »Die Aktion in Dänemark war eine Pleite!« Als handle es sich hier um Sport, bei dem nur nackte Zahlen eine Rolle spielen.

Er hat bis ganz zuletzt an seine Mission geglaubt. Noch 1944 hat er seinem Adjutanten Dieter Wisliceny erklärt: »Ich werde lachend in die Grube springen mit dem Gefühl, daß ich fünf Millionen Menschen auf dem Gewissen habe. Das wird für mich eine Quelle außerordentlicher Befriedigung sein.« Noch 1944! Und dann wurden die Akten verbrannt, soweit sie zur Hand waren. Denn anderes war nicht mehr zu tun, Polen und damit die Vernichtungslager wurden von den Russen besetzt, Eichmann kehrte nach Berlin zurück, ging jeden Tag in sein Büro im Reichssicherheitsamt, aß dort auch zu Mittag. Freilich allein, ohne daß seine Vorgesetzten, die dort auch speisten, es je für nötig gehalten hätten, ihn an ihren Tisch zu bitten.

Angeblich half er dabei mit, Berlin für die »letzte Schlacht« vorzubereiten. Allerdings wird während der Verhandlung nicht recht ersichtlich, worin diese Vorbereitungen bestanden.

Er hörte mit Staunen und Ärger, daß Himmler, offenbar um für sich selbst so etwas wie Gnade durch die Sieger zu ermogeln, Juden aus dem Lager Theresienstadt in die Schweiz entlassen hatte.

Er sprach auch einmal in dieser Angelegenheit mit Himmler selbst. Damals erteilte Himmler ihm auch den Auftrag, hundert oder zweihundert prominente Juden nach Österreich zu bringen und sie dort in Hotels unterzubringen, um sie später als »Geiseln« bei den Verhandlungen mit Eisenhower verwenden zu können. Eichmann fühlte sich dabei halb und halb als Verräter. Übrigens kam er gar nicht bis Theresienstadt, er kam nur nach Alt-Aussee, wohin sich Kaltenbrunner zurückgezogen hatte, und erhielt dort den Auftrag, eine Partisanengruppe zu organisieren, um den Feind in den österreichischen Bergen zu bekämpfen. Kaum hatte er damit begonnen, als ein Befehl von Himmler eintraf, es sei nicht auf Amerikaner oder Engländer zu schießen!

Nach Kriegsende ein weiterer Versuch, sich mit Kaltenbrunner zu verständigen. Aber der empfing ihn gar nicht mehr, er hatte innerlich schon aufgegeben. Wenige Tage später wurde Eichmann von amerikanischen Soldaten gefangengenommen und in ein Lager für SS-Männer geschickt, wo er es freilich verstand, seine Identität geheimzuhalten, obwohl viele seiner Mitgefangenen ihn kannten. Aus Vorsicht schrieb er auch nicht an seine Familie, sollten Frau und Kinder doch ruhig glauben, er sei tot. Die Frau wollte einen Totenschein, bekam ihn aber nicht, war ohne jede Geldmittel und mußte mit ihren drei Kindern von ihrer Familie unterstützt werden.

Das hätte lange so weitergehen können, aber als nun in den Nürnberger Prozessen immer häufiger der Name Eichmann genannt wurde und Wisliceny auftrat und gegen ihn aussagte, beschloß Eichmann die Flucht. Er ging in die Lüneburger Heide, wo er durch den Bruder eines Mitgefangenen eine Stellung als Holzhacker bekam. Natürlich unter falschem Namen.

Das ging so vier (!) Jahre, dann, zu Beginn des Jahres 1950, bekam er Kontakt zur Untergrundorganisation der SS, der sogenannten ODESSA, wurde durch Österreich nach Italien geschleust. Dort händigte ihm ein Franziskanerpater, der genau wußte, wen er vor sich hatte, einen Paß auf den Namen Richard Klement aus und brachte ihn auf den Weg nach Buenos Aires. Dort verschaffte er sich leicht neue Papiere und begann unter dem Namen Ricardo Klement, katholisch, Junggeselle, staatenlos, Alter 37 Jahre, zu arbeiten.

Erster Brief an seine Frau, aus dem hervorging, der Onkel seiner Kinder sei am Leben. Die Frau verstand. Sie und die Kinder kamen im Sommer 1952 zu ihm. Eichmann, der verschiedene mehr oder weniger schlecht bezahlte Jobs innegehabt hatte, wurde nun bei Mercedes Benz, in Suarez, einer Vorstadt von Buenos Aires, als Mechaniker und später als Vorarbeiter eingestellt. Als die Frau wieder ein Kind bekam, nach drei Söhnen einen vierten, heiratete er sie – die verwitwete Frau Eichmann. Wußten die älteren Kinder nicht, wer er war? Wußte es nicht zumindest der älteste Sohn, der seinen Vater mit neun Jahren zum letztenmal gesehen hatte?

Während der nächsten Zeit baute dieser älteste Sohn mit seinem Vater, der angeblich nicht sein Vater war, ein kleines Holzhaus, alles recht primitiv, kein fließendes Wasser, keine Elektrizität, und dort ließ die Familie sich nieder. Eichmann war wohl sehr arm.

Vielleicht hatte er in der Zwischenzeit begriffen, daß das Hitlerregime verbrecherisch war? Hatte er zumindest eingesehen, daß Hitler es war? Keine Rede davon! Da las er etwa 1955 ein Buch »Die letzten Tage der Reichskanzlei«, in dem der Verfasser, ein junger Frontoffizier, seinen Führer unter die Lupe nahm.

Generalstaatsanwalt: »Boldt kritisierte Hitlers Tätigkeit in verschiedenen Stadien des Krieges. Ich lese Ihnen jetzt aus der Seite 2670 Ihrer Aussage vor. Aus der Stelle, wo von einem jungen Frontoffizier Boldt die Rede ist, strichen Sie das Wort ›Frontoffizier‹ aus und setzten dafür ›Lump‹ und ›Verräter‹ und ›Schuft‹ ein. Stimmt das?«

Eichmann: »Ich gebe zu, das das stimmt, mit der Einschränkung, daß man aber auch den Text dazu hören muß, warum ich das schrieb.«

Generalstaatsanwalt: »Das ist klar, weil Sie an anderer Stelle, auf Seite 2671 im Protokoll nachzulesen, geschrieben haben: ›Den Autor sollte man lebendigen Leibes enthäuten ob seiner Niedertracht. Mit solchen Lumpen mußte der Krieg verloren gehen.‹«

Eichmann: »Das stimmt, aber man muß den Gedankentext dazu verstehen und lesen, denn ich habe erklärt, ein Offizier hat einen Fahneneid geleistet, und wenn dieser Fahneneid gebrochen wird, ist dieser Mann ein Lump. Genau so, wie ich auf dem Standpunkt stehe: ich habe einen Eid geleistet, daß ich die Wahrheit sage, und ich bin befleißigt und prüfe mich jeden Abend: habe ich die Wahrheit gesagt oder habe ich ein einziges Mal die Unwahrheit gesagt? Genau so habe ich zu jener Zeit auf dem Standpunkt gestanden: Eid ist Eid.«

Was ist dazu zu sagen, außer daß dieser so betont deutsche Deutsche nicht einmal richtig Deutsch sprechen kann?

Auf die bereits zitierten Worte, daß dieser Massenmord, diese Vernichtung der Juden als eines der kapitalsten Verbrechen der Juden als eines der kapitalsten Verbrechen innerhalb der Menschheitsgeschichte anzusehen sei, wird er erst später, viel später, im Prozeß zurückkommen, als er mit Recht annehmen darf, daß alles schon verloren ist.

Himmler, wie im Prozeß festgestellt, versuchte durch Freilassung von Juden die Situation gegen Kriegsende zumindest für sich selbst zu mildern, versuchte auch, durch Vernichtung von Aktenmaterial die Spuren der gräßlichen Verbrechen zu verwischen. Eichmann war bereit, »lachend in die Grube zu fahren in dem Bewußtsein, so viele Menschen umgebracht zu haben«. Es spricht alles dafür, daß er auch in Buenos Aires diesen seinen Standpunkt nicht änderte. Nur mußte er sich darüber ausschweigen, bestenfalls seinem Herzen durch Randbemerkungen in einem gelesenen Buch Luft machen.

Dabei, und das weiß er, ist er der Gefahr gefaßt zu werden

nicht entronnen. Bei der Durchreise durch Wien wäre er um ein Haar gefaßt worden, und der Israelische Geheimdienst ist ihm später auch auf den Fersen. 1957 fand man seine Spur, verlor sie aber wieder, um sie 1959 wiederzufinden.

Es wurde später sehr viel über die große Geschicklichkeit des Israelischen Geheimdienstes in dieser Angelegenheit geschrieben und geredet. Von Jerusalem aus gesehen, kann man das nur mit einem Fragezeichen versehen. Eichmann, alias Klement, hinterließ so viele Spuren, daß es geradezu erstaunlich ist, daß man ihn nicht früher gefunden hat.

Eine dieser Spuren war – die Frau. Sie kam einmal aus Buenos Aires nach Europa zurück, um ihren Paß erneuern zu lassen. Erstaunlicherweise tat sie das auf dem Deutschen Konsulat in Zürich, obwohl ja in ihrem Paß stand, sie sei in Wien ansässig. Erstaunlicherweise händigte man ihr in Zürich den Paß auch aus, und noch erstaunlicher – oder vielleicht nicht so erstaunlich? – ließen sich später die Unterlagen der Frau Eichmann in Zürich nicht mehr finden. Sollte sich abermals, diesmal auf dem Konsulat der Bundesrepublik Deutschland, ein Franziskanerpater betätigt haben?

Wie dem auch sei: die Frau wurde beobachtet, wurde nach Buenos Aires zurückverfolgt, und so gelangte man abermals, und diesmal endgültig, auf Eichmanns Spur. Aber war es sicher, daß der Mann, der in der Garibaldistraße in einem Vorort von Buenos Aires mit der ehemaligen Frau Eichmann lebte, wirklich Eichmann war und nicht Klement?

Er selbst lieferte den letzten Beweis. Eines Tages erschien er mit einem Blumenstrauß für seine Frau, und zwar an dem Tag, von dem die israelischen Agenten wußten, daß es sein Hochzeitstag war; der Hochzeitstag Eichmanns, nicht der von Klement. Also mußte Klement Eichmann sein.

Das übrige war Routine. Man beobachtete ihn ein paar Wochen lang, studierte seine Gepflogenheiten, wußte, daß er mit einem bestimmten Bus jeden Morgen zur Arbeit fuhr und jeden Abend von der Arbeit zurückkam; wußte, daß er eine ziemlich verlassene Straße, eher einen Weg, einschlagen mußte, um zu seinem Haus zu gelangen. Drei Agenten lauerten ihm dort auf, und nahmen den sich verzweifelt Wehrenden fest. Das war am 13. Mai, nach anderen Quellen am 11. Mai 1960, gegen Abend, als es bereits dunkel wurde, und er in den menschenleeren Weg einbog. Bevor er überhaupt etwas sagen, geschweige denn um Hilfe rufen konnte, war er im Rücksitz eines Wagens und gefesselt. Man brachte ihn in ein abgelegenes Haus und wartete dort etwa eine Woche lang, bis ein EL AL-Flugzeug in Buenos Aires landete, brachte dann den – natürlich Betäubten – auf einer Bahre als Schwerkranken ins Flugzeug.

Es war alles relativ leicht, denn Eichmann versuchte gar nicht zu entkommen oder sich zu wehren. Er ahnte, wie es um ihn stand und sagte es auch: »Ich bin ja wohl in der Hand der Israeli!«

Natürlich wurde die Gefangennahme, das Kidnapping, wenn man will, geheimgehalten. Selbst in Israel wußten nur wenige davon, unter anderen der Ministerpräsident Ben Guiron, der wohl als Initiator der gesamten Aktion gelten durfte, und der noch am ersten Abend ein Telegramm erhielt: »Das Biest ist in Ketten!«

Nicht nur, daß Eichmann nicht versuchte, loszukommen, er schien, so seine eigenen Worte, irgendwie erleichtert. »Es ist eine Erleichterung!« sagte er. »Ich habe es lange Zeit erwartet.«

Er erklärte auch handschriftlich, daß er bereit sei, sich einem israelischen Gericht zu stellen. Wobei er nicht etwa unterschrieb, was die Agenten vorbereitet hatten, sondern seine eigenen Worte wählte.

Später, schon in Israel, erklärte er sogar einmal, er halte es für das Richtige, sich selbst öffentlich aufzuhängen. Was das beweisen sollte, hat er nie festgestellt.

Zehn Wochen nachdem der Prozeß begonnen und die Anklage ihren Fall beendet hat, beginnt die Verteidigung – mit seinen ersten Worten versucht Dr. Servatius die Dinge in das »rechte« Licht zu rücken, sie in der »richtigen« Perspektive zu betrachten, was wohl auch das einzige ist, was ihm übrigbleibt. Er erklärt nämlich ironisch, Hitler und Himmler und alle diese Großen des Dritten Reichs seien offenbar überhaupt nicht schuldig, denn nach dem, was er habe hören müssen, was die Anklage ausgearbeitet habe, sei überhaupt nur Eichmann schuldig. Die Verteidigung will damit unterstreichen, daß Eichmann nur Befehlsempfänger war, was er ja schon dem Ankläger gegenüber behauptet hat.

Aber die Position der Verteidigung ist schwierig, wenn nicht aussichtslos. Sie hat, auch das wurde schon gesagt, nicht sehr viele Akten zur Verfügung, der Verteidiger beklagt es auch, aber er ist nicht einmal so sicher, ob er mit mehr Akten etwas anderes beweisen oder auch nur glaubhaft machen könnte. Er hat in Jerusalem überhaupt keine Zeugen zur Verfügung, da ja die Zeugen, die er vernehmen könnte, nicht nach Israel kommen. Aber diejenigen, die er in Deutschland und Österreich verhört, sagen auch nichts aus, was Eichmann entlasten könnte.

Schließlich und endlich: sein Team, soweit man überhaupt davon sprechen kann, ist viel zu klein, drei oder vier Mitarbeiter, das genügt in einem solchen Fall nicht. Eichmann hätte unzählige trainierte Rechercheure benötigt, um in Akten zu stöbern, um auch nur den Zipfel eines Nachweises dafür zu erringen, daß er vielleicht nicht ganz so schuldig ist, wie die Anklage es behauptet.

Und so kommt alles, wie es kommen muß. Und so erfolgt am 11. und 12. Dezember 1961 in der 115. bis 119. Sitzung der Schuldspruch, vorgetragen von den drei Richtern, die einander abwechseln. Die ersten Worte: »Das Gericht findet Sie, Eichmann, der Verbrechen gegen das jüdische Volk, der Verbrechen gegen die Menschlichkeit, der Kriegsverbrechen und der Mitgliedschaft in feindlichen Organisationen schuldig.«

Daraufhin erhebt sich – am 13. Dezember 1961 – der Generalstaatsanwalt Hausner zu einem Plädoyer über die Frage Tod oder Gnade für den Verurteilten. Er kann sich kurz fassen. Für ihn kommt Gnade nicht in Frage. Der Verteidiger Dr. Servatius, der noch am gleichen Tag spricht, hat dem nicht viel entgegenzusetzen. Er kann nur auf Milde hoffen. Er zitiert auch die Bibel: »Mein ist die Vergeltung, spricht der Herr.«

Und dann wird Eichmann gefragt, ob er noch etwas zu sagen habe. Ja, er hat noch etwas zu sagen. Er sagt, was er schon zu wiederholten Malen behauptet hat, nämlich, daß er nur Befehlsempfänger gewesen sei!

»Ich habe den schweren Schuldspruch des Gerichts gehört. In meiner Hoffnung auf Gerechtigkeit sehe ich mich enttäuscht. Den Schuldspruch kann ich nicht anerkennen. Ich habe Verständnis dafür, daß man Sühne für die Verbrechen fordert, die an den Juden begangen worden sind. Die Aussagen der Zeugen hier im Gericht ließen mich wieder erstarren, so wie ich erstarrt war, als ich mir die Greuel einmal den Befehlen gemäß ansehen mußte. Ich hatte das Unglück, in diese Greuel verwickelt zu werden. Aber diese Untaten geschahen nicht mit meinem Willen. Mein Wille war nicht, Menschen umzubringen. Der Massenmord ist allein die Schuld der politischen Führer.

Ich habe versucht, von meinem Amt fortzukommen, fort zur Front, zum ehrlichen Kampf. Aber ich wurde festgehalten bei den dunklen Aufgaben. Ich betone auch jetzt wieder, meine Schuld ist mein Gehorsam, meine Unterwerfung unter Dienstpflicht und Kriegsdienstverpflichtung und Fahnen- und Diensteid; dazu galt ab Kriegsbeginn das Kriegsgesetz.

Dieses Gehorchen war nicht leicht. Und jeder, der zu befehlen und zu gehorchen hat, weiß, was man einem Menschen zumuten darf. Ich habe nicht mit Gier und Lust Juden verfolgt. Dies tat die Regierung. Die Verfolgung konnte auch nur eine Regierung durchführen. Ich aber niemals. Ich klage die Regierenden an, daß sie meinen Gehorsam mißbraucht haben. Gehorsam ist damals verlangt worden, so wie er auch in Zukunft von den Untergebenen gefordert werden wird. Der Gehorsam wird als Tugend gepriesen.

Ich darf daher bitten, zu berücksichtigen, daß ich gehorcht habe, und nicht, wem ich gehorchte. Ich sagte schon, die Führerschicht, zu der ich nie gehörte, hat die Befehle gegeben, sie hat, meines Erachtens, mit Recht Strafe verdient für die Greuel, die auf ihren Befehl hin an den Opfern begangen wurden. Aber auch die Untergebenen sind jetzt Opfer. Ich bin ein solches Opfer. Dies kann nicht außer acht gelassen werden. Man sagt, ich hätte den Gehorsam verweigern können und müssen. Das ist eine nachträgliche Betrachtung. Unter den damaligen Verhältnissen war ein solches Verhalten nicht möglich. Es hat sich auch niemand so verhalten. Ich weiß aus Erfahrung, daß die ausschließlich nach dem Kriege behauptete Möglichkeit, sich dem Befehl zu widersetzen, ein Schutz-Märchen ist. Heimlich davonstehlen konnte sich ja der einzelne. Ich aber habe nicht zu denen gehört, die es für zulässig hielten.

Es ist ein großer Irrtum, daß ich zu den Fanatikern der Judenverfolgung gehört hätte. Es hat mich in der ganzen Nachkriegszeit gequält und empört, daß alle Schuld von meinen Vorgesetzten und anderen auf mich abgewälzt wurde. Ich habe tatsächlich keine Äußerungen getan, die für meinen Fanatismus sprechen könnten, und Blutschuld liegt nicht auf mir, die Zeugen haben da eine große Unwahrheit gesagt. Die Zusammenstellung von Äußerungen und Dokumenten durch das Gericht wirkt zunächst sehr überzeugend, sie ist aber trügerisch. Ich werde versuchen, diese Irrtümer in der nächsten Instanz aufzuklären.

Niemand ist an mich herangetreten und hat mir Vorhaltungen gemacht wegen meiner Amtstätigkeit. Dies behauptet selbst der Zeuge Probst Grüber nicht von sich. Er kam zu mir und wünschte nur Erleichterung, ohne sich gegen meine Amtstätigkeit selbst zu wenden. Er bestätigte hier im Gericht, daß ich ihn nicht zurückwies, sondern ihm nur erklärte, daß ich die Entscheidung meiner Vorgesetzten einholen müsse, da ich selbst nicht entscheiden könne...«

Und so wird am 15. Dezember 1961 das Todesurteil verkündet:
Vorsitzender: »Ich eröffne die 121. Sitzung dieses Verfahrens. Der Gerichtshof gibt die Strafzumessung bekannt.

Der Angeklagte stehe auf.

Wir sind nunmehr zum Endstadium dieses langen Prozesses gelangt und haben die Strafe des Angeklagten zu bestimmen...

In vollem Bewußtsein der Verantwortung, die auf uns lastet, haben wir erwogen, welches die angemessene Strafe ist, die wir über den Angeklagten zu verhängen haben. Wir sind zu der Erkenntnis gelangt, daß dem Angeklagten zum Zwecke seiner Bestrafung und zum Zwecke der Abschreckung anderer die im Gesetz bestimmte Maximalstrafe aufzuerlegen ist. In unserer Urteilsbegründung haben wir die Verbrechen dargestellt, an denen der Angeklagte teilgenommen hat. Diese Verbrechen sind furchtbar, ohne gleichen ihrem Wesen und Umfang nach. Die Verbrechen gegen das jüdische Volk, deren der Angeklagte schuldig befunden wurde, bezweckten, ein Volk in seiner Gänze verschwinden zu lassen. Darin liegt ihr Unterschied zu verbrecherischen Taten, die gegen Menschen als Individuen begangen werden. Es besteht Grund zu der Auffassung, daß derartig umfassende Verbrechen, wie auch Verbrechen gegen die Menschlichkeit, die gegen eine Gruppe als solche gerichtet sind, schwerer zu bewerten sind als die Summe der einzelnen Straftaten gegen das Individuum, aus denen sie sich zusammensetzen. Aber im gegenwärtigen Stadium der Festsetzung der Strafe haben wir auch und vor allem dies zu berücksichtigen: nämlich, die Opfer als Individuen, die durch diese Verbrechen betroffen wurden, und das unermeßliche Leid, das sie und ihre Angehörigen infolge dieser Verbrechen erlitten haben und noch bis auf den heutigen Tag erleiden. Jeder Eisenbahnzug mit tausend Menschen, den der Angeklagte nach Auschwitz oder eine andere Stätte der Vernichtung geschickt hat, bedeutet, daß der Angeklagte unmittelbar an tausend vorsätzlich überlegter Mordtaten teilgenommen hat. Seine rechtliche und moralische Verantwortung für diese Mordtaten ist um nichts geringer als die Verantwortung dessen, der die Menschen eigenhändig in die Gaskammern geworfen hat.

Selbst wenn wir zu der Ansicht gelangt wären, daß der Angeklagte, wie er es behauptet, aus blindem Gehorsam gehandelt habe, würden wir immer noch erklären, daß, wer Verbrechen solchen Maßstabes über Jahre verübt, die äußerste Strafe erleiden muß, die das Gesetz kennt. Kein Befehl von oben kann ihm helfen; auch der Hinweis auf den Befehl kann die Strafe nicht mindern. Aber wir sind zu der Feststellung gelangt, daß der Angeklagte sich mit den Befehlen, die ihm erteilt wurden, innerlich identifiziert hat, und daß er mit dem festen Willen tätig war, das verbrecherische Ziel zu erreichen. Nach unserer Auffassung ist es durchaus gleichgültig – auch bei der Behandlung der Frage, welche Strafe für diese entsetzlichen Verbrechen zu verhängen sei – wie diese Identifizierung und dieser Wille entstanden sind und ob die ideologische Erziehung, die das Regime dem Angeklagten hat angedeihen lassen, sie erst hat reifen lassen, wie der Verteidiger dies vorbringt.

Wegen der Verbrechen gegen das jüdische Volk, wegen der Verbrechen gegen die Menschlichkeit und wegen der Kriegsverbrechen, deren Adolf Eichmann schuldig befunden worden ist, verurteilt ihn das Gericht zum Tode.«

Der Verteidiger appelliert. Der Appell wird nach nur einer Woche verworfen. Der Verurteilte bittet um Gnade. Die Gnade wird vom Präsidenten innerhalb von zwei Stunden verweigert.

Und so wird Adolf Karl Eichmann denn am 1. Juni 1962 im Gefängnis Ramleh, unweit von Tel Aviv hingerichtet. Er geht gelassen in den Tod. Den Anwesenden, vor allem den Geistlichen gegenüber bemerkt er: »In einem kurzen Weilchen, meine Herren, sehen wir uns ohnehin alle wieder. Das ist das Los aller Menschen. Gottgläubig war ich im Leben, und gottgläubig sterbe ich.«

Hinzuzufügen wäre, daß er trotz Gottgläubigkeit Nationalist war. Sein Gott handelte durch Hitler.

Wie dem auch sei, Eichmann lehnt jeden geistlichen Beistand ab. Und zwar mit der ausführlichen Begründung, er habe jetzt keine Zeit mehr. Statt dessen hat er sich eine Flasche Rotwein kommen lassen, die er zur Hälfte leert.

Das übrige geht sehr schnell.

Der Ministerpräsident Ben Gurion wird sofort nach der Hinrichtung benachrichtigt. Es heißt, er habe die Achseln gezuckt. »Es kommt nicht auf Eichmann an«, soll er gesagt haben. Es hat sich wirklich nicht so sehr um Eichmann gehandelt, wie vielmehr darum, zu enthüllen, wie das System, nur möglich innerhalb des Dritten Reichs, gegen die Juden funktioniert hat. Und diejenigen, die ihn schuldig gesprochen haben, wissen sehr wohl, daß in Deutschland in jenen Tagen noch viele Eichmanns lebten; nur daß sie das Glück hatten, nicht gefaßt worden zu sein, und daß sie vielleicht auch weiterhin, wenn auch natürlich nur mit Worten, ihren Antisemitismus beweisen können. Eine Demonstration also, die nicht ohne Wirkung bleiben wird.

Denn in der Folge werden in Deutschland viele begonnene Prozesse gegen Nationalsozialisten, vor allem gegen schuldige SS-Männer mit stärkerem Eifer zu Ende geführt werden, wenn sie oft auch nicht gerade mit Verurteilungen enden, die abschreckend wirken müssen. Immerhin, das offizielle Deutschland distanziert sich von Eichmann.

Eichmann... Eichmann... Wer war nun eigentlich Eichmann? Während des Prozesses erschien in einer Zeitung oder vielleicht auch in mehreren ein Foto seiner Zelle. Einer relativ komfortablen Zelle, mit einem Ruhebett, natürlich, und davor zwei Filz-Hausschuhe, fein säuberlich ausgerichtet. Die Bleibe eines Spießbürgers. Oder eines Kleinbürgers. Sicher nicht die eines Helden. Nicht einmal die eines Monsters. Eher, wie die amerikanische Publizistin Hannah Arendt festgestellt hat, die Behausung eines Clowns.

Weitere interessante und günstige Titel:

Menschen, die die Welt veränderten

352 Seiten, Format 22,5 x 30,0 cm,
gebunden, durchgehend bebildert
Best.-Nr. 209 536
Sonderausgabe nur DM 29,80

K. Graudenz/H.-M. Schindler:
Die deutschen Kolonien

320 Seiten, Format 19,5 x 27,5 cm,
gebunden mit Schutzumschlag,
450 Originalfotos, Register
Best.-Nr. 201 046
Sonderausgabe nur DM 29,80

Vladimir F. Nekrassow (Hrsg.):
Berija – Henker in Stalins Diensten

511 Seiten, Format 14,0 x 21,0 cm,
gebunden
Best.-Nr. 283 374
Sonderausgabe nur DM 19,95

D. S. Lichatschew/G. Wagner
G. Wsdornow/R. G. Skrynnikow:
Rußland

488 Seiten, Format 24,0 x 21,5 cm,
gebunden mit Schutzumschlag,
durchgehend farbig bebildert
Best.-Nr. 278 523
Sonderausgabe DM 49,80

Terence Robertson:

Der Wolf im Atlantik

370 Seiten, Format 13,8 x 20,0 cm,
gebunden
durchgehend s/w-Bebilderung
Best.-Nr. 145 409
Sonderausgabe nur DM 19,80

Rubert Butler:

Illustrierte Geschichte der Gestapo

240 Seiten, Format 17,5 x 23,0 cm,
gebunden mit Schutzumschlag
durchgehend s/w-Bebilderung
Best.-Nr. 279 406
Deutsche Neuerscheinung DM 29,80

Uwe Bahnsen
James P. O'Donnell:

Die Katakombe

440 Seiten, Format 14,5 x 21,8 cm,
gebunden
durchgehend s/w-Bebilderung
Best.-Nr. 293 076
Sonderausgabe nur DM 19,80

Heinz Höhne:

Der Orden unter dem Totenkopf –
Die Geschichte der SS

600 Seiten, Format 13,5 x 21,5 cm,
gebunden
s/w-Abbildungen
Best.-Nr. 201 616
Sonderausgabe nur DM 19,80

Gordon Brook-Shepherd:
Zita – Die letzte Kaiserin
448 Seiten, Format 13,0 x 21,5 cm,
gebunden mit Schutzumschlag
Best.-Nr. 275 222
Sonderausgabe nur DM 24,80

Franz Herre:
Ludwig II
400 Seiten, Format 14,0 x 22,0 cm,
gebunden, bebildert
Best.-Nr. 185 850
Sonderausgabe nur DM 19,80

Francis Hackett:
Heinrich VIII
265 Seiten, Format 14,0 x 21,0 cm,
gebunden, zahlreiche s/w-Abbildungen
Best.-Nr. 265 280
Sonderausgabe nur DM 19,80

Franz Hubmann / Walter Pohl:
Deutsche Könige – Römische Kaiser
208 Seiten, Format 22,5 x 29,0 cm,
gebunden mit Schutzumschlag, farbig bebildert
Best.-Nr. 247 007
Sonderausgabe DM 29,80

Paolo Caucci von Saucken:
Santiago de Compostela
392 Seiten, Format 24,0 x 32,5 cm,
gebunden mit Schutzumschlag,
durchgehend farbig bebildert
Best.-Nr. 278 531
Sonderausgabe DM 49,80

Eberhard Zangger:

Atlantis – Eine Legende wird entziffert

336 Seiten, Format 13,0 x 21,0 cm,
gebunden mit Schutzumschlag
durchgehend s/w Bebilderung
Best.-Nr. 295 592
Sonderausgabe nur DM 19,80

Wolf Schneider:

Mythos Titanic

192 Seiten, Format 17,0 x 24,0 cm,
gebunden, durchg. authentisches s/w Bildmaterial, Poster
Best.-Nr. 293 126
Sonderausgabe nur DM 16,80

Willem Cornelius Van Dam:

Tote sterben nicht

128 Seiten, Format 11,5 x 19,0 cm,
gebunden
Best.-Nr. 198 846
Sonderausgabe nur DM 19,80

Charles Berlitz:

Die Welt des Unbegreiflichen

880 Seiten, Format 11,5 x 18,0 cm,
gebunden
Best.-Nr. 156 257
Sonderausgabe nur DM 19,80

Bestellungen an Weltbild Verlag GmbH,
Steinerne Furt 68–72, 86167 Augsburg